영상번역가가 쓴

양대 양-대 **코패니즈 한자어**

1

영상번역가가 쓴

양대양~대 **코패니즈 한자어 1**

1판 1쇄 발행 2021년 9월 30일

지은이 이빈

편집 조다영

펴낸곳 하움출판사
펴낸이 문현광

주소 전라북도 군산시 수송로 315 하움출판사
이메일 haum1000@naver.com 홈페이지 haum.kr

ISBN 979-11-6440-825-2 〔13730〕

좋은 책을 만들겠습니다.
하움출판사는 독자 여러분의 의견에 항상 귀 기울이고 있습니다.

농락
≠
篭絡

가련
≠
可憐

비굴
≠
卑屈

전전긍긍
≠
戰々恐々

철두철미
≠
徹頭徹尾

자수
≒
自首

살벌
≒
殺伐

선진국 도약
=
先進国へ跳躍?

영상번역가가 쓴

앙대 앙~대

코패니즈 한자어 1

나는 왜 이 책을 쓰게 되었는가

먼저, '한낱 영상번역가가 쓴 일본어 교재를 믿을 수 있겠어?'라고 생각하시는 분들께.

일본에서 유학하거나, 혹은 살거나 해서 일본어를 능통하게 구사하는 분들은 '아, 이런 상황에서 저렇게 표현하는구나'하고 배워서 그 표현을 그대로 따라서 쓰면 그만이지만, 번역가는 그 표현을 한국어로 옮기려면 어떻게 해야 하는지를 한 번 더 고민해야 하는 사람들입니다. 그냥 그 나라 말을 구사하는 것과 그것을 다른 나라 말로 옮기는 건 다른 차원의 문제거든요. 아마도 현재 일본어를 유창하게 구사하는 분들 중에서도 어떤 표현을 한국말로 설명해야 하는 상황을 맞았거나 번역을 하려 했던 경험이 있는 분이라면, 분명 뉘앙스는 아는 건데 적절한 표현이나 단어가 퍼뜩 떠오르지 않아서 당황(?)했던, 혹은 갑갑했던 경험이 분명 있을 테니 저의 이 말에 크게 공감할 것입니다. 쉽게 일대일로 치환이 가능한 단순한 표현이나 단어라면 몰라도, 뉘앙스가 미묘한 표현이나 단어의 경우에는 어떤 한국말로 옮겨야 그 뜻이 정확하게 전달되는지를 끝없이 천착해야 하는 직업이기에 다른 사람들이 보지 못한 걸 보고, 알지 못하는 걸 알게 되는 경우가 많습니다. 특히나, 예컨대 출판번역 등은 어려운 표현, 또는 번역이 까다로운 단어의 경우 이른바 주석을 이용해서 설명할 수가 있지만, 금세 떴다 사라지는 자막 속에 그 뜻을 온전하게 담아내야 하는 영상번역의 경우 더욱 정확하고 맛깔나는 표현을 찾기 위해 더 많은 고민을 해야 하는 측면이 있죠. 이 책은 그러한 고민과 천착 과정을 통해 탄생한 책임을 알아주셨으면 감사하겠습니다.

한국과 일본은 같은 한자 문화권이기에 양국 모두 한자어가 있지만, 오랜 세월이 지남에 따라 같은 한자로 이뤄진 단어라도 그 뉘앙스가 사뭇 다르게 변했거나, 아예 다른 뜻으로 쓰이는 것들이 엄청나게 많습니다. 그냥 많은 게 아니라 '엄청나게' 많습니다. 또한 뜻은 비슷하더라도 쓰임새나 사용 빈도가 다른 단어들도 수두룩합니다. 그런데도 많은 사람들이 그런 사실을 모르고 일본의 한자어도 한국과 같은 뜻일 거라고 생각하는 경우가 허다합니다. 비근한 예를 하나 들어 보자면, 국민 여동생으로 추앙받았던 김연아 선수가 현역 시절 연습 도중에 일본 피겨 선수들에게 방해를 받았다는 인터뷰를 하자, 일본 언론은 '唐突(당돌)'한 얘기라는 반응의 기사를 씁니다. 그런데 일본어를 어설프게 공부한 기자들이 감히 김연아에게 당돌하다는 표현을 했다며 우르르 들고 일어나서 반격 기사를 통해 반일 감정을 부추긴 일이 있었죠. 이 唐突이라는 일본의 한자어는 한국과 다르게 뜬금없다, 느닷없다, 갑작스럽다, 그래서 좀 황당하다, 당황스럽다는 뉘앙스로 쓰이는 단어라는 걸 몰라서 생긴 웃지 못할 해프닝이었던 셈이죠.

문제는 이것이 해프닝으로만 끝나지 않는다는 사실입니다. 한국과는 다른 뜻의 한자어인데도 그걸 그대로 직역(?=오역)해 버림으로써 생겨나는 폐해는 생각보다 심각합니다. 가장 대표적인 것 중 하나로서 '흑막'이라는 단어가 있습니다.

한국어 '흑막'은 일본어 '黒幕*(쿠로마쿠)'와는 달리 사람을 지칭하는 단어가 아님에도 그걸 그대로 '흑막'이라고, 사람을 뜻하는 단어로 번역해 버린 예가 수두룩합니다. 그런데 아직 어휘력이 무르익지 않은 청소년들은(일부 성인들도 마찬가지) 그런 오역을 보면 그대로 따라서 써 버리기 십상이죠. 특히 마니아층이 어마어마한 애니메이션이나 게임의 경우 그 영향력은 상상을 초월할 정도겠죠.

여담이지만,

외래어 표기법을 따르자면 '구로마쿠'라고 써야 하지만 개인적으로 외래어(일본어) 표기법이 너무 너무 마음에 안 들기 때문에 이 책에서는 표기법을 지키지 않겠습니다.

실제로도 이 오역의 폐해는 어마어마해서, 인터넷 검색을 해 보면 엄청난 수의 사람들이 이 '흑막'을 사람을 지칭하는 단어로 쓰고 있는 실정임을 알 수 있습니다. 이건 비단 일반인뿐만이 아니라, 돈을 받고 직업으로서 번역 일에 종사하고 있는 전문 번역가도 흑막을 사람을 지칭하는 단어로 번역해 놓은 사례도 꽤 있습니다. 실제로 제가 감수했던 모 애니메이션에서도 흑막을 사람을 지칭하는 단어로 써 놨길래 고쳐 준 적도 있습니다. 심지어 몇 년 전에 방영돼서 상당히 높은 시청률을 기록했던 모 드라마의 작가⋯ '작가'조차도 이 '흑막'을 사람을 지칭하는 단어로 쓸 정도니까 말 다한 거죠.

또 다른 예를 들면, 모 번역 관련 카페에서 한국의 '일부' 일본어 교수들의 수준을 개탄하며 어떤 분이 넋두리하듯 올린 글이 있었는데, 자기 학교의 일본어 교수가 「融通性がない(융통성이 없다)」라고 하더라면서, 기가 찬다는 요지의 글이었습니다. 한국에선 '융통성이 있다, 없다'라는 식으로 표현하지만 일본에선 「融通が効く(직역: 융통이 통하다)」, 「融通が効かない(직역: 융통이 안 통하다)」라고 하는 게 자연스러운 표현이거든요. 그런데 심지어 교수씩이나 되는 사람이 그랬다니 그 심각성이 미뤄 짐작되지 않나요?

마지막으로 한 가지 더. 한국 언론사들의 일본어판 기사의 경우 코패니즈 한자어가 없는 기사를 찾아보기 힘들 정도입니다. 예를 들어 한국에선 경기, 경연, 선거 등에 참가하거나 도전할 의사를 밝히는 걸 '출사표를 던지다'라고 표현하죠. 하지만 일본의 「出師の表」(읽는 법에 주의)는 말 그대로 제갈량이 출진하면서 왕에게 올린 상소문이란 의미로밖에 쓰이지 않습니다. 그런데도 그걸 한국식 표현 그대로 「出師の表を投げる」라고 번역해 놓질 않나, 일본은 한국에 비해서 '파격적'이라는 말을 많이 쓰지 않는데도 덮어놓고 「破格的」이라고 번역하질 않나…. 일본 사람에게 '파격적 노출', '파격적 연기', '파격적 패션'이라고 하면 고개를 갸우뚱거리거든요. 또 일본 격투기 PRIDE가 전성기를 구가하던 시절 어떤 스포츠 잡지 기자는, 당시 앙금이 있었던 두 MMA 선수 간의 대결을 「因縁の対決」라고 표현한 일본 기사를 그대로 '인연의 대결'이라고 옮겨 놨더군요. 일본어 「因縁」과 한국어 '인연'도 그 뜻과 쓰임새가 사뭇 다른 단어거든요. 이렇게 쓰일 때의 일본어 因縁은 뭔가 풀어야 할 앙금, 숙원(宿怨:묵은 원한, 원망)이 있는 사이를 말하는 겁니다. 예를 들자면 정말 끝이 없을 것 같으니 이쯤에서 멈추겠습니다.

이렇듯 한국과 일본은 똑같은 한자로 된 단어라도 그 뜻이 미묘하게 다르거나 전혀 다른 뜻으로 변한 한자어들이 아주 많은데, 15년 넘게 영상번역 일을 하는 틈틈이 그런 한자어들을 발견할 때마다 꼼꼼히 메모를 해 뒀습니다. 그런데 2017년 7월경에 제가 일본 블로그 활동을 하기 시작했습니다. 왜 갑자기 한국도 아니고 일본에서 블로그질을 하기로 했냐 하면, 하는 일이 영상번역이다 보니 청해나 독해는 큰 문제가 없는데, 대학을 졸업한 후에는 일본어로 말하거나 글로 쓴 적이 없다 보니 말하기나 쓰기 능력은 점점 쇠퇴해져 가는 걸 느꼈습니다. 분명히 아는 표현이나 단어인데도 퍼뜩 떠오르지가 않거나 아예 떠오르지가 않는 제 자신을 발견한 거죠. 그래서, 일본 사람을 만날 일은 앞으로도 거의 없을 테니 말하기는 차치하고라도, 적어도 쓰기 능력만큼은 더 이상 쇠퇴해선 안 되겠다 싶어서 일부러라도 글을 쓸 '꺼리'를 만들자 싶었죠.

그래서 생각해 낸 게 일본 블로그 활동이었고, 그럼 쓸 거리는 뭐가 있을까를 생각하다 보니 여태 모아 왔던 자료들이 생각이 났던 거죠. 그렇게 해서 '같은 듯 같지 않은 한일 한자어'를 주제로 해서 하나씩, 둘씩 일본 블로그에다가 풀어 나가기 시작했습니다. 큰 기대도 안 했는데 반응이 나쁘지 않더군요. 막 여기저기 돌아다니면서 홍보하거나 한 것도 아닌 데다가, 이른바 한류 팬들이 좋아할 만한 연예계 소식이나 드라마, 영화, 음악 등에 관해서는 일절 쓰지 않는데도 말이죠. 그래서 사람들이 이걸 유익한 정보라고 생각하는구나 싶었고, 어디 한번 책으로 내 볼까 싶은 마음이 살짝 들더군요. 그래서 이번엔 그럼 한국 사람들을 대상으로 기존의 글을 보강해서(더 많은 한자어를 한 예문에 집어넣어서) 연재함으로써 반응을 살펴보자 싶었습니다. 그랬는데 역시 한국분들의 반응도 상당히 좋더군요. 게다가 네이버 어학당판 담당자께서도 제 글이 유익하다고 판단하셨는지 네이버 어학당판에 (간헐적인 노출이 아니라) 일주일에 한 번씩 1년 남짓한 기간 동안 정기적으로 연재할 기회를 주셨었습니다. 그렇게 연재를 계속하는 중에 몇몇 이웃분들이 일주일에 한 번 연재를 기다리니까 감질이 난다며 아예 책으로 한번 써 보는 건 어떻겠냐는 댓글들을 달아 주시더군요. 그래서 그분들의 말씀에 힘입어서 심사숙고한 끝에 책으로 내자는 용단을 내리게 된 것입니다.

자신 있게 말씀드리건대, 이 책 <양대 양~대 코패니즈 한자어>에는 다른 어떤 곳에서도 소개된 적이 없는, 어느 누구도 가르쳐 준 적 없는 따끈따끈한 코패니즈 한자어들이 수두룩합니다. 개중에는 아마 거의 모든 사람이 몰랐을 만한 내용도 많다고 생각합니다. 그러니 기대하셔도 좋습니다. 실제로, 이 책이 팔릴까 싶은 생각에 책의 초고 일부를 주변에 일본어를 하는 사람들에게 보여 줘서 반응을 살폈더니, '설마 이 한자어가 다른 뜻이란 건 꿈에도 생각 못 했다'는 반응이 많았고, 대단히 유익한 책 같다며 출간되면 꼭 사서 보겠다는 사람들도 있었습니다. 그러니 지금 당장 '빈칸 메우기 퀴즈'로 돼 있는 본문의 몇 페이지만이라도 쓱 훑어보면서 퀴즈를 한번 풀어 보세요. 그러면 왜 그분들이 이 책의 내용을 유익하다고 느꼈는지 여러분도 공감하게 되리라 확신합니다. 그리하여 앞으로는 '코패니즈 한자어'를 구사하는 우를 범함으로써 망신(?)을 당하는 일을 줄일 수 있기를 바랍니다.

나? 이런 사람이야~

자칭 '아무것에도 미치지 못하는 병'을 타고남.

그래서 어릴 때부터 아~~무것도 하고 싶은 게 없었음.

공부도, 안 하면 뭐라 하니까 시불시불거리면서 시험 전에 벼락치기로만 했음.

결국 재수 끝에 고려대학교 신문방송학과 입학(찍기를 잘하는 편임).

신문방송학과를 선택한 것도

어릴 때부터 법대, 상대를 부르짖던 부모님에 대한 소심한 반항심 때문이지

흥미가 있어서가 즐~~대 아니었음.

당연히 2학년 때까지 놀고 퍼마시고 당구 치고

나이트는 돈이 없어서 하숙비 올라올 때만 가~~~끔씩 가고…

이런 방탕(?)한 생활을 하다가 학점이 선동열 방어율에 육박한 적도 있음.

군 제대, 아니 방위 소집해제 이후 슬슬 장래가 걱정되기 시작함.

전공 공부는 재미없고, 뭔가 다른 돌파구를 찾다가 제2외국어로서

'왠지 만만해 보였던', '어쩌면 운명이었던' 일본어 공부 시작.

태어나서 공부가 재밌는 건 처음이었음.

무지 신기했음.

아마도 전생에 일본인이었거나, 일본에서 살았거나,

일본과 관련 있는 삶을 살지 않았을까 생각될 정도였음.

앞잡이질 같은 것만은 안 했었기를 개인적으로 소망해 봄.

그러니 당연히 귀에 쏙쏙! 들어오고, 머리에 콕콕! 박혀서, 진도도 팍팍! 나감.

복학해서 전공 필수 과목 외엔 일본어 교양 과목에 올인해서

학점 만회를 위한 피나는 노력을 함. (솔찌기 피는 안 나뜸)

어느 날 일본어 수업 시간에 재수 없게 찍혀서 책 읽기를 당함.

다 읽고 나니 일본어 전공하는 애들이 "와~~" 막 이럼.

교수님이었는지 강사님이었는지 기억이 가물거리는데

야튼 그분은 "교포세요?" 막 이럼.

공부 때문에 우쭐해 봤던 건 중2 때인가 중3 때인가

전교 1등 하면 자전거 사 준다고 해서

미친 듯이 공부해서 전교 1등 딱! 한 번 했을 때 이후로 처음이어뜸.

진짜임.

어릴 때 무지막지하게 유행했던, 딴 넘들 다 사던 스카이 콩콩이나

롤러스케이트도 돈 없다고 안 사 줬는데 자전거라니 꿈도 못 꾼…

아니, 꿈도 안 꾼 거였음.

그래서 완전 눈에 불 켜고 공부했고, 운도 따라 줘서 그리 됐음.

하여튼 전공도 아닌 일본어 덕분에

과에서 딱 2명 주는 성적 장학금 두 번 연속 탐.

대학 4학년 때 진명출판사가 한국과 일본 양국에서 동시에 실시한

TOJAP 시험(지금의 JPT 같은 것)에서 한국과 일본 통틀어 1위 함.

오~~~~~래 전에 사라지고 없는 시험이지만

성적서와 인증서는 아직 고이고이 간직 중임.

아마도 이쯤 읽으시고는 왜 이런 씨잘때기 없는 자랑을 늘어놓나 싶으실 거임.

근데 사실 이건 자랑이 아님.

한마디로 일본어 쪽으론 딱~하고 내보일 '간판'이 없으니

고저고저 이~~쁘게 봐 달라는…

가진 게 없으니 말이 차암~~ 많아지는…

뭐, 그렇고 그런 거라고 생각해 주시면 감사하겠다능…

암튼 그러다 진짜진짜진짜로 '암 생각 없이' 외대 동시통역대학원 시험을 침.

지금은 통역번역대학원이라 부르는 그거임.

근데 1차 필기 및 듣기 시험에서 덜컥 합격을 해 버림.

외대 앞에서 술이나 먹자고 갔다가 합격자 명단을 보고 내 눈을 의심했음.

술 사 준다니 따라왔던 재일교포 후배의 표정은 더 가관이었음.

하지만 2차 면접 및 구술(?) 전형 같은 데서 미끄러짐.

당연한 거였뜸. 빈말이 아니라 정말로 당연한 거였뜸.

꼴랑 3년 정도 공부하고 합격할 수 있을 만큼 만만한 곳이 아니기 때문임.

특히나 그때는 '번역'은 없고 '통역'만 있을 때였기에 더더욱 불가능했음.

일본어로 뭐라도 해 볼 요량으로 일본어 공부를 시작한 게 아니기에

깡 까먹은 학점 만회해서 암 데나 대충 취직하자 싶었기에 갈등이 쪼매 됐뜸.

잘만 하면 합격? 응? 합격? 응응? 이런 생각이 막 대구빡을 맴맴 도는 거임.

그래서 우리 집 형편에 유학 보내 달라는 건 너무 염치없고,

딱 1년 정도 어학연수는 가능? 혹시 가능? 이딴 잡생각을 짜암~쉬 하다가…

당시 몇몇 악재도 겹치고, 타고난 염세적 기질이 도져서 도(道)판을 기웃거림.

난 왜 이따구로 태어났지? 계속 윤회란 걸 해야 해? '나'는 대체 뭐지? 등등

이런 베라머글, 썩어 문드러질 궁금증이 샘솟았음.

샘솟은 정도가 아니라 폭포수처럼 터져 나옴.

운명처럼!!!

아무튼 그렇게 소위 '도판'을 헤매다가 몇 년을 허송세월함.

그때부터 파란과 질곡으로 점철된, 길~~고도 어두운 인생 암흑기가 시작됨.

급기야 나이 서른 넘은 놈이 대망의(?) 출가…가 아닌 가출을 함. 컹~

그래서 고시원을 전전하는 외톨이 생활을 하면서 온갖 잡다한 일을 다 함.

왜 잡다한 일을 했냐? 4대 보험 가입해야 하는 일은 할 수 없었기 때문임.

그렇게 그냥 소일만 하는 삶을 살다가

그렇게 그저 연명만 하는 삶을 살다가

취미로 일본 영화를 번역하기 시작함.

지금은 아마추어 자막러라 부르는 소위 '어둠의 번역가'가 된 거임.

그래서 그렇게 일본 영화를 하나씩, 둘씩 번역해 나가다 보니

일본 영화 마니아 사이에서는 약간은 유명한 '어둠의 번역가'가 돼 있었고,

그러다 보니 내 블로그를 찾아 주는 이웃님들이 상당히 많이 늘어남.

아무튼 그렇게 차곡차곡 번역해 나가던 것이 약 50편에 가까워졌을 무렵

내 인생을 운명 지우는 또 하나의 사건이 빵~ 하고 터짐.

당시 이름만 들어도 아는 사람은 다 아는,

규모도 상당히 컸던 걸로 기억하는 모 DVD 제작사 혹은 개인이

내 번역을 도용을 함.

'표절' 정도가 아니라 아예 통째로 '도용'을 한 것이었뜸. 컹~
자초지종을 간략하게나마 말하자면,
내 블로그를 찾아 주던 이웃님 한 분이 그 영화 DVD를 샀는데
보다가 보니 뭔가 익숙한 자막인 거 같아서 내 자막을 꺼내 비교해 봤더니
내 자막과 너무 똑같다면서 제보… 아니, 확~ 꼰질러 주신 거였뜸.

처음에는 황당해뜸. 그리고 화도 났음.
게다가 그 다음 날이 하필이면, 또 돈이 떨어져서 고시원을 나와서
경기도 화성에 있는 모 합성수지 공장 기숙사로 떠나야 하는 날이었기에,
한마디로 어떻게 해 볼 방도가 없는 상황에서 그 일이 터진 거임.

그래서 "더럽고 치사한 넘들아~ 에이 퉤~ 잘 처먹고 잘 퍼살아라"
이렇게 혼자 욕이나 하고 포기하자… 싶었음.
사실 아마추어가 자막을 만드는 자체가 불법이므로 별 뾰족한 수도 없었음.
다만, 그 회사에 메일을 보내서 그 영화의 번역자가 나라는 걸 확인해 달라,
책임 있는 사람이 확인 메일을 보내 주면 그냥 넘어가 주겠다고 했고,
그곳 국장이라는 사람이 '정식으로' 그 영화의 번역자는 나임을 인정해 줬음.

그런데 딱 5도만 비틀어 생각해 보니 이건 기회일 수도 있다 싶었음.
정식으로 출시되는 DVD에 내 자막을 실었다는 건
내 자막이 어느 정도 수준을 인정받은 거 아닌가? 싶은 생각…
사실은 DVD방에 가서 확인해 보니 같은 영화가 비디오로도 나와 있었음.
그 비디오를 보니까 내 자막이 아니었음.
비디오가 이미 출시가 돼 있는데도 그 자막을 쓰지 않고 내 자막을 썼다?
내심 흐뭇한 마음이 솔찌기 들었뜸.
그리고, '나한테 이력 하나가 생긴 거잖아?' 싶었뜸~

그래서 그 뒤로 내가 한 번역 중에 제일 자신 있는 거 몇 개를 골라서
CD로 구워서 닥치는 대로 이력서를 보내기 시작했고,
(그렇다고 바로 연락이 올 리는 없다는 생각은 했고, 실제로도 그랬지만)
기나긴 인내와 기다림 끝에 결국 정식 영상번역가가 될 수 있었고
지금까지 이르게 된 거임.

나, 이런 사람인 거임.

이 책을 활용하는 법(중요!)

앞에서 일본어 교수가 저더러 "교포세요?"라고 했다고 잔망스레 제 자랑(?)을 늘어놓은 이유가 있습니다. 바로 이 '이 책을 활용하는 법'을 말씀드리기 위해서였습니다.

취업 전선에 빨간불이 켜질 것을 우려해서 비상 대책으로서 제2외국어인 일본어 공부를 시작하게 됐는데, 학교 공부와 병행해서는 제대로 안 되겠다 싶어서 많은 고심 끝에 1년 휴학계를 내고 본격적으로 일본어 공부에만 전념하기로 결심했습니다. 그렇게 재밌게(진짜 신기하게 공부가 재밌었습니다) 공부하다가 중급반으로 올라간 뒤 두어 달이 지났을 무렵, 서점에서 일본어 교재들을 살펴보다가 우연히 어떤 책을 펼쳐 보게 됐는데 제 수준에는 조금 어려운 내용들이더군요. 그런데 우연인지 필연인지 책에 딸려 있는 카세트테이프에 유독 눈길이 가는 거였습니다. 때마침 제가 당시 유행하던 이른바 워크맨, 또는 마이마이라고도 불렀죠. 아무튼 용돈…은 따로 없었고 명절 등에 받았던 세뱃돈 같은 거 아껴서 그걸 어렵사리 구입한 직후인지라 더 눈길이 갔는지도 모르겠습니다.

여하튼, 그래서 겁도 없이 덜컥 그 교재를 사 들고 집으로 갔습니다. 하지만 테이프를 꺼내서 들어 보니 5분의 1도 채 알아듣지를 못하겠더군요(회화 테이프가 아니라 책의 지문 내용을 내레이터가 읽어 주는 형식). 처음엔 괜히 샀나 싶었습니다. 그런데 어려운 책을 소위 '마스터'하고 나면 실력이 부쩍 는다는 걸 경험으로 알고 있었기 때문에 기왕 샀으니 버거운 내용이긴 해도 한번 도전해 보자 싶었습니다.

그리하여 그날 이후로 워크맨을 몸에서 떼지 않고, 버스나 지하철을 탈 때나 약속 시간에 친구를 기다릴 때나 식사를 할 때도 그 테이프를 들었습니다. 심지어 자면서도 이어폰을 귀에 꽂고 자기도 했습니다. 안 들려도 그냥 틀어 놓고 반복, 또 반복해서 들었습니다. 물론 책으로 공부도 당연히 병행하면서요. 그렇게 몇 달쯤 계속적으로 듣다 보니 점점 내용이 들리기 시작할 뿐 아니라 몇몇 구절은 따라 할 수도 있게 되더군요. 그런 식으로 수도 없이 듣다 보니, 이러다 테이프 다 닳을 것 같은 걱정이 들 정도였습니다. 요즘 젊은이들은 모를 수도 있겠지만 테이프는 많이 들으면 늘어져서 못쓰게 되고 말거든요. 그래서 안 되겠다 싶어서 당시 유행했던 복제 집에 가서 각 테이프당 두 개씩 따로 복사를 했습니다. 그리고는 듣고 또 듣고, 따라 말하고 또 말하고 하는 생활을 하다가 휴학 기간이 끝날 무렵쯤 되니까 아예 내레이터의 읽는 속도에 맞춰서 내용을 거의 동시에 말할 수 있을 정도까지 되더군요. 한마디로 책 내용을 전부 다는 아니지만 대부분 외워 버릴 만큼 됐다는 거죠. 여기서 가장 중요한 사실!!! 그저 외워 버린 수준을 넘어서 발음이나 억양도 내레이터와 얼추 비슷하게 되더라는 사실입니다. 이제 아시겠지요? 왜 그때 일본어 교수가 저더러 교포냐고 물어봤는지를요. 아무튼 그런 식으로 열심히, 그리고 재밌게 공부한 결과, 이후 TOJAP 시험에서도 한국과 일본을 통틀어서 1위를 차지하게 된 거고, 그 어렵다는 외대 동시통역 대학원 1차까지 붙었던 것이죠.

그리고, 일본어 공부 전혀 안 한 사람도 일드나 일영, 일애니를 좋아해서 수 년, 많게는 10년 넘게 수도 없이 본 사람들의 경우, 특히 어릴 때부터 일드와 일영, 일애니 '덕후'인 경우, 전혀 공부도 안 하고 기초 문법조차도 모르는데 자막과 함께 계속 듣다 보니 어느 순간부터 쉬운 대사는 대충 알아듣게 되더라고 하는 사람이 많습니다. 특히 언어 감각이 있는 사람은 50% 이상, 평이한 대사로 된 드라마는 70% 정도까지도 들린다고 하는 사람도 있더군요. 근데 이건 어쩌면 당연한 겁니다. 우리가 말을 배울 때 책 보고 배운 게 아니잖아요? 수도 없이 듣고, 듣고, 또 듣고 하다 보니 자연스레 '이런 상황에선 이렇게 말하는구나'하고 알게 된 것이고, 또 따라서 쓰다 보니 자연스레 터득하게 된 거잖아요? 그러니 이 책 내용이 좀 어렵게 생각되는 분들도 아래의 제 제안대로 음원을 활용해 보시면 언젠가 귀가 열리고 말문이 트일 거라 생각합니다. 그리고 책 내용이 어렵지 않지만 일본어 발음과 억양을 익히시고 싶으신 분들도 다운받아서 활용해 보시기 바랍니다.

먼저 처음부터 하나하나 공부를 하면서 해도 좋고, 한국과 다르게 쓰이는 일본의 한자어가 어떤 것들이고, 어떤 뜻인지를 먼저 파악하기 위해 쭉 일독한 뒤에 해도 좋습니다. 제공하는 음성 파일은 001. mp3부터 501.mp3까지 총 501개가 있는데, 이것과 함께 아래와 같은 한국어 원문만 있는 워드파일을 다운받으시기 바랍니다.

001
명탐정인 네 아버지보다 빨리 이 사건에 숨겨진 흑막이 있다는 걸 밝혀내다니 청출어람이라는 말이 괜히 있는 게 아니구나.

그런데 제가 접촉했던 자비출판사들은 음원 파일 제작 지원은 불가능하다길래 개인적으로 업체를 섭외해서 음원 파일을 제작했고, 음원 파일 다운로드용 아이디를 하나 개설해서 블로그에다가 올려놨습니다.

아래에서 다운받으세요.

먼저 위의 원문을 머릿속으로, 또는 여건이 된다면 소리를 내서 (추천!) 일본어로 작문을 해 보는 겁니다. 그러고 나서 001.mp3 파일을 클릭한 후, 눈은 원문을 좇아가면서 작문이 맞았는지 확인을 합니다. 그리고 또 한 번 클릭해서 이번엔 일본인의 음성에 맞춰서 거의 동시에 따라서 읽으세요. 긴 문장의 경우 처음에는 거의 동시에 따라 하기 힘들 수 있는데, 그런 경우는 어구나 어절 단위로 중간중간 끊어서 따라 읽어도 됩니다. 이런 작업을 최소 세 번에서 다섯 번 정도는 반복하시기를 권합니다. 알든 모르든 앵무새처럼 무작정 따라서 읽으세요. 그런 다음 다시 원문만을 보고 일본인의 발음과 억양을 기억하면서 다시 작문을 해 보는 겁니다. 그렇게 501개까지 한 뒤에 또 처음부터 이 작업을 반복하는 것이죠. 그러다 보면 어느 새 놀라 보게 향상된 발음과 억양을 확인하게 되는 날이 올 겁니다. 참고로 소리 내서 읽을 여건이 안 되더라도 머릿속으로 따라 읽는 것도 가능합니다. 또한 책상에 앉아서 공부를 할 수 없는 여건일 때는 스마트폰 등에 음원 파일을 집어넣어서 연속 듣기 기능으로 청해용으로도 활용하세요. 무식해 보이지만 끈기를 갖고 시도해 보시면 이 방법의 유용성과 탁월한 효과를 체감하실 거라 믿습니다.

+ 일본의 외래어는 전각 카타카나로 표기하는 게 원칙이지만 카타카나는 2바이트를 차지하기 때문에 예컨대 한 줄로 처리돼야 할 게 두 줄로 넘어가거나 하는 경우(예: オイル) 반각으로 표기한 경우가 있으니 이 점 양지해 주시면 감사하겠습니다.

본격적으로 들어가기 전에

먼저, 이 책의 가장 큰 장점을 들자면, 양국 간에 뜻이 다르게 쓰이는 한자어라 하더라도 사전을 찾으면 '당연하게' 나오는 한자어들이 있는데, 어디까지나 이 책은 사전을 찾아봐도 알 수 없는 것들, 또한 사전에 엉터리로 뜻풀이가 돼 있는 것들, 일본에서 오랜 기간 살았다 해도 단어나 표현의 뜻을 유심히 살피고 천착해 보지 않았다면 알지 못하는 것들. 심지어 일본어 고수임을 자처하는 분들도 미처 몰랐을 것들…. 그런 한자어들을 위주로 다뤘다는 점입니다(예제를 짜는 과정에서 자연스럽게 들어가게 된 것들은 이 책에서도 일부 활용을 하긴 했습니다).

그리고, 이 책을 빈칸 메우기 퀴즈 형식으로 한 이유는, 단순히 단어들의 뜻을 나열하는 어휘 교재 형태로 단순 암기를 시키는 것에 비해 퀴즈 형식은 뇌의 더 많은 영역을 활용해야 하기 때문에 학습 효과가 더욱 높아진다고 생각하기 때문입니다. 이는 저의 어학 공부 경험에 바탕을 둔 것으로서, 저는 어휘 교재의 경우도 다양한 예문이 있는 교재를 선택했고, 그 외의 교재도 가급적이면 다양한 형태의 예문이 실린 문제집 같은 걸로 공부하곤 했습니다. 당연히 사전도 예문이 많이 실린 걸 선택했고요. 왜냐하면 제 경험상 단순 암기식으로 학습했을 때보다 다양한 예문을 보고 같은 단어나 표현의 미묘하게 다른 뉘앙스를 캐치하고, 다양한 문제를 풀어 가며 학습했을 때 효과가 더욱 컸기 때문입니다.

다음으로, 이 책의 타깃은 크게 나누면 세 부류의 사람들입니다.

 이미 상당한 일본어 실력을 갖춘 분들, 예를 들어 영상번역을 비롯한 일한, 한일 번역에 관심이 있어서 공부하고 있거나 **번역 일에 뛰어들려는 분들**, 그리고 직업 번역가로서 갓 첫걸음을 뗀 **초보 번역가들**도 그 대상입니다. 아울러 이른바 어둠의 번역가(아마추어 자막러)분들도 서점 같은 데서 우연히 이 책을 훑어보거나 하시다가 유익하다고 판단되시면 이 책을 꼭 구입해서 탐독해 주시기를 희망합니다. 그리하여 **일본어 '黒幕(쿠로마쿠)'를** 그대로 한국어 '흑막'으로 오역함으로써 수많은 사람들이 잘못 알고 오용하게 돼 버린 이런 사례가 부디 줄어들기를 간절히 빕니다. 또한 어떤 의미에선 한국의 얼굴 역할을 하는 거라고도 할 수 있는 언론사 일본어판 기사 담당자분들을 비롯한 일본어를 하시는 기자님들도 타깃이라고 할 수 있습니다.

 너무도 당연한 거겠지만, 그리고 어쩌면 이 책의 주 타깃이랄 수 있는 **일본어를 공부하는 한국인들**이 그 대상입니다.

 한국에서 **한국어를 공부하는 일본인**도 시야에 넣었습니다.

다음으로, 반복 학습의 중요성은 두 말 하면 잔소리겠죠. 한 번 접하고, 두 번 접하고, 계속 접하다 보면 저절로 외워지는 법이죠. 그래서 이미 앞에 나왔던 단어는 복습하고, 뒤에 나올 단어는 예습할 수 있게끔 해서 저절로 반복 학습 효과를 낼 수 있도록 나름대로 최대한 신경 써서 예제를 만들었습니다.

한자어뿐 아니라 일본어 학습자에게 도움이 될 수 있는 유용한 표현도 빈칸 메우기 퀴즈 형식으로 예제를 작성했습니다. 일본어 고수들이야 거의 다 아는 내용일 수 있지만 일본어 학습 단계에 있는 사람들의 경우 상당히 도움이 되리라 생각합니다. 또 그럼으로써 작문 연습의 효과도 노렸음을 일러둡니다.

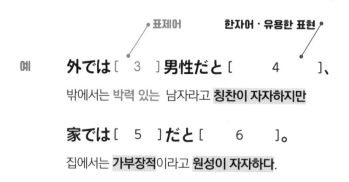

표제어 　 한자어 · 유용한 표현

예　　**外では** [　3　] **男性だと** [　　4　　]、
밖에서는 박력 있는　남자라고 **칭찬이 자자하지만**

家では [　5　] **だと** [　　6　　]。
집에서는 **가부장적**이라고 **원성이 자자하다.**

그리고 2권이 나오리란 보장이 없으므로 일단은 이 책 속에 최대한 많은 수의 한자어를 수록하기 위해 온 신경을 집중해서 예제를 짰습니다. 해당 항목의 표제어가 아닌 '서로 쓰임새가 다른 한자어'가 하나의 예문에 적어도 2~3개, 많게는 5~6개까지 들어간 것도 있습니다. 사실 한 개의 표제어만 가지고 대충 예문을 지어내거나, 적당한 예문이 안 떠오르면 인터넷을 검색해서 괜찮아 보이는 문장을 조금 바꾸는 형태로 했다면 엄청 수월했을 텐데, 한 예제에 여러 개의 한자어를 한꺼번에 넣어서 예문을 짜느라 가뜩이나 밀도가 약해진 제 뇌세포들을 너무도 많이, 너무도 장렬히 전사시킨 것 같은 느낌입니다. 이 책은 이렇게 심혈을 기울여서 완성한 책임을 알아주신다면 그 고생을 한 보람을 느낄 수 있을 것 같습니다. 서로 연관이 없는 단어 여러 개를 가지고 직접 문장을 만들어 보시면 이게 얼마나 어려운 작업인지 실감하시리라 확신합니다. 그것도 서너 문장 시험 삼아 만들어 보는 게 아니라 이 책 속의 거의 모든 예제를 그렇게 하려면 얼마나 힘들지 상상이 되실 줄 믿습니다.

또한, 사실 처음에는 "에헴~ 나도 책 한 권 냈어~" 이러면서 폼 한번 잡아 볼 요량으로 대략 250페이지 정도를 목표로 시작했는데, 쓰다 보니 자꾸 욕심이 나서 그게 300페이지가 되고, 그런데도 싣고 싶은 한자어는 엄청 많이 남아 있고, 그러다 보니 페이지수가 자꾸 늘어나서 결국은 두 배인 약 500페이지가 됐습니다(편집 디자인 과정에서 글자 크기를 줄임으로써 전체 페이지 수가 줄어들었음). 하지만 그렇게까지 했음에도 미처 여기 싣지 못한 한자어들은 2권에 실을 수밖에 없는데, 사실상 2권이 나올 수 있으리라는 보장이 없죠. 그래서 많은 고민 끝에 묘수 혹은 궁여지책을 생각해 냈습니다. 최대한 많은 한자어를 여기 싣기 위해서 해설을 되도록 간략하게 하되, 꼭 소개해 드리고 싶은 내용인데 부득이하게 생략할 수밖에 없었던 건 제 블로그에서 찾아보시게 하는 방법이 그것입니다. 따라서 그런 부분은 책 중간중간에 제 블로그에 올린 그 글들의 제목을 적어 놓고, 또 제 블로그에도 따로 목록을 정리해서 해당 글과 링크해 놓을 테니 좀 귀찮으시더라도 꼭 찾아서 읽어 주셨으면 합니다. 이 목록으로 바로 갈 수 있는 큐알코드를 뒤쪽 책날개에 새겨 놨으니 책을 읽어 나가면서 바로바로 확인해 보고 싶은 분은 그 큐알코드를 통해서 들어가시고, PC로 이용하실 분은 공지사항 카테고리에서 '책에서 블로그로 덜어 온 내용들 링크'라는 글을 찾아서 들어가세요. 제 입으로 이런 말 하기 그렇지만 상당히 알찬 내용들이라고 자부하는 바입니다. 네이버 메인 화면에서 iveen이라고 치면 제 블로그가 뜨는데 일단 아래에 적어 놓겠습니다.

blog.naver.com/iveen

마지막으로 이 책의 가격에 대해서인데, 이 한 권의 책에는 두 권 이상 나오고도 남을 분량의 한자어가 수록돼 있는 셈입니다. 더군다나 위에서 말씀드렸듯이 처음에 써 놨던 해설을 줄여서 블로그에 옮겨 놓은 것까지 따지면 600페이지 분량도 훌쩍 넘을 겁니다. 이 책을 쓰느라 들인 시간과 노력, 그리고 알토란 같은 진귀한 정보들을 생각하면 가격을 좀 높게 책정하자 싶은 마음도 있었지만, 이 책을 사서 읽을 주 연령층의 주머니 사정이 그리 넉넉지는 않으리란 생각에, 그리고 돈보다는 코패니즈 한자어를 보다 널리 알리는 게 더욱 중요하다는 생각에 처음 생각했던 가격보다 상당 폭 내리기로 결정한 저의 충정(衷情)을 헤아려 주신다면 대단히 감사하겠습니다.

목차

농락 ≠ 籠絡

가련 ≠ 可憐

비굴 ≠ 卑屈

자수 ≒ 自首

살벌 ≒ 殺伐

선진국 도약 = 先進国へ跳躍？

전전긍긍 ≠ 戦々恐々

철두철미 ≠ 徹頭徹尾

코패니즈 한자어

名探偵の君の親父^{おやじ}より早く、この事件に [1] があるってことを [2]

명탐정인 네 아버지보다 빨리 이 사건에 숨겨진 흑막이 있다는 걸 **밝혀내다니**

[3] って言葉が無駄にあるんじゃないね。

청출어람이라는 말이 괜히 있는 게 아니구나.

ほんとに [4] だな。小心者^{しょうしんもの}で腰抜けだったやつが、あんなに [5]

아주 **안하무인**이잖아. 소심하고 겁쟁이였던 놈이 저렇게 **우쭐해서**

[6] のを見ると黒幕がいるに違いない。

설쳐 대는 걸 보면 [7]이 있는 게 분명해.

新兵 [8] での爆発事故では [9] がなかったが、[10] 付近では

신병 훈련소의 폭발 사고는 **인명 피해**가 없었지만, **군사분계선** 인근에서는

[11] 兵士の中の一人が [12] で重傷を負った。

사주경계를 서고 있던 병사 중 1명이 **오발 사고**로 중상을 입었다.

ボクシングは [13] による身体能力の差が大きいので [14] に厳しい。

복싱은 체급에 따른 신체 능력의 차가 크기 때문에 **계체량**이 엄격하다.

日本では年末になると部屋を大掃除する [15] があって

일본에는 연말이 되면 [16]을 대청소하는 **관습**이 있어서

[17] が [18] 売れる。

가정용 청소용품이 **날개 돋친 듯** 팔린다.

먼저 오해를 피하기 위해 말씀드리고 싶은 게 있는데, 이 세상에서 번역 일에 종사하는 사람들 중에 오역을 한 번도 하지 않은 사람은 단 한 사람도 없다고 확신합니다. 저 역시도 오역 많이 했습니다. 또한 앞으로도 오역을 100% 피할 수 있다는 보장은 없습니다. 아니, 보장이 없는 정도가 아니라 불가능하다고 생각합니다. 왜냐? 한국말도 100% 완벽하게 알고, 또 완벽하게 구사하는 것이 불가능한데 어떻게 외국어를 완벽하게 알 수가 있겠습니까? 또한 알고 있는 경우도 자칫 어이없는 실수를 하는 일도 발생합니다. 실제로 제가 엄마를 아빠라고 번역해 놓는 바람에, 그것도 엄청난 팬덤이 형성돼 있는 모 애니메이션에서 그런 실수를 저지르는 바람에 곤혹스런 일을 겪은 적도 있습니다. 또한 코패니즈 한자어에 관한 책을 쓰고 있는 이 순간도 제가 아직 파악하지 못한 한자어의 경우 저 역시도 코패니즈 한자어를 쓰고 있을지도 모릅니다. 아니, 당연히 쓰고 있을 겁니다. 왜냐하면 제가 이미 파악한 코패니즈 한자어보다 몇 배, 어쩌면 몇십 배나 더 많은 코패니즈 한자어가 있을 것이기 때문입니다.

〔나중에 나올 텐데 제가 코패니즈 한자어를 쓴 예가 감수 과정에서 실제로 드러남〕

그러나 이 책의 성격상 오역에 관해 언급하지 않을 수 없는 터라 부득이하게 오역 사례를 소개할 수밖에 없는 것이지, 오역을 범한 개개인을 공격하기 위함이 아니라는 점을 알아주셨으면 합니다. 저도 오역한 적 많은데 오역 때문에 그분들 흠을 잡고 깎아내릴 이유가 어디 있겠습니까. 그렇기에 여기 나온 오역 사례들은 실제 작품에 나왔던 오역이 아니라 제가 일부러 새로 지어낸 예문들입니다. 실제 오역된 대사를 예로 들면 어떤 사람이 번역한 것인지 알 수도 있을 테니까요.

말이 나온 김에 덧붙이자면, 번역의 가치와 중요성을 너무도 폄훼하는 풍토가 참으로 안타깝습니다. 번역 능력 검증 없이 마구 후려친 단가로 아무나 번역가로 쓰는 업체들, 싼 게 비지떡인지 모르고 그런 업체들의 한숨 나오는 수준의 자막을 그대로 쓰는 채널 담당자들, 번역에 대한 작금의 인식과 번역가에 대한 열악한 대우 등 번역업계의 실태가 개선되지 않는 한 질 낮은 번역과 오역이 양산되는 일을 줄일 길은 요원하다고 봅니다.

모범 답안

1. 숨겨진 흑막 ： 隠された陰険(いんけん)な思惑

서두에서 말씀드린 것처럼, 오역으로 인해 큰 폐해를 끼치고 있는 사례 중에서도 대표격인 한자어죠. 한국어 흑막은 이렇듯 사람을 지칭하는 단어가 아니라 숨겨진 내막, 음흉한 속셈, 꿍꿍이라는 뜻을 지닌 단어임에도 일본어 '쿠로마쿠'를 그대로 '흑막'이라고 번역함으로써 생긴 폐해는 대단히 심각한 상태입니다. 일반인은 물론이거니와 작가, 기자, 번역가 등등 학력, 직업과 상관없이 두루 오용하고 있는 실태입니다.

2. 밝혀내다니 ： 突き止めるとは

원인, 동기, 신원 등을 밝혀내는 걸 이렇게도 표현합니다. 몰랐던 분은 이 기회에 외워 두시기를.

3. 청출어람 ： 出藍(しゅつらん)の誉(ほま)れ

일본에는 '청출어람'이라는 사자성어는 없고 위와 같이 표현합니다.

4. 안하무인 ： 傍若無人(ぼうじゃくぶじん) · 眼中人無(がんちゅうひとな)し

「眼中人無し」는 옛날에 제가 한창 공부할 때 외웠던 표현이고, 사전에도 실려 있기 때문에 답안으로 제시하긴 했지만 일본인들한테 물어보니 거의 쓰이지 않는다는 의견이 대부분이었습니다. 그러니 이건 시험 대비용으로만 외워 두시고 '방약무인'을 쓰시기 바랍니다.

> 日 '안중무인'도 한국의 국어사전에 있긴 한데 아는 사람은 별로 없을 겁니다. 반면 '안하무인'은 일상의 대화에서도 종종 쓰는, 널리 알려진 사자성어입니다.

5. 우쭐해서 ： いい気になって

「図(ず)に乗る · 調子に乗る · 調子をこく」 등도 우쭐하다, 으스대다, 기고만장하다 등의 뉘앙스로 쓰이는 표현이니 기억해 두시길. 단, 이 세 가지 표현에 비해 「いい気になる」는 '살판났다', '(아주)신이 났다' 등의 뉘앙스로도 쓰입니다.

6. 설쳐 대는 : 暴れまくる
あば

'설쳐 대다, 마구 날뛰다'라는 뜻을 지닌 표현입니다.

7. 黒幕 : 배후 조종자, 사주하는 놈
くろまく

일본어 「黒幕」는 이와 같이 번역해야 하는 거죠. 이것 말고도 비슷한 뜻을 지닌 단어라면 뭐든 가능합니다.

8. 훈련소 : 演習場
えんしゅうじょう

우리나라에선 예비군 훈련장이나 신병 훈련장 등을 '연습장'이라고 하지는 않죠. 그런데 이 일본어 演習場을 그대로 '연습장'이라고 해 놨길래 업체와 상의해서 '훈련소'라고 고친 적이 있습니다. 특히나 영상번역은 그 나라에서 널리 쓰이는 일반적인 표현, 관객이나 시청자가 딱 보고 단번에 알 수 있는 표현으로 번역하는 게 기본입니다.

9. 인명 피해 : 人的被害

이 한국어 '인명 피해'는 재해나 사고 등으로 사람이 죽거나 다치는 걸 의미하는 말인데, 일본에선 이걸 人命被害라는 식으로 표현하지 않는다고 합니다. 검색을 해 보면 거의 다 한국 관련 글들이고 일부 일본 글에서도 발견은 되는데, 이렇게 표현하는 것이 일반적이지 않다는 건 분명한 것 같습니다. 감수자님은 물론 제가 물어봤던 여러 일본인의 의견도 그랬고요.

10. 군사분계선 : 軍事境界線

군사분계선을 일본에선 '군사경계선'이라고 표현합니다.

11. 사주경계를 서고 있던 : 全周警戒にあたっていた
ぜんしゅうけいかい

우리는 사주경계라고 하지만 일본은 '전주경계'라고 합니다. 그리고 '(경계를)서다'는 위와 같이 표현한다는 점.

12. 오발 사고 : 誤射事故
ごしゃ

일본은 '오발'이란 한자어가 아니라 이렇듯 '오사'라고 합니다.

13. 체급 : 階級

복싱, 유도, 레슬링 등 체중에 따라 급을 나누는 걸 우리는 체급(體級)이라고 하지만 일본은 階級(계급)이라고 합니다. 그런데 프로 번역가가 번역한 어떤 영화를 봤더니 이 階級이라는 일본 한자어를 '랭킹'이라고 오역해 놨더군요.

14. 계체량 : 計量(けいりょう)

일본에서는 「計体量(계체량)」이라고는 하지 않습니다.

15. 관습 : 習慣

이건 아는 분도 많겠죠? 우리의 '관습'을 일본은 '습관'이라고 합니다. 그러니 일본어 '습관'을 한국어로 옮길 때는 문맥을 잘 살펴야겠죠.

16. 部屋 : 집

일본은 우리나라에서 '집'이라고 해야 할 장면에서 部屋(방)이라고 말하는 경우가 상당히 많습니다. 추측건대 일본의 경우, 특히 대도시에서는 자기 집을 갖고 있지 않은 이상 거의 다 월세를 살고, 또한 그 집의 규모도 우리로 치면 원룸이나 투룸 같은 규모에서 사는 서민들이 많기 때문에 우리가 집이라고 부를 만한 장면에서 部屋라고 말하게 된 게 아닐까 싶습니다. 예를 들자면, 아주 유명한 일본의 모 형사물 드라마에서 경찰이 사건이 일어난 집을 조사하기 위해 주인에게 部屋를 좀 살펴봐도 되겠냐고 허락을 청하는 장면이 나옵니다. 그러나 그때 상황은 집 안의 어떤 특정한 방을 살펴봐도 되겠냐고 묻는 게 아니라 '집'을 살펴봐도 되겠냐고 묻는 장면이었거든요. 그러니 이 部屋도 무턱대고 '방'이라고 번역해서는 안 되고, 상황과 문맥을 보고 '집'이라고 해야 할지 '방'이라고 해야 할지를 정확하게 판단해야 합니다.

17. 가정용 청소용품 : 家庭向けの清掃用品(掃除用品)

일본도 「家庭用」이라고도 하지만 이렇게도 표현한다는 점. 그리고 일본어 「清掃(청소)」는 「掃除」에 비해서 좀 더 규모가 크고 전문적, 직업적인 청소일 경우에 쓰기 때문에 이 문제의 답은 「掃除用品」일 거라고 생각한 분들도 계실 텐데, 이 경우에는 일본도 清掃用品이라고 해도 자연스럽다고 합니다.

18. 날개 돋친 듯 : 飛ぶように

원래는 「羽(はね)が 生(は)えて 飛ぶように」인데 일반적으로 앞부분은 생략하고 이렇게 표현하는 경우가 많습니다.

[　　1　　] **成長するものだって？俺たちの仕事はたった一度の失敗も**

시행착오를 겪으면서 성장하는 법이라고? 우리 일은 단 한 번의 실패도

許されない。失敗したら [2] **するしかない。**

용납되지 않아. 실패하면 처치하는 수밖에 없어!

処分しちまえ。

[3]해 버려.

[　　4　　] [　5　] [6] **しっちまえ！**

남녀노소 할 거 없이 흔적도 없이 처리해 버려.

データが膨大すぎて、指紋の [7] **に** [　　8　　]、

데이터가 너무 방대해서 지문 분석에 난항을 겪었지만

全スタッフが [　　9　　] **動いた結果、ついに** [10] **を見つけました。**

모든 팀원이 일사불란하게 움직인 결과 마침내 진범을 찾아냈습니다.

[11] **の** [12] **が長引いてるので開始が遅れそうです。**

응급환자 수술이 길어지고 있어서 [13]이 늦어질 것 같아요.

[14] **では、シャワーなどで** [　　　15　　　] [　　16　　]

공중목욕탕에선 샤워 등으로 더러운 몸을 씻어내지 않고 탕에 몸을 담그는 건

[17] **だ。**

교양 없는 행동이다.

모범 답안

1. 시행착오를 겪으면서 : 試行錯誤しながら

‘시행착오’는 일본에서는 주로 동사로서 사용합니다. 그러나 우리나라는 ‘시행착오하다’라는 동사는 없고 ‘시행착오를 겪다’라고 하는 게 일반적인 표현이죠. 그런데 이걸 그대로 ‘하다’로 번역해 놓은 걸 발견한 적이 여러 번 있습니다. 장차 번역가가 되려 하시는 분들에게 꼭 당부하고 싶은 건, 번역은 국어 실력이 더욱 중요하다는 사실입니다. 물론 외국어 실력은 중요하지 않다는 뜻이 아닙니다. 하지만 ‘번역의 경우’ 외국어는 정확한 독해와 청해만 할 수 있다면 충분하지만 그걸 매끄럽고 유려한 우리말로 옮기기 위해선 문장력, 표현력, 어휘력이 필요하잖아요. 그러니 국어 공부에 더욱 신경을 써야 한다는 걸 명심하세요.

2. 처치 : 排除

처분과 배제에 대해서는 따로 표제어로서 다룰 텐데, 일본어 排除는 사람을 죽인다는 뜻으로 쓰일 때가 있는 단어지만 한국어 ‘배제’는 그렇지 않죠. 그런데도 이런 의미로 쓰인 일본어 排除를 그대로 ‘배제’라고 번역하면 안 되겠죠?

3. 処分 : 처치

이 역시도 제가 감수한 번역 중에 나온 오역입니다. 한국에선 사람을 죽인다는 뜻으로 ‘처분’이란 말을 쓰지 않잖아요. 그러니 저걸 그대로 ‘처분’이라고 번역하면 안 되는 거죠.

> **日** 한국에선 단어의 본래 뜻에는 ‘죽이다’라는 뜻이 없지만 이 処分이라는 일본어처럼 비유적으로 쓰이는 단어들이 몇 개 있습니다. 위 예문에서 나온 ‘처치하다’를 비롯해서 ‘제거하다’, ‘해치우다’, ‘없애다’도 있고 ‘처단하다’와 ‘처리하다’도 그런 뜻이 내포돼 있을 때가 있습니다.

4. 남녀노소 할 거 없이 : 老若男女を問わず

이건 중급 이상 넘어가면 아마 대부분이 알 만한 사자성어죠?

5. 흔적도 없이 : 跡形もなく

이걸 「痕跡もなく」라고 해도 의미는 통하겠지만 이 경우에는 위와 같이 말하는 게 정형화된 표현입니다.

6. 처리 : 始末<ruby>しまつ</ruby>

이것도 '죽이다'라는 의미가 내포될 경우가 있는 일본어입니다.

7. 분석 : 解析<ruby>かいせき</ruby>

이 역시 제가 감수한 작품 중에서 解析을 그대로 '해석'으로 번역한 사례인데 이건 사실 오역이라고까진 할 수 없습니다. 왜냐하면 해석(解釋)과는 한자도 뜻도 다르니까요. 하지만 한국에서 解析이라는 한자어는 예를 들면 '해석학' 같이 극히 제한된 영역에서만 쓰이잖아요. 게다가 解釋과 발음이 같아서 헷갈리기 쉽고, 특히 한자 교육이 유명무실해진 상황이라 한자어 어휘력이 부족할 수밖에 없는 요즘의 젊은이들 중에선 解析이란 한자어가 따로 있는지조차 모르는 사람도 꽤 되는 것 같습니다.

8. 난항을 겪었지만 : 難航<ruby>なんこう</ruby>しましたが

이 難航도 일본에선 동사로 쓰이지만 한국에는 '난항하다'라는 동사는 없습니다. 예문과 같이 '난항을 겪다, 거듭하다'라는 식으로 표현해야죠. 국어 공부가 이래서 중요하다는 겁니다.

9. 일사불란하게 : 一丸<ruby>いちがん</ruby>となって · 一斉<ruby>いっせい</ruby>に協力して

서두에서 말씀드렸던, 코패니즈 한자어에 대한 책을 쓰고 있는 저 역시 코패니즈 한자어를 쓰고 있음이 밝혀졌다는 것 중에 하나가 이것입니다. 원래 제가 제시한 답은 「一糸乱<ruby>いっしみだ</ruby>れず」였습니다. 여러분 중에서도 이 퀴즈의 답을 이걸로 생각한 분이 계시죠, 아마? 그런데 일본에서는 예컨대 군대의 열병식 같은 거나, 카드 섹션, 매스 게임, 그리고 여러 사람들이 동작을 맞춰서 추는 군무(群舞) 같은 것들이 한 치의 흐트러짐도 없이 칼같이 착착 맞게 움직일 때나 사용한다고 합니다. 그러니까 이런 경우처럼 비유적으로 쓰지는 않는다는 거죠. 아마도 이건 고수분들 중에서도 몰랐던 분도 꽤 되지 않을까 싶습니다. 재확인을 위해 여러 일본인들에게 물어본 결과도 비슷했지만, 일반적인 표현이 아닌 건 분명하지만 그렇게 말해도 괜찮을 것 같다는 반응도 있긴 했으니 참고하시기를. 그러니 이렇게 비유적으로 쓰인 한국어 '일사불란'은 위와 같이 의역해 줘야겠죠. 그리고 일본의 사자성어 「一心不乱<ruby>いっしんふらん</ruby>」을 '일사불란'으로 번역한 걸 몇 번 본 적이 있는데 이것도 엄연한 오역이죠. '일심불란'은 한국에도 있는 사자성어로서 한 가지 일에만 집중한다, 마음을 한 곳에만 쏟는다는 뜻입니다.

10. 진범 : 真犯人 (しんはんにん)

일본은 '진범'이라고 하지 않고 위와 같이 표현합니다.

> **日** '진범인'이라는 단어는 사전에 있긴 하지만 사어라고 봐도 무방합니다.

11. 응급환자 : 救急患者 · 急患 (きゅうかん)

일본의 경우는 응급 환자를 '구급환자'라고 하는 게 일반적입니다.

> **日** '급환'의 경우 한국에도 위급한 환자라는 뜻으로 사전에 실려 있긴 한데 한국에서는 '위급한 병환'이라는 뜻으로 쓰는 경우가 많습니다. 예를 들면 '급환으로 별세하다'와 같이 말이죠. 개인적으로는 '급환'을 '위급한 환자'라는 뜻으로 쓰는 걸 보거나 들은 기억이 없습니다. 또한 오래 전에 간호사인 누나한테도 물은 적 있는데 병원 같은 데서도 '급환'을 응급 환자나 위급 환자라는 뜻으로 쓰지는 않는다고 합니다.

12. 수술 : オペ

일본도 당연히 '수술'이라고도 하지만 '오퍼레이션'을 줄여서 이렇게도 종종 표현합니다.

13. 開始 : 시작

이 역시 오역이라고는 할 수 없지만 한국에서 저런 경우에는 '개시'가 아니라 '시작'이라고 해야 자연스럽죠. 대학교에서 시험 시작을 알릴 때 교수나 강사가 "지금부터 개시합니다"라고 하는 사람 없잖아요? 그리고 병원에서 수술 시작을 알리는 선언을 할 때 집도의가 "지금부터 ○○ 수술을 개시합니다"라고 하지 않잖아요? 그러니 설령 한국과 일본에 똑같이 존재하고, 또 그 뜻도 같다고 해도 사용 빈도나 쓰임새를 고려해서 더 자연스러운 표현으로 가려 쓸 줄 알아야겠죠.

> **日** 한국에서 '개시'라는 한자어는 '공격 개시', '작전 개시' 등 아주 국한된 상황에서만 쓰이는 경향이 있습니다.

14. 공중목욕탕 : 公衆浴場 _{こうしゅうよくじょう}

우리의 공중목욕탕을 일본에선 이렇게 '공중욕장'이라고 합니다. 그리고 동네에 있는, 우리로 치면 대중탕은 「銭湯 · 風呂屋」라고 하죠.

15. 더러워진 몸을 씻어 내지 않고 : 体の汚れを落とさず _{よご}

탕에 들어가기 전에 '땟국물 같은 걸 먼저 씻어 낸다'는 표현을 일본에선 이렇게 「体の汚れを落とす」라고 표현합니다. 한국 사람 입장에선 떠올리기 힘든 일본어 특유의 표현이니 외워 두면 보다 일본어다운 일본어를 구사할 수 있겠죠. 항상 강조하지만 외국어는 단어 위주가 아니라 어구, 표현 위주로 공부해야 합니다.

16. 탕에 몸을 담그는 건 : お湯に浸かるのは _つ

한일 번역에서 발견한 예인데 이걸 「お湯に体を浸かる」라고 번역해 놨더군요. 이 역시 오역이라고는 할 수 없을지 몰라도 군더더기 표현입니다.

17. 교양 없는 행동 : マナーに反する行為

이건 처음에 '교양'이라는 한자어도 한국과 일본이 미묘하게 다른 뉘앙스로 쓰이기 때문에 이런 때 일본어 '교양'을 쓰면 부자연스럽다는 걸 알리기 위해 「教養のない」 대신에 「行儀悪い」라는 답안을 제시했던 건데 감수 과정에서 걸러진 겁니다. 감수자님의 말을 빌리자면, 「行儀悪い」는 이처럼 명백하게 타인에게 폐를 끼치는 경우에는 쓰지 않는다고 하더군요. 그래서 이 역시 여러 사이트를 통해 많은 일본인들에게 확인을 해 봤더니, 역시 여기선 '매너'를 쓰는 게 '더' 자연스럽겠다는 반응이 많았지만, 「行儀悪い」도 쓰면 안 된다는 법은 없다는 의견도 있었으니 참고하시기를. 그리고 또 이 경우는 '행동'이 아니라 위처럼 '행위'를 쓰는 게 더 매끄럽다는 의견도 있었습니다. 우리 한국 사람으로서는 이런 부분은 분간해서 쓰기가 쉽지 않죠? 아무튼 일본어 '교양'은 한국에 비해 쓰임새가 제한돼 있는 것은 분명하고, 처음 이 퀴즈를 냈던 취지인 일본어 '교양'과 한국어 '교양'의 쓰임새와 뉘앙스도 다르다는 것. 따라서 일본은 공중목욕탕 매너 같은 것에 教養이라는 한자어를 쓰지는 않는다는 사실만 일단 기억해 두시기 바랍니다.

[1]の[2]は午後７時ですが、チケットの受付はもう[3]。

록 페스티벌 공연 시작 시간은 오후 7시인데 티켓 접수는 이미 끝났어요.

あいつが証人をとっくに籠絡(농락)してるはず。

그 자식이 증인을 진즉에 [4] 거야.

ぼうせい
暴政に苦しんでいた[5]たちを解放させるため[6]を起こした。

폭정에 시달리던 농민들을 해방시키기 위해 농민 봉기를 일으켰다.

あいつは[7]の[8]だから話が通じないよ。[9   ]。

저 자식은 철심 같은 옹고집이라서 말이 안 통해. 아예 들으려 하질 않아.

[10]の[11]が発表されました。いよいよ国民の皆さんが

대표 선발전 대진 카드가 발표됐습니다. 마침내 국민 여러분이

[12   ]世紀の[13]が決定しました！

기다리고 기다리던 세기의 재대결이 결정됐습니다!

警視庁の警部[14   ]者が[15]に副大臣の指紋が[16   ]

경시청 [17]이라고 밝힌 자가 대포폰에 [18] 지문이 묻어 있었다고

[19]話があると[20   ]。

긴히 할 말이 있다며 뵙기를 청하고 있습니다.

모범 답안

1. 록 페스티벌 ː ロックフェス

일본은 이렇게 생략해서 말하는 게 일반적이고 그냥 「フェス」라고도 합니다.

2. 공연 시작 시간 ː 開演時間

일본은 '개연(開演)'이라는 말을 흔히 쓰지만 한국에선 '개연'이라는 말을 거의 쓰지 않죠. 물론 사전에 있으니 오역이라고는 못 할지라도 좋은 번역이라고는 할 수 없겠죠. 또 강조하지만 영상번역의 경우는 관객이나 시청자가 자막을 봤을 때 '응? 뭐지?' 싶게 번역해선 안 되는 게 기본 원칙입니다. 다만, 어려운 한자어는 무조건 쉬운 말로 바꾸라고 일선에서 가르치는 분들이 있고, 그리고 업체 담당자도 그걸 원하는 경우가 있는데, 저는 개인적으로 이 의견에는 반대입니다. 물론 작품의 타깃이 어린 연령층이라면 가급적 쉬운 단어나 표현으로 번역해 주는 게 맞겠지만, 그렇지 않은 경우는 작품 자체의 분위기, 대사 자체의 느낌을 살려서, 때로는 조금 어려운 한자어나 표현이라도 원문에 맞게 번역해 주는 게 낫다고 생각합니다. 또한, 예컨대 캐릭터 자체가 어려운 말을 쓰면서 우쭐대는 인물이라면 그 캐릭터를 살려 주기 위해서라도 '어느 정도는' 어려운 표현을 써 줘야지 무조건 쉬운 말로 번역하는 건 작품이나 캐릭터에 대한 예의(?)가 아니라고 생각합니다.

3. 끝났어요 ː 終わってます · 終わりました

> 日 이 「～ている」용법은 한국인을 정말 골치 아프게 만드는 것이죠. 그런데 일본인 입장에서도 이 「～ている」를 한국어로 옮기는 게 쉽지 않은 모양입니다. 그 비근한 예로, 외국어 학습을 위한 모 Q&A 사이트에서 어떤 일본인이 '편의점에서 물건 훔친 적 있는데 아직 안 들켜 있어'라고 적어 놓고 이 한국어가 자연스러운지를 질문한 걸 본 적이 있습니다. 아마도 '안 들켜 있어' 부분의 일본어 원문은 「ばれてない」겠죠. 따라서 이것의 올바른 번역은 '안 들켜 있어'가 아니라 '안 들켰어'가 되어야겠죠. 그리고 이 경우에 일본은 위와 같이 「終わってます · 終わりました」의 두 가지 형태로 표현해도 자연스럽지만 한국에선 이걸 '끝나 있어요'라고 하면 부자연스러운 표현이 됩니다. 이 「～ている」에 관해선 바로 뒤에도 나오니까 거기서 조금 더 상세히 살펴보기로 하겠습니다.

4. 籠絡(농락)してる ː 구워삶았을

일본어 籠絡도 한국어 '농락'과는 사뭇 다른 뉘앙스로 쓰이는 단어입니다. 한국어 '농락'은 남을 놀리거나 제멋대로 갖고 노는 것이라는 뉘앙스로 쓰이는 말이지만 일본어 籠絡은 상대방을 구슬려서 자기 뜻대로 따르게 하는 것, 회유하거나 구워삶는 것이라는 뉘앙스로 쓰이는 말입니다. 실제로 일본의 사전에 '농락'의 유의어로 '회유'라는 한자어가 실려 있고, 심지어 유의어 간의 뉘앙스 차이를 비교하고 설명해 주는 goo 유의어 사전에서도 일본어 '농락'과 '회유'의 뉘앙스 차이를 설명하고 있을 정도입니다.

여기서 주의할 점 또 한 가지! 일본은 위와 같이 「～ている」의 형태로 (한국으로 치면)과거 혹은 완료형을 나타내는 경우가 많다는 걸 모르는 분이 많을 겁니다. 알더라도 정확하게 '구사'할 수 있는 사람은 적을 겁니다. 특히 일본어를 전공으로 배우지 않고 개인적으로 학원 등에서 공부한 사람들의 경우 더더욱 그렇지 않을까 합니다. 문법 시간에 배웠다 해도 실제로 작문이나 일본어 대화를 할 때 이 「～ている」 표현을 능숙하게 '구사'하는 사람은 별로 없을 거라고 봅니다(저 역시도 마찬가지고요). 아무튼 비슷한 예를 하나 더 들자면 어떤 형사물에서 수사 회의를 하는 장면에서 나왔던 대사인데, 기억이 가물가물해서 비슷한 예문으로 만들어 봤습니다.

事件当日、容疑者が事件現場から出ていくところを近所の人が目撃してます。
사건 당일 용의자가 사건 현장에서 나가는 걸 동네 사람이 목격했습니다.

위와 같이 말합니다. 이걸 거꾸로 일작을 한다고 했을 때 '목격했습니다'를 「目撃してます」라고 표현할 수 있는 사람은 별로 많지 않겠죠? 여기서 「してます」는 현재진행형이 아니라 과거 시점에 목격했다는 걸 뜻하는 거죠. 그리고 부정형의 경우도 마찬가지입니다. 예컨대 "이거 네가 그랬지?"라고 묻는 경우 "내가 안 했어"라고 대답할 장면에서 「やらなかった」가 아니라 「やってない」라고 말하는 게 일반적이고, 둘 사이의 뉘앙스 차가 존재합니다. 한국 사람들에게 높은 평점을 받은 일본 영화 <그래도 내가 하지 않았어>의 일본 원제도 「それでもボクはやってない」죠. 여기서 깨알 지식 하나 더 선사하자면 일본어 타이틀에는 히라가나로 「やってない」라고 돼 있는데 이걸 한자로 바꾼다면 뭐가 될까요? 바로 죽인다는 뜻의 殺을 씁니다. 「殺る」라고 쓰고 「やる」라고 읽죠. 물론 사전에 정식으로 나와 있진 않습니다만 이렇듯 일본어 「やる」라는 동사는 여러 가지 의미가 함축돼 있는 말입니다, 또 다른 예를 하나 들자면 범하다(강간, 섹스)는 뜻으로도 쓰입니다. 이때는 「犯る」라고 쓰고 「やる」라고 읽죠.

그러니 이걸 '구워삶고 있을 거야'라고 하면 오역일 수 있다는 거죠. 특히 이 경우는 「とっくに」라는 부사가 있기 때문에 완료형으로 보는 게 맞겠죠. 이건 한국인이 구사하기 힘든 일본어 표현인 데다가 대단히 중요한 문제여서 처음엔 이 책에서도 길어지더라도 언급할까 싶었지만, 이에 대해 자세히 설명하자면 글이 어마어마하게 길어지기 때문에 제 블로그에 무려 8개의 포스팅을 통해 이 '테이루' 용법에 관해 자세히 올려놨습니다. 그게 도합 8개나 되니 이 책에 수록할 한자어 수가 얼마나 줄어들겠습니까. 상당히 유익한 정보라고 자부하는 바이니 꼭 찾아 들어가셔서 읽어 보시기 바랍니다. 특히 맨 마지막 글은 제가 1년 반도 훨씬 넘는 기간 동안 번역 일을 하면서, 또는 그냥 감상을 하면서 이 '테이루/테이나이' 표현이

나올 때마다 꼼꼼히 메모했다가 정리를 해서 올린 글입니다. 이 글에 40페이지가 넘는 실제 사용례를 정리한 워드 파일을 첨부해 놨으니 그걸 다운받은 후 프린트를 해서 수시로 반복, 반복, 또 반복해서 읽어 보시기 바랍니다. 한국인이 구사하기 정말 어려운 표현이지만 접하고, 접하고, 또 접하고, 계~속 접하다 보면 어느 새 자기 것이 되는 법이니까요.

5. 농민 : 百姓（ひゃくしょう）

6. 농민 봉기 : 百姓一揆（ひゃくしょういっき）

이것도 실제로 모 케이블 TV에서 방영된 일본 사극에서 오역을 해 놨던 예입니다. 일본어 「百姓」은 우리나라와 달리 농민, 농부를 뜻하는 단어입니다. 그런데 그걸 몰랐던 번역자는 그냥 그대로 '백성'이라고 번역하는 실수를 범한 거죠. 그리고 일본도 봉기(蜂起)라는 표현을 쓰는데, 옛날의 농민 봉기는 이처럼 「百姓一揆」라는 표현을 씁니다.

7. 철심 같은 : 筋金入り（すじがねいり）

이 「筋金入り」는 번역자를 참 괴롭히는 말이죠. 문맥과 상황에 따라 '뚝심 있는, 뼛속까지, 뼛속들이, 골수의' 등등으로 융통성 있게 의역해야 되는 단어입니다.

8. 옹고집 : 石頭（いしあたま）

[옹고집=石頭]라는 뜻은 아닙니다. 일본의 石頭는 한국처럼 머리가 나쁜 사람이라는 뜻이 아니라 머리가 딱딱하게 굳어 버려서 고집이 세고 융통성이 없는 사람, 시대가 바뀌었는데도 옛날 사고방식을 못 버리는 사람 등을 뜻하는 단어입니다. 또는 글자 그대로 머리가 돌처럼 단단한 사람을 뜻하기도 하고요.

9. 아예 들으려 하질 않아 : 聞く耳すら持たないんだ

이 표현도 알아 두면 유용하게 쓰이는 표현이니 이 기회에 외워 두시기를.

10. 대표 선발전 : 代表選考会
せんこうかい

이때도 일본은 '선발'이 아니라 '선고'라고 하는 게 일반적입니다. 여기서 유의해야 할 포인트가 있는데 이 경우의 '선발전'은 하나하나의 경기가 아니라 '대회'라는 뜻으로 쓰인 거죠. 왜냐하면 뒤에 대진 카드가 발표됐다는 내용이 나오니까요. 따라서 이건 選考戦이 아니라 選考会라고 번역해 줘야겠죠.

> 日　한국에선 대표 선발회라는 식의 표현은 하지 않습니다. '회'를 쓰려면 대표 선발 대회라고 하겠지만 이 표현 자체도 흔히 쓰는 건 아닙니다.

11. 대진 카드 : 対戦カード

이 일본어 「対戦カード」도 그대로 '대전 카드'라고 번역해 놓은 걸 종종 보는데 우리나라에선 '대진 카드'라고 하는 게 자연스러운 거죠.

12. 기다리고 기다리던 : 待ちに待った

일본은 '~테이루' 표현을 많이 쓰니까 이 경우는 그럼 「待ちに待っていた」라고 하는 게 더 자연스러운 거 아닌가 하는 의구심을 품은 분 계시나요? 하지만 이 경우는 위처럼 말하는 게 더 자연스럽다네요. 참 어렵죠? 그러니 이건 일종의 관용구라고 생각하고 그대로 외우시기를.

13. 재대결 : 再戦

이 역시도 그대로 '재전'이라고 번역해 놓은 사례들 때문에, 특히 격투기 커뮤니티 등을 통해서 퍼져 버린 단어 중 하나입니다. 하지만 우리나라에선 '재전'이라고 하지 않죠. 사전에도 실려 있지 않고요. 영상번역 지망자분들 중에 업체 샘플 테스트 같은 데서 혹시라도 이 再戦이라는 한자어가 나온다면 그대로 '재전'이라고 하지 마시길 바랍니다. 당연히 감점 요인으로 작용할 테니까요(감점 요인으로만 작용하면 [다행일지도…]).

14. 이라고 밝힌 : を名乗る
なの

「名乗る」도 참 번역하기 애매한 경우가 많은 표현이죠. 때에 따라서는 '자처하다', '이름을 대다' 등

등…. 또 「犯人が名乗り出る」는 범인이 자신의 '성명을 말하며' 나온다는 뜻이 아니죠. 그러니 이 경우는 「名乗り」 부분을 '스스로, 자진해서' 정도로 번역해 주든가, 아니면 문맥에 따라서 아예 전체를 '범인임을 스스로 밝히다'라거나 '범인이 자수하다' 정도로 의역하는 것도 가능하겠고요. 발상의 유연함도 좋은 번역가의 자질이라고 할 수 있습니다.

15. 대포폰 ： 飛ばし携帯

우리나라에서 말하는 대포폰을 일본에선 이렇게 표현합니다. 「飛ばし」라고 하는 이유는 이용 요금을 타인(명의자)에게 「飛ばす(날린다)」라는 뜻에서 유래됐다는 설이 있는데 이 역시 확인차 일본 사이트에 질문을 해 봤는데 모른다는 일본인도 있었습니다. 어찌 됐건 일종의 암기 요령으로 활용할 수는 있겠죠?

16. 묻어 있었다고 ： 付着していたと言って

이 '부착'이라는 한자어의 쓰임새도 이렇게 미묘하게 다릅니다. 우린 이런 경우에 '부착'을 쓰지 않잖아요? 뿐만 아니라 총을 쏜 뒤 화약 가루가 옷에 묻은 것, 그리고 피가 튀겨서 옷에 묻은 것도 일본은 '부착'이라고 합니다. 이렇듯 일본은 '부착'을 훨씬 광범위하게, 빈번히 사용하고 있는 거죠.

> 日 반대로 이런 경우의 일본어 **付着**을 번역할 때 한국어로도 그대로 '부착'이라고 번역하지 않도록 조심해야겠죠.

17. 警部 ： 경감, 경정

일본의 '경부'는 번역이 좀 애매합니다. 경우에 따라서 경감 혹은 경정이라고 구분해서 번역해 줄 수밖에 없는 단어입니다. 한일 경찰 계급은 어떻게 번역하면 될지에 대해선 뒤에 나올 '형사물 관련 한자어'에서 따로 자세히 얘기하겠습니다. 아무튼 일본의 경찰 계급 **警部**를 그대로 경부라고 하면 일제시대도 아닌 지금의 한국 사람은 어느 정도 위치의 계급인지 가늠하기 힘들겠죠.

"여답 하나 하겠습니다

한일 경찰 계급에 관해 제 블로그에 올린 글의 댓글로, 아마도 아마추어 자막러로 '추정'되는 분께서, 자신은 일본 경찰 계급을 그대로 음역하는 게 더 낫다고 생각한다시더군요. 양국의 경찰 계급 체계가 다른데 왜 그걸 굳이 번역하느냐는 논리였습니다. 이 논리대로라면 영어권 형사물을 번역할 때 Sergeant를 그대로 '서전트'로 Lieutenant를 그대로 '루테넌트'로 번역해야 옳은 거겠죠? 더구나 한국과 미국의 경찰 계급 체계의 차이는 한국과 일본의 차이보다 더 심하니까요. 일본어 아마추어 자막러분들 중에는 일본 문화와 일본식 표현에 너무 심취해 있어서인지 상식적으로 생각하지 못하고 너무 일본 프렌들리한 생각과 사고를 하는 분이 상당히 많은 것 같습니다. 뒤에도 나오지만 윤락업소, 퇴폐업소를 뜻하는 일본어 風俗店을 그대로 '풍속점'이라고, 또한 드라마 시리즈나 애니 시리즈들에서 중요한 장면만 편집해서 내놓은 하이라이트 버전, 스페셜 버전을 뜻하는 용어인 総集編을 그대로 '총집편'으로 번역해 놓는 등, 일본식 표현이나 한자어를 그대로 직역해 놓은 걸 많이 보는데, 일본을 잘 알고, 일본어를 공부한 사람들은 그렇게 번역을 해도 무슨 뜻인지 알아먹겠죠. 하지만 외국의 영상물을 번역해서 자막으로 넣어 주는 이유는 일본과 일본어를 모르는 사람들을 위함임을 명심하셔야 합니다. 그런 사람들이 '풍속점'이나 '총집편'이란 말을 듣고 무슨 뜻인지 이해를 할까요? 일본어를 모르는 관객과 시청자들이 해당 작품을 감상할 수 있게, 이해할 수 있게 하려고 번역을 하는 건데 '저게 뭐지?' 싶은 생각이 들게끔 해 놓은 번역을 좋은 번역이라고는 할 수 없지 않을까요? 그런데 아마추어 자막러의 경우는 좀 아쉽더라도 그러려니 하고 넘어갈 수가 있겠죠. 저 역시 아마추어 자막러 시절에는 깊이 생각하기 귀찮아서 대충 번역한 것들이 없지는 않으니까요. 그런데 케이블 채널에서 정식으로 방영되는 작품에서조차 저걸 그대로 '풍속점', '총집편'이라고 번역해 놓은 걸 보고는 경악을 금치 못했습니다. 적어도 직업으로서 번역을 하는 사람이라면 자신의 번역에 좀 더 책임감과 사명감을 가져야 하지 않을까요? 물론 저 역시 번역 실력 면에서는 큰소리칠 입장은 아니지만 최소한의 기본은 지켜야 하지 않을까 합니다.

18. 副大臣 : 차관님

이 역시도 제가 감수를 맡았던 작품에서 副大臣을 그대로 '부대신'이라고 해 놨길래 업체 담당자와 상의해서 '차관'으로 고친 기억이 있습니다.

19. 긴히 : 折り入って

한국어 부사 '긴히'는 「折り入って」라고 한다고 알고 계신 분 많죠? 실은 이것도 감수 과정에서 걸러진 건데, 처음에 이 예제의 원문은 「折り入ってお目通りを~」였습니다. 그런데 두 감수자님 공히 이 「折り入って」는 주로 뒤에 「話」, 「願い・頼み」, 「相談」 등과 짝을 지어서 쓰는 것이고, '찾아(만나)뵙기를', '알현을' 등의 말과 짝지어 쓰면 어색하다고 하더군요. 이 역시 여러 일본인들에게 재차 확인했더니 같은 대답이었습니다. 그러니 지금껏 저처럼 잘못 알고 계셨던 분은 번역할 때나 말할 때 주의를 기울일 필요가 있겠죠.

20. 뵙기를 청하고 있습니다 : お目通りを申し出ております

높은 사람에게 '알현을 청한다'는 뜻으로 쓰이는 말인데 책을 쓰면서 확인차 몇몇 일본인에게 물어봤더니 처음 본다는 반응, 또 일상생활에서는 쓸 일도 들을 일도 없다는 반응, 에도 시대에 썼던 말인 것 같다는 대답, 게다가 감수자님들도 한 분은 처음 본다는 말을 했고, 또 한 분은 듣고 본 적은 있는데 일상생활에서 쓸 일은 없다고 한 걸 보면 요즘은 잘 쓰지 않는 말인 건 분명한 것 같습니다. 다만, 이건 제가 일본 시대극 번역을 하면서 몇 차례 접한 표현인 데다가 사전에도 올라 있고, 또한 이 말의 뜻과 쓰임새를 일본인들에게 설명하는 일본 사이트도 있습니다. 게다가 그 사이트에서 하는 말이, 비즈니스 신에서는 유용하게 쓸 수 있는 말이니 외워 두면 좋다고 하는 걸 보면 전혀 안 쓰는 표현은 아닌 것 같으니 참고하시기를. 일본 시대극을 좋아하는 분이라면 언젠가는 접하게 될지도 모르니 몰랐던 분은 이참에 머리에 넣어 두시면 이 대사가 나올 때 '무슨 말이지?' 싶지는 않겠죠.

엄연과 厳然은 쓰임새가 엄연히! 다르다

厳然たる **歴史的事実**から**教訓を学び**、[1]の[2]は[3]。
[4]역사적 사실에서 교훈을 배워 **백해무익**한 **이전투구**는 **지양해야 한다**.

[5][6]は[7]の前で厳然たる**態度を**[8]。
모름지기 **장수** 된 **자**는 **병졸들** 앞에서 [9] 태도를 **취해야 할 터**.

これから僕は、**子供の前で**[10]して[11]**絶対に見せず**、
이제부터 나는 자식 앞에서 **만취**해서 **흐트러진 모습**은 절대 보이지 않고

厳然とした**態度で子供に接することを**[12]**に誓います**。
[13] 태도로 자식들을 대할 것을 **하늘**에 맹세합니다.

そういう[14]も[15]、もう[16]**大人だね**。[17]になれるわ。
그런 **예의범절**도 **익히고 있고**, 이제 엄연한 어른이구나. **현모양처**가 되겠어.

コンクールの出場者に対する[18]**たちの**厳然たる**審査の結果**、
콩쿠르 [19]에 대한 **심사위원**들의 [20] 심사 결과,

3位で[21]**に上がった**。
3위로 **시상대**에 올랐다.

北朝鮮との関係が[22]**できないほど**[23]**のは**厳然とした**事実である**。
북한과의 관계가 **회복**할 수 없을 정도로 **악화돼 버린** 건 [24] 사실이다.

[25]も[26]も**隠し撮りも**厳然とした**犯罪行為だと**
고성방가도 **무전취식**도 **몰카**도 [27] 범죄 행위라고

[28][29][30]**だ**。
귀에 못이 박일 정도로 **단단히 일렀**지만 **우이독경**이다.

北朝鮮の挑発行為が 厳然たる **現実になるのは** [　　　31　　　]

북한의 도발 행위가 [　32　] 현실이 될 것임은 **불 보듯 뻔한 일이었으나**

この政権は [　33　] **のように** [　　　34　　　]。

이 정권은 **강 건너 불구경**하듯 **팔짱만 끼고 있은
것과 다름없다**.

厳然とした **表情で** 結跏趺坐を [35] **座っている** [*36]、[37] **の身で**

[　38　] 표정으로 결가부좌를 **틀고 앉은 스님의 마음은 혈혈단신**의 몸으로

寂しく過ごしているはずの故郷の母に [*36]。

쓸쓸히 지내고 계실 고향의 어머니에게로 **내달렸다**.

*36번은 하나의 퀴즈. 일본어로는 '마음은'이 '내달렸다'와 바로 연결됨

해설

각설하고 일본의 사전부터 살펴보죠.

weblio

おごそかで近寄り難いさま。動かし難いさま。

엄숙하고 가까이하기 어려운 모양. (상황 등을)바꾸기(뒤집기) 힘든 모양

코토방크

いかめしくおごそかなさま。動かしがたい威厳のあるさま。

위압감 있고 엄숙한 모양. 흔들어 놓기 힘든 위엄이 있는 모양

여기서 「動かしがたい」라는 표현이 직역으로는 퍼뜩 와닿지 않을 텐데, 풀어서 설명하자면 '이미 현실로서 굳어져 버려서 더 이상 움직이기 힘든(바꾸어 놓기 힘든)'이라는 뉘앙스입니다. 그러니까 요약하자면 일본어 厳然은 크게 나누어서 '위엄이나 위압감이 있고 엄숙한, 근엄한, 준엄한, 엄격한' 등의 뉘앙스와 '이미 굳어져 버려서 바꾸기 힘든, 돌이키기 힘든'이라는 두 가지 뉘앙스를 지닌 낱말이라는 거죠. 그러니 일본어 厳然을 번역할 때는 문맥과 상황을 보고 어떤 한국어로 번역해야 할지를 고민해야 된다는 결론이죠. 한국에서는 "아이를 야단칠 때는 '엄연한' 태도로 야단쳐야죠"라고 말하지는 않잖아요? 다만, 오늘날의 일본은 이 厳然이라는 한자어를 한국에 비해 폭넓게 쓰지는 않고, 특히나 일상생활 속 대화에서 쓸 일은 별로 없다고 합니다. 이른바 문장어라는

것이죠. 하지만 두 나라 사이의 쓰임새와 뉘앙스 차이를 대비시켜 보여 드리기 위해 억지로 예문으로 만들 수밖에 없었던 것도 있습니다. 그러니 그런 부분은 모범 답안의 설명을 통해 어떻게 하는 게 좋을지 따로 적어 두겠으니 참고하세요.

그리고 두 감수자님께 공히 일본어 '엄연'의 사전 속 뜻풀이를 감안하더라도, 아무리 생각해도 이건 아니다 싶은 게 있다면 말해 달라고 했더니 한 분은 명백히 아니다 싶은 표현이라고 할 수 있는 건 「嚴然たる審査」 하나라는 답변이었고, 이에 대해서는 다른 한 분 역시 비슷한 의견이었습니다. 다만 일본어 '엄연'이 '엄격한'이라는 뉘앙스로 쓰이고 있는 예는 다수 검색이 되고, 위에서도 예로 든 '아이를 야단칠 때는 嚴然한 태도로'라고 할 때도 '엄격한'이라는 뉘앙스라고 할 수 있죠. 그럼에도 불구하고 일본인들이 생각하기에는 '심사'의 수식어로서 嚴然을 쓰는 건 부자연스러운 모양이니 이 점 참고하시기 바랍니다. 그리고 「嚴然とした大人」의 경우 한 분은 틀린 표현은 아니지만 구어체에서는 쓰이지 않는다는 의견, 다른 한 분은 그냥 부자연스러운 느낌이 든다고 했는데, 이에 대해선 제 블로그에 올린 글에서도 일상 속 대화로 할 때는 「れっきとした大人」라고 말하는 게 낫다는 언급을 했었죠. 또 두 번째 감수자님은 「嚴然たる現実となる」와 「嚴然とした犯罪行為」도 살짝 어색한 거 같다는 지적을 하셨는데 이건 모범 답안에서 설명하겠습니다. 한 마디 더 덧붙이자면 이 '엄연'이라는 한자어를 일본에서 실제로 사용한 예를 검색해 보면, 특히나 오래 전의 소설 등에서 쓰인 '엄연'은 개인적으로 '이걸 도대체 어떻게 번역하지?' 싶은 생각이 들 정도로 까다로운 것들이 상당히 많습니다. 옛날에는 말뜻의 스펙트럼이 지금보다 훨씬 더 넓었고, 따라서 그 쓰임새의 폭과 빈도도 오늘날보다는 훨씬 넓고 높았다는 뜻이겠죠.

모범 답안

1. 백해무익 : 百害あって一利なし

일본에는 '백해무익'에 해당하는 사자성어는 없고 위와 같이 표현합니다. 여기서 주의할 건 '익(益)'이 아니라 '利(리)'라는 것.

2. 이전투구 : 泥仕合

일본에 '이전투구'라는 사자성어는 없고 「泥仕合」라는 단어가 이전투구에 가장 가까운 표현 같습니다. 서로의 단점을 들추며 물고 뜯고 싸우는 것을 뜻하는 말입니다. 비슷한 표현으로 「泥沼の争い」라는 것도 있는데, 이 둘은 약간의 뉘앙스 차이가 있다고 합니다. 이에 관해서는 뒤에 또 나오니까 그때 다시 살펴보도록 하죠.

3. 지양해야 한다 : 避けるべきだ · 止めるべきだ

일본은 「止揚」라는 한자어의 쓰임새가 한국만큼 일반화돼 있지 않습니다. 그런데도 이걸 그대로 止揚이라고 번역해 놓은 사례가 많습니다. 이에 관해선 따로 하나의 표제어로서 다루기로 하겠습니다.

4. 厳然たる : 준엄한, 엄중한

이 경우에는 이렇게 번역해 줘야 자연스러울 것 같습니다만 언어는 수학이 아니니 이거다 하는 답이 존재할 수가 없죠. 더 나은 번역이 떠오른 분 계시면 가르쳐 주시면 감사하겠습니다.

5. 모름지기 : すべからく

「すべからく」는 약간 문어적이고 예스러운 표현이지만 외워 두면 필요할 때 작문 같은 데서 유용하게 써먹을 수 있을 겁니다. 원문 자체가 예스러운 어투면 당연히 번역도 그에 맞춰서 예스러운 말투로 해야겠죠. 특히 영상번역은 단순히 뜻만 옮기는 게 아니라 캐릭터의 성격, 대사의 어조 등 여러 가지 것들을 반영해서 번역해야 합니다. 참고로 이 「すべからく」를 「すべて」란 뜻으로 오용하고 있는 일본인들이 많다고 합니다. 「すべからく」는 주로 '~해야 한다'는 의미인 「べき」와 짝을 이뤄서 쓰이는 말로서 '마땅히, 당연히, 모름지기'라는 뉘앙스를 지닌 말입니다.

6. 장수 된 자 : 武将たる者

일본에선 장수(將帥)라는 한자어를 쓰지 않고 이렇게 「武将」을 쓰는 게 일반적입니다.

> 한국에도 '무장'이라는 단어가 사전에 실려 있지만 일본에 비해서 그리 많이 쓰지 않습니다. 개인적으로는 '무장'이라는 한자어는 낯선 느낌이 많이 듭니다. 그러니 번역할 때는 '장수'라고 번역하시기를 권합니다.

7. 병졸 : 雑兵

이 역시 예스러운 단어입니다. 이참에 외워 두시면 좋겠죠.

8. 취해야 할 터 : とるべし

저도 일본 고전문법은 잘 모르지만, 아니, 아예 모르지만 언어라는 건 문법으로 배우는 게 아니잖아요? 많이 듣고, 많이 읽고, 많이 쓰고, 많이 말하다 보면 자연스럽게 귀에 익고, 입에 붙고, 머리에 새겨지게 되는 거죠. 저 역시 일본어 전공도 아니고, 고전문법을 따로 공부한 것도 아닌데 이런 표현을 구사할 줄 알게 된 건(물론 어려운 건 모릅니다) 수도 없이 들어 봤기 때문이죠. 어학 공부에 왕도는 없습니다.

9. 厳然たる ： 근엄한, 엄격한

전후 문맥에 따라 적절히 번역해 줘야겠죠. 그리고 고백하건대 저도 예전에는 「厳然な」라고 형용동사로 사용을 했었는데 이렇게 쓰지 않는다고 합니다.

10. 만취 ： 泥酔(でいすい)

일본에선 '만취'라는 한자어는 쓰지 않습니다. 비슷한 뜻으로 「酩酊(めいてい)」라는 말도 있습니다. 그런데 酩酊는 술에 취하긴 했는데 살짝 걸음이 비틀거리거나 꽤 많이 취했다 싶은 정도고, 泥酔는 그야말로 정신이 나갈 정도로 완전히 취한 정도를 뜻한다고 합니다. 소위 갈짓자 걸음을 걸을 정도인 거죠. 술 취해서 갈짓자 걸음을 걷는 건 일본어로 「千鳥足(ちどりあし)」, 갈짓자 운전을 하는 건 「蛇行運転(だこう)」이라고 합니다. 전자의 경우, 일반적으로 새들은 발 뒤쪽에 몸을 지탱해 주는 발가락이 하나 더 있는데 '치도리(물떼새)'는 이 발가락이 없어서 걸음이 뒤뚱뒤뚱 불안하다는 뜻에서, 또 후자의 경우는 뱀이 기어가듯이 꾸불꾸불 운전한다는 뜻에서 유래한 표현이죠. 그리고 살짝 얼근할 정도로 취한 경우는 「ほろ酔い」라고 합니다. 결론적으로 굳이 한국 표현과 대비시키자면 대취는 酩酊 정도, 만취는 泥酔 정도가 될까요? 이건 개인적인 생각입니다.

11. 흐트러진 모습은 ： 取り乱した姿は

12. 하늘 ： お天道(てんとう)さま

일본에선 「空に誓います」라는 표현을 하지 않습니다. 일본어 「空」는 '물리적인 공간'으로서의 하늘만을 뜻하기 때문입니다. 절대적인 존재라는 뜻으로 쓰일 때의 '하늘'은 뭘까요? 바로 「天」입니다. 그러니 「天に誓います」라고 하는 건 가능하겠죠. 다만, 개인적으로는 모범 답안과 같이 말하는 걸 많이 들었고, 또 몇몇 일본인의 의견도 그랬습니다. 그리고 자기 말이나 주장이 진실임을 강조하고 싶을 때 「天に誓って(하늘에 맹세코) ～～」라는 형태로 말하는 경우는 꽤 있답니다. 참고로 여기서 天道는 태양을 의미합니다.

13. 厳然とした ： 위엄 있는

14. 예의범절 ： 礼儀作法(れいぎさほう)

이건 중급? 초급? 정도만 돼도 알 만한 사자성어죠? 근데 과연 그럴까요? 이에 관해서는 나중에 기회가 되면 자세히 다루기로 하겠습니다만 간단히 말해 두자면, 한국어 '예의범절'은 포괄적인 개념으로 쓰이지만 일본어 '예의작법'은 구체적인 뉘앙스로 쓰이는 경우도 있습니다. 예컨대 다도에서 '예의작법'이라고 하는 경우는 포괄적인 개념의 예의범절이 아니라 찻잔은 어떻게 들고, 몇 번을 돌리고 등의 '구체적인' 방법, 예법이라는 뉘앙스로 쓰인 것인데, 이런 경우는 '예의범절'이라고 번역하면 너무 포괄적인 개념이 되므로 주의를 기울일 필요가 있겠죠.

15. 익히고 있고 ： 身につけていて

아는 분도 많겠지만 작문 연습이라고 생각하시고….

16. 엄연한 ： れっきとした · 厳然とした

두 나라 사이의 쓰임새와 뉘앙스 차이를 대비시키기 위해 '엄연'도 답안으로 제시했지만, 블로그 글에도 썼듯이 일본어 '엄연'이 구어체로 쓰이는 일은 별로 없으니 일상생활 속에서는 「れっきとした大人」라고 하는 게 자연스럽겠죠. 그리고 첫 번째 감수자님 역시 사전의 뜻풀이로 볼 때 틀린 건 아니지만 구어체기 때문에 「れっきとした」를 쓰는 게 좋다는 의견을 주셨습니다.

17. 현모양처 ： 良妻賢母
りょうさいけんぼ

한국과 일본의 사자성어 중엔 이렇게 어순이 뒤바뀐 것들이 꽤 많죠.

18. 심사위원 ： 審査員

일본에선 심사위원이 아니라 '심사원'이라고 하는 게 일반적입니다. 심지어 어떤 일본인은 '심사위원'이라는 말은 들어 본 적도 없다고 했을 정도인데 이건 참고만 하시고, 실제로 '심사위원'이라고 한 것도 검색이 됩니다. 말하자면 좀 더 격식 차린, 공식적인 표현이라고 생각하면 되겠습니다.

19. 出場者 ： 출전자

이 역시 많은 한국 사람들이 오용하고 있는 걸 종종 보는데, 한국어 '출장'은 시합을 하기 위해 **경기장**에 **나간다**는 뜻입니다. 그러니 일본어 **出場**를 번역할 때는 주의할 필요가 있겠죠.

20. 厳然たる ： 엄격한

한국과 일본의 쓰임새 차이를 비교한다는 의미로 '엄격한'의 뜻으로서 「厳然たる」를 예문에 활용했는데, 두 감수자님 공히 '심사'를 수식하는 말로 '엄연'을 쓰는 건 어색하다는 의견이었고, 그 외 정말 많은 일본인들에게도 의견을 물었는데 역시나 부자연스럽다는 반응이었으니 이 경우는 「厳格な」혹은 「厳正な」라고 **표현**하는 게 **무난**하겠습니다.

21. 시상대 : 表彰台

일본에선 우리의 '시상대'를 이와 같이 '표창대'라고 하는 게 일반적입니다.

22. 회복 : 修復

이렇듯 '회복'이나 '수복'이라는 한자어도 쓰임새가 다릅니다. '관계'의 경우 일본은 이처럼 '수복'이라고 하지만 한국에선 수복이라고 하진 않잖아요? 특히 부부 관계의 경우는 修復이라고 하는 걸 개인적으로 더 많이 듣고 보았고, 인터넷 검색을 해 봐도 '수복'이라고 한 게 훨씬 많이 검색됩니다. 제 블로그 글을 보신 분은 이 퀴즈의 답을 맞히셨겠죠? 그런데 일본의 경우 부부 관계가 회복된다는 의미로서 한국인 입장에서는 '엥?' 하는 반응이 나올 정도로 의외의 한자어를 씁니다. 나중에 나올 테니 기대해 주세요.

23. 악화돼 버린 : 悪化してしまった

일본에는 이와 같이 「한자어+する」의 형태의 경우 우리로 치면 '되다'라고 할 때도 「する」, '하다'라고 할 때도 「する」라고, 구분 없이 쓰이는 것들이 엄청나게 많습니다. 그러니 꼭 **피동형**(당함)**으로 표현해야 할 이유가 없는 한 이걸 「悪化される」라고 하지 않도록 유의해야겠죠.**

24. 厳然とした : 엄연한

25. 고성방가 : 放歌高吟

26. 무전취식 : 無銭飲食

일본에선 고성방가, 무전취식을 각각 '방가고음', '무전음식'이라고 표현합니다.

27. 厳然とした : 엄연한

감수자님 중 한 분은 「厳然とした犯罪行為」의 경우 틀렸다고 할 순 없을지도 모르겠지만 개인적으로는 어색한 느낌이 든다는 의견이었는데, 이 역시 검색을 해 보면 이와 같은 뜻으로 쓰인 예가 검색이 됩니다. 그중에서도 특히 일본 환경성 홈페이지에 동물 학대를 다룬 문서에서도 발견이 된다는 점으로 볼 때 일반적인 표현은 아니지만 일본의 '엄연'이라는 한자어의 뜻풀이에 비추어 틀린 표현은 아니라고 볼 수 있겠습니다. 그리고 일본에선 이 경우 「立派な犯罪行為」라는 표현도 자주 쓰니까 참고하세요. 「立派な」의 사전적 뜻을 볼 때 우리로서는 좀 의아하지만 어쨌건 이런 표현을 종종 쓰더군요. 일종의 반어법이겠죠.

28. 귀에 못이 박일 정도로 : 耳にタコができるほど

일본에선 '귀에 못이 박일 정도'를 귀에 못이 '생길' 정도라고 표현합니다.

> 日 '박히다'가 아니라 '박이다'임에 유의하세요.

29. 단단히 일렀지만 : しっかり言いつけたのに

이 단어를 '고자질하다'로만 알고 있는 사람들이 많은데 「厳しく言い聞かせる(엄하게 이르다)」라는 의미로도 쓰입니다.

30. 우이독경 : 馬の耳に念仏

일본에선 소가 아니라 '말 귀에 염불'이라고 표현합니다.

31. 불 보듯 뻔한 일이었으나 : 火を見るより明らかなことだったのに

불 보듯 뻔하다는 표현도 한국과 약간 차이가 있죠? 어학을 배울 땐 단어만 외우는 습관은 반드시 버려야 합니다. 어구나 어절, 표현을 외우는 습관을 길러야 합니다. 그래야 코패니즈를 구사할 위험성이 줄어듭니다.

32. 厳然たる : 엄연한, 엄중한

두 번째 감수자님의 의견은 「厳然たる現実」라는 표현 자체는 하지만 「厳然たる現実になる」처럼 앞으로 일어날 일에 대해 이렇게 표현하는 건 좀 부자연스럽다는 의견을 주셨습니다. 왜 그런지 설명해 달라고 했더니 설명을 해 주긴 하셨는데, 솔직히 저는 무슨 말인지 잘 이해가 안 갔습니다. 참고로, 첫 번째 감수자님은 이 표현에 대해 손을 대지 않으셨습니다.

33. 강 건너 불구경 : 対岸の火事 · 高みの見物

'강 건너 불구경'에 해당하는 일본어 표현으로서 처음엔 「隔岸観火」라는 사자성어도 답안으로 제시를 했었습니다. 그런데 일본인들한테 물어보니 모른다, 처음 본다는 반응이 많았습니다. 근데 이건 사전에도 올라와 있는 사자성어예요. 우리도 사전에 있지만 모르는 사자성어가 많듯이 이것도 그런 모양입니다. 일본은 한국에 비해 사자성어를 그리 많이 쓰지 않고, 더구나 오늘날의 일본 젊은이들은 웬만큼 널리 알려진 게 아니라면 사자성어를 잘 모르는 사람이 많다고 하니 써먹을 일은 없을지 모르겠지만, 그래도 시험 같은 데 나올 수도 있으니까 참고로라도 알고 있는 게 모르는 것보다는 낫겠죠. 이 글을 쓰다가 검색을 해 보니 한자 검정 3급에 해당하는 사자성어라고 하네요. 3급이면 난도가 무지하게 높은 건 아니죠?

+ 여기서 또 깨알지식 하나,

일본인들 중에서도 이 「高みの見物」를 「高見の見物」라고 표기하는 사람들이 꽤 되는 모양인데,
여기서 「高み」는 '높은 곳에서 보다(高見)'라는 뜻이 아니라 이 자체로 '높은 곳'이라는 뜻이므로
후자의 표기는 틀린 거라고 합니다.

34. 팔짱만 끼고 있은 것과 다름없다 : 手をこまねいてばかりいたも同然だ

35. 틀고 : 組^くんで

이미 아는 사람도 있겠지만 '가부좌를 틀다', '책상다리를 틀다' 등의 '틀다'를 위와 같이 표현합니다.

36. 스님의 마음은~~(에게로)내달렸다 : 和尚^{おしょう}さんは~~(に)思いを馳^はせた

이 「思いを馳せた」도 참 번역하기 까다로운 표현이죠. 이 경우에는 이렇듯 '마음이 내달렸다'가 적절
할 듯합니다. 참고로, 「思い」라는 단어는 말뜻의 스펙트럼이 어마어마하게 넓어서 번역자를 무지무
지 괴롭히는 단어죠. 단순히 '생각하다'의 명사형이라고 생각하기 십상이지만 이 「思い」에는 크게 분
류하면 생각, 마음, 느낌이라는 포괄적인 의미가 내포돼 있습니다. 여기에 관해 얘기하자면 너무 길어
지니까 제 블로그에서 확인하세요. 「思い」를 번역하는 데 애먹었던 기억이 있는 초보 번역자분들이
나 그 외 일반 학습자분들한테도 상당히 유익한 정보라고 생각합니다. 왜냐하면 저 역시 아주 골머리
를 앓았던 단어거든요.

🔍 블로그 **일한 번역자를 무척 괴롭히는 단어** 思い
思い · 想い · 念いの **차이**

37. 혈혈단신 : 天涯孤独^{てんがいこどく}

일본에서는 '혈혈단신'이라는 한자어를 쓰지 않고, 한국어 '혈혈단신'에 뉘앙스가 가장 비슷한 말이 바
로 이 '천애고독'이 아닐까 합니다.

> 日 한국 사람들 중에는 이걸 '홀홀단신'이라고 하는 사람들이 있는데 '혈혈단신'이 올바른 표현
> 입니다. 사실은 저도 어렸을 때는 '홀홀단신'이라고 했었습니다.

38. 厳然とした : 엄숙한, 근엄한

일본인에게 "사퇴하세요!" 하면 "뭘요?" 한다

<걸즈 & 판처>

試合[1]**を辞退するなら早めに申し出るように。**

시합 **출전을** [2]할 거면 빨리 얘기하도록!

彼に日本シリーズのチケットをプレゼントするって言われたけど野球は[3]**の私には**

그 사람이 일본 시리즈 티켓을 선물하겠다고 했지만 야구는 **문외한**인 나한테는

[4]**も同然なので辞退したの。**

무용지물과 마찬가지라 [5]했어.

担任のやつに[6]**を勧められたけど**[7]**辞退したの。あいつのことだから**

담임 놈이 **반장**을 권유했지만 **일언지하에** [8]했어. 그 인간이니 뻔하지.

親に言って[9]**ことでしょう。**

부모한테 말해서 **돈 내란** 거잖아?

一連の不祥事の[10]**全ての**[11]、[12]

일련의 *불상사의 **책임을 지고** 모든 공직을 사퇴하고 **백의종군하는 마음으로**

党のために[13]。

당을 위해 **몸과 마음을 바치겠습니다**.

[　　14　　][　　15　　]**責任をとって**

감언이설에 넘어가서 평지풍파를 일으킨 책임을 지고

[　16　]**自治会の**[17]**を**[　　18　　]**。**

오늘부로 자치회 **임원**을 **사퇴하겠습니다**.

今のこの政権の[19]**は**[　20　]**ではなく**

지금 이 정권의 **급선무**는 **내각 개편**이 아니라

[21]**の**[　22　]**を全部追い出して**[　23　]**をすることである。**

딸랑이 국무위원을 모조리 몰아내고 **내각총사퇴**를 하는 것이다.

해설

이미 알고 있는 분도 있겠지만 놀란 분이 더 많을 거라고 생각합니다. 심지어 일본어 고수임을 자처하는 사람들 중에서도 이걸 몰랐던 분이 꽤 될 거라고 생각합니다. 왜냐하면 나름 일본어 실력에 자신이 있어서 아마추어 자막러로 활동하고 있는 분들의 번역의 경우, 적어도 지금까지 '제가 발견한 것 중에는' 이걸 제대로 번역해 놓은 건 단 한 번도 보지 못했을 정도니까요. 오해를 피하기 위해 말씀드려 두자면 아마추어 자막러들 중에서도 상당한 번역 실력을 갖춘 분 많다는 거 압니다. 하지만 책의 성격상 아무래도 아마추어 자막러들의 오역 지적도 안 나올 수가 없는데, 이건 결코 그분들을 깎아내리거나, 비웃거나, 비난하기 위함이 아니라는 점을 혜량해 주시기 바랍니다. 왜냐하면 저 역시 아마추어 자막러 출신이고, 그 시절 저질렀던 수많은 오역 사례가 있는데 그분들을 비난하거나 깎아내릴 하등의 이유가 없기 때문입니다. 그러는 건 말 그대로 누워서 침 뱉기니까요. 아마추어 자막러에게 완벽을 요구한다는 건 어불성설이죠. 프로 번역가도 불가능한 일인 걸요. 이 '사퇴'의 경우 프로 번역가들 중에서도 오역한 사례가 있고 실제로 제가 감수한 적도 있습니다. 그러니 이 책에서 아마추어 자막러분들의 오역 사례를 언급하는 이유는 저 역시도 그런 과정을 거쳐 왔고, 그래서 그런 실수를 가급적이면 덜 범하기 위해서 열심히 조사하고 공부한 결과 알아낸 것들을 많은 사람들과 공유하기 위함이라는 걸 이해해 주시면 대단히 고맙겠습니다. 이는 비단 아마추어 자막러분들에게만 하는 말이 아닙니다. 일본어를 공부하는 많은 분들, 직업상 일본어를 써야 하는 많은 분들이 제가 먼저 밟아 봤던, 또는 밟을 뻔했던 지뢰를 피해 가시라는 뜻에서, 다시 말해 저와 같은 전철을 밟지 마시기를 바라는 마음에서 제가 이 책을 쓰기로 결심했다는 사실을 알아주시면 감사하겠습니다. 그럼 일본어 사퇴의 뜻을 사전에서 찾아볼까요?

「勧められたことを遠慮して断ること。また、自分の既得の地位・権利などを遠慮して放棄すること」

권유받은 것을 사양하거나 거절하는 것. 또는 자신이 갖고 있는 지위, 권리 등을 삼가 내어 놓는 것 (포기하는 것)

한마디로 일본어 辞退는 한국어 '사퇴'와는 달리 이미 맡고 있던 직책, 자리에서 물러나는 것이 아니라 어떤 직책이나 자리 등을 권유하거나 제안했을 때 사양 혹은 거절하는 것을 뜻한다는 것이죠. 그리고 직책이나 자리뿐 아니라, 예제에서도 나왔듯이 시합 출전을 포기하거나, 프로 야구 티켓을 주겠다고 했는데 받지 않겠다고 사양하거나 하는 것도 일본은 辞退라는 한자어를 쓴다는 것이죠. 그러니 밑도 끝도 없이 "사퇴하세요!"라고 하면 일본인 입장에선 뭐라도 제안이나 하고 '사퇴'하라 말라 해야지 싶어서 어리둥절하겠죠. 따라서 한국어로 번역할 때는 문맥을 잘 살펴서 사양, 거절, 고사, 포기 등으로 유연하게 번역해야 올바른 번역이 되는 거죠.

모범 답안

1. 출전 : 出場

앞서 나온 거죠. 일본은 '출전'이란 한자어 자체를 안 씁니다.

2. 辞退(じたい) : 포기

여기선 사양, 사절 등이 아니라 '포기'라고 해야 더 적절하겠죠.

3. 문외한 : 専門外(せんもんがい)

일본도 「門外漢(もんがいかん)」이라고도 합니다. 문맥에 따라서는 「素人」라고 번역할 수도 있겠죠.

4. 무용지물 : 無用の長物(ちょうぶつ)

일본은 '무용지물'이라는 사자성어는 없고 이와 같이 말합니다.

5. 辞退 : **사양**

> 日 여기서 '거절'이라고 번역하면 티켓을 주겠다고 한 사람에 대한 거부감 같은 게 읽힐 수 있기 때문에 '사양'이라고 하는 게 적절할 듯합니다.

6. 반장 : **学級委員 · 学級委員長**

보통은 '장'은 빼고 그냥 '학급 위원'이라고 하는 게 일반적인 거 같습니다.

> 日 이 '반장'이란 표현 외에도 '학급임원'이라고도 합니다. 또한 일본과는 달리 '위원'이 아니라 '임원'이라고 한다는 점에 유의.

7. 일언지하에 : **一言のもとに**

일본에는 '일언지하'라는 사자성어는 없고 이와 같이 표현합니다. 그리고 사실 일상의 대화에서는 잘 쓰지 않는 표현이지만 학습용으로 낸 퀴즈니까 일본인과 대화할 때는 「一言で」, 「速攻で」, 「即座に」 등으로 표현하면 되겠죠.

> 日 한국은 '속공'이라는 말을 이럴 때는 쓰지 않습니다. 또한 '즉좌'도 사전에는 실려 있지만 거의 사어라고 보시면 됩니다. 다만, '즉석에서'라는 표현은 여전히 두루 씁니다.

8. 辞退 : **거절**

이건 문맥상 '사양'보다는 '거절'이 어울리겠죠.

9. 돈 내란 : **金を積めって**

영화나 드라마 등에 종종 나오는 표현이니 몰랐던 분은 이참에 외워 두면 청해에 도움이 될 겁니다.

10. 책임을 지고 : **責めを負って**

「責任を負って · 責任を背負って」라고 생각한 분들이 많겠지만 위와 같은 식으로도 표현하니까 몰랐던 분들은 기억해 두시길. 그리고 아래에도 '책임을 지고'가 나오는데 그것처럼 「取る」라고도 한다는 점.

11. 공직을 사퇴하고 ： 役職(公職)を辞任し

여기서 '모든' 공직이라는 건 공직으로 맡고 있는 복수의 직책이라는 의미로 볼 수 있겠죠. 그런데 일본에선 일상생활 속에서 '공직'이라는 한자어를 접할 일이 별로 없다고 합니다. 실제로 일본 포털 사이트에서 「公職を辞任」이라고 검색을 해 보면 「"役職を辞任"ではありませんか」라는 메시지가 뜰 정도입니다. 따라서 여기서는 '직책'이라는 뜻의 役職을 써 주는 게 더 나을 것 같습니다. 하지만 「公職を辞任」이라고 해 놓은 것도 꽤 검색이 되고, 이렇게 해서 보내 봤는데도 두 감수자님 공히 이 부분은 지적하지 않으셨으니 이 점도 참고하세요. 흔한 표현이 아닐 뿐이지 안 쓰는 건 아니라는 말이죠.

12. 백의종군하는 마음으로 ： 肩書(かたが)きを捨てるつもりで

일본에 '백의종군'이라는 사자성어는 없습니다. 그러니 꼭 이게 정답이란 뜻이 아니라 비슷한 뜻을 가진 표현이라면 무엇이든 가능하겠죠. 또한 여기서 「心で」라고 하면 어색한 일본어가 됩니다. 한국어 '마음'과 일본어 「心」는 100% 일치하는 단어가 아니라는 걸 여기서도 알 수 있죠.

13. 몸과 마음을 바치겠습니다 ： 全身全霊(ぜんしんぜんれい)を尽くします

일본은 최선을 다하겠다는 뜻을 강조하는 비유적인 표현으로서 「心と体を捧げる」라는 식으로 말하지는 않습니다.

> **＊ 불상사**
>
> '불상사'란 한자어도 한국과 일본에서의 쓰임새 차이가 있습니다. 이 경우에는 문맥상 그대로 不祥事라고 해도 될 듯하지만, 不祥事라고 번역해선 오역이 되는 경우가 있습니다. 이것도 제가 잘못 알고 있었던 한자어로서 감수 과정에서 걸러진 케이스인데, 이에 관해서는 뒤에서 다시 자세히 다루겠습니다.

14. 감언이설에 넘어가서 ： 口車(くちぐるま)に乗って

비슷한 뜻으로서 「煽(おだ)てにのる」라는 표현도 같이 외워 두시기를.

15. 평지풍파를 일으킨 ： 余計な波風(なみかぜ)を立てた

일본에는 '평지풍파'라는 사자성어는 없죠. 사실 처음엔 위의 표현과 함께 「平地(へいち)に波乱(はらん)を起こした」도 모범 답안으로 제시했었습니다. 그런데 확인을 위해 일본인들에게 물어보니 다들 모르는 표현이라고 하더군요. 하지만 제가 공부했을 때는 분명 이렇게 외웠거든요. 이 역시 세월이 감에 따라 안 쓰게 된 표현인 듯합니다. 다만 분명한 건, 사전에도 단어 단위가 아니라 위의 어구를 통째로 올려놓고 이걸 영어로는 뭐라고 하는지 설명해 놓은 것도 있습니다. 또한 검색을 통해서도 사용례가 검색이 됩니다. 실제로

옛날의 모 야구 감독이 인터뷰에서 위와 똑같은 표현을 한 사례도 검색되고요. 그리고 우리는 '풍파'라고 하지만 일본은 '파풍'이라고 하고, 또한 음독이 아니라 훈독을 한다는 점도 기억해 두시기를.

16. 오늘부로 ː 本日をもって・今日付けで

전자의 표현은 조금 더 격식 차린 표현이니 몰랐던 분은 활용해 보시기를. 그리고 「もって」는 이처럼 히라가나로 표기하는 게 일반적인데 이것의 올바른 한자 표기는 「以て」입니다. 그런데 일본인들도 「持って」라고 오기하는 경우도 있으니 참고하세요.

17. 임원 ː 役員

일본은 임원(任員)이라는 한자어를 안 쓰죠.

18. 사퇴하겠습니다 ː 辞任します

여기서 辞退를 써 버리면 '이미 맡고 있던' 임원 자리를 (한국어)사퇴하겠다는 뜻이 아니라 누군가가 임원 자리를 권했는데 (한국어)사양하겠다는 뜻이 되죠.

19. 급선무 ː 急務

일본은 '급선무'라고는 하지 않고 이와 같이 표현하는데도 이 역시 일본어판 한국 기사를 보면 그대로 急先務라고 해 놓은 게 많습니다. 참고로 비슷한 뜻으로서 「喫緊の課題」라는 말도 기억해 두시기를. 또한 완벽히 일치하지는 않지만 「焦眉の急」라는 표현도 있는데 눈썹에 불이 붙었을 만큼 급하다는 뜻이죠. 여기서 「焦眉」는 우리가 '초미의 관심사'라고 할 때의 그 '초미'죠. 이 '초미의 관심사'라는 표현도 한국과 일본에서 다르게 쓰이는데 저 역시 몇 년 전까지도 잘못 알고 있었던 표현입니다. 이에 관해서는 뒤에서 다시 다루기로 하죠.

20. 내각 개편 ː 内閣改造

이 경우 일본에선 '개편'이 아니라 '개조'라고 합니다.

21. 딸랑이 ː 太鼓持ち

상사 등의 비위를 맞추려 알랑거리는 사람을 우리는 '딸랑이'라고 하는데, 일본은 이와 같이 표현합니다. 옛날 연회석 등에서 손님들 기분을 맞춰 주는 역할을 하는 사람을 위와 같이 불렀던 데서 유래됐다고 합니다.

22. 국무위원 : 閣僚 <ruby>かくりょう</ruby>

일본은 우리의 '국무위원'을 이렇듯 '각료'라고 하는 게 일반적입니다.

23. 내각 총사퇴 : 内閣総辞職 <ruby>ないかくそうじしょく</ruby>

일본어 辞退의 뜻이 한국과 다르니 이 경우에 당연히 辞退를 쓰면 안 되겠죠.

일본어 辞職(사직)과 辞任(사임)의 쓰임새 차이

먼저 '사직'은 갖고 있던 '직(직업)'을 그만둔다는 뜻입니다. 반면 '사임'은 맡고 있던 직무, 직책, 임무 등을 그만둔다는 뜻입니다. 이 둘의 결정적 차이점이 뭐냐 하면 일본어 '사임'은 그 직책에서 물러나더라도 직업이나 신분은 유지할 수 있다는 것이죠. 다시 말해 수상 자리를 辞任하더라도 국회의원 신분은 유지하는 것이고, 대표이사 등의 자리에서 辞任하더라도 회사를 완전히 관두고 떠나는 건 아니라는 뜻이죠. 감이 잡히시나요? 그런데 여기서 또 하나 깨알 지식. 수상 자리에서 물러나는 건 辞任이라고 하는데 국회의원을 (한국어)사퇴하는 건 뭐라고 할까요? 당연히 辞退는 아니겠죠? 이때는 辞職을 씁니다. 왜냐하면 국회의원이라는 건 직책이 아니라 공무원이라는 '직업'이기 때문이죠.

또 하나 흥미로운 것! 우리는 회사를 관두는 걸 '사직'이라고 표현하지만 일본은 '퇴직'이라고 한다는 건 초중급 학습자들도 거의 다 아는 사실이겠죠? 영화나 드라마 등을 보면 사직서 봉투에 큼직하게 退職願이라고 써 놓은 걸 보신 분들도 많을 테고요. 그런데 일본에서는 임원, 혹은 과장 이상의 관리직 사원이 회사를 관두는 건 '퇴직'이 아니라 '사직'이라고 합니다. 그런 이유로 이들이 내는 사직서는 평사원처럼 退職願가 아니라 辞表(사표)라고 달리 부른다는군요. 또한 공무원들이 내는 사직서도 일본에선 '사표'라고 하고요.

日 한국에선 평사원이든 임원이든, 또한 회사원이든 공무원이든 상관없이 사직서라고도, 사표라고 도 합니다.

일본인에게 출두하라고 하면 "내가 왜요?" 한다

あんたらみたいな[1][2]暇ないんだ。だから早く[3]させてくれ。

너희들 같은 **자잘한 악당 상대할** 시간 없어. 그러니 얼른 자수시키도록 해.

[4]路地裏で発生した[5]は何の手がかりも見つからないまま

행인이 없는 으슥한 골목길에서 발생한 **묻지 마 살인 사건**은 아무 단서도 찾지 못한 채

[6]になってしまったが[7]寸前に犯人が[8]をした。

미제사건이 되고 말았지만 **공소시효 만료** 직전 범인이 자수를 했다.

もう[9]。てめえの子分が[10]だと判明したっつうの。自ら[11]したら

이미 **범인이 밝혀졌어**. 네놈 꼬붕이 **진범**임이 밝혀졌다고! 스스로 자수하면

[12]してやるって[13]早く[14]させろ。

정상참작해 주겠다고 **경감님도 그랬으니** 얼른 자수시켜.

明日参考人に対する調査があるので1時までに警察署に[15]して

내일 참고인에 대한 조사가 있으니까 1시까지 경찰서에 출두해서

[16]をお願いしても宜しいでしょうか？

진술을 부탁해도 될까요?

堂々と聴聞会に[17]して[18]で[19]南北関係を[20]させた

당당하게 청문회에 출두해서 **막후 공작으로 음모를 꾸며** 남북 관계를 **경색**시킨

[21]という汚名を[22]してみせます。

막후 조종자라는 오명을 **설욕**해 보이겠습니다.

뒤에 있는 '형사물 관련 한자어'에 나와야 할 내용이 여기 다 나오네요. 그만큼 형사물 관련 한자어 '네타'가 줄어들겠군요. 각설하고, 모범 답안의 설명까지 읽어 보셨으면 아시겠지만 한국어 자수 와 출두, 그리고 일본어 自首와 出頭는 그 의미와 쓰임새가 미묘하게 다릅니다. 일본어 '자수'는 범인이 누군지 밝혀지지 않은 상태에서 진범이 경찰서 등에 출두해서 자수하는 걸 의미하고, 일 본어 '출두'는 범인이 이미 밝혀진 상황에서 경찰서 등에 출두해서 자수하는 걸 뜻합니다. 이해 가 되시죠? 다만, 일본어 '출두'의 경우는 한국어 '자수'라는 의미로도 쓰이지만, 한국과 마찬가지 로 검찰청이나 경찰서 등에 한국어 '출두'한다는 의미로도 쓰입니다.

모범 답안

1. 자잘한 악당 ： 小悪党 (こあくとう)

다른 말로 잔챙이, 조무래기, 피라미, 애송이, 햇병아리, 떨거지, 나부랭이, 똘마니, 때로는 양아치 등의 뉘앙스로 쓰이는 말이죠.

2. 상대할 ： 相手にしてる

「相手する」라고도 합니다만 이렇게 표현하는 게 더 일반적인 것 같습니다.

3. 자수 ： 出頭 (しゅっとう)

해설을 읽어 보셨으면 왜 出頭가 정답인지 이제 이해가 확실히 되시겠죠? 이미 범인이 누군지 알고 있 으니 (한국어)자수시키라는 거죠.

4. 행인이 없는 으슥한 ： 通行人のないひっそりとした (つうこうにん)

일본에선 「行人」이라고는 하지 않습니다. 그리고 '으슥한'에 해당하는 일본어는 제 능력으로는 위와 같이밖에 번역을 못 하겠네요.

5. 묻지 마 살인 사건 ： 通り魔殺人事件 (とお ま)

6. 미제 사건 : 未解決事件・迷宮入り事件

일본은 '미제 사건'을 위와 같이 '미해결 사건', '미궁으로 들어간 사건'이라고 합니다. 후자는 단독으로 쓰일 때는 「迷宮入りする」, 「迷宮入りになる」 등으로 표현합니다.

7. 공소시효 만료 : 公訴時効成立

이 '성립'이란 한자어도 한국과 일본에서의 쓰임새가 미묘하게 다릅니다. 일본은 이 경우 '만료'가 아니라 '성립'을 쓰는 게 일반적입니다. '만료'의 경우는 '만료일'처럼 어떤 기일을 나타내는 경우에 주로 쓰이고, 이와 같이 '만료됐다'는 표현을 할 땐 成立을 쓰는 게 일반적입니다. 참고로, '(이제 곧)시효가 끝난다'는 표현을 일본에선 「時効が終わる」가 아니라 「(もうすぐ)時効だ」라는 식으로 표현합니다. 일본은 이처럼 한자어 뒤에 「だ・です」를 붙여서 말하는 것만으로 '끝'임을 뜻하는 경우가 있는데, 다른 예로서 지금 퍼뜩 생각난 게 바로 「時間だ・です」라는 표현입니다. 예를 들어 강의 시간에 학생이 교수에게 「時間ですけど」라고 말하면 이 자체로 '끝낼 시간이다', '시간 다 됐다'는 의미가 되는 거죠. 또한 분장실에 있는 가수 등에게 「時間です」라고 하면 무대로 나갈 시간이 됐다는 뜻이죠. 회화 학원 다니는 분들은 강사가 시간 됐는데도 수업을 안 끝내면 한번 써 보세요(웃음).

> 日 이걸 그대로 "시효입니다", "시간인데요"라고 하면 한국 사람은 무슨 말인지 못 알아듣고 갸웃거릴 겁니다.

8. 자수 : 自首

범인이 누군지 모르는 상황이니 여기선 당연히 自首겠죠.

9. 범인이 밝혀졌어 : ホシが割れたぞ

'진범이 밝혀졌다'는 표현을 이런 식으로 합니다. 「ホシ」는 경찰 계통의 일종의 은어인데 드라마 등에서도 자주 등장하는 표현입니다. 이 「ホシ」라는 말의 어원은 바로 「目星をつける」라는 표현입니다. 이 표현도 형사물 등에서 종종 등장하는데 용의자 등을 '점찍다'라는 의미죠. 이 目星에서 目를 빼고 星만 써서 일종의 은어 역할을 하게끔 한 것이죠.

10. 진범 : 真犯人

11. 자수 : 出頭

12. 정상참작 : 情状酌量
<ruby>情<rt>じょう</rt>状<rt>じょう</rt>酌<rt>しゃく</rt>量<rt>りょう</rt></ruby>

일본은 '정상참작을 '정상작량'이라고 합니다. 일본에서 **参酌**(참작)이란 단어는 대단히 딱딱한 표현이라 거의 안 쓰고 물어봐도 모르는 사람이 많았습니다. 한국어 '참작'과 비슷한 뜻으로는 「斟酌(침작)」을 쓰는데 쓰임새도 꽤 됩니다.

13. 경감님도 그랬으니 : 警部も言ってるから
<ruby>警<rt>けい</rt>部<rt>ぶ</rt></ruby>

앞에서 언급했듯 한국에선 과거형/완료형처럼 쓰는 표현을 이런 식으로 「〜ている・ていない」의 형태로 표현합니다. 혹시 제 블로그의 해당 포스트를 읽어 보셨나요? 읽어 보셨으면 반복적으로 접함으로써 저절로 외워지게끔 뒤에서도 퀴즈로 많이 나올 거니까 맞히시기를 기대합니다.

> 日 한국에선 '이렇게(그렇게) 말하다'를, 그리고 '이렇게(그렇게) 하다'를 이런 식으로 '이러다(그러다)'로 줄여서 말하는 경우가 많습니다.

14. 자수 : 出頭

15. 출두 : 出頭

앞에서도 설명했듯이 꼭 범죄와 관련돼 있지 않더라도 검찰이나 경찰 등에 '스스로 나서는' 경우에도 일본 역시 '출두'라는 말을 씁니다.

16. 진술 : 供述
<ruby>供<rt>きょう</rt>述<rt>じゅつ</rt></ruby>

우리나라는 '진술'과 '공술'이 같은 의미이고, 옛날에는 '공술'이라는 단어를 썼는데 지금은 '진술'이라는 단어로 통일됐습니다. 반면 일본의 경우는 「陳述」과 「供述」은 의미가 다르다고 합니다. 「陳述」은 용의자 등이 스스로 사실 관계나 자신의 주장을 얘기하는 걸 뜻하고, 「供述」은 주로 경찰이나 검찰 등의 질문에 대해서 답하는 걸 뜻합니다. 그러니 일본어 「陳述」과 「供述」을 한국어로 번역할 때는 그냥 '진술'이라고 하면 되지만 그 반대의 경우에는 구분해서 번역을 해 줘야겠죠.

17. 출두 : 出席

15번의 경우처럼 일본어 '출두'도 이런 경우에도 쓰이긴 합니다. 하지만 이 경우는 출두라고 하면 경찰서 등에 '불려 간다'는 뉘앙스가 있는 데다가 위에서 살펴봤듯이 범죄 피의자에게 쓰는 경우도 많으므로 자기 발로 당당하게 가겠다고 할 때는 **出頭**보다는 **出席**을 쓰는 게 낫다고 합니다.

18. 막후 공작 : 裏工作 · 裏面工作

일본에선 막후(幕後)라는 한자를 쓰지 않기 때문에 위와 같이 「裏工作」라고 표현합니다. 그리고 후자의 '이면공작'은 옛날에 한창 일본어를 공부할 때 분명히 봤기 때문에 외우고 있는 것인데, 확인차 여러 일본인에게 물어본 결과 요즘은 거의 쓰지 않는 모양입니다. 하지만 사전에도 올라와 있고, 검색을 해도 사용례가 꽤 나오니까 참고하시길.

19. 음모를 꾸며 : 陰謀を企てて

이 표현과 함께 「陰謀を企む · 働く」도 외워 두세요.

20. 경색 : 膠着 · 硬直 · 閉塞

일본의 경우 경색(梗塞)이라는 한자어는 '심근경색'처럼 병명에나 사용될 정도로 그 사용 빈도가 극히 낮은 단어입니다. 그러므로 이 경우는 위와 같이 교착, 경직 등으로 의역해 줄 수밖에 없겠죠. 그런데 관계 등이 '(꽉) 막혀 버리다'는 뉘앙스인 '경색'의 원래 뜻을 살려 주려면 세 번째의 '폐색'이라는 한자어를 써 줄 수 있겠는데, 실제로 '남북 관계 경색'을 일본어로 번역한 글 중에서 이 '폐색'을 사용한 예를 본 적이 있습니다.

21. 막후 조종자 : 黒幕

22. 설욕 : 返上

일본에선 '오명을 설욕하다'는 식으로 말하지 않습니다. '오명'의 경우 이와 같이 「返上」를 쓰는 게 일반적입니다. 그리고 「汚名を雪ぐ」도 외워 두세요. 참고로 일본 사람들은 「汚名を晴らす」라고도 하는 모양인데, '오명'의 경우에 「晴らす」를 쓰는 건 오용이고, 이 「晴らす」는 '굴욕'이나 '누명'의 경우에 써야 한다는군요. 그런데 이에 관해 사전에서조차 설명하고 있는 걸 보면 그만큼 많은 사람들이 오명의 경우에도 「晴らす」를 쓰고 있다는 말이겠죠.

[　　　1　　　]の○○は、先生に[　2　][　3　]

반에서 으뜸가는 불량소년인 ○○는 선생님한테 **훈계를 당하자** **괴성을 지르고**

[　　4　　]先生を罵<ruby>倒<rt>ばとう</rt></ruby>した。

목검을 마구 휘두르며 선생님[　　5　　].

あの人は、他人からの[　　　6　　　]が強すぎて

저 사람은 타인으로부터의 **인정 욕구와 자기 과시욕**이 너무 강해서

人に[　7　]キレて罵倒を浴びせまくる。

남에게 **쓴소리를 들으면** 흥분해서[　　　8　　　].

普段とても[　9　]良い人だと思ってたのに、告白を断ったら

평소 무척 **친절하게 해 줘서** 좋은 사람이라고 생각했는데, 고백을 거절하니까

[　　10　　][　　　11　　　]。

사람이 돌변하더니 모욕적인 말을 퍼부었다.

あの可<ruby>憐<rt>가련</rt></ruby>なお嬢様に[　　　12　　　]、そんな罵倒を浴びせるなんて

그 [　13　] 우리 아가씨한테 **차마 입에 담지 못할** 그런 [　　　14　　　]

[　　15　　]必ずぶっ殺してやる。

같이 죽는 한이 있어도 기필코 때려죽여 버릴 테다.

[　16　]をしている人に[　17　]の人達が押しかけて[　18　]だと[　19　]した。

1인 시위를 하는 사람에게 **보수 단체** 사람들이 몰려가서 **빨갱이**라고 매도했다.

제목에서 언급했듯이 일본 사람에게 매도하지 말라는 말을 하면 황당해할 수가 있습니다. 왜냐하면 일본어 '매도'는 한국과는 다른 뉘앙스로 쓰이는 말이기 때문입니다. 이해를 돕기 위해 '매도'의 뜻이 한일 간에 서로 다르다는 걸 모르는 한국인과 일본인이 아래와 같은 '점잖은' 말다툼을 하는 경우를 상상해 봅시다. 언성을 높이지 않고 점잖게 말다툼하는 거라는 걸 유의하세요.

일 : 분명히 내일까지 처리해 주신다고 해 놓고 그러면 어떡합니까.

한 : 그러긴 했지만 세상 일이 마음먹은 대로 다 되는 건 아니죠.

일 : 아니, 이게 한두 번이 아니니 하는 말이죠. 맨날 거짓말이잖아요.

한 : 거짓말? 아니, 멀쩡한 사람을 거짓말쟁이로 매도하면 안 되죠.

일 : 매도? 내가 언제요?

왜 이런 상황이 벌어지는지 일본어 사전을 한번 찾아볼까요?
大辞林 사전과 weblio 사전은 뜻풀이가 똑같습니다.

口ぎたなくののしること。また、その言葉。「相手を—する」「—を浴びせる」
험한 말로 욕(험담)을 퍼붓는 것. 또는 그런 말.

激しい言葉でののしること。「人前で罵倒される」
거친 말로 욕(험담)을 퍼붓는 것.

이 역시 두 사전 다 같은 뜻으로 실려 있습니다. 그러니까 일본어 '매도'는 한마디로 거칠고 험한 말로 상대방에게 욕설(悪口)과 비난을 퍼붓는다는 뜻이죠(참고로 여기서 말하는 욕이나 욕설은 한국의 쌍욕을 뜻하는 게 아니라 심한 말을 퍼붓는 걸 뜻합니다). 저 위에 예를 든 대화에서는 '점잖게' 이의를 제기하는 상황이잖아요? 근데 자기더러 '매도한다'고 하니까 어리둥절할 수밖에요. 이 정도 설명으론 팍 와닿지가 않나요?

그럼 좀 더 이해를 돕기 위해 일본어 '매도'는 어떤 상황에서 쓰이는 말인지 예를 들어 보겠습니다.

"밥벌이도 못하는 주제에 가장 행세는 하고 싶냐? 이 등신아, 차라리 나가 죽어."

"집구석 꼬라지 잘 돌아간다. 돈 따박따박 벌어다 주면 집안일이라도 제대로 해야 할 거 아냐,
이 여편네야! 니가 집에서 하는 일이 뭐가 있어? 뒈지지도 않고 밥만 축내는 식충이 같은 게."

일본어 '매도'는 위와 같은 상황을 말하는 겁니다. 하지만 한국어 '매도'는 저런 상황에서 쓰는 게
아니잖아요? 그러니 일본 사람으로선 황당할 수밖에요. 이젠 이해가 되셨나요?

> 日   한국어 '매도'는 이처럼 모욕적인 언사를 하는 게 아니라 뚜렷한 근거도 없이 상대방을 나쁜
> 사람으로 몰아가거나 비난하는 언동을 할 때, 또는 그렇게 판단될 때 쓰이는 단어입니다.

그런데 혹시나 해서 표준국어대사전을 찾아봤더니,

「명사」
심하게 욕하며 나무람. '꾸짖음', '욕함'으로 순화.

위와 같이 나와 있는 것이었습니다. 제가 이 책을 쓰는 내내 혹시라도 제가 잘못 알고 있는 것일 수
도 있다는 생각에, 좀 더 정확성을 기하기 위해 국어사전을 수시로 찾아봤습니다. 그러면서 느낀
건데, 우리나라 국어사전의 뜻풀이는 현실을 못 쫓아오고 있는 게 너무도 많다는 느낌을 받았습니
다. 특히나 놀라운 건 한자어의 경우 한국 국어사전의 뜻풀이가 일본 국어사전의 뜻풀이와 유사한
게 무척 많다는 것입니다. 한국어와 일본어는 일제 시대라는 시간을 공유했기 때문일까요? 그래
서 해방 후에 국어사전을 편찬할 때 일본 국어사전의 한자어 뜻풀이를 참고해서일까요? 아니면 두
나라 모두 옛날에는 그런 뜻으로 썼었는데 세월이 흐름에 따라 변한 것일까요?
아무튼, 이유야 어찌 됐건 이 책을 쓰면서 국어사전의 뜻풀이가 너무 구시대적인 부분이 많다는 느
낌, 혹은 현실과 너무 크게 동떨어진 게 많다는 느낌을 지울 수가 없었습니다. 언중의 언어생활이
변천해 가면 사전에도 '어느 정도는' 반영을 해 줘야 하는 거 아닐까 싶습니다. 특히나 옛날처럼 종
이 사전만 있던 시대가 아니라 인터넷 사전도 있으니 조금 더 적극적인 수정과 가필 등이 충분히
가능할 텐데 그런 부분의 대처가 아쉬운 면이 있습니다.

모범 답안

1. 반에서 으뜸가는 불량소년 : クラスきっての不良

일본에선 不良만으로도 사람을 지칭하는 단어로 쓰입니다. 「きって」의 한자 표기는 「切って」이지만 히라가나로 표기하는 게 일반적이라고 합니다.

2. 훈계를 당하자 : 説教されると

일본은 이런 경우에 訓戒라는 한자어를 쓰지 않습니다. 우리의 경우 설교라는 말은 종교적으로도 쓰이기 때문에 훈계에 비해 무게감이 있고 또한 쓰임새도 일본어 '설교'보다는 상대적으로 좁은 편이지만, 일본은 반대로 '훈계'라는 한자어가 더 무게감이 있는 말이고, 또한 쓰임새도 아주 국한돼 있다고 합니다.

3. 괴성을 지르고 : 奇声をあげて
_{きせい}

한국어 괴성(怪聲)을 일본은 이렇듯 '기성'이라고 합니다.

4. 목검을 마구 휘두르며 : 木刀を乱暴に振りまわしながら
_{ぼくとう}

일본은 '목검'이 아니라 '목도'라고 합니다. 그리고 '마구 휘두르며'를 처음에는 「振りまくりながら」라고 번역해 놨는데 이 역시 감수 과정에서 오용한 것이 걸러진 것입니다. 「振りまくる」라는 표현은 흉기 같은 걸 휘두르며 공격할 때 쓰이는 표현이 아니라, 어떤 동작이나 행위를 반복적으로, 연속적으로, 연거푸 하는 경우에 쓰는 표현이라고 합니다.

> 🔍 블로그 많은 한국인이 몰랐을 「振り回す」와 「振りまくる」의 차이

5. を罵倒した : 에게 욕설을 퍼부었다
_{ばとう}

그러니 이걸 '매도'라고 번역하면 안 되겠죠?

> 日 여기서 '욕설'은 쌍욕을 뜻하는 게 아니라 모욕적인 심한 말이란 뜻입니다.

6. 인정 욕구와 자기 과시욕 : 承認欲求と自己顕示欲
_{しょうにん} _{けんじ}

남으로부터 인정받고 싶어 하는 욕구를 우리는 '인정 욕구'라고 하지만 일본은 '승인 욕구'라고 합니다. 인정(認定)이라는 한자어의 쓰임새도 한국과 일본이 사뭇 다르기 때문이죠. 한국에 비해 일본은 認定

이라는 한자어의 쓰임새가 매우 국한돼 있습니다. 예컨대 자격, 합격 여부를 공인된 기관 등이 '인정'하는 경우에 한해 쓰이는 말이죠. 특히 일본어 認定은 우리처럼 어떤 사실을 인정 또는 시인한다는 뉘앙스로는 쓰이지 않고, 이런 의미로 쓰일 경우는 대체로 「認める」라고 합니다. 또한 '과시욕'을 일본에선 '현시욕'이라고 합니다. 「誇示欲」이라고 하면 무슨 말인지 모를 거라고 합니다.

7. 쓴소리를 들으면 ： 苦言〔くげん〕を言われると

8. 罵倒を浴びせまくる ： 마구 악다구니를 퍼부어 댄다

'악다구니'에 해당하는 일본어로서 「罵詈雑言〔ばりぞうごん〕・悪〔あく〕たれ口〔ぐち〕」도 기억해 두시기를.

9. 친절하게 해 줘서 ： 優しくしてもらって

일본은 이런 식으로 피동형 표현을 빈번히 쓰죠.

10. 사람이 돌변하더니 ： 打って変わったように

일본은 '돌변'이라는 한자어를 안 씁니다. 문맥과 상황에 어울리게 '일변, 급변, 표변' 등으로 적절히 의역해야 하는 단어이고, 여기서 「人が」는 빼는 편이 더 자연스럽다고 합니다. 굳이 넣으려면 「人が変わったように」라고 하는 게 낫다고 하네요.

11. 모욕적인 말을 퍼부었다 ： 罵倒を浴びせてきた

일본은 이렇듯 「~てくる」라는 표현을 많이 쓰죠. 본인이 당한 경우에는 「浴びせた」가 아니라 이렇게 「浴びせてきた」라고 하는 게 더 자연스럽습니다.

> **日** 반면에 한국에서는 '퍼부어 왔다'라는 식의 표현은 살짝 부자연스럽습니다. 그러니 일본어 「~てくる」라는 표현을 한국어로 번역할 때도 주의를 기울일 필요가 있습니다. 「~てくれる・みせる・しまう」같은 경우도 마찬가지죠.

12. 차마 입에 담지 못할 ： 口に出すのも憚〔はばか〕られるような

통째로 외우시기 바랍니다.

13. 可憐〔かれん〕(가련)な ： 어여쁜, 사랑스러운

이것도 모 애니메이션에서 전문 번역가, 그것도 상당히 경력이 많은 걸로 추정되는 번역가가 오역한 사례 중 하나인데, 이 일본어 可憐을 그대로 '가련'이라고 번역했더군요. 하지만 가련(可憐)이라는 한자어도 위와 같이 다른 의미로 쓰입니다. 한국은 가엽고 애처롭다는 뉘앙스지만 일본은 이와 달리 사랑스럽다, 어여쁘다는 뉘앙스를 지닌 한자어입니다.

14. 罵倒を浴びせるなんて ： 모욕을 퍼붓다니

15. 같이 죽는 한이 있어도 ： 刺し違えてでも

서로를 찔러 죽이는 걸 이렇게 「刺し違える」라고 합니다. 그리고 두 사람이 동시에 서로를 찔러서 자결하는 것도 이렇게 표현합니다.

16. 1인 시위 ： 一人デモ

일본어 示威는 사전에만 있을 뿐 거의 안 쓰이고 데모라고 하는 게 일반적입니다. 그리고 굳이 示威라는 한자어를 쓰는 경우도 '시위' 단독이 아니라 「示威運動」라고 해야 통한다고 합니다.

17. 보수 단체 ： 右翼団体

일본도 '보수 단체'라는 한자어도 쓰지만 온오프라인에서 활발하고 격렬하게 활동하는 단체를 일컬을 때는 이렇듯 '우익단체'라고 하는 게 더 일반적입니다. 다만 '보수'의 원래 의미 그대로 쓰이는 경우, 예컨대 '보수파, 보수 진영, 보수 세력' 등의 경우는 일본도 그대로 保守라고 합니다. 그럼 반대로 '진보'는 일본에서 뭐라고 할까요? 이것도 해설이 길어지니 아래 글을 참조하세요. 다만 블로그를 읽을 겨를이 없는 분들을 위해 간략하게 말씀드리자면, 일본에선 우리가 '진보'라고 부르는 걸 '혁신'이라고 일컫는 게 일반적입니다. 참고로 '성향(性向)'이라는 한자어도 한국과 쓰임새가 다릅니다.

🔍 블로그 '진보 성향'을 일본어로? — 일본어판 기사 속 코패니즈 한자어

18. 빨갱이 ： アカ

우리의 '빨갱이'란 표현을 일본은 이렇게 アカ(赤)라고 합니다.

19. 매도 ： 中傷

> 日 오늘날의 한국어 '매도'는 굳이 일본 한자어로 표현하자면 「誹謗(비방)」이나 「中傷(중상)」에 가까운 뉘앙스로 쓰입니다.

환멸과 幻滅은 말뜻의 무게감이 다르다

〈보루토〉

白眼は [1   ]、**息子に幻滅したか？**

백안은 **발현되지 않았던데**, 아들한테 [2   ]?

ついさっきまで [3   ] **褒めてたくせに、私の** [4] **見て幻滅したの？**

방금 전까지도 **팔색조의 매력이니 뭐니** 칭찬하더니 내 **쌩얼** 보니까 [5   ]?

でも私に [6   ]**？**

그래도 나한테 **일편단심일 거지**?

高校の時は優しい先輩としていつも [7] **達の** [8] **を** [9   ]、

고교 때는 [10] 선배로서 늘 **여학생들의 환호성을 한 몸에 받았는데**

いざ付き合ってみたら [11] **で** [12] **だってことを知って幻滅した。**

막상 사귀어 보니 **자기중심적**이고 **마마보이**라는 걸 알고 [13].

彼は [14] **都会生活に** [15   ][16] **を** [17] **し、**

그는 **각박한** 도시생활에 환멸감이 들어서 **연예계를 은퇴**하고

[18] **して** [19] **として生きている。**

낙향해서 **어부**로 살고 있다.

彼は伏魔殿のような [20] **に** [21   ] **国会議員を** [22] **し、**

그는 복마전과 같은 **정치계**에 환멸을 느끼고 국회의원을 **사퇴**하고

故郷で [23   ] **を送っている。**

고향에서 **평온한 은퇴 생활**을 보내고 있다.

内面の美しさを[24]ことは[25]して、[26]ことに[27]

내면의 아름다움을 **기르는** 것은 **등한시**하고 **겉만 꾸미는** 데 **급급한**

[28]人間たちが[29]のを見ると[30]。

썩어 빠진 인간들이 **자아도취에 빠진** 걸 보면 환멸감을 느낀다.

すごく[31]彼が、元カノとの[32]を

무척 **관심이 갔던** 그가 전 여친과의 **성행위 동영상**을

[33]してたことを知り幻滅した。

유포했었다는 걸 알고 [34].

해설

사사키 노조미가 한창 뜨기 시작했을 때 찍었던 영화 〈천사의 사랑〉에서 사사키 노조미는 어릴 때의 성폭행과 '이지메'의 상처를 애써 지우려는 듯 원조 교제를 통해 용돈을 벌며 화려하고 사치스러운 생활을 하죠. 그리고 연애나 남자 친구 같은 것에는 전혀 관심이 없고, 같이 어울려 다니는 여자애들조차도 그저 이용해 먹을 대상으로 보는 냉정(冷情)한 여고생 캐릭터로 나오죠. 그런데 어느 날 우연히 만난 남자 주인공에게 사랑의 감정을 느낍니다. 그 사실을 여주인공을 따라다니던 남자에게 고백하자 그 남자가 (정확한 대사는 기억이 안 나지만) '넌 연애니 사랑이니 하는 감정은 초탈해 있는 줄 알았는데 의외다'는 식으로 말하니까 사사키 노조미가 「幻滅した?」라고 말합니다. 이걸 그대로 '환멸감 느꼈어?'라고 번역하면 어색하죠. 이렇듯 일본과 한국의 '환멸'이라는 단어의 뉘앙스는 사뭇 다릅니다. 한국에서 '환멸을 느낀다'는 표현은 꽤 심각하고 강렬한 감정 상태일 때 쓰지만 일본의 경우는 한국어 '환멸'이 지닌 뉘앙스보다 비교적 가볍습니다. 우리나라에선 자기 아들에게 기대했던 능력이 발현되지 않았다고 해서 '환멸'을 느끼진 않잖아요? 또한 여자 친구 '쌩얼'이 좀 실망스럽다고 해서 환멸을 느낀다는 표현을 하지는 않죠. 오히려 그런 속이 좁아터진 남자한테 환멸을 느끼는 게 정상이 아닐까 합니다(웃음). 이렇듯 일본의 「幻滅」이라는 단어는 '환상이 깨지다, 실망하다' 정도로 한국에 비해서는 다소 가벼운 뉘앙스로 쓰인다는 걸 몰랐던 분은 이 幻滅을 번역할 때나 쓰려고 할 때 주의해야겠죠? 다만, 한국만큼의 강렬한 감정 상태는 아니지만, 예를 들어 남편이 막 바람피우거나 하는 걸 보고 「幻滅した」라고 할 경우는 얘기가 조금 달라지겠죠. 한국어 환멸까지는 아니라도 '실망했다, 환상이 깨졌다'보다는 더 강한 감정 상태이니 번역할 때 신경을 써야겠죠. 결론적으로 일본의 한자어 '환멸'은 전후 맥락과 상황에 비추어서 가장 적절한 역어로 옮겨야 하는 비교적 까다로운 한자어라고 할 수 있습니다.

또 한 가지 주의해야 할 건 한국어 '환멸'은 '환멸하다'라는 식으로 동사로 쓰이지 않습니다. 사전에도 '환멸하다'라는 동사는 실려 있지 않습니다. 한국에선 주로 '환멸 (감)을 느끼다, 환멸 (감)에 빠지다, 환멸감을 품다'라는 식으로 표현합니다. 그러니 이 사실을 몰랐다면 앞으로 일본어 「幻滅する」를 한국어로 말하거나 번역할 때는 주의해야겠죠. 이건 지금껏 '환멸하다'라는 동사로 번역한 적이 있는 한국인도 해당되는 말입니다. 번역 테스트에 이래 놓으면 바로 탈락입니다. 국어 공부가 더 중요하다는 점 다시 한번 강조합니다. 그리고 '쌩얼'은 '생 얼굴'의 약어이자 속어입니다. 유의어로서는 '민낯, 민얼굴, 맨 얼굴' 등이 있습니다. 참고로 '맨 얼굴'은 틀렸다고 '민얼굴'이라고 써야 한다는 사람들이 있는데, '맨 얼굴'처럼 널리, 두루 퍼지고 깊이 뿌리를 내려서 오히려 '민얼굴'이라는 말이 생경하게 들릴 지경인데, 틀렸으니 '민얼굴'이라고 하라는 말은 조금 생각해 볼 필요가 있다고 봅니다. 이런 현실을 반영해서인지 우리말샘과 고려대 한국어대사전엔 '맨얼굴'도 등재해 놨습니다. 솔직히 이건 '~구만'은 틀렸으니 '~구먼'이라고 하라는 말만큼 현실과 동떨어진 느낌입니다. 요즘에 "예쁘구먼", "좋구먼", "잘하는구먼"이라고 말하는 사람이 얼마나 될까요? 지역이나 연령에 따라선 쓰는 분들도 있겠지만요.

모범 답안

1. 발현되지 않았던데 : 発現(はつげん)していなかったが

또 나왔죠. 앞에서도 언급했듯이, 일본은 이렇듯 「~ている」, 「~ていない」의 형태로 과거형 혹은 완료형, 완료된 상태를 표현합니다. 또한 이 역시 '되다' 부분을 '스루'라고 한다는 점.

2. 幻滅(げんめつ)したか : 실망했나

3. 팔색조의 매력이니 뭐니 : 七色(なないろ)の魅力だのなんだの

이 '팔색조의 매력'도 인터넷 검색해 보시면 「八色鳥(やいろちょう)の魅力」라고 직역(?)해 놓은 게 많이 발견됩니다. 일본에서 「八色鳥」는 그냥 새일 뿐인데도 말이죠. 만일 일본 사람에게 「八色鳥の魅力」이라고 말하면 그 일본 사람은 팔색조라는 '새가 지닌 매력'이라고 이해할 겁니다. 한국어 '팔색조의 매력'은 보셨듯이 「七色の魅力」라고 표현합니다. 혹시 실제로 「八色鳥の魅力」라고 번역했던 언론사 일본어판 담당자 분들이 이 책을 보신다면 앞으로는 「七色の魅力」라고 번역하시기 바랍니다.

4. 쌩얼 : すっぴん

5. 幻滅したの? : 확 깨?

6. 일편단심일 거지? : 一途でいてくれるでしょう?

일본은 '일편단심'이라는 사자성어가 없으므로 이와 같이 의역해 줘야겠죠. 그리고 앞에서도 언급했지만, 일본은 우리나라에 비해 「~てくれる」라는 형태의 표현을 많이 하는데 이걸 한국어로 번역할 때 무조건 '~해 주다'의 형태로 번역하면 어색할 경우가 많습니다. 또한 반대로 우리 한국 사람들이 일본어로 번역할 때 이 「~てくれる」 형태의 표현을 하는 게 쉽지가 않죠. 마찬가지로, 앞에 나온 「罵倒を浴びせて『くる』」의 경우도 웬만한 한국 사람은 자연스럽게 구사하기가 쉽지 않고 말이죠. 그러니 이런 경우는 그냥 무조건 외우는 수밖에 없을 것 같습니다. 그리고 '일편단심'은 문맥에 따라서는 「一途な心」의 형태로 번역할 수도 있겠습니다. 근데 아마도 초보자분들은 이걸 왜 「でしょう」라고 경어로 번역했는지 의아해하실 수도 있겠습니다. 한국의 존댓말과 반말은 일본의 敬語와 「ため口」와는 그 쓰임새나 개념, 그것들에 대해 사람들이 느끼는 무게감이나 인식이 다릅니다. 예컨대, 일본 영화나 드라마 등을 보면 아이들이 선생님한테 아무렇지 않게 '일본의 반말'을 하는 걸 자주 볼 수가 있는데 그걸 나무라는 선생님은 거의 없습니다. 한국이라면 말도 안 되는 상황인데도 말이죠. 또한 어떤 영화에서는 대학 1학년이 같은 동아리의 4학년에게 거리낌 없이 반말을 하고, 심지어 '상(さん)'이나 '선배'라는 존칭을 붙이지도 않고 이름을 부르는, 소위 '요비스테'를 하는 장면도 나올 정도입니다. 그렇듯 일본의 「ため口」에 대한 일본인들의 인식은 한국의 '반말'에 대해 한국인들이 느끼는 무게감이나 인식과는 전혀 딴판이라는 것이죠. 한국의 '반말'과는 달리 격식이나 예의를 차리지 않는 편한 말, 쉬운 말(일본의 경어는 참 어렵죠), 그리고 친근감을 표시하는 말이라는 인식이 포함된 개념이라는 거죠. 개인적인 바람이지만 일본어 교사나 강사들이 이 점을 잘 알아서 초급 일본어 때부터 한국의 존댓말과 반말, 일본의 敬語와 「ため口」는 근본부터 다르다는 걸 교육시켰으면 좋겠습니다. 아무튼 여기서 이 얘기를 더 하자면 글이 너무 길어지니 존댓말과 반말 번역에 대한 아래 글을 참고하시기를….

> 🔍 블로그 **영상번역 팁 : 영상번역의 기본, 번역자의 마음가짐**
> **아쉬운 번역이라고 지적해 주신 분에 대한 해명**

7. 여학생 : 女子 · 女子生徒

일본도 女学生라는 말이 있긴 있고 사전에도 올라 있습니다. 하지만 이건 옛날에 여성의 인권이 약간 향상되면서 여자들을 위해 설치한 고등 여학교의 학생들을 일컫는 말입니다. 오늘날에는 쓰지 않는 표현이죠. 그러니 위와 같이 번역해 줘야겠죠.

8. 환호성 : 歓呼の声 · 歓声

일본은 歓呼声이라는 표현은 쓰지 않습니다.

9. 한 몸에 받았는데 : 一身(いっしん)に受けたが

10. 優しい : 자상한

「優しい」는 다정한, 친절한, 착한, 마음씨 고운, 상냥한, (성격 등이)유한, 유순한, 부드러운, 온순한, 온화한, (몸 등에)좋은, (맛 등이)순한, 그리고 친화적인 등등 문맥과 상황에 따라서 다양한 한국어로 번역해야 하는 무지무지 까다로운 단어임에도 불구하고 아마추어 자막러는 물론이거니와 전문 번역가들조차 무턱대고 '상냥한'이라고 번역해 놓은 것을 종종 발견합니다. '상냥하다'라는 단어의 뉘앙스를 알고 있다면 절대로 그렇게 번역할 수 없을 장면에서도 그러니 의아스러울 때가 많습니다. 한국어 '상냥하다'는 말투나 행동이 싹싹하고, 붙임성 있고, 사근사근하고, 곰살맞은 모양을 나타내는 단어죠. 그런데 어떤 영화에서 성격이 아주 무뚝뚝하고 퉁명스러우면서도 알게 모르게 여자애를 슬며시 챙겨주는 남자애한테 「優しい」라는 말을 하는데, 그걸 '상냥하다'라고 번역해 놓은 걸 본 적이 있습니다. 무뚝뚝한 사람과 상냥한 사람은 하늘과 땅 차이죠. 그리고 또 다른 드라마에선 평소 무뚝뚝하고 퉁명스럽게 대하던 남자가 여자에게 손수건을 건네니까 「意外と優しいね」라고 하는 대사를 '의외로 상냥하네'라고 해 놓은 것도 본 적이 있습니다. 지금껏 그렇게 번역해 온 분이 이 책을 읽으신다면, 한국어 '상냥하다'는 이런 맥락에서 쓰면 어색하다는 걸 아시고 주의해서 번역하시기를 권합니다. 추측건대, 아마도 어휘력이 무르익지 않은 시기에 일본 영화나 드라마, 애니 등을 접하면서 이걸 그대로 '상냥한'이라고 번역해 놓은 걸 보고 한국어 '상냥하다'의 어감이나 이미지가 그렇게 고착돼 버린 건가 싶기도 합니다.

11. 자기중심적 : 自己中(じこちゅう)

일본은 이렇게 생략해서 쓰는 게 일반적입니다.

12. 마마보이 : マザコン

マザーコンプレックス(Mother complex)의 약자입니다.

13. 幻滅した : 환상이 깨졌다, 실망했다

14. 각박한 : 世知辛(せちがら)い

일본어 '각박(刻薄)' 또한 한국어 '각박'과 의미가 다릅니다. 이 「刻薄」는 「酷薄(혹박)(こくはく)」이라고도 표기하는데 酷이라는 한자를 쓰는 것으로도 미루어 짐작할 수 있듯이 '냉혹, 잔혹, 혹독'이라는 뉘앙스를 지닌 말입니다. 그러니 한국어 '각박하다'는 위와 같이 표현하면 되겠죠. 참고로 刻薄보다는 酷薄이라는 표기가 더 일반적이고 널리 쓰이는 것 같습니다.

15. 환멸감이 들어서 ： 心底嫌気が差して・うんざりして

16. 연예계 ： 芸能界

17. 은퇴 ： 引退

한국어 은퇴(隱退)와 일본어 隠退의 뉘앙스도 다릅니다. 한국어 '은퇴'는 그냥 하던 일, 직업 등을 관둔다는 뜻이지만 일본어 隠退는 사회생활을 떠나서 시골 등에서 조용히 지낸다는 뜻을 지닌 말입니다. 그러므로 한국어 '은퇴'는 위와 같이 引退(인퇴)라고 번역해야 합니다.

🔍 블로그 **일본어 隠退・引退의 차이**

18. 낙향 ： 都落ち

일본은 落鄕(낙향)이라는 한자어를 쓰지 않고 위와 같이 표현합니다.

19. 어부 ： 漁師

20. 정치계 ： 政界

일본도 政治界라고도 하는데 제가 듣고 본 바로는 '정치계'보다는 '정계'라고 말하는 경우가 훨씬 더 많았던 것 같습니다. 검색을 해 봐도 政界라는 단어가 검색되는 숫자가 훨씬 많습니다.

21. 환멸을 느끼고 ： へどが出るほど嫌気がさして

> 日 이렇듯 한국에선 상당히 강렬한 감정 상태, 심리 상태를 뜻합니다.

22. 사퇴 ： 辞職

앞에서도 언급했듯 국회의원이라는 건 직책이 아니라 직업이니까 '사임'이 아니라 '사직'이라고 합니다. 또 하나 흥미로운 사실. 우리는 국회의원이 비리나 부정에 연루돼서 재판을 통해 일정 이상의 형량이 확정되면 국회의원의 '자격을 상실'한다고 표현하죠. 그런데 일본은 「失職(실직)」이라고 합니다.

23. 평온한 은퇴 생활 ： 楽隠居の生活

은퇴해서 평온한 생활을 보내는 걸 이렇게 표현합니다. 한국어 '은거'와 일본어 隠居도 뉘앙스가 다른 단어인데, 이에 관해서는 뒤에서 다시 다루겠습니다.

24. 기르는 ： 養う

25. 등한시 : なおざりに

일본도 「等閑視」라는 한자어가 사전에 있긴 하지만 거의 안 쓴다고 합니다.

26. 겉만 꾸미는 : うわべばかり繕^{つくろ}う

27. 급급한 : 汲々^{きゅうきゅう}としている

「汲々な」라고 하지 않도록 주의해야겠죠.

28. 썩어 빠진 : 腐り果てた

29. 자아도취에 빠진 : 自己陶酔^{とうすい}に浸^{ひた}っている

일본은 우리의 '자아도취'를 '자기도취'라고 합니다.

30. 환멸감을 느낀다 : 嫌悪感^{けんおかん}を覚える · へどが出る

31. 관심이 갔던 : 気になってた

일본어 「気になる」는 이렇듯 상대에게 호감을 느끼거나 해서 관심이 간다는 뜻으로도 쓰입니다.

32. 성행위 동영상 : 性交渉動画

의외인 분들 많겠죠? 다만 일본도 '성관계', '성행위'라는 표현도 씁니다.

> **日** 한국은 '성교섭'이라는 표현은 쓰지 않습니다.

33. 유포 : 頒布^{はんぷ}

이것도 '츠키다시' 신세가 되네요. 기왕 집어넣었으니 간략하게 말씀드리자면, 원래 일본어 頒布(반포)는 길거리에서 전단지나 홍보물 등을 (한국어)배포하는 걸 뜻하는 단어입니다. 그리고 일본어 配布와 頒布의 차이는, 配布는 무료로 나눠주는 것을 말하고 頒布는 유료, 무료 두 경우 모두 쓸 수 있습니다. 또한 일본도 流布(유포)라는 한자어를 쓰지만 이건 자동사로만 쓰입니다.

34. 幻滅した : 환멸을 느꼈다

> **日** 한국에서는 적어도 이 정도 감정 상태는 돼야 '환멸'이라고 합니다.

일본어 安否(안부)를 엉터리로 번역하는 기자들

[　1　]に[　　2　　][　3　]を送ったのに

학부모들에게 안부를 묻는 문자 메시지를 보냈는데

○○の[　　　4　　　]だ。

○○ 어머니의 답장은 함흥차사다.

故郷の両親の安否を確かめるために急遽<ruby>急遽<rt>きゅうきょ</rt></ruby>[　5　]したが建物の[　　6　　]

고향의 부모님의 [　　　　7　　　　]급거 귀향했지만 건물 잔해에 깔려서

[　8　]後だった。

별세하신 후였다.

[　9　]の安否確認を怠ってしまい[　10　]などの事故死、

독거노인의 [　11　]확인을 게을리해서 낙상사 등의 사고사,

あるいは孤独死する事例が[　12　]急増している。

혹은 고독사하는 사례가 우상향으로 급증하고 있다.

[　13　]が起きたときは安否確認の電話より先にしなければならないことがある。

지진이 일어났을 때는 [　14　]확인 전화보다 먼저 해야 할 것들이 있다.

韓国では結婚して[　15　][　16　]の夫婦が両親に

한국에는 결혼해서 분가한 자식들 부부가 부모님에게

[　17　]をする[　18　]がある。

안부 전화를 하는 관습이 있다.

*今帰んの？あっちは[　19　]が発令されたそうだけど[　20　]？

지금 돌아가? 거기는 **호우경보** 발령됐다던데 **우비는 챙겼어**?

叔父さんに[　21　]。

삼촌한테 안부 전하고.

〈47인의 자객〉

吉良様の安否は当分の間[　　22　　]。

키라 님이 [　23　]는 당분간 **비밀에 부칩니다**.

〈보루토〉

任務の失敗と部下の安否、それら全ての責任を持たなきゃいけない訳ですし。

임무 실패와 부하의 [　24　], 그 모든 책임을 지지 않으면 안 되니까요.

해설

모범 답안의 설명까지 읽으신 분 중에는 놀란 분들도 많으리라 생각하는데 아닌가요? 그럼 사전부터 찾아보고 얘기를 진행해 나갈까요? 아래는 한국 국립국어원 표준국어대사전의 뜻풀이입니다.

안부 01 (安否)
「명사」
어떤 사람이 편안하게 잘 지내고 있는지 그렇지 아니한지에 대한 소식. 또는 인사로 그것을 전하거나 묻는 일.

위와 같이 나와 있습니다. 다시 말해 한국어 안부(安否)는 지인이나 친족 등에게 인사의 의미로 소식을 묻는 것이라는 뜻으로서, 거의 관용적으로 쓰이는 인사 표현이죠. 하지만 일본어 '안부'는 한국과는 사뭇 다른 뉘앙스와 쓰임새를 지닌 한자어입니다. 그럼 과연 일본어 安否는 사전에 뭐라고 나와 있을까요? 거의 모든 사전의 뜻풀이가 비슷하므로 이번엔 코토방크 사전의 뜻풀이만 살펴보기로 합니다.

코토방크

あん‐ぴ【安否】
無事かどうかということ。安全か否か。
무사한지 어떤지 하는 것. 안전한지 아닌지

보셨다시피 일본어 安否는 '인사치레로 하는 말'이 아니죠? 무사한지 아닌지, 안전한 상태에 있는지 위험한 상황에 처했는지를 물을 때 쓰는 단어인 거죠. 이렇듯 한국어 '안부'와 일본어 「安否」는 근본적으로 다른 뜻을 지닌 단어인데도 그걸 아는 사람은 별로 없는 것 같습니다. 그러니 이 사실을 모르는 기자들이 다음과 같이 번역하고 있는 실정이죠.

日 총리, "인질 안부 확인 안돼"

입력 2004.0412 19:52 | 수정 2004.0412

목숨을 위협받고 있는 인질이 (한국의 국어사전 뜻풀이대로)편안하게 잘 지내는지, 건강하게 지내고 있는지를 확인하다니 말이 안 되죠? 참고로 한국어 안부라는 단어에 '안전한가 위험한가, 무사한가 아닌가'라는 뜻은 없다는 것은 국립국어원에 문의해서 확인을 끝낸 사항입니다.

그렇다면 「人質の安否は確認されていない」를 올바른 한국어로 번역하려면 어떻게 해야 할까요?

> 인질의 **안위**(安危)는 확인되지 않았다.
> 인질의 **안전 여부**는 확인되지 않았다.

위와 같은 식으로 번역해야겠죠.

혹시나 해서 일본인들한테 安否라는 단어를 소식을 묻는 인사말 정도의 뉘앙스로도 사용하느냐고 물어봤더니, 대답을 해 준 6명 모두가 일본어 安否는 소식을 묻거나 할 때 쓰이는 단어가 아니라고 했습니다. 그러니 일본 사람에게 「ご家族にも安否お伝えください」라고 말한다면 당연히 어리둥절하게 생각하겠죠? 지금껏 몰랐던 분은 이 '안부'라는 한자어를 상호 번역할 때나 쓸 때 주의를 기울일 필요가 있겠죠.

모범 답안

1. 학부모들 : **父兄の方々** (ふけい)

우리의 학부모를 일본은 이와 같이 '부형'이라고 합니다. 그런데 요즘에는 '부형'이라는 말 자체가 아버지와 형을 뜻하는 거라서 남녀 차별적인 데다가 또 편모슬하인 경우도 많고 고아인 경우도 있는데 적절치 못한 표현이라고 해서 '보호자'로 부르는 걸로 바뀌었습니다. 따라서 요즘은 '학부모회'도 「父兄会」가 아니라 「保護者会」로 부르는 추세라고 합니다. 또한 PTA(Parent-Teacher Association)라고도 합

니다. 다만, 아직 완전히 정착이 된 건 아닌지 드라마나 영화를 보면 여전히 「父兄・父兄会」라고 하는 예가 더러 있더군요. 아울러 「父兄たち」라고 하면 격이 떨어지는 표현이죠.

> **日** 한국에서도 옛날에는 '부형'은 아니고 '학부형'이라고 부른 적이 있습니다. 지금도 나이 많은 사람은 '학부형'이라고 부르기도 할 겁니다. 저도 어릴 때는 '학부형'이란 말을 듣기도, 쓰기도 한 기억이 있습니다.

2. 안부를 묻는 : ご挨拶の

일본도 「安否を問う・伺(うかが)う」라고 하지만 우리가 말하는 '안부를 묻는 것'과는 뉘앙스가 다르다는 걸 이젠 아시겠죠? 그러니 우리의 안부는 문맥이나 상황에 따라 위와 같이 적절히 의역해야겠죠.

3. 문자메시지 : メール

이 책을 읽을 정도의 분이면 다 알겠지만 그래도 혹시나 해서…. 근데 엄밀히 말하면 일본의 メール와 한국의 문자메시지는 근본적으로 시스템 자체가 다른 거죠. 하지만 일본의 メール가 한국의 이메일에 가깝냐, 문자메시지에 가깝냐를 따지면 문자메시지 쪽이니까 번역 때도 이렇게 해 주는 게 낫겠죠.

4. 어머니의 답장은 함흥차사 : 母さんからは梨(なし)のつぶて

일본의 모 한국어 관련 사이트를 보면 '함흥차사'를 「鉄砲玉(てっぽうだま)」라고도 한다고 나와 있는데, 사전에도 '갔다가 돌아오지 않는 사람, 답변(답신, 답장)이 없음'이라는 뜻이라고 나와 있고, 옛날에는 이런 의미로도 쓴 모양입니다. 그런데 요즘은 주로 야쿠자 세계에서 경쟁 조직의 요인을 암살하러 보내는 사람, 즉 히트맨을 뜻하는 단어로만 쓰이게 됐다고 합니다. 다만, 단순히 암살자, 킬러, 히트맨이란 뜻이 아니라 한번 가면 살아서 돌아오지 못할 사람을 뜻한다고 합니다. 바꿔 말해 자살 특공대…가 아니라 자살 특공者인 셈이죠.

> **덧붙임**
> 원래 이건 「母さんの返事は~」라고 했었는데 감수 과정에서 걸러진 것입니다. 일본에서 말하는 「梨のつぶて」 자체가 답장, 연락, 소식 등이 없는 걸 의미하므로 앞에 「返事は」는 필요가 없다고 하더군요. 그래서 또 여러 일본인에게 확인해 본 결과도 비슷한 의견이 많았지만, 한 일본인은 그런 건 학자나 국어 교사 같은 사람들이나 따지는 일이지 그렇게 표현한다고 틀렸다고 하는 것도 우스운 일 같다는 의견이었으며, 검색을 해 보면 실제로 '답장' 등을 앞에 적어 놓은 사례도 있으니 참고하세요.

5. 귀향 : 帰省

저도 옛날에는 그랬지만, 일본은 한국에서 말하는 '귀향'을 帰郷이 아니라 帰省이라고 한다고만 알고 있었던 분들이 많을 겁니다. 하지만 일본에서도 帰郷라는 말을 쓰고 또 그 뜻도 비슷합니다. 그런데 왜 帰郷이 아니라 帰省을 답안으로 제시했을까요? 그 이유는 일본어 帰郷과 帰省은 다른 뉘앙스로 쓰이기 때문입니다. 이것도 해설이 길어지므로 아래 제 블로그에서 자세한 사항을 확인하시고, 블로그 글 읽을 여건이 안 되는 분들을 위해 간단히 결론만 말하자면 일본어 帰郷은 아예 고향으로 가서 정착한다는 뜻인 반면에 帰省은 명절 같은 때, 혹은 특별한 이유가 있어서 잠시 고향에 다녀온다는 뜻으로 쓰이기 때문입니다. 따라서 이 경우는 사고로 인해 잠시 고향에 간 것이니 帰省이라고 해야 하겠죠.

> **日** 한국에서도 '귀성'이라는 말이 있지만 명절 귀성객, 귀성 차량 등 아주 국한되어서 쓰이고 일상의 대화에서 '고향으로 돌아간다'는 뜻으로는 '귀향'이라고 하지 '귀성'이라고 하는 한국 사람은 없을 겁니다.

🔍블로그 한국어 '귀성, 귀향'과 일본어 「帰省·帰郷」의 차이

6. 잔해에 깔려서 : 瓦礫の下敷きになって
_{がれき} _{したじ}

건물이 무너져서 콘크리트나 기와 등이 흩어져 있는 걸 이와 같이 瓦礫라고 합니다. 또 「瓦礫に敷かれて」가 아니라 위와 같이 표현하는 게 일반적입니다. 그리고 '잔해'라는 한자어의 뜻도 양국이 미묘하게 다릅니다. 일본어 「残骸」는 기본적으로는 전쟁터나 재해 지역에 남겨진 '시체'를 의미하는 단어입니다. 하지만 한국어 '잔해'는 '시체'를 일컫는 말이 아니라 시체가 썩거나 해서 거의 뼈만 남은 상태를 잔해라고 하죠. 그리고 일본도 '시체'에서 뜻이 확장돼서 건물, 기계, 자동차 등이 부서진 것도 残骸라고 하는데, 이 경우에도 기본적으로는 부서진 '파편'이 아니라 본체 부분을 뜻하는 말이라고 합니다. 이 확장된 뜻을 사전에서 찾아봐도

原形をとどめないほどに破壊された状態で残っているもの
원형이 남아 있지 않을 정도로 파괴된 상태의 물건

위와 같이 나와 있습니다. 즉, 일본어 残骸는 조각이나 파편이라는 개념이 아니란 뜻이죠.

7. 安否を確かめるために : 안위(안전 여부)를 확인하기 위해

8. 별세하신 : 他界した
_{たかい}

뒤에 나오는 '죽음 관련 한자어'에서 다시 상세히 다룰 텐데 우리는 자기 가족이나 친지의 경우엔 '타

계'라는 말을 쓰지 않죠. 하지만 일본은 자신의 가족에 대해서 씁니다. 오히려 타인에게 쓰는 건 조심해야 하고, 또 타인에게 쓸 때도 그냥 「他界しました」라고 하면 실례이기 때문에 존중의 의미를 담아서 「他界されました」라고 해야 한답니다. 그리고 우리나라에선 자신의 친지라도 손윗사람이면 존경의 뜻으로 '하신'이라고 하지만 일본은 자신의 가족은 오히려 낮추니까 「した」라고 해야겠죠.

9. 독거노인 ： ひとり暮らし高齢者(こうれいしゃ)

일본에서도 예전에는 「独居老人(どっきょろうじん)」이라는 말을 썼는데 요즘에는 이와 같이 표현한다고 합니다.

10. 낙상사 ： 転落死(てんらくし) · 転倒死(てんとうし)

일본에는 '낙상(落傷)'이라는 한자어가 없습니다. 계단 등에서 굴러떨어져 사망한 거라면 일본어 '전락사', 바닥에 넘어져서 머리를 부딪치거나 해서 사망한 거라면 일본어 '전도사'라고 해야겠죠. 또 이 '전도'라는 한자어의 뜻과 쓰임새도 한일 양국이 다른데, 뒤에 다시 나오니 그때 설명하죠.

11. 安否 ： 안전 여부, 안위

여기서는 그냥 '안부'라고 번역해도 괜찮을 듯하기도 하죠? 두 나라의 '안부'의 쓰임새가 겹치는 부분이 있기 때문에 골치가 아픈 거죠. 어찌 됐건 일본어 '안부'는 근본적으로 한국과 다른 뉘앙스라는 것만큼은 명심해야겠죠.

12. 우상향으로 ： 右肩上(みぎかた)がりに

그래프 등이 우상향으로 증가한다는 표현을 이렇게 합니다. 자주 쓰는 표현이니 몰랐던 분들은 외워 두시면 유용하게 쓰일 겁니다. 물가, 지위 등이 급상승한다는 표현으로서 「うなぎ登り」도 있으니 몰랐던 분은 외워 두시길.

13. 지진 ： 震災(しんさい) · 地震

당연히 地震이라고 해도 됩니다. 뒤에 '재해 관련 한자어'에서도 다루겠지만 간단히 말해 우리가 '지진'이라고 말할 장면에서 일본은 이렇듯 '진재'라는 표현을 쓰는 것이 일반적이고, 地震의 경우는 문맥상 '진재'와는 구별해서 불러야 하는 상황, 지진이라는 현상 그 자체를 일컬을 때에 한해서 쓰는 경향이 있습니다.

14. 安否 ： 안전, 안위

지진이 일어났는데 '안부 확인'은 좀 그렇죠?

15. 분가한 : 親元を離れた
<small>おやもと</small>

일본의 「分家」라는 표현은 한국과 달리 쓰임새가 제한돼 있고 한국보다 조금 더 거창한(?) 뜻으로 쓰
<small>ぶんけ</small>
입니다. 옛날에 한 가문에서 떨어져 나와서 독립된 가문을 형성하는 뭐 그 비슷한…. 아무튼 일본도 分
家라는 한자어를 쓰긴 하지만 족보를 따질 때나 쓰고, 그것도 문헌 같은 데서나 접하게 되는 한자어이
지 일상생활에서는 쓸 일이 거의 없는 단어라고 합니다. 참고로 야쿠쇼 코지, 키키 키린, 미야자키 아오
이가 출연한 <내 어머니의 인생>에서 주인공 야쿠쇼 코지의 할아버지가 친손자인 야쿠쇼 코지를 애첩
의 호적에 올려서 分家시켰다는 내용의 대사가 나옵니다. 이 경우의 일본어 分家는 단순히 따로 살게
한다는 게 아니라 하나의 호적을 새로 만들어서 다른 가문으로 독립시킨다는 뜻이죠. 하지만 자식이
결혼해서 (한국어)분가하는 걸 일본에서는 分家라고 하지 않습니다. 그러니 위와 같이 번역하거나 「別
の家に住む」라는 식으로 의역할 수밖에 없겠죠.

16. 자식들 : 子供たち · 子たち

아는 분은 알겠지만 「子息」이라는 일본어는 한국과 달리 남자아이만 뜻하는 단어입니다. 또한 자기
아들은 子息이라고 하지 않고 남의 아들을 높여서 부르는 말이므로 앞에 반드시 '고'를 붙여서 「ご子
息」라고 해야만 하고, 이 자체가 경칭이므로 「ご子息様」라는 식으로 뒤에 '사마'를 붙이면 이중 경어
가 되니 오용이라고 하네요. 다만, 실생활에서는 '사마'를 붙이는 경우가 왕왕 있다고 합니다.

17. 안부 전화 : ご機嫌伺いの電話

안부 전화는 이렇게 표현하면 되겠죠. 물론 일본에서도 「安否を問う電話」라는 식으로 표현하기도
하는데, 이때는 주로 지진 같은 재해가 발생했을 때 피해를 안 입었는지, 무사한지 아닌지 하는 '안위'
를 묻기 위해 전화를 하는 걸 말하지 한국처럼 단순히 잘 지내고 있는지를 묻는 전화는 아니라는 걸 명
심해야 한다는 점.

18. 관습 : 習慣

19. 호우 경보 : 大雨警報
<small>おおあめ</small>

일단 기본적으로 일본도 「豪雨」라는 말 자체는 쓰고, 大雨에 비해 더 세차고 많이 내리는 비라는 이
<small>ごうう</small>
미지라고 합니다. 하지만! 일본 기상청에서는 豪雨라는 표현을 '과거에 있었던 큰비 현상'이라는 뜻으
로 국한해서 쓰는 말이므로 「豪雨警報」니 「豪雨注意報」니 하는 용어는 쓰지 않는다고 합니다. 그러
니까, '豪雨가 예상되니까 조심하시기 바랍니다'라는 식으로는 표현하지 않고 이런 때는 大雨를 써 줘
야 한다네요.

20. 우비는 챙겼어? : 雨具(あまぐ)は持った?

일본은 우비(雨備)라고 하지 않고 이처럼 雨具(우구)라고 합니다.

> **日** '챙기다'라는 동사는 일본인들 입장에서는 단번에 이해하기 힘들 만큼 말뜻의 스펙트럼이 넓은 말로 느껴지는 모양이더군요. 아닌가요? 아무튼 이런 경우의 '챙겼어?'는 위와 같이 표현하면 됩니다.

21. 안부 전하고 : よろしくって言っといてね

22. 비밀에 부칩니다 : 伏(ふ)せていただきます

이걸 「秘密に付する・付す」라고 번역해 놓은 걸 간혹 보는데, 일본은 이와 같이 '비밀'이라는 것도 빼고 그냥 「伏せる」라고 하는 게 일반적입니다. 「秘密に付する・付す」를 검색해 보니 사용례가 나오긴 나오는데 한국 관련 기사나 글이 많습니다. 일상생활에서 이렇게 표현하는 일은 없다는 어떤 일본인의 의견이 있었으니 참고하세요. 다만 「不問に付す」(불문에 부치다)라는 표현은 종종 합니다.

23. 安否 : 무사한지 아닌지

영상번역은 말 길이도 가급적 맞춰 줘야 하니까 '무사한지는'이라고만 해도 될 듯하네요. 이건 <47인의 자객>에 나오는 대사인데, 그 유명한 '추신구라' 이야기를 다룬 작품입니다. 일본 시대극 '덕후'라면 다 아시겠지만 이 키라라는 자와 47인의 자객들의 주군이 성 안에서 칼부림을 해서 키라가 자상을 입는데, 그 키라가 무사한지 위독한 상태인지는 비밀에 부친다는 뜻인 거죠.

24. 安否 : 안위, 안전

> ＊ **今帰んの**
>
> 우리도 그렇지만 일상 대화에서는 말을 빨리 하면 발음이 함축 또는 변형되는 경향이 있죠. 일본어의 경우 ら행이 な행을 만나면 이와 같이 ん으로 변합니다. 다른 예를 들어 보면, 「やらない」가 「やんない」, 「するな」가 「すんな」, 「食べるの」가 「食たべんの」 등으로 변하죠. 이 책의 성격상 일본어 고수분들도 사서 볼 수 있을 텐데 그런 분들께선 지면이 아깝다 생각하실 수 있을 테니 이쯤에서 생략하고, 이러한 발음 축약 혹은 철자 탈락 현상에 대해서 제 블로그에 상세히 올려놓겠습니다. 그러니 아직 영화나 드라마 등을 볼 때 청해에 어려움을 겪는 분들께서는 아래 글을 읽어 보시면 도움이 될 겁니다. 영화나 드라마 등에 나오는 대사는 일본어 능력 시험 청해 테스트와는 차원이 다르죠.

🔍 **블로그** **일본어 발음 축약 탈락 변형 사례 모음**

結局[　　1　　]今にも何かが[2]殺伐とした空気に変わった。

결국 협상이 결렬되자 금세라도 뭔가 터질 듯한[　　3　　]분위기로 바뀌었다.

この[4]に私の会社の[5]たちは[6]で殺伐としてましたよ。

이 4사분기에 우리 회사 보험설계사들은 실적 경쟁으로[　　7　　].

部屋の中は[　8　]もまともに[　　9　　]殺伐とした空気さえ漂っていた。

[　10　]은 세간살이도 제대로 갖춰져 있지 않고[　11　]분위기마저 감돌았다.

今年は殺伐とした生活からの逃避を図って趣味生活も満喫したい。

올해는[　　12　　]생활로부터[13]를 시도해서 취미 생활도 만끽하고 싶다.

彼は殺伐とした都会生活に[　14　][15]して[　16　]を送った。

그는[　　17　　]도시 생활에 염증을 느끼고 낙향해서 평온한 은퇴 생활을 보냈다.

[18]から離れて山頂に登ると、向こうの[　19　]には

등산로에서 벗어나서 산 정상에 오르자 건너편 눈 아래에는

草も木もない殺伐とした野原が広がっていた。

*나무도 풀도 없는[　　20　　]벌판이 펼쳐져 있었다.

そん時は［ 21 ］心の余裕もなく、［ 22 ］の［ 23 ］

그땐 **너 나 할 것 없이** 마음의 여유도 없이 **눈앞**의 **득실만 따지며**

殺伐として生きてましたね。

［ 24 ］살았었죠.

かつては一面に草木が［ 25 ］迫力があったんですが、

한때는 ［ 26 ］ 초목이 **우거져서** ［ 27 ］

今は殺伐極まりない風景ですね。

지금은 ［ 28 ］풍경이네요.

［ 29 ］事件の現場には［ 30 ］警戒が［ 31 ］

연쇄 살인 사건 현장에는 살벌한 경계가 **펼쳐져 있고**,

次の殺害対象として［ 32 ］された彼は［ 33 ］状態です。

다음번 살해 대상으로 **지목**된 그 사람은 **두문불출** 상태입니다.

［ 34 ］ストーリーが急に［ 35 ］

잔잔하게 전개되던 스토리가 갑자기 **반전돼서**

［ 36 ］［ 37 ］ホラー映画に変わった。

살벌하고 **박진감 넘치는** 호러 영화로 바뀌었다.

僕が［ 38 ］に行かない理由は、好奇心で行ってみて

내가 **윤락업소**에 가지 않는 이유는 호기심으로 갔다가

愛のない殺伐とした［ 39 ］に［ 40 ］からだ。

사랑 없는 ［ 41 ］ **성행위**에 **환멸감을 느꼈기** 때문이다.

[42][43]の中でも、あの[44]は多くの受験生を[45]に合格させた

살벌한 **입시 전쟁** 속에서도 저 **입시 학원**은 많은 수험생을 **명문대**에 합격시킨

[46]を[47]しているそうです。

탁월한 실적을 **보유**하고 있다고 합니다.

「殺伐とした職場」と言うと[48]で[49]暴力が[50]

'살벌한 직장'이라고 하면 **갑질 폭행**으로 **논란이 됐던** 폭력이 **난무하는**

職場を[51]、日本人が[52]少し違う。

직장을 **떠올리기 십상이지만** 일본인들이 **상상하는 건** 조금 다르다.

해설

의외라고 생각한 분들이 아주 많으리라 생각합니다. 또한 이미 접해 봤던 분들도 이걸 어떻게 번역해야 할지 난감했던 경험이 있었으리라 확신합니다. 이렇듯 한국어 '살벌'과 일본어 「殺伐」도 미묘하게 다른 뉘앙스로 쓰이는 한자어입니다. 이해를 돕기 위해 우리 국어사전부터 살펴볼까요?

1. **행동이나 분위기가 거칠고 무시무시함.**
2. **병력으로 죽이고 들이침.**

저도 '살벌'에 2번 뜻이 있는지 사전을 찾아보고 처음 알았습니다만, 이건 여러분도 마찬가지겠죠? 그러니 혹시 이 글을 읽는 일본인이 계신다면 2번의 뜻은 무시해도 됩니다. 그럼 다음은 일본의 인터넷 사전을 뒤져 볼까요? 지면을 절약하기 위해 한국과 비슷한 뜻풀이는 생략합니다. 블로그에 쓴 글에는 다른 뜻풀이도 적어 놨으니 참고하시기 바랍니다.

먼저 코토방크 사전과 goo사전은 뜻풀이가 같습니다.

코토방크 · goo

1. **殺気が感じられるさま。また、うるおいやあたたかみの感じられないさま。**

weblio 사전

穏やかさやあたたかみの感じられないさま。とげとげしいさま。
「ーとした世相」「ーたる光景」

❸ (形動タリ・ナリ) **人間関係・雰囲気・風景などに、うるおいや暖か味のないさま。**

어떤가요? 한국과 일본의 뜻풀이에 차이점이 느껴지시나요? 여기서 주목해야 할 건 바로 **주황색 입힌 부분**입니다. 참, 여기서 「潤い(うるお)」는 습기, 윤기, 촉촉함이란 뜻이 아니라 정감, 정취, 정신적 (정서적)으로 차분하고 여유로운 모양을 뜻합니다. 다시 말해서 이 **殺伐**이라는 일본어는 '인간관계, 분위기, 풍경 등에 정감, 정취, 인정미, 따스한 맛, 여유로움 등이 없는 모양'이라는 뜻으로도 쓰인다는 말이죠. 여러 일본인들에게 재삼재사 확인해 본 결과로는 오늘날은 오히려 이런 뜻으로 쓰는 경우가 훨씬 많다고 합니다. 어떤 일본인은 원래 갖고 있던 뜻인 '사람을 죽이거나 하는 무시무시한'이라는 뜻으로 쓴 적은 없다는 말까지 할 정도입니다. 이제 약간 감이 잡히시나요? 예컨대 풍경이나 광경에 「殺伐とした」를 쓰는 경우가 바로 이 뜻풀이에 해당한다는 거죠. 그러니 이걸 그대로 '살벌한 풍경'이라고 번역하면 안 되겠죠. 우리가 살벌한 풍경, 광경이라고 말할 때는 막 칼부림이 일어난다거나 서로 죽일 듯이 싸운다거나 하는 걸 봤을 때나 '살벌'을 쓰니까요. 국어사전의 뜻풀이를 봐도 알 수 있듯이 한국어 '살벌'은 '행동이나 분위기가 거칠고 무시무시함'이라는 뜻으로 쓰이죠. 또 말하는 거지만 일본어 절대 쉽지 않죠?

모범 답안

1. 협상이 결렬되자 : 交渉が物別(ものわか)れになると

일본은 「協商(협상)」이라는 한자어를 거의 쓰지 않습니다. '삼국 협상' 같은 역사적 사건의 명칭이나, 단체명을 그대로 직역하는 경우에나 쓰일 뿐이고 일상에서는 쓰일 일이 없는 사어에 가까운 한자어라고 생각해도 될 정도입니다. 따라서 이 경우에는 交渉이라고 번역해 줘야겠죠. 그리고 일본도 이 경우에 「決裂(けつれつ)」라는 한자어를 쓰지만 이렇게도 표현한다는 걸 알아 두시기를. 다만 決裂을 쓰더라도 「決裂される」가 아니라 「決裂する」라고 한다는 점에 유의. 꼭 피동형으로 써야 할 특별한 이유가 없는 한 이렇게 표현하는 게 더 자연스럽고 일반적이라는 점.

2. 터질 듯한 : 勃発(ぼっぱつ)しそうな

우리는 '발발'이라는 한자어의 쓰임새의 폭이 그렇게 넓지 않고 무게감이 있는 단어죠. 반면에 일본은 이렇듯 살짝 가벼운 뉘앙스로도 '발발'을 빈번히 사용합니다. 일본 방송을 즐겨 시청하는 분들이라면 이 '발발'이라는 일본의 한자어를 자주 접했을 겁니다.

3. 殺伐^{さつばつ}とした : 살벌한

이 경우에는 그대로 '살벌한'이라고 해도 되겠죠.

4. 4사분기 : 第4四半期^{しはんき}

일본은 우리와 달리 '사반기'라고 합니다.

5. 보험설계사 : 保険外交員

일본은 이처럼 '보험외교원'이라는 용어를 씁니다.

6. 실적 경쟁 : 業績争い

일한 번역을 해 본 한국 사람이라면 우리는 '업적'이라고 하지 않는 문맥에서 業績이라고 하는 걸 보고 의아하게 생각한 사람이 꽤 될 겁니다. 예컨대 한국에서 '이번 하반기는 상반기에 비해서 실적이 좋다'라고 말할 때 일본은 業績(업적)을 씁니다. 그리고 우리의 '성과급'을 뜻하는 말로서 「出来高給^{できだかきゅう} · 歩合給^{ぶあいきゅう}」는 아는 사람도 많겠지만 이걸 「業績給」이라고도 합니다. 이렇듯 업적과 실적도 한국과 일본에서 뉘앙스와 쓰임새가 미묘하게 다른 한자어인데, 이 둘을 구분하는 법을 알아내기 위해서 정말 많은 일본인들에게 수십 차례에 걸쳐, 이런저런 예문을 지어서 둘 중에 뭘 써야 자연스러운지를 물어도 보고, 인터넷도 검색해 보고 했지만 솔직히 저도 아직 구분법을 완벽하게는 파악하지 못했음을 고백합니다. 하지만 어느 날 인터넷 검색 도중에 우연(?)히 어떤 것을 발견하면서 드디어 감을 잡고 말았습니다. 이에 관해서도 설명하려면 너무 길어지니까 아래 제 블로그를 참고하시고, 여기선 간략히만 설명하겠습니다. 글 꼭 읽어 보시기를 권합니다.

🔍 블로그 실적/업적, 実績·業績의 아주 미묘한 쓰임새 차이

먼저, 일본어 業績은 회사 등의 사업 (한국어)실적과 학술 및 연구 분야의 (한국어)실적을 뜻하는 말로 쓰입니다. 그리고 일본어 実績은 '실제로 이룬 공적, 성적, 업적'이라는 뉘앙스인데, 일본의 국어사전의 뜻풀이를 봐도 단 하나의 예외도 없이 「過去に · 実際にやり遂げた · 示した · 現れた」 성적,

성과, 업적이라고 풀이가 돼 있습니다. 그러니까 주로 '과거에', '실제로' 남긴 성적, 성과 등을 의미하는 경우가 많으므로 「将来の実績(장래의 실적)」이라고 하면 살짝 부자연스러운 표현이 될 수 있다고 설명해 놓은 사이트도 있습니다. 그리고 일본어 '업적'의 뉘앙스를 파악하는 데 있어서 결정적인 힌트를 말씀드리자면, 일본어 '업적'은 우리와 달리 '재무제표 등의 표, 그래프 등에 수치화, 수량화해서 나타낸 성과, 성적', 다시 말해 우리가 말하는 '실적(이 경우는 보험 계약 건수, 계약 금액 등)'을 뜻한다는 사실입니다. 의외죠?

또한 여러 일본인의 의견은, 「業績競争」이라는 표현은 어색하고 굳이 쓰려면 「業績争い」라고 하는 게 낫겠다는 것이었습니다. '업적' 뒤에 '경쟁'을 붙여서 표현하는 것은 일반적인 게 아니란 거죠.

> 日
>
> 일본 사람들로서도 한국어 '업적'과 '실적'의 쓰임새가 헷갈릴 수밖에 없겠죠. 한국어 '업적'이라는 말은 좀 더 포괄적인 개념, 어떤 의미에선 상위 개념이라 할 수 있습니다. 말로 설명하기는 참 애매한데, 한국어 '업적'과 '실적'의 어감 차이를 파악하기 위해 알기 쉬운 예문을 만들어 보자면 다음과 같습니다.
>
> 그는 수많은 사업 **실적**을 올림으로써 마침내 회사를 대기업 반열에 올려놓는 훌륭한 **업적**을 이루었다.
>
> 일본과 반대로 한국어 '업적'은 수치화, 수량화된 구체적 실적, 영어로 말한다면 record나 result 개념이 아니라 포괄적인 accomplishment, achievement라는 개념, 바꿔 말해 '공적(功績)'에 가까운 개념으로 쓰인다는 말이죠.

7. 殺伐としてましたよ : **살벌했어요**

이런 경우에도 '살벌'로 번역 가능하겠죠.

8. 세간살이 : **調度品**
ちょうどひん

[세간살이=調度品]이라는 뜻은 아닙니다. 이 調度品(조도품)이라는 한자어는 한국에는 없는 일본만의 특유한 용어라서 일대일로 번역 가능한 한국말은 없죠. 그 뜻은 일반적인 가구와 달리 장식성이 강한 소형 가구나 액자, 꽃병, 조각상 같은 걸 의미하는 말입니다. '品'을 빼고 그냥 「稠度」라고도 합니다.

9. 갖춰져 있지 않고 : **揃っておらず**
そろ

가구 등을 갖추는 걸 이렇게도 표현합니다.

10. 部屋の中 ： 집 안

이 경우도 '방'이 아니라 '집'이라고 봐야겠죠. 그리고 '집안'은 가문, 일가를 뜻하는 독립된 말로서 사전에 등재돼 있는 단어이므로 이 경우에는 '집 안'이라고 띄어 써야 합니다.

> 日 가사(家事)와 같은 뜻으로 쓰이는 '집안일'도 붙여서 씁니다.

11. 殺伐とした ： 을씨년스러운

집 안의 풍경이 따스하고 포근한 맛이 없고 썰렁한, 스산한 느낌이 든다는 의미죠.

12. 殺伐とした ： 삭막한, 정신적 여유가 없는, (정서적으로)메마른

이건 일본 사이트 검색으로 찾아낸 문장을 살짝 변형시킨 건데, 사실은 앞에 문맥을 알 수 있는 표현이 있습니다. 책 한 권 읽을 여유도 없이 사는 삶에 공허함을 느낀다는 말이 앞에 나오는데 예제가 너무 길어지니까 생략한 것입니다. 답안으로 여러 개를 제시한 건 이렇듯 다양하게 의역할 수 있겠다는 말이고 달리 더 적절한 표현이 있다면 그렇게 번역하면 되겠죠.

13. 逃避(とうひ) ： 탈피

우리가 '도피'라는 한자어를 쓸 때는 견디지 못하고 도망간다, 비겁하게 달아난다, 상황에 밀려서 피한다, 등의 부정적 뉘앙스가 강하죠. 근데 일본은 이렇듯 적극적, 능동적으로 탈피한다는 뉘앙스로도 쓰입니다. 그러니 일본어 逃避는 문맥을 잘 살펴서 이렇게 능동적, 적극적인 뜻으로 쓰였을 경우는 '벗어나다, 탈피하다, 탈출하다' 등으로 적절히 의역을 해 줘야겠죠.

14. 염증을 느끼고 ： 嫌気(いやけ)がさして

일본은 염증(厭症)이란 한자어를 안 씁니다. 근데도 이걸 「厭症を感じる」라고 하면 안 되겠죠? 그런데 심지어 학술 논문에도 이런 식으로 직역(?)을 해 놓은 걸 발견하고는 깜짝 놀랐던 기억이 있습니다.

15. 낙향 ： 都落(みやこお)ち

16. 평온한 은퇴 생활 ： 楽隠居(らくいんきょ)の生活

이 둘은 앞에 나왔던 거 복습이죠.

17. 殺伐とした ： 삭막한, 각박한

이 역시도 더 적절한 표현이 있다면 그렇게 번역하면 되겠죠.

18. 등산로 ： 登山道 ^{とさんどう}

일본은 '등산로'라고 하지 않고 이와 같이 '등산도'라고 합니다.

19. 눈 아래 ： 眼下 ^{がんか}

이걸 「目の下」라고 번역하면 어색한 일본어가 됩니다. 眼下도 한자어 뜻 그대로 풀이하면 '눈 아래'가 되지만 일본어 眼下는 '눈 아래'가 아니라 '눈 앞'이라는 뉘앙스로 쓰이는 말이라고 합니다.

20. 殺伐とした ： 황량한, 살풍경한, 삭막한

이 경우의 「殺伐とした」를 다른 일본어로 옮기면 「殺風景」^{さっぷうけい}가 됩니다.

> * **나무도 풀도 없는: 草も木もない**
> 일본에선 '풀'을 앞에 놓는 게 일반적이라고 합니다. 「草木」^{くさき}라는 일본어를 생각하면 외우기가 쉽겠죠.

21. 너 나 할 것 없이 ： 誰も彼も皆 · 誰もが

이 '너 나 할 것 없이'와 '너나없이'라는 한국말을 「誰彼なしに」^{だれかれ}라고 번역해 놓은 걸 간혹 발견합니다. 왜냐하면 한국의 일본어 사전에도 그렇게 나와 있고, 또한 일본 사이트나 블로그 등에서도 그렇게 설명해 놓은 게 많기 때문이겠죠. 하지만 이 「誰彼なしに」는 '(사람을 가리지 않고)누구한테나', 부정적 뉘앙스일 때는 '아무한테나'라는 뜻을 지닌 말입니다. 참고로 '너나없이'는 사전에 등재돼 있는 단어이므로 붙여서 씁니다.

22. 눈앞 ： 目先 ^{めさき}

「目の前」라고 해도 되겠지만 이것도 외워 두시기를.

23. 득실만 따지며 ： 損得ばかり勘定して ^{そんとく} ^{かんじょう}

일본은 이 경우에 '득실'이 아니라 '손득'을 쓰는 게 일반적입니다. 일본어 '득실'은 '이해득실'이라고 할 때나 쓰이지 일반적으로는 잘 쓰지 않는다고 합니다. 쓰임새의 폭 자체가 한국에 비해 좁다는 것이죠.

> | 日 | 한국에서도 '손득'이라는 한자어가 있지만 일본과 반대로 '득실'이라고 하는 게 일반적이기 때문에 일본어 損得을 번역할 때는 '득실'이라고 하는 게 더 자연스럽습니다. 물론 '손득'이라고 해도 뜻은 통합니다.

24. 殺伐として : **아등바등**

문맥에 맞게 이런 식으로 의역해 주는 것도 한 방법이겠죠?

> 日　한국인 중에서도 '아둥바둥'이라고, 그러니까 'ㅜ'라고 하는 사람들이 많은데 표준어는
> 아등바등, 그러니까 'ㅡ'를 씁니다.

25. 우거져서 : **茂(しげ)ってまして**

> 日　블로그 글 읽어 보셨는지 모르겠는데 일본인들 역시 '테이루/테이나이'를 한국어로
> 번역하는 데 무지무지 애를 먹죠? 이 경우에는 '우거져 있어서'라고 해도 자연스럽습니다.

26. 一面に : **온통, 눈앞에 온통, 일대가 온통**

이걸 '일면에'라고 번역하면 안 되겠죠. 우리와 달리 일본의 一面이라는 단어에는 '하나의 면', '한 측면'이라는 뜻 외에 **'주변 일대'**라는 뜻이 있습니다. 불후의 명작 애니 <초속 5센티미터>의 엔딩곡이 시작되는 부분에서 남녀 주인공이 어릴 적 기차에서 내렸을 때 펼쳐진 풍경을 묘사하는 내레이션이 나오죠. 그때 여주인공의 내레이션 중에 「そこは一面の雪に覆われた広い田園で」라는 묘사를 합니다. 이걸 '일면의 눈에 뒤덮인'이라고 하면 한국어로서 이상하죠? 아니, 이상한 게 아니라 오역이죠? '온통 눈으로 뒤덮인'이라고 번역해 줘야 자연스럽죠.

27. 迫力(はくりょく)があったんですが : **웅장한 모습이었는데**

일본어 迫力도 한국과는 완전 다른 뉘앙스로 쓰이는 단어인데 이걸 그대로 '박력'이라고 번역하는 사람들이 의외로 많습니다. 국어 공부가 이래서 중요하다는 겁니다. 바로 얼마 전에도 박력이라고 번역해선 안 될 문맥인데도 그대로 박력이라고 번역해 놓은 걸 감수했었습니다. 우리는 풍경 같은 것에 '박력'이라는 한자어를 쓰지 않잖아요. 이 '박력'에 관해선 바로 이 다음에 별도의 표제어로 다룰 거니까 그때 자세히 살펴보도록 하죠. 아무튼 일본어 迫力은 문맥에 따라서 다양하게 의역할 수밖에 없는 대단히 까다로운, 번역자를 정말 정말 괴롭히는 한자어입니다.

28. 殺伐極(きわ)まりない : **살풍경스럽기 짝이 없는**

이 경우는 풍경에 정취가 느껴지지 않고 살풍경스럽다는 뉘앙스로 쓰인 예죠.

29. 연쇄 살인 ： 連続殺人

일본은 이 경우 '연쇄'가 아니라 '연속'이라고 표현합니다. 고수분들이야 당연히 알겠지만 몰랐던 분은 이참에 알아 두시길.

30. 살벌한 ： 物々しい・ 厳重な・いかめしい

일본에서는 '경계'를 수식하는 말로서 殺伐을 쓰지는 않는다고 합니다. '살벌'이라는 한자어에 대해 느끼는 일본인들의 인상은 한국과는 미묘하게 다르다는 걸 방증해 주는 예겠죠. 참고로 위의 「いかめしい」의 한자 표기는 「厳しい・厳めしい」인데 감수자님 한 분은 여기서 이 단어를 쓰면 어색하다는 의견을 주시더군요. 하지만 이건 사전에도 '경계'와 함께 예문으로도 올라와 있고, 또한 다른 일본인도 경계나 호위 등에도 쓸 수 있다는 의견이었습니다. 하지만 감수자님 의견도 일단 참고해 두는 것도 좋겠죠.

31. 펼쳐져 있고 ： 敷かれていて

일본은 이 경우에 이렇게 '깔리다'라고 표현합니다. 「繰り広げられる」라고 하면 코패니즈가 됩니다.

32. 지목 ： 名指し

일본은 「指目」이라는 한자어를 거의 쓰지 않을 뿐더러 사전의 뜻풀이도 한국과는 다릅니다. 일본어 指目은 '손가락을 가리켜서 보다'라는 뜻에서 의미가 확장돼서 그만큼 예의 주시한다, 주목한다는 뜻으로 쓰이는 말입니다.

33. 두문불출 ： 家に閉じこもってる

일본은 '두문불출'이라는 사자성어가 없습니다. 근데 파파고 번역기에 돌려보면 「門外不出」라고 나오고, 또 반대로 門外不出의 뜻을 한국의 모 사전에서도 '두문불출'이라고 해 놨습니다. 그리고 인터넷을 검색해 봐도 '두문불출'을 門外不出라고 해 놓은 것들이 꽤 있습니다. 하지만 한국어 '두문불출'은 사람이 집 밖에 일절 나가지 않는다는 뜻이지만 일본어 門外不出는 소중히 아끼는 물건, 예컨대 가보 같은 걸 일절 집 밖에 내놓지 않는다, 공개하지 않는다, 반출하지 않는다는 뜻입니다.

34. 잔잔하게 전개되던 ： 穏やかに展開していた

이런 맥락에서 쓰인 '잔잔하게'는 이와 같이 번역해 주면 무난하겠죠. 그리고 이 경우도 한국어 '되다'를 「する」라고 하죠. 앞에서 '결렬'의 예에서도 말씀드렸듯이 굳이 피동형으로 표현해야 할 특별한 이유가 없는 한, 다시 말해 '누군가에 의해' 그리 되었다는 걸 드러내야 할 이유가 없는 이상 「する」라고 하는 게 더 일반적이고 자연스럽다는 점을 참고하시길.

35. 반전돼서 : 逆転して

일본은 이 경우에 「反転(반전)」이라는 한자어를 쓰지 않고 '역전'이라고 합니다. '반전'이란 한자어의 쓰임새도 한국과 다르다는 거죠. 그런데 이 역시 검색을 해 보면 '반전에 반전을 거듭하는'을 그대로 「反転に反転を~」라는 식으로 직역(?=오역)해 놓은 걸 수없이 발견합니다. 아울러 「どんでん返し」라는 표현도 기억해 두세요. 이건 연극 무대 등의 벽면이 180도 뒤집어지게 돼 있는 장치를 말하는데, 여기서 파생돼서 상황 등이 '거꾸로 뒤집히는 것'을 뜻하는 표현으로도 쓰이게 된 거죠. 이게 스포츠 경기 등을 묘사할 때 쓰이면 역전이라고 번역하고, 영화 등의 스토리가 (한국어)반전되는 걸 뜻할 때는 반전이라고 번역하는 등 문맥과 상황에 따라 유연하게 번역해 주면 되겠죠. 또한 여기서도 '스루'로 표현하죠.

36. 살벌하고 : 殺伐として

이 '살벌'의 뜻에 대해 조사하면서 또 알게 된 건데, 그냥 무섭기만 한 호러 영화의 경우 일본에선 '살벌'이라는 수식어는 어울리지 않는다는 반응이 꽤 있었습니다. 하지만 일본도 원래 '살벌'이라는 한자어에 한국과 비슷한 뜻풀이도 있으므로 틀린 건 아니지만, 오늘날은 이 '살벌'이라는 말을 정감, 정취, 인정미, 따스한 맛이 없다는 뉘앙스로 쓰는 사람들이 많다는 거죠.

37. 박진감 넘치는 : 迫力あふれる

위에서도 잠시 나왔지만 일본어 '박력'은 말뜻의 스펙트럼이 엄청나게 넓은 단어입니다. 따라서 문맥에 따라 이렇듯 다양하게 번역할 수밖에 없죠.

38. 윤락업소 : 風俗店(ふうぞくてん)

아는 분은 아시겠지만 일본에선 성행위나 유사 성행위를 하는 윤락업소를 이렇게 '풍속점'이라고 하죠. 그런데 이 일본어 風俗店을 그대로 풍속점이라고 번역해 놓은 게 아주 많은데, 그렇게 해 놓으면 일본과 일본어를 모르는 한국인이 그 뜻을 정확히 이해할까요? '여러 가지 풍속과 관련된 상품을 파는 곳인가?'라는 생각을 하지 않을까요? 물론 한국에서도 전문가들, 경찰들의 용어로 '풍속업소 단속'이라는 말을 쓰는데, 이 경우의 풍속업소는 매춘을 비롯한 성적 서비스 업소뿐 아니라 사우나, 노래방, PC방 등등을 포함하는 유흥업소 전반을 단속한다는 뜻입니다. 반면에 일본의 경우는 '풍속점'이라고 하면 거의 99.9%의 일본인들이 성(性)과 관련된 서비스를 제공하는 윤락업소를 머리에 떠올린다고 합

니다(다만, 일본 역시 '풍속점'의 원래 뜻은 한국의 유흥업소, 풍속업소라는 뜻이었습니다). 그리고 반대의 경우를 생각해 볼 때, 일본은 윤락(淪落)이라는 한자어를 거의 쓰지 않을 뿐더러 그 뜻도 한국과는 다릅니다. 일본어 '윤락'은 영락, 타락, 전락 등의 뉘앙스를 지닌 말입니다. '매춘'과는 다른 의미라는 거죠. 실제로 일본의 국어사전을 찾아보면 「落ちぶれる(영락하다)」라고 풀이가 돼 있습니다. 근데도 한국의 일본어 사전에서 '윤락'을 검색해 보면 달랑 淪落이라고 나와 있으니 '윤락'의 뜻이 한국과 일본이 다르다는 걸 알 수가 없는 거죠. 그러니 한국 언론사의 일본어판에서도 한국어 '윤락'을 생각 없이 淪落이라고 번역해 놓는 거겠고요.

39. 성행위 : 性交渉

바로 전에 나왔으니 다들 맞히셨기를 기대합니다.

40. 환멸감을 느꼈기 : 嫌悪感を覚えた

앞서 나왔던 거 복습이죠? 이 경우에 「幻滅」을 쓰면 일본인들은 섹스에 대한 기대나 환상이 깨져서 실망했다는 뉘앙스로 받아들일 가능성도 있겠죠?

41. 殺伐とした : 메마른, 교감을 못 느끼는

이건 참 번역하기 애매하네요. 저는 이 정도 번역밖에 떠오르지 않는데 더 좋은 표현이 떠오른 분 계시면 알려 주세요. 참고로 제 블로그에 어떤 이웃님이 댓글로 '공허한'은 어떠냐고 제안을 해 주셨는데 문맥에 따라서는 적절한 역어 후보가 될 수 있을 것 같죠?

42. 살벌한 : 殺伐とした

여기선 위와 같이 그대로 殺伐이라고 번역해도 되겠죠?

43. 입시 전쟁 : 受験戦争

일본도 '입시'라는 한자어를 쓰지만 이 경우에는 '수험전쟁'이라고 표현하는 게 일반적입니다. 그런데도 이걸 그대로 入試戦争라고 해 놓은 게 한둘이 아닙니다. 일본도 '입시'라는 한자어를 쓰니까 글로 쓰면 무슨 뜻인지 알아먹기는 하겠지만 말로 할 때는 갸우뚱할 겁니다. 똑같은 한자어라도 이렇듯 실제 쓰임새가 미묘하게 다르기 때문에 일본어가 결코 쉽지 않은 거죠.

44. 입시 학원 : 予備校

한국의 입시 학원을 일본은 이렇게 '예비교'라고 표현합니다. 뿐만 아니라 각종 자격증 취득과 취업을

대비한 학원도 '예비교'라고 합니다. 또한 초중고교생들이 다니는 일반 학원을 「塾」^{じゅく}라고 한다는 건 아는 분도 많겠죠, 그런데 일본은 이 「塾」를 크게 두 종류로 나누는데 바로 「補習塾」과 「進学塾」입니다. 전자는 우리가 말하는 이른바 '보습 학원'이고 후자는 상급 학교 입시를 중점적으로 대비하기 위해 가르치는 학원을 뜻합니다.

45. 명문대 : 名門大学・名門大

옛날에 어떤 일본인이 일본에선 '명문대'라는 표현은 잘 하지 않는다는 말을 듣고 메모해 뒀던 건데, 이 역시 마지막 점검 과정에서 다른 일본인들에게 확인해 본 결과 여러 의견이 있었습니다. 한 사람은 자신은 일본어로도 '명문대'라고 쓴다는 의견. 또 한 사람은 '명문대'도 쓰긴 하는데 문어적으로 쓰지 구어체에서는 '명문대학'이라고 하는 게 일반적이라는 의견. 또 어떤 사람은 글자로 적혀 있으면 금방 알겠지만 말로 「めいもんだい」라고 하면 잠시 '뭐지?' 할 것 같기도 하다는 의견 등 다양했습니다.

46. 탁월한 실적 : 卓越した実績^{たくえつ}

일본은 이 경우 '업적'이 아니라 '실적'이라고 합니다. 왜냐하면 이건 재무제표 등의 수치화된 성적이란 뜻이 아니라 명문대에 입학시킨 (좋은)실적이 있다는 뜻이기 때문이죠. 또, '탁월한'도 「卓越な」가 아니라 동사로 쓰인다는 점.

47. 보유 : 保持・保有

우리나라가 '보유'라고 표현하는 장면에서 일본은 保有와 保持라고 구분해서 표현하기 때문에 참 골치가 아프죠. 이 역시 정말 많은 일본인들에게 그 구분법을 물어봤지만 속 시원하게 대답해 준 사람은 단 한 명도 없었습니다. 그리고 그 차이를 설명하는 글도 많이 읽어 봤지만 역시나 딱 떨어지게 이해가 가능한 글은 없었습니다. 일본인들로서도 保有와 保持의 쓰임새와 뉘앙스 차이를 확실하게 구분해서 설명하기가 힘들다는 말이죠. 다만, 일본어 保有와 保持에는 미묘한 뉘앙스 차이가 분명히 존재하는데, 일본인들의 감각으로는 保有는 유(有)라는 한자어 때문인지 유형물의 경우에 쓰고, 保持는 무형물의 경우에 쓴다는 인식이 있는 모양입니다. 하지만 문제는 그 기준에 정확하게 딱 들어맞지 않는 경우가 있기 때문에 우리로선 골치가 아픈 거죠. 예컨대 챔피언 벨트의 경우는 유형물인데 保持라고 하는 게 일반적인 것처럼 말이죠. 그럼 이 예문 속 '실적'의 경우는 어떤 쪽을 쓰는 게 일반적일까요? 여러 일본인들에게 물어본 결과, 어떤 사람은 保持를 쓰는 게 맞겠다는 의견, 또 어떤 사람은 둘 다 쓸 수 있을 것 같은데 자기라면 保持를 쓰겠다는 의견, 또 어떤 사람은 '실적'의 경우는 둘 다 좀 부자연스러운 것 같고 그냥 「実績がある」라고 표현하는 게 낫겠다는 의견 등이었고, 반대로 保有가 적절하다고 답한 사람도 있습니다.

> 日 한국에도 보지(保持)라는 단어가 사전에 올라 있지만 거의 사장된 단어라고 봐도 무방합니다. 그러니 일본인 입장에선 헷갈릴 것 없이, '갖고 있다'는 뜻으로 쓰인 일본어 保持는 거의 '보유'를 쓰면 됩니다. 다만, 일본어 保持는 한국어 '보유하다'는 뉘앙스 외에 '유지'라는 뜻에 가깝게도 쓰이죠. 예컨대 우리는 '비밀 유지 의무(계약)'이라고 하는 장면에서 일본에선 「秘密保持義務(契約)」라고 하듯이 말이죠. 그리고 일본어 保持는 드문 케이스이긴 해도 실제로 '손에 들다'라는 뜻, 다시 말해 「手に保持」라는 식으로도 표현하더군요. 이런 경우를 제외하고, 예컨대 核兵器・チャンピオンベルト・新記録 등을 「保持」라고 할 때는 한국어 '보유'로 번역하면 됩니다.

48. 갑질 폭행 : パワハラと暴力(폭력)

'갑질'과 완벽히 일치하진 않지만 비슷한 표현으로서 「パワハラ」가 있습니다. '세쿠하라'처럼 「パワーハラスメント」를 줄인 말입니다. 그리고 일본은 「パワハラ」와 '폭력'을 붙여서 「パワハラ暴力」라는 식으로 하나의 용어처럼 쓰면 어색하다고 합니다. 따라서 위와 같이 처리하거나, 글로 쓸 때는 가운뎃점을 찍어 줍니다. 또한 일본선 '폭행'을 '성폭행'이라는 뜻으로도 쓰므로 성폭행이 아님을 분명히 하기 위해선 '폭력'이라고 번역하는 게 좋겠죠.

🔍 블로그 한국어 '폭행'과 일본어 '暴行'

49. 논란이 됐던 : 問題となった

이 '논란(論難)'도 한국과 일본 양국에서의 쓰임새뿐 아니라 뜻 자체가 아예 다른데도 그대로 직역(?)해 놓은 사례들이 수두룩합니다. 또한 이 '논란'을 「議論(의론)」으로 번역하는 사람이 많고 또한 문맥에 따라서는 이렇게 번역해 줄 수 있겠지만, 일본어 「議論」이라는 말은 내가 옳네, 네가 그르네 하면서 실제로 서로 논쟁이 붙는 경우에 쓸 수 있는 말입니다. 그런데 갑질 폭행을 가한 사람을 옹호할 사람은 없을 테니 논쟁이 붙을 리 만무하고, 따라서 이 문맥에서 「議論になった」라고 번역하면 부자연스럽겠죠. 한일 번역을 해 보신 분은 이 한국어 '논란'이란 한자어를 일본어로는 어떻게 번역해야 할지 난감했던 기억이 있는 분이 많으실 텐데, 이건 뒤에서 다시 자세히 다루죠.

> 日 이 경우의 '논란'은, 말하자면 사람들의 비난이 들끓었다는 뜻으로 해석할 수도 있겠죠. 그러니 「非難の的となった」와 같이 아예 확 의역을 하는 방법도 있겠습니다.

50. 난무하는 : 横行する
<ruby>横行<rt>おうこう</rt></ruby>する

일본은 '난무(乱舞)'라는 한자어를 이런 식으로 쓰진 않습니다. 근데도 이 역시 그대로 직역(=오역)해 놓은 예가 수두룩합니다. 언론사 일본어판 담당자는 물론이고, 심지어 일본어를 가르치고 있다는 어떤 한국분도 이걸 그대로 「暴力が乱舞」라고 하는 걸 본 적도 있습니다. 그나마 乱舞는 아니란 걸 아는 분들 중에는 이걸 「飛び交う」라고 번역하는 분도 있는데 이 역시 오용입니다. 「飛び交う」라는 말 자체가 글자 그대로 어지럽게 날아다니는 걸 뜻하죠. 그러니 '폭력'이란 말에 「飛び交う」를 쓰면 일본인들은 부자연스럽게 느낀다는 겁니다. 물론 폭력을 행사하는 상황에 따라서는 의자나 병 같은 걸 마구 던지며 싸우는 일도 있지만 이런 경우 역시 의자나 병이 「飛び交う」라고 하면 자연스럽지만 폭력이 「飛び交う」라고 하면 이상하다는 거죠. 다만 '폭언'의 경우는 「飛び交う」를 써도 자연스럽다고 합니다.

51. 떠올리기 십상이지만 : 思い浮かべがちだが

52. 상상하는 건 : イメージするのは

일본은 '이미지'라는 외래어를 이렇게 동사로도 사용하는데, '머리에 떠올리다, 상상하다, 심상화하다, 머리에 그려 보다' 등의 뉘앙스로 아주 흔히 씁니다. 그런데 거꾸로 이걸 '이미지하다'라고 동사로 번역해선 안 되겠죠. 한국에서 이미지라는 외래어는 동사로 쓰이지 않으니까요. 그리고 이 예문을 만든 이유는 '살벌한 직장'이란 말을 하거나 들었을 때 한국인과 일본인이 느끼는 이미지가 다르다는 걸 말씀드리기 위함입니다. 우리는 '살벌한 직장'이라고 하면 예전에 한창 입길에 올랐던 기업 내의 갑질 폭행 같은 것. 요즘도 그런지 모르겠지만 레지던트가 조금만 실수해도 시쳇말로 '쪼인트'를 까기 일쑤였던 대학병원 의국, 그리고 군대 같은 분위기의 직장을 떠올리기 십상이죠. 그런데 몇몇 일본인들에게 「殺伐とした職場」라는 건 '구체적으로' 어떤 분위기의 직장을 말하는지 물었더니, 우리와는 달리 서로를 경쟁자, 심지어는 적으로 생각해서 농담 같은 것도 주고받지 않고 자기 일만 하는, 찬바람이 쌩쌩 부는 살얼음판 같은 분위기의 직장. 따스한 인간미, 인정미가 느껴지지 않는 삭막한 분위기의 직장을 떠올린다고 하더군요(물론 우리도 이런 뉘앙스로도 '살벌'을 쓰죠). 그래서 제가 묻기를, 위에서 설명한 폭력이 난무하는 직장 같은 경우 「殺伐とした職場」이라고 표현하지 않느냐고 했더니, **사람에 따라서는** 그런 분위기의 직장도 '살벌'이라고 **표현할 수도 있겠다**는 정도의 대답이었습니다. 이렇듯 '살벌한 직장'이라는 말에서 떠오르는 이미지가 양국이 미묘하게 다르다는 점을 유념하세요. 이건 어떤 의미에선 무섭기만 한 호러 영화를 수식하는 말로 '살벌'은 어울리지 않는다는 인식과 동일선상에 있는 것이고, 결론적으로 오늘날의 일본인들은 대부분 '살벌'을 위와 같은 뉘앙스로 인식하고 있다는 걸 방증하는 것이겠죠.

[1][2]**をしてるだけ！心の中では**戦々恐々**としてるはず。**

자포자기 심정으로 **최후의 발악**을 하는 것뿐! 속으론 [3   ].

[4]**まで行って**[5]**したのに、あんな**[6   ]

거창한 출정식까지 치르고 **출전**했는데 그런 **초라한 성적을 거뒀으니**

今頃監督は[7   ]**。**

지금쯤 감독은 전전긍긍하고 있겠지.

[8   ]**稀代の**[9]**が刑務所から脱獄したことを知った**

세상을 발칵 뒤집었던 희대의 **연쇄 강간마**가 교도소에서 탈옥했다는 걸 안

女性たちは今、戦々恐々**としてる。**

여자들은 지금 [10   ].

[11]**の僕は怪我をしてはいけないけど、**[12]**をすると言うので**

몸이 재산인 나는 부상을 입으면 안 되지만, **담력 훈련**을 한다길래

仕方なく山奥の共同墓地まで、暗闇の中を戦々恐々**と歩いていった。**

어쩔 수 없이 깊은 산속의 공동묘지까지 어둠 속을 [13   ] 걸어갔다.

りっすい
立錐の余地もなく競技場を[14][15]**たちは**[16]**への**

입추의 여지도 없이 경기장을 **가득 메운 관중**들은 **국가대표팀**에게 보내는

天皇陛下のメッセージを戦々恐々**とした態度で**[17]**しています。**

천황 폐하의 메시지를 [18   ] 태도로 **경청**(敬聽)하고 있습니다.

[19]の打開策が見つからなくて[20] A [21]は、

여소야대 상태의 타개책이 안 찾아져서 **전전긍긍하던** A **시의원은**

[22]道を歩いていて[23][24][25]。

넋을 놓은 채 길을 걷다가 **돌부리에 걸려 넘어져서 팔이 부러졌다**.

해설

모범 답안을 보셨으면 두 나라의 사자성어 '전전긍긍'의 뜻도 미묘하게 다르게 쓰인다는 걸 아시겠죠? 그런데 이 '전전긍긍'의 경우 사전의 뜻풀이는 두 나라가 얼추 비슷한데 세월이 지나면서 각기 다른 뉘앙스로 변해서 정착된 케이스라고 할 수 있습니다.

먼저 우리의 국어사전부터 뒤져 볼까요?

「명사」

몹시 두려워서 벌벌 떨며 조심함.

다음은 일본의 국어사전을 살펴볼까요?

거의 모든 사전의 뜻풀이가 비슷하니 지면 관계상 이번엔 코토방크의 뜻풀이만 보죠.

코토방크

恐れつつしむさま。恐れてびくびくしているさま。

두려워서 삼가는(조심하는) 모양. 두려워서 벌벌 떠는 모양.

보시다시피 뜻풀이 자체는 어슷비슷하죠? 그런데 일본의 경우 전자의 뜻풀이는 점차 사장되어서 오늘날은 후자의 뜻풀이, 즉, 무서워한다, 두려워서 벌벌 떤다는 뉘앙스로만 쓰이고 있는 실정이라고 합니다. 사전에 더 앞에 나와 있는 뜻풀이가 어째서 사장된 것일까요? 왜냐하면 일본도 이 '전전긍긍'의 한자를 한국과 똑같이 「戰戰兢兢」이라고 썼었는데 상용한자가 아니어서인지, 혹은 다른 이유가 있어서인지 지금은 「戰々恐々」라고, 무서울 '공' 자로 바뀌었죠. 바로 이 무서울 '공' 자 때문에 이 「戰々恐々」이라는 한자어가 지닌 뉘앙스가 무서워하다, 두려워하다는 뜻으로만 쓰이게 된 게 아닌가 합니다. 이렇듯 어떤 글자나 발음이 주는 어감 때문에 원래의 뜻과는 사실상 다른 쓰임새를 갖게 된 케이스는 상당히 많습니다. 이 경우는 한국도 마찬가지죠. '전전긍긍'의 사전적 뜻은 일본과 별반 다를 게 없는데, 한국에선 이 '전전긍긍'을, '긍긍'이라는 말이 주는 어감이 끙끙 앓다고 할 때의 '끙끙'과 닮아서인지(개인적 추측입니다) 원래의 뜻이 아니라 두려움이나 불안감, 답답함, 초조함 등으로 인해 끙끙 앓다, 고심하다, 부심하다, 골머리를 앓다, 안절부절못하다 등의 뉘앙스로 쓰게 된 것 같습니다. 왜 이런 현상이 빚어지냐 하면, 사실상 어떤 단어를 사전 찾아보고 쓰는 사람은 거의 없고, 그냥 단어가 주는 어감이나 그 말이 쓰인 전후 맥락을 보고 추측해서 판단하기 십상이기 때문입니다. 이렇듯 원래의 뜻과는 다르게 그 어감만으로 판단해서 많은 사람들이 틀리게 쓰다 보니, 세월이 감에 따라서 사전과 다른 뉘앙스로 굳어져 버린 케이스가 엄청나게 많죠. 퍼뜩 떠오른 예를 들자면 '적재적소'라는 말도 원래는 적절한 인재(人材)를 알맞은 자리에 쓴다는 뜻이지만, 지금은 '인재'가 아닌 경우에도 쓰고 있죠. 이건 이미 너무도 굳어져 버려서 오용이라고 하기도 힘들 정도지만, 아직 이 정도로 굳어진 건 아니기 때문에 오용이라고 할 수 있는 예를 들자면 '만찬(晚餐)'이 있습니다. 한자를 보면 알 수 있듯이 '저녁식사'란 뜻인데 진수성찬, 푸짐한 식사 등의 뜻으로 오용하고 있죠.

아무튼, 이 '전전긍긍'이 실제로 쓰인 사례들을 인터넷에서 검색해 보면, '전전긍긍' 대신에 '벌벌 떨며 조심하다'로 바꿔 넣었을 때 문맥이 매끄럽지 않고 이상한 경우가 대부분입니다. 일반인뿐 아니라 신문 기자들도 사정은 마찬가지입니다. 자신은 원래 뜻대로 알고 있고, 그렇게 쓰고 있다는 분이 계신다면 직접 검색해 보시기 바랍니다. 처음엔 검색된 사례도 여기 적어 놨다가 지면 절약을 위해 다 뺐는데 딱 2개만 예시를 해 보겠습니다. 아래의 문맥에서 쓰인 '전전긍긍'을 '무서워서 벌벌 떨다'로 바꾸면 이상하다는 거 누구나 느끼겠죠? 대책 마련이나 경로 파악이 무서워서 벌벌 떨 이유가 없죠?

> 고삐 풀리는 전동 킥보드…캠퍼스 안전대책 마련 '전전긍긍'
> 원주 깜깜이 확진 31명 경로파악 전전긍긍

여기서 잠깐!

혹시 이런 의문이 든 분은 안 계신가요? 왜 여기서 싸운다는 뜻의 戰을 쓰는 건가 하는 의문 말입니다. 사실 이건 「戦う」라고 할 때의 '전'이 아니라 '벌벌 떤다'는 뜻인 「戦く」의 '전'이기 때문입니다. 근데 한국에서도 이 '전' 자가 이런 뜻으로 쓰인 예가 있습니다. 두려워서, 혹은 감격에 겨워 몸을 부르르 떤다는 뜻인 '전율(戰慄)'이 바로 그것이죠.

모범 답안

1. 자포자기 심정으로 : 自暴自棄になって

이걸 '심정으로'라는 말에 집착해서 「自暴自棄の思いで」라고 번역해 놓은 경우가 많고, 한국인의 번역뿐 아니라 일본인이 위와 같이 써 놓은 것도 검색은 됩니다. 그런데 여러 차례에 걸쳐 십여 명의 일본인에게 물어본 결과 딱 한 사람 빼고는 모두가 부자연스럽다는 의견이었습니다. 감수자님 의견도 마찬가지였고요. 일본어 참 어렵습니다.

2. 최후의 발악 ﹕ 最後のあがき

일본은 '발악'이라는 한자어를 쓰지 않으니 몸부림, 발버둥 등의 뉘앙스를 지닌 「あがき」로 의역할 수밖에 없겠죠. 참고로 이건 히라가나 표기가 일반적입니다.

3. 戦々恐々としてるはず ﹕ 벌벌 떨고 있을 거야

해설에서 이미 설명했죠. 일본은 이와 같은 뉘앙스로 쓰입니다.

4. 거창한 출정식 ﹕ ご大層な壮行式 · 出陣式

'거창한'이라는 말을 비꼬는 뉘앙스로 쓸 때는 이렇게 표현해 주면 되겠죠. 반면 비아냥이 아닌 경우, 일본은 '거창(巨創)'이라는 한자어를 쓰지 않으니 「盛大な」 정도로 번역해 주면 되겠고요. 그리고 일본은 이런 경우에 '출정식'이라는 한자어를 쓰지 않고 위와 같이 '장행식' 또는 '출진식'이라고 합니다. 근데 어떤 일본인은 '장행회'가 더 일반적이란 의견을 주셨는데, 개인적으로는 '장행회'보다는 '장행식'이라고 하는 걸 보고 들은 적이 훨씬 많습니다. 그래서 이 부분에 대해 다른 일본인에게도 의견을 물은 결과, '식(式)'이라는 한자의 어감 때문인지 '장행식'이라고 하는 게 더 공식적 표현 같다고 했으니 참고하시기 바랍니다. 그리고 '장행회'의 경우는 정식으로 선수들이 도열한 상태에서 치르는, 예컨대 여러 스포츠 관계자들의 인사말, 격려사 등, 말 그대로 의식, 세리머니 형태로 치르는 경우뿐 아니라, '회(会)'라는 한자의 어감에서 느낄 수 있듯이 회사 등에서 외국이나 먼 곳으로 출장을 떠나는 사람을 격려하는 의미로, 우리로 치면 회식 분위기로 가지는 '모임(会)'의 경우도 '장행회'라고 부른다는 점. 말이 나온 김에, '회식'이라는 한자어도 우리와는 다르게 쓰입니다. 우리의 회식은 단합과 화합, 친목을 도모하는 차원에서 함께 모여 술과 요리를 즐기는 걸 뜻하지만, 일본의 会食은 예컨대 거래처 사람 등과 함께 모여서 식사(때로는 술도 곁들여서)를 하면서 어떤 사안에 대해 논의하거나, 경우에 따라선 사적인 대화도 나누는 걸 뜻합니다.

> 日 일본인들도 '회식'의 뜻이 양국이 다르다는 걸 모르고 그대로 '회식'이라고 번역하거나 말하는 사람을 본 적이 여러 번 있고, 또한 일본의 어학 Q&A 사이트에서도 일본어 会食을 그대로 '회식'이라고 번역해 놓고 어색한 표현을 지적해 달라는 질문에 제가 답변한 적도 있습니다. 이 책을 읽으신 분들은 이젠 아셨으니 번역하거나 말할 때 주의할 필요가 있겠죠. 제가 제안해 드릴 수 있는 한국어 번역은 '식사 모임', 혹은 '식사 자리' 정도가 있겠고, 거꾸로 한국어 '회식'을 일본어로 번역할 때는 「飲み会」를 제안합니다.

5. 출전 ﹕ 出場

6. 초라한 성적을 거뒀으니 : みっともない成績で終わったもんだから

이 '초라한 성적'이라는 말을 「みすぼらしい成績」라고 해 놓은 예가 수두룩한데 거의 다가 한국발 기사입니다. 그래서 일본인들에게 물어봤더니 답변해 준 10여 명 중에 딱 2명만이 경우에 따라선 쓸 수도 있다는 답, 또 다른 2명은 본인이 쓴 적은 없지만 무슨 말을 하려는 건지는 알 것 같다는 답을 해 줬을 뿐, 그 외의 사람들은 모두 어색하다는 답변이었습니다. 왜냐하면 이 말의 어원 자체가 「身が窄る・窄まる」이기 때문이죠. 즉, 몸이 오므라져 간다, 빈약해져 간다는 뜻에서 나온 것이기 때문에 사람의 체격, 행색, 차림, 또는 건물 등의 외관이 볼품없고 초라하다는 뜻으로 주로 쓰이는 단어라는 거죠. 그리고 「収める」는 좋은 성적일 때 쓰지 나쁜 성적, 초라한 성적 같은 경우에 쓰면 어색하다고 하는데 실제 쓰인 사례도 검색은 됩니다.

7. 전전긍긍하고 있겠지 : くよくよ悩んでいるだろう

8. 세상을 발칵 뒤집었던 : 世間を震撼させた

'뒤집었던'을 「ひっくり返した」라고 하면 코패니즈가 되죠? 외국어는 단어로 외우는 게 아니라 표현이나 어구 자체를 통째로 외우는 게 효율적이라는 점.

9. 연쇄 강간마 : 連続暴行魔

이 경우 일본은 '연속'이라고 한다는 건 복습이죠. 또 일본도 그대로 「強姦魔」라고도 하지만, 앞에서 나온 일본어 '폭행'은 한국의 '성폭행'과 같은 뜻으로 쓰이기도 한다는 점을 복습, 상기시키기 위해 이 걸 답으로 제시한 겁니다.

10. 戦々恐々としてる : 두려움에 떨고 있다

일본어 '전전긍긍'은 이런 식으로 문맥에 맞게 적절히 의역해야겠죠.

11. 몸이 재산 : 体が資本

이 경우에 일본은 이렇듯 '자본'을 쓰는 게 일반적입니다. 이걸 財産이라고 그대로 직역(?)하면 부자연스러울 뿐 아니라 다른 뉘앙스가 된다고 합니다.

12. 담력 훈련 : 肝試し · 度胸だめし

일본에서도 胆力이라는 한자어를 쓰긴 쓰고 사전에도 올라 있습니다. 그렇다고 해서 이걸 그대로 「胆力訓練」이나 「胆力試し」라고 번역해도 될까요? 정답은 '아니오'입니다. 심지어 한 일본인은 제가 물어보길래 사전을 찾아보고 사전에 올라 있다는 걸 알았다며, 하지만 자신이나 자신의 주위 사람들은 쓴 적이 없거니와 다른 사람이 쓰는 걸 본 적도 없다고 말할 정도였습니다.

13. 戦々恐々と : 벌벌 떨며

14. 가득 메운 : 埋め尽くした

「尽くした」가 '가득'이란 부사 역할을 해 주고 있으니 '가득'을 따로 번역할 필요는 없겠죠.

15. 관중 : 観客

우리는 스포츠 등의 경기를 관람하기 위해 경기장에 모인 사람들을 관중이라고 하는 게 일반적이죠. 그런데 일본은 이렇게 관객이라고 합니다. 이 역시 2권에서 다루려다 욱여넣는 한자어인데, 그렇다면 일본어 '관중'과 '관객'의 차이는 뭘까요? 둘의 가장 큰 차이점은 '관객'의 경우 돈을 지불하고 들어온 손님을 뜻한다는 것입니다. 반면 일본어 '관중'은 돈의 지불 여부와는 상관이 없고, 또한 인원수가 상당히 많을 때나 '관중'이라는 한자어를 쓴다는 점입니다.

> 日　한국의 경우 특히 스포츠 등을 관람하러 들어온 사람을 '관중'이라고 하는 게 일반적이지만, 예컨대 인기 아이돌 그룹 등이 축구장이나 야구장 같은 데서 공연을 하는 경우에 들어온 손님은 관중보다는 관객이라고도 부르는 게 자연스럽습니다.

16. 국가대표팀 : 日本代表チーム

일본은 '국가대표'라는 표현은 쓰지 않습니다. 어떤 일본인은 '국가대표'라고 하면 뭔가 사회주의적 뉘앙스가 풍기는 것 같다는 말까지 하더군요. 그러니 이건 위와 같이 '일본대표'라고 번역해 주는 게 매끄럽습니다. 다른 나라의 경우도 앞에 그 나라의 이름을 적고 뒤에 '대표'라고 붙이면 되겠죠.

17. 경청(敬聽) : 拝聴 (はいちょう)

귀 기울여 듣는다는 뜻의 경청(傾聽)이 아니라 이 경청(敬聽)에 해당하는 일본어로서는 역시 이게 가장 가까운 뉘앙스를 지닌 것 같습니다.

18. 戦々恐々とした : 삼가 경건한, 외경스러운

해설에서 일본의 '전전긍긍'은 '조심하고 삼가다'라는 뜻도 있지만 지금은 거의 '벌벌 떨다, 무서워하다'라는 뜻으로 쓰인다고 했죠. 하지만 공부하면서 옛날에 쓰인 글이나 문장을 접하지 않으리란 법은 없죠. 그러니 이런 뉘앙스로 쓰였다는 것도 기억해 두시라는 의미에서 예제로 만든 겁니다. 실제로 일본인에게 일본어에 대해서 가르치는 여러 사이트에서도 이런 뉘앙스로 쓰인 '전전긍긍'의 용례를 소개하고 있을 정도니까요. 즉, 이때의 '전전긍긍'은 '외경스러운 마음, 경건한 마음으로 삼가는 모양'을 뜻하는 거죠.

19. 여소야대 상태 ： オール野党状態

'여소야대 상태'는 이와 같이 표현합니다.

20. 전전긍긍하던 ： 腐心していた

21. 시의원 ： 市会議員

일본은 '시의회 의원'을 줄여서 '시회의원'이라고 합니다.

22. 넋을 놓은 채 ： ぼうっとしながら

이 경우의 '넋을 놓다/넋이 나가다'를 「魂が抜ける」라는 식으로 직역해 놓은 걸 가끔 발견하는데, 한국어 '넋이 나갔다'는 표현 자체가 실제로 넋이 나갔다는 뜻으로 쓰인 경우라면 몰라도 이렇게 관용적, 비유적으로 쓴 경우에 「魂が抜ける」라고 말하면 일본인들은 소위 「大げさ」라고 생각하겠죠.

23. 돌부리에 걸려 ： 石に躓き

'돌부리'를 사전에서 찾아보면 「石の角」라고 돼 있다고 해서 그대로 「石の角に躓き」라고 하기 십상인데 그냥 위와 같이 표현하는 게 자연스럽습니다.

24. 넘어져서 ： 転倒して

앞서 언급한 게 여기서 나오네요. 이 '전도'라는 한자어도 뜻과 쓰임새가 한일 양국에서 다릅니다. 한국의 한자어 '전도'는 차량이나 건물 등이 옆으로 쓰러지는 것, 옆으로 뒤집어지는 걸 뜻하지만 일본어 転倒는 이처럼 사람 등이 자빠지는 것, 넘어지는 것을 뜻합니다. 그럼 한국어 '전도되다'는 일본어로 뭐라고 할까요? 「横転する」라고 합니다.

🔍 블로그 '전도되다', '곡예비행'을 일본어로?

25. 팔이 부러졌다 ： 腕を折った

일본은 이렇게 타동사로 표현하는 게 희한하죠. 물론 자동사적으로 사용하기도 하고, 실제로 그렇게 쓰인 예들도 많이 검색됩니다만 이렇게 타동사로 표현하는 게 '일반적'이라는 뜻입니다. 또 다른 예로서 손가락이 베이는 것도 「指を切った」라고 하죠.

도무지 감이 안 잡히는 '박진/박력' 그리고 「迫真·迫力」

〈길티, 악마와 계약한 여자〉 몰래 찍은 사진을 보여 주면서

迫力な[1]が撮れました。

[2] **사진**이 찍혔어요.

外では[3]男性だとの[4]、

밖에서는 박력 있는 남자라고 **칭찬이 자자하지만**

家では[5]だと[6]。

집에서는 **가부장적**이라고 **원성이 자자하다**.

私はちっぽけなことに[7]小心な男より[8]男が好き。

나는 사소한 일에 **전전긍긍하는** 소심한 남자보다 박력 있는 남자가 좋아.

必ず成功すると[9][10]したが、竜頭蛇尾に終わってしまった。
<ruby>りゅうとうだび</ruby>

꼭 성공할 거라며 박력 넘치게 **호언장담**했지만 용두사미로 끝나고 말았다.

[11]を持つ女優の迫真の演技に[12]。

팔색조의 매력을 지닌 여배우의 [13]에 **마음을 사로잡혔다**.

[14]が[15]に乗って地球に[16]する場面は、本当に[17]シーンだった。

외계인이 **UFO**를 타고 지구를 **내습**하는 장면은 정말 박진감 넘치는 신이었다.

〈메꽃 - 평일 오후 3시의 연인들〉 그림에 대한 감상을 묻자

鮮やかな色彩で迫力があるわね。強い絵だわ。

색채가 다채롭고 [18]. [19]이야.

何だよ、水城さん。本物のストーリーが欲しい、迫力ある実話が欲しいと言ったのは、あんたじゃないか。

뭔 소리야, 미즈키 씨. 진짜 스토리를 원한다, [20   ] 실화를 원한다고 한 건 당신이잖아.

A ： おい、バンジージャンプ台が [21]！

A ： 야, 번지 점프대가 **보여**!

B ： うわ、迫力ハンパない。

B ： 우와, [22] 장난 아니네.

해설

드디어 골치 아픈 일본 한자어 '박력'이 나오네요. 먼저 사전부터 찾아볼까요? 우리의 표준국어대사전의 뜻풀이는 매우 심플합니다. 바로 '힘 있게 밀고 나가는 힘'이라고 돼 있고 그 예문으로서 '박력 있는 남자'가 제시돼 있습니다. 우리가 일상에서 '박력 있는 남자'라고 하면 힘차고, 씩씩하고, 늠름하고, 시원시원하고, 추진력 있는 남자를 일컫죠. 한국어 '박력'은 이렇듯 그 쓰임새의 폭이 좁은 편입니다. 또한 국어사전에 예문으로 나오는 '박력 있는 문장'이라고 하면 글을 시원시원하게 이끌어 나가는 힘이 느껴진다는 거죠. 그러니까 한국어 '박력'은 기본적으로 힘차다는 뉘앙스가 들어 있는 거죠. 그럼 이번엔 일본어 사전을 보시죠.

goo 사전 · 코토방크 사전

見る人や聞く人の心に強く迫る力

보는 이나 듣는 이의 마음에 강렬하게 와닿는 힘

다이지린 사전

見る者聞く者に強く訴えかけたり、衝撃を与えたりする力

보는 이와 듣는 이에게 강하게 호소하거나 충격을 주거나 하는 힘

위와 같이 돼 있습니다. 다시 말해 일본어 迫力은 어떤 대상에게서 주로 긍정적인 의미로 대단히 강렬한 인상을 받는다는, 아주 포괄적인 뜻을 지닌 말입니다. 따라서 그 쓰임새의 폭도 어마어마하게 넓습니다. 앞선 '살벌'의 예문에도 나왔듯이 일본은 경치나 풍광, 풍경에도 이 박력이라는 한자어를 쓰지만 우리는 안 그렇죠. 예를 하나 들자면, 일본의 명소를 소개하는 프로에서 게스트로 출연한 여자 탤런트가 주변 경치를 보면서 「迫力ありますね」라고 표현합니다. 우리는 경치가

박력이 있다고는 하지 않잖아요? 그리고 음악, 연기, 춤, 그림에는 물론이고, 심지어 제가 번역한 애니 〈명탐정 코난〉에서는 전시돼 있는(멈춰져 있는) 옛날의 증기기관차를 보고도 「迫力ある」라고 합니다. 그리고 〈슈가슈가룬〉이라는 애니에서는 학급 반장이 연극 대본을 보면서 불타오르는 열정으로 열심히 대사를 고치는 '정적인' 모습을 보고는 「すごい迫力!」라고 합니다. 이것들을 그대로 '박력 있어!', '엄청난 박력!'이라고 번역하면 한국어 표현으로서는 대단히 어색하죠? 그러니 일본어 '박력'을 우리말로 옮길 때는 대단히 인상적이다, 느낌 등이 강렬하다, 호소력이 있다, 강하게 와닿는 뭔가가 있다, 임팩트가 있다, 살아 숨 쉬는 듯한 약동감, 역동감, 생동감이 느껴진다, 압도감을 준다, 때로는 위압감을 준다, 그리고 앞에서도 나왔듯이 박진감 넘친다 등등, 상황과 문맥에 따라서 가장 적절하고 걸맞다고 생각되는 표현으로 다양하게 의역해 줘야겠죠.

여기서 잠시 여담 하나 하자면, 영화 〈기생충〉으로 대한민국의 긍지로 우뚝 선 봉준호 감독의 인터뷰를 봤는데 '박력'이라고 하면 어색한 맥락에서 자꾸 '박력'이라는 말을 쓰더군요. 제 나름대로 추측하기에는 아마도 영화감독이다 보니 일본과의 교류도 많았을 테고, 그 교류 과정에서 일본 사람들이 말하는 '박력'이라는 말이 전염(?)된 게 아닌가 싶습니다. 이에 대해 흥미를 느끼신 분은 아래 글을 참고하시길. 아무튼 봉 감독님, 〈기생충〉 정말 감명 깊게 봤습니다. 파이팅!!!

🔍 블로그 **박력(迫力)이라는 말을 오용하는 봉준호 감독**
봉준호 감독이 말한 '박력 있는 배우(연기)'란?

모범 답안

1. 사진 : 画像 (がぞう)

한국에서 사진이나 캡처 화면이라고 표현할 장면에서 일본은 画像(화상)이라고 말하는 게 일반적입니다. 이 '화상'이라는 한자어도 한국과 일본의 쓰임새가 다르다는 거죠. 일본은 화면을 캡처한 사진이나 스마트폰으로 찍어서 블로그 등에 올린 사진도 다 '화상'이라고 부릅니다. 예컨대 인터넷에서 한국어에 관한 질문을 하기 위해 화면을 캡처했거나 스마트폰으로 찍은 사진을 올리고는 '이 画像 속의 한국어는 무슨 뜻인가요?'라고 묻는 식으로 말이죠. 물론 사진이라고도 합니다. 아무튼 그렇기 때문에 우리는 화상 전화(통화), 화상 회의라고 하는데 일본의 경우는 각기 「テレビ(ビデオ)電話(通話)」, 「TV(ビデオ)会議·Web会議」라고 하죠. 그런데 「TV(ビデオ)会議」와 「Web会議」도 뜻이 조금 다릅니다. 전자는 촬영 설비를 따로 갖추고 하는 것이고, 후자는 컴퓨터 프로그램이나 앱을 이용해서 하는 회의를 뜻합니다. 참고로 우리가 말하는 '캡처 사진'은 「スクショ」라고도 하는데 「スクリーンショット」, 그러니까 스크린샷을 줄인 겁니다. 우리로 치면 스샷이죠.

2. 迫力(はくりょく)な : 임팩트 있는, 기막힌, 기똥찬

너무 오래 전에 본 드라마라서 정확한 상황은 기억나지 않지만, 조사를 의뢰받은 탐정 같은 사람이 결정적 단서를 잡았다는 뜻으로 한 말입니다. 그래서 저는 위와 같은 역어 후보군을 모범 답안으로 제시했지만, 이게 정답이란 뜻이 아니라 문맥과 상황에 따라 가장 적절하다고 생각되는 표현을 해 주면 되겠죠. 참고로 '기똥차다'가 이젠 표준국어대사전에 올랐습니다. 비속어를 사용하는 데 제한이 많은 영상번역가로서는 이 단어가 사전에 올랐다는 사실은 대단히 반가운 일이죠.

3. 박력 있는 : 男らしい · 凛々(りり)しい

이게 정답이라는 게 아니라 위와 같은 뉘앙스의 일본어라면 뭐든 가능하겠죠.

4. 칭찬이 자자하지만 : 賞賛(しょうさん)で持ちきりだが

이미 알고 있는 분도 계시겠지만 몰랐다면 외워 두시기 바랍니다. 소문, 화제 등이 자자하다, 무성하다, 파다하다고 할 때 일본에선 이렇게 표현합니다. 그런데 '원성'의 경우는 어떨까요? 아래에서 설명합니다.

5. 가부장적 : 亭主関白(ていしゅかんぱく)

이것도 외워 두시면 좋겠죠. 일본에도 「家父長制(かふちょうせい)」라는 용어는 있지만 이건 단순히 여러 가족 제도 중의 하나를 뜻하는 용어일 뿐, 이걸 형용사적으로 써서 「家父長的」이라는 식으로 말하지는 않습니다. 혹시 이걸 그대로 직역(?)해 왔던 분이 이 글을 보신다면 앞으로는 위와 같은 표현을 쓰시기를 권합니다. 그런데 처음 보는 분은 亭主関白이라고 하니까 뭔 말이지? 싶으실 겁니다. 쉽게 외우는 팁을 소개하자면, 먼저 亭主는 남편이란 뜻이죠. 그리고 関白은 소위 '공가(公家:귀족과 비슷한 개념)'의 벼슬로서 천황을 보좌하며 막강한 권력을 휘두르던 자리인데 '공가'도 아닌 토요토미가 자기 자신에게 '관백'이라는 지위를 줬다고 하죠. 그러니까 남편이 마치 '관백'이라도 된 양 권세를 휘두른다는 뜻인 거죠. 이와 반대로 아내가 집안을 휘어잡는 경우는 「かかあ天下」라고 표현합니다. 「かかあ」는 아내라는 뜻이죠.

6. 원성이 자자하다 : 不満の声が高い

한국의 원성과 일본의 「怨声(えんせい)」도 쓰임새와 뉘앙스가 완전히 다릅니다. 일본어 「怨声」은 이를테면 죽은 귀신의 한 맺힌 목소리 같은 뉘앙스가 느껴지는 단어라고 합니다. 그리고 무엇보다 이 한자어 자체를 거의 쓰지 않는다고 합니다. 따라서 이 '원성'은 위와 같이 의역할 수밖에 없겠죠. 그리고 「持ちきり」는 주로 '소문, 화제, 이야기' 등과 함께 엮여서 사용되는 표현이라서 불만이나 불평 등에 「持ちきり」라고 하는 건 어색하다고 합니다. 그러니 한국의 '불만/불평이 자자하다'는 표현에 똑같은 '자자하다'가 들어갔다고 해서 「持ちきり」라고 번역하면 안 되겠죠.

7. 전전긍긍하는 : くよくよする

8. 박력 있는 : 迫力のある

이 역시 3번과 같이 번역해야 하겠지만, 어떤 일본인의 의견을 들어 보니 이런 경우에는 「迫力のある 男」라고 해도 괜찮을 것 같다더군요. 듣고 보니 씩씩하고 늠름하고 남자다운 모습이 일본어 迫力의 사전적 뜻 그대로 '강렬한 인상으로 다가왔다'고 해석할 여지도 있을 것 같습니다. 그래서 하나의 예문을 더 만들어 본 겁니다.

9. 박력 넘치게 : 威勢^{いせい}よく

꼭 「威勢よく」가 아니더라도 비슷한 뉘앙스를 지닌 일본어라면 뭐든 괜찮겠죠.

10. 호언장담 : 大言壮語^{たいげんそうご}

이건 사자성어 중에서도 꽤 알려진 거라 이미 아는 분도 많겠지만 몰랐던 분은 이참에 외워 두시길. 참고로 우리는 '호언(豪言)하다'라고 하지만 일본에선 「豪語(호어)^{ごうご}」라고 합니다.

11. 팔색조의 매력 : 七色の魅力

12. 마음을 사로잡혔다 : 心を鷲掴^{わしづか}みにされた

이 표현도 자주 쓰는 거니까 몰랐던 분은 외워 두세요. 타인의 매력 등에 사로잡혀서 반하는 걸 이렇게 표현합니다.

13. 迫真^{はくしん}の演技 : 실감 나는 연기

한국어 '박진(감)'과 일본어 「迫真」도 뉘앙스가 다르죠. 다만, 사전적인 의미로 보면 한국과 일본이 같습니다. 따라서 사전적 의미를 따른다면 그대로 '박진감 있는 연기'라고 번역해도 오역이라고 할 순 없겠죠. 하지만 아시는 분은 다 아시겠지만 한국에서 '박진감 있는 경기', '박진감 넘치는 스토리 전개' 등의 표현을 할 때는 한국어 사전에 있는 뜻풀이처럼 '진실에 가까운 느낌'이라는 의미로 쓰지는 않잖아요? 이 책을 읽는 분 중에는 한국어 '박진감'의 한자가 사전에 迫眞感이라고 돼 있고, 그 뜻풀이도 '진실에 가까운 느낌'이라고 돼 있다는 걸 처음 알게 된 분도 많을 거라 생각합니다. 또한 '박진감 넘치는 연기'라는 말을 들었을 때 사실적인 연기, 실감나는 연기라고 받아들이는 한국 사람은 거의 없고, 연기

가 힘차고 멋있고 생동감, 역동감이 느껴지는 연기라는 뉘앙스로 받아들이는 사람이 거의 대부분일 겁니다. 그리고 옛날에는 분명히 이 박진감(迫眞感)의 뜻풀이로서 '진실에 가까운 느낌' 하나만 등재돼 있었습니다. 그런데 몇 년 전에 다시 확인을 해 보니 2번 뜻으로서 '생동감 있고 활기차고 적극적이어서 현실적으로 느껴지는 느낌'이란 뜻풀이도 추가해 놨더군요. 추측건대 사람들의 항의나 이의 제기, 의문 제기가 하도 많아서 추가해 놓은 게 아닌가 싶은데 결국은 뒤에 '현실적으로 느껴지는 느낌'을 덧붙였네요. 이 迫眞이 아닌 迫進이라는 말도 엄연히 표준국어대사전에 있는데 차라리 迫進感을 파생어로서 추가로 등재하는 게 더 설득력이 있었을 텐데 말이죠. 참고로 한글학회에서 발간한 우리말큰사전에는 이 迫進感도 등재돼 있다고 합니다.

14. 외계인 ： 宇宙人

일본에서는 '외계인'이라고 하지 않습니다. 일본의 「外界」라는 단어에는 '지구 밖의 세계'라는 뜻이 없거든요.

15. 유에프오 ： ユーフォー

일본에선 UFO를 카타카나로 쓸 때는 「ユーフォー」라고 하는데 실제 발음은 '유-호-'에 가깝습니다.

16. 내습 ： 襲来・来襲

한국에도 습래라는 단어가 사전에 실려 있긴 한데 실제로 쓰는 사람은 거의 없을 거라고 생각합니다. 이것에 관해선 다른 한자어들과 함께 별도의 표제어로 설명하기로 하겠습니다.

17. 박진감 넘치는 ： 迫力溢れる

이와 같은 문맥의 경우에는 오히려 일본어 迫力이 한국의 '박진감'과 그 뉘앙스가 비슷하지 않을까 생각됩니다.

18. 迫力があるわね ： 호소력이 있네, 느낌이 강렬하네

이 짧은 문장에 번역자를 괴롭히는 3개의 표현이 한꺼번에 있습니다. 바로 「鮮やか」, 「迫力」, 「強い絵」죠. 일본은 이 「鮮やか」라는 단어도 다양한 맥락과 상황에서 엄청나게 폭넓은 뉘앙스로 쓰고 있죠. 아무튼 지금은 이게 주인공이 아니니 제쳐 둡시다, 일단.

19. 強い絵 ： 강렬한 그림, 힘 있는 그림

20. 迫力ある : 전율 돋는, 임팩트 강한, 기가 막히는

영화 <라플라스의 마녀>에 나오는 대사인데 자세하게 얘기하면 스포일러가 되니 간단히 말씀드리자면, 실화에 기반한 전율 돋는 스토리의 영화를 만들려고 어떤 끔찍한 짓을 저지른다는 내용입니다. 저는 이 번역밖에 생각이 안 나는데 더 좋은 번역이 생각나신 분은 메일이나 블로그를 통해 알려 주시면 감사하겠습니다.

21. 보여 : 見えたよ

응? 웬 과거형? 이렇게 생각하는 분이 거의 다일 겁니다. 먼저, 이건 어떤 상황인지 설명이 좀 필요합니다. 제가 유튜브로 봤던 일본의 어떤 오락 프로에서 출연자가 벌칙으로 번지 점프를 하러 가는 장면인데, 가다가 번지 점프대가 **눈에 들어온 순간**, 벌칙으로 번지 점프를 해야 할 사람에게 출연자 중 한 명이 하는 말입니다. 그런데 번지 점프대가 보였다가 잠시 가려진 상황에서 내뱉는 말이 아니라 점프대가 **계속 눈에 보이고 있는 상황**에서 내뱉는 말인 겁니다. '그런데 왜 과거형?' 싶으시죠? 일본에선 이처럼 우리는 과거형으로 표현하지 않는 장면에서도 「~た」라고 과거형(?)으로 표현하는 예가 상당히 많습니다. 하지만 이 일본의 조동사 「~た」는 과거형으로만 쓰이는 게 아닙니다. 초중급 학습자들도 머리를 끄덕일 만한 대표적인 예를 들자면, 일본 영화, 드라마 등을 보면 범인을 쫓아가다가 발견했을 때 「いた!」라고 과거형(?)으로 표현하고, 또 찾던 물건을 찾았을 때 「あった!」라고 과거형(?)으로 표현하는 걸 보고 왜 과거형으로 표현하지? 싶었던 분들이 많을 겁니다. 이것 역시 여기서 설명하려면 너무도 많은 지면을 잡아먹으므로 아래 제 블로그에서 꼭! 확인해 보시기 바랍니다. 몰랐던 분들은 궁금증이 확 풀릴 겁니다. 그리고 이 「いた!」, 「あった!」 용법 외에도 놀라실 만한 용법이 많으니 일본어 공부에 큰 도움이 되실 겁니다. 그래도 간략히 핵심만 짚고 넘어가자면, 일본의 조동사 「~た」는 과거 말고도 발견, 명령, 결의, 존속, 확인 등의 용법으로 쓰이는 말입니다.

> 🔍 블로그 「~た」: 한국인이 구사하기 힘든 일본어

22. 迫力 : 압도감, 위압감

일본어 '박력'은 이처럼 문맥과 상황에 따라서 다양한 한국어로 번역해 줘야 하는, 말뜻의 스펙트럼이 어마어마하게 넓은, 그래서 번역하기 대단히 까다로운 한자어인 거죠. 저도 15년 넘게 번역을 해 오면서 이 일본어 '박력' 때문에 골을 싸맨 적이 한두 번이 아닙니다. 하지만 관점을 딱 5도만 비틀어서 긍정적으로 생각해 본다면, 이 일본의 한자어 '박력'은 번역자의 능력에 따라서는 그야말로 무궁무진한 베리에이션이 가능한 한자어이기도 한 셈이죠. 문맥과 상황에 따라 정말로 맛깔나고 적확(的確)한 번역을 해낸다면 그 번역을 보는 사람들로 하여금 좋은 의미의 '초월번역'이란 감탄도 이끌어낼 수 있겠죠. 저는 능력이 안 돼서 꿈도 못 꾸지만….

일본어 失踪과 한국어 실종, 그 황당한 차이

では、自分が殺したと思って失踪して海外を[　1　]ことですか？

그럼 자기가 죽였다는 생각에 [　2　] 해외를 **전전하고 있단** 거예요?

事件の直後失踪したから彼が[3]って事は[4]の可能性がある。

사건 직후에 [　5　] 그가 **진범**이란 건 **기정사실**일 가능성이 있다.

莫大な借金に苦しんでいた彼は、9.11テロの時に失踪して

막대한 빚에 시달리던 그 사람은 9.11 테러 때 [　6　]

テロの犠牲者になったふりをしたってことが[7]されたんです。

테러의 희생자가 된 척했다는 사실이 **대서특필**됐어요.

[8]の場合は、犯罪などによる[9]ではないようです。

자제분의 경우는 범죄 등에 의한 실종은 아닌 듯합니다.

[　10　]はないと[11]できます。

범죄 가능성은 없다고 **확언**할 수 있습니다.

昨日、娘の友達から[12]を聞いて[13]を出すことにしました。

어제 딸 친구한테서 **자초지종**을 듣고 실종 신고를 내기로 했어요.

夫が失踪してから7年になった時点で失踪届けを出しました。

남편이 [　14　] 7년이 된 시점에서 [　15　]을 했습니다.

[　16　]息子の失踪は疎遠となっていた我が夫婦に
そえん

아이러니하게도 아들의 [17]은 소원해졌던 우리 부부에게

[　18　]を与え、結局夫婦関係を[19]させてくれた。

대화거리를 제공했고, 결국 부부 관계를 **회복**시켜 주었다.

沈没事故の[　20　]を最後の一人まで探し出すという政府の公約は

침몰 사고 **실종자**를 마지막 한 명까지 찾아내겠다던 정부의 공약(公約)은

[　21　]に終わってしまった。

공약(空約)으로 끝나고 말았다.

일본어 **失踪**과 한국어 실종의 차이가 살짝 감이 잡히시나요? 한국에선 본인 **스스로**가 종적을 감추는 걸 '실종했다'라고 하진 않잖아요? 또한 국어사전에도 '실종되다'란 단어는 실려 있어도 '실종하다'라는 단어는 없습니다. 반면 일본어 '실종'은 거의 **스스로** 종적을 감춘다는 뜻으로 쓰입니다. 실제로 일본의 국어사전 중에 가장 권위를 인정받는다는 코지엔(広辞苑) 사전을 보면 「行方をくらますこと」, 그러니까 '행방을 감추는 것'이라고만 돼 있습니다. 행방을 알 수 없는 것, 종적이 묘연해진 것이라는 뜻풀이 자체가 없다는 거죠. 그런데 요즘의 인터넷판 사전들을 찾아보면 '행방을 감추는 것'이라는 뜻 말고도 '행방이 묘연해지는 것, 행방을 알 수 없게 되는 것'이라는 뜻풀이도 추가돼 있는데, 아마도 세월이 지남에 따라 이 '실종'이라는 일본 한자어의 뜻도 어느 정도 변한 게 아닌가 싶습니다. 그래서 책에 쓰기 위해 다시금 여러 일본인들에게 물어본 결과도 스스로 행적을 감추는 것 외에도 쓸 수 있다는 답변이 (옛날에 물어봤을 [[때와 비교했을 [[때)] 꽤 있었습니다. 하지만 분명한 건 아직까지도 대부분의 일본인들은 '실종'이라고 하면 **스스로** 종적을 감춘다는 의미로 받아들이는 경우가 많다는 사실입니다. 그 비근한 예로서 신문이나 TV 뉴스 등을 보면, 직업 실습을 위해 입국한 외국인들 중에 불법 체류와 타 직종 취업을 목적으로 종적을 감춘 사람들을 「失踪者」라고 표현한다는 사실입니다. 우리는 이런 경우에 '실종자'라고 하지 않죠. 결론을 정리하자면, 일본어 '실종'에 사고나 납치, 타의에 의해 행방을 알 수 없게 됐다는 뜻이 포함돼 있다 하더라도 현실적으로는 스스로 종적을 감춘 것이라는 뉘앙스로 받아들이는 경우가 많다는 것입니다. 근데 사실상 제가 번역했던 것들을 봐도 작품 속에서 '실종'이라는 일본어가 종적을 **스스로** 감춘 건지, 아니면 어떤 사건이나 사고에 휘말려서 종적을 알 수 없게 된 건지 파악하기가 애매한 경우(전후 맥락을 알 수 없기 [[때문에)가 더러 있었거든요. 아무튼 그러니 이 '실종'을 번역할 때는 전후 문맥을 잘 살펴서 번역할 필요가 있습니다.

모범 답안

1. 전전하고 있단 : 転々<ruby>転<rt>てん</rt></ruby><ruby>々<rt>てん</rt></ruby>としてるって

한국어 표현 '전전하다'를 「転々する」가 아니라 「転々とする」라고 표현합니다.

2. <ruby>失踪<rt>しっそう</rt></ruby>して : 종적을 감추고

3. 진범 : 真犯人

4. 기정사실 <ruby>既成事実<rt>きせい</rt></ruby>

한국에선 '기정사실(既定事實)'이라고 하지만 일본에선 '기성사실'이라고 합니다.

5. 失踪したから : 종적을 감췄으니

6. 失踪して : 종적을 감춰서

7. 대서특필 : 大々的に報道

일본에도 '대서특필'과 유사한 사자성어로서 말 순서가 뒤바뀐 「<ruby>特筆大書<rt>とくひつたいしょ</rt></ruby>」가 있긴 합니다만, 기본적으로 일상생활에서 자주 들을 수 있는 말이 아닐 뿐더러 쓰임새도 미묘하게 다릅니다. 한국에서는 **뉴스나 기사 등을 비중 있게 다뤄서 대대적으로 보도**한다는 일종의 관용적 표현으로 종종 쓰기도 하고 접하기도 하는 말이지만 일본은 한국처럼 이런 식의 관용적 표현으로 쓰지는 않는다고 합니다. 일본의 goo사전을 찾아보면 다음과 같이 나옵니다.

> ことさら人目につくように、大きく書くこと。人目につくように特に強調すること。▽
> 「特筆」は、特に取りたてて記すこと。
> 특별히 사람 눈에 잘 띄도록 **크게 적는 것**. 사람 눈에 띄게끔 **특별히 강조하는 것**.

지면을 아끼기 위해 이 사전의 뜻풀이만 소개하지만 다른 사전도 비슷합니다. 그러니까 일본의 '특필대서'는 뜻풀이 그대로 어떤 사실을 어떤 의도를 갖고 특별히 크게 강조해서 씀으로써 사람들 인식에 박히도록 한다는 뉘앙스로 쓰이는 것일 뿐, 신문, TV 보도나 잡지 등에서 대대적으로 보도한다는 관용적인 표현이 아니라는 것이죠. 참고로 칠판 등에 다른 글자에 비해서 굵고 커다랗게 쓰는 것도 일본에선 '특필대서'라고 합니다. 쓰임새의 차이점이 감이 잡히시죠?

8. 자제분 ： ご子息(しそく)

앞에서도 나왔지만 한국의 '자식(子息)'은 아들과 딸을 아울러 이르는 말이지만 일본에선 이처럼 아들을 뜻하는 말입니다. 그것도 자신의 아들은 이렇게 부르지 않고 타인의 아들을 높여서 부를 때만 씁니다. 딸의 높임말인 '따님'에 해당하는 일본어는 「ご息女(そくじょ)」입니다. 「お嬢(じょう)さん」이라고도 하는데 이 「お嬢さん」은 단순히 상대방의 딸을 높여서 부르는 것 외에도 지체가 높은 사람의 딸이나 갑부의 딸 등을 지칭하는 단어이기도 하고, 때로는 비꼬는 뉘앙스로도 쓰입니다. 그리고 우리도 귀엽고 예쁜 어린 여자애를 다정한 어감으로 부를 때 '꼬마 아가씨'라는 식으로 말하듯이 일본도 이런 의미로 「お嬢さん」이라고 하기도 합니다.

9. 실종 ： 失踪

이 경우는 앞에 '범죄에 의한'이 나와 있으니 그대로 失踪이라고 하면 되겠죠. 일본도 요즘은 한국과 비슷한 뜻으로도 쓴다는 전제하에서 말이죠. 하지만 대부분의 일본인들이 일본어 '실종'은 스스로 종적을 감추는 것이라고 알고 있는 실정이니, 시쳇말로 안전빵으로는 「行方不明」라고 번역하면 되겠죠.

10. 범죄 가능성 ： 事件性

형사물을 자주 보는 분은 종종 들은 적이 있을 텐데 일본에서 '사건성'이라는 말은 범죄(사건) 가능성이라는 의미로도 쓰입니다. 심지어 weblio 사전에는 아래와 같이 「事件性がある」라는 표현 자체의 뜻풀이조차 등재해 놨을 정도입니다.

事件性がある

ある出来事に犯罪が関係している、または関係していると強く推定できるさまを意味する語。

'어떤 일이 범죄와 관련이 있을 때, 또는 관련 있을 거라고 강하게 추정할 수 있을 때' 이렇게 표현한다는 거죠. 하지만 우리는 '사건성'이란 표현 자체도 생경할 뿐더러, 쓴다 하더라도 '범죄 가능성'이라는 의미로 쓰지는 않죠. 그러니 형사물에 나오는 일본어 事件性을 번역할 때는 유의해야겠죠.

11. 확언 ： 明言(めいげん) · 断言(だんげん)

일본은 「確言」이라는 한자어가 사전에는 올라 있지만 거의 쓰지 않습니다. 실제로 여러 일본인들한테 물어본 결과 전부 다 처음 보는 한자어라는 반응이었습니다. 물론 일본은 한자를 표기하니까 글로 보면 뜻을 유추할 수는 있겠지만 말로 하면 「格言(격언)?」 하면서 갸우뚱할 가능성이 매우 높겠죠.

12. 자초지종 : 一部始終(いちぶしじゅう)

이건 어느 정도 일본어를 공부하신 분이면 거의 알고 계시겠죠? 한국의 자초지종이라는 사자성어와 같은 뜻으로 일본은 이렇게 말합니다.

13. 실종 신고 : 捜索願(そうさくねがい)

한국에서 실종 신고(서)를 내는 걸 일본은 捜索願(수색원)을 낸다고 표현합니다. 그러니 이걸 失踪届라고 번역하면 안 되겠죠? 다만, 이 '수색원'이라는 말을 요즘은 行方不明者届라고 부르기로 개칭했다고 하는데 여전히 드라마나 영화 등에선 '수색원'이라고 하는 걸 보면 이 명칭이 널리 파급되려면 아직 시간이 필요한 모양입니다.

> 日　엄밀히 말하면 '실종 신고를 내다'라는 건 어법에 맞지 않는 표현이고, '실종 신고를 하다', '실종 신고서를 내다'라고 해야 하겠지만 한국에선 보통 이렇게 표현하니까 참고하시기를.

14. 失踪してから : 실종된 지, 종적을 감춘 지

앞뒤 문맥 없이 딱 이 문장만 보고는 어느 쪽의 의미인지 파악이 불가능하겠죠? 제가 했던 영상번역에서도 그런 경우가 더러 있어서 난감했던 적이 있습니다.

15. 失踪届け(しっそうとど) : 실종 선고 신청

일본어「失踪届け」는 실종된 지 오래됐는데도 행방이 묘연하고 소식도 알 수 없는 경우 상속, 재혼 등의 이유로 법원에 '실종 선고 신청'을 냄으로써 사망한 것으로 간주하기 위한 법적 절차를 밟는 걸 말합니다. 참고로 한국은 5년, 일본은 7년을 기준으로 한다네요. 다만, 이 경우 정확한 법률 용어로서는 '실종 선고 신청'이 맞지만, 우리나라 사람들도 법률 용어를 정확히 알지 못해서 오용하는 예가 있는 것처럼 일본의 일반인들의 경우 한국의 '실종 신고'라는 의미로 失踪届け를 사용하는 경우가 왕왕 있다고 합니다. 그러므로 이걸 어떤 의미로 썼는지 정확히 파악하는 것도 번역자에게 남겨진 숙제겠죠.

16. 아이러니하게도 : 皮肉(ひにく)にも

일본은 이 경우에「アイロニーにも」라는 식으로는 말하지 않습니다.

17. 失踪 : 실종, 가출

이 역시도 이 문장만 갖고는 어떤 의미인지 파악이 힘들겠죠. 스토리상 아들이 스스로 종적을 감춘 거라면 '가출'이라고 번역해 주는 것도 한 방법이겠죠.

18. 대화거리 : 会話の種(たね)

일본어 会話는 한국어 '회화'보다 훨씬 폭넓게 쓰입니다. 이런 경우 한국에선 '회화'라고 하지는 않잖아요? 그리고 반대로 이런 경우에 일본은 '대화'라는 한자어를 쓰지 않습니다. 한국어 '대화'와 일본어 '대화'도 쓰임새가 미묘하게 다른데 사실 이것도 처음엔 1권에 실었다가 밀린 겁니다. 이것에 관해서도 언급할 기회가 오기를 바라지만 기왕 말을 꺼낸 김에 간략히 설명하고 넘어가죠. 일본어 '대화'는 일상적인 (한국어)대화라는 의미가 아니라, 굳이 말하자면 '대담'에 가까운 뉘앙스로 쓰이는 말입니다. 일상적으로 나누는 말, 신변잡기적 이야기를 나누는 것도 한국에선 '대화'라고 하기도 하지만, 일본은 어떤 뚜렷한 목적을 가지고, 상호 이해를 도모하기 위해 진지하게 나누는 이야기를 対話라고 합니다. 그리고 일본어 対話는 '기본적으로' 1대1로 나누는 이야기를 뜻한다고 합니다.

> **日**
>
> 한국어 '회화'는 영어 회화, 일본어 회화 등과 같이 말할 때만 쓰이고 일상생활 속에서의 쓰임새는 거의 없습니다. 그렇다면 일본어 '회화'는 한국어 '대화'로 번역하면 되는가? 꼭 그렇지는 않습니다. 문맥에 따라 '대화'라고 번역해도 무방한 경우도 있지만, 한국어 '대화'에는 조금 진지한 뉘앙스가 들어 있는 경우도 있으므로 일상적인 (일본어)회화'의 경우 '얘기'라고 번역하는 게 적절할 때도 있습니다.
>
> **元カレはいつも会話を盛り上げてくれたのに、今の彼は無口すぎてつまらない。**
> 전 남친은 항상 얘기에 흥을 돋워 줬는데, 지금 남친은 너무 과묵해서 재미없다.
>
> 위와 같은 예에서 쓰인 일본어 会話는 연인들 사이에서 나누는 잡담 같은 뜻에 가까우니까 이 경우는 한국어 '대화'보다는 '얘기'라고 하는 게 더 적절하겠죠.

19. 회복 : 修復(しゅうふく)

앞서 부부 관계 등을 (한국어)회복한다고 할 때 또 다른 놀라운 한자어를 쓴다는 말을 했는데, 이에 관해서는 뒤에서 다시 다루도록 하겠습니다. 이렇게 궁금증을 자아내게 하는 것도 책 읽는 흥미를 돋우는 방법이라고 너른 마음으로 양해해 주시기 바랍니다(웃음).

20. 실종자 : 行方不明者(ゆくえふめいしゃ)

일본에선 특히 '사고나 재해'로 인해 행방을 알 수 없는 사람한테 失踪者라는 표현을 쓰지 않는답니다. 왜 그런지는 앞에서 충분히 설명을 했죠? 일본인에게 失踪者라고 하면 스스로 종적을 감춘 자라는 뜻으로 받아들이기 십상이기 때문이죠. 근데 한국 언론의 일본어판 기사를 보면 이 역시 그대로 失踪者라고 해 놓은 게 헤아리기도 힘들 정도로 많습니다.

21. 공약 : 空約束(からやくそく)

일본은 空約이라는 한자어를 쓰지 않고 이와 같이 표현합니다.

우리끼리 으르렁거려 봤자 불모하잖아???

〈수술의 신 닥터 X〉

いつまで不毛な争いを…。貴方達のそういった不毛な争いが

언제까지 [　1　] 싸움을…. 당신들의 그런 [　2　] 싸움이

外部に誤解を招いているんです。

외부로부터 오해를 부르는 거라고요.

〈파워 오피스걸 4〉

A ： あんな不毛な合コン初めて。

A ： 그런 [　3　] 미팅 처음이야.

B ： 開始30分で*男性陣が全員帰っていきましたからね。

B ： [　4　] 30분 만에 남자들이 전부 가 버렸으니까요.

張本人が [　5　] なのに俺らだけで [　6　]

장본인이 **소식불통**인데 우리끼리 **으르렁거리며**

[　7　] 不毛でしょう。

시비곡직을 따져 봤자 [　8　].

[　9　] AVなんか見てるからでしょう。ほんとに幻滅するわ。

나잇살 처먹고 야동이나 보니까 그렇지. 정말이지 [　10　].

これ以上夫婦関係を [11] しても不毛そうだから離婚届に [12]!

이 이상 부부 관계를 **지속**하는 건 [　13　] 이혼신청서에 **인감 찍어**.

あんな[14]なんかが[15]

저런 **벼락출세한 놈** 따위가 **활개 치고 자빠졌으니**

[16][17]の君の立場から見ると努力って不毛じゃない？

바닥부터 착실히 올라온 노력파인 네 입장에서 보면 노력이란 건 [18]?

[19]を助長し、[20]国民を[21]させる不毛な争いは止めて

지역감정을 조장하고 **이간질해서** 국민을 **양분**시키는 [22] 싸움은 그만두고

国民の[23]を[24]することに[25]。

국민의 **화합**을 **촉진**하는 데 **마음을 한데 모아야 한다**.

해설

한국에 비해서 일본은 「不毛」라는 단어의 뜻이 폭넓고, 그리고 빈번히 사용합니다. 한국에선 '불모'란 말을 '헛된, 허무한, 의미 없는, 건진 거 없는' 등의 뉘앙스로는 쓰지 않죠. 다만, 검색을 해 보니 일제 시대 전후에는 일본어 잔재가 남아 있어서 이 '불모의'란 표현을 일본과 같은 뉘앙스로 쓴 예가 더러 눈에 띄네요. 하지만 오늘날의 한국인 중에, 그것도 일상생활에서 말을 할 때 우리끼리 으르렁거려 봤자 불모하잖아, 오늘 미팅 정말 불모했지? 불모한 싸움은 관두자는 식으로 말하는 사람은 없겠죠?

日 한국어 '불모'의 뜻을 사전에서 찾아보면 '땅이 거칠고 메말라 식물이 나거나 자라지 아니함', 그리고 '아무런 발전이나 결실이 없는 상태를 비유적으로 이르는 말'이라고 돼 있습니다. 그리고 '불모' 단독으로 쓰기 보다는 국문학의 불모기, 야구의 불모지, 문화의 불모지, 불모의 땅, 불모의 시기, 불모지대 등의 형태로 쓰는 경우가 많습니다.

帰る

일본어 「帰る」는 기본적으로 돌아가다, 돌아오다는 뜻이지만 이걸 그대로 돌아가다나 돌아오다로 번역하면 한국어로서 어색할 경우가 많습니다. 그러니 번역을 공부하고 있는 분이나 갓 뛰어든 분들 중에서 이 사실을 아직 모르고 있는 사람이 있다면 일본어 「帰る」를 번역할 때는 세심한 주의를 기울일 필요가 있습니다.

남성진

한국에서 '남성진'이라는 표현은 예컨대 TV 퀴즈 프로나 남녀 대결 프로 같은 데서나 간혹 들을 법한 말이지 일상의 대화에서는 거의 안 쓰는 말입니다.

모범 답안

1. 不毛な(ふもう) : 헛된

2. 不毛な : 헛된

3. 不毛な : 허무한, 건진 거 없는

4. 開始 : 시작

5. 소식불통 : 音信不通(おんしん ふつう)

이건 아는 분도 많겠죠, 아마?

6. 으르렁거리며 : いがみ合いながら

으르렁거리다, 서로 물고 뜯는다는 뉘앙스를 지닌 표현으로서 적절한 일본어죠. 몰랐던 분은 기억해 두세요.

7. 시비곡직을 따져 봤자 : 理非曲直(りひきょくちょく)を正(ただ)したって

일본은 '시비(是非)곡직'이라는 한자어는 쓰지 않는 걸로 알고 있었고, 제 개인적으로는 아주 오래 전에, 아마도 법정 드라마라고 기억하는데, 거기서 '리비곡직'이라고 하는 걸 들은 적이 있어서 메모를 해 뒀던 겁니다. 또한 신문 기사에서도, 인터넷의 글에서도 몇 번인가 접한 적이 있고요. 그런데 이 역시 정확성을 기하기 위해 더 자세히 검색해 보는 과정에서 일본에도 시비곡직이라는 사자성어도 있다는 걸 알게 됐습니다. 그러나 일본인들에게 질문했더니 모든 사람들이 모른다는 반응을 보이더군요. 그런데 제가 잠시 참가했었던 한국어 학습 관련 페이스북 그룹의 일본인들에게 다시 한번 확인차 물어보니 '시비곡직'뿐 아니라 '리비곡직'도 거의 쓰지 않는다는 반응, 심지어 처음 본다는 반응이 있더군요. 결론적으로 일상생활 속에서는 거의 쓸 일도 들을 일도 없는 사자성어인 모양입니다. 적어도 요즘은 말이죠. 하지만 모 일본 사이트에 한자 검정 2급 시험에 자주 등장하는 사자성어 목록에 이 理非曲直이 올라와 있는 걸 보면 시험에는 왕왕 출제되는 듯하니 참고하시길. 하긴, 2급이면 난이도 측면에서 두 번째로 어렵다는 뜻이니 모르는 사람이 많다는 것도 이해는 됩니다. 하지만 분명한 건 문어적으로는 쓴다는 점.

8. 不毛でしょう : 의미 없잖아요

9. 나잇살 처먹고 : いい年こいて

「いい年して」는 어느 정도 레벨이 되면 다 아는 표현이겠지만 '처먹고' 같은 더 거친 표현은 이렇게 합니다. 참고로 「こく」의 한자를 찾아보니 「放く」라고 나오는데, 이건 거의 한자로 표기하지 않고 히라가나로 표기합니다.

10. 幻滅するわ : 정나미 떨어져, 혐오스러워

이런 경우에는 환상이나 기대가 깨지다, 실망하다는 뉘앙스보다는 좀 더 강한 표현을 선택할 필요가 있겠죠.

11. 지속 : 継続

일본은 이 경우에 '지속'이라는 한자어보다는 '계속'이라는 한자어를 쓰는 게 자연스럽다고 합니다. '지속'과 '계속'이라는 한자어의 쓰임새도 일본과 완벽히 일치하지는 않는다는 거죠.

12. 인감 찍어 : 実印押して

이 '인감'이라는 일본의 한자어도 전문 번역가의 오역 사례 중 하나인데요. 우리의 '인감 도장'을 일본에선 위와 같이 '실인'이라고 합니다. 일본의 경우 인감이라는 말은 도장 전체를 포괄하는 개념으로 쓰입니다. 근데도 印鑑이라는 검색어로 한국의 일본어 사전을 찾아보면 그대로 '인감', '인감 도장'이라고 돼 있으니 한국 사람들이 오역, 오용할 수밖에 없겠죠. 여담입니다만, 사실 이혼 서류에는 굳이 인감을 찍을 필요가 없다고 알고 있었습니다. 하지만 하나라도 더 많은 한자어를 소개하려다 보니 솔직히 좀 억지로 갖다 붙인 감이 있는 예문이었습니다. 근데 혹시나 해서 조사해 보니 이혼 서류도 수기로 작성하지 않고 워드 프로그램 같은 걸로 작성한 경우에는 인감을 찍어야 된다네요. 참고로, (한국의)인감 도장 외의 도장, 바꿔 말해 우리가 '막도장'이라고 표현하는 것의 경우 일본에선 「認め印」이라고 합니다. 그냥 「認印」라고 표기하기도 하고요.

13. 不毛そうだから : 의미 없을 것 같으니

14. 벼락출세한 놈 : 成り上がり

운 좋게, 갑자기 출세한 사람을 위와 같이 표현하는데 이 말은 주로 부정적인 뉘앙스로, 경멸하는 표현

으로 쓰이는 말입니다. 그리고 출세한 사람만 뜻하는 게 아니라 벼락부자라는 의미도 내포돼 있습니다. 벼락부자를 뜻하는 일본어로서 「成金」만 알고 있는 분들도 많을 텐데 「成り上がり」 또한 벼락부자를 지칭하는 말로도 쓰입니다. 그리고 '벼락출세하다'는 사전에 하나의 단어로 등재된 것이므로 이처럼 붙여서 씁니다. 맞춤법과 띄어쓰기는 번역가의 영원한 숙제이자 골칫거리죠.

15. 활개 치고 자빠졌으니 : のさばりやがってんだから

이런 경우의 '활개 치다'를 「のさばる」라고 한다는 걸 아는 분도 많을 테죠? 근데 [활개 치다=のさばる]는 아니라는 점을 명심해야 합니다. 예를 들어 우리는 '불법이 활개 치다'라고도 하지만 일본은 '불법'에는 「のさばる」를 쓰지 않는다고 합니다. 제가 늘 강조하는 거지만 외국어는 단어나 문법 갖고 공부해서는 백날 천 날 공부해도 큰 진전을 못 봅니다. 어구나 표현 자체를 외워야 합니다. 그리고 '~하고 자빠졌다'에 알맞은 일본어 표현이 이 「동사 연용형+やがる」라는 거 몰랐던 분은 이참에 기억해 두시길. 아울러 앞에서 발음이 함축되는 것에 관해 언급했죠. 「ているんだ」도 일상에서는 「てんだ」라는 식으로 발음이 축약됩니다. 초보자들은 드라마나 영화 등에서 배우가 이런 식으로 발음하면 알아듣기가 힘들죠. 하지만 '아는 만큼 들린다'는 말이 있잖아요? 이제 아셨으니 앞으로 저런 대사가 나오면 청해가 쉬워질 겁니다.

16. 바닥부터 착실히 올라온 : 叩き上げの

위의 「成り上がり」에 대비되는 말로서, 이건 부정적 뉘앙스가 없습니다.

17. 노력파 : 努力家

물론 努力派라고 해도 의미는 통할 테죠. 하지만 글로 적힌 것이 아니라 대화 속에서 말로써 한다면 일순 '?' 하는 반응이 돌아올지도 모릅니다.

18. 不毛じゃない？ : 덧없지 않아?, 허무하지 않아?

19. 지역감정 : 地域同士の敵対心

우리가 말하는 '지역감정'을 그대로 직역하면 한국과 한국어를 잘 모르는 일본인은 무슨 뜻인지 이해하지 못한다고 알고 있었는데, 블로그에 글을 연재하기 전에 이 또한 더 정확성을 기하기 위해 위에서 말한 한국어 학습 페이스북 그룹에 물었더니 한 분이 일본에서도 통할 것 같다는 답변을 주셨습니다. 그래서 이 부분은 좀 더 확인해 봐야겠다 싶어서 재차 확인을 위해 블로그 이웃님들한테도 물어보고, 여타 일본 사이트에 질문도 올리고 해서 대략 14~5명의 일본인들의 의견을 들었습니다. 그 결과, 일본에서도 통할 것 같다는 답을 주신 분은 일본 페이스북 그룹 회원님을 포함해서 2명, 나머지는 **地域感** **情**이란 표현 자체를 처음 듣는다(한국에선 '지역감정'이라는 단어 자체가 사전에 등재돼 있을 정도죠), 한국어를 잘 알고 한국의 시사 문제 등에 관해서도 잘 아는 사람이라면 알아듣겠지만 그렇지 않은 사람에게는 한국에서 말하는 '지역감정'이란 표현 속에 내포된 심각성이 제대로 전달되지 않고, 그냥 지역 간에 경쟁의식이나 라이벌 의식이 좀 심하나 보다 정도로 받아들일 거라는 반응이었습니다. 답변을 해 준 분들 중에 한국에서 대학과 대학원을 나와서 한국인과 결혼해서 15년 넘게 한국에서 생활하고 있는 재일교포분의 말씀을 아래와 같이 요약해 봤으니 참고하세요.

❶ 한국어 '지역감정'을 그대로 일본어로 말하면 일본에선 제대로 통하지 않는다.

❷ 말의 맥락과 地域感情이라는 한자로 유추해서 두 지역 사이에 어떤 감정이 있나 보다 생각할 수는 있지만 한국어 '지역감정'이라는 말이 지닌 심각하고 무거운 뉘앙스가 오롯이 전달되지는 않는다.

❸ 일본의 경우 예컨대 도쿄와 오사카 사람들 사이에 미묘한 갈등 관계 비슷한 게 있긴 한데 그건 이를테면 경쟁의식, 라이벌 의식 정도의 뉘앙스일 뿐 한국어 '지역감정'이 갖고 있는 뉘앙스와는 차원이 다른 문제다.

20. 이간질해서 ： 仲たがいさせて

일본은 이 '이간'이라는 한자어 자체를 거의 쓰지 않는다고 합니다. 또한 한국과는 달리 전문 분야에서 쓰이는 뜻은 다르기도 합니다. 두 물체가 떨어져 있는 간격이라는 뜻으로 쓰입니다. 그런데 웃기는 건, 아니, 좀 씁쓸한 사실은 일본도 '이간'이라는 한자어는 원래 우리와 같은 뜻이고 이 '이간'을 물체 사이의 간격이란 의미로 쓰는 건 이격(離隔)의 오용이라고 합니다. 그런데 우리나라의 전문 분야에서는 일본이 오용하고 있는 이 '이간'이라는 용어를 그대로 차용하고 있는 실정이라는 점이죠. 예를 들어 '이간 거리'처럼 말이죠.

21. 양분 ： 二分

이 경우 일본은 위와 같이 '이분'이라고 표현하는 게 일반적입니다. 시간을 표시하는 경우와 달리 이 경우는 '훈'이 아니라 '분'이라고 읽는다는 점.

22. 不毛な ： 덧없는

23. 화합 : 和 · 団結

일본에도 「和合」라는 한자어가 사전에 실려 있지만 거의 쓰지 않는다고 합니다. 한 일본인의 의견은, 본 적은 있지만 쓰더라도 부부나 가족 등의 경우에 쓰이지 '국민(민족)의 화합' 같은 식으로 말하거나 쓰는 건 본 적이 없다고 하더군요. 그래서 더 확실한 확인을 위해 「国民の和合」라는 말이 들어가는 예문, 그러니까 「国民の『わごう』のために~~」라고, '화합' 부분을 히라가나로 적어 놓고, 이걸 일본인한테 '말로' 하면 『わごう』 부분이 뭘 말하는지 퍼뜩 이해를 하느냐고 물었습니다. 그중 한 분은 태어나서 처음 그런 한자어가 있다는 걸 알았다, 다만 말로 하면 못 알아듣겠지만 글로 써서 보여 주면 짐작은 할 수 있겠다는 답변, 다른 한 분은 의미가 통하지 않을 것 같다는 답변이었습니다. 참고로 '쓸 수 있겠다'는 일본인도 있긴 했고, 또한 두 번째 감수자님의 의견도 굳이 쓰면 안 되는 이유는 찾지 못하겠다면서도 和合이라는 한자어 자체를 한국에 비해서 그리 많이 쓰지 않으니 본인이라면 위와 같이 '단결'이나 '단결심'이라고 의역하겠다고 했으니 이 점도 참고하시기 바랍니다. 그리고 「夫婦の和合」라고 하면 사람에 따라서는 성적인 표현으로 받아들일 수도 있다고 합니다. 왜냐하면 한국과 달리 '화합'이라는 한자어의 뜻으로서 '남녀가 맺어지는 것, 결혼하는 것'이라는 뜻도 사전에 실려 있기 때문이죠.

24. 촉진 : 助長(じょちょう) · 促進

앞에 지역감정 '조장'이라는 단어가 나왔는데 그건 그대로 「助長」라고 번역했죠. 그런데 이 '조장'이라는 한자어의 경우 한국에서는 부정적인 뉘앙스로만 쓰지만 일본은 위와 같이 긍정적인 뉘앙스로도 씁니다. 다만, 감수자님 한 분의 의견으론 일본어 '조장'도 부정적 의미로만 쓰인다고 하길래 살짝 놀랐는데, 사전에도 「力を添えて、ある物事の成長や発展を助けること」라고 엄연히 긍정적인 뜻풀이가 돼 있고, 「国際交流を—する」라는 예문까지 제시하고 있으며, 실제로 제가 번역한 작품에서도 긍정적인 뉘앙스로 쓴 사례가 있었습니다(그래서 메모해 뒀던 거거든요). 또한 검색을 해 봐도 긍정적 뉘앙스로 쓴 게 많이 나옵니다. 그래서 이 사실을 그분께 말하니까 본인도 좀 더 알아보겠다는 대답을 했으니 참고하시길.

> 日　반면, 이렇듯 긍정적인 의미로 쓰인 일본어 助長을 한국어로 번역할 때는 주의해야겠죠?

25. 마음을 한데 모아야 한다 : 心を一つにするべきだ

이 역시 통째로 외우도록 하십시오. 직역하면 코패니즈가 됩니다.

[　1　]をもらった科目が少なくて２年生に進級したが、[　2　]を選択した。

낙제점 받은 과목이 적어서 2학년으로 진급했지만 자진 퇴학을 선택했다.

[　3　]するって？今度の[　4　]の件には君が是非とも必要だから、

자진 퇴직하겠다고? 이번 기업 인수 건엔 자네가 꼭 필요하니,

もう一度[　5　]してみろ。終わるまで[　6　]はあずかっておく。

다시 한번 심사숙고해 봐. 끝날 때까지 사직서는 보관해 둘게.

低予算の[　7　]だったが、祖国解放のため孤軍奮闘する[　8　]の[　9　]な

저예산 독립영화였지만 조국 해방을 위해 고군분투하는 여주인공의 대담무쌍한

[　10　]を[　11　]描いて、映画祭の[　12　]で[　13　]に上がることができた。

활약상을 박진감 넘치게 그려서, 영화제 시상식에서 시상대에 오를 수 있었다.

[　14　]に[　15　]した作品を[　16　]し、[　17　]確認するのに掛かる

개인전에 출품했던 작품을 자진 회수하고, 위작 여부를 확인하는 데 드는

費用を調達するために再び[　18　]のところを訪ねた。

비용을 조달하기 위해 다시금 투자자를 찾아갔다.

〈스타 드라이버〉
オリハルコンが[　19　]で光子活性化を開始！

오리할콘이 자가 제어로 광자 활성화를 시작!

夏休みの間、各自[20]をしっかりして[21]

여름방학 동안 각자 자율 훈련을 확실히 해서 개학 때는

[22]姿*を見れることを[23]。

일취월장한 모습을 볼 수 있기를 학수고대하겠다.

米韓のFTA交渉で、米国側が対米自動車輸出の[24]を

한미 FTA 협상에서 미국 측이 대미 자동차 수출의 자율 규제를

要求してきたことに対し、韓国側は[25]輸入制限という強硬策[26]。

요구해 온 데 대해 한국 측은 외제차 수입 제한이라는 강경책으로 나왔다.

毎年5月は総合所得税の[27]期間でございますので、

매년 5월은 종합소득세 자진 신고 기간이오니

納期を[28]加算税(かさんぜい)を課(か)せられないようご注意ください。

납기를 넘겨서 가산세를 부과당하지 않게끔 주의해 주세요.

[29]時間に[30]は[31]で緊急[32]を開き、

자율학습 시간에 교감 선생님은 교무실에서 긴급 교직원 회의를 열어서

生徒と不適切な関係を持った[33]の懲戒処分*を決定した。

학생과 부적절한 관계를 가진 기간제 교사의 징계를 결정했다.

[34]の消防施設は、毎月[35]を実施しておりますのでご安心ください。

저희 백화점의 소방 시설은 매달 자체 점검을 실시하고 있으니 안심하십시오.

[36]においてはセンサーなど各装置の誤作動、故障を

자율 주행차에 있어서는 센서 등 각 장치의 오작동, 고장을

自動的に感知してくれる[37]機能が非常に重要となる。

자동적으로 감지해 주는 자가 진단 기능이 대단히 중요해진다.

[38]の時は[39]という語は[40]用語だったが、

신종 플루 때는 자가 격리라는 말이 **생소한** 용어였지만,

この度の[41   ]により、この用語も[42   ]。

이번 **신종 코로나 바이러스 확산**으로 인해 이 용어도 **널리 확산되었다**.

[43   ]が深刻な昨今の状況で[44   ]の実施は

빈부 격차 문제가 심각한 작금의 상황에서 교복 자율화 실시는

お金持ちの子供らと貧乏な家庭の子供らの間で違和感を[45   ]。

부잣집 아이들과 가난한 집 아이들 사이에 위화감을 **조성할 수가 있다**.

해설

모범 답안을 확인했다면 아시겠지만…, 참, '모범 답안'이란 말이 나온 김에 일단 언급하고 넘어가죠. 한국에서 말하는 '모범 답안'을 일본에서도 그대로 模範答案이라고 할까요? 아닙니다. 일본에선「模範解答(해답)」라고 합니다. 그렇다면 '답안지'는「答案紙」라고 할까요? 아닙니다. 이것 역시「答案用紙」라고 하고「解答用紙」라고도 합니다. 또 학교에 따라서, 지역에 따라서, 사람에 따라서는 이 둘에도 차이가 있다고 말하는 글도 검색되는데, 이에 관해선 저도 아직 정확히 파악하지 못했기 때문에 패스하기로 하겠습니다.

아무튼 모범 답안을 보셨듯이 이 경우 한국과 일본의 쓰임새는 이렇게 차이가 납니다. 그 이유를 들어 보자면 우선 일본은 자진(自進)이라는 한자어를 쓰지 않습니다. 그리고 자가(自家)라는 한자어 역시 거의 안 쓰고 그 쓰임새가 극히 제한돼 있습니다. 또한 自律이라는 한자어의 쓰임새의 폭도 한국에 비하면 아주 좁은 편입니다. 아래 예제의 모범 답안에서도 설명했지만, 우리나라에서 말하는 '자율 주행 차량'의 경우 최근에 들어서 '전문가들 사이에서'는「自律走行」이라는 용어를 쓰기 시작했다고 하는데, 일반인들 중에는 이 사실 자체를 모르는 사람이 많을 정도랍니다. 일본의 경우 '자율'이라는 한자어의 쓰임새가 그만큼 적다는 것을 방증하는 것이겠죠. 실제로 일본 사이트에다가 일본에서도「自律走行車」라는 표현을 쓰느냐고 물었더니 그런 표현은 본 적도 들은 적도 없다고 한 사람이 많았고, '자동운전차'라고 해야 한다고 단호하게 말한 일본인도 있을 정도였습니다. 일반인들 사이에는 '자율 주행'이라는 말이 아직 일반화돼 있지 않다는 걸 엿볼 수 있는 거죠. 아무튼 이런 경우는 어떤 뚜렷한 기준이 있는 게 아니니까 통째로 외우는 수밖에 없겠죠.

모범 답안

1. 낙제점 : 欠点 (けってん)

赤点(あかてん)만 알고 있는 분도 계실 테죠. 다만, 둘 다 같은 뜻으로 쓰기도 하지만, 지역이나 학교에 따라서 赤点은 테스트당 낙제점, 欠点은 1년을 통틀어서 평가했을 때의 낙제점으로 구분하기도 한답니다.

2. 자진 퇴학 : 自主退学

3. 자진 퇴직 : 自主退職

일본에서는 자진(自進)이라는 한자어 자체를 쓰지 않기 때문에 이와 같은 차이가 발생하는 것이죠.

4. 기업 인수 : 企業買収

우리가 말하는 '기업 인수'를 일본에선 '기업 매수'라고 합니다. 왜냐하면 일본은 引受라는 한자어를 안 쓰기 때문이죠. 그리고 기업 인수 합병은 「合併・買収(がっぺい)」라고 합니다. '합병'이 앞에 온다는 점에 유의. 그리고 글자로 표기할 때는 合併買収라는 식으로 붙여서 쓰지 않고 가운뎃점을 달아 주는 게 일반적입니다.

5. 심사숙고 : 沈思黙考 (ちんしもっこう)

일본에선 심사숙고라고 하지 않고 '침사묵고'라고 합니다. 그런데 우리는 '심사숙고'라는 말을 일상의 대화에서도 종종 쓰지만, 일본에선 이 '침사묵고'라는 사자성어를 일상적인 대화에서 쓰는 일은 별로 없고 신문 기사나 글에서나 접할 법한 말이라고 합니다. 그러니 이 경우에는 그냥 「じっくり考えてみろ」 정도로 말하는 게 자연스럽겠지만 한국의 '심사숙고'에 해당하는 일본어 사자성어를 알리기 위해 답안으로 제시한 겁니다. 그리고 한자 검정 4급, 그러니까 중학교 재학 레벨의 사람들이 치는 시험에 해당하는 사자성어라니까 난이도 면에서도 그리 어렵지는 않다고 봐야겠죠.

6. 사직서 : 退職願

일본의 경우 '사표'는 임원 혹은 관리직 이상, 그리고 공무원의 경우에 사용한다는 거 기억나시죠?

7. 독립영화 : 自主映画

8. 여주인공 : ヒロイン

일본에선 영화나 드라마 등의 '여주인공'을 *히로인'이라고 부르는 게 일반적입니다. 女主人公이라고 하면 왠지 없어 보여서 그런 걸까요?(웃음).

한국에서는 여주인공의 뜻으로 '히로인'이라는 말을 쓰지 않고, 아니, 않았었고, 표준국어대사전에도 아예 없는 말입니다. 또한 쓴다고 하더라도 영웅이라는 개념인 남성명사 '히어로'의 여성명사형, 다시 말해 여자 영웅, 여걸이라는 뜻으로 쓰였던 걸로 기억합니다. 하지만 원어인 hero와 heroine 자체에는 각기 작품 속 남자 주인공, 여자 주인공이라는 뜻이 있고, heroine의 이 뜻을 일본에서 그대로 받아서 여주인공이라는 뜻의 외래어로 쓴 것이겠죠. 그런데 그런 일본의 영향을 받아서 한국에서도 여주인공이라는 뜻으로 '히로인'을 쓰는 사람이 점차 늘어나고 있는 것 같지만 한국에선 여전히 '여주인공'이라는 말을 쓰는 게 일반적인 것 같습니다. 일본 영향을 받은 이런 예는 아주 많죠. '아이돌'이라는 말도 한국에선 '우상'이라는 뜻으로만 쓰였는데 지금은 '아이돌 그룹'이라는 표현이 아예 전 국민적으로 퍼져 버렸죠. 심지어 일본에서조차 오용하고 있는 외래어인 '텐션'이라는 잘못된 표현조차 많은 한국 사람들이 그대로 받아서 쓰고 있는 실정입니다. 근데 일본 사람들도 이 '텐션'이 오용이라는 걸 모르는 사람이 의외로 많은 모양이더군요. goo 사전은 이것이 오용임을 아래와 같이 명시하고 있습니다(주황색 글씨 부분). 긴장, 불안이라는 뜻인데 완전 반대의 뜻으로 오용하고 있는 것이죠.

テンション【tension】

1. 精神的な緊張。また、不安。「テンションが高まる」
2. 〔1の誤用から〕俗に、気分や気持ちのこと。
    「朗報にテンションが上がる」「いつもテンションの低い人」
3. 張り。張力。伸長力。「ロープにテンションをかける」

* **heroine**

이 heroine의 올바른 표기법이 '헤로인'이라고 알고 있는 사람들이 많을 텐데, 마약인 heroin의 표기법 역시 '헤로인'이기 때문인지 어떤지 정확한 이유는 저로서도 모르겠지만, 어쨌건 제 기억으론 4~5년 전쯤 국립국어원의 외래어 심의회에서 '히로인'으로 표기하기로 바꿨습니다.

9. 대담무쌍 : 大胆不敵 · 豪胆無比
だいたんふてき ごうたんむひ

일본은 '대담무쌍'이라고 하지 않고 위와 같이 표현합니다. '호담무비'라는 사자성어도 있어서 답안으로 제시는 해 놨지만 모르는 사람이 많은 것 같습니다. 근데 꼭 이런 게 함정 문제로 시험에 출제되는 일도 있죠.

10. 활약상 : 活躍ぶり

일본에선 活躍相이라는 표현은 하지 않습니다.

11. 박진감 넘치게 : 迫力満点に

한국어 '박진감 넘치다'라는 표현은 문맥에 따라 이런 식으로 적절히 의역할 수밖에 없겠죠. 참고로 직

역투로 「迫力溢れうように」라고 하면 좀 어색하다고 합니다. 「迫力溢れる」 자체는 쓰는데 이건 어색하다니, 또 말하지만 일본어 참 어렵죠?

12. 시상식 ： 授賞式(じゅしょうしき)

13. 시상대 ： 表彰台(ひょうしょうだい)

「表彰式」라고 하기도 합니다만 式의 경우는 授賞式를 더 많이 쓰는 것 같고 台의 경우는 表彰台라고 부르는 게 일반적인 것 같습니다.

14. 개인전 ： 個展(こてん)

한국어 '개인전'을 일본은 '개전'이라고 합니다.

15. 출품 ： 出展(しゅってん)

일본에서도 「出品」이라고도 하는데 이런 경우는 出展(출전)이라고도 한다는 것도 알아 두시길. 한 일본인은 전자의 경우 상품으로 팔기 위해서 내는 것이고, 후자의 경우는 예술 작품으로서 전시하기 위해 내는 것이라는 의견을 밝혔으니 이것도 참고하세요.

16. 자진 회수 ： 自主回収

한국어 '자진 회수'를 일본은 '자주회수'라고 합니다.

17. 위작 여부를 ： 真贋(しんがん)を・贋作(がんさく)か否かを

한국어 '위작'을 일본에선 「贋作(안작)」이라고 합니다. 그리고 與否라는 한자어는 일본에는 없으므로 '여부'는 문맥에 맞게 의역할 필요가 있는 단어입니다.

참고로, 이런 형태의 말인 「~の是非・可否・当否・有無・賛否」 등의 표현은 일본인들도 헷갈리는 경우가 많은 모양입니다. 그러니 그냥 「真贋を確認する」라고 하는 게 무난하겠죠.

18. 투자자 ： 出資者(しゅっししゃ)

일본에선 한국에서 '투자'라고 부를 장면에서도 '출자'라는 말을 쓰는 경향이 있습니다. 예컨대 <오차>라는 수사 드라마에서 용의자 중 한 명이 소위 '캬바쿠라'에 투자한 걸 출자라고 표현합니다. 우리나라에선 개인적으로 룸살롱 같은 데 투자한 걸 '출자했다'고 하는 경우는 별로 없잖아요? 이렇듯 '출자'라는 단어의 쓰임새도 한국과 일본이 차이가 있는 거죠. 일반인이라면 모르겠지만 영상번역가라면 이 일본어 出資라는 단어를 그대로 '출자'로 번역할지, 아니면 '투자'로 번역하는 게 더 자연스러운지를 따져 보고 가려서 써야겠죠.

19. 자가 제어 : 自律(自立)制御

<스타 드라이버>라는 애니의 대본에 自立制御라고 적어 놓은 걸 보고 일본은 이때도 自立이라는 한자어를 쓰는구나 하고 놀랐던 기억이 새롭습니다. 그런데 아무래도 좀 석연치 않은 생각이 들어서 몇몇 일본인에게 물어본 결과 이 경우는 自律이 더 적합하겠다는 답변이었고, 두 감수자님의 의견 역시 같았습니다. 다만 "自立制御"라고 검색해 보면 이렇게 쓴 예가 다수 검색되니 이 점도 참고하시기 바랍니다.

20. 자율 훈련 : 自主練習

이 역시 한국과 다르게 표현하죠? 그리고 운동이나 스포츠 훈련을 하는 걸 일본은 '연습'이라고 하지 '훈련'이라고 하진 않습니다. '훈련'이라는 한자어의 쓰임새도 한국과 일본이 미묘하게 다른데 이에 관해서도 다음 기회에….

21. 개학 때는 : 新学期には

일본어「開学」은 '대학'을 여는 것(설립하는 것), 우리로 치면 '개교'를 의미합니다. 따라서 '대학'의 개교 기념일을 일본은「開学記念日」이라고 하죠. 다만, 초중고의 경우는 우리와 같이「開校記念日」이라고 합니다. 이 때문에 일본은 방학이 끝나고 새롭게 학기를 시작한다는 의미로「開学」이라는 말을 쓰지 않습니다. 도대체 왜 일본은 이런 식으로 다르게 표현하는 걸까요?

🔍블로그 한국어 '개학'과 일본어「開学」은 다른 뜻

22. 일취월장한 : 格段に成長(上達)した

한국어 일취월장을 '일신월보'라고 한다는 건 중급 수준쯤 되면 배우나요? 하도 오래돼서 기억이 가물가물합니다. 그런데 과연 이걸 그대로 日進月歩라고 번역해도 될까요? 이 역시도 한국인들이 오용하는 사자성어 중 하나입니다. 검색을 해 보면, 특히 한국의 연예 기사를 번역한 일본어로 된 글이나 기사들을 보면 가창력, 연기력, 요리 실력 등등이 '일취월장'했다는 걸「日進月歩した」라고 해 놓은 게 수도 없이 많습니다. 하지만 일본의 사자성어 '일신월보'는 예컨대 과학 기술이나 군사력, IT 기술, 의료 기술이나 문명 등이 나날이 쑥쑥 발전하는 경우에 국한돼서 쓰이는 게 일반적이고, 개인의 실력, 능력, 스킬 같은 게 발전한 걸 뜻하는 말로는 쓰이지 않는다고 합니다. 그러니 위와 같은 식으로 풀어서 번역할 수밖에 없겠죠.

🔍 블로그 '일취월장'은 日進月步? 맞기는 한데...

23. 학수고대하겠다 : 首を長くして待つからな

처음엔 「鶴首して待つからな」도 모범 답안으로 제시했었습니다. 옛날에 한창 일본어 공부할 때 외 웠던 것이기 때문입니다. 그런데 이 역시 확인차 여러 일본인에게 물어본 결과 처음 본다, 그런 표현 안 쓴다는 반응이었습니다.

24. 자율 규제 : 自主規制

지금까지 살펴본 결과 한국어 '자율'과 '자진'은 일본어로는 '자주'라고 표현하는 게 많죠? 물론 '독립영 화'의 경우 같은 예외도 있지만요.

25. 외제차 : 外国車 · 外車

일본에선 '외제차'라고 하지는 않습니다. 外国車는 문어적으로 쓰이는 반면 外車는 구어적으로 쓰인 다니 참고하세요.

26. 으로 나왔다 : に出た

조사가 「に」라는 점에 주의.

27. 자진 신고 : 自己申告

한국어 '자진 신고'를 일본은 '자기신고'라고 합니다.

28. 넘겨서 : 過ぎて

「過ぎる」라는 단어는 타동사로도 쓰인다는 걸 모르는 사람이 의외로 많더군요. 그래서 일본은 「度 が過ぎる」라고도 「度を過ぎる」라고도 하는 것이죠.

29. 자율학습 : 自主学習

일본은 한국처럼 '야간' 자율 학습이라는 것 자체가 존재하지 않기 때문에 일대일로 대응시킬 순 없지 만, 야간이 아니고 어떤 사정이나 일이 생겨서 학생들이 스스로 공부하는 걸 이렇게 '자주학습'이라고 하는 게 일반적입니다.

30. 교감 선생님 : 教頭先生
<ruby>教頭<rt>きょうとう</rt></ruby>先生

일본에선 교감을 '교두'라고 합니다.

31. 교무실 : 職員室

32. 교직원 회의 : 職員会議

일본에선 교무실을 '직원실', 교직원 회의를 '직원회의'라고 합니다. 직원이라는 말의 쓰임새도 한국과 일본이 다르기 때문인데, 이에 대해선 뒤에서 다시 다루겠습니다.

33. 기간제 교사 : 常勤講師
<ruby>常勤<rt>じょうきん</rt></ruby>講師

한국의 기간제 교사를 일본에선 '상근 강사'라고 부릅니다. 여기서 한 가지 주의해야 할 건 중고교가 아니라 일본 대학의 직급인 '강사'는 한국 대학의 직급인 '강사'와 위치가 다른데, 이에 대해선 '교육, 학교 관련 한자어'에서 따로 다루기로 하죠.

34. 저희 백화점 : 当デパート

일본에선 '백화점'이라는 말보다 이처럼 '데파트'라고 하는 게 일반적인데, 몇몇 지방에서는 여전히 '백화점'이라고 하고, 또 브랜드에 따라서는 'OO 백화점'이라는 명칭을 쓰는 곳이 있습니다.

35. 자체 점검 : 自主点検

> 日 한국에선 '자체 점검'이라고 하는 게 가장 일반적이지만 이 경우는 '자율 점검'이라고 해도 의미가 통합니다.

36. 자율 주행차 : 自動運転車 · 自動走行車

이 경우도 일본은 이처럼 '자동'이라고 하는 게 일반적입니다. 수차례에 걸쳐 여러 일본인들에게 물어도 보고, 또 조사도 해 본 결과, 일본에선 '자율'이라는 한자어를 사용하는 빈도가 비교적 낮다고 합니다. 다만, 첨단 AI 기술의 발전에 따른 자동차의 자율 주행 기술 개발이 본격화되면서 일본에서도 전문가들(자동차 업계 등) 사이에선 '자동'과 구분하기 위해 '자율'이라는 한자어를 쓰기 시작했다고 합니다. 특히 자동차 업계에서는 '자동 운전(주행)'은 자동차에 감시를 위한 운전자가 탑승하고 있는 경우, 그리고 '자율 운전(주행)'은 그야말로 완벽한 의미의 자율 주행, 즉, 운전자가 없어도 자동차 스스로 모든 걸

맡아서 한다는 의미로 구분하기 위해서 자동차에 '자율'이라는 용어를 도입하기 시작한 거라고 보시면 되겠습니다. 어쨌건 아직은 '자율 주행'이라는 용어가 일반인들에게 정착된 상태는 아니기 때문에 이 경우는 이처럼 '자동 운전(주행)'이라고 번역해 줘야 매끄럽게 통한다는 점.

37. 자가 진단 : 自己診断

이 경우도 일본은 '자기'를 씁니다.

38. 신종 플루 : 新型インフル

이 경우 일본은 '신종'이 아니라 '신형'이라고 한다는 점. 그리고 우리는 '인플루엔자'를 줄여서 '플루'라고 하지만 일본은 이처럼 '인플루'라고 줄여서 표현한다는 사실.

39. 자가 격리 : 自己隔離 · 自主隔離

이 역시도 일본은 '자기' 또는 '자주'라고 합니다. 일본에서 自家라는 한자어는 음식점이나 자기 집 등에서 직접 만든 것이라는 의미의 自家製 정도로만 쓰일 정도로 그 쓰임새가 적습니다.

40. 생소한 : 耳慣れない

일본에서는 '생소(生疎)'라는 한자어를 쓰지 않죠. 그래서 이 한국어 '생소하다'라는 표현은 일본어로 번역할 때 문맥에 따라서 각기 다르게 번역해야 하는 말인데, 이 경우는 위와 같이 해 주는 게 적절할 듯합니다.

41. 신종 코로나 바이러스 확산 : 新型コロナウイルスの拡大

'바이러스'도 위와 같이 「ウイルス」라고 합니다. 또한 전염병, 감염병 등은 일본에선 '확산'이 아니라 '확대'라고 하는 게 일반적입니다.

42. 널리 확산되었다 : 広く拡散している · あまねく広がっている

방금도 말했지만, '확산'이라는 한자어도 일본은 한국에 비해 쓰임새가 적습니다. 하지만 여기서처럼 용어, 정보, 뉴스(가짜 뉴스) 등의 경우는 일본도 '확산'이라는 한자어를 씁니다. 그리고 '확산'이 아니라 「広がる」라고 표현할 수도 있겠는데 이 '널리 확산되었다'를 「広く広がっている」라고 하면 이중 표현 혹은 중복 느낌이 나니까 이 경우는 「あまねく」라고 해 주는 게 낫겠죠? 일본어 '확산'과 '확대'의 쓰임새 차이에 대해 말하면 글이 너무 길어지니까 이 역시 제 블로그 방문하셔서 확인해 보세요.

🔍 블로그 拡散 ― 일본어판 기사 속의 코패니즈 한자어

43. 빈부 격차 문제 : 格差問題

일본은 이렇듯 '격차'란 단어만 써서 경제적 격차, 빈부 격차를 뜻하는 말로 씁니다. 빈부 격차 사회의 경우도 그냥 「格差社会」라고 하죠.

> **日** 반대로 한국 사람에게 그냥 '격차 문제', '격차 사회'라고 하면 한국인은 뭔 말이지? 싶을 겁니다. 그러니 이걸 한국어로 옮길 때는 정확히 무엇의 격차인지를 써 주는 게 좋습니다.

44. 교복 자율화 : 制服自由化

일본은 한국의 '교복'을 '제복'이라고 한다는 건 아는 분이 많을 테죠. 그리고 일본 역시 교복 자율화를 실시한 적이 있는데, 이 경우에도 일본은 自律이라는 한자어를 쓰지 않고 위처럼 '자유화'라고 불렀습니다.

45. 조성할 수가 있다 : 醸成しかねない

일본어 「造成」은 택지나 토지를 조성한다거나 주차장 등의 시설을 조성한다고 할 때나 사용하는 한자어이고, 이와 같이 위화감, 불안감 같은 감정이나 분위기, 무드 등을 (한국어)조성한다고 할 경우에는 醸成(양성)이라는 한자어를 씁니다. 또한 여기서 '할 수가 있다'는 가능형이 아니니 위와 같이 번역해야겠죠.

* **見れる**

이른바 「ら抜き言葉」라는 것이죠. 문법적으로 이건 틀린 표현이고 「見られる」라고 해야 올바른 표현이란 겁니다. 하지만 실제로 많은 일본인들은 「見れる」라고 표현하는 게 더 자연스럽게 느껴진다고 합니다. 그리고 사실상 후자의 형태로 쓰는 사람들이 많습니다. 왜냐하면 「られる」형태는 가능형뿐 아니라 존경이나 피동 형태로도 쓰이기 때문에 헷갈리기 쉽다는 거죠. 따라서 「食べる」의 가능형도 「食べられる」가 아니라 「食べれる」라고 말하는 걸 예능 프로는 물론 영화나 드라마 등에서도 종종 들을 수 있죠. 특히 특정 지방 사람들의 경우는 가능형으로서의 「見れる」를 오용이라고 하는 것 자체에 굉장한 거부감을 표시하기도 한다네요.

* **懲戒処分を決定した**

이것도 퀴즈로 낼까 망설였지만 일본도 懲戒라는 한자어를 쓰고, 어법적으로도 틀렸다고는 할 수 없기 때문에 뺐는데, 일본은 한국에 비해 懲戒라는 한자어의 사용 빈도가 낮습니다. 그리고 일본은 懲戒를 단독으로 쓰는 경우보다는 「懲戒処分・懲戒免職」과 같이 다른 말과 함께 쓰는 게 일반적인 것 같습니다. 따라서 이런 경우에는 그냥 処分이라고 하거나 '징계'를 넣어 주고 싶으면 「懲戒処分を決定した」라고 하는 게 자연스럽습니다.

체류, 주둔, 은거, 은퇴, 거주, 입주, 입점… 다른 게 너무 많아

[1   ] [2] な [3] に [4] し、[5   ]

성인이 돼서도 호화찬란한 아파트에 거주하고 외제차를 끌고 다니면서

[6   ] 下衆(げす)な人間だ。

부모 등골 빼먹는 쓰레기 같은 인간이다.

社員 [7] に [8] お金も節約できるし、[9] として翻訳をして [10] も

사원 숙소에 들어가면 돈도 절약되고, 부업으로 번역을 해서 가외 수입도

稼げるし。[11] な生活をすれば何とかなるから心配しないでください。

벌 수 있고, 근검절약 생활을 하면 어떻게든 될 테니 걱정하지 마세요.

短パン姿でホテルのレストランに [12] [13] された。

반바지 차림으로 호텔 레스토랑에 들어가려다 문전박대를 당했다.

前に [14] 食堂では [15] だったが、こんどは [16] として [17]。

전에 일했던 식당은 비정규직 직원이었지만 이번엔 정직원으로 들어갔다.

[18]、小さな [19] に [20] し、[21] の人生を送りながら [22   ]。

말년에는 조그만 셋방에 입주해서 은퇴 후의 평온한 삶을 살며 천수를 누렸다.

この町自体が [23] もいいし、特にこの [24] は [25   ]

이 동네 자체가 거주 환경도 좋고, 특히 이 아파트는 조경도 잘 돼 있어서

悠々自適(ゆうゆうじてき)な [26   ] を [27] できると思いますよ。

유유자적한 은퇴 후 생활을 만끽할 수 있을 거예요.

カンフー[28]のため中国に[29   ]、このままでは駄目だと思って

쿵푸 **수련**을 위해서 중국에 **체류했었지만** 이대론 안 되겠다 싶어서

より実戦的な[30]を習うために今はアメリカに[31]中です。

보다 실전적인 **종합격투기**를 배우기 위해 지금은 미국에 **체재** 중입니다.

[32]で[33]に入っており、北海道は[34]で貨物輸送が[35]している。

기상 악화로 **폭풍권**에 들어왔고 홋카이도는 **폭설**로 화물 수송이 **정체**되고 있다.

[36]問題で[37   ]歌手○○○はアメリカの[38]で

병역 기피 문제로 **여론의 뭇매를 맞은** 가수 ○○○는 미국의 **은신처**에서

[39]をしながら事態が[40]待っている。

은거 생활을 하면서 사태가 **잠잠해지기를**(수습되기를) 기다리고 있다.

沖縄の住民たちが米軍[41]の[42]を要求するデモを繰り広げている。

오키나와 주민들이 미군 **주둔 기지 철수**를 요구하는 시위를 펼치고 있다.

あの[43   ]は[44][45]できる所ではないが

저 **주상복합 아파트**는 **개나 소나** 거주할 수 있는 곳이 아니지만

この度[46]条件で[47   ]され、[48]することにした。

이번에 **파격적인** 조건으로 **연봉 계약이 갱신**돼서 입주하기로 했다.

企業を[49]に譲って隠居したと聞いたけど、なぜ[50   ]が起こった？

기업을 **적자**한테 물려주고 [51]했다던데 왜 **소유권 분쟁**이 일어났지?

모범 답안

1. 성인이 돼서도 : 成人してからも

일본은 이렇게 '성인'을 동사로도 사용합니다.

2. 호화찬란 : 豪華絢爛 ^{ごうかけんらん}

일본에서는 '호화찬란'이라고 하지 않고 '호화현란'이라고 합니다.

3. 아파트 : マンション

앞에서 部屋를 설명하는 부분에서도 나왔지만 일본의 경우 10평도 안 되는 허름한 공동주택도 아파트라고 부릅니다. 그러니 한국어 '호화찬란한 아파트'를 그대로 「豪華絢爛なアパート」라고 번역하면 일본 사람들은 어리둥절하겠죠? 또한 반대로 이 일본어 「アパート」를 번역할 때는 경우에 따라서 셋방, 셋집, 공동주택, 원룸, 투룸 등으로 융통성 있게 번역해야겠죠.

4. 거주 : 在住 ^{ざいじゅう}

일본에서도 居住(きょじゅう)라는 말을 쓰지만 개인적으로 在住라고 하는 걸 훨씬 많이 보고 들은 것 같습니다.

5. 외제차를 끌고 다니면서 : 外車を転(ころ)がしながら

外車는 복습이죠? '끌고 다니다', '굴리고 다니다' 등의 표현은 위와 같이 표현하면 됩니다.

6. 부모 등골 빼먹는 : 親の脛(すね)をかじる

부모 등골을 빼먹는다는 표현을 일본에선 이와 같이 '정강이를 갉아먹다'라고 표현합니다.

7. 숙소 : 宿舎 ^{しゅくしゃ}

일본은 '숙소'라고 하지 않고 '숙사'라고 합니다. 참고로 일반적으로 사원 기숙사라는 뜻으로는 「社員寮(りょう)」라고 합니다.

8. 들어가면 : 入舎(にゅうしゃ)すると

뒤에 나오는 '입점'도 마찬가지지만 일본은 한자로 표기하기 때문에 이런 식으로 표현하는 예들이 많습니다. 예컨대 유치원이면 '입원(入園)', 대학원이면 '입원(入院)', 형무소면 '입소(入所)' 등등….

9. 부업 : 副業^{ふくぎょう}

아마도 정답을 內職^{ないしょく}라고 생각한 분들도 많을 겁니다. 뿐만 아니라 한국의 일본어 사전에서도 이 일본어 內職의 뜻풀이를 '부업'이라고 해 놨습니다. 심지어 예문에서는 內職으로서 '번역'을 한다고 해 놨습니다. 하지만 일본어 '내직'은 주부 등이 자택에서 주로 수작업으로 일을 하는 걸 의미합니다. 쉬운 예를 들자면 인형 눈 달기나 봉투 붙이기 같은 작업 같은 거 말이죠. 하지만 번역 일을 하는 걸 內職라고 하지는 않습니다. 또한 일본도 요즘은 內職라는 표현을 거의 쓰지 않게 됐고 「在宅ワーク」라고 하는 게 일반적입니다. 그런데 오늘날에는 內職이라는 말을 수업 시간이나 근무 시간 등에 딴짓을 하는 걸 뜻하는 말로 쓰는 경우가 많다고 합니다.

10. 가외 수입 : 副収入 · 臨時収入

가외 수입을 일본에선 위와 같이 표현합니다. 다만, 예컨대 주말에 이따금씩 들어오는 일을 해서 버는 수입의 경우는 臨時収入라고 할 수 있지만, 이걸 정기적, 고정적으로 하는 경우는 臨時収入가 아니라 副収入라고 합니다. 기본적으로 일본어 '임시수입'은 정규 수입 외의 '뜻밖의 수입'을 의미합니다. 예컨대 주식 투자로 생긴 수익이라든가, 정규 보너스 외에 들어오는 뜻밖의 보너스 같은 것들이죠. 그리고 한국의 '정규 수입'을 일본에선 「定収入」라고 하고, 줄여서 「定収」라고 부르기도 합니다.

11. 근검절약 : 質素倹約^{しっそけんやく}

일본은 이렇듯 '실소검약'이라고 한다는 건 아는 분도 많겠죠? 그런데 이걸 두 감수자님 공히 '검약' 부분을 빼고 그냥 質素라고 고쳐 놨더군요. 그래서 또 여기저기 물어봤더니 쓰긴 쓰는데 일반적으로는, 특히 구어에서는 그냥 質素라고 하는 게 더 자연스럽다는 말도 했습니다.

12. 들어가려다 : 入店しようとしたら

일본에선 '입점'이라는 말을 위와 같은 식으로도 사용합니다. 근데 우리는 이런 경우엔 입점이란 표현은 안 쓰죠.

> 日 한국에서 '입점'이라는 말은 건물, 빌딩, 쇼핑몰 등에 회사나 상점 등의 업체가 들어설 때만 입점이라고 하지 사람이 가게에 취직하거나 레스토랑 등에 음식을 먹기 위해 들어가는 건 '입점'이라고 하지 않습니다.

13. 문전박대 : 門前払い^{もんぜんばらい}

일본에는 '문전박대'라는 사자성어는 없고 위와 같이 표현합니다.

14. 일했던 : 働いていた

「働いた」라고 해도 되지만 이와 같이 말하는 게 더 일반적입니다. 일본인에게 질문했더니 「働いた」의 경우는 하루 만에 그만두는 경우를 떠올릴 수도 있는데 보통은 일정 기간 일하는 경우가 대부분이므로 위와 같이 표현하는 게 더 자연스러울 것 같다는 대답을 했으니 참고하시길.

15. 비정규직 직원 : 非正規社員

16. 정직원 : 正社員

일본은 '비정규직'이라고 하지 않고 그냥 '비정규'라고 하는 게 일반적입니다. 당연히 한국의 '정규직'도 '직'을 빼고 그냥 '정규'라고 하고요. 그리고 정직원이라고 하지 않고 정사원이라고 부릅니다. 일본에선 왜 이 경우에 '직원'이라 하지 않는지 여기서 설명을 드리고 넘어가죠. 일본에서는 학교와 관청 등의 공공기관, 공기업, 그리고 은행 등의 금융기관 근무자일 경우에 '직원'이라고 부르고, 일반 회사, 그러니까 사기업의 종업원은 '사원'이라고 부르기 때문입니다. 그런데 일본 공기업의 경우 민영화된 것이 대부분이지만 여전히 옛 흔적이 남아서인지 '직원'이라고 부르고 있다고 합니다. 그러니 이 사실을 몰랐던 분들은 앞으로 한국어 '직원'을 일본어로 번역할 때는 이 점을 유념해서 職員이라고 해야 할지 社員이라고 해야 할지 잘 구분해서 번역하도록 해야겠죠.

> 日   일본은 예컨대 채용 광고 같은 데서 종업원을 모집할 때, 레스토랑이나 일반 음식점, 심지어 편의점 등도 「正規社員募集」이라는 식으로 광고를 내지만 한국에선 식당이나 편의점 같은 경우는 '사원'이 아니라 '직원'이라고 하는 게 일반적입니다. 다만, 편의점 본사에서 근무하는 사람이나 치킨 가게 등의 대형 프랜차이즈 본사에서 근무하는 사람은 '사원'이라고도 부르죠. 그러니 일본어 '사원'과 '직원' 역시 한국어로 번역할 때는 이 점을 잘 구분해서 번역하도록 해야겠죠.

17. 들어갔다 : 入店した

일본은 이렇듯 '가게' 즉, 店라고 부르는 곳에 취직하는 것도 '입점'이라고 합니다.

18. 말년에는 : 晩年(ばんねん)は

일본의 「末年(まつねん)」이라는 단어는 '마지막 해'라는 뜻입니다. 예컨대 昭和라는 연호가 끝나는 마지막 해 등을 '말년'이라고 하는 거죠. 그리고 「晩年には」가 아니라 「晩年は」라고 하는 게 자연스럽다고 합니다.

19. 셋방 ： アパート

위의 '맨션' 부분에서도 언급했듯이 일본, 특히 도시에서는 많은 서민들이 이 「アパート」라고 불리는 셋집, 셋방 같은 곳에서 생활합니다.

20. 입주 ： 入居（にゅうきょ）

한국에서는 '입주'라는 표현이 일반적이지만 일본은 이렇듯 '입거'라고 하는 게 일반적입니다.

21. 은퇴 후의 평온한 ： 楽隠居（らくいんきょ）

앞서 나왔던 단어죠? 일본어 隠居는 직장이나 관직 등을 관두고 조용히 생활한다는 뜻을 갖고 있고, 한국처럼 '숨어서 산다'는 뜻은 없습니다. 또한 楽隠居라는 단어 자체로 '평온한 은퇴 생활'이라는 뜻이 들어 있습니다.

22. 천수를 누렸다 ： 天寿を全うした（てんじゅ まっと）

'천수를 누리다, 다하다'라는 표현을 일본에선 위와 같이 표현합니다. 이런 건 단어 단위로 외울 게 아니라 표현 자체를 외워 버리는 게 효율적입니다. 그리고 이 표현은 본인이나 본인 가족에게 써야지 남에게 이 표현을 쓰면 큰 실례가 될 수 있답니다.

23. 거주 환경 ： 住環境

일본에선 거주 환경을 그냥 '주환경'이라고 합니다. 그리고 일본은 '주환경'과 '거주 환경'을 구분해서 사용하는데 이건 전문적인 얘기니까 생략하기로 하죠.

24. 아파트 ： マンション

25. 조경도 잘 돼 있어서 : 造園にも手が行き届いていて

일본은 '조경'이라는 말은 쓰지 않고 이렇듯 '조원'이라고 합니다. 그런데 '잘 되어 있다'라는 한국어 표현을 무심코, 또는 너무도 당연하게 「良くできている」라고 번역하는 한국인들이 많죠. 저 역시 그랬었습니다. 하지만 이 표현 역시 무조건 이렇게 번역하면 일본인이 보기에는 부자연스러운 경우가 꽤 많다고 합니다. 어느 날 일본의 어학 사이트에다가 제가 한 작문이 자연스러운지를 묻기 위해 글을 올리면서 어색한 부분이 있으면 첨삭을 부탁한다고 했더니, 정작 제가 첨삭이 가해지리라 기대했던 부분이 아니라 바로 이 「良くできている」를 다른 표현으로 고쳐 준 것이었습니다. 처음엔 살짝 의아했지만, 거꾸로 「良くできている」를 '잘 돼 있다'라고 번역하면 어색한 경우가 꽤 있다는 걸 알고 있었기 때문에 어느 정도 수긍이 가더군요. 그래서 이에 관해 더 확실히 알아보기 위해 일본의 여러 사이트에서 여러 일본인들에게 다양한 예문을 지어서 이 문맥에서 「良くできている」를 쓰면 자연스러운지 어색한지를 질문했습니다. 이에 관해서도 다 이야기하자면 너무너무 길어지니까 아래 글을 꼭 읽어 보시기 바랍니다. 여기선 요점만 간단히 언급하고 넘어가겠습니다. 일본어 '조원'에 「良くできている」를 쓰면 어색하다는 사람이 훨씬 많았고 그 반대도 소수지만 있었습니다.

🔍 블로그 '잘 되어 있다'는 「良くできている」가 아니다?

26. 은퇴 후 생활 : 隠居生活

앞서 말했듯 일본어 隠居生活에는 '숨어 사는 생활'이라는 뉘앙스는 없습니다.

27. 만끽 : 堪能

「満喫」도 쓰지만 堪能라는 단어도 몰랐던 분은 기억해 두시길.

28. 수련 : 修行

한국에서 수행이라는 말은 무술이나 명상 등에 국한돼서 쓰이지만 일본어 修行은 쓰임새의 폭이 한국어 '수행'에 비해 훨씬 넓습니다. 심지어 식당 등에서 요리를 배우는 것도 修行이라고 할 정도죠. 요컨대 일본어 '수행'은 뭔가를 배운다, 갈고 닦는다는 포괄적인 뜻으로 쓰이는 말입니다.

29. 체류했었지만 : 滞在していたが

일본도 '체류'라는 말이 있지만 '체재'를 쓰는 것이 일반적입니다. 불법 체류도 일본에선 '불법체재'라고 하죠. 그 이유(?)에 대해선 35번에서 언급하기로 하죠.

30. 종합격투기 : 総合格闘技

일본은 綜이라는 한자를 안 씁니다.

31. 체재 : 在留 (ざいりゅう)

몰랐던 분은 이 在留(재류)라는 단어도 기억해 두시기를.

> 日　한국에서도 '재류'가 사전에 실려 있지만 거의 쓰이지 않는 단어입니다.

32. 기상 악화 : 天候悪化

일본도 '기상 악화'라고도 하지만 '천후악화'라고 하는 게 일반적입니다.

33. 폭풍권 : 暴風域 (ぼうふういき)

일본은 폭풍'권'이라고 하지 않고 이와 같이 폭풍'역'이라고 합니다.

34. 폭설 : 大雪 (おおゆき) · 豪雪 (ごうせつ)

35. 정체 : 滞留 (たいりゅう)(체류)

드디어 나왔네요. 일본어 '체류'는 이런 뜻으로도 쓰이기 때문에 헷갈리기 쉬우니까 滞在(체제)를 주로 쓰는 게 아닐까 개인적으로 추측합니다.

36. 병역 기피 : 兵役逃れ (へいえきのが)

일본은 '기피'라는 한자어를 쓰지 않고 위와 같이 표현합니다.

37. 여론의 뭇매를 맞은 : 世論のバッシングを浴びた (よろん·せろん)

제가 일본어를 배울 때만 해도 世論은「せろん」이라고 읽는다고 배웠습니다. 하지만 이 世論이란 한자어는 원래 輿論이었는데 이 輿가 상용한자에 들어가지 않기 때문에 世論이라고 쓰게 된 거죠. 그런 이유로 TV 뉴스나 신문 등에서도「よろん」이라고 읽기로 방침을 정했기 때문에 요즘은 일본에서도 '세론'이라고 읽는 사람보다 '요론'이라고 읽는 사람의 숫자가 점점 많아지고 있다고 합니다. 또한「バッシング」는 영어 bashing을 말합니다. 일상의 대화에서도, 신문과 방송 등의 뉴스 등에도 자주 등장하는 말이니 몰랐던 분은 외워 두시면 유용하게 쓸 수 있는 표현입니다. 비슷한 표현으로「袋叩きにされる」도 몰랐던 분은 외워 두세요. '멍석말이를 당하다'는 말이죠.

38. 은신처 : 隠れ家^{かくが} · 潜伏先^{せんぷくさき}

일본은 '은신처'라는 한자어 자체를 안 씁니다. 따라서 위와 같이 표현해 줘야 하는데, 전자는 아는 분도 많을 테지만 후자는 처음 접한 분들도 많으리라 보는데 이참에 외워 두시기 바랍니다.

39. 은거 생활 : 潜伏生活^{せんぷく}

거듭 말하지만 일본어 隠居라는 말에는 숨어서 지낸다는 뜻은 없습니다. 따라서 문맥상 한국어 '은거 생활'이 사고나 문제를 일으켜서 숨어서 지낸다는 의미로 쓰였을 경우 일본어로는 이처럼 潜伏生活 (잠복 생활) 등으로 번역해야 합니다. 바로 위에 '은신처'의 경우도 潜伏先라고도 하듯이 말이죠. 이 '은거 생활'과 비슷한 뜻으로 '은둔 생활'이 있죠. 일본에도 隠遁生活^{いんとん}라는 표현이 있지만 이 역시 부정적 뉘앙스는 없고, 스스로 원해서 속세를 떠나 조용하고 평온하게 지낸다는 긍정적인 의미로만 쓰입니다. 따라서 이걸 隠遁生活로도 번역하면 안 되겠죠.

40. 잠잠해지기를(수습되기를) : 収束^{しゅうそく}することを

사태, 소동, 소란 등이 '잠잠해지다'라는 뜻으로 쓰이는 「収束する」를 이 기회에 외워 두시기 바랍니다. 「事態が落ち着く」라고도 표현합니다. 또한 비슷한 뉘앙스를 지닌 단어로 「収拾^{しゅうしゅう}する(수습하다, 수습되다)」라는 단어가 있는데, 이 둘은 미묘한 쓰임새 차이가 있다고 합니다. 「収拾する」는 타동사적으로 쓰일 때가 많고 「収束する」는 자동사적으로 쓰일 때가 많다고 합니다. 즉, 「騒ぎを収拾する」라고 하고 「騒ぎが収束する」라는 식으로 말이죠. 참고로 '수습이 안 된다'는 「収拾がつかない」라고 하는 게 관용적 표현입니다.

41. 주둔 기지 : 駐留基地^{ちゅうりゅうきち}

일본에도 '주둔'이라는 한자어가 있지만 駐留라는 표현을 더 많이 쓰는 것 같습니다. 그런데 駐屯^{ちゅうとん}과 駐留의 사전적 뜻에는 차이가 있습니다. 사전을 보면 '주류'는 '일시적'으로 머무는 것이라고 나와 있습니다.

42. 철수 : 撤退^{てったい}

이 경우에도 일본은 '철수'가 아니라 '철퇴'라고 합니다. 일본어 '철수'와 '철퇴'의 쓰임새 차이나 뉘앙스 차이에 대해서도 여기 실었었는데 2권으로 밀려나고 말았습니다. 하지만 2권이 못 나올지도 모르니 간략하게 설명을 하고 넘어가자면, 일본어 '철퇴'는 退라는 한자어로도 짐작할 수 있듯이 어떤 압력에 굴하거나, 실패해서 '물러난다'는 뉘앙스가 포함돼 있습니다. 예컨대 야심 차게 해외 시장에 진출했는데 실패해서, 혹은 여의치 않아서 해당 사업을 철수할 때 일본은 撤収가 아니라 撤退라는 한자어를 씁니다. 이 경우(기업의 해외 진출)에 撤收라고 하면 사업 목적을 충분히 달성하고 더는 있을 필요가 없다는 판단, 혹은 다른 시장을 개척하기 위해 사업을 정리하고 돌아간다는 뉘앙스가 됩니다. 그리고 이 예문처럼 시민들의 시위(압력)에 굴복해서 '물러나는, 쫓겨나는' 뉘앙스일 때 撤退를 쓰는 거죠. 그리고 일본어 '철수'는 예컨대 공연이나 행사, 또는 로케 촬영 같은 걸 끝내고 기자재와 인력 등을 다 거두어서 (收) 떠난다, 돌아간다는 뉘앙스로도 씁니다.

43. 주상복합 아파트 : 複合用途型マンション

한국의 '주상복합 아파트'를 일본에선 이와 같이 '복합용도형 맨션'이라고 표현합니다. 하지만 일상생활에서는 이렇게 말하는 경우는 거의 없다네요. '주상복합'이라는 것에는 별 의미를 두지 않고 그냥 '맨션'이라고 표현하는 게 일반적이랍니다. 참고로, 옛날에 주상복합 '건물'을 「雑居ビル」라고 하는 걸로 배웠는데 우리가 말하는 주상복합 건물은 현대식에다가 꽤 규모도 되는 빌딩을 말하지만 일본의 경우는 한 3~4층짜리 허름한 옛날 건물이라도 住와 商이 공존하면 「雑居ビル」라고 부르기도 합니다. 그러니 그런 「雑居ビル」를 번역할 때는 주의를 기울일 필요가 있겠죠.

44. 개나 소나 : 猫も杓子も · 誰でも彼でも · 誰もが

원래는 「猫も杓子も」만 답안으로 제시했었는데, 첫 번째 감수자님이 이걸 「誰でも」라고 고쳐 놨더군요. 그래서 이 역시 재확인차 여러 일본인에게 물어봤더니 이 표현은 주로 '(거의)모든 사람이 (하나같이) ~한다'는 식으로 표현하는 게 일반적이고, 뒤에 부정의 표현이나 가능형 표현이 오면 어색하다고들 하더군요. 하지만 일부는 꼭 긍정문으로 써야 한다는 법은 없다는 의견도 있었고, 검색을 해 보면 부정문에 써 놓은 예도 꽤 되는데, 특히 일본보다 한국에서 더 히트를 쳤고, 저도 번역한 바 있는 영화 <조제, 호랑이, 그리고 물고기들>의 원작자인 타나베 세이코(田辺聖子) 씨가 부정문에서뿐 아니라 가능형으로 사용한 사례를 본 적도 있습니다.

45. 거주 : 在住

46. 파격적인 : 破格の

한국어 '파격적'이란 말에 대해선 뒤에 별도의 표제어로 나오는데 일본은 '파격적'이라는 표현을 한국만큼 빈번히 쓰지 않습니다. 그리고 的을 붙이지 않고 위와 같이 「破格の」라고 하는 게 일반적입니다.

47. 연봉 계약이 갱신 : 年俸契約が更改

프로 스포츠 선수들의 계약을 갱신하는 걸 일본에선 이와 같이 '갱개'라고 표현합니다. 일본의 更新과

更改의 차이를 말씀드리자면, 更新은 계약, 면허 등의 기한이 만료돼서 **기존 계약 내용은 그대로 두고** 새로 계약을 맺어서 기간을 연장하거나, 면허증 등을 새로 발급받는 것 등을 뜻하고, 更改는 계약이나 규약 등의 **내용을 새롭게 고치는 것**을 의미합니다. 따라서 일본은 면허증이나 기록 등의 경우에는 更改가 아니라 更新을 씁니다.

> 日 한국에선 更新의 읽는 법이 경신과 갱신 두 가지가 있고 그 쓰임새도 조금씩 다릅니다. 스포츠 경기나 시청률 등의 '기록을 깬다'는 뜻일 때는 '경신'이라고 하고, 법률 관계의 존속 기간이 끝났을 때 그 '기간을 연장'할 때는 '갱신'을 씁니다. 그러니 여권, 비자, 면허증을 새로 발급받는 건 '갱신'이라고 해야 하죠. 그런데 '계약'의 경우가 조금 애매하고 헷갈리는데 그냥 기간만 연장하는 거라면 '갱신'이 되겠는데, 계약 내용을 새롭게 고치는 거라면 어떨까요? 이 경우는 갱신과 경신 둘 다 가능합니다. 왜냐하면 둘 다 사전에 1번 뜻풀이로 '이미 있던 것을 고쳐 새롭게 함'이라고 설명하고 있기 때문이죠. 국립국어원에서도 그렇게 설명하고 있습니다.

🔍 블로그 **경신**(更新)**과 갱신**(更新)**の使い分け方**

48. 입주 : 入居 (にゅうきょ)

49. 적자 : 嫡男 (ちゃくなん)

일본의 국어사전에도 '정실이 낳은 자식'이라는 뜻의 嫡子라는 말이 실려 있는데 저는 개인적으로 '적남'이라고 하는 걸 더 많이 들은 것 같습니다. 일본도 옛날에는 가업을 물려받는 건 남자였으니 그런 게 아닐까 합니다. 말이 나온 김에 언급하고 넘어가자면 일본도 정실(正室)이란 표현을 쓰지만 「正妻(정처)(せいさい)」라고도 하니까 몰랐던 분은 이참에 기억해 두시기를.

50. 소유권 분쟁 : 所有権争い

이 '분쟁'이라는 한자어의 쓰임새도 미묘하게 다르다는 거죠. 일본은 이런 경우에 '분쟁'을 쓰면 어색하다고 합니다. 일본은 주로 국가 간, 지역 간의 (한국어)분쟁을 의미하는 말로서, 그리고 소규모의 전쟁을 뜻하는 말로서 쓰이기 때문에 한국에 비해 그 쓰임새가 좁은 편입니다.

51. 隠居 : 은퇴

일본어 '은거'는 이렇듯 가업이나 사업 등을 정리하고 일선에서 물러나서, 또는 초야에 묻혀서 조용히, 편안히 지낸다는 뜻입니다. 그러니 이 일본어 隠居를 그대로 '은거'라고 하면 정확한 뜻이 전달되지 않겠죠. 또한 일본의 시대극을 보면 사람을 지칭해서 「ご隠居・ご隠居さん」이라고 하는 걸 종종 듣는데, 사업, 가업 등을 자식에게 물려주고 일선에서 물러난 사람을 일컫는 호칭입니다.

일본인에게 '낭패'라고 말하다 낭패 본다?

[1]が進行中なのに[2]が日本を発ったって？こりゃ[3]。

사법 **처리**가 진행 중인데 **피의자**가 일본을 떴다고? 이거 참 낭패로군.

[4]の[5]の善処するって言葉を[6][7]。

관공서 **공무원**의 선처하겠다는 말을 **곧이곧대로 믿었다가** 낭패를 당했다.

いくら[8]相手をナメてたら[9]。

아무리 **체급** **차이가 있다손** 상대를 깔보다간 낭패 보는 수가 있어.

大学の[10]でこっそりおナラをしようとしたのにウンコが出て狼狽した。

대학 **강의실**에서 몰래 방귀를 끼려 한 건데 응가가 나와서 [11].

[12]を描いたAVを学校の[13]に隠しておいたが

패륜의 사랑을 그린 야동을 학교 **사물함**에 숨겨 뒀는데

[14]に見つかって狼狽した。

교감 선생한테 들켜서 [15].

[16]予め[17]食べなかったので

여름을 심하게 타는데 미리 **보양이 되는 걸** 먹지 않아서

今年の夏は[18]。

올 여름엔 낭패를 봤다.

아래 모범 답안의 설명을 확인했다면 아시겠지만 일본어 '낭패'와 한국어 '낭패'도 전혀 다른 뉘앙스로 쓰입니다. 일본어 '낭패'는 한국과는 달리 '엄청나게 당황하다'는 뜻으로만 쓰이는 데 반해 한국어 '낭패'는 딱 꼬집어서 뭐라고 할 수 없을 만큼 비교적 다양한 뉘앙스로, 바꿔 말해 복잡미묘한 뉘앙스로 쓰이는 말이죠. 그런데도 인터넷을 검색해 보면 한국어 낭패를 그대로 「狼狽」라고 번역해 놓은 사례가 한둘이 아닙니다. 그렇게 해 놓은 걸 일본인들이 보면 '이런 장면에서 무슨 뜻으로 낭패라는 말을 썼지?' 하며 의아해합니다. 실제로 인터넷을 검색하다가 한국인들은 '낭패'라는 말을 참 이상하게 쓴다는 요지의 글을 발견한 적도 있습니다. 그리고 한국어 '낭패'를 그대로 일본어로도 狼狽라고 번역하는 걸 지적하기 위해 이런 예문들을 짰지만 일상생활 속의 대화에서는 「うろたえた」나 「慌てふためいた」라고 하는 게 더 일반적이고 자연스럽습니다. 참고로 「うろたえる」는 어려운 한자라서 그런지 이렇듯 히라가나로 표기하는 경우가 많은데 이걸 한자로 쓰면 바로 「狼狽える」입니다. 즉, '낭패'죠.

> 日 　한국에선 '낭패'를 예제에서와 같이 주로 명사적으로 씁니다. 사실 저도 사전을 찾아보고서야 '낭패하다'라는 동사가 있다는 걸 처음 알았습니다. 하지만 오늘날의 한국인에게 "어제는 참 낭패했어요"라는 식으로 말하면 살짝 의아스럽게 생각하는 사람이 많을 겁니다.

모범 답안

1. 사법 처리 ： 法的措置

먼저 '사법 처리'라는 말은 정식 법률 용어는 아닙니다. 정식 법률 용어는 '행정 처분'에 대비되는 개념으로서 '사법 처분'이라는 말이 있습니다만, 이건 법원이 판결을 내리는 걸 의미합니다. 반면 이 '사법 처리'라는 말은 TV 뉴스나 신문 기사 등에서 널리, 그리고 빈번히 쓰이는 용어죠. 단순하게는 처벌해야 한다는 포괄적인 개념으로, 좀 더 구체적으로는 법적 절차에 따른 형사 조치 및 사법 기관의 심판을 받아야 한다는 뜻으로 말이죠. 하지만 일본인에게 司法処理라고 하면 '응?' 이럽니다. 일본의 경우도 司法処分이라는 용어는 있지만 일본 역시 법원의 판결에 의한 처분이라는 뜻에 국한돼 있기 때문에 '사법 처리'를 「司法処分」이라고 하는 것도 오역입니다. 따라서 한국어 '사법 처리'는 '법적 조치' 정도로 풀어서 번역할 수밖에 없습니다. 다만 위에서도 언급했듯이 '사법 처리'라는 말은 어떤 범죄 사실이나 혐의에 대해서 법적인 조치를 통해 법원의 '사법 처분'까지 가는 일련의 과정을 포괄하는 의미로도 쓰이기 때문에 한국어 '사법 처리'가 구체적으로 어떤 뉘앙스로 쓰였냐에 따라서는 「司法処分」이라고 번역해도 오역이 아닐 경우가 있겠습니다.

2. 피의자 : 容疑者(ようぎしゃ)・被疑者(ひぎしゃ)

한국에선 범죄가 의심되기는 한데 확실한 혐의가 드러나지 않은 상태에선 용의자라고 부르고, 혐의가 확실히 증명돼서 입건이 돼야 피의자라고 부릅니다. 반면 일본은 한국으로 치면 '피의자'라고 부를 장면에서도 여전히 '용의자'라고 부릅니다. 드라마나 영화 등은 물론 TV 뉴스나 신문을 봐도 마찬가지고요. 또한 우리 같으면 '용의자'라고 불러야 할 장면에서 '피의자'라고 부르기도 하고요. 예를 들면 제가 번역한 <포르투나의 눈동자> 주인공이 아동 성추행범 같다는 신고를 받고 주인공 집으로 경찰이 찾아오자, 주인공은 전차 사고를 막아야 했기에 달아납니다. 즉, 의심 신고만 받았을 뿐 아직 제대로 된 조사도 안 한 상황이고 혐의가 명백히 드러난 것도 아닌데 「被疑者確保! (직역 : 피의자*'확보'해)」라고 합니다. 단순히 수상쩍다고 조사해 달라는 신고를 받은 것만으로는 우리나라에선 피의자라고 부르지 않거든요. 즉, 쉽게 설명하자면 일본의 '피의자'는 정식 법률 용어이고 '용의자'는 일반적으로 부르는 용어인데 이 둘을 혼용한다는 거죠.

*이 '확보'의 쓰임새 차이는 뒤에서 다시 다루겠습니다.

╀ 여기서 깨알 지식 하나 더,

모든 증거가 모아져서 검찰이 기소를 하면, 다시 말해 재판에 넘기면 그때부터는 '피고인'이라고 부릅니다. 그리고 형사소송에서는 '검찰 측'과 '피고인'으로 구분하는 반면 민사소송, 행정소송 등에서는 '원고', '피고'라고 부릅니다. 그러니 몰랐던 분들은 앞으로 번역을 할 때 이 둘을 잘 구분해서 번역하도록 해야겠죠.

3. 낭패로군 : 困ったもんだな

> 日 꼭 이게 아니더라도 비슷한 뉘앙스의 표현이라면 뭐든 가능합니다.

4. 관공서 : 官公庁(かんこうちょう)

일본에도 官公署라는 말이 있는데 官公庁이라고 하는 게 일반적인 것 같습니다.
둘의 뜻을 사전에서 찾아보면

「官公署」

国と地方公共団体の諸機関の総称
국가와 지방공공단체 제기관의 총칭

반면 「官公庁」은

国と地方公共団体の役所
국가와 지방공공단체의 관청

일본의 관공서는 경찰서, 소방서 등을 포함한 포괄적인 개념이고, 관공청은 시청이나 구청을 비롯한 관청을 의미하는 단어라고 보면 되겠죠. 개인적으로는 일본의 경우 官公庁이라고 하는 건 종종 들었지만 官公署는 들은 기억이 별로 없습니다.

5. 공무원 ： 役人<ruby>やくにん</ruby>

일본에서도 公務員이라는 한자어를 쓰는데 公務員은 예컨대 국회의원이나 장관 같은 특별직까지 포함하는 포괄적 개념이자 가치중립적 뉘앙스를 지닌 단어인 데 반해 役人은 시청과 구청 등의 관청에서 근무하는 사람을 이르는 말로서 구어적으로 쓰이고, 때로는 경멸의 뉘앙스를 품고 쓰기도 한답니다.

6. 곧이곧대로 믿었다가 ： 鵜呑みにしていたら

몰랐던 분은 이 기회에 외워 두면 유용하게 쓰일 겁니다. 가마우지가 물고기를 통째로 꿀꺽 삼켜 버리는 모양에서 유래한 표현이죠.

7. 낭패를 당했다 ： 痛い目にあった

8. 체급 차이가 있다손 ： 階級の差があるからって

9. 낭패 보는 수가 있어 ： 不覚をとるかもよ

「不覚をとる」라는 표현이 곧 '낭패를 보다'라는 뜻은 아닙니다. 「不覚」는 보다 복잡미묘한 뉘앙스를 지닌 말이니 번역할 땐 상황에 맞게 적절히 의역할 필요가 있습니다.

10. 강의실 ： 教室

일본에선 대학의 강의실도 '교실'이라고 부른다는 점.

日	한국에선 대학 강의실을 교실이라고 하지는 않습니다.

11. 狼狽した(ろうばい) : 무지하게 당황했다

12. 패륜의 사랑 : 背徳の恋(はいとく)

한국의 '패륜의 사랑'을 일본에선 위와 같이 '배덕의 사랑'이라고 표현합니다. 그리고 일본은 悖(패)라는 한자어를 쓰지 않기 때문에 '덕'이 아니라 '륜'이라고 하는 경우도 '패륜'이 아니라 '배륜(背倫)'이라는 한자어를 씁니다.

13. 사물함 : ロッカー

학교 등의 개인 사물함을 일본에선 '록커'라고 합니다.

14. 교감 선생 : 教頭先生

15. 狼狽した : 엄청 당황했다

16. 여름을 심하게 타는데 : 夏バテがひどいのに

'여름을 타다'라는 말은 일본어로 직역할 수 없는 표현이죠. 우리가 '여름을 탄다'고 표현할 장면에서 일본은 이렇듯 「夏バテする」라고 표현합니다. 여기서 「バテ」는 '녹초가 되다, 파김치가 되다'라는 뜻인 「ばてる」에서 온 거죠.

17. 보양이 되는 걸 : 滋養のつくものを(じょう)

우리가 '보양'이라고 하는 장면에서 일본은 '자양'이라고 하는 경우가 많습니다. 그리고 「滋養になる」라고도 하는데 동사 「つく」를 쓰기도 한다는 점.

> 日 한국에서 '자양'이라는 한자어의 쓰임새는 매우 국한돼 있습니다. 몸에 좋은 음식이나 영양제 같은 걸 '자양 강장 식품', 혹은 '자양 강장제'라고 하는 정도이고, 특히 일상생활 속 대화에서 '자양'이라는 한자어를 쓸 일은 거의 없다고 보면 됩니다.

18. 낭패를 봤다 : 酷い目に遭った

야심, 야망, 야욕이라는 말을 일본인에게 무심코 썼다간?

大統領は統一という[1]を胸に[*]抱き、北朝鮮との[2]のために

대통령은 통일이라는 **야망**을 가슴에 품고 북한과의 **정상회담**을 위해

[3]に身を乗せた。

전세기에 몸을 실었다.

ヨーロッパとの経済交流の拡大を通じた[4]という[5]を抱いてヨーロッパ

유럽과의 경제 교류 확대를 통한 **경제 회생**이라는 **야심 찬 소망**을 품고 유럽

[6]大統領は、まず初めにドイツのアンゲラ・メルケル首相を[7]した。

순방길에 오른 대통령은 가장 먼저 독일의 앙겔라 메르켈 수상을 **예방**했다.

密かに大権を握るという[8]に燃えていた彼は、認知度を高める[9]で

은밀히 대권을 쥐려는 **삿된 야심**에 불탄 그는, 인지도를 높이려는 **심산**으로

ＴＶで頻繁に[10]になるため、[11]に[12]が

TV에 빈번히 **노출되는 대변인**이 되기 위해 **당 대표**에게 **뇌물을 먹인 것**이

[13]、[14]で電撃逮捕される[15]。

화근이 되어 뇌물 증여 혐의로 전격 체포되는 **신세가 됐다**.

월리엄 클라크의 명언 'Boys, be ambitious'는 한국에선 '소년들이여, [16]을 품어라'라고

하지만 일본에선 「少年よ、[17]を抱け」 라고 번역되고 있다.

世界征服という[18]に燃え、夜襲を敢行した○○○の絨毯爆撃により

세계 정복이라는 **야욕**에 불타서 야습을 감행한 ○○○의 융단폭격에 의해

○○の首都○○○は[19   ][20   ]。

○○의 수도 ○○○는 **하룻밤 사이에** **초토화됐다**.

해설

약간 감이 잡히시나요? 긴가민가하세요? 보셨듯이 야망, 야심도 일본과는 미묘하게 다른 뉘앙스로 쓰이는 한자어입니다. 이건 사전을 들여다보는 게 이해가 빠르겠네요.

한국의 표준국어대사전

야망
무엇을 크게 이루어 보겠다는 희망

야심
무엇을 이루어 보겠다고 마음속에 품고 있는 욕망이나 소망

일본의 사전

野望 야망
分不相応な望み。また、身の程を知らない大それた野心。
분에 맞지 않은 바람. 또는 분수를 모르는 가당찮은 야심

野心 야심
1. **ひそかに抱く、大きな望み。また、身分不相応のよくない望み。野望**
   몰래 품은 커다란 바람. 또는 분에 맞지 않는 좋지 않은 바람. 야망

2. **新しいことに取り組もうとする気持ち。「野心作」**
   새로운 것에 도전하려는 마음. '야심작'

사전의 뜻풀이가 한국과는 미묘하게 다르다는 걸 느끼겠죠? 요컨대 한국어 '야망'은 '희망'이라는 뜻풀이를 보더라도 긍정적인 뜻으로 쓰이는 데 반해 일본어 野望은 부정적인 뜻이 강하죠. 그리고 한국어 '야심'은 긍정적으로도, 부정적으로도 쓰일 수 있는데 일본어 野心도 긍정적인 뜻도 있고 부정적인 뜻도 있네요. 그러니 모범 답안으로 제시한 것이 꼭 정답이란 뜻은 아닙니다. 굳이 야심과 야망 중에서 양국 언어로 번역하려 한다면, 한국어 '야망'은 일본어 野心

으로 번역하는 게 더 가깝고, 한국어 '야심'이 긍정적인 뜻일 때는 일본어 **野心**으로 번역할 수도 있고, 부정적 뉘앙스가 들어 있을 땐 **野望**으로 번역하는 게 바람직할 거 같다는 말입니다. 그 반대의 경우도 그에 맞춰서 번역해야 하겠고요. 그리고 일본에는 **野慾**(야욕)이라는 한자어는 없으니 한국어 '야욕'을 번역할 때는 그 뉘앙스에 걸맞은 적당한 단어를 찾아서 번역해야겠죠. 참고로 야욕의 뜻은 '자기 잇속만 채우려는 더러운 욕심'과 '야수와 같은 야비한 성적 욕망'이라는 두 가지 뜻이 있습니다. 이상의 설명이 납득이 되셨는지 모르겠습니다. 살짝 애매하긴 하죠? 하지만 분명한 건 일본어 '야망'을 번역할 때는 특히 조심해야 한다는 사실입니다. 위의 사실을 모른 채 일본인에게 좋은 의미로 "당신은 야망이 있군요"라고 말하면 기분 나빠할 수 있겠죠? 반면, 한국에선 야망이란 말에 부정적 뉘앙스는 없죠. 개인적인 예를 소개하자면, 자칭 '아무것에도 미치지 못하는 병'을 타고나서 무슨 일에든 시큰둥하고 의욕을 보이지 않는 저에게 돌아가신 어머니가 간혹 하신 말씀이 생각이 나네요. "사내자식이 야망이 있어야지"라신 그 말씀이.

모범 답안

1. 야망 : 大望 (たいもう)

통일이라는 '가당찮고 분수에 안 맞는 꿈'을 품고 정상회담을 하러 가진 않겠죠? 참고로 **大望**은 「たいぼう」라고도 읽습니다.

> *** 抱き**
>
> 괄호의 위치를 맞춰 줄 필요가 있어서 이걸 집어넣었지만 일본의 경우 「抱き」는 빼고 그냥 「~を胸に」라고 표현하는 게 더 일반적입니다. 근데 원본 파일에선 한글과 일본어 글자 크기가 같아서 위치가 맞춰졌는데, 편집 디자인 과정에서 바뀌는 바람에 소용이 없게 됐네요. 아무튼 일본은 이처럼 표현하는 게 더 일반적이라는 점 기억해 두세요.

2. 정상회담 : 首脳会談

일본에선 '정상회담'이라는 말은 쓰지 않습니다.

> **日** 한국에서도 '수뇌회담'이라고 번역된 것들이 눈에 띄지만 이건 어디까지나 한자어를 그대로 음역한 것이고, 한국에선 정상회담이 두루 쓰이는 표현입니다.

3. 전세기 ： チャーター機

'전세'를 일본어로 옮기면「貸し切り」죠. 전세 버스는「貸し切りバス」라고 하는데 전세기는「チ
ャーター機」라고 하네요. 일본어 초, 중급분들 중에 전세라는 뜻인「貸し切り」가 혹시 잘 안 외워지
거나 헷갈리는 분에게 팁을 드리자면, 관광 같은 거 갈 때 우리나라에서도 버스 등을 '대절해서' 간다는
식으로 말하죠? 이「貸し切り」의 한자 부분을 음독한 게 바로 '대절'입니다.

4. 경제 회생 ： 経済再生

'회생(回生)'이란 단어도 한국과 일본이 쓰임새가 미묘하게 다릅니다. 일본의 경우 回生은 실제로 목숨
등이 다시 살아나는 것이라는 뜻으로 주로 쓰입니다.

5. 야심 찬 소망 ： 壮大な願望

한국의 '야심 차다'라는 말에는 부정적 뉘앙스는 없고, 긍정적인 뉘앙스로 아주 흔히 쓰는 표현이죠. 반
면, 일본의 경우 野心이라는 한자어는 기본적으로 부정적 뉘앙스가 있기 때문에 이 한자어를 단독으로
써서「野心に溢れる」,「野心に満ちた」라는 식으로 번역하면 한국어 '야심 찬'이라는 말의 뜻이 제
대로 전달되지 않을 뿐더러 일본인들은 어색하게 느낍니다. 그렇기 때문에 이 '야심'이라는 한자어에
내포된 부정적 이미지를 상쇄(?)시키는 방법으로 野心的이라고 '적'을 붙여서 쓰는 사례는 간혹 듣거
나 발견하곤 하는데, 이 역시도 이 문맥에서 쓰면 부자연스럽다고 합니다. 따라서 제 능력으로는 위와
같이 의역하는 방법밖에 떠오르지가 않는군요. 그리고 소망(所望)이라는 한자어 역시 한국과 일본에서
의 쓰임새와 뉘앙스가 사뭇 다릅니다. 간략히 말하면, 일본에서는「所望」라는 한자의 쓰임새 자체가
많지 않을 뿐더러 쓰이는 상황도 한정돼 있습니다. 그리고 가장 중요한 건 그 뜻도, 한국의 경우는 비교
적 추상적인 데 반해 일본은 '구체적인 물건, 상품, 제품을 원한다'는 뉘앙스로만 쓰입니다. 예를 들면
백화점 등에서 "원하신(찾으신) 상품이 준비됐습니다"라고 할 때「ご所望の商品が用意できました」
라는 식으로, "어떤 상품을 찾으시는지요?"라고 물을 때「どのような商品をご所望ですか？」라는
식으로, 또한 "이 중에서 고른다면 저는 홍차를 원해요"라고 할 때도「この中で選ぶなら私は紅茶
を所望します」라는 식으로 '구체적인' 대상을 원할 때나 쓴다는 거죠. 그러니 이 경우의 한국어 '소망'
역시 위와 같은 식으로 의역해 줘야 하겠죠.

6. 순방길에 오른 ： 歴訪の旅に出た

한국어 '순방'을 일본에선 歴訪(역방)이라고 합니다. 그리고 '길'에 오른다는 표현을 좀 더 원문에 가깝
게 번역하려면「歴訪の途についた」라고 표현할 수도 있습니다. 이「~の途についた」의 대표적인

표현으로는 '귀국길에 오르다'가 있는데, 이건 「帰国の途につく」라고 표현하면 됩니다. 참고로 '순방길', '귀국길' 모두 독립된 단어로 등재된 거니 붙여 씁니다. 그리고 일본어 旅를 그냥 '여행'이라고만 생각하는 사람들이 많은데, 일본어 旅는 단순한 여행뿐 아니라 보다 포괄적인 뜻으로 쓰이는 말입니다. 「旅に出る」는 여행을 떠난다는 뜻보다는 어딘가 (먼)길을 떠난다는 뜻으로 번역해야 자연스러운 경우가 많습니다. 이 旅라는 표현에 대해서 뒤에서 또 다루게 될 텐데, 아무튼 번역할 때 유의해야 할 표현 중 하나입니다. 실제로 제가 번역한(제가 한 건 자막 번역입니다. 개봉 당시에는 더빙 번역은 없었고, 나중에 DVD 발매될 때 더빙 번역이 추가됐습니다) <늑대아이>라는 애니메이션의 주제가 가사에 「いつかあなたが『旅立つときは』」라는 표현이 나옵니다. 이건 아들이 여행을 떠난다는 뜻이 아니라 늑대의 길을 선택한 아들이 엄마인 자신의 품을 떠날 때라는 뜻인 것이죠. 참고로 저는 이걸 '둥지를 떠날 그날엔'이라고 번역했습니다.

7. 예방 : 表敬訪問
<small>ひょうけいほうもん</small>

한국어 '예방(禮訪)'도 일본선 '표경 방문'이라고 표현합니다. 경의를 표하는 방문이라는 뜻이죠. 이 일본어 表敬訪問을 뭐라고 옮길지 몰라서 그대로 '표경 방문'이라고 번역해 놓은 기사를 자주 보는데 表敬訪問을 영어로 찾아보면 Courtesy call(visit)이라고 나옵니다. 우리의 '예방'도 영어로 찾아보면 똑같죠.

8. 삿된 야심 : 邪な野望
<small>よこしま</small>

한국어 '삿된'에 걸맞은 표현이라고 생각하는데 몰랐던 분은 외워 두시길.

9. 심산 : 魂胆
<small>こんたん</small>

일본에도 心算이라는 한자어가 사전에 있지만 거의 쓰이지 않습니다. 「しんさん」이라고 쓰고 한자 변환을 하려 해도 목록에 없을 정도입니다. 또한 한국에서 '심산'이라는 한자어는 부정적 뉘앙스로 쓰일 때가 있지만 일본은 그와 반대로 긍정적 의미로 주로 쓰입니다.

10. 노출되는 대변인 : 露出する報道官
<small>ほうどうかん</small>

정치계 등에서 쓰이는 '대변인'이라는 말을 일본선 '보도관'이라고 합니다. 그리고 「スポクスマン(spokesman)」이라는 용어를 쓰기도 합니다. 또한 여기서도 '되는'을 「する」라고 하죠.

11. 당 대표 ： 党首

> 日　한국에선 '당수'라는 표현은 아주 옛날에나 썼던 표현으로, 요즘은 이렇듯 '당 대표'라고 하는 게 일반적입니다.

12. 뇌물을 먹인 것 ： 袖の下を使ったの

뇌물을 이처럼 袖の下(소매 아래)라고도 한다는 걸 몰랐던 분들은 이참에 외워 두세요. 한국도 그렇지만 옛날 옷의 소매는 아주 깊었죠. 거기다 뇌물을 찔러 넣어주는 것에서 유래했단 설과, 소매 부분의 넓은 부위로 금품을 가리고 건네 준 것에서 유래했다는 설이 있습니다. 그리고 여기서 '먹이다'를 「食わせる・食べさせる」라고 하면 코패니즈가 되죠. 다른 동사로는 「渡す」도 씁니다.

13. 화근이 되어 ： 災いし

일본은 「災い」를 이렇게 동사로도 사용합니다.

14. 뇌물 증여 혐의 ： 贈賄容疑

앞서 '용의자'와 '피의자'라는 것도 살펴봤듯이 이 경우에도 일본과 한국이 쓰임새가 살짝 다릅니다. 일본 역시 '혐의(嫌疑)'라는 말을 쓰긴 하는데 일반적으로는 '용의'라고 표현합니다. 우리나라에서 무슨 '혐의를 받고 있다'고 할 때도 일본은 「嫌疑」를 쓰지 않고 「疑い」라고 하는 게 일반적인 것 같습니다. 애초에 일본은 嫌疑란 말을 일상생활 속에서는 그리 자주 쓰지 않습니다.

15. 신세가 됐다 ： 羽目になった

[신세=羽目]라는 뜻이 아닙니다. 어떤 신세, 처지가 됐다는 한국어 표현을 「羽目になった」라고 번역할 수 있다는 거죠. 이 「羽目になる」는 부정적인 의미로 쓰이는 표현입니다.

16. 야망

> 日　윌리엄 클라크의 이 명언을 이렇듯 한국은 '야망'이라고 한다는 점에서도 일본어 野望과 한국어 '야망'의 쓰임새와 뉘앙스 차이를 아시겠죠?

17. 大志

위에서도 언급했지만 한국어 야망은 문맥에 따라 이렇듯 「大志」나 「大望」 등으로 번역하면 되겠죠.

참고로, 우리는 이와 유사한 뜻으로 '웅지'라는 말도 쓰지만 일본의 경우 雄志(ゆうし)(웅지)라는 말이 사전에 있긴 한데, 사람 이름으로 많이 쓰이기 때문에 착각하기 쉬운 탓인지 일상생활에서는 거의 안 쓰는 모양이니 참고하시길.

18. 야욕 : 邪(よこしま)な野望

한국어 '야욕'은 이렇게 앞에 '삿된'이라는 뜻의 「邪な」 같은 말을 덧붙여서 의역하는 것도 한 방법이 겠죠.

19. 하룻밤 사이에 : 一夜(いちや)にして

이걸 「一晩の間に」라고 생각한 분들이 많을 텐데, 이 예문과 같은 문어적 표현에는 어울리지 않는, 다소 유치한 감이 드는 표현입니다.

20. 초토화됐다 : 焦土(しょうど)と化(か)した

일본도 焦土化라는 단어를 쓰고 있는데, 이와 같이 '초토로 화하다'라는 식으로 표현하는 게 일반적입니다. 그리고 일본은 이 초토화라는 표현을 농담조로 가볍게 쓰지 않을 뿐더러 뉴스나 다큐 같은 데서나 쓰는 표현이지 일상생활 속에서 쓰는 일은 거의 없답니다. 근데 검색을 해 보면 어떤 연예인이 빼어난 용모로 촬영 현장을 초토화시켰다는 식으로 비유적으로 표현한 걸 그대로 焦土化라고 번역해 놓은 게 수도 없이 많은데, 일본 사람이 그 글을 보면 어안이 벙벙할 겁니다. 이렇듯 양국에 똑같이 있는 한자어라도 그 나라에서는 어떤 뉘앙스로, 어떤 쓰임새로, 어떤 상황에서, 어떤 빈도로 쓰이는지를 알고 번역해야 하는 거죠. 여담인데, 한 일본인이 인터넷에서 이 '초토화'라는 한자어를 이렇게 가벼운 뉘앙스로 쓰고 있는 걸 지적하며, 한국은 한자어를 지나치게 과장되게 쓰는 것 같다는 소감(?)을 적어 놓은 걸 봤는데, 이건 어느 나라가 더 심하다, 덜하다의 문제는 아닌 것 같습니다. 앞서 나왔던 발발(勃發: 勃発)이라는 한자어는 오히려 일본에서 다소 과장되게 쓰고 있는 예라 할 수 있을 테니까요. 또한 '일목요연'이라는 사자성어도 한국에서의 쓰임새는 그리 크지 않은데 일본의 경우는 한국에 비해 가벼운 뉘앙스로 쓰죠.

> 日 일본은 '일목요연'이라는 사자성어를 자주 쓰죠. 예컨대 어떤 토크 프로에서 일본 프로야구의 마츠이 선수가 찍은 단체사진을 보면서 다른 친구들에 비해서 키가 훨씬 커서 딱 봐도 알아보겠다는 뜻으로 「一目瞭然」이라고 한다거나, 두 요리 중에 어떤 게 더 맛있어 보이냐는 질문에 「言うまでもなく一目瞭然じゃないですか」라고 한다거나, 또 한국에서도 히트를 친 드라마 〈리갈하이〉에서 양육권을 둘러싼 소송이 벌어졌는데, 두 여자의 지난 행적을 비교하면서 어느 쪽이 엄마로서 더 적합한지 「一目瞭然」이라는 식으로 말하지만 한국에선 이런 때 '일목요연'이라고 하면 어색합니다.

일본인에게 '동병상련'이라고 하면 기분 나빠한다?

한국의 일본어 사전을 찾아보면 동병상련의 뜻으로 그냥 「同病相憐れむ」라고 나옵니다. 그리고 예문을 봐도 달랑 아래와 같은 예문밖에 없습니다. '서로 가엾게 여기다'라고 친절하게 뜻풀이도 해 놨네요.

同病相哀れむ
동병상련하다, 서로 가엾게 여기다.

참고로 위 사전에서 「哀れむ」라고 표기해 놨는데 이 경우에는 「憐れむ」라고 표기하는 게 더 일반적입니다. 아무튼, 한국과 일본에 공히 이 '동병상련'에 해당하는 표현이 있지만 이 표현에 대해서 두 나라 사람들이 실제로 느끼는 뉘앙스는 사뭇 다르다는 걸 아는 분은 아마도 거의 없을 거라고 생각하는데 아닌가요? 일본어 고수 중의 고수 중에서도 아마도 모르는 사람이 많을 겁니다. 왜냐하면 일본에선 「同病相憐れむ」라는 표현을 쓸 일이나 상황이 매우 한정돼 있고, 일상의 대화에서 쓰는 일은 거의 없기 때문에 실제로 들어 본 적도 써 본 적도 별로 없는 사람이 많을 테니까 말이죠. 들어 본 적이 있다고 하더라도 한국어 동병상련과는 뉘앙스가 다르다는 걸 모르고 그냥 그대로 옮겨 버린 경우도 추측건대 적지 않을 겁니다. 일본어 영상번역 일을 하면서 밥 벌어먹고 있고, 또 코패니즈 한자어를 주제로 책을 쓰고 있는 저조차도 몇 년 전에야 알게 됐을 정도니까요.

제가 한국과 일본의 '동병상련'이란 말의 뉘앙스가 사뭇 다르다는 걸 알게 된 에피소드를 말씀드리자면, 일본 블로그 활동을 하면서 알게 된 한일 번역 관련 일을 하는 일본인 이웃님이 있는데, 그분이 자신의 블로그에 마감은 시시각각 다가오는데 컴퓨터가 말썽을 부리는 바람에 일을 못 해서 애를 태웠다는 글을 올렸더군요. 그걸 고치기 위해 채팅 지원 서비스를 통해 시키는 대로 설정도 바꾸고 프로그램도 지웠다가 다시 깔고 하는 작업을 반복하면서 몇 시간을 허비했지만 결국 못 고치고, 그래서 또 다른 곳에 전화해서 알아보고 하는 등 우여곡절 끝에 겨우 고쳤다고 넋두리하는 글이었죠. 그래서 저도 비슷한 경우로 애태운 적이 있다고, '동병상련'을 느낀다며 위로하는 의미의 댓글을 썼더니 "동병상련… 그렇죠." 이러면서 "그런데 그 표현은 듣기에 따라선 비꼬는 걸로 들릴 수도 있는데…"라면서 말끝을 흐리더군요. 그래서 깜짝 놀라서 그런 뜻이 아니라고, 일본에선 그렇게 부정적 뉘앙스가 있는지 몰랐다면서 미안하다고 했죠. 그러니까 그분 역시 자기도 '동병상련'이란 사자성어가 한국에선 그렇게 가벼운 뉘앙스로, 또한 상대방을 위로하거나 격려하는 뜻으로 쓰인다는 걸 덕분에 처음 알았다면서, 나쁜 의도로 한 말이 아닌 걸

충분히 이해한다고 말해 주더군요. 그렇게 해서 저도 그분도 또 하나 새로운 사실을 알게 된 거였습니다. 뭐, 약간의 오해가 있었지만 그 덕분에 이 책에 쓸 거리가 하나 더 생겼으니 결국은 전화위복, 그러니까 「災い転じて福となす」라고나 할까요?

다만, 아무래도 의외다 싶어서 인터넷 검색을 통해 이 '동병상련'이라는 표현의 쓰임새에 대해 조사해 봤더니, 사전의 뜻풀이에서도 우리와 거의 비슷한 뉘앙스로 설명하고 있었습니다.

아래와 같이 말이죠. goo 사전의 뜻풀이인데 다른 사전도 다 어슷비슷합니다.

同じ病気、同じ悩みや苦しみをもつ人は互いにいたわりあい、同情しあう。
같은 병, 같은 고민과 괴로움을 지닌 사람은 서로를 위로하고 동정한다.

뿐만 아니라 이 표현의 뜻과 쓰임새를 설명해 놓은 사이트 등의 경우도 우리와 비슷한 맥락이나 뉘앙스로 쓰고 있는 예문들이 나와 있더군요. 그래서 '흠… 이상하네' 싶었죠. 더구나 계속 검색을 통해 조사하는 과정에서 발견한 글 중에, 이 말을 들은 것에 대해서 대단히 불쾌한 감정을 느꼈다고 적어 놓은 것도 발견했습니다. 그 사람 또한 이 '동병상련'이라는 말에 대해서 저의 그 블로그 이웃님과 비슷한 느낌을 가지고 있다는 말이겠죠. 과연 그 이유가 뭘까요? 그래서 저도 그 이유를 꼭 알아봐야 되겠다 싶어서 여기저기 물어도 보고, 검색도 해 보고 해서 나름대로 결론… 아니, 정리를 해 봤습니다.

첫 번째 이유는, 일본어 「同病相憐れむ」는 일상생활 속에서 쓰이는 일이 거의 없기 때문에 이 말의 정확한 뜻을 아는 사람도 그만큼 적다는 데 있습니다. '전전긍긍'의 예에서도 언급한 바 있듯이 어떤 단어나 표현의 뜻을 알기 위해 사전 일일이 찾아보는 '일반인'은 거의 없죠. 따라서 이 표현 역시 이 말이 주는 어감만으로 대충 그 뜻을 '잘못' 상상하거나 '잘못' 짐작해 버린 케이스에 해당한다는 것이죠.

두 번째 이유는, 일본에는 이와 비슷한 표현으로서 「傷を舐めあう」라는 게 있습니다. 그러니까 서로의 상처를 핥아 준다는 말인데, 이 경우는 완전히 부정적 뉘앙스로, 그 사람들을 비꼬거나 조롱하는 뉘앙스로만 쓰이는 말입니다. 상황의 근본적인 해결책이나 타개책을 찾으려하지는 않고 체념해 버린 채 서로 상처만 핥아 주면서 청승만 떨고 자빠졌다는 뉘앙스인 것이죠. 그런데 위에서 말했듯 사전을 찾아보지 않고 그저 느낌만으로 짐작하다 보니 '동병'이라는 말에서 '상처'라는 말이 연상되고, '위로하고 연민한다'는 말에서 '핥아 준다'는 말이 연상되기 때문에 이 「同病相憐れむ」라는 말의 어감도 그렇게 부정적으로 굳어져 버려서 널리 널리, 두루두루 퍼지게 된 거란 말이죠.

정리를 하자면, 일본의 「同病相憐れむ」라는 표현도 원래는 한국과 똑같은 뜻으로 쓰였고, 그렇게 써야 맞는 것이라는 말이죠. 하지만 위에서 설명한 것과 같은 이유로 이 말에 부정적인 이미지가 덧씌워졌고, 그 부정적인 이미지가 널리 퍼짐으로 인해서 일본의 많은 '일반인'들의 경우 이 말을 들으면 불쾌함과 모욕감을 느낀다는 것이죠. 그리고 이와는 약간 다른 뜻이지만 어떤 억울한 일을 당해도 맞서지 못하고 체념해 버린다는 뜻으로 「泣き寝入りする」라는 표현도 이참에 기억해 두시기 바랍니다. 울면서 잠들어 버린다는 말, 바꿔 말해 울면서 체념한다는 뜻으로 쓰이는 표현이죠. 영화나 드라마 등에서도 자주 접할 수 있는 표현입니다. 이 책을 읽는 분들 중에는 이미 이 표현을 아는 사람도 많겠죠? 하지만 이 표현에도 주의해야 할 게 있습니다. 반드시 남한테 억울한 일을 당했을 때, 부당한 처사를 당했을 때 쓸 수 있는 말이라는 사실입니다. 그러니까 잘못이나 책임이 자기한테 있을 때 쓰면 부자연스러운 일본어가 된다는 말입니다. 예들 들어,

僕にも非はあるから泣き寝入りするしかない
나한테도 잘못은 있으니까 체념하는 수밖에 없어

위와 같이 말하면 어색한 일본어가 된다는 말이죠. 일본어 쉽지 않죠? 아무튼, 이 글을 읽기 전까지 일본인에게 「同病相憐れむ」라고 하면 상당히 불쾌감을 줄 수 있다는 걸 몰랐던 분은 앞으로 주의하는 게 좋겠죠?

反則しないで 正々堂々と 勝負しようって言ったのに人の話を[1   ]?

반칙하지 말고 [2   ] 승부를 내자고 했는데 사람 말을 **귓등으로 들어**?

好きなら男らしく正々堂々と告白しろよ。そして[3]な恋をしてみろ。

좋아하면 남자답게 [4   ] 고백해. 그래서 **지고지순**한 사랑을 해 봐.

〈고쿠센〉

正々堂々と相手⑼゠좋아하는 여자애)に向かっていけない奴が半端な思いで人を好きになるんじゃねぇ！

[5   ] 상대에게 다가가지도 못하는 놈이 어정쩡한 마음으로 사람을 좋아하지 마 !

〈엽기인 걸 스나코〉

正々堂々と恭平くんたちに愛を伝えるのよ。

[6   ] 쿄헤이랑 남자들에게 사랑을 전하는 거야.

皆が[7]でお前の仕業だって。ほんとにお前が[8]

다들 **이구동성**으로 네 짓이라더라. 정말로 네가 **안 했다면**

自分の口で正々堂々と[9]をしてみろ。

자기 입으로 [10   ] **해명**을 해 봐.

その間の恥辱は[11   ]正々堂々と[12   ]

그간의 치욕은 **필설로 다하기 힘들지만** [13   ] **설욕을 해내고**

父の[14]戻っていった。

아버지 **곁으로** 돌아갔다.

先輩の[　15　]、もう[　16　]正々堂々と嫌がらせできるな。

선배 **허락도 받았겠다**, 이제 **끽소리도 안 나오게끔**[　17　]괴롭혀도 되겠네.

해설

유명한 일본의 예능 프로그램 〈아리요시 반성회〉에 출연한 여자 연예인이 자신의 블로그에 항상 똑같은 도시락 반찬이면서 위치만 바꾼 사진을 올린 걸 반성하러 나왔다고 말합니다. 그러면서 「ママタレ」라는 캐릭터를 만들기 위해서 그랬다고 하니까, 그 프로 고정 출연진인 개그맨이 '원래 마마타레라는 호칭은 인기가 생기면 자연히 팬들이 붙여 주는 거지, 자기 입으로 「正々堂々と」 마마타레를 자처하느냐'며 어이없어하는 장면이 나옵니다. 이걸 한국어 '정정당당'이라고 그대로 옮겨 버리면 당연히 이상하죠? 참고로 「ママタレ」는 「ママタレント(엄마 탤런트)」의 준말로서 아이를 기르는 일도 충실히 하면서 연예 활동도 활발히 하는 여자 연예인을 칭찬하는 애칭입니다. 하지만 한국인도 한국어를 틀리게 쓰는 경우가 있듯이 그 개그맨도 일본어를 틀리게 쓴 게 아닌가 싶은 분이 계시나요? 그런 분들을 위해, 그리고 그 외의 분들의 이해를 조금 더 확실히 돕기 위해 '사자성어 데이터뱅크'라는 사이트에 나와 있는 예문을 소개합니다.

使い方／例文： しかし、出産の直後という立派な理由があるのだから、正々堂々と寝ていてもいいはずだった。
〔武田泰淳『森と湖のまつり』〕

출산 직후라는 어엿한 이유가 있으니 '정정당당하게' 누워 있어도 됐을 터였다.

이상하죠? 이렇듯 한국어 정정당당과 일본어 **正々堂々**은 똑같은 말인 것 같아도 그 뉘앙스와 쓰임새가 아주 미묘하게 다릅니다. 하지만 프로 번역가조차도(저도 포함) 이 **正々堂々**의 뜻이 한국어 정정당당과 미묘하게 다르다는 걸 모르고 그대로 '정정당당'으로 번역한 사례를 많이 봤습니다. 저도 처음엔 당연히 같은 말이겠거니 했지만, 어느 날 문득 '어? 이상한데?' 싶더군요. 아무래도 이 장면에서 '정정당당'은 아닌 것 같은데 싶어서 실제로 쓰인 사례와 그 쓰임새를 열심히 조사해 본 결과, 두 단어 사이에는 이렇게 미묘하게 다른 뉘앙스가 있다는 걸 알게 된 거죠. 그러니 지금껏 두 단어의 뉘앙스가 다르다는 걸 몰랐던 분들은 앞으로 일본어 **正々堂々**을 번역할 때는 세심한 주의를 기울일 필요가 있습니다.

모범 답안

1. 귓등으로 들어 : 上の空で聞く

うわ

아주 유용한 표현이니 이것도 입에 딱 붙어 버리도록 수십 번 읽고 쓰고 해서 생각만 해도 입에서 술술 나오도록 머리에 꽝 새겨 넣어 버리세요.

2. 正々堂々と : 정정당당하게

せいせいどうどう

앞에 '반칙하지 말고'가 있으니 이 경우는 '정정당당하게'로 번역해도 되겠죠.

3. 지고지순 : 至純至高

しじゅんしこう

한국어 '지고지순'을 일본은 '지순지고'라고 합니다. 근데 일상생활 속의 대화에서는 쓰일 일이 거의 없고 소설 같은 데나 나올 법할 것 같다고 하네요. 그러니 일상의 대화(구어체)에서는 「極めて純粋」, 또는 이와 비슷한 뉘앙스의 표현을 하면 될 것 같습니다.

4. 正々堂々と : 당당하게

좋아하는 여자가 있으면 '정정당당하게' 고백해? 이상하죠? 그러니 이때는 '당당하게'나 '떳떳하게'라고 번역해야 자연스러울 것 같습니다.

5. 正々堂々と : 정정당당하게

이젠 전설의 일드가 돼 버린 <고쿠센> 극중에서 상대방 여자애를 좋아하는 마음이 있으면서도 떳떳하게 고백하지 못하고 괜히 따라다니면서 괴롭힙니다. 그러니 이 경우는 그대로 '정정당당하게'라고 번역해도 괜찮을 것 같은데 여러분 생각이 궁금하네요.

6. 正々堂々と : 떳떳하게

드라마 <엽기인 걸 스나코>의 남자 주인공들을 스토킹하는 여자들이 꼼수나 비겁한 수를 쓰지 말고 떳떳하게 사랑을 전하자고 하는 장면입니다.

7. 이구동성 : 異口同音

いくどうおん

중급 이상 되면 다들 아는 사자성어인가요?

8. 안 했다면 ： やってないなら

여기서도 또 나오네요. 맞히셨기를 바랍니다.

9. 해명 ： 釈明(석명)
<ruby>釈明<rt>しゃくめい</rt></ruby>

일본어 「解明」은 한국과 쓰임새가 다릅니다. 또한 일본어 '변명'도 한국과 뜻이 다릅니다. 이에 관해서 바로 이 다음에 별도의 표제어로 자세히 다루겠습니다.

10. 正々堂々と ： 당당하게

11. 필설로 다하기 힘들지만 ： 筆舌に尽くしがたいが
<ruby>尽<rt>ひつぜつ</rt></ruby>

이 경우 「尽くす」를 씁니다. 아울러 조사가 「に」라는 점도 유의.

12. 설욕을 해내고 ： 雪辱を果たして
<ruby>雪辱<rt>せつじょく</rt></ruby>

「雪辱を晴らす」라고 하는 일본인들도 많은 모양인데 엄밀히 말하면 이건 오용이라고 합니다. 왜냐하면 雪辱의 雪은 「雪(そそ)ぐ」, 「雪(すす)ぐ」라고 하죠. 즉, '설욕'이라는 한자어 속에 이미 치욕, 굴욕 등을 '씻어 낸다'는 뜻이 포함돼 있다는 겁니다. 그래도 이해가 안 되는 분을 위해 조금 더 쉽게 설명드리죠. '설욕'은 이뤄 내는 것(果たす)이지 (어떤 감정의 응어리를) 해소하는 것(晴らす)이 아니란 말이죠. 다시 말해, '설욕'이라는 말 자체가 '치욕을 씻어 냄'이란 뜻인데 이미 씻어 낸 걸 또 晴らす, 해소한다는 뜻이 되니까 중복 표현이라는 말인 거죠.

13. 正々堂々と ： 당당하게

> 日 이 경우에 '떳떳하게'를 쓰면 뉘앙스가 약간 달라집니다. 한국어 '당당하게'와 '떳떳하게'에도 미묘한 뉘앙스의 차이가 있다는 말이죠. 예컨대 지은 죄나, 잘못, 거리낄 것, 구릴 것이 없는 경우 "난 잘못한 거 없어. 떳떳해"라고 말하는 건 자연스럽지만 이 경우에 '난 당당해'라고 하면 흠… 개인적으로는 살짝 어색하달까 뉘앙스가 달라진다고 생각합니다. 반면 힘차고 자신감 넘치는 걸음걸이를 당당한 걸음걸이라고는 하지만 떳떳한 걸음걸이라고 하면 좀 어색합니다. 감이 안 잡히시나요? 그래서 잠시 '떳떳'과 '당당'이 함께 들어간 문장을 생각해 봤습니다. 바로 아래의 예문인데 두 단어의 뉘앙스 차이가 느껴지신다면 다행이겠습니다.
>
> 정말로 지은 죄 없이 떳떳하다면 그렇게 도망 다니지 말고 경찰서에 출두해서 당당하게 진실을 밝혀 봐.

14. 곁으로 ： 元に

초급자들은 이 '곁으로'를 「傍に」라고 하기 쉬운데, 이렇게 하면 실제 물리적 공간으로서의 '곁, 옆'을 의미하죠. 그러니 이 경우는 위와 같이 「元に」를 씁니다.

15. 허락도 받았겠다 ： 許可も得たことだし

우리는 '허가'라고 하면 상대적으로 좀 더 공적인 느낌이 들지만 일본은 우리와 반대입니다. 일본어 '허락'은 '허가'에 비해서 좀 더 무거운 느낌으로 쓰인다고 합니다. 예를 들어 저작권 관련 법률이나 계약서 같은 딱딱한 문서 속에서나 접할 말이지 일상생활 속에서 쓰이는 일은 거의 없다는 것이죠. 따라서 부모나 선생님, 선배 등, 사람에게 (한국어)허락을 받는 경우에는 일본어 '허가'를 쓰는 게 자연스럽습니다. 그리고 이 '~겠다' 표현의 경우는 위와 같이 번역해 주면 되겠죠.

16. 끽소리도 안 나오게끔 ： ぐうの音も出ないように

몰랐던 분은 이참에 외워 두시길. 참고로 '끽소리'는 독립된 단어로 사전에 올라와 있으니 붙여서 씁니다. 혹시 모르는 사람을 위해 언급해 두자면 이 「ぐう」는 숨이 턱 막힐 때 나는 의성어입니다. 컥, 헉, 윽 같은….

17. 正々堂々と ： 대놓고, 거리낌 없이

이 경우는 '정정당당'도 이상하고 '당당하게'나 '떳떳하게'도 좀 이상하죠? 일본어 '정정당당'은 이렇듯 '대놓고, 거리낌 없이'라는 뉘앙스로도 쓰입니다. 해설에서 예를 든 개그맨의 경우도 '대놓고'라고 번역할 수 있겠죠.

변명, 해명, 석명, 변해 등은 어떻게 다를까

大統領の息子の[1]の証拠が[2]されたという報告を電話で受けたかについて

대통령 아들 **특혜 입사** 증거가 **조작**됐다는 사실을 전화로 보고받았는지에 관해

「携帯電話を秘書が持っていた」と[3]したが、それは[4]にすぎない。

'휴대폰을 비서가 갖고 있었다'고 해명했지만 그건 변명에 불과하다.

そんな[5]なんか聞くために[6]アメリカにまで来たんじゃねえ。

그 따위 변명 따위나 듣자고 **머나먼** 미국까지 온 줄 아냐?

[7]？[8]でもいいから[9]。

묵비권 행사하려고? 변명이라도 좋으니 **무슨 말이든 해**.

お前が[10]自分の口で[11][12][13]してみろ。

네가 **안 했다면** 자기 입으로 **당당하게 이치에 맞게끔** 해명을 해 봐.

〈신문 기사 발췌〉
「KARA 9年ぶりの[14]」、過去の[15]について[16]。

'KARA, 9년 만의 **해체**', 과거 **불화설**에 대해 해명.

日本語の「弁明」は、自分の立場や理由、訳、[17]などを

일본어 '변명'은 자신의 입장이나 이유, 까닭, **자초지종** 등을

[18]と説明することを意味する。

논리정연하게 설명하는 것을 의미한다.

これは[19]の原理を解明してロボット産業に活用するために

이건 **직립보행**의 원리를 [20] 로봇 산업에 활용하기 위해

開発された[21]です。

개발된 **프로그램**입니다.

自分で勝手に[22]コンビを[23]したくせに、今更[24   ]もないはずだが?

자기가 멋대로 **개그맨** 콤비를 **해체**한 주제에 새삼 **변명**의 여지도 없을 텐데?

변명, 석명, 변해, 해명도 한국과 일본에서 쓰임새와 말뜻이 다르게 쓰이는 한자어들입니다. 한국에서는 변명과 해명은 빈번히 쓰고 접하는 한자어지만 석명과 변해는 잘 쓰이지 않죠. 아마도 나이 어린 사람들 중에는 들어본 적이 없다는 사람도 있을 겁니다. 그만큼 쓰임새의 빈도가 낮은 한자어지만 일본의 경우는 우리와 반대로 일본어 '석명'은 우리로 치면 '해명'이라는 뉘앙스로, 일본어 '해명'은 사건의 진상이나 원인, 또는 진리, 이론 등을 드러내서 밝힌다는 뉘앙스로 쓰입니다. 굳이 '명' 자 돌림(?)으로 말하자면 한국어로는 규명(糾明) 또는 구명(究明)에 가깝죠. 또 일본어 '변명'은 일본어 '석명'과 똑같지는 않지만 비슷한 뜻으로 쓰이는데, 우리로 치면 이 역시 '해명'이라는 뉘앙스죠. 그리고 일본어 '변해'는 우리로 치면 '변명'의 뜻으로 사용되는 한자어입니다. 헷갈리시죠? 정리하자면,

弁解 변명	**弁明** 해명
釈明 해명	**解明** 규명, 구명

이렇게 됩니다. 근데 여기서 주의할 것은 일본어 '석명'과 '변명'은 둘 다 한국어 '해명'의 뜻과 비슷한 한자어지만 둘이 완벽히 일치하는 개념이 아니라는 겁니다. 둘의 차이를 따져 보기 위해선 먼저 일본어 '변명'이 쓰인 사례를 살펴보면 이해에 도움이 될 겁니다. 일본의 유명 토크 프로 중 하나인 〈아메토크〉에서 어떤 개그맨이 폼 잡는 말을 막 하니까 주변의 분위기가 싸해집니다. 그러자 그걸 눈치챈 해당 개그맨이 「弁明させてもらって良いですか?」(弁明을 해도 될까요?)라고 말을 합니다. 살짝 감이 잡히나요? 이해를 돕기 위해 또 하나 예를 들어 보자면, 역시 일본의 유명한 오락 프로인 〈메차이케〉에서 한창 뜨고 있는 어떤 개그맨이 이제 돈으로 살 수 없는 건 없어졌다고 하자 또 분위기가 싸늘해집니다. 그러자 진행자가 「早く弁明しないとイメージダウンするよ」(빨리 弁明하지 않으면 이미지 다운돼)라고 말합니다. 언뜻 보면 그대로 한국어 '변명'으로 번역해도 될 것 같지만 아니죠. 왜냐하면 한국어 '변명'은 핑계에 가까운 뉘앙스니까요. '얼른 핑계를 대지 않으면' 이미지가 다운되는 게 아니라 '핑계를 대면' 오히려 이미지가 더 나빠지죠. 따라서 여기서 쓰인 일본어 '변명'은 한국어 '변명'과 다르다는 겁니다. 한국어 '해명'이라는 뜻에 가깝게 쓰인 것이라는 거죠. 그러니까 일본어 **弁明**은 오해를 풀거나, 또는 미연에 오해를 방지하기 위해서 스스로 나서서 자신의 입장이나 행동의 이유를 설명(한국어 해명)하는 것이라는 거죠. 그에 비해 일본어 **釈明**은 발생한 사고나 잘못, 사건 등에 대해서 경위를 밝히고 자신의 입장을 설명하는 뉘앙스라는 차이가 있습니다. 예컨대 어떤 사고가 일어났는데 공무원의 직무유기라는 비판 여론이 일자 해당 공무원이 기자회견을 했다는 기사를 전하는 멘트에서 "~(:책임자)가 이번 사고와 관련해 기자회견을 열고 ~라고 **釈明**을 했습니다"라는 식으로 말하는 걸 종종 듣곤 하죠. 다시 말해 어떤 사고나 잘

못에 대한 비난, 비판 여론에 대해 사고 방지를 위해 이런저런 대비를 했지만 미흡했던 부분이 있었던 것 같다. 앞으로 이런 사고의 재발 방지를 위해 이러저러한 노력을 하겠다는 식으로 말하는 게 일본어 釈明이란 거죠. 여러분의 이해를 돕기 위해 goo 유의어 사전의 설명을 덧붙입니다.

1. 「弁解」は、失敗に対して、それにはやむをえぬ理由があるというような意で、自己を正当化するために説明すること。「言い訳」もほぼ同義だが、「弁解」より、話し言葉的。
   '변해'는 실패(실수)한 데는 부득이한 이유가 있다는 뜻으로 자신을 정당화하기 위해 설명하는 것. '핑계'도 거의 같은 뜻이지만 '변해'보다 구어적.

2. 「弁明」は、自らの立場を明らかにするための説明をすることで、相手の、自分への誤解を解くことに重きがある。
   '변명'은 자신의 입장을 밝히기 위해 설명하는 것으로, 자신에 대한 상대방의 오해를 푸는 것에 무게가 있다.

3. 「釈明」は、相手の誤解や非難に対して、自らの立場の正当性を明らかにするための客観的説明をすることで、相手に了解を求めるために行うもの。
   '석명'은 상대방의 오해나 비난에 대해서 자기 입장의 정당성을 밝히기 위해 객관적으로 설명하는 것으로, 상대방의 이해를 구하기 위해 하는 것.

日 한국의 경우 '석명'과 '변해'는 거의 쓰이지 않는다고 했는데, '석명'의 경우는 재판이나 국회 대정부 질문 같은 데서 '석명할 기회를 주다'라는 식으로 가끔씩은 들을 수 있는 말이지만, '변해'는 개인적으로 아주 옛날에 책 같은 데서 몇 번 본 기억이 있을 뿐, 특히나 오늘날에는 거의 쓰이지 않는다고 보시면 될 겁니다.

모범 답안

1. 특혜 입사 : コネ入社

コネ는 「コネクション(connection)」을 줄인 말, 한마디로 연줄이란 말이죠. 더 포괄적인 표현으로는 「不正採用」란 표현을 씁니다.

2. 조작 : 捏造(ねつぞう)

증거 조작(造作) 사건의 경우 없는 사실을 꾸며낸 거니까 捏造(날조)라고 해야겠죠. 일본은 '증거'의 경우에 「操作(そうさ)」를 쓰지 않습니다. 그런데도 한국 언론들의 일본어판 기사를 보면 이걸 온통 操作이라고 해 놨습니다. 그리고 없는 증거를 만들어 낸 게 아니라 증거의 일부를 조작하는 경우에는 「改竄(개찬)」^{かいざん}이라고 합니다. 참고로 '정보'나 '여론' 등의 경우에는 **操作**라는 단어를 쓴다네요. 참 어렵죠? 왜냐하면, 일본어 **操作**의 뜻을 사전에서 찾아보면 1번 뜻풀이는 한국과 다를 바 없이 기계 등을 다루거나 조종한다는 뜻이지만 2번 뜻이 하나 더 있습니다.

自分の都合のよいように手を加えること
자기한테 유리하게끔 손을 대는(가하는) 것

그러니까 일본어 **操作**은 기존에 존재하고 있는 것(정보, 여론의 내용)을 자기한테 유리하게 매만지거나 해서 사실을 왜곡시키는 것이라는 뉘앙스로도 쓰인다는 거죠.

+ 여기서 또 깨알 지식,

증거를 조작한다고 할 때의 조작은 한국에선 造作이라는 한자를 씁니다. 操作이란 한자어는 한국에선 기계나 컴퓨터 등을 다룬다는 뜻으로 쓰이는 단어이고, 造作은 어떤 일(없는 일)을 사실인 듯이 만들어낸다는 의미입니다. 그런데 일본어 「造作」은 「ぞうさ」라고 읽고 '수고로움, 번거로움'이라는 전혀 다른 의미로 쓰이죠. 주로 「造作もないこと」라는 형태로 손쉬운 일, 일도 아닌 것이라는 뜻으로 말이죠. 그런데 이걸 「ぞうさく」라고 읽기도 하는데 이때는 또 전혀 다른 뜻이 됩니다. 집의 인테리어나 시설물을 만들거나 설치하는 것을 뜻하는 전문 용어입니다. 다만, 일본인들한테 물어본 결과 그렇게 읽는 법이 있다는 걸 처음 알았다는 반응들이 있을 정도로 쓰임새가 적은 한자어라는 점.

3. 해명 : 釈明^{しゃくめい}

釈明과 **弁明**은 거의 흡사한 의미로 쓰이는데, 해설에서도 언급했지만 굳이 뉘앙스의 차이를 따지자면 **弁明**는 어떤 사실을 논리정연하게 설명해서 상대방의 오해를 풀고 이해를 구하려는 것. **釈明**은 예컨대 어떤 사건이나 사고가 터져서 이슈화됐을 때, 비난이나 비판을 받을 때 왜 그런 사건이 터졌고, 어떤 조치를 취했고, 앞으로는 어떻게 하겠으니 이해해 달라는 식으로 (한국어)해명하는 것입니다.

4. 변명 : 弁解^{べんかい}

한국의 변명, 핑계라는 뉘앙스를 지닌 단어는 바로 **弁解**입니다. 자신의 잘못이나 실수를 정당화하기 위해 하는 게 바로 일본어 '변해'인 겁니다.

5. 변명 : 言い訳

> 日 한국의 '변명'은 이렇듯 핑계라는 뉘앙스에 가깝게도 쓰입니다.

6. 머나먼 : はるばる

몰랐던 분은 이참에 이 표현도 외워 두시길. 다만 「はるばる」는 부사지만 이런 문맥에서는 '머나먼'이라고 번역해도 무방하겠죠.

7. 묵비권 행사하려고? : 黙秘する気?

한국에도 '묵비하다'라는 동사가 사전에 있지만 법률적인 용어로만 쓰일 뿐 일상생활에서 쓰이는 일은 없죠. 아마 동사로도 쓰인다는 걸 지금 처음 안 사람도 있을 겁니다. 반면 일본에서는 흔히 동사로서 사용합니다.

> 日 기본적으로 '묵비권 행사'라는 말은 법률적인 용어지만 한국에선 일상생활에서도 비유적으로, 비꼬는 의미로 종종 쓰는 표현이니 기억해 두시길.

8. 변명 : 弁解

9. 무슨 말이든 해 : 何とか言え

우리가 '무슨 말이든 해(봐)', '뭐라고 말 좀 해'라고 할 장면에서 일본은 이렇게 표현합니다.

10. 안 했다면 : やってないなら

이런 식으로 자꾸 접하다 보면 새겨지겠죠?

11. 당당하게 : 正々堂々と

이것도 앞에 나왔죠. 물론 그냥 「堂々と」라고만 해도 되지만 반복 학습 효과로 아예 머리에 꽝 각인이 되도록 하기 위해….

12. 이치에 맞게끔 : 筋道を立てて

이 「筋道を立てて」도 번역자를 괴롭히는 표현 중 하나죠. 이치에 맞게끔, 조리를 세워서, 조리 있게 등 상황과 문맥에 맞게끔 융통성 있게 번역해야 하는 표현 중 하나입니다.

13. 해명 : 弁明

> 日 한국의 '변명'도 일본의 弁明과 약간 비슷한 뜻이 있긴 합니다. 사전을 찾아보면 2번 뜻풀이로 '옳고 그름을 가려 사리를 밝힘'이라고 돼 있습니다. 하지만 오늘날의 한국 사람들 중에

변명을 2번의 뜻으로 쓰는 사람은 아마 거의 없을 겁니다. 특히나 일상생활 속에서 2번 뜻으로 사용하는 사람은 더더욱 없을 거고요. 그 흔적으로서 남아 있는 정도라면 유명한 책 이름인 〈소크라테스의 변명〉 정도랄까요? 제가 어렸을 때 이 책 제목을 처음 듣고는 '소크라테스가 무슨 잘못을 했길래 책까지 써서 변명을 하지?'라고 생각했을 정도입니다. 참고로 책 저자는 소크라테스가 아니라 플라톤인데 그냥 책 제목만 듣고 그렇게 생각했다는 말입니다.

14. 해체 : 解散

이미 아는 분도 많겠지만 일본에선 아이돌 그룹 등이 해체하는 걸 해산이라고 합니다. '해체'라는 한자어에 대해 일본인들이 느끼는 뉘앙스 역시 한국과는 사뭇 다른 점이 있다는 뜻이죠. 이에 대해서도 할 말이 많은데 다음 기회를 기약하도록 하겠습니다.

15. 불화설 : 不仲説 (ふなかせつ)

일본도 「不和」라는 한자어를 쓰지만 「不和説」이라고 하진 않습니다.

16. 해명 : 釈明 (しゃくめい)

17. 자초지종 : 一部始終 (いちぶしじゅう)

18. 논리정연 : 理路整然 (りろせいぜん)

일본에선 論理整然(논리정연)이라는 한자어는 쓰지 않습니다. 理路(리로)와 理論(리론)이 발음이 비슷한 탓인지 '논리'와 글자가 뒤바뀐 理論을 써서 理論整然이라고 하는 일본인들이 있는 모양인데 이건 오용입니다.

19. 직립보행 : 二足歩行 (にそく)

일본도 '직립보행'이라는 말을 쓰긴 쓰지만 '이족보행'이라고 하는 게 더 일반적입니다. 특히 로봇의 경우에는 '이족보행'이라고 하는 경우가 많다고 합니다. 그리고 인류의 진화 단계를 설명할 때 나오는 학술 용어인 '직립 보행'의 경우도 '직립'만 단독으로 쓰기보다는 「直立二足歩行」이라고 하는 게 일반적이라고 합니다.

20. 解明して : 밝혀서, 구명(규명)해서

서두에서 말했듯 일본어 解明은 이렇듯 어떤 원리나 법칙, 진리 등을 밝혀내는 것이라는 뜻으로 쓰이는 한자어입니다. 반면 한국어 '해명'은 까닭이나 내용을 풀어서 밝힌다는 뜻으로 쓰이는 말입니다. 또한 사전에 제시된 예문을 봐도 일본어 **解明**의 뜻으로 제시된 건 하나도 없습니다. 근데 그걸 모르고 그 대로 '해명'이라고 직역(?)해서 꽤 널리 퍼져 버린 케이스죠. 국립국어원에 문의해 본 결과 이런 경우에 는 '해명'을 쓰기보다는 다른 표현을 쓰는 게 낫겠다는 답변을 들었습니다.

21. 프로그램 : ソフトウェア

일본도 컴퓨터 프로그램의 경우 「プログラム」라는 표현을 하긴 하지만 서적 같은 데서나 볼 수 있는 말이고 일상생활 속에서는 위와 같이 말하는 게 일반적입니다. 줄여서 「ソフト」라고 합니다. 한 일본 인의 의견을 소개하자면, 윈도우즈나 ms-word 같은, 대기업에서 만든 대규모 프로그램이 아니라, 개 인이 사적으로 만든 프로그램일 경우에 「プログラム」라고 하는 것 같다는 말을 했으니 참고하시기 바랍니다.

> **日** 한국은 일본과 반대로 '소프트웨어'보다는 '프로그램'이라고 하는 게 일반적입니다. '소프트 웨어'는 '하드웨어'와 대비시켜서 말할 때 주로 씁니다. 또한 일본처럼 줄여서 '소프트'라는 식 으로 말하지는 않으니까 번역할 때 주의할 필요가 있습니다.

22. 개그맨 : 芸人 (げいにん)

개그맨을 일본에선 이렇듯 '예인'이라는 한자어를 써서 표현합니다.

23. 해체 : 解消 (かいしょう)

80년대에 대히트를 쳤던 영화 <쉘위댄스>에서 남자 댄서가 여주인공에게 일방적으로 콤비를 해체할 것을 선언하죠. 그리고 나중에 만나서 남자가 여주인공에게 왜 파트너를 '解消(해소)'당했는지 아느냐 고 묻는 장면이 나옵니다. 이렇듯 짝, 파트너, 콤비 등을 해체하는 걸 일본은 「解消」라고도 표현합니 다. 하지만 우린 그러지 않죠.

> **日** 그러므로 이 경우의 일본어 「解消」를 한국어로 번역할 때 그대로 '해소'라고 하면 한국 사람 들은 무슨 말을 하는 건지 의아하게 생각할 겁니다.

24. 변명의 여지 : 弁解の余地

우리도 흔히 쓰는 표현인 '변명의 여지'라는 말을 일본은 '변해의 여지'라고 합니다. 이렇듯 일본어 '변 해'는 자신의 실수나 잘못을 정당화하기 위해 (한국어)변명하는 걸 의미합니다. 이제 일본어 '변해'의 쓰 임새가 머리에 새겨졌겠죠?

아무도(?) 몰랐을 철두철미와 徹頭徹尾의 차이

[1] 与党の政策に[2] 反対ばかりしてきた野党に対し、与党の[3]の
시종일관 여당의 정책에 **철저히** 반대만 해 온 야당에 대해 여당의 **수장 격인**

○○○議員は[4]で[5][6]は止めろと一喝した。
○○○ 의원은 **구시대적**이며 **덧없는** 정치 공세는 멈추라고 일갈했다.

今回の国情院の世論[7]事件に対して国民は検察に[8]
이번 국정원 여론 **조작** 사건에 대해 국민은 검찰에 **철두철미한**

[9]を求めている。
진상 규명을 요구하고 있다.

彼の徹頭徹尾の姿勢は、時には人々の反感を買い、[10]
그의 [11] 자세는 때때로 사람들의 반감을 사서 **선의로 한 것이**

[12]ある。
역효과를 낼 때가 있다.

圧倒的な世論の支持を受けている政策に[13]反対ばかりしてきた野党は、
압도적인 여론의 지지를 받는 정책을 **철두철미하게** 반대만 해 온 야당은

結局国民の[14]結果を招き、[15]で惨敗した。
결국 국민의 **역린을 건드리는** 결과를 초래해서 **보궐선거**에서 참패했다.

○○党は徹頭徹尾、△△党との[16]を主張してきており、
○○당은 [17] △△당과의 **연대**를 주장해 왔고,

結局は両党の議員の[18]で[19]。
결국은 양당 의원의 **만장일치**로 **합당이 결정됐다**.

彼は、何事にも[20]上、[21]性格なので

그자는 무슨 일에든 **전심전력을 다하는** 데다 철두철미한 성격이니까

[22]。

조금도 방심하면 안 돼.

[23]準備のおかげで[24]を[25] 終えることができました。

철두철미한 준비 덕에 **프레젠테이션을 성공적으로** 끝마칠 수 있었습니다.

어떤가요? 놀란 분 많죠? 저 역시 처음에 이걸 알고는 무척 놀랐을 뿐 아니라 당황스럽기도 했습니다. 한국어 철두철미와 일본어 *徹頭徹尾*는 당연히 같은 뜻이라고 생각했었거든요. 그런데 어느 날 인터넷 서핑을 하다가 어떤 문장을 봤는데 문맥상 좀 이상한 생각이 들더라고요. 너무도 오래 전이라 정확히 어떤 문장이었는지는 기억이 안 나지만 아마도 무슨 '주장' 같은 걸 「徹頭徹尾してきた」라는 내용이었을 겁니다. 그래서 '응? 이 맥락에서 '철두철미'를?' 하는 의구심이 들어서 사전과 실제로 쓰인 용례들을 꼼꼼히 찾아보고는 뉘앙스가 미묘하게 다르다는 걸 알게 된 거죠. 그럼 어디 사전을 들여다볼까요?

한국의 표준국어대사전

처음부터 끝까지 철저하게.

코토방크 사전

最初から最後まで。あくまでも。終始。

처음부터 끝까지. 어디까지나. 시종.

goo 사전

最初から最後まで。終始。また、あくまで。けっして。

처음부터 끝까지. 시종. 또는 어디까지나. 결단코.

weblio 사전

最初から最後まで言動や態度などが一貫するさま。完全に。

처음부터 끝까지 언동과 태도 등이 일관된 모양. 완전히.

어떤가요? 미묘하게 다르죠? 게다가 한국어 철두철미의 비슷한말로는 '철저히, 철저'가 나와 있고, 일본어 徹頭徹尾의 비슷한말로는 '시종일관, 수미일관'이 제시돼 있습니다. 이렇게 찾아보고 나니까 제가 의아스럽게 생각했던 그 문장도 아귀가 맞아 떨어지는 거였습니다. 주장인지 뭔지를 '시종일관 해 왔다'라고 하면 딱 이해가 되잖아요? 그런데 이 둘의 차이는 진짜 미묘해서 인터넷에서 실제 사용되고 있는 사례를 검색해 보면 둘을 그대로 바꿔 놓아도 자연스러운 용례가 많이 나옵니다. 왜냐하면, 여러 일본인들에게 재확인을 거친 결과 일본어 '철두철미'에도 '철저히'라는 뉘앙스가 내포돼 있다는 답변을 들었기 때문입니다. 그러니 더 미묘할 수밖에 없죠. 하지만 위의 예제 중에 나온 한국어 '철두철미한'을 그대로 「徹頭徹尾な」로 번역하면 이상한 일본어가 됩니다. 왜냐하면 일본의 徹頭徹尾는 거의 모든 경우에, 조사도 필요 없이, 이 자체만으로 부사로 쓰이기 때문이며, 실제로 일본의 국어사전을 찾아봐도 품사가 부사라고 표시돼 있기 때문입니다. 그러나! 이 역시 재차, 삼차, 사차, 오차… 수도 없이 물어보고 조사도 하고 확인을 거치는 과정에서 인터넷에서 의외의 예문을 발견했는데, 이건 모범 답안 속 실제 사례를 설명하면서 말씀드리기로 하겠습니다. 어찌 됐건 일본어 徹頭徹尾는 대단히 많은 한국 사람들이 오용하기 십상인 일본 사자성어임은 분명한 사실입니다.

모범 답안

1. 시종일관 : 徹頭徹尾 _{てっとうてつび}

처음 딱 이 퀴즈를 접했을 때 뒤에 나오는 2번의 정답이 徹頭徹尾라고 생각한 분이 많겠죠? 의외라는 반응일수록 머리에 새겨질 확률도 높으니 살짝 함정을 판 겁니다. 그런데 일본어 '철두철미'에도 '철저히'라는 뉘앙스가 들어 있기 때문에 뒤의 「徹底的に」는 빼는 게 자연스럽다는 의견도 있으니 참고하세요.

2. 철저히 : 徹底的に

3. 수장 격 : 筆頭格

일본은 '수장 격'이라고는 하지 않고 이렇게 '필두격'이라고 합니다.

4. 구시대적 : 前時代的

한국의 '구시대적'이라는 표현을 일본에선 '전시대적'이라고 합니다.

5. 덧없는 : 不毛な (ふもう)

물론 다른 일본어로 번역해도 되지만 반복해서 노출시킴으로써 머리에 자연스레 새겨지도록 이걸 모범 답안으로 제시했습니다.

6. 정치 공세 : 政略的攻擊(정략적 공격)

일본에선 攻勢라는 한자어를 이런 식으로 쓰지는 않는다고 합니다. 그냥 '수세'에 대한 반대 개념으로서의 '공세'라는 의미로만 쓰일 뿐입니다. 예를 들면 공세를 펼치다(攻勢をかける), 공세를 강화하다(攻勢を強める), 공세로 전환하다(攻勢に転じる·回る), 공세로 나오다(攻勢に出る)라는 식으로 쓰이지 앞에 굳이 '정치'를 붙여서 政治攻勢라는 식의 표현은 하지 않습니다. 또 설령 하더라도 이 표현에 대해 느끼는 일본인의 인식은 한국과 다릅니다. 왜냐하면 '정치 공세'라는 한국어 표현에는 부정적 뉘앙스가 내포돼 있지만 일본인들은 이 말을 들어도 부정적 느낌을 받지 않기 때문입니다. 우리가 흔히 말하는 '정치 공세에 불과하다'는 표현을 그대로 직역해서 일본인에게 「あなたの主張は政治攻勢に過ぎません」이라고 말하면 '뭔 말이지?' 한다는 거죠. 한마디로 '공세'라는 한자어의 쓰임새의 폭이 한국에 비해서 훨씬 좁다는 말입니다. 이를 뒷받침하는 또 다른 예를 소개하자면, 우리는 '파상 공세'란 말을 자주 쓰지만 일본은 이때도 '공세'라는 말을 쓰지 않고 「波状攻擊(공격)」이라고 합니다. (はじょう) 그러므로 한국어 '정치 공세'에 내포된 부정적 뉘앙스를 제대로 전달하기 위해서는 위와 같이 '정략적' 또는 '당략적' 등으로 표현해 줘야 하고, 여기서 '공세' 또한 위와 같이 '공격'이라고 하든지, 문맥에 따라서는 追及(:추궁), 主張, 非難, 批判 등으로 적절히 의역해 줘야 한다는 말이죠. 글이 너무 길어져서 핵심만 간략히 적고 나머지는 블로그로 옮겨다 놨으니 읽어 보시기를 권합니다.

🔍 블로그 정치 공세를 政治攻勢라고 번역하면 일본인은...?

7. 조작 : 操作·捏造 (ねつぞう)

앞서 일본은 여론의 경우에는 操作을 쓴다고 했는데 일본에서 여론을 '조작'한다고 할 때 그 뜻은 捏造와는 분명히 다릅니다. 여론을 교묘하게 조종해서 자기들에게 유리하게 만든다는 말입니다. 그러니 원문의 한국어 '조작'의 내용이 구체적으로 어떤 걸 가리키는지를 명확히 파악한 후, 없는 여론을 아예 만들어 낸 거라면 일본어로 번역할 때는 捏造라고 해 줘야겠죠.

8. 철두철미한 : 徹底的な (てっていてき)

바로 이 경우가 양국의 '철두철미'라는 말이 다르게 쓰이는 극명한 예라고 할 수 있겠죠. 이걸 그대로 「徹頭徹尾な真相究明」이라고 하면 일본인들은 이상하게 생각한다는 것이죠.

9. 진상 규명 : 真相究明
<ruby>しんそうきゅうめい</ruby>

일본은 이렇듯 '구명'이라고 합니다. 糾明의 糾는 상용한자가 아니라서겠죠.

10. 선의로 한 것이 : 善意のつもりが
<ruby>ぜんい</ruby>

이 표현도 외워 뒀다가 다른 단어에도 응용하면 보다 일본어다운 일본어를 구사할 수 있습니다. 이렇게 명사에 「の」를 붙이거나 동사 뒤에 「つもり」를 붙여서 사용하는데, '~한 의도로 한 건데 ~한 결과가 됐다'는 식의 표현입니다.

11. 徹頭徹尾の : 완고히 굽히려 들지 않는

해설에서 말한 의외의 예문이라는 게 바로 이것입니다. 이건 일본의 사자성어 「徹頭徹尾」의 뜻과 사용법을 **일본인들한테** 설명하는 사이트에서 발견해서 살짝만 변형시킨 예문입니다. 일본어 '철두철미'를 부사로 쓰지 않고 이렇듯 뒤의 단어를 수식하는 용법으로 예문을 들어서 설명하고 있길래 이런 식으로도 쓰는구나 싶어서 예제로 만든 거였습니다. 그런데 책에 쓰기 위해 재확인차 물어본 여러 일본인들의 반응은 거의 모두가 이건 부자연스럽다는 것이었습니다. 하지만 「徹頭徹尾の姿勢」로 검색을 해 보면 의외로 사용례들이 꽤 검색됩니다. 이게 자연스러운 일본어 표현이든 아니든 이렇게 쓴 일본어 '철두철미'는 한국어 '철두철미'가 내포하고 있는 뜻, 다시 말해 '빈틈없고 철저한'이라는 뜻은 아닌 거죠. 그러므로 우리가 말하는 '빈틈없고 철저하다'는 뉘앙스의 '철두철미한'이 뒤에 오는 명사를 수식하는 형태의 표현을 그대로 「徹頭徹尾な」로 번역하지 않도록 주의해야겠죠.

12. 역효과를 낼 때가 : 裏目に出ることが
<ruby>うらめ</ruby>

역효과가 나는 걸 이렇게 표현하니까 몰랐던 분은 이참에 외워 두시길.

13. 철두철미하게 : 徹頭徹尾・徹底的に

이건 이대로 徹頭徹尾라고 번역해도 비슷한 의미가 될 거 같은데 여러분 의견은 어떤지 궁금합니다. 다만 해설에서도 언급했듯이 徹頭徹尾 자체가 부사로 쓰이기 때문에 뒤에 「に」를 붙이면 안 됩니다.

14. 역린을 건드리는 : 逆鱗に触れる
<ruby>げきりん</ruby>

몰랐던 분은 이참에 머리에 쏘옥~ 새겨 두시기를.

15. 보궐선거 : 補欠選挙
<ruby>ほけつせんきょ</ruby>

일본은 한국의 '보궐선거'를 '보결선거'라고 합니다. 이 역시 상용한자가 아니기 때문이겠죠.

16. 연대 : 連携 (れんけい)

한국어 '연대'를 일본에선 이처럼 '연휴'라고 합니다. 풀어서 말하자면 연대해서 제휴한단 말이죠.

17. 徹頭徹尾 : 시종일관

18. 만장일치 : 全会一致 · 満場一致

일본도 '만장일치'라는 말을 씁니다. 그런데 일본에선 국회나 주주 총회 같은 공식적인 자리에서 정식으로 투표 같은 걸 해서 모든 사람의 의견이 일치하는 걸 '전회일치'라고 하고, 일본어 '만장일치'는 예컨대 굳이 투표를 하지 않고 "반대하는 사람 있나요? 없죠?"라는 식으로 대충 약식으로 할 때 쓰는 표현이라고 구분하는 일본인들이 있는 모양인데 사전 등을 보면 기본적으로는 같은 뜻이라고 설명하고 있으니 이 부분은 참고만 하시기를.

19. 합당이 결정됐다 : 合併 (がっぺい) · 合流 (ごうりゅう)가 決定した

일본은 '합당'이라는 한자어를 쓰지 않습니다. 당이 합당하는 걸 '합병' 또는 '합류'라고 합니다. 나중에 또 나오니까 몰랐던 분은 그때는 꼭 맞히기 바랍니다. 그리고 여기서도 '됐다'를 「した」라고 한다는 점.

20. 전심전력을 다하는 : 全身全霊 (ぜんしんぜんれい)を尽くす

앞에 나온 거죠. 그리고 「傾ける」, 「注ぐ」라고도 합니다. 그리고 비슷한 말로서 「心血」, 「精魂」(せいこん)도 기억해 두시기를. 그리고 각각의 한자어와 짝을 지어 쓸 수 있는 동사를 소개하고 넘어가죠.

全身全霊 : 尽くす · 傾ける · 注ぐ
精魂 : 込める · 傾ける · 注ぐ
心血 : 注ぐ

여기서 주의할 건 앞의 두 한자어는 「傾ける · 注ぐ」를 모두 쓸 수 있지만, '심혈'의 경우는 「傾ける」라고 하는 건 오용이라고 합니다. 왜냐하면 '심혈'의 '血'의 경우 추상적, 정신적인 것이 아니라 물질적인 것이므로 「傾ける」라고 하면 어색하다는 겁니다. 다시 말해 '피'는 (쏟아)붓는 것이지 '기울이는' 것이 아니라는 논리인 것이죠.

21. 철두철미한 : 用意周到 (よういしゅうとう)な · 抜かりない

日 | 한국어 철두철미와의 뉘앙스 차이가 느껴지시죠?

22. 조금도 방심하면 안 돼 : 油断^{ゆだん}も隙^{すき}もない

이 표현의 뜻은 '상대방'이 너무 강적이거나, 고수거나, 위험한 존재라서 '이쪽'이 절대 방심할 수 없다는 뜻으로 쓰이는 표현입니다. 그런데 이걸 '(상대방이)한 치의 빈틈도 없다'라는 뜻으로 쓰고 있는 사례를 종종 발견하곤 합니다. 실제 한국의 모 일본어 사전도 이렇게 엉터리로 게재해 놨습니다. 혹시 그 사전을 보고 그렇게 알고 있었던 분이 있다면 이젠 오용하는 일은 없겠죠?

23. 철두철미한 : 抜かりない徹底的な

여기서도 한국어 '철두철미'의 뉘앙스와 일본어 徹頭徹尾의 뉘앙스의 차이가 극명하게 드러나죠. 일본어 徹頭徹尾는 '준비' 등을 수식하는 용법으로 쓰진 않습니다. 다시 말하지만 한국어 '철두철미한'이 뒤의 명사를 수식하는 형태, 예를 들면 철두철미한 준비, 관리, 보안, 대책, 조사, 분석, 방역, 경계 태세 등등을 수식하는 형태로는 쓰이지 않는다는 점을 유념하셔서 앞으로 이 한국어 '철두철미'를 번역하거나 작문하거나 일본어로 대화를 할 때 주의해야 된다는 결론인 것이죠.

24. 프레젠테이션 : プレゼン

일본은 이와 같이 줄여서 '프레젠'이라고 하는 게 일반적입니다. 외국어를 카타카나로 표기하면 너무 길어지고 발음도 어려워지는 경우가 많기 때문에 이렇게 줄이는 경향이 생긴 거겠죠. 앞서 나왔던 파워 해러스먼트를 '파와하라'라고 확 줄여서 말하는 것과 섹슈얼 해러스먼트 또한 '세쿠하라'라는 식으로 줄여서 말하는 것도 카타카나라는 문자가 지닌 한계 때문이라고 볼 수 있죠. 이를 증명하는 실제 역사적 에피소드도 있는데, 일본은 올림픽, 그러니까 「オリンピック」를 五倫(ごりん)이라고 말하죠. 그 이유가 궁금했던 분도 아마 계시지 않을까 하는데, 이렇게 줄이게 된 이유도 이 카타카나라는 문자가 지닌 한계 때문이었다는 겁니다. 여기서 잠깐! 그냥 줄이는 거라면 「オリン」이라고 해야 할 텐데 왜 발음도 다른 「ごりん」이라고 부르게 된 걸까요? 이에 관한 에피소드에 관해서는 뒤에 다시 나오니까 그때 자세히 설명드리죠.

25. 성공적으로 : 成功裏^{せいこうり}に

일본어의 잔재를 몰아내자는 분들의 주장 중에는 이렇게 적(的)을 한자어 뒤에 붙이는 것도 일본어 잔재라고 배척해야 한다는 사람들이 많은데, 그리고 글쓰기를 가르치는 곳이나 가르치는 서적들에서도 이런 주장을 하는 분이 상당히 많은데 이처럼 우리가 '~적'이라고 표현하는 장면에서 일본은 오히려 的을 붙이지 않는 경우가 훨씬 더 많습니다. 그러니 한국어 '~적'을 덮어놓고 '~的'이라고 번역하지 않도록 주의해야겠죠. 뒤에서도 이런 예가 또 나올 텐데 그때 가서 제가 준비한 선물 보따리를 과감하게 풀어 놓을 테니 기대하셔도 좋습니다.

자중, 자숙, 자제, 그리고 자중자애

昨年の [　　1　　] [　2　] する意味で今年の [　3　] は [　4　]。

작년의 **불상사를 감안해서** 자숙하는 의미로 올해 **시범 경기**는 **취소했다**.

会社が [　5　] 中である点と、昨年の [　　6　　]、

회사가 **구조조정** 중인 점과 작년의 **불상사도 감안해서**

球団は海外 [　7　] を [8] することにした。

구단은 해외 **전지 훈련**을 자제하기로 했다.

地震の [9] を考えてわが社は三日後に予定されている創立記念パーティーを

지진 **피해자들**을 생각해서 우리 회사는 사흘 후로 예정된 창립 기념 파티를

[10] することにしました。

자제하기로 했습니다.

飲酒運転が発覚した [　11　] の○○○さんはドラマから [12]、

음주운전이 발각된 **여배우** ○○○ 씨는 드라마에서 **하차**,

[　　13　　] と発表して [14] した。

자숙의 시간을 갖겠다고 발표하고 **낙향**했다.

[15] 終わったからって [　　16　　] [　17　] って [　　18　　]

수능 끝났다고 너무 풀어지지 말고 자중하라고 **주의를 줬는데도**

すでに [　　19　　]。

이미 **마음이 콩팥에 가 있어**.

[20]の上、[21]なので[22]ものを召し上がり、

병 나은 직후인 데다 환절기니까 보양이 되는 걸 드시고

くれぐれも[23   ]。

아무쪼록 몸을 아끼도록 하십시오.

生徒が修学旅行の時に撮った[24]と一緒に送ってきた手紙の中の

제자가 수학여행 때 찍은 **단체사진**과 함께 보낸 편지 속

「くれぐれも[25   ]」という言葉が[26   ]。

'아무쪼록 **몸조심하세요**'라는 말이 **유난히 마음에 와닿았다**.

謹慎中の身だからそんなに[27   ][28]する方がいい。

근신 중인 몸이니 그렇게 **나대지 말고** 자중자애하는 게 좋아.

[29]でしたのに[30   ]、これからは無理なさらずに

난치병이었는데도 **완쾌되셨으니** 앞으로는 무리 마시고

何卒[31   ]。

아무쪼록 자중자애하시기를 빕니다.

[32]相手チームの選手に[33   ]意味で

요절한 상대팀 선수에게 **애도의 뜻을 표하는** 의미로

[34]を[35]させました。

골 세리머니를 자제시켰습니다.

[36]コロナウイルス感染症の[37]を防ぐため、政府は[38]

신종 코로나 바이러스 [39]의 **확산**을 막기 위해 정부는 **국민들에게**

外出を[40   ]呼びかけている。

외출을 **자제**하라고 당부하고 있다.

[　41　]による[　　42　　]というから外出を[　43　]しています。

밀접 접촉에 의한 **전염병이 확산되고 있다**고 해서 외출을 **자제**하고 있어요.

今度のテストでは[　44　]を[　45　]くらい上げるのを目標に

이번 시험에서는 **학급 석차**를 **5등** 정도 올리는 걸 목표로

大好きなゲームも[　46　]しています。

좋아하는 게임도 **자제**하고 있어요.

[　47　]の流出事件以降、[　　48　　]○○はストレスのため

성행위 동영상 유출 사건 이후 **자숙 기간을 갖기로 한** ○○는 스트레스로 인해

食欲を[　49　]できず、10kgも太ったという噂が出回っている。

식욕을 **자제**하지 못하고 10kg나 쪘다는 소문이 나돌고 있다.

トーク番組の[　50　]が何度も[　　51　　]、[　　52　　]を乱発した

토크 프로 **진행자**가 몇 번이나 **주의를 줬는데도** 방송 **자제 용어**를 남발한

[　53　]を[　54　]の職権で番組から[　55　]させたそうです。

고정 패널을 **피디**의 직권으로 프로에서 **하차**시켰다고 합니다.

[　56　]は、お酒を一杯でも[　57　][　　58　　]問題なんだよ。

알코올 중독자는 술을 한 잔이라도 **입에 대면** 자제가 안 되니 문제인 거야!

性欲を[　59　]できない[　60　]に[　61　]とは[　　62　　]。

성욕을 **자제**하지 못하는 **성도착자**에게 **교원 자격증**이라니 **어불성설입니다**.

これは[　　63　　][　64　][　65　]決まってます。

이건 **덮고 넘어간다 한들** **얼마 안 가** **밝혀질 게** 뻔합니다.

어떤가요? 이번에도 의외라고 생각한 분들 많죠? 당연히 같은 의미겠거니 여기지만 생각 외로 뉘앙스가 다른 한자어가 이렇게나 많습니다. 그러니 항상 사전도 찾아보고, 인터넷에서 실제로 쓰이고 있는 용례도 검색해 보고 하는 수고를 게을리하지 말아야 합니다. 일본 글을 읽다가, 혹은 일본 말을 듣다가 '어? 좀 이상한데?' 싶으면 꼭 조사해 보는 습관을 길러야 합니다. 그럼 일본의 自重과 自愛, 自肅은 어떤 뜻을 지닌 단어인지를 설명하겠습니다.

먼저 일본어 自肅과 自重은 기본적으로는 말과 행동, 몸가짐을 조심한다, 삼간다는 뜻이라는 측면에선 공통돼 있는 한자어입니다. 그런데 둘 사이에는 미묘한 뉘앙스와 쓰임새 차이가 있는데, 쉽게 말하자면 일본어 自肅은 '사회 분위기나 사람들의 시선을 의식해서' 언행을 삼가고 조심하는 것, 自重은 '문제나 말썽을 일으키지 않게끔 스스로' 언행을 삼가고 조심한다는 의미로 쓰이는 경우가 많다고 합니다. 그리고 自肅은 개인적인 차원이 아니라 사회적 차원, 공적인 차원에서 쓰는 경우가 많고, 自重은 개인적인 차원에서 쓰는 경우가 많다고 합니다.

한국어 '자숙'도 기본적인 뜻은 말과 행동을 삼가고 조심한다는 의미지만 실제로 한국 사람들이 사용하는 예를 보면 연예인이나 스포츠 선수 등 유명인들이 스캔들이나 말썽을 일으킨 뒤에 '반성, 성찰하는 기간을 갖기 위해 행동거지나 마음가짐을 조심하고 삼가겠다'는 뉘앙스로 거의 정형화된, 혹은 상투적인 표현으로 널리 쓰이죠. 이 점에서도 일본어 自肅과 한국어 자숙은 차이가 있는 것이죠. 다만, 일본도 연예인이나 스포츠 선수 등이 말썽이나 스캔들을 일으킨 경우에 한해서는 '자숙'이라는 한자어를 쓰는 사례를 종종 봅니다만, 이 역시도 사회적 분위기나 주변의 시선을 의식해서 '활동을 자제'한다는 뜻으로 쓰이는 것이지 한국처럼 언행과 활동을 삼가면서 반성의 시간, 성찰의 시간을 갖는다는 뜻으로 하는 말은 아니라는 점을 유의해야겠죠. 또한 한국에서 연예인들이 사고 치고 나서 '자숙의 기간을 갖기로 했다'는 식으로 발표를 하고, 또한 신문 기사 등에서도 접하는 일이 많으시죠? 근데 이걸 그대로 「自肅期間を持つ」라는 식으로 번역해 놓은 사례를 수없이 발견하는데, 이 역시 이렇게 번역하면 일본인들은 부자연스럽게 느낀다고 합니다. 퀴즈의 답을 이미 확인하셨다면 이 경우는 어떻게 번역하면 좋을지 이젠 아시겠죠?

그리고 일본어 自制는 그 쓰임새가 한국어 '자제'에 비해서 상당히 적은 편인데, '개인적인 감정이나 충동, 욕구, 욕망을 스스로 억제'한다는 뉘앙스로 쓰이는 말입니다.

마지막으로 '자중자애'는 한국에선 두 가지 뜻으로 쓰이죠. 말, 행동, 몸가짐 등을 삼가고 신중히 한다는 뜻, 그리고 스스로를 소중히 아끼고 돌보라는 뜻. 또한 한국어 '자애'는 단독으로 쓰이는 일은 거의 없고 이처럼 '자중'과 짝을 이루어서 쓰이는 경우가 많죠. 반면 일본은 '자중자애' 자체가 사전에 올라 있지 않습니다. 그리고 여러 일본인에게 물어본 결과도 처음 본다는 반응이 많았습니다. 다만, 사자성어 사전 같은 데서는 이 '자중자애'를 소개하고 있는데, 이때도 일본은 '자신의 몸

을 소중히 아끼고 보살피라'는 뜻이라고 설명해 놨습니다. 다시 말해 한국의 '자중자애'의 1번 뜻풀이는 없다는 것이죠. 그리고 한국과 달리 일본은 '자애'를 단독으로 쓰지만 그 쓰임새가 한정돼 있습니다. 일상의 대화에서 쓰는 일은 거의 없고, 편지나 엽서, 메일 등에서 정형화된 인사말로서 「ご自愛ください」의 형태로, 주로 병을 앓았다가 회복한 사람 등에게 '몸'을 아끼고 잘 돌보라는 인사말로 쓰이는 것이죠.

정리하자면, 한국에서는 '자제'가 가장 널리, 폭넓게 쓰이고 '자중'과 '자숙'은 쓰이는 예가 적지만 일본의 경우는 自肅이 가장 널리, 폭넓게 쓰이고 自重과 自制는 쓰임새의 폭이 그다지 넓지 않으며, 특히 일상생활 속의 대화에서 쓰이는 일은 별로 없다고 합니다. 단, 自重의 경우는 이른바 '2채널' 등 인터넷상의 댓글 같은 데서 상대방에게 조용히 하라, 찌그러져 있으라, 작작 하라, 말조심하라 등의 가벼운 뉘앙스로 쓰이게 된 것이 상당히 퍼진 상황이라고 합니다. 하지만 일본인들도 이 세 한자어의 차이를 명확히 구분하지 못하는 사람도 꽤 있는 듯합니다. 아무래도 일본어 '자중'과 '자제'는 일상생활 속에서 접할 기회가 적은 말이라서 그런지, 특히 젊은 사람들 중에서는 써서는 어색한 문맥에서도 自肅을 써 버리는 경우도 있는 듯합니다. 그리고 일본은 '자중자애' 자체를 쓰지 않으니 한국어 '자중자애'를 번역할 때는 주의를 기울여야겠죠.

모범 답안

1. 불상사를 감안해서 : 不祥事(ふしょうじ)に鑑(かんが)みて

「鑑みる」는 원래 「~に鑑みる」라고 해야 옳은 표현이라는 말이 있는데 이에 대해 반론을 제기하는 사람도 많아서 최근에는 「を」에 연결해서 쓰는 경향이 늘고 있다고 하네요. 그리고 한국의 '감안'과 일본의 勘案 역시 쓰임새가 미묘하게 다르기 때문에 이걸 그대로 勘案이라고 하면 어색한 일본어가 될 수 있다고 합니다. 아래에서 다시 설명하겠습니다.

2. 자숙 : 自肅(じしゅく)

한국의 '자숙'과 일본의 自肅은 쓰임새가 미묘하게 다르다고 했는데 여기서는 그대로 自肅이라고 해도 무방하겠죠?

> 日 한국에선 일본처럼 '자숙' 앞에 목적어가 되는 말을 붙여서 외출, 언행, 행사, 모임, 연예 활동 등 등을 '자숙하다'라는 식으로는 말하지 않습니다. 이런 형태로 쓰인 일본어 '자숙'은 한국어 '자제'로 번역해야 매끄럽습니다.

3. 시범 경기 : 模範試合 <ruby>も<rt></rt></ruby>(もはんじあい)

영어로 An exhibition game을 우리는 '시범 경기'라고 하지만 일본은 이렇듯 '모범시합'이라고 합니다. 그런데 유의할 점은 우리나라의 경우 승패에 의미를 크게 두지 않고 시범을 보이기 위해 연습 경기처럼 하는 것도 시범 경기라고 하고, 프로야구나 프로축구 등 정규 시즌 전에 연습 경기 형식으로 정례적으로 치르는 경기도 시범 경기라고 하지만 일본은 다릅니다. 이 경우 일본은 「プレシーズンマッチ(프리시즌 매치)」라고 합니다. 다만 웬일인지 프로야구의 경우는 「オープン戦」이라고 달리 부른다고 합니다.

4. 취소했다 : 取りやめにした

「取り消し」만 알고 계셨던 분은 이 표현도 외워 두시라고….

5. 구조조정 : リストラ

이건 중급 이상은 아마도 알겠지만 restructuring을 줄인 말입니다.

6. 불상사도 감안해서 : 不祥事も勘案して (かんあん)

위와 똑같은 어구인데 왜 여기서는 모범 답안이 「勘案」일까요? 이것도 자세히 설명하자면 글이 길어지니까 아래 블로그를 참고하세요. 다만, 일일이 블로그 찾아가기 귀찮다는 분을 위해서 요점만 요약하자면 일본의 勘案은 복수(複數), 다시 말해 여러 가지 요소, 상황, 조건, 변수 등등을 종합적으로 고려하거나 판단한다는 뜻으로 쓰이는 말입니다. 그래서 앞 퀴즈의 '감안'은 「鑑みる」를 답안으로 제시한 것이고, 이 경우는 복수의 요소, 즉, 구조조정으로 어려운 상황 플러스 작년의 불상사니까 勘案이라는 답안을 제시한 겁니다. 다만, 일본인들도 그런 구별 없이 쓰는 사람도 있는 모양이고, 애초에 이 한자어 자체를 쓸 일이 그리 많지는 않다고 합니다. 특히 일상의 대화에서는 더더욱 그렇고요. 아무튼 자세한 내용은 아래 글을 참고하시길.

🔍 블로그 「そこを勘案(감안)して」라고 하면 일본인은 갸우뚱?

7. 전지훈련 : キャンプ

일본에선 프로야구나 프로축구 등의 전지훈련을 그냥 '캠프'라고 합니다. 일본에서 전지훈련이란 한자어는 자위대 훈련 등을 뜻하는 단어로 쓰입니다. 그마저도 '훈련'보다는 '연습', 즉 転地演習이라는 말이 더 널리 쓰인다고 합니다. 실제로 인터넷을 검색해 봐도 演習 쪽이 더 많이 검색됩니다.

8. 자제 : 自粛

주변의 시선이나 사회 분위기 등을 살펴서 사전에 미리 조심해서 언행이나 활동을 자제한다는 뜻이죠.

9. 피해자들 : 被災者の方々

일본도 '피해자'라고도 하지만 반복 학습을 통해 다시 상기시키기 위해서 이걸 답안으로 제시했습니다. 그리고 여기서 '들'을 「たち」라고 하면 살짝 글의 격이 떨어지겠죠.

10. 자제 : 自粛

11. 여배우 : 女優

> 日　한국의 국어사전에 '여우'란 말이 등재돼 있긴 하지만 사어(死語)라고 생각하셔도 무방합니다. 한국 사람 중에서 이게 사전에 등재돼 있다는 사실 자체를 모르는 사람이 대부분일 겁니다. 그나마 남아 있는 흔적이라고는 영화제 등의 시상식에서 '여우 주연상, 남우 주연상'이라는 상의 명칭 정도죠. 근데 이것 역시 일본에선 말 순서를 바꿔서 '주연 여우상, 주연 남우상'이라고 하죠.

12. 하차 : 降板

한국에선 드라마에서 하차한다고 표현하지만 일본에선 '강판'이라고 표현하는 게 일반적입니다. 일본어 下車는 말 그대로 차에서 내리는 걸 말합니다.

13. 자숙의 시간을 갖겠다 : 反省の時間を持つ

해설에서도 언급했듯이 일본에서도 연예인 등이 말썽이나 문제를 일으키고 방송 활동을 쉰다는 의미로 自粛을 쓰지만 이 경우에도 「自粛の時間を持つ」라는 식으로 표현하기보다는 「活動を自粛する」의 형태로 말하는 게 일반적입니다. 물론 잘못한 게 있으니 활동을 自粛하겠다고 말하는 걸 테니 「自粛の時間を持つ」라고 해도 의미는 어느 정도 통할 수 있겠지만 연예인이 인터뷰 같은 걸 할 때 이렇게 말하는 건 일반적인 표현은 아니라는군요.

14. 낙향 : 都落ち

이렇게 자꾸 접하다 보면 저절로 외워지죠.

15. 수능 ： センター試験

한국의 수능 시험을 일본은 이렇듯 '센터 시험'이라고 합니다. 물론 양국의 제도가 같지 않기 때문에 완벽히 일치하는 건 아니지만요.

16. 너무 풀어지지 말고 ： 羽目を外し過ぎないで

17. 자중하라 ： 自重<ruby>じちょう</ruby>して

18. 주의를 줬는데도 ： 注意したのに

일본의 「主意する」에는 보셨듯 '주의하다, 조심하다'는 뜻 외에도 '주의를 주다'라는 뜻도 있습니다. '주의를 받다'는 「注意される」라고 하죠. 따라서 「主意する」를 번역할 때는 둘 중에 어떤 뜻인지 정확하게 파악하고 번역해야 하는데 이 역시 그대로 '주의하다'라고 오역하는 사례가 간혹 발견됩니다. 국어 공부가 더 중요하는 말을 이래서 하는 겁니다. 지금껏 이렇게 번역한 적 있는 분은 한국어 '주의하다'를 국어사전에서 찾아보세요. '주의를 주다'는 뜻으로는 쓰이지 않습니다.

19. 마음이 콩밭에 가 있어 ： 心は上の空<ruby>うわ</ruby>なの

앞에서도 나왔지만 이 경우에도 「上の空」로 번역 가능하단 뜻입니다. 「心ここにあらず状態」라는 표현도 더불어 기억해 두세요.

20. 병 나은 직후 ： 病み上がり<ruby>や</ruby>

이 표현도 몰랐던 분은 이참에 기억해 두세요. 그리고 「病気明け<ruby>びょうきあ</ruby>」라는 표현도 있습니다.

21. 환절기 ： 季節の変わり目

일본에는 '환절기'라는 한자어는 없습니다.

22. 보양이 되는 ： 滋養のつく<ruby>じょう</ruby>   *앞에 나온 거 복습이요.*

23. 몸을 아끼도록 하십시오 ： ご自愛<ruby>じあい</ruby>ください

이런 형태로 편지나 엽서 등에서 주로 쓰인다고 합니다.

24. 단체사진 ：　集合写真

한국어 '단체 사진'을 일본은 '집합사진'이라고 표현합니다.

25. 몸조심하세요 ：　ご自愛ください

26. 유난히 마음에 와닿았다 ：　やけに心に響いた

이 역시 표현 자체를 외우시기를 권합니다. 다른 한국어 표현으로 바꾸자면 '마음을 울렸다'는 말이죠.

> 日　여기서 쓰인 '울리다'는 울게 만든다는 뜻의 '울리다'가 아닙니다.

27. 나대지 말고 ：　出しゃばらないで

나댄다, 설쳐 댄다는 표현을 「出しゃばる」라고 합니다. 비슷한 표현으로서 「しゃしゃり出る」도 외워 두시길. 그런데 유사한 뉘앙스로 쓰이기도 하지만 쓰임새 차이가 있는 「首を突っ込む」랑 헷갈리는 분들도 많은 거 같은데, 앞의 두 표현은 부정적 뉘앙스로 쓰이지만 이건 그렇지 않은 경우도 있습니다. 우리로 치면 '오지랖이 넓다'는 말이 꼭 부정적 뜻으로만 쓰이는 게 아니듯이 이 표현도 오지랖이 넓어서 뭐든 관심을 갖고 끼어들려 한다는 뉘앙스로도 쓰입니다.

28. 자중자애 ：　自重（じちょう）

해설에서 설명했듯이 한국어 '자중자애'에는 두 가지 뜻이 있는데 이 경우는 첫 번째 뜻풀이인 말, 행동, 몸가짐 등을 삼가고 신중히 하라는 뜻이죠. 하지만 일본어 自重自愛는 일본어 사전에 실려 있지 않으니 위와 같이 번역해 주는 게 좋겠죠?

29. 난치병 ：　難病（なんびょう）

일본에선 難治病이라는 말을 쓰지 않습니다.

30. 완쾌되셨으니 ：　全快（ぜんかい）なさったのですから

일본에서는 「完快」라는 한자어는 쓰지 않습니다. 사전에도 올라 있지 않고 이처럼 「全快」라고 합니다. 비슷한 의미로서 「完治」, 「本復（ほんぷく）」, 「快癒（かいゆ）」 등이 있는데 일본의 경우 「全快」와 「完治」는 일상적으로 쓰는 한자이지만 나머지는 문어적인 느낌에 약간 예스러운 한자어라서 일상생활에서 쓰는 일은 거의 없답니다. 확인하는 의미로 몇몇 일본인한테 물어봤더니 모두 다 처음 보는 한자어다, 그런 한자어가 있는지 몰랐다는 반응이 있을 정도였습니다. 그리고 우리나라의 '쾌유'라는 의미와 비슷한말로서

快気라는 한자어가 있는데 이 快気의 경우는 주로 「快気祝い(쾌유 축하)」라는 식으로 쓰이지 「快気する」라는 식으로 동사로 쓰지는 않습니다. 그리고 「快気祝い」는 원래는 병을 앓았던 사람이 퇴원했을 때 문병을 와 준 사람들에게 감사의 의미로 선물을 하는 걸 말하는데 그 쓰임새가 확대된 것이죠.

31. 자중자애하시기를 빕니다 ： ご自愛ください

이 경우의 한국어 '자중자애'는 두 번째 뜻풀이로 쓰인 거니 이처럼 일본어 '자애'를 써 주는 게 적절하겠죠.

32. 요절한 ： 早世された (そうせい)

일본도 「夭折(요절)(ようせつ)」이라고도 하는데 이것도 알아 두시면 좋겠죠. 참고로 요즘 들어서 이걸 「早逝」라고 적는 사람들이 늘어나고 있다는데, 逝는 逝去(서거)의 逝 자죠. 왜 이런 경향이 생겼냐 하면, 한자를 잘 모르는 청소년이나 일반인들이 봤을 때 早世(이른 세상?)보다는 早逝라고 써야 한눈에 이해가 빠르기 때문인지도 모른다고 하네요. 하지만 아직은 이 早逝라는 한자를 등재해 놓지 않은 사전이 더 많다고 합니다.

33. 애도의 뜻을 표하는 ： 哀悼の意を表す (あいとう い ひょう)

이 경우의 '뜻'은 意라고 한다는 점. 그리고 공식적인 자리에서 이처럼 격식을 차리고 말할 때의 「表す」는 이처럼 「ひょうす」라고 읽는다는 점.

34. 골 세리머니 ： ゴールパフォーマンス

일본은 이렇듯 '골 퍼포먼스'라고 합니다. 그리고 감수자님께 '일본에선 이런 맥락에서 自制라고 하면 어색하죠?'라고 확인차 물으니 「自粛です。自制は一人でするものです。」라는 답변이 돌아왔습니다. 일본어 '자제'의 쓰임새와 뉘앙스가 감이 잡히시죠?

35. 자제 ： 自粛

사회 분위기나 사람들 시선을 의식해서 행동을 삼가는 거니 自粛이라고 해야 적절하겠죠. 그리고 해설에서도 언급했듯이 일본어 '자제'와 '자중'은 쓰임새의 폭이 그리 넓지 않으므로 한국어 '자제하다'는 문맥에 따라, 특히 일상생활 속 대화에서는 「控える · 慎む」라고 번역해 줘야 더 자연스러워진다고 합니다. 그리고, 만일 구단이나 감독 차원의 지시가 아니라 개인적인 생각으로 골세리머니를 '자제'했다고 말하는 경우라면 일본어 自重으로 번역해도 되겠죠.

36. 신종 ： 新型   앞에서 나온 거죠?

37. 확산 : 拡大　　*앞에 나온 거 복습이요.*

38. 국민들에게 : 国民に

일본어 '국민'은 이 자체를 복수형이라고 보기 때문에 「たち」를 붙이지 않는 것이 '일반적'입니다. 그런데 신문 등을 보면 가끔씩 복수형을 붙여 준 예도 있는데, 이 경우도 「等」라고 하지 「たち」라고 하면 어색하다고 합니다.

39. かんせんしょう
感染症 : **감염병, 감염증**

> 日　제 블로그 글을 보셨던 분들은 아시겠지만 한국에선 '감염증'이라고 하면 '증세'나 '증상'이라는 느낌을 줄 수 있으므로 일본어 '감염증'을 한국어로 번역할 때는 '감염병'이라고 하는 게 더 자연스럽습니다. 물론 '감염증'도 사전에 올라 있으므로 틀린 번역은 아니지만요.

40. 자제하라고 : 自粛するよう

코로나 19로 인해서 일본의 뉴스도 한국에 소개가 많이 됐었는데 이 일본어 '자숙'을 한국어로도 그대로 '자숙'이라고 번역해 놓은 사례가 눈에 많이 띄어서 블로그에도 글을 올렸었습니다.

> 日　한국에선 '외출을 자숙하세요'라고 하면 이상합니다.

41. 밀접 접촉 : のうこう
濃厚接触

이렇듯 '농후'라는 한자어의 쓰임새도 한국과 다릅니다. 아울러 일본에서는 '밀접 접촉'이라는 표현을 쓰지 않는다고 합니다.

42. 전염병이 확신되고 있다 : 感染症が拡大している

또 나왔네요. 그리고 '되다'도 이렇듯 「する」라고 한다는 점. 또한 일본에서는 1999년 법이 개정돼서 일본어 '전염병'을 '감염증'이라고 바꿔 부르게 됐고, 일본어 '전염병'은 가축이 전염되는 경우에만 부르게 됐습니다. 그러니 이같이 사람이 전염되는 경우는 感染症이라고 합니다. 그런데 감수자님이 걸러내나 싶어서 그냥 伝染病(전염병)이라고 적어 놔 봤는데, 이걸 미처 잡아내지 못하고 그대로 둔 걸 보면 일반인들의 경우는 혼용하기도 하는 모양입니다. 특히 나이가 많은 층에서는요.

🔍 블로그 **한국과 일본의 '전염병'과 '감염증'의 차이**

43. 자제 :　自重 · 自肅

일본어 '자숙'은 일반적으로는 공적, 사회적인 뉘앙스로 쓰이기 때문에 바로 위 예제처럼 정부 차원에서 (한국어)자제를 요청하는 경우가 아니라 개인적 차원에서 개인적 판단으로 외출을 (한국어)자제하는 경우에는 自重이라고 하는 게 더 적합하다고 일본의 모 사이트에서도 설명하고 있습니다. 그런데 현실은 일본에선 이런 경우에도 自肅을 쓰는 사람들이 많은 모양입니다. 自肅의 의미의 폭이 확대돼서 굳이 비교하자면 한국어 '자제'의 쓰임새 폭에 버금갈 정도로 넓어졌다는 말이겠죠.

44. 학급 석차 :　クラス順位

일본에서도 '석차'라는 말을 쓰긴 하는데 일상생활 속에서는 이처럼 '순위'라고 하는 게 일반적이라고 합니다. 또한 '학급'이 아니라 이렇듯 '클래스'라고 한다는 점.

45. 5등 :　5番

학교의 성적 등수를 일본은 이렇게 번(番)이라고 부른다는 점.

46. 자제 :　自制 · 自肅 · 我慢

이런 경우에는 일본에서도 自制를 쓰지만 自制라는 말 자체의 쓰임새가 적은 편이라 일상 대화에서는 이처럼 참는다는 뜻인 我慢을 쓰는 게 일반적이라고 합니다. 또한 한 일본인은 이 경우에도 '자제'보다는 '자숙'을 쓰는 게 더 낫다는 의견도 있었습니다. 自制의 쓰임새가 그만큼 적다는 방증이겠죠.

47. 성행위 동영상 :　性交渉の動画

또 복습이죠. 그리고 동영상은 이처럼 動画라고 한다는 건 아는 분이 많겠죠.

48. 자숙 기간을 갖기로 한 :　謹慎期間を設けることにした

위에서는 반성이라고 했지만 경우에 따라선 이렇게 근신이라고 해 주는 것도 방법이겠죠. 다시 강조하지만 일본어 自肅의 경우 뒤에 기간이나 시간을 붙여서 쓰는 건 일반적인 용법이 아니라는 점을 유의하시기를.

49. 자제 :　自制

일본어 自制는 이처럼 식욕 같은 개인적 욕구, 욕망, 감정을 억제한다는 뉘앙스의 말이라는 점.

50. 진행자 : 司会者 · MC

우리는 방송 사회자나 MC를 진행자라고도 하지만 일본은 아닙니다.

51. 주의를 줬는데도 : 注意したのに

52. 방송 자제 용어 : 放送自肃用語

여기서도 엿볼 수 있듯이 일본어 自肃은 한국어 '자제'와 쓰임새의 폭이 거의 비슷함을 알 수 있죠.

> 日   한국어 '자제'와 일본어 '자숙'을 비교하기 위해서 '방송 자제 용어'라고 했지만 한국에선 일반
> 적으로 '방송 부적절 용어(표현)', 또는 '방송 불가 표현'이라고 합니다.

53. 고정 패널 : レギュラー

한국 버라이어티 프로나 토크 프로 등에서 고정 출연진을 '패널'이라고 부르지만 일본에선 그렇지 않습니다. 다만, 일본의 경우 panel에서 유래된 표현이 있긴 한데, 한국에 지금까지도 일본어 잔재로 남아 있는 판넬(널빤지)의 의미인 「パネル」와 구분하기 위해서인지, 토론 프로에 참가하는 사람들을 「パネラー(Paneller)」 또는 「パネリスト(Panellist)」라고 부릅니다. 「パネラー」는 영어에는 없는 소위 화제(일제) 영어죠. 그리고 TV 퀴즈 프로에 나와서 퀴즈를 푸는 출연진들의 경우도 「パネラー」라고 부른다고 합니다.

54. 피디 : ディレクター · 監督

한국에선 촬영 현장을 지휘하는 사람을 흔히 피디(프로듀서)라고 부르지만 일본은 구분합니다. 일본의 '프로듀서'는 기획, 예산 등을 포함해서 프로그램 제작을 총괄하는 개념이고, 촬영 현장에서 현장을 지휘하는 한국의 '피디'는 이처럼 디렉터, 감독, 그리고 앞에 이름(성)을 붙여서 '○○ D'라고 부르는 게 일반적입니다. 일본의 '프로듀서'는 일본의 '디렉터'의 상위 개념인 것이죠.

55. 하차 : 降板

56. 알코올 중독자 : アル中

「アルコール中毒」를 줄여서 이와 같이 표현하는데, 이처럼 사람을 지칭하는 말로도 쓰입니다.

57. 입에 대면 ： 口にしたら

58. 자제가 안 되니 ： 自制が効かないから

일본어 '자제'는 이렇듯 개인적인 충동이나 욕구, 감정을 억제한다, 억누른다는 뜻으로서, 쓰임새의 폭이 좁은 단어입니다. 심지어 어떤 일본인의 경우는 일본어 自制는 일상생활에서 쓸 일이 거의 없으니 외울 필요가 없을 거라는 말까지 하더군요. 하지만 신문 기사나 인터넷의 글에서도 사용례가 상당히 많이 검색되니 이 일본인의 의견은 참고만 하시길. 또한 自制의 경우 이렇게 「効く」를 써서 표현하기도 합니다.

59. 자제 ： 自制

욕구를 억누르지 못한다는 것이니 이 역시 그대로 自制라고 해도 되겠죠. 이렇듯 일본의 한자어 自制는 그 쓰임새의 폭도 아주 좁고 그 뉘앙스도 한국과는 천지 차이(너무 과장인가요?)가 있는 말인데도 한국 언론의 일본어판 뉴스를 보면 온통 自制라고 해 놓은 게 헤아리기 힘들 만큼 많습니다. 일본인들이 그렇게 적어 놓은 글을 보면 얼마나 의아해하겠습니까.

60. 성도착자 ： 変質者(へんしつしゃ)

일본의 영화나 드라마, 애니 마니아라면 変質者(변질자)라는 말을 자주 접했을 겁니다. 그리고 일본에서도 '성도착자'라는 말을 쓰지만 일상생활에서 쓰일 일은 거의 없고 이렇게 変質者라고 하는 게 일반적입니다. 일본어 '변태'와 비슷한 뉘앙스의 말이지만 이 둘의 차이는 뚜렷하다고 하는데, '변태'의 경우는 친한 사이에 농담으로도 쓸 수 있는 상대적으로 가벼운 개념이지만, 일본어 '변질자'는 심각한 이상성욕자, 변태성욕자로서 사람들에게 심각한 피해를 끼치는 사람을 뜻하는 아주 부정적인 용어입니다.

> 日 한국의 경우도 '변태'라는 말을 친구나 가까운 사이일 경우 장난스럽게 사용하기도 합니다.

61. 교원 자격증 ： 教員免許状

일본은 '교원 자격증'이라고 하지 않고 이처럼 '교원 면허장'이라고 합니다. 또한 '교원 면허'의 경우는 '증'도 아니고 '장'이라는 점. 왜 '증'이 아니라 '장'이냐 하면 실제 일본의 '교원면허장'을 보면 운전면허증처럼 조그만 카드 크기가 아니라 A4 용지 정도의 크기로 돼 있기 때문에 '장'을 쓰는 것 같습니다. 물론 개인적인 추측입니다.

62. 어불성설입니다 : 理屈に合わないです

일본에는 어불성설(語不成說)이라는 사자성어가 없죠. 그러니 이처럼 '사리에 맞지 않는다'는 식으로 풀어서 번역할 수밖에 없겠죠.

> 日　한국의 사자성어 '어불성설'은 말이 안 된다, 사리에 맞지 않는다는 뜻으로서 일상의 대화에서도 종종 쓰는 표현입니다. 다만, 한자 교육이 유명무실해진 터라 한자어에 약할 수밖에 없는 젊은 층의 경우는 어떤지 저도 잘 모르겠습니다.

63. 덮고 넘어간다 한들 : 蓋をしてやり過ごしたって

「蓋をする」는 기본적으로는 '뚜껑을 덮다'라는 말이지만 이렇듯 비유적으로도 사용합니다. 그리고 비유적으로 '무마하다'는 뜻으로 쓰이는 「揉み消す」도 몰랐던 분은 외워 두시길 바랍니다. 저는 「揉み潰す」라는 단어도 외우고 있었는데 이건 요즘에는 이런 의미로는 거의 안 쓰이는 모양입니다.

64. 얼마 안 가 : やがて

일본어를 공부할 때 사전을 일일이 뒤지는 건 참 귀찮죠. 그냥 교재에 뜻풀이 몇 개 되어 있는 걸 보고 그걸로 외우고 만족하기 십상이죠. 저 역시 그랬습니다. 제 기억에 제가 본 교재 속 뜻풀이가 대부분 결국, 끝내, 마침내, 드디어 등이라고 돼 있어서 그렇게 알았던 기억이 있습니다. 물론 이런 뜻풀이로 번역해도 별 이상할 거 없이 매끄러운 경우가 많죠. 그런데 한참 지난 후에 어떤 문장을 보고 어딘지 문맥상 매끄럽지 않다는 생각에 사전을 찾아봤더니, 이 「やがて」의 '기본적인 뜻'은 머지않아, 얼마 안 있어, 조만간, 곧 등이라는 걸 알게 되었죠. 여러분 중에도 그런 분 안 계시나요? 어쨌건 저는 그랬었습니다. 그리고, 이런 뜻으로 쓰이는 유의어로는 「そのうち」, 「いずれ」 등이 있는데 이것들과 「やがて」의 뉘앙스 차이를 아는 분이 얼마나 될지는 모르겠습니다. 다른 둘은 가까운 시일 내, 조만간 '막연하게' 어떻게 되리라는 뉘앙스인 반면 「やがて」는 일이 그렇게 될 것이 확실하다, 분명하다는 뉘앙스를 지닌 표현입니다.

65. 밝혀질 게 : バレるに

> 日　이 경우의 '밝혀지다'라는 말은 「明らかになる」라는 뉘앙스라기보다는 이처럼 (안 좋은 사실이) 드러나다, 들통나다는 뉘앙스로 쓰인 것이므로 위와 같이 번역해 주는* 게 적절하다고 생각합니다. 「明るみに出る」, 「発覚する」도 역어 후보군에 속하겠고요.

한국어 탐욕과 일본어 貪慾도 미묘하게 다르다

츠리비전 〈TROUT QUEST〉

臆病で警戒心が強い。しかし食性は貪欲で一度本能にスイッチが入ると

겁이 많고 경계심이 강하다. 하지만 식성은 [1] 일단 본능의 스위치가 켜지면

小魚や虫など、何でも捕食する[2   ]。

작은 물고기와 곤충 등, 뭐든 포식하는 **사나운 일면을 겸비하고 있다**.

〈100만 엔의 여자들〉 하나키가 새로운 시도를 하려 하자

君ときたら、どこまで貪欲なんだ。分かった。とことん[3   ]。

자넨 진짜… [4   ]. 알았어. 끝까지 **함께하도록 하지**.

英語もフランス語も完璧に使いこなせるのにドイツ語まで勉強するって？

영어도 불어도 완벽히 구사할 줄 알면서 독일어까지 공부하겠다고?

言語に対する君の貪欲さにはマジで[5   ]。

언어에 대한 네 [6]에는 진짜 **혀를 내두르겠다**.

父さんの遺産を独り占めしたくせに最後に残っている家まで狙うとは

아버지 유산을 몽땅 차지해 놓고 마지막 남은 집까지 노리다니

本当に貪欲な人間だね。亡くなった父さんが見たら[7]するわ。

진짜 [8] 인간이네. 돌아가신 아버지가 보신다면 **장탄식을 할 거야**.

国内の文学賞を[　　9　　]、海外にまで目を向けるなんて貪欲だな。

국내 문학상을 **모조리 휩쓸어 놓고** 외국에까지 눈을 돌리다니 [　　10　　].

まぁ、そこがお前の[　11　]なんだけどな。

하긴, 그게 너의 **특장점**이긴 하지만.

[　　12　　]あの[　13　]は[　　14　　]

탐욕스럽기 짝이 없는 저 **대부업자**는 **당일 대출을 미끼로**

客を[　15　]、[　16　]も守らないで[17]を[　18　]。

손님을 **물어 오라**며 **근로기준법**도 지키지 않고 **직원을 혹사시킨다**.

市場に[19]が溢れている状況でも[　20　]危険な[21]に

시장에 **악재**가 넘쳐나는 상황에서도 **탐욕을 부려서** 위험한 **장외주**에

[　22　]、部長は[　　23　　]であるかのような態度だ。

투자하겠다는데도 부장은 **강 건너 불구경**하는 듯한 태도다.

해설

키요미야 코타로 선수가 고교 졸업 후 닛폰햄 프로야구 선수로 발탁됐을 때 인터뷰에서 한 말인데(정확한 워딩은 기억이 안 남) 貪欲さ야말로 자신을 성장시키는 발판이라는 식으로 말합니다. 한국에서는 '탐욕스러움'을 공공연한 인터뷰 자리에서 자랑스레 내세우지 않잖아요? 이렇듯 일본어 貪慾과 한국어 '탐욕'의 쓰임새와 뉘앙스도 서로 다릅니다. 한국어 '탐욕'은 나쁜 의미로만 쓰이는 데 반해서 일본어 「貪欲」는 좋은 의미의 욕심이라는 뉘앙스로도 쓰인다는 말이죠. 몇몇 일본인 말로는 오히려 긍정적인 의미로 쓰일 때가 많다는 말까지 할 정도입니다. 지금껏 몰랐던 분은 일본 드라마든 영화든 혹은 뉴스든 이 일본어 '탐욕'이 쓰인 사례를 유심히 살펴보세요. 그러면 정말로 일본은 '탐욕'이라는 한자어를 긍정적 의미로 쓰는 예가 대단히 많다는 걸 깨닫게 될 겁니다. 그러니 「貪欲」를 한국어로 번역할 때는 그대로 '탐욕'이라고 해도 되는지 아닌지를 명확하게 판단해야겠고, 긍정적인 뉘앙스로 쓰인 경우라면 문맥에 맞게 적절히 의역을 해 줘야겠죠. 이에 반해 「強欲」라는 말은 탐욕보다 정도가 더 심한 말로서, 좋은 의미로 쓰이는 일은 없는 한자어라고 합니다. 그러니 거꾸로 한국어 '탐욕'의 경우는 일본어 '강욕'으로 번역해야 적절한 경우가 많겠죠.

모범 답안

1. 貪欲で(どんよく) ： **탐욕스러워서**

「しかし食性は貪欲で」 부분은 조금 애매하긴 합니다. 이것만으로는 작가가 어떤 의미로 말한 건지 파악하기 힘드니까요. 하지만 작가 혹은 피디가 자기 방송에 나오는 물고기를 헐뜯으려 할 가능성은 적으니 나쁜 의미로 쓴 게 아니라고 판단한다면 '식성(먹성)은 왕성해서', 또는 '먹는 욕심은 많아서' 정도로 번역해야 되겠죠.

2. 사나운 일면을 겸비하고 있다 ： **獰猛(どうもう)な一面を併(あわ)せ持つ**

'사납다'는 말의 한자어로 자주 쓰이는 말이니 몰랐던 분은 외워 두시기를.

> 日　이 「併せ持つ」를 '겸비한다'라고 하면 한국어로서 조금 부자연스럽습니다.

3. 함께하도록 하지 ： **つき合わせてもらうよ**

이 「付き合う」라는 말은 '사귀다'라는 뜻만 있는 게 아니죠. 술자리에 같이 가는 것도 「付き合う」, 또 「ちょっと付き合ってくれる？」라고 하면 어디 좀 같이 가자는 말이죠. 어떤 영화에서는 시각장애인인 여주가 남주와 맞선을 보는 자리에서 「私の障害とどう付き合っていくかは…」라고 합니다. 어떤가요? 번역하기 쉽지 않겠죠? 번역자는 '어떻게 감당해 나갈지는'이라고 번역했던 걸로 기억합니다. 비슷한 표현으로 「ご一緒する」라는 표현도 있습니다.

4. どこまで貪欲なんだ ： **욕심은 어디까지인지**

이건 부정적인 의미로 말한 게 아니니 '탐욕스러운 건지'로 번역하면 안 되겠죠. 그리고 직역하면 어색한 한국어가 되니까 이런 식으로 도치시켜서 표현하는 게 좋겠죠.

5. 혀를 내두르겠다 ： **舌を巻くよ**

몰랐던 분은 이번에 확실히 기억해 두시기를.

6. 貪欲さ ： **욕심, 끝 모를 성취욕, 추구욕, 갈구욕**

따라서 이 경우는 이런 식으로 의역해 줄 수밖에 없겠죠. 저는 위에 제시한 것 정도밖에 생각나지 않는데 더 걸맞은 표현이 생각나시면 가르쳐 주세요.

7. 장탄식 : 長大息<ruby>ちょうたいそく</ruby>

「長嘆息<ruby>ちょうたんそく</ruby>」도 사전에 있는데 이런 표현도 있습니다. 주로「長大息をつく」,「長大息をもらす」라는 형태로 씁니다. 참고로 아주 옛날에, 한창 일본의 유명한 소설가의 원서를 보며 공부할 때 보고 외웠던 기억이 나는데, 확인차 일본 사람에게 물어보니 처음 듣는다는 반응이었던 걸 보면 소설 같은 데서나 나오지 일상의 대화에서는 안 쓰고, 특히 젊은 사람들은 모르는 사람이 많은 모양입니다. 그래서 검색을 해 봤더니 역시 소설 등 문어에서는 검색이 되니까 참고하시기를(블로그 글에는 검색된 사례 캡처한 거 올려놨는데, 지면 절약상 생략합니다).

8. 貪欲な : 탐욕스러운

9. 모조리 휩쓸어 놓고 : 総<ruby>そう</ruby>なめにしておいて

상 등을 모조리 휩쓰는 건 이렇게 표현하니까 외워 두시기를.

> 日 '함께하다'는 하나의 독립된 단어로서 사전에 올라 있으므로 기본적으로 붙여 써야 합니다. 바로 위에서 언급한「ご一緒する」와 비슷한 개념이죠.

10. 貪欲だな : 욕심도 많아

11. 특장점 : 持ち味

이「持ち味」라는 말도 번역하기 꽤 까다로운 단어죠. 식재료가 원래 갖고 있는 맛이라는 의미가 확장 돼서 그 사람이나 사물만의 독특한 특색, 특징, 개성, 맛이라는 뉘앙스로, 주로 좋은 의미로 쓰이죠. 특 장점이란 특색(특징)이자 장점이라는 말이니 문맥에 따라서는 이「持ち味」의 역어 후보군에 들 수 있 겠죠. 그리고 일본은 '특장점'이라고 하지 않고 그냥「特長<ruby>とくちょう</ruby>」라고 합니다.

12. 탐욕스럽기 짝이 없는 : 強欲極<ruby>ごうよくきわ</ruby>まりない

일본어 '탐욕'은 위에서 살펴봤듯 나쁜 뜻으로도 좋은 뜻으로도 쓰이지만 일본어 '강욕'은 나쁜 뜻으로 만 쓰입니다. 그러니 한국어 '탐욕'을 번역할 때는 아예 強欲이라고 번역해 버리면 오해(?)의 여지가 줄겠죠. 그리고 '~기 짝이 없다'라는 표현은「極まりない」라고 하면 무난하겠죠.

> 日 '~기 그지없다'라고도 하고 이 경우는 붙여 씁니다.

13. 대부업자 : 貸金業者^{かしきんぎょうしゃ}

일본은 대부업자를 '대금업자'라고 합니다. 그리고 '대금' 부분은 훈독이라는 점도 유의하세요. 참고로 (악덕)고리대금업자는 「高利貸業者^{こうりがしぎょうしゃ}」 또는 「闇金業者^{やみきん}」라고 하는데 그냥 「高利貸し」만으로 사람을 지칭하기도 합니다. 다만, 전자의 경우는 한국의 악덕 고리대금업자와 달리 법적 테두리 안에서 영업을 하지만, 상한 금리를 지키지 않는 경우가 많아서 일반인들이 느끼기에는 「闇金」이랑 별반 차이가 없다고 합니다. 참고로 「闇金」은 「闇金融」를 줄인 말입니다.

14. 당일 대출을 미끼로 : 即日融資を餌に・囮に^{そくじつゆうし えさ おとり}

일본은 당일 대출을 '즉일융자'라고 합니다. 그리고 '미끼'의 일본어는 餌라는 걸 아는 분은 많을 테죠. 그래서 블로그에 썼던 글에는 모범 답안으로 囮를 제시했었는데 감수자님이 위와 같이 「餌に」로 바꿔 놨더군요. 이상하다 싶어서 다른 일본인들에게도 물어봤더니 한 일본인은 囮의 경우는 주로 사람 같은 생물의 경우에 쓴다고 하더군요. 하지만 검색해 보면 그렇지 않은 사례도 많이 발견된다고 검색 사례들을 제시했더니, 그 일본인이 자기가 잘못 알고 있었던 것 같다고 하더군요. 또한 두 번째 감수자님도 틀린 건 아니고, 다만 「餌に」라고 하는 게 더 일반적인 것 같다는 말을 덧붙였습니다.

"여담 하나 하겠습니다

이런 사례를 보더라도 우리가 명심해 둬야 할 건, 이처럼 한 단어나 표현에 대해서도 저마다 의견이 갈리는 경우가 꽤 많다는 사실입니다. 저도 개인적으로 일본의 어학 Q&A 사이트를 애용하고, 많은 도움을 받고 있지만, 일본인의 답변이라고 해서 곧이곧대로 믿어선 안 된다는 겁니다. 이건 우리도 마찬가지죠. 그 사이트들에서 한국어에 관한 일본인들의 질문에 한국인이 답변해 놓은 걸 보면 엉터리가 꽤 많습니다. 그 원인으로는, 그 한국인이 일본어를 잘못 알고 있어서, 혹은 한국의 일본어 사전 속 뜻풀이를 맹신해서 잘못된 답을 다는 경우도 있지만, 그 한국인이 한국어를 잘못 알고 있기 때문인 경우도 있습니다. 그러니 일본인의 말이라고 무조건 믿지 말고 재차, 삼차 확인해 볼 필요가 있습니다. 지역에 따라 연령대에 따라서도 의견이 엇갈리기도 하니까요.

15. 물어 오라며 : 釣ってこいと^つ

16. 근로기준법 : 労働基準法

우리는 근로기준법이라고 하는데 일본은 '노동기준법'이라고 합니다.

17. 직원 : 社員

18. 혹사시킨다 : こき使う

아는 분도 많겠지만 몰랐던 분은 이 기회에 외워 두세요. 「人使いが荒い」라는 표현도 더불어 외워
두시기를.

19. 악재 : 悪材料

우리는 악재라고 하는데 일본은 악재료라고 합니다. 당연히 호재도 호재료라고 하겠죠.

20. 탐욕을 부려서 : 強欲に走って

따라서 이 경우의 한국어 '탐욕'은 일본어 '강욕'이라고 해 주는 게 낫겠죠. 그리고 일본어 '강욕'을 사
전에서 찾아보면 명사와 형용동사라고 나와 있는데 명사로 쓰이는 경우보다 형용동사적으로 쓰이는
일이 많다고 합니다. 예컨대 「強欲な人間(탐욕스런 인간)」, 「底知れない強欲さ(끝 모를 탐욕)」처럼요.
그리고 일본에선 「欲を張る」라고는 하지만 「強欲を張る」라고는 하지 않습니다. 따라서 한국어 '부
리다' 부분은 위와 같이 표현해 줄 수가 있겠습니다.

21. 장외주 : 店頭株

일본은 '장외주'를 이렇듯 '점두주'라고 합니다. 장외 시장도 '점두시장'이고요.

22. 투자하겠다는데도 : 投資すると言ってるのに

여기서도 또 '테이루' 형태의 표현이 나왔죠.

> 日 　이 경우 한국에서도 '투자하겠다고 말하고 있는데도'라고 해도 의미는 통하겠지만 이걸 굳이 '말
> 하고 있는데도'라고 하면 매끄럽다고 볼 수는 없습니다. 또한 '말하다'도 빼고 이와 같이 '투자하
> 겠다는데도'라고 하는 게 군더더기 없이 깔끔한* 표현이 되는 경우가 많습니다.

23. 강 건너 불구경 : 対岸の火事 · 高みの見物 · 隔岸観火

복습의 의미로 셋 다 적어 놨습니다.

일본인에게 止揚(지양)하라고 하면 "응?" 한다

[1   ]は[2]、これからは国民の[3   ]、
소모적인 패권 경쟁은 지양하고, 지금부터는 국민 화합에 주안점을 두고

皆が[4]いかなければならない。
모두가 합심해 나가지 않으면 안 된다.

今度の新作では、過度な美辞麗句と修辞的表現は[5]、
이번 신작에서는 과도한 미사여구와 수사적인 표현은 지양하고

簡潔で[6]文体で勝負した結果、かえって[7]が誕生した。
간결하고 건조한 문체로 승부한 결과 도리어 감동의 대작이 탄생했다.

過度な[8]の[9]を通じた[10]の確保、[11]の整理および
과도한 외화 반출 지양을 통한 외환보유고 확보, 부실 채권 정리 및

[12]危機の対策を整えるなど[13]のため総力を傾けた。
금융경색 위기 대책 마련 등 경제 회생을 위해 총력을 기울였다.

[14]の時[15]の[16]を[17]勧告したが[18]だった。
건강검진 때 수면유도제의 과다 복용을 지양하라고 권고했지만 우이독경이었다.

[19]凡人は何でも信じやすく、疑いやすいものである。
모름지기 범인은 뭐든 [20   ] 법이다.

そんな両極端を止揚してこそ真の賢人と言えよう。
그런 양극단을 [21   ] 진정한 현인이라 할 수 있으리라.

한국이나 일본이나 止揚이라는 한자어는 독일 철학 용어인 Aufheben이라는 말에서 파생된 것이라고 하는데, 한국어 '지양'은 그 의미가 변하고 쓰임새의 폭이 넓어져서 일상생활 속에서도 빈번히 쓰이게 된 반면, 일본어 「止揚」은 지금도 원래의 전문 용어로밖에 쓰이지 않습니다. 그런데도 인터넷 등을 보면 이걸 그대로 止揚이라고 번역해 놓은 게 수두룩한데, 그렇게 하면 일본 사람들은 알아듣지를 못합니다. 그러니 이 '지양'을 일본어로 번역할 땐 상황과 문맥에 맞게 적절히 의역할 수밖에 없겠죠. 참고로 한국어 '지양'에 대해 제시한 답안은 그게 정답이라는 뜻이 아닙니다. 제가 제시한 답안 말고도 그와 비슷한 의미를 지닌 말이라면 뭐든 가능합니다.

모범 답안

1. 소모적인 패권 경쟁 ： 不毛な覇権争い

한국은 소모적인 논쟁(정쟁), 소모적 다툼, 소모적 갈등 등등 '소모적'이라는 표현을 아주 자주 쓰지만 일본은 그렇지 않습니다. 정말로 뭔가를 소모하는 경우에 국한돼서 쓰지 한국처럼 비유적, 관용적으로 쓰지는 않는데도 이 역시 온통 「消耗的」이라고 해 놓은 게 많습니다. 일본인들에게 물어본 결과도 뭘 말하려는지 뜻은 알겠지만 일반적인 표현은 아니라는 반응들이었습니다. 한 사람은 태어나서 처음 봤다면서 "이 문맥에서 도대체 뭘 소모한다는 거죠?"라더군요. 그러니 이 경우는 위와 같이 의역해 주는 게 낫습니다. 또한 한국에서의 '패권 경쟁'이라는 말도 그대로 覇権競争이라고 하지 않고 위와 같이 쓰는 게 일반적입니다. 몇몇 분은 그런 표현은 처음 본다고도. 앞서 '실적 경쟁'도 그랬지만 '경쟁'이라는 말에서 느끼는 어감이나 인식, 쓰임새도 한국과는 미묘하게 다르다는 것이죠.

2. 지양하고 ： やめて · 回避して

따라서 이걸 그대로 한자로 止揚이라고 옮기면 일본 사람들은 못 알아듣습니다. 그리고 우리의 경우 무엇을 회피한다고 하면 약간 부정적 뉘앙스가 있죠. 하지만 일본은 이렇듯 능동적인 뉘앙스로도 사용합니다.

3. 화합에 주안점을 두고 ： 和に主眼を置いて

'화합'은 앞에서 나왔죠. 또한 일본에선 이렇듯 '주안'이라고 합니다.

4. 합심해 :　心を合わせて

일본은 合心이란 한자어를 안 씁니다. 사전에도 없습니다.

5. 지양하고 :　避けて · 控えて

6. 건조한 :　乾燥した

일본어 「乾燥」는 이렇듯 동사로 쓰입니다. 동사로 쓰인다는 걸 알리기 위해 이걸 모범 답안으로 제시했지만, 「ドライな文体」, 「乾いた文体」라고 하는 게 일반적인 것 같습니다.

7. 감동의 대작 :　感動巨編

일본도 「感動の大作」이라고 하지만 이것도 알아 두시라고….

8. 외화 반출 :　外貨持ち出し

이 '반출'이란 한자어의 뜻과 쓰임새도 다릅니다. 이 역시 1권에 넣기는 힘들 것 같네요. 아울러 외화 반입은 「外貨持ち込み」라고 합니다.

9. 지양 :　自肅

10. 외환보유고 :　外貨準備高

일본에선 이와 같이 '외화준비고'라고 합니다. 여기서 또 한 가지 주의할 것은 '외환'이 아니라 '외화'라는 점과 高는 훈으로 읽는다는 점.

11. 부실 채권 :　不良債権

'부실'이란 한자어 역시 뜻과 쓰임새가 완전 딴판입니다. 아래 글 읽어 보시면 아마도 깜짝 놀랄 겁니다.

🔍 블로그 '부실한 남편'과 「不実な夫」는 정반대의 뜻?

12. 금융경색 :　金融逼迫

이 역시 '경색'이 아니라 '핍박'이라고 하는 게 일반적입니다.

13. 경제 회생 : 経済再生

14. 건강검진 : 健康診断

일본은 '건강검진'이라고 하지 않고 '건강진단'이라고 합니다.

15. 수면유도제 : 睡眠導入剤

(どうにゅうざい)

일본은 이처럼 '유도'라는 표현이 아니라 '도입'이라는 표현을 씁니다.

16. 과다 복용 : 過剰摂取

(かじょうせっしゅ)

일본은 이렇듯 '과잉섭취'라는 표현이 가장 일반적입니다. 그런데 혹시나 해서 검색을 해 봤더니 '과다섭취'라는 표현도 검색이 되긴 하더군요. 그래서 확실히 알기 위해 일본인에게 물어봤더니 역시나 이런 경우는 '과잉섭취'라고 하는 게 자연스럽다고 합니다. 그리고 '과다'를 쓸 때도 한국처럼 앞에다 붙이는 게 아니라 「○○過多」와 같이 뒤에 붙이는 게 일반적이라고 하니 참고하시길.

17. 지양하라고 : 避けるよう · 慎むよう

(つつし)

18. 우이독경 : 馬の耳に念仏

(ねんぶつ)

19. 모름지기 : すべからく

20. 信じやすく、疑いやすい : 쉽게 믿고, 쉽게 의심하는

이걸 '믿기 쉽고, 의심하기 쉬운'이라고 번역하기 십상이죠. 왜냐하면 일본어를 배울 때 「~やすい · ~にくい」 형태의 표현은 으레 '~기 쉽다, ~기 어렵다'로 배웠을 테니까요.

21. 止揚してこそ : 보다 높은 차원으로 승화시켜야 비로소

| 日 | 이걸 그대로 '지양'이라고 번역하면 거의 99%의 한국 사람들은 '피해야, 삼가야, 하지 말아야' 등의 뉘앙스로 이해할 겁니다. |

知恵を使え、知恵を！ でないと [1] で練習したって [2] あいつには

[3   ]！ 안 그러면 **불철주야**로 연습해 봤자 **영악한** 그놈한테는

[4   ] やられっちまうぞ。

속수무책으로 당하고 말아.

お金が無けりゃ知恵を使えばいい。そしたら君も俺みたいに [5] できる。

돈이 없으면 [6]를 쓰면 돼. 그렇게 하면 너도 나처럼 **호의호식**할 수 있어.

俺も [7] には [8   ]。

나도 **유년기 때**는 앞날이 깜깜했다고.

ガキのくせに知恵使いやがって！ [9] 勉強しないで

어린 녀석이 [10   ]！ **꾸준하게** 공부하지 않고

そんなふうに [11   ][12] になるかもよ。

그런 식으로 **꼼수만 쓰다간** 유급될지도 몰라.

[13   ] だろうが、[14] を使わないで知恵を絞った ^(きばつ)**奇抜な表現**だね。

번역하기 까다로웠을 텐데 **상투적 문구**를 쓰지 않고 [15   ] 기발한 표현이네.

あの方は [16] がある上、いつも努力するから人生順風満帆なのよ。

저분은 지혜가 있는 데다가 늘 노력하니까 인생이 [17   ]인 거야.

あんたも [18   ] 知恵を [19]。

너도 **저분을 본받아서** 지혜를 길러.

あいつは知恵遅れの子を苛めたので[　20　]から[　21　]だったよ。

저놈은 [　22　] 애를 괴롭혀서 **반 친구들**한테 **따돌림당하는 놈**이었어.

夫に入れ知恵をして結婚指輪を[　23　]他でもなく

남편을 [　24　] 결혼반지를 **팔아먹게 시킨 건** 다름이 아니라

一番[　25　]親友の○○だった。

가장 **믿었던** 절친인 ○○였다.

하야카와 문고 〈용의 기사〉

フランス王に入れ知恵してイングランド王子を捕らえた黒幕

프랑스 왕에게 [　26　] 잉글랜드 왕자를 붙잡게 [　27　]

それは、キャロリナスの[　28　]悪の道に[　29　]魔法使い、マルヴィンだった。

그것은 캐롤리나스의 **옛 친구이자** 악의 길로 **들어선** 마법사 마르빈이었다.

해설

일본어 知恵는 한국어 지혜에 비해 다소 가벼운 뉘앙스로도 쓰입니다. 일본의 知恵란 단어는 '지적 능력'을 의미하는 뉘앙스로도 쓰인다는 거죠. 이 사실을 뒷받침할 만한 표현을 열거해 보자면 일본에는 「知恵遅れ」라는 말이 있습니다. '지능 발달이 늦음, 지적 능력이 떨어짐'을 일컫는 말이거든요. 그리고 모 케이블 TV에서 방영했던 참치잡이 프로에서 「マグロと漁師の知恵比べ(직역 : 참치와 어부의 지혜 겨루기)」라는 표현이 나옵니다. 우리는 이럴 때 '지혜'란 말을 쓰면 일본어로 '오오게사'죠. 이건 '머리싸움' 정도로 번역해 줘야겠죠. 또한 그럴 만한 능력이 안 되거나 배짱이 없는 사람이 어떤 행동을 하는 경우 「誰の入れ知恵だ？」라고 합니다. 누가 그런 잔꾀를 네 머리에 넣어 줬냐, 바꿔 말해 누가 가르쳐 줬냐, 누가 그렇게 하라고 시켰냐는 뉘앙스죠. 문맥에 따라서는 '누구 아이디어냐?'라고 번역할 수도 있겠고요. 다만 「入れ知恵」라는 표현은 대체로 부정적인 뉘앙스로 쓰이는데 그냥 '누구 아이디어'라고 하면 부정적 뉘앙스가 전달되기 힘들겠죠. 그래서 저라면 앞부분에다 부정적 뉘앙스를 담아서 '어떤 놈 아이디어냐?'라고 번역할 것 같습니다. 이것도 글자 수 제한이 있는 영상번역 팁이라고 할 수 있는데, 이렇듯 해당 단어나 표현이 아닌 부분에다 부정적 뉘앙스를 담아서 번역하는 방법도 있습니다. 언젠가 기회가 된다면

'실전 영상번역 드릴' 같은 타이틀로 책으로도 써 보고 싶은데 그럴 수 있는 날이 올까요? 각설하고, 또한 「悪知恵」(わるぢえ)라는 말도 있습니다. 나쁜 쪽으로 굴리는 머리라는 뜻이죠. 마지막으로 「知恵熱」(ちえねつ)이라는 게 있는데, 이건 유아에게 나타나는 원인을 알 수 없는 발열 현상을 뜻합니다. 그런데 왜 '지혜열'이라는 이름을 붙였느냐 하면 '지능'이 막 발달하기 시작할 무렵, 또는 젖니가 날 무렵에 나타나는 원인 불명의 발열이라고 생각했기 때문에 이런 이름이 붙여졌다고 합니다. 젖먹이 무렵의 유아가 (한국어)지혜가 생길 리 만무하잖아요? 그리고 이 「知恵熱」는 요즘은 머리를 너무 썼을 때 나는 열을 뜻하기도 합니다. 참고로, 이 '지혜열'을 어떤 뜻으로 쓰고 있는지를 묻는 설문조사를 실시한 결과, 원래의 뜻으로 쓴다는 답을 한 사람이 45.6%였고, 후자의 뜻으로 알고 있고, 그렇게 쓴다고 답한 사람의 비율이 40.2%였다고 합니다. 그리고 연령대가 낮을수록 후자의 뜻, 연령대가 높을수록 원래의 뜻으로 쓴다는 비율이 높았다고 합니다. 아무튼 이런 예들을 봐도 한국어 '지혜'와 일본어 '지혜'는 쓰임새와 뉘앙스가 다르다는 걸 알 수 있죠. 그러니 일본어 知恵를 번역할 때도 그대로 '지혜'로 번역해도 괜찮은 경우인지, 전후 문맥과 상황을 잘 살펴서 유연하게 번역하도록 해야겠죠.

日	한국에서 '지혜'라는 말은 지적 능력을 넘어서 현명하고 슬기롭게, 사리를 잘 분별해서 일에 대처하는 정신적 능력을 뜻하는 말로 쓰입니다.

모범 답안

1. 불철주야 : 昼夜兼行(ちゅうやけんこう)

일본은 '불철주야'라는 사자성어가 없고 이와 비슷한 말로서 '주야겸행'이 있습니다. 다만, 일상생활 속의 대화에서 쓰일 일은 많지는 않다는데, 문어적으로, 혹은 뉴스 같은 데서는 꽤 자주 접하는 사자성어입니다. 이를 증명하듯이 한자 능력 검정 시험에서도 비교적 쉬운 편인, 중학교 재학 레벨인 4급에 속한다고 하니까 그리 보기 드문 사자성어는 아니라는 점도 알아 두시길.

2. 영악한 : 悪知恵(わるぢえ)の働く · ずる賢い(がしこ)

위의 해설에서 설명했듯이 일본어 '지혜'는 이런 뉘앙스로도 쓰인다는 겁니다.

3. 知恵を使え、知恵を : 머리를 써, 머리를

4. 속수무책으로 : 成す術もなく

일본은 '속수무책'이라는 사자성어가 없죠.「手も足も出ず」도 기억해 두시길.

5. 호의호식 : 暖衣飽食 · 贅沢三昧

일본은 위와 같이 '난의포식'이라고 합니다. 오늘날 일본의 젊은이들은 사자성어를 잘 모르고, 또 잘 안 쓰는 사람이 많은 탓인지 이 '난의포식' 역시 아는 사람은 별로 없는 것 같습니다. 그러니 일상의 대화에서는 후자로 표현하는 게 의사소통에 무리가 없겠죠.

6. 知恵 : 머리

돈이 없으면 지혜를 쓴다? 이 문맥에서 '지혜'란 말을 쓰면 한국의 한자어 '지혜'의 격을 떨어뜨리는 거겠죠.

> 日 한국에는 '지혜롭다'는 형용사도 있는 데, 예컨대 '지혜로운 사람'이라고 하면 머리를 잘 굴리는 사람, 또는 머리가 좋은 사람이란 뜻이 아니라 사리를 잘 분별해서 매사에 현명하고 슬기롭게 대처할 줄 아는 사람을 뜻합니다.

7. 유년기 때 : 幼少期

우리는 유년기라고 하지만 일본은 이렇듯 '유소기'라고 합니다. '영유아'도 일본에선「乳幼児(유유아)」라고 하죠. 그리고 이걸「幼少期の時」라고 하면 이중 표현이 돼서 일본인들은 매끄럽지 않다고 느끼는 모양입니다.

> 日 저도 이번에 국어사전을 찾아보고 놀란 사실인데 표준국어대사전에는 영유아(嬰乳兒)라는 말이 등재돼 있지 않더군요. 오히려 '유유아'가 등재돼 있는데 한국에서 '유유아'라고 하는 사람은 거의 없을 겁니다. 참고로 고려대 한국어대사전에는 '영유아'가 등재돼 있습니다.

8. 앞날이 깜깜했다고 : お先真っ暗だったぞ

일본은 관용적으로 위와 같이 표현합니다. 또 강조하지만 표현 자체를 통째로 외우세요.

9. 꾸준하게 ：　地道に

> 日　일본인들의 경우 한국어 '꾸준하다'라는 말의 뉘앙스를 파악하는 게 쉽지 않은 모양이던데 맞나요? 실제로 '꾸준하다'를 사전에서 찾아봐도 이 경우의 '꾸준하다'에 해당하는 일본어 표현을 예시해 놓은 게 없습니다. 이 경우의 '꾸준하다'는 어떤 일을 성실하게, 착실하게, 게으름 피우지 않고 끈질기게 계속해 나가는 모습을 뜻하는 말이죠. 한국어 '꾸준하게'는 위와 같이 번역해야 적절한 경우가 있다는 걸 이 기회에 알아 두시기를. 그리고 문맥에 따라서 「コツコツ」도 '꾸준하게'로 번역할 수 있습니다.

10. 知恵使いやがって ：　잔머리나 굴리고

11. 꼼수만 쓰다간 ：　ズルばかりしてたら

한국어 '꼼수'를 일본어로 뭐라고 하는지 몰랐던 분은 이참에 알아 두시기를. 그리고 '즈루'를 히라가나로 표기하면 히라가나가 연속돼서 한눈에 들어오지 않는 경우가 많기 때문인지 위와 같이 카타카나로 표기하는 경우가 많더군요.

> 日　일본 사이트를 돌아다니다 보면 이 '꼼수'라는 말도 적절히 번역해 놓지 못한 사례가 종종 눈에 띕니다. 일본인들 중에는 한국어 꼼수라는 말이 단번에 딱 와닿지 않는 사람도 꽤 되나 봅니다. 한국어 꼼수는 이렇듯 '즈루'라는 뉘앙스로 쓰이는 말입니다.

12. 유급 ：　留年

이것도 아는 분이 많겠지만, 유급을 일본에선 '유년'이라고 합니다.

13. 번역하기 까다로웠을 ：　訳しづらかった

14. 상투적 문구 ：　常套句

일본은 이렇듯 '상투구'라고 하는 게 일반적입니다. 그리고 '문구'라고 할 경우에도 **常套的文句**가 아니라 '적'을 빼고 「常套文句」라고 표현합니다. 이와 비슷한 표현으로서 「決まり文句」가 있는데 이게 더 구어적으로 느껴진다고 합니다.

15. 知恵を絞った : 머리를 짜낸

> 日　한국에서는 번역을 기발하게 했다고 해서 '지혜'라는 말을 쓰진 않습니다.

16. 지혜 : 知恵

이렇듯 일본도 한국과 비슷한 뜻으로도 **知恵**를 씁니다. 일본도 원래 사전적 의미는 한국과 비슷하기 때문이죠.

17. 順風満帆 : 만범순풍

> 日　일본은 순풍만범이라고 하지만 한국은 만범순풍이라고 합니다. 그런데 이 '만범순풍'을 아는 한국 사람은 그리 많지 않을 겁니다. 실생활에서 쓰이는 일도 거의 없고요. 한국에서 널리 쓰이는 표현은 '순풍에 돛 단 듯'이라는 표현입니다. 예문에 맞게 번역한다면 '순풍에 돛 단 거야' 정도가 되겠는데, 더 자연스러운 한국어 표현으로 고치자면 '순풍에 돛 단 듯한 인생인 거야' 정도가 되겠습니다.

18. 저분을 본받아서 : あの方を見習って

이 퀴즈의 정답을 「に見習って」라고 답한 분이 꽤 계실 거라 생각합니다. 그도 그럴 것이 한국의 일본어 사전에도 「に」라고 해 놓은 예문이 있을 정도고, 실제로 일본인들도 그렇게 쓰는 사람이 많기 때문입니다. 검색을 해 봐도 수없이 많은 사용례가 검색될 뿐 아니라, 일본의 모 일영 사전 사이트에서조차 「に見習うべきだ」를 영어로 뭐라고 하는지 설명하고 있는 게 있을 정도니까요. 하지만 「に」라고 하는 건 오용이고 「を」를 써야 올바른 용법이라고 합니다. 참고로 이 역시 감수 과정에서 걸러지는지 알아보기 위해 「に見習って」라고 해서 보냈는데 두 감수자님 공히 손을 대지 않았습니다.

19. 길러 : 養いな

지혜를 '기르다'는 표현을 일본은 이와 같이 합니다. 일본은 「なさい」를 줄여서 이렇게 「な」로 끝내는 말투를 종종 씁니다.

20. 반 친구들 : 同級生 · クラスメート

드라마나 애니를 보면 우리가 '반 친구'라고 할 장면에서 일본은 동급생이라고 하는 걸 종종 봅니다. 하지만 엄밀히 말하면 **同級生**은 같은 학년 학생을 뜻하는 말입니다. 그리고 요즘은 「級友(급우)」라는 표

현은 잘 하지 않고 「クラスメート」라고 하는 게 더 일반적입니다. 참고로, 우리는 친하든 친하지 않든 이처럼 친구라는 표현을 쓰지만, 일본의 경우는 같은 반 학생이라도 웬만큼 친하지 않으면 「友達」라는 표현은 잘 쓰지 않는다고 합니다. 그리고 앞부분은 빼고 속어적으로 「ダチ」라고도 하고, 표기는 카타카나로 하니까 몰랐던 분은 외워 두세요.

21. 따돌림당하는 놈(제껴 놓은 놈) : 鼻つまみ者

'따돌림당하는'이라는 걸 보고 퍼뜩 소위 말하는 왕따를 떠올린 분들도 아마도 있겠죠? 「鼻つまみ者」라는 말은 별다른 잘못도 없는데 집단 따돌림을 당하는 경우에 쓰는 말이 아니라, 당사자한테 명백한 잘못이 있어서 다른 사람들이 싫어하는, 그래서 배척하고 피하고 따돌리는 사람을 뜻하는 말입니다. 여기선 애를 괴롭힌다는 내용이 있으니 위와 같이 말할 수 있겠죠. 우리 식으로 말하자면 '뭐가 더러워서 피하지 무서워서 피하냐'에 해당하는 사람이겠죠. 쉽게 외우는 힌트를 드리자면 냄새가 지독하면 코를 쥐고 코를 막잖아요? 이 '코를 쥐다'가 일본어로 「鼻をつまむ(집다)」입니다. 즉, 코를 집게(쥐게) 하는 사람이라는 뜻인 거죠. 유사한 표현으로서 「除け者にされる」와 「仲間外れになる」라는 표현도 외워 두시기를.

> **日** 참고로 '제끼다'는 비표준어이지만 일상생활 속에서 두루 쓰이는 말이기 때문에 한국의 표준국어대사전에도 일단은 등재해 놓은 말입니다.

22. 知恵遅れの : 지적 장애가 있는

23. 팔아먹게 시킨 건 : 売り払うように仕向けたのは

일본어 「売り払う」는 살짝 부정적 뉘앙스로 쓰일 때가 많습니다. 따라서 '팔아먹다', '팔아 치우다' 같은 경우 이렇게 번역해 주면 되겠죠. 한국어 '시키다'는 이처럼 「仕向ける」라는 동사를 써서 번역해 주는 방법도 있으니 몰랐던 분은 이참에 익혀 두시기 바랍니다. 참고로 '팔아먹다'는 붙여 쓰고 '팔아 치우다'는 띄어서 씁니다(붙여 쓰는 걸 '허용'은 합니다).

24. 入れ知恵をして : 부추겨서

일본어 「入れ知恵」는 동사적으로도 쓰이는데 이런 문맥에서는 이와 같이 부추겨서, 꼬드겨서, 사주해서 등으로 번역해 줄 수도 있겠죠.

25. 믿었던 : 信用していた

이 '신용'이라는 한자어도 한국과 일본에서 미묘한 쓰임새 차이가 있습니다. 일본이 더 쓰임새의 폭이 넓습니다. 예를 들어 연인이 다정한 밀어를 주고받으면서 "너 나 믿지?", 혹은 여자를 어찌 해 보려고 꼬시는 장면에서 "오빠 못 믿어?"라고 하는 경우에도 일본은 이 '신용'이라는 한자어를 쓰지만 우리는 그렇지 않죠. 그리고 한국어 '신용'은 원칙적으로 동사로 쓰이지 않습니다. 표준국어대사전에 '신용하다'라는 동사는 없습니다. 그런데 한국 사람 중에서도 '신용하다'라는 식으로 쓰는 걸 간혹 보는데, 이역시 일본어를 그대로 한국어로 직역하다 보니 퍼진 거겠죠, 아마도? 이유야 어쨌든 '신용하다'라는 동사로 쓰는 사람도 많아서인지 고려대 한국어대사전에는 '신용하다'라는 동사를 실어 놓았더군요. 그리고 이 경우에도 일본은 '테이루' 형태로 표현을 하죠.

> 日 이 경우에는 한국에서도 '믿고 있었던'이라고 해도 자연스럽습니다.

26. 入れ知恵して : 계책을 알려줘서

23번 퀴즈 같은 일상적 대화가 아닌 데다가 글의 성격상 이와 같이 번역해 주는 방법이 있겠죠.

27. 黒幕 : 사주한 자

이 책을 읽으신 분들께서 일본어 '쿠로마쿠'를 그대로 '흑막'이라고 하면 안 된다는 사실을 부디 널리 알려 주시기를 빌어 봅니다.

28. 옛 친구이자 : 旧友にして

'~이자'를 위처럼도 표현한다는 걸 몰랐던 분들은 이 기회에 외워서 활용해 보시기를 바랍니다. '처음이자 마지막'도 「最初にして最後」라고 하죠.

29. 들어선(나아간) : 走った

앞에서 '탐욕을 부리다'를 「強欲に走る」라고 번역할 수 있다고 했듯이, 이 「走る」라는 단어도 상황에 맞게 다양하게 번역해야 하는 꽤 까다로운 단어죠.

한국어 할애와 일본어 割愛는 정반대의 뜻

今回は [1] 作品が [2] [3] で割愛した作品も多い。

이번에는 **쟁쟁한** 작품이 **즐비했지만 지면 사정**으로 [4] 작품도 많다.

[5] 作品ってことを [6] 紙面を [7] くれたんだって。

심혈을 기울인 작품임을 **높이 평가해서** 지면을 할애해 준 거래.

ほんとに [8] でしょう。だから先生の作品は [9]

정말 **쟁쟁한 면면**이잖아요. 그러니 선생 작품은 **눈물을 머금고**

割愛するしかなかったってことです。

[10] 할 수밖에 없었다는 거예요.

[11] は [12] 集めてきた 「 [13] 日韓の [14] 」 に関する

이 책은 일하는 **틈틈이 짬을 내서** 모아 온 '**같은 듯 다른** 한일 **한자어**' 에 관한

資料を [15] 本であるが、 [16] で [17] が多すぎる。

자료들을 **엮은** 책인데, **지면 사정**으로 뺄 수밖에 없었던 한자어가 너무 많다.

[18]、大切なお時間を [19]

다망하신 가운데 소중한 시간을 할애해서까지

[20] [21]。

수고로운 걸음을 해 주시다니 백골난망입니다.

病院の4階には、隣の建物の空間を一部 [22] 設置した [23] に繋がる

병원 4층에는 옆 건물의 공간 일부를 할애해서 설치한 산후조리원과 연결되는

[24] がある。

연결통로가 있다.

これは今度の [25] で [26] テーマなので [27] 割愛はできません。

이건 이번 개인전에서 필수 불가결한 테마라서 도저히 [28].

해설

보셨듯이 한국어 할애와 일본어 割愛는 정반대의 뜻입니다. 한국어 할애는 '소중한 시간, 돈, 공간 따위를 아깝게 여기지 아니하고 선뜻 내어 줌'을 뜻하지만 일본의 「割愛」는 '아깝다고 생각하는 것을 과감히 단념하고 버리거나, 빼 버리거나 하는 것'을 의미합니다. 그런데도 이걸 모르고 한국어 '할애'를 그대로 割愛라고 번역해 놓은 것들과 그 반대의 예도 종종 눈에 띕니다. 참고로 일본 문화청이 실시한 국어에 관한 여론조사에 의하면 이 '할애'를 본래의 의미인 '아깝다고 생각하는 것'으로 쓴다는 사람은 17.6%, '필요 없는 것을 내놔 버린다, 처분해 버린다'는 의미로 쓴다는 사람은 65.1%였다고 합니다.

모범 답안

1. 쟁쟁한 : 錚々（そうそう）たる

「錚々な」의 형태가 아니라 「錚々たる」의 형태로 쓴다는 점을 유의하시고.

2. 즐비했지만 : 勢（せい）ぞろいだったが

[즐비하다=勢ぞろい]라는 말은 아닙니다. 그리고 일본에도 櫛比(즐비)라는 한자어가 있지만 일상생활에서는 잘 쓰이지 않는 표현일 뿐만 아니라 쓰임새 차이도 있고, 또한 품사도 한국과 달리 동사로 쓰입니다.

3. 지면 사정 : 紙数の都合^{しすう}

일본도 「紙面」이라는 한자어를 쓰지만 이렇게 '지수'라고도 한다는 점.

> 日 한국어 사전에 지수(紙数)라는 단어가 실려 있긴 합니다만, 거의 쓰이지 않는 단어니까 그냥
> 잊어버려도 상관없다고 생각합니다. '지면'과 구별해서 '지수'라는 말을 써야만 하는 상황이라
> 면 '페이지 수, 쪽수' 등으로 번역하는 편이 낫습니다. 한국 사람에게 "지수가 모자라요"라고
> 말하면 紙数가 아니라 指数를 말한 것으로 오해할 수도 있습니다.

4. 割愛した^{かつあい} : 빼 버린, 생략한

이걸 '할애'라고 번역하는 건 완벽한 오역이죠.

5. 심혈을 기울인 : 心血を注いだ^{しんけつ そそ}

이걸 「心血を傾ける」라고 하는 건 오용이라는 건 앞서 나온 거죠? 그리고 복습 차원에서 다시 상기
해 보자면 「全身全霊」는 「尽くす」, 「傾ける」, 「注ぐ」, 그리고 「精魂」의 경우는 「込める」, 「傾
ける」, 「注ぐ」와 짝지어 쓰는 게 일반적이라는 점.

6. 높이 평가해서 : 評価して

일본의 경우 '높게'라는 부사를 빼고 이렇게 '평가'만 써서 '높이, 좋게, 괜찮게, 긍정적으로 평가하다,
평가받다'라는 뜻으로 쓰이는 예를 종종 봅니다. 그러니 이걸 번역할 때는 문맥을 잘 살펴서 위에 열거
한 예 중에서 적절한 부사를 골라서 넣어 줘야 할지 말아야 할지 세심하게 판단할 필요가 있겠죠. 물론
일본에서도 「高く」 등의 부사를 앞에 붙여 주는 경우도 있습니다. 이에 관해서는 뒤에서 다시 다룰 텐
데, 한국어 '평가하다'와 일본어 '평가하다'의 뉘앙스와 쓰임새 차이가 어떤지, 그래서 한국어 '평가'나
일본어 '평가'를 서로 번역할 때 주의해야 할 이유가 왜 있는지 머리에 확 들어오는 예문으로 설명할 테
니 기대해 주시기 바랍니다.

7. 할애해 : 割いて^さ

일본은 한국의 '할애하다'라는 표현을 이처럼 「割く」라고 합니다.

8. 쟁쟁한 면면 : 錚々たる顔ぶれ (そうそう)

'쟁쟁한 면면'을 일본은 이렇게 표현합니다. 일본도 「錚々たる面々」이라는 표현도 하는데, 유의할 것은 '면면'이라는 말은 동급이나 손아랫사람에게 쓰는 말이라고 합니다. 다만 이처럼 앞에 '쟁쟁한'이 붙는 경우는 경의가 내포돼 있기 때문에 손윗사람에게도 쓸 수가 있다니까 참고하시기를.

9. 눈물을 머금고 : 涙を呑んで (の)

일본은 이와 같이 '머금고'가 아니라 '삼키고'라고 표현합니다.

10. 割愛 : 제외

그러므로 일본어 '할애'는 이렇듯 문맥에 맞는 다양한 한국어로 번역해 줘야 하겠죠.

11. 이 책 : 本書

문어체에서는 「この本」이 아니라 「本書」라고 해야 격이 떨어지지 않겠죠.

12. 일하는 틈틈이 짬을 내서 : 仕事の合間を縫って (あいま) (ぬ)

「仕事の合間を縫って」는 꽤 고상한 표현이니까 외워 두면 좋겠죠.

13. 같은 듯 다른 : 似て非なる (に) (ひ)

「似て非なる」역시 격식 차린 말투로서 써먹을 수 있게끔 외워 두세요.

14. 한자어 : 漢語 · 漢字語

우선 일본은 漢字語라는 말이 사전에 없습니다. 가장 권위를 인정받는다는 코지엔 사전은 물론이고, 제가 자주 애용하는 인터넷 사전 중에서도 weblio 사전이 유일하게 이 단어의 뜻을 **'일본어 및 조선어에서 한어 계통 어휘로 대표되는, 한자로 표기될 수 있는 말의 총칭'**이라고 올려놨을 정도일 뿐입니다. 이것이 방증하는 바는, 漢字語라는 말 자체가 최근(?)에서야 비교적 많은 일본의 일반인들이 접하게 됨으로써 사전에 새롭게 등재할 필요를 느껴서 등재했다는 것이겠죠. 이게 무슨 말이냐 하면, 일본에서도 한국어를 공부하는 사람이 늘어났고, 또한 굳이 한국어를 정식으로 학습하는 사람이 아니라도 한류 붐 등으로 한국어를 접하게 되는 사람이 늘어남으로써 한국에서 말하는 '한자어'라는 말이 일본인들 사이에서 회자되는 일이 잦아지다 보니 새롭게 등재한 게 아닌가 싶습니다. 그런데 위의 뜻풀이 또한 일본의 어학자들이 말하는 漢字語라는 용어의 정의와는 또 다릅니다. 이건 중요한 건 아니니 일단 제쳐 두고, 아무튼 다른 사전에는 아예 실려 있지 않은 걸로도 짐작할 수 있듯이 한국어를 모르고 한국에 관심 없는 사람들은 漢字語라고 하면 '이게 뭐지?' 싶은 사람들도 많은 모양입니다. 그리고 한국이나 일본도 원래 漢語(한어)라는 말은 (옛날의)중국어를 뜻하지만, 오늘날의 일본에선 이 漢語라는 말은 **중국에서 유래된 한자로 표기되는 말 중에 음으로 읽는**(音読み)**말을 뜻하는 걸로 바뀌었습니다**. 그런데 한국은 훈으로 읽는 경우가 없으니 한국어 '한자어'를 일본어로 번역할 때는 漢語라고 해 줘야 원래 의미에 가깝게 되는 것이죠. 다만, 위에서도 언급했듯이 일본인들 중에서도 한국어를 공부하는 사람도 많아졌기 때문에 그런 사람들의 경우는 그냥 漢字語라고 해도 뭘 말하는지 알고, 또 그러한 뜻으로 쓰는 사람들이 많아지다 보니 일부 사전에 새로운 표제어로서 등재된 것이겠죠. 그러나 조금 전에도 언급했듯이, 한국에 관심도 없고 한국어도 모르는 일본인에게 漢字語라고 말하거나 쓰면 갸웃하는 일본인들이 꽤 많은 것 같습니다. 실례로 저 역시 일본 블로그에서 그냥 漢字語라고 적어 놓기도 하고, 또 어학 Q&A 사이트에 질문할 때도, 거기서 답변해 주는 사람들 중의 상당수가 한국어에 관심이 있고 한국어를 아는 사람이니까 별 생각 없이 그대로 漢字語라고 적곤 했는데, 어느 날 어떤 일본인이 지적을 하더군요. 아래와 같은 식으로 말이죠.

X　漢字語　➡　○　漢語　or　熟語

여기서 재미있는 사실 하나. 우리는 맞고 틀림을 표시할 때 뒤에다가 괄호를 치고 O표나 X표라고 적지만 일본은 위와 같이 괄호도 치지 않고 문두에 표시하는 게 일반적입니다.

15. 엮은 :　綴(つづ)った

16. 지면 사정 :　紙数の都合

17. 뺄 수밖에 없었던 한자어 :　割愛せざるを得なかった漢語

18. 다망하신 가운데 :　ご多忙(たぼう)の中

19. 할애해서까지 :　割いてまで

20. 수고로운 걸음을 해 주시다니 : ご足労_{そくろう}いただくとは

일상생활, 특히 비즈니스 신 등에서 관용적으로 자주 쓰는 표현이므로 통째로 외워 버리시기 바랍니다. 한자의 자의 그대로 직역하면 '발 노동'이라는 말이죠. 우리 식으로 자연스럽게 표현하면 '발품'이 되겠고요. 하지만 이 足労는 격식 차린 표현, 품위 있는 표현이란 점이 다르죠. 그리고 사람마다 참 안 외워지는 단어나 표현이 있죠. 제 경우 이 足労를 자꾸 글자 순서가 뒤바뀐 労足과 헷갈리곤 했는데, 저와 같은 분이 있다면 확실히 외울 수 있는 팁을 알려 드리겠습니다. 아니, 벌써 알려 드렸습니다(웃음). 바로 위의 '발품'과 '발 노동'을 생각하시면 글자의 순서를 헷갈릴 일이 없을 겁니다.

21. 백골난망입니다 : ありがたき幸せに存じます

일본에는 '백골난망'이라는 사자성어는 없습니다. 백골난망의 뜻은 백골이 되더라도, 즉, 죽어서 하얀 뼈만 남더라도 잊지 못할 것이라는 말이죠. 근데 그렇다고 해서 정말로 죽어서도 안 잊겠다는 뜻으로 쓴다기보다는 정말 고맙다는 말을 강조하는 의미로 쓰는 게 일반적이죠. 그러니 이걸 그대로 「死んでも忘れません」이라고 번역하는 건 일본말로 '오오게사'가 아닐까 싶습니다. 일상적 대화에서는 진심으로 감사하다는 뜻이 담긴 표현으로 번역하면 되겠죠. 그런데 왜 「ありがたき幸せに存じます」를 답안으로 제시했냐 하면, 이건 주로 사극, 일본식으로 말하면 시대극에서 자주 들을 수 있는 표현인데, 요즘도 블로그나 SNS 같은 걸 보면 어떤 때는 장난 반으로, 또 어떤 때는 진지하게 저렇게 표현하는 걸 간혹 보기 때문에 이 기회에 알아 두시라는 의미에서…. 그리고 「い」가 아니라 「き」라는 점에 유의.

22. 할애해서 : 割いて

23. 산후조리원 : 産後_{さんご}ケアセンター

원래 일본엔 산후조리원이 없었다고 합니다. 한국에서 전파된 셈이죠. 그리고 '조리원'이라는 표현을 쓰지 않고 위와 같이 '케어 센터'라고 표현하는 게 일반적입니다.

24. 연결 통로 : 連絡通路

건물 간 연결통로를 일본에선 이렇듯 '연락'통로라고 합니다. 혹시나 해서 검색을 해 보니 일본에서도 連結通路라고 해 놓은 게 있길래 일본 사이트에 질문을 올렸더니 이렇게 말해도 통한다고 답변한 사람이 있었지만 그 사람 역시도 자신은 '연락통로'라고 부른다고 했습니다. 한 일본인은 그렇게 말하지 않는다고 단호히 답변했고, 또 다른 일본인은 태어나서 본 적도 들은 적도 없다는 반응이 있을 정도였습니다. 또한 학교 건물에 있는 이런 연결통로의 경우는 「渡り廊下_{ろうか}」라고도 부른다고 합니다.

25. 개인전 : 個展 *앞에 나온 거죠!*

일본에선 個人展이라고 하지 않습니다.

26. 필수 불가결한 : 必要不可欠な

우리는 이처럼 '필수 불가결'이라고 하는 게 전형적인 표현이죠. 하지만 일본에서는 「必須不可欠」라고 하지는 않습니다. 왜냐하면 일본은 같은 뜻이 겹치는 이중 표현을 지양하는 편이기 때문에, '필수'에도 '불가결하다'는 뜻이 있는데 '필수'와 '불가결'을 같이 쓰면 어색하다는 이유에서죠.

> 日 반면에 한국에서는 '필요 불가결'이라고 하는 사람도 있고 검색을 해도 꽤 나오지만 '개인적 생각'으로는 일본의 必要不可欠이라는 표현을 그대로 직역한 탓에 그게 퍼져 버린 게 아닌가 합니다. 국립국어원에서도 누리꾼의 질문에 대해서 '필요 불가결'이라는 표현은 전형적인 표현이라고 볼 수는 없다는 답변을 단 것을 본 적이 있거니와, 저 역시 '필요 불가결'이라는 표현을 쓴 적이 없습니다.

27. 도저히 : どうしても

한국어 '도저히'는 이렇게도 번역할 수 있습니다. 반대로 이런 문맥에서 쓰인 「どうしても」를 어떻게 번역해야 할지 몰랐기 때문인지, 한국의 일본어 사전에 있는 뜻풀이 중에 대충 골라잡아서 어색한 한국어로 번역해 놓은 경우를 가끔씩 보는데, 이런 문맥에서 쓰인 「どうしても」는 '도저히'라고 번역하면 매끄러워지죠.

28. 割愛はできません : 뺄 수는 없습니다

파격적이라는 말을 일본인에게 남발하지 말라

「[1]な[2]募集」と書いてあるのに短パンに袖なしという

'용모 단정한 **여직원** 모집'이라고 적어 놨는데도 반바지에 민소매의

[3]服装で面接に来た[4]を見て[5   ]。

파격적인 차림으로 면접 보러 온 **취준생**을 보고 **아연실색했다**.

スマホで、女子高の[6]を着て[7]露出をしているモデルの

스마트폰으로 여고 **체육복**을 입고 **파격적인** 노출을 하고 있는 모델의

[8]を見て[9   ]を交わし合っている[10]たちに[11   ]。

사진을 보고 **외설스런** 얘기를 나누는 **남자 직원**들에게 **정나미가 떨어졌다**.

[12]発想のおかげで[13]での株価は[14   ]

파격적인 발상 덕분에 **장외 시장** 주가는 **천정부지로 치솟았지**,

[15   ]時間の問題だ。

상장주가 되는 것도 시간문제야.

長い[16]の末、会社と[17][18][19]に合意した。

오랜 **노사분규** 끝에 회사와 **전년 대비** 파격적인 **임금인상**에 합의했다.

新人プロ野球選手としては[20]待遇を約束し、[21   ]

신인 프로 야구 선수로서는 **파격적인** 대우를 약속하고, **삼고초려해서**

自宅まで訪ねて説得してみたが、遂に[22]された。

집까지 찾아가서 설득해 봤지만 끝내 **문전박대**당했다.

「[　23　]」という[　24　]で[　25　]始めたが

'파격적인 염가'라는 **캐치프레이즈**로 **야심 차게** 시작했지만

[　26　]にも関わらず[　27　][　28　]。

최성수기임에도 불구하고 **판매 실적이 저조해서 부도 위기에 몰렸다**.

最高の成績を上げたので[29][　30　]の成功は[　31　]である。

최고의 성적을 올렸으니 **파격적인 연봉 계약 갱신** 성공은 **따 놓은 당상**이다.

해설

서두에서 언급했듯이, 한국에선 '파격적'이라는 말을 온갖 대상에 대해서 쓰지만 일본어 「破格」의 쓰임새와 사용 빈도는 한국어 '파격'과는 사뭇 다릅니다. 퀴즈를 풀어 보셨으면 짐작이 되겠지만 일본어 '파격'은 주로 가격 등이 획기적으로 싸거나 비싼 경우, 그리고 연봉이나 계약금 등의 대우, 조건 같은 것들이 파격적이거나 할 경우에 한정돼서 사용되는 단어입니다. 그런데 인터넷 검색을 해 보면 온통 破格的이라고 번역해 놓고 있는 실정이죠. 또한 앞서 '성공적'에서도 나왔듯이 일본은 이 경우도 '적'을 붙이지 않고 주로 「破格の」의 형태로 표현하는 게 일반적입니다. 앞서 말했던 선물 보따리는 뒤에 또 다른 예가 나오니까 그때 가서 풀기로 하겠습니다. 정말이지 오랜 세월에 걸쳐서 이 사례가 나올 때마다 꼼꼼히… 아니, 실은 진짜로 꼼꼼하게 모았다면 더 많은 사례를 수집했을 텐데 순간적인 게으름을 이기지 못하고, 또는 납기에 쫓기고 있다는 핑계로 미처 메모해 두지 못하고 놓친 것도 많다는 사실이 지금에 와선 뼈아프게 다가오는군요. 아무튼 지금껏 한국어 '파격적'을 별 생각 없이 그대로 직역(?)해 왔던 분들은 앞으로는 번역하거나 일본어로 말할 때 주의할 필요가 있겠죠. 참고로 방금 한국에서 '파격적'이라는 말로 수식한 사례들을 검색해 보니까 노출, 패션, 의상, 디자인, 연기, 호칭, 유니폼, 비주얼, 선물, 행보, 콘셉트 등등 이루 헤아릴 수 없이 많은데, 일본에선 이런 경우에 '파격'이란 말을 쓰면 어리둥절해한다는 사실을 유념하시길.

모범 답안

1. 용모단정 : 容姿端麗 (ようしたんれい)

용모단정을 일본에선 **容姿端麗**(용자단려)라고 합니다.

2. 여직원 : 女性社員

일본은 이런 경우 '직원'을 쓰지 않고 '남성 사원, 여성 사원'이라고 하는 게 일반적입니다. 일본어 '직원'은 일반 회사가 아니라 관공서 등의 공공기관이나 학교, 은행 등에서 근무하는 사람에 한정돼서 쓰이는 말이란 건 앞에서 이미 언급했죠.

3. 파격적인 : 突飛な (とっぴ)

이 경우 「突飛な」가 정답이란 뜻은 아닙니다. 상황이나 맥락에 따라서 그에 걸맞은 단어로 번역해 줘야겠죠.

4. 취준생 : 就活生 (しゅうかつせい)

우리는 취준생이라고 줄여 부르지만 일본은 '취활생'이라고 줄여서 부릅니다.

5. 아연실색했다 : 呆気にとられた (あっけ)

일본에 아연실색이라는 사자성어는 없습니다.

6. 체육복 : 体操着 (たいそうぎ)

이건 기초적인 퀴즈지만, 아무튼 일본에선 체육복이라고 하지 않고 이렇듯 '체조착'이라고 합니다. 또 주의해야 할 건 '체육'이 아니라 '체조'입니다. 이와 같이 옷의 경우 우리는 '복'을 쓰는데 일본은 '착'을 쓰는 경우가 많습니다. 이와 같은 예를 지금 생각나는 대로 적어 보자면, 방한복은 **防寒着**, 평상복은 **普段着**, 외출복은 **外出着**, 실내복은 **部屋着** 또는 **室内着**, 작업복은 **作業着**라고 하듯이 말이죠.

7. 파격적인 : 大胆な (だいたん)

일본은 '노출'을 '파격적'이라고 하면 이상하게 생각합니다. 그러니 한국어 '파격적'이라는 표현은 이런 식으로 맥락에 걸맞게 다른 표현으로 바꿔 줘야 자연스러운 일본어가 되는 거죠.

8. 사진 : 画像(がぞう)

9. 외설스런 얘기 : 猥談(わいだん)

한국에 '외담'이라는 한자어는 없죠. 그리고 '외설스러운'이라는 형용사로 쓰일 때는 「卑猥(ひわい)な」를 쓰는 게 일반적입니다.

10. 남자 직원 : 男性社員

11. 정나미가 떨어졌다 : 愛想(あいそう·あいそ)が尽きた

12. 파격적인 : 型破(かたやぶ)りな

'발상'의 경우에도 「破格の」가 아니라 위와 같이 표현하거나, 아니면 「並外(なみはず)れた発想」, 「画期的発想」 등등 문맥에 걸맞은 단어로 의역할 수밖에 없겠죠.

13. 장외시장 : 店頭市場(てんとうしじょう)

앞에 '장외주'에서도 나왔듯이, 한국에서 말하는 장외 시장을 일본은 점두시장이라고 합니다. '점두'라는 말은 가게 밖에 내어놓은 매대 같은 걸 말하죠. 주식 시장도 '가게'라고 생각하면 장외는 곧 가게 밖이라는 뜻이 되니 '장외 = 점두'라고 생각하면 외우기 쉽겠죠.

14. 천정부지로 치솟았지 : 天井知(てんじょうし)らずに跳(は)ねあがったし

일본은 '천정부지'라는 사자성어가 없기 때문에 이와 같이 표현합니다. 그리고 이런 맥락에서의 '치솟다'는 위와 같이 「跳ね上がる」라고 표현해 주는 게 적절할 것 같습니다. 참고로 물가 등이 급격히 치솟는 걸 뜻하는 한자어로 우리는 앙등(昂騰)을 쓰는데 일본은 「高騰(こうとう)」를 쓰는 게 일반적입니다.

15. 상장주가 되는 것도 : 一部上場するのも

사실은 처음에 이 상장주를 「上場株·建て株」라고 했었는데 감수 과정에서 새로운 걸 알게 됐습니다. 우리나라는 거래소에 상장되지 않은 건 비상장주라고 해서 상장주와 구분하는 데 반해 일본은 장외시장의 주식도 상장주라고 한다고 합니다. 따라서 위와 같이 번역을 하는 게 자연스럽다고 하니까

저처럼 몰랐던 분은 참고하시기 바랍니다. 다만, 사전에는 아직도 우리와 같은 뜻으로 올라 있는데 지금은 사정이 바뀐 모양입니다.

16. 노사분규 : 労使紛争 _{ろうしふんそう}

우리는 '노사 분규'라고 하는데 일본은 '노사 분쟁'이라고 합니다. 왜냐하면 이 '분규'라는 한자어도 두 나라에서 뜻과 쓰임새가 사뭇 다르기 때문이죠. 이 역시 다음 기회를 기약하도록 하죠.

17. 전년 대비 : 対前年比で _{たいぜんねんひ}

우린 '전년 대비', '전년비' 등으로 표현하는데 일본은 이와 같이 「対前年比」라는 형태로도 사용한다는 걸 알아 두시라는 의미로. 그리고 이 경우 일본에선 「で」를 붙여 주는 게 더 자연스럽다고 합니다.

18. 파격적인 : 破格の _{はかく}

가격, 임금, 대우 등의 경우는 이렇게 '파격'이란 말을 씁니다. 하지만 이미 말했듯이 이 경우에도 '적'을 붙이지 않는 게 일반적입니다.

19. 임금 인상 : ベースアップ

「賃上げ」라고도 하지만 요즘에는 「ベースアップ」라고 하는 걸 종종 듣고 보고 합니다. 줄여서 「ベア」라고도 하고, '임금 인상률'의 경우 이런 식으로 줄여서 「ベア率」라고도 합니다.

20. 파격적인 : 破格の

이런 경우의 '대우'라는 건 결국 돈이죠. 그래서 이 경우엔 破格을 쓴다고 생각하면 외우기가 쉬울 겁니다.

21. 삼고초려해서 : 三顧の礼で · 草廬三顧して _{そうろさんこ}

이 역시 한국과 어순이 바뀌어 있는 예를 소개하기 위해 모범 답안에도 '초려삼고'를 제시했는데 사실상 이 '초려삼고'라는 사자성어를 아는 일본인은 그다지 많지 않나 봅니다. 한자 검정 시험 최고 난도인 1급 수준에 출제되는 사자성어라고 하니 그럴 만도 하겠죠.

22. 문전박대 : 門前払い

23. 파격적인 염가 : 破格の安価（あんか）

일본에도 '염가'라는 말이 있지만 이건 다소 격식 차린 표현이랄까요? 그리고 '염가'의 경우는 파는 쪽에서 볼 때의 용어라는 말이 있는데 실제 용례를 보면 반드시 그런 것 같지는 않습니다. 참고로 우리는 보급형 PC, 보급형 스마트폰 등으로 표현하는데 일본에선 이 '보급형'을 「廉価版（れんかばん）」이라고 합니다.

24. 캐치프레이즈 : キャッチコピー

일본은 이렇게 '캐치카피'라고 하는 게 더 일반적입니다. 특히 비즈니스나 광고 등에서는 더더욱 그렇습니다.

25. 야심 차게 : 意欲的に · 野心的に

앞서도 나왔듯이 한국은 '야심 차게'나 '야심적으로'를 큰 뜻, 큰 기대, 큰 포부를 품는다는 뉘앙스로서 빈번히 사용하지만 일본어 '야심'은 이렇게 남발(?) 수준으로 사용하지는 않는다고 합니다. 따라서 이 경우에도 「野心的に」라고 번역하면 일본어로 '오오게사'라는 느낌이 든다는군요. 아, 정말 어렵죠? 다만, 이런 문맥에서는 써도 괜찮겠다는 의견도 있긴 했습니다.

26. 최성수기 : 最需要期（さいじゅようき）

성수기는 「需要期（수요기）」, 최성수기는 「最需要期」라고 표현합니다. 그리고 비수기는 「不需要期」라고 하고, 다른 표현으로서 성수기를 「繁忙期（번망기）」, 비수기를 「閑散期（한산기）」, 그리고 성수기와 비수기를 제외한 기간을 「通常期（つうじょうき）」라고 합니다. 최비수기에 해당하는 표현은 딱히 본 기억이 없는데 이때는 '최불수요기'가 아니라 「超閑散期」라고 하는 건 들은 기억이 있습니다.

> 日　한국은 일본의 '통상기'에 해당하는 용어가 따로 있지는 않습니다.

27. 판매 실적이 저조해서 : 販売実績が低迷（ていめい）して

판매, 영업, 제조, 진학 등의 경우는 일본도 実績이라고 하고 사업 실적, 연구 실적의 경우 일본은 '업적'이라고 하는 게 일반적이라는 거 기억나시죠? 그리고 일본은 '저조'라는 한자어를 쓰지 않고 이렇게 '저미'라는 한자어를 씁니다. 또한 형용사가 아니라 동사로 씁니다.

28. 부도 위기에 몰렸다 : 不渡りの危機に追い込まれた

29. 파격적인 : 破格の

이 경우는 '파격'을 써도 되겠죠. 다시 강조하지만 일본어 破格이라는 말은 가격, 대우, 조건 등이 일반적인 통례, 표준, 기준, 상식 등과 동떨어진 경우에 한정되어 쓰이는 표현입니다.

30. 연봉 계약 갱신 : 年俸契約更改

31. 따 놓은 당상 : 請け合い

「請け合い」는 보증된 것이다, 확실하다는 뜻을 지닌 단어입니다.

여담 차내 차겠습니다

한때 한국의 국립국어원 등에서는 이 '따 놓은 당상'이라는 표현은 틀린 표현이고, '떼어 놓은 당상'이라고 해야 올바른 표현이라고 주장한 적이 있었습니다. 왜냐하면 '떼어 놓은 당상'에서 '떼어 놓다'라는 말은 당상(당상관)이라는 정 3품 이상의 벼슬을 '이미 딴 거나 다름없다'는 뜻으로 쓰는 게 아니기 때문이라는 거였죠. 무슨 말이냐 하면, 정 3품 이상의 당상관이 머리에 쓰던 망건의 줄을 꿰는 데 쓰이는 고리 모양의 관자는 금관자나 옥관자였고, 아주 극소수의 벼슬아치인 당상관(정 3품 이상)만 이 금관자와 옥관자를 달 수 있었기에 이걸 '당상'이라고 부르기도 했다고 합니다. 그렇기에 누가 훔쳐 가더라도 감히 달고 다닐 수가 없기 때문에 '관자(당상)'를 '떼어 놔도' 아무 걱정이 없다. 그래서 도둑맞을 염려도 없다는 뜻에서 유래한 말이기 때문이라는 논리였죠. 참고로 국어사전에서 '당상(堂上)'을 찾아봐도 이 금관자와 옥관자를 '당상'이라고 불렀다는 설명은 없네요. 그런데 개인적으로 이 논리는 약간 수긍이 안 됩니다. '떼어 놓은 관자'라는 말이, '어떤 것이 이미 기정사실과 다름없다, 확실하다, 틀림없다'는 뜻과 어떻게 연결이 되는지가 좀 의아한, 모호한 측면이 예전부터 있었거든요. 아무튼 그렇기에 '따 놓은'이란 표현은 틀렸다는 논리를 아주 오랫동안 펼쳤죠. 하지만 워낙 많은 사람들이 '따 놓은'이라고 쓰다 보니, 그리고 '관자'가 아니라 당상관이라는 '벼슬'을 이미 '따 놓은 것이나 다름없다'라는 표현 자체는 틀린 게 아니라는 주장들이 있었기 때문에 이 역시 표준어 표현으로 인정할 수밖에 없었던 거라고 개인적으로 추측합니다.

사소와 些少의 쓰임새 차이는 사소하다?

[1]して決定しましたので些少ながらお納めください。

심사숙고해서 결정한 것이니 [2] 받아 주십시오.

些少な金額ですが、[3][4]への援助にお役に立てれば幸いです。

[5] 이지만 곤궁해져 있을 이재민 원조에 도움이 되면 좋겠어요.

些少ながら [6]はあったんですって？これは [7]ですよ。

[8] 발전은 있었다고요? 이건 장족의 발전이죠.

[9]では患者の些少な変化も見逃さないで徹底的に観察するべきだ。

중환자실에서는 환자의 [10]한 변화도 놓치지 말고 철저히 관찰해야 한다.

あの [11]は単純な風邪薬を [12]する時でさえも

그 약사는 단순한 감기약을 조제할 때조차도

[13]症状も [14]患者の声に耳を傾けた。

사소한 증상도 놓치지 않겠노라며 환자의 목소리에 귀를 기울였다.

店の [15][16]こともあるもんだぜ。

가게를 꾸려 나가다 보면 파리 날릴 때도 있는 법이지.

男のくせにそんな [17]ことで [18]。

사내자식이 그런 사소한 일 갖고 끙끙 앓지 마.

정말 미묘한 쓰임새의 차이가 느껴지나요? 한국어 '사소'와 일본어 「些少」도 참 헷갈리기 좋은 한자어죠. 이런 때는 사전을 뒤져 보는 게 도움이 될 때가 많습니다. 지면 절약을 위해 간략히 가죠. 먼저 표준국어대사전을 보면 아주 간략하게 '보잘것없이 작거나 적다'라고 나와 있습니다. 일본의 국어사전은 '수량이나 정도가 적다. 또는 그런 모양'이라고 설명하고 있습니다. 그 차이를 구별하는 키워드는 바로 '보잘것없이'에 있습니다(참고로 이건 독립된 단어라서 붙여 씁니다). 보잘것없다는 말은 결코 긍정적 뉘앙스의 말은 아니죠? 비슷한말로 하찮다, 시시하다, 변변찮다 등을 들 수 있겠죠. 이제 좀 감이 잡히시나요? 바로 이게 핵심입니다. 그리고 일본의 些少는 예전에는 여러 상황에서 쓰였던 말인데(실제로 사용례를 검색해 보면 많이 나옵니다) 요즘은 주로 상대방이 베푼 은혜, 선의 등에 대해서 금품 등으로 사례, 답례를 할 때 자기를 낮추는 표현으로서 관용적으로 쓰이는 경우가 많다고 합니다. 위의 예제에서도 나왔듯이 말이죠.

모범 답안

1. 심사숙고 : 沈思黙考 (ちんしもっこう)

앞서 말했듯이 일상생활 속 대화에서 '침사묵고'는 거의 쓰지 않지만 반복 학습을 위해서 퀴즈로 낸 겁니다.

2. 些少 (さしょう) ながら : 약소하나마

선물 같은 걸 하면서 겸손하게 '약소하나마'라고 말할 때 일본에선 이렇게 표현합니다.

> 日 한국에선 이런 경우에 '약소(略少)하나마'가 관용적으로 쓰이는 표현입니다.

3. 곤궁해져 있을 : 困窮 (こんきゅう) しているはずの

이 '곤궁'이라는 한자어도 일본에선 동사로 쓰입니다.

4. 이재민 : 被災者 (ひさいしゃ)

뒤에 '재해 관련 한자어'에서 자세히 다루겠지만 일본은 '이재민'이라는 한자어는 거의 쓰지 않고, 또 쓰더라도 '이재자'라고 하는 게 일반적인데 그 쓰임새가 극히 제한돼 있습니다.

5. 些少な金額 ： **약소한 금액**

> 日　한국에선 이 경우에도 '사소한 금액이지만'이라고 하면 많이 어색합니다. 차라리 '보잘것없는 금액이지만'이라고 해 주는 게 오히려 자연스럽습니다.

6. 발전 ： **進歩**

7. 장족의 발전 ： **長足の進歩**
ちょうそく

한국도 일본도 '발전'과 '진보'를 모두 쓰지만 한국에 비해 일본은 '진보'라는 단어를 좀 더 폭넓게 쓰는 것 같습니다. 특히 '장족의 발전'의 경우는 일본에선 '발전'이라고 하지 않고 '진보'라고 합니다.

8. 些少ながら ： **약간이나마**

한국에선 이런 문맥에서 '사소하나마'라고 하면 좀 이상하죠. 낮잡아보는 듯한 뉘앙스가 풍기잖아요? 예컨대 '그런 사소한 발전 정도로 우쭐해선 안 된다'라는 식으로 부정적 뉘앙스로 쓸 경우가 많지 긍정적 의미로는 잘 쓰지 않으니까요. 이처럼 한국어 사소와 일본어 사소에도 아주 미묘한 뉘앙스의 차가 있어서 번역할 때 세심한 주의를 기울일 필요가 있는 것이죠.

9. 중환자실 ： **集中治療室**

일본에선 '중환자실'이라고 하지 않습니다. 왜냐하면 일본은 '중환자'라는 식으로 말하지 않기 때문이죠. 한국에서 말하는 '중환자'를 일본에선 「重病患者」, 「重症患者」라고 표현합니다.

> 日　한국에서도 '집중 치료실'이라고도 하는데, 병원에서는 물론이고, 특히 일상생활 속에서 일반인들이 말할 때는 '중환자실'이라고 합니다.

10. 些少 ： **사소**

> 日　이 경우에는 아무리 보잘것없는 변화도 놓치지 말아야 한다는 맥락이니 그대로 '사소한'이라고 번역해도 자연스럽다고 봅니다.

11. 약사 ： **薬剤師**
やくざいし

일본에선 약사를 '약제사'라고 부릅니다.

12. 조제 : 調合 · 調剤

일본도 「調剤」라는 말을 쓰긴 씁니다. 그런데 영화나 드라마 등에서 실제로 약사가 약을 (한국어)조제하는 장면에서도 개인적으로는 '조합'이라고 하는 건 많이 들었는데 '조제'라고 하는 건 들은 기억이 없습니다. 아무튼 일본은 이렇게 '조합'이라고도 한다는 걸 소개하기 위해 만들어 본 퀴즈입니다.

> 日 한국에선 감기약도 전문의약품인 경우 지금은 의사의 처방전이 필요하지만 옛날에는 약사가 직접 「調合して」줬습니다.

13. 사소한 : 些細な · 些少な

일본어 些少의 원래 의미로 볼 때 이 경우에도 些少를 쓸 수도 있겠지만 해설에서 말했듯이 요즘은 주로 선물, 금품 등으로 사례를 할 때의 겸손한 표현으로 쓰이는 경우가 많다고 하니 일상 대화에선 전자를 쓰는 게 더 낫겠죠.

14. 놓치지 않겠노라며 : 見逃すまいと

15. 꾸려 나가다 보면 : 切り盛りをしていると

주로 식당 같은 걸 꾸려 나가는 걸 이렇게 표현합니다. 쉽게 외워지는 방법을 소개해 드리자면, 음식점에선 음식을 「切る」, 자르죠. 그리고 잘라서 만들어진 음식을 그릇에 「盛る」, 담죠? 이런 식으로 기억해 두면 외우기가 쉽겠죠.

16. 파리 날릴 : 閑古鳥が鳴く

한국어 '파리 날리다'라는 표현을 일본은 이렇게 합니다. 「閑古鳥」는 뻐꾸기를 말하는데 원래 「かっこうどり(郭公鳥)」의 발음이 변한 겁니다.

17. 사소한 : ちっぽけな · 些細な

이것만이 정답이란 뜻은 아니고 더 적절한 번역이 있다면 그렇게 하면 되겠죠.

18. 끙끙 앓지 마 : くよくよするな

완벽히 일치하지 않지만 「うじうじする」도 비슷한 뉘앙스로 쓰입니다.

일본인의 선처하겠다는 말을 믿지 말라

이번에도 따로 빈칸 메우기 퀴즈를 낼 만한 '꺼리'가 없기 때문에
바로 해설로 들어가기로 하겠습니다. 먼저 한국의 표준국어대사전을 보죠.

선처

1. 형편에 따라 잘 처리함.

다음으로 일본어 「善処」를 사전에서 찾아보면,

ぜんしょ【善処】
[名]スル

❶ 事態に応じて適切な処置をとること。「前向きに—する」
상황에 맞게 적절한 조치를 하는 것. '전향적으로 ~하다'

보시다시피 일본의 善処라는 말은 한국어 선처의 뜻과 사전적인 의미로는 별반 다를 게 없습니다. 그런데 일본어를 공부하고 있는 분들 중에는 학원 강사나 교사 등으로부터, 일본 사람이 말하는 「前向きに(전향적으로, 긍정적으로)」라는 표현은 '안 하겠다'는 것일 확률이 더 높다고 배운 분들이 많을 겁니다. 바로 이 '선처하겠습니다'라는 말도 그렇다고 보시면 됩니다. 특히 관공서 공무원이나 정치인들의 선처하겠다는 말은 잘 처리해 주겠다는 뜻이 아니라, '해 보긴 하겠는데 되면 좋고 안 되면 말고'라는 뉘앙스를 내포하고 있는 경우가 많다고 합니다. 이에 대해 몇몇 일본 사람에게 물어봤습니다. 일본 사람이 선처하겠다고 하면 정말로 반대의 뜻인지를요. 그랬더니 그중 한 명이 재밌는 말을 하더군요. 아예 안 하겠다는 말은 아니고, 퍼센티지로 따지면 20~30% 정도는 선처할 가능성이 있다고 말이죠.

> 日 주황색으로 칠한 부분을 보시면 저는 '조치'라고 번역했죠. 한국에선 이런 문맥에서 '처치'라고 하면 어색합니다.

일본에서는 이 「善処します」라는 표현과 관련되어 오늘날에도 인구에 회자되는 전설적인 일화가 있는데, 그건 바로 1969년 미국 닉슨 대통령과 일본 사토 수상의 정상회담에서 나온 이른바 '세기의 오역' 사건입니다. 당시 닉슨은 대선을 앞두고 남부 지방 섬유업자들의 표를 끌어모으기 위해 섬유

문제를 대선 공약으로 내걸어서 당선이 됐고, 따라서 닉슨으로서는 일본의 대미 섬유 수출의 자율 규제가 절실한 상황이었던 것이죠. 그런데 닉슨 대통령의 이런 요구에 대해서 사토 수상은 「善処します」라고 대답했다고 합니다. 하지만 이 말을 통역사가 'I will do my best', 그러니까 최선을 다하겠다고 통역하는 바람에 닉슨은 일본 수상이 적극적으로 문제를 해결하겠다고 말한 걸로 이해를 한 것이죠. 그러나 몇 달이 지나도 일본 측에서 별다른 조치를 취하지 않자 대노했고, 결국 일본을 제낀 상태에서 전격적으로 미중 국교 정상화를 발표하는 등, 일본 측에 불리한 정책들을 펼침으로써 미국과 일본 간의 외교 문제가 걷잡을 수 없을 정도로 꼬여 버렸다는 유명한 일화죠. 어떤 이는 이 사건을 '역사를 바꾼 오역'이라고 표현할 정도였다고 합니다.

하지만 한국에서 선처해 주겠다는 말은 그렇지는 않잖아요? 그러니 이 책을 읽은 일본분들은 앞으로는 한국 사람들에게 「善処します」라는 말을 할 땐 조심해야겠죠? 이런 사실을 모르는 한국 사람들은 정말로 잘 처리해 주겠다는 말로 믿고 '일이 잘 풀리겠구나' 하고 안심해 버릴 테니까 서로 간에 오해와 불신, 관계 악화를 낳는 불씨가 될 수 있겠죠. 반대로 한국 사람들이 일본에 여행으로, 혹은 비즈니스 때문에 갔다가 관공서에 용무가 있어서 갔을 경우, 일본 공무원이 「善処します」라고 말한 걸 곧이곧대로 믿어 버리면 나중에 낭패를 보는 수가 있으니 조심해야겠죠. 이 '선처'도 그렇고 '전향적'이라는 말도 그렇고, 뭐든 대놓고 직선적으로 표현하는 걸 꺼리고 두리뭉실, 완곡하게 표현하는 경향이 있는 일본인의 민족성이 이런 현상을 빚게 된 거라고 분석할 수 있겠죠. (참고로, '두루뭉술'만 표준어로 인정한다고 고집스럽게 버티던 국립국어원이 '두리뭉실'도 표준어로 인정했습니다)

> 日 한국의 경우 '갑'의 입장에 있는 사람이 '선처하도록 하겠습니다'라고 말할 때는 능력이 닿는 한 최대한 힘써 보겠다는 의미일 경우가 대부분입니다. 물론 사람에 따라선 말로만 그럴 수도 있겠지만요. 하지만 어쨌건 한국어 '선처'는 일본과는 다른 뉘앙스로 쓰이는 말이란 거죠. 그 방증으로서 한국에선 '을'의 입장, 그러니까 부탁하는 쪽에서 '선처를 부탁합니다'라는 식으로 말하는 경우가 많습니다. 일본처럼 '갑'의 선처하겠다는 말이 사실상 이뤄질 가능성이 별로 없는 표현이라면 선처를 부탁한다고 하진 않겠죠. 이것만 봐도 일본어 '선처'와 한국어 '선처'의 쓰임새가 미묘하게 다르다는 걸 알 수 있겠죠?

일본어 発覚(발각)은 쓰임새가 변했다

田中が伊藤のことを兄さんと呼び、敬語を使うように[　1　]、

타나카가 이토를 형이라 부르고, 존댓말을 쓰도록 **번역했는데**

3話で田中の方が年上ということが発覚して[　2　]。

3화에서 타나카가 연상이라는 게 [　3　] **엄청나게 당황했다**.

女子柔道[　4　]の○○○さんが[　5　]で[6]が発覚したって。

여자 유도 **국가대표 출신** ○○○ 씨가 **정밀 건강검진에서** 유방암이 [　7　].

父は、[　8　][9]隠そうとしていたが、

아빠는 **걱정 끼치지 않으려고** 간암임을 숨기려 했지만,

[10]だった母が、父の[　11　]父の[　12　]

간호사였던 엄마가 아빠의 **이상한 변화를 눈치 채고**, 아빠 **가방을 뒤져서**

鎮痛剤の[13]の袋を見つけて問いただした結果、癌であることが発覚した。

진통제 **내복약** 봉투를 발견하고 따져 물은 결과 암이라는 사실이 [　14　].

[15]と[16]を騙していたことが[17]二人の仲は[　18　]。

체포 이력과 실제 나이를 속인 사실이 **발각되어** 둘 사이는 **회복 불가능해졌다**.

[　19　]って[　20　]アイドル ○○の熱愛が[21]

가슴 확대 수술 했다고 소문이 파다했던 아이돌 ○○의 열애가 **발각돼서**

新聞に[22]されたって。

신문에 **대서특필**됐대.

強力な対抗馬と[　23　][　24　]が有力視されていた○○○教授が、
<ruby>対抗馬<rt>たいこうば</rt></ruby>

강력한 대항마로 **평가받아 공천 낙점**이 유력시됐던 ○○○ 교수가

[　25　]の[　26　]により[　　27　　]。

혼외정사 발각으로 **낙마하고 말았다**.

해설

한국에서 발각이라는 단어는 숨기고 있던 비밀, 악행, 스캔들 등이 들통난다는 의미로 쓰지만 일본어 発覚은 한국에 비해서 훨씬 더 폭넓게 쓰이는 단어입니다. 즉, 부정적 뉘앙스가 아닌 때도 '발각'이라는 한자어를 쓴다는 거죠. 그런데 사실 일본어 発覚의 사전적 의미는 한국과 비슷합니다. 하지만 언어라는 건 세월을 따라 변하기 마련이죠. 앞에 나왔던 '지혜'라는 한자어도 마찬가지고요. 특히 원래의 뜻과 다른 뉘앙스로 쓰이는 단어들을 한국에 비해서는 발 빠르게 사전에 반영하는 편인 일본이니까 이 発覚의 새로운 뜻풀이도 곧 반영될지도 모르죠. 더 더구나 일반인뿐 아니라 TV나 신문 등에서도 위와 같은 뉘앙스로 쓰는 예를 심심찮게 찾아볼 수 있을 정도니까 말이죠. 아무튼, 그렇기 때문에 일본어 発覚을 번역할 때는 그대로 '발각'이라고 해도 되는지를 면밀히 살핀 뒤에 번역을 해야겠죠.

모범 답안

1. 번역했는데 : 訳していたが
<ruby>訳<rt>やく</rt></ruby>

「翻訳していたが」로 번역해도 되지만 일본에서는 「翻訳する」보다 「訳す」라고 하는 게 더 일반적입니다.

2. 엄청나게 당황했다 : 狼狽した
<ruby>狼狽<rt>ろうばい</rt></ruby>

이건 복습이죠? 물론 다른 표현도 가능하지만 눈치 빠른 분들은 제 의도를 파악하고 맞히셨기를 기대합니다.

3. 発覚して ： 밝혀져서

이런 경우는 그대로 '발각돼서'라고 번역하면 안 되겠죠. 이렇듯 일본어 '발각'은 문맥에 따라서 밝혀지다, 드러나다, 때로는 발견되다 등 다양한 한국어로 의역을 해 줘야 하는 한자어입니다.

4. 국가대표 출신 ： 元日本代表 ~앞에 나온 거죠!~

이 경우 일본은 '출신'이 아니라 위처럼 元를 써서 표현하는 게 일반적입니다.

5. 정밀 건강검진 ： 人間ドック

일본은 '건강검진'이 아니라 '건강진단'이라고 한다는 건 앞에서 나왔죠. 그런데 일본의 **健康診断**은 회사 등에서 정기적으로 실시하도록 법적으로 의무화된 검사입니다. 반면 「人間ドック」는 개인 등이 **健康診断**보다 훨씬 많은 항목을 정밀하게 검사하는 것을 뜻합니다. 그리고 「ドック」는 선박을 수리하거나 점검하는 곳이라는 의미인 영어 dock에서 유래된 말입니다. 다시 말해 '인간의 몸을 점검, 수리하는 것'이라는 의미로 만들어진 조어인 것이죠.

6. 유방암 ： 乳がん

일본에선 乳房癌(유방암)이라고 하지 않습니다. 그리고 癌이라는 한자는 상용한자에 들지 않기 때문에 신문이나 방송 등에서도 「がん」이라고 히라가나로 표기하는 게 일반적입니다.

7. 発覚したって ： 발견됐대

여기선 '밝혀졌다'보다는 이렇게 하는 게 더 자연스럽겠죠.

8. 걱정 끼치지 않으려고 ： 心配をかけまいと

앞서 나왔던 부정적 의지를 나타내는 표현이죠. 5단 동사는 기본형(종지형)에 붙지만 그 외의 동사는 이렇게 미연형에 붙죠.

9. 간암임을 ： 肝臓がんであることを

'간암'도 일본에선 '간장암'이라고 합니다.

10. 간호사 ： 看護師・看護婦

일본도 '간호사'로 통일시키는 시행령이 발령됐지만 여전히 영화나 드라마 등에선 **看護婦**(간호부)라고 부르는 경우가 있는 걸 보면 아직 완전히 정착되지는 않은 모양입니다. 그리고 아직도 연배가 좀 되는 분들은 여전히 '간호부'라고 부르기도 한다네요.

11. 이상한 변화를 눈치 채고 : 異変に気づき

일본어 '이변'을 그냥 그대로 '이변'이라고 번역해 놓은 걸 자주 보는데 한국어 '이변'은 이런 문맥에서는 쓰지 않죠. 일본어 '이변'에 비해서 좀 더 무게감이 있는 한자어죠.

12. 가방을 뒤져서 : カバンを物色して

> 日 일본은 '물색'이라는 한자어를 이렇게 서랍이나 가방, 쓰레기 더미 등을 뒤진다는 가벼운 뜻으로도 사용하지만 한국에선 이런 경우에 '물색한다'라고 하진 않습니다.

13. 내복약 : 内用薬 · 内服薬

여태껏 제가 본 영화나 드라마에선 거의 모두(딱 한 번 제외하고) 약봉지에 '내용약'이라고 적혀 있었는데 어떤 일본인에게 물어보니 '내복약'을 더 많이 쓴다더군요. 근데 또 다른 일본인은 둘 다 일반적으로 쓰는 표현이라고 하고…. 하긴 우리도 어떤 단어나 표현에 대해서 의견이 갈리는 경우가 많고 지역에 따라서 다른 경우도 있으니 참고만 하시기를. 그런데 내복약의 반대라고 생각해서 외복약이라고 하는 사람들도 있는데 이건 잘못된 표현이죠. 왜냐하면 외용약은 피부에 바르거나 하는 걸 말하는데 복용(약을 먹음)이라고 할 때의 '복'을 쓰면 안 되니까요.

> 日 한국에도 '내용약'이라는 단어가 사전에 있지만 저는 '내용약'이란 말을 쓴 적이 없고 또한 들은 기억도 없습니다. 보통은 '내복약'이라고 합니다.

14. 発覚した : 밝혀졌다, 드러났다, 발각됐다

이 경우에는 숨기고 있던 게 들통난 거니까 '발각'이라고 번역해도 오역이 아니겠지만, 나쁜 의도로 숨긴 게 아니니 저라면 '발각'이라고 번역하진 않겠습니다. 그리고 이 경우에도 우리는 '되다'라고 하지만 일본은 이렇듯 「する」를 씁니다.

15. 체포 이력 : 逮捕歴

일본에선 경찰에 체포된 이력, 혹은 경력이 있는 걸 '체포력'이라고 표현합니다. 이 '력'이라는 한자어도 한국과 다르게 사용되는 한자 중 하나죠. 가족 중의 병력을 의미하는 '가족력'이라는 표현은 이미 너무도 널리 퍼져서 거의 정착되다시피 했지만, 이 가족력이라는 표현 역시 일본의 의학 서적 등에 쓰인 용어를 그대로 직역함으로써 퍼진 게 아닌가 하는 게 개인적 생각입니다.

16. 실제 나이 : 実年齢(じつねんれい)

일본은 실제 나이를 이렇게도 표현합니다.

> 日 한국에선 이걸 그대로 '실연령'이라고 하면 뭔 말인지 못 알아듣습니다.

17. 발각되어 : 発覚して

18. 회복 불가능해졌다 : 修復不可能になった

이렇듯 사람들 간의 관계의 경우는 '수복'을 쓰는 게 일반적입니다.

19. 가슴 확대 수술을 했다 : 豊胸(ほうきょう)した

일본에선 '가슴 확대 수술'을 「豊胸手術」 또는 「豊胸術」이라고 합니다. 豊은 가슴을 풍만하게 한다는 의미죠. 일본에선 '확대수술'이라고 하면 주로 암 수술에서 암의 전이를 막기 위해 암이 발생한 병소보다 광범위하게 절제하는 걸 뜻합니다. 혹시라도 성형외과 관계자분들이 이 글을 보신다면 한국에 성형 수술을 하러 오는 일본인들에게 앞으로는 「胸拡大手術」라고는 하지 마시기를. 실제로 어떤 병원의 선전 문구를 보니까 「胸拡大手術」라고 한 곳이 있던데 혹시 이 글을 보시는 성형외과 관계자분의 병원에서도 그렇게 적어 놨다면 고치시기를 권합니다. 그리고 한 일본인의 의견에 의하면 「胸拡大手術」라는 말을 들으면 가슴의 폭을 (좌우로) 넓히는 수술인가? 싶은 느낌이 들고, 차라리 「乳房肥大術(유방 비대술)」이라고 하면 무슨 말인지 딱 알아듣긴 하겠다고 하더군요. 하지만 이 표현 역시 자신은 들은 적이 없다고 합니다.

20. 소문이 파다했던 : 噂で持ち切りだった

소문, 평판, 칭찬 등이 자자하다는 말을 이와 같이 표현한다는 건 앞에서 나온 거죠. 하지만 불만이나 불평의 경우는 「持ちきり」라고 하지 않는다는 것도.

21. 발각돼서 : 発覚して

22. 대서특필 : 大々的に報道   앞에서 나온 거죠?

23. 평가받아 : 評され

드디어 나왔군요. 앞서 한국어 '평가'와 일본어 '평가'의 쓰임새 차이에 대해서 머리에 확 꽂히게 설명할 테니 기대하시라고 했던 게 바로 이것입니다. 앞에서 설명했듯이 일본어 「評価する(される)」는 이 자체만으로 좋게, 높게, 긍정적으로 평가한다는 뜻이 내포돼 있기 때문에 문맥을 잘 살펴서 번역해야 한다고 했죠. 그 근거로서 goo사전의 3번 뜻풀이를 보시죠.

> **3. ある事物や人物について、その意義・価値を認めること。「評価できる内容」**
> **「仕事ぶりを評価する」**
> 어떤 사물이나 인물에 관해 그 의의, 가치를 인정하는 것.

weblio 사전에는 좀 더 명확한 뜻풀이가 돼 있습니다.

> **❸ 物の値打ちを認めてほめること。「－できる内容の本」**
> 어떤 것의 가치를 인정해서 칭찬하는 것.

아시겠나요? 일본어 '평가'는 중립적인 뜻으로 쓰일 때도 있지만 위의 뜻풀이처럼 '평가'란 말 자체만으로 인정하고 칭찬한다는 뜻으로 쓰이기도 한다는 겁니다. 위 예문 중에 「仕事ぶりを評価する(직역 : 일처리를 평가하다)」의 경우, 우리는 이렇게 말하면 일처리를 잘했는지 못했는지를 평가한다는 뜻이지만 일본의 경우는 이 자체로 '좋게 평가한다'는 뜻이 된다는 거죠. 또한 「評価できる内容の本」도 마찬가지죠. '평가할 수 있는 내용의 책'? 이 자체만으로는 무슨 말인지 알 수가 없죠? 그러므로 이 예제처럼 강력한 대항마로 '평가'받았다는 한국어 표현에는 좋거나 나쁘다는 가치가 내포돼 있지 않기 때문에 이걸 그대로 「評価され」라고 하면 부자연스럽게 느끼는 일본인이 많다는 겁니다. 다만 이 경우는, 보는 사람의 관점에 따라 '강력한 대항마'라는 것 자체가 좋은 평가라고 본다면 일본어 '평가'를 쓸 수도 있겠습니다, 아무튼 여러분의 이해를 더 확실히 돕기 위해 일본어 「評価」를 '좋게, 높게, 긍정적으로' 등의 수식어 없이 그대로 '평가'라고만 번역하면 어색한 예문 몇 개를 제시합니다. 아래 예문들을 보시면 제 말이 확 와닿을 거라고 확신합니다.

> **君の仕事ぶりは俺だけじゃなく社長にも評価されているぞ。**
> 자네 일처리는 나뿐 아니라 사장님도 평가하고 있어.

> **彼の作品は世界中から評価されている。**
> 그의 작품은 전 세계로부터 평가받고 있다.

> **彼の曲はもっと評価されていいと思うんですけど、いかがでしょうか？**
> 그의 곡은 더 평가를 받아도 된다고 생각하는데 어떠신가요?

今のところでどれだけ評価されたって、最後で認められなきゃ何の意味もないぞ。

지금 시점에서 아무리 평가받아 봤자 마지막에 인정받지 못하면 아무 의미도 없어.

ヨーロッパでは、BTSの曲のどこが評価されていますか？

유럽에서는 BTS 곡의 어떤 점이 평가받고 있나요？

今までの彼の経験と演技力が評価され、主演級のオファーも入るようになった。

지금까지의 그의 경험과 연기력이 평가받아서 주연급 오퍼도 들어오게 됐다.

24. 공천 낙점 ： 公認 · 公認指名

일본은 공천이라는 한자어를 쓰지 않고 이처럼 '공인'이라고 합니다. 또한 '낙점'이라는 한자어도 쓰지 않습니다. 그러니 원문에 충실해서 '낙점'까지 번역해 주려면 위와 같이 '지명'을 써 주면 됩니다. 여담인데, 한 일본인이 한국에서는 이때 '낙점'이라고 해 놨길래 떨어진 건 줄 알았는데 그 반대였다며 재미있어하는 글을 발견하기도 했습니다.

25. 혼외정사 ： 婚外交渉

'성행위'도 '성교섭'이라고 하듯이 이 또한 '교섭'이라고 합니다.

26. 발각 ： 発覚

27. 낙마하고 말았다 ： 脱落してしまった · 候補から外されてしまった

일본어 「落馬」는 한자 뜻 그대로 '말에서 떨어진다'는 의미로밖에 쓰이지 않습니다. 그런데 한국 언론의 일본어판 기사를 보면 이 역시도 그대로 落馬라고 번역해 놓은 예가 수두룩합니다. 그러니 이 경우의 한국어 '낙마'는 위와 같이 의역해 주거나, 혹은 여론에 밀려서 스스로 출마를 포기한 경우에는 「出馬を辞退する」 등 상황에 맞게 의역해 줘야겠죠. 참, 이 경우의 辞退는 한국어 '사퇴'가 아니란 건 이제 아시죠? 그리고 선거에 출마해서 투표를 거쳐서 떨어지는 경우에는 落選이라고 번역하면 되겠고요. 그리고 '탈락'이라는 한자어의 쓰임새도 한국과 일본이 미묘하게 다른데 이에 관해서는 뒤에서 새로운 표제어로 다뤄서 설명하겠습니다.

日	한국어 '낙마'는 꼭 선거 같은 게 아니라 이와 같이 후보 하마평(下馬評)이 돌다가 무산된 경우에도 '낙마'라는 표현을 씁니다.

일본인을 결코 '섭외'하지 말라

○○さえ[1]視聴率競争はうちの[2]の[3]になるのは確かなのに。

○○만 **확보하면** 시청률 경쟁은 우리 **방송국**의 **독무대**가 될 게 확실한데.

おい、○○の[4]?

어이, ○○ 섭외는 어떻게 돼 가?

[5]の日が[6]近づいてるのに困ったもんだな。○○の[7]?

녹화 날짜가 **시시각각** 다가오는데 이거 난감하네. ○○ 섭외는 될 거 같아?

○○が駄目そうなら△△の方に[8]。

○○가 안 될 것 같으면 △△ 쪽을 섭외해 봐.

粘り強い説得の末、[9][10]が

끈질긴 설득 끝에 섭외에 성공한 **찬조연설자**가

[11]大怪我を負った。

유세차에서 굴러떨어져서 중상을 입었다.

当行の渉外係が直接ご自宅に伺って

저희 은행 [12]가 직접 댁까지 가서

今度の[13]商品について詳しくご説明差し上げます。

이번 **정기적금** 상품에 대해 자세히 설명드릴 겁니다.

○○○ゲートの○○○弁護士、本人は「[14]」と主張。

○○○게이트 ○○○변호사, 자신은 '섭외 변호사'라고 주장.

私は、この国では[　15　]かも知れない涉外弁護士として活動しております。

저는 이 나라에선 **전무후무**할지도 모르는 [　16　]로서 활동하고 있습니다.

ここのように[　17　]達成に厳しい銀行で良い[　18　]をあげた涉外なら

이곳처럼 **할당량** 달성에 엄격한 은행에서 좋은 **실적**을 올린 [　19　]라면

どの銀行に行っても[　20　]ってわけよ。

어느 은행에 가도 **보증수표**란 거지.

[　21　]だと、[　22　]あんなやつに[　23　][　24　]？

난봉꾼이라고 **딱지가 붙은** 그런 놈을 섭외하겠다니 **제정신이야**?

| 해설 |

기본적으로 일본에서는 「涉外」라는 한자어를 쓰는 일이 별로 없다고 합니다. 예컨대 구인 광고 같은 데 더러 나오고, 은행 등의 금융기관이나 백화점 등 매우 국한된 곳에서 涉外課(섭외과), 涉外係(섭외 담당자) 등을 두고 있는데, 이건 고객의 집으로 직접 찾아가거나 해서 상품 설명을 하기도 하고 그 외 각종 서비스를 제공하는 일을 하는 사람, 우리로 치면 영업과 홍보를 담당하는 사람을 일컫는 겁니다. 그리고 일본은 마츠리(축제)가 대단히 성행해서 일종의 풍습, 연례행사로 정착돼 있죠. 이 마츠리의 경우도 섭외 담당이라는 역할이 있는데, 우리가 생각하기에 섭외 담당이라고 하면 예컨대 가마는 누가 멜지, 또 어떤 역할은 누구를 시킬지 등 '사람'을 (한국어)섭외한다는 뜻이라고 생각하기 쉽죠. 하지만 이 경우의 일본어 涉外는 마츠리에 참여할 '사람'을 (한국어)섭외하는 게 아닙니다. 예를 들어 관공서 등에 도로 사용 허가를 받는다거나, 경찰에 교통 통제를 부탁을 해서 허가를 받는다거나, 또한 상인 번영회 등에 시설이나 장비 같은 것의 사용 허가를 받는 등의 역할을 담당하는 사람을 뜻합니다. 이 역시 한국어 '섭외'와는 다른 뜻이죠? 또한 일본은 '섭외하다'라는 식으로 동사로 쓰이는 일도 없다고 합니다. 그런데도 인터넷을 검색해 보면 이걸 그대로 涉外라고 번역해 놓은 예가 많이 눈에 띕니다. 그러니 이 섭외를 일본어로 번역할 때는 상황과 문맥에 걸맞는 다른 단어로 의역해야 하는 것이죠.

1. 확보하면 : 抑えると

이런 경우에도 「抑える」를 쓴다는 걸 몰랐던 분은 이 기회에 외워 두시길.

2. 방송국 : テレビ局

일본도 당연히 放送局이라는 말이 있지만 보통은 「テレビ局」라고 하는 게 일반적입니다.
라디오 방송국은 당연히 「ラジオ局」겠죠.

3. 독무대 : 独壇場

원래는 점유한다는 뜻의 한자인 擅(천)을 쓰는 「独擅場」가 올바른 표현인데, 사람들이 글자가 비슷한
擅과 壇을 착각해서 써 오던 것이 두루 퍼져서 이것 역시 사전에 등재되게 됐다고 합니다.

4. 섭외는 어떻게 돼 가? : 出演交渉はどうなってる？

이 경우의 '섭외'의 번역은 이 정도밖에 안 떠오르네요. 그리고 '어떻게 돼 가?' 부분을 직역식으로 「ど
うなっていく?」라고 하면 뜻이 달라져 버립니다. '(앞으로)어떻게 될까(돼 갈까)?'라는 뉘앙스가 돼 버
리는 거죠. 그 이유는 일본어에는 기본형(으뜸꼴), 현재형, 미래형의 구분이 없기 때문이 아닐까 합니다.
또한 이런 이유로 일본에선 '테이루' 표현을 그렇게 널리 쓰게 된 게 아닌가 싶기도 합니다. 그러니 이
때는 '테이루' 용법을 써서 위와 같이 표현해 주는 방법이 있겠습니다. 그리고 참, 한국에서는 '사랑해'
라고 하는데 이걸 일본은 「愛する」가 아니라 「愛してる」라고 하는 것에 대해 궁금했던 적이 없으신
가요? 저도 그랬듯이 궁금했던 분들이 분명 있을 겁니다. 그 이유 또한 「愛する」라고 하면 미래형, 다
시 말해 '(지금부터)사랑하겠다'는 뜻이 되기 때문에 '테이루'로 표현하는 것이죠.

5. 녹화 : 収録

일본은 방송 '녹화'를 이처럼 '수록'이라고 합니다.

6. 시시각각 : 刻一刻

일본도 「時々刻々」라는 한자어가 있긴 하지만 「刻一刻」가 훨씬 더 일반적인 표현입니다.

7. 섭외는 될 거 같아? : 出演はいけそう?

이 역시 이런 식으로 의역해 줄 수밖에 없겠죠. 그리고 이 「いける」라는 표현도 말뜻의 스펙트럼이 상당히 넓은 단어죠. 그래서 그런지 「行く」라고 표기하는 단어지만 한자로 쓰지 않고 히라가나로 쓰는 경향이 강합니다. 기본적으로는 '가능하다'는 뉘앙스지만, 음식점 음식이 맛있는 것도 「いける」, 청소솔이 성능이 좋아서 아주 잘 닦일 때도 「いける」, '나 멋있어?', 혹은 '나 매력적인 거 같아?'라고 뽐내며 물을 때도 「私、いけてる?」, 술을 잘 마시는 사람을 「いける口」 등등 정말이지 폭넓은 뉘앙스로 쓰이는 단어입니다.

8. 섭외해 봐 : 出演オファー入れてみろ

이 경우의 '섭외해 봐'를 저는 이렇게 번역해 봤는데 더 좋은 표현을 알고 계신 분은 가르쳐 주시면 감사하겠습니다. 근데 영상번역의 경우라면 이건 너무 기니까 앞의 '출연'은 빼 버리는 게 낫겠죠. 하지만 이것 역시 살짝 긴 듯하니 차라리 아예 확 의역을 해서 「当たってみろ」라고 하는 것도 방법일 듯. 참고로 일본어 「当たる」도 말뜻의 스펙트럼이 엄청나게 넓은 단어인데, 이런 맥락에서 쓰인 「当たってみる」는 알아보다, 물어보다, 조사해 보다, 파 보다, 파헤쳐 보다, 문맥에 따라서는 (뭔가를 알아내기 위해)부딪쳐 본다는 뉘앙스를 지닌 표현입니다. 형사물 같은 데서 이런 대사가 자주 나오죠.

お前は目撃者はいないのか現場周辺の聞き込み、お前は○○の方を当たって見ろ。

넌 목격자는 없는지 현장 주변을 탐문 수사, 넌 ○○ 쪽을 파 봐.

9. 섭외에 성공한 : お招きできた

이건 제 능력으론 이런 의역밖에 안 떠오르네요.

10. 찬조 연설자 : 応援演説者

일본은 '찬조 연설'이라고 하지 않습니다.

11. 유세차에서 굴러떨어져서 : 選挙カー(遊説カー)から転落して

일본도 「遊説カー」라고도 하는데 '선거카'라고 하는 게 일반적입니다.

12. 涉外係 : 영업 담당자

이걸 한국어로 '섭외 담당자'라고 번역하면 뉘앙스가 완전히 달라지죠.

13. 정기적금 : 定期積金 <ruby>ていきつみきん</ruby>

'적금'이 음독이 아니라 훈독임을 유의

14. 섭외 변호사 : 弁護団を組んだだけ

한국에서 말하는 섭외 변호사(정식 명칭은 아님)는 경찰, 검찰, 법원 등의 인맥과 친분을 이용해서 피고에게 유리한 변호사를 (한국어)섭외해서 변호인단을 꾸려 주는 변호사를 뜻하죠. 참고로 이 예제는 실제 신문 뉴스에서 발췌한 것인데, 상식에 어긋나는 어마어마한 수임료를 자기 혼자 꿀꺽한 게 아니라 섭외된 여러 변호사들과 나눠 가졌다고 변명(?), 해명(?)하는 말인 것이죠. 그런데 일본의 '섭외 변호사'는 바로 아래 퀴즈에서 나오듯이 국제 변호사와 비슷한 개념입니다. 그러니 이걸 그대로 涉外弁護士라고 하면 말도 안 되는 오역이 되는 거죠. 저 역시 이걸 어떻게 번역해야 할지 난감해서 일본의 여러 사이트에 질문을 했는데 거의 다 무응답이었습니다. 한 군데에서 답변이 딱 하나 달리긴 했는데 한국의 이 '섭외 변호사'의 개념과 합치하는 내용이 아니었습니다. 그러니 이건 위와 같이 풀어서 의역해 줄 수밖에 없겠죠. 그리고 우리는 '변호인단'이라고 하지만 일본은 저렇듯 '변호단'이라고 합니다.

15. 전무후무 : 空前絶後 <ruby>くうぜんぜつご</ruby>

일본에선 '전무후무'라는 사자성어를 쓰지 않으니 위와 같이 번역해 줘야겠죠.

> 日 한국에도 '공전절후'라는 사자성어가 사전에 등재돼 있지만 거의 안 씁니다. 아마 이런 사자성어가 있는지조차 모르는 사람이 훨씬 더 많을 거라고 생각합니다. 솔직히 까놓고 말하면 저 역시도 혹시나 싶어서 사전을 찾아보고서야 한국의 국어사전에도 이 사자성어가 실려 있는 걸 알았습니다.

16. 涉外弁護士 : 국제 변호사

일본의 '섭외변호사'는 우리로 치면 국제 변호사 같은 일을 하는 사람을 뜻하는 말입니다. 물론 일본도 '국제변호사'라고도 합니다. 그런데 한국에서도 혹시 쓰나 싶어서 알아보니까 법조계에서는 '섭외 사건'이라는 말이 있는데, 이는 재판 관할이 우리나라가 아니고 불분명한 사건을 일컫는 용어로서, 이런 사건을 맡는 변호사를 '섭외 사건 변호사'라는 식으로도 말한다는군요. 역시나 일본어의 잔재가 가장 많이 남아 있는 법조계답다는 생각을 다시 한번 하게 됐습니다.

17. 할당량 : ノルマ

러시아어 norma를 그대로 차용해서 쓰는 표현이죠.

18. 실적 : 業績・実績

구체적인 수치(예:예금 유치 금액)로 증명된 성적이란 뜻으로 우린 '업적'이 아니라 '실적'이라고 하는 게 자연스럽지만 일본은 '업적'을 쓴다는 겁니다. 그러니 이런 의미로 쓰인 일본어 業績을 한국어로 번역할 때는 주의를 기울여야겠죠. 다만, 이 경우에 예금 유치 성적 같은 구체적인 수치로서의 (한국어)실적이 아니라 '좋은 성적'이라는 의미로도 해석 가능하니까 이때는 実績으로 번역할 수도 있겠죠.

19. 渉外 : 영업 담당자

일본에서는 그냥 '섭외'만으로도 사람을 지칭하는 말로 씁니다.

20. 보증수표 : 折り紙つき

미술품 등의 감정서를 「折り紙」라고 하는 데서 파생된 표현이죠. 이와 비슷한 뜻으로 「お墨付き」라는 표현도 있는데 이건 쓰임새가 조금 다릅니다. 옛날에 쇼군이나 다이묘(영주) 등이 공을 세운 가신에게 영지를 하사할 때 보증의 의미로 문서에 서명을 한 것에서 비롯된 표현입니다. 처음에는 수결의 형태로 직접 붓으로 썼지만 나중에는 花押(かおう)라는 날인 형태의 도장을 찍었다고 합니다. 그러니까 이 「お墨付き」라는 말은 신분이 높은 사람, 권한을 지닌 사람이 보증한 것이라는 뜻을 내포하고 있기 때문에 단독으로 쓰지 않고 그 보증을 한 사람을 함께 명시해 줘야 자연스러운 일본어가 된다고 합니다. 즉, 「将軍のお墨付き」, 「社長からのお墨付き」처럼 권한을 부여하거나 실력을 인정하거나, 품질을 보증해 준 주체를 함께 써 줘야 자연스러운 표현이 된다는 것이죠. 기왕 비슷한 표현을 소개했으니 또 다른 비슷한 표현인 「太鼓判を押す」도 외워 두시기를. 커다란 북처럼 큰 도장, 따라서 확실한 보증이라는 뜻으로 쓰이는 말이라고 사전에 나와 있는데, 사실은 옛 전국시대 타케다 신겐이 지배했던 카이(甲斐)국에서 화폐로서 주조했던 금화의 가장자리에다가 큰북의 가장자리에 빙 둘러서 한 장식(실제는 압정처럼 가죽을 고정시키는 역할) 같은 동그란 모양의 장식을 했고, 그 장식이 새겨진 금화는 확실한 카이의 금화라는 걸 보증한 것에서 유래한 것이라고 합니다.

21. 난봉꾼 : 女たらし

22. 딱지가 붙은 : 札付きの [ふだつき]

위의 「折り紙つき」는 긍정적인 의미로 정평이 나 있다는 뜻으로 쓰이는 반면 「札付き」는 나쁜 의미로 정평이 나 있다는 뜻으로 쓰이니까 혼동하지 않도록 주의해야겠죠. 에도시대에는 연좌제가 있어서 죄를 저지른 사람들의 가족, 친지들도 죄를 덮어쓰고 처벌받는 경우가 많았다고 합니다. 따라서 주변에 행실이나 소행이 나빠서 장차 죄를 저지를 가능성이 많은 사람이 있는 경우 관아에다가 연을 끊었음을 신고하면 인별첩(호적)에 있는 그 사람의 이름 옆에 딱지를 붙였다는 데서 유래한 것이라고 하죠.

🔍 블로그 折り紙付き · 札付き · お墨付き · 太鼓判의 **유래와 쓰임새 차이**

23. 섭외하겠다니 : 出演オファーとは

이 역시 원문의 길이도 감안해서 이처럼 번역하는 것도 방법이겠습니다.

24. 제정신이야? : 気は確かか?

우리가 '제정신이야?'라고 묻는 장면에서 일본은 이렇게 표현합니다. 「正気[しょうき]」도 몰랐던 분은 이참에 알아 두시기를. 예컨대 '제정신으로 그런 소리 하는 거야?'라고 할 때 「正気でそんなこと言ってるの?」라는 식으로 말합니다.

〈보루토〉

ボルト ： **お前こそ何やってるんだ。**

보루토 ： 너야말로 뭐 하는 건데?

サラダ ： **私は [1   ]。**

사라다 ： 난 **야간 훈련 하고 가는 길**.

ボルト ： **優等生は大変だなぁ。**

보루토 ： [2   ]는 참 힘들겠다.

〈나이트 히어로 나오토〉

君が作ってくれたこのレモンサワー、最高や。こういうとこに出んねんなぁ、人柄が。ただなぁ、ちょっと優等生すぎるで。今日もほぼ [3   ] こんなとこにまで付いてくるやろ。断る技術ってのも身に付けた方がええわ。

네가 만들어 준 레몬사워 최고야. 이런 데서 인성이 나온다카이.
그런데 쪼매 너무 [4   ]야. 오늘도 거의 **초면인 내가 꼬시니까** 이런 데까지
따라왔다 아이가. 거절하는 기술도 익혀 두는 게 좋다카이.

成績も優秀な [5   ]、[6] の活動も [7   ] 熱心だったので

성적도 우수한 모범생인 데다가 **선도부** 활동도 **몸을 아끼지 않고** 열심이어서

女の子たちの [8   ] だったのに、高校の時 [9] [10] になった。

여자애들의 **선망의 대상**이었는데 고교 때 **빗나가서 불량 학생**이 됐다.

俺は [11] じゃないけど酒やタバコはしない。成績にも [12   ]。

나는 **범생**이는 아니지만 술, 담배는 안 해. 성적에도 **구애받지 않아**.

だからと言って [13] に陥ってもいない。

그렇다고 해서 **자아도취**에 빠져 있지도 않아.

한국과 일본 모두 우등생, 모범생이란 말이 있고 그 뜻도 거의 같지만, 우리와 정반대인 것이 바로 모범 답안에서 살펴본 것과 같습니다. 우리나라에선 비꼬는 표현으로 쓸 때는 '모범생', 또는 더 꼬아서 '범생이'라는 속어를 쓰지만, 일본의 경우 비꼬는 의미로 쓰는 단어는 모범생이 아니라 우등생입니다. 그러니 일본인에게 '우등생'이라는 표현을 할 때는 주의를 기울일 필요가 있는 것이죠.

모범 답안

1. 야간 훈련 하고 가는 길 ： 夜間訓練の帰り

학교나 회사 등에서 '집에 (돌아)가는 길'이라는 표현을 일본은 저런 식으로도 하니까 외워 두시면 유용하게 쓸 수 있을 겁니다. 「学校(から)の帰り」라거나 「会社(から)の帰り」라는 식으로 말이죠.

2. 優等生 ： 범생이

이 경우는 비꼬는 경우니까 우등생이라고 번역하면 안 되겠죠.

3. 초면인 내가 꼬시니까 ： 初対面の僕に誘われたら

일본에선 이런 경우 「誘う」라는 동사를 쓰고, 또한 피동형으로 표현하는 게 일반적입니다. 그리고 A가 B에게 술이나 밥을 먹자고 해서 둘이 즐거운 시간을 갖고 헤어지는 장면에서 B가 A에게 다음에 또 만나서 술이나 밥을 먹자고 해 달라는 의미로 「また誘ってね」라는 식으로 「誘う」를 사용합니다. 또는 상대방이 술이나 밥을 먹자고 권했는데 선약이 있거나 해서 거절할 때도 「また誘ってください」라고 말합니다.

4. 優等生 ： 범생이

5. 모범생인 데다가 ： 模範生の上

이 경우는 비꼬는 말이 아니니까 그대로 번역하면 되겠죠.

6. 선도부 : 風紀委員会

일본에선 선도부를 '풍기위원회'라고 하고 선도부원을 '풍기위원'이라고 합니다.

7. 몸을 아끼지 않고 : 骨身を惜しまず

「骨」를 빼고 그냥 「身を惜しまず」라고 해도 뜻은 통할지 몰라도 위와 같이 말하는 게 관용적인 표현입니다. 한 일본인은 다른 사람은 모르겠지만 자기는 이런 표현을 쓴 적이 없다고 하더군요.

8. 선망의 대상 : 羨望の的

「対象(대상)」이라고도 하지만 「的」를 쓰는 게 더 일반적입니다.

9. 빗나가서 : グレて

잘못된 길로 빠지다, 빗나가다, 비뚤어지다 등의 표현을 일본은 이와 같이 「ぐれる」라고 합니다. 그런데 '구레' 부분을 카타카나로 쓰는 이유는 이건 조어이기 때문입니다. 대합을 뜻하는 '하마구리'에서 몇 단계의 변형을 거친 단어입니다.

10. 불량 학생 : 不良

일본에선 '불량'만으로도 사람을 지칭하는 말로 쓰입니다.

11. 범생이 : 優等生

그러니 이걸 「模範生」라고 하면 안 되겠죠.

12. 구애받지 않아 : 拘泥しない

「拘らない」를 생각한 분도 많겠지만 이렇게도 표현합니다. 그리고 일본은 구애(拘礙)라는 한자어를 쓰지 않고 위와 같이 '구니'라는 한자어를 씁니다. 그리고 「されない」가 아니라 「しない」라는 점에 주의.

13. 자아도취 : 自己陶酔   앞에서 나온 거죠?

엄습, 내습, 습래는 일본과 어떻게 다를까?

[1]に処されて[2]に着くやいなや[　3　][　　4　　]。

유배형에 처해져서 유배지에 도착하자마자 **말하기 힘든** 불안감이 엄습해 왔다.

事故で[　5　]日の夜、[　6　]寂しさが[　7　]。

사고로 **외동아들을 앞세운** 날 밤 **형언하기 힘든** 쓸쓸함이 엄습했다.

敵軍の[8]を[9]しようと[　10　]送った[　11　]を敵軍が発見し、[　12　]。

적군 **동태를 정탐**하려고 **야음을 틈타** 보낸 **선발대**를 적군이 발견하고 엄습했다.

[13]上の[　14　]は日本列島に沿い北東方向に進行する見込みだったが、

기상도상의 **13호 태풍**은 일본 열도를 따라 북동쪽으로 진행할 전망이었으나

進路を急に変えて、凄まじい[15]で[16]へ[　17　]。

진로를 갑자기 틀어서 어마어마한 **속도**로 **한반도**를 내습해 왔다.

[　　18　　]市民軍のトカックに戒厳軍が激しい勢いで[19]した。

50번 국도를 따라 달리던 시민군의 트럭을 계엄군이 거친 기세로 내습했다.

[　20　][　21　]敵の艦隊が、津波の[22]で沈没した。

해안을 따라서 내습해 오던 적의 함대가 쓰나미의 내습으로 침몰했다.

[23]には[　24　]の[25]が予想されているので

주초에는 **중국발 초미세먼지**의 엄습이 예상되니까

外出の際はマスクを[26]のを[　27　]。

외출 시에는 마스크 **챙기는 걸 잊지 마셔야겠습니다.**

[28]**の黒人と** [29][30]**だけで、**[31]**。**

거구의 흑인과 **테이블 너머로 마주하고 있는 것**만으로 공포감이 엄습했다.

해설

한국의 경우 '습래'라는 말은 사전에 남아 있을 뿐 사어나 마찬가지인 반면, 일본의 경우는 '엄습'이라는 단어가 사전에는 올라 있지만 요즘 젊은 사람들은 읽는 법도 모를 정도로 사용 빈도가 줄어들어 사어에 가까운 말이라고 합니다. 또한 그 쓰임새도 한국처럼 많지가 않을 뿐더러 사전의 뜻 그대로 '불의의 기습'이라는 뜻으로만 쓰입니다. 한국처럼 불안감, 적막감 등이 '엄습'한다는 식으로는 쓰이지 않는다는 것이죠. 그런데도 이 역시 그대로 「掩襲」이라고 번역해 놓은 걸 본 적이 몇 차례 있습니다. 그리고 한국과 달리 일본은 '습래'라는 한자어가 아주 빈번히 사용되고, 아울러 일본어 '내습'도 흔히 쓰는 한자어인데, 사전에도 기본적으로는 비슷한 뜻풀이가 돼 있습니다. 하지만 오늘날의 일본인들은 '습래'라는 한자어에서 조금 더 강렬한 인상을 느낀다고 합니다. 사전을 보시죠.

weblio 사전

襲来 습래

激しい勢いでおそいかかってくること。

격렬한 기세로 습격해 오는 것

来襲 내습

襲ってくること。攻めてくること

습격하는 것. 공격하는 것

weblio 사전의 이 두 단어의 쓰임새 차이

襲来 습래

寒波の襲来に見舞われた

한파의 습래를 당했다

来襲 내습

敵機の来襲に備える

적기의 내습에 대비하다

使い分け 쓰임새 차이

「敵機」の場合は、「襲来」も「来襲」も使うが、「寒波」「台風」などには、「来襲」より「襲来」をよく使う。

'적기'의 경우는 습래도 내습도 쓰지만, '한파', '태풍'의 경우는 '내습'보다는 '습래'를 주로 쓴다

일본어 '습래'와 '내습'의 뉘앙스 차이가 느껴지시나요? 그럼 모범 답안을 살펴보기로 하죠.

모범 답안

1. 유배형 : 流刑(るけい)

「りゅうけい」라고도 읽는다고 하는데 위와 같이 읽는 게 일반적인 것 같습니다. 일본은 流配(유배)라는 한자어를 쓰지 않고 사전에도 없습니다. 다만 글자 순서가 바뀐 「配流」가 사전에 등재돼 있긴 한데 일본인들에게 물어보니 거의 처음 본다는 반응들이었습니다. 그리고 「島流(しまなが)し」라고도 하는데 사극 같은 데서 종종 들을 수 있는 표현이죠.

2. 유배지 : 流刑地(るけいち)

이 流刑地(유형지)라는 단어는 대부분의 사전에 등재되지 않은 단어입니다. 제가 이용하는 사전들 중에 유일하게 weblio 사전에만 올라 있습니다. 저 역시도 시대극 같은 데서 「流刑の地」라고 하는 건 들은 기억이 있고, 그렇게 알고 있었는데, 아마도 그래서 사전에 안 나와 있는 것 같습니다. 참고로 한국의 일본어 사전을 찾아보면 配所(はいしょ), 謫所(たくしょ)라고 나오는데, 혹시라도 그 사전을 보고 이렇게 외우고 있는 분이 계시다면 머리에서 지워 버려도 됩니다. 요즘 일본인들한테 이렇게 말하면 아는 사람 거의 없을 거라고 합니다. 그나마 '유형지'는 지금도 쓰곤 하니까 아는 사람도 많답니다.

3. 말하기 힘든 : 言い知れぬ

이 역시 고상한 표현이죠. 몰랐던 분들은 외워 두시기 바랍니다.

4. 불안감이 엄습해 왔다 : 不安感に襲(おそ)われた

5. 외동아들을 앞세운 : 一人息子に先立(さきだ)たれた

일본은 이렇듯 피동태로 표현합니다. 직역식으로 옮긴다면 먼저 떠남을 당했다는 말이죠.

| 日 | 한국에선 자식이나 손아랫사람이 먼저 죽는 걸 '앞세우다', '먼저 떠나보내다' 등으로 표현합니다. |

6. 형언하기 힘든 : えも言われぬ

말로 표현하기 힘든, 형언하기 힘든, 말로 못다 할, 등의 표현을 하고 싶을 때 유용한 표현이죠. 다만, 문어체에서 주로 쓰입니다.

7. 엄습했다 : 襲ってきた

8. 동태 : 動静

'동태(動態)'라는 한자어도 한국과 쓰임새가 다르므로 위와 같이 표현합니다.

9. 정탐 : 内偵

일본은 '정탐'이라는 한자어를 안 쓴다고 합니다.

10. 야음을 틈타 : 夜陰に乗じて

11. 선발대 : 先遣隊

일본은 이렇듯 '선견대'라고도 합니다. '견'은 '파견'의 '견'이죠.

12. 엄습했다 : 不意打ちしてきた

일본은 한자 뜻 그대로 '불의의 기습'이라는 뉘앙스로 쓰지 우리처럼 비유적으로 쓰는 일은 없습니다. 그런데 몇몇 일본인들에게 물어본 결과 대답해 준 전부가 처음 보는 한자어라는 반응이었고, 읽는 법조차 모르는 사람이 거의 대부분일 거라고 하더군요. 그러니 일본어 '엄습'은 신경 쓰지 않아도 될 것 같습니다만, 적어도 불안감, 쓸쓸함이 엄습한다고 표현할 때는 그대로 掩襲이라고 말하거나 적어서는 안 된다는 점은 기억해 두시기 바랍니다.

13. 기상도 : 天気図

14. 13호 태풍 ： 台風第13号

일본은 이처럼 '~호'를 뒤에 붙이고 앞에도 '제'를 붙이는 게 상례입니다.

15. 속도 ： スピード · 速度

이 '속도'라는 한자어의 쓰임새도 양국이 다릅니다. 일본에서 '속도'라는 한자어는 물리학이나 수학 등의 전문 용어로 쓰이는 게 일반적입니다. 다시 말해 일본에서 말하는 '속도'는 단순한 빠르기뿐 아니라 방향성을 지닌 개념이라는 말이죠. 이걸 '벡터'라고 표현하더군요. 아무튼 물리, 수학 얘기는 저도 골이 지끈거리니까 이쯤 해 두고, 한국어 '속도'가 단순한 '빠르기'라는 개념으로 쓰였을 때는 スピード라고 번역해 줘야 합니다. 근데 이 경우에는 速度라고 해 줘도 되겠지만, 위와 같은 이유로 '스피드'라고 표현하는 경우가 더 많은 것 같습니다. 이에 관해서도 다음을 기약하죠.

16. 한반도 ： 朝鮮半島

17. 내습해 왔다 ： 襲来(しゅうらい)した

해설에서 언급했듯 이 경우는 '습래'라고 해 주는 게 낫겠죠? 그리고 일본은 이중 표현에 엄격한 편이니까 「襲来して来た」라고 하지 않는 게 낫겠죠.

18. 50번 국도를 따라 달리던 ： 国道50号を走っていた

이 역시 태풍의 호수와 마찬가지로 숫자를 뒤쪽에 두는 형태로 표현합니다. 또한 우리는 '번'이라고 하지만 일본은 '호'라고 합니다. 그리고 한국의 경우 국도를 차를 타고 쭉 달리는 걸 '따라서'라고 표현하지만 일본에선 이런 경우에 「~に沿って」라고 하면 살짝 뉘앙스가 달라집니다. 아주 옛날에 제가 이걸 「~に沿って」라고 했더니 어떤 일본인이 「~に沿って」라고 하면 국도 위를 달리는 게 아니라 국도와 나란히, 평행으로 달린다는 뜻이 된다고 해서 알게 된 건데, 이 또한 책을 쓰면서 정확성을 기하기 위해 여러 일본인들에게 물어본 결과는 아주 미묘했습니다. 글이 너무 길어져서 이것도 블로그에 옮겨 둡니다. 아무튼 결론은 국도를 따라서 쭉 달리는 경우엔 위와 같이 표현하는 것이 더 정확한 뜻을 전달한다는 점.

🔍 블로그 '국도를 따라서 달리면'은 「国道に沿って走ると」?

19. 내습 ： 襲來 · 来襲

20. 해안을 따라서 ： 海岸に沿って

이건 해변을 '끼고', 해변과 '평행하게'라는 뜻이니 이렇게 번역해 줘도 되겠죠.

21. 내습해 오던 ： 来襲していた

이 역시 '오던'은 번역하지 않는 게 좋고, 또한 여기서도 '테이루'가 나오죠.

22. 내습 ： 襲来

23. 주초 ： 週明け · 週の初め

일본은 '주초'를 위와 같이 말하는 게 일반적입니다. 근데 일본은 「週初」라는 말을 쓰지 않는다는 걸 이미 아는 분도 많으시겠죠? 「しゅうしょ」라고 쓰고 한자 변환을 하려 해도 목록에 없을 정도니까요. 하지만 일본도 「週初」라는 말을 아예 안 쓰는 건 아닙니다. 증권, 외환 시장 등 경제 뉴스에서는 씁니다.

24. 중국발 초미세먼지 ： 中国からPM2.5

'초미세먼지'에 해당하는 학술적 용어는 「微小粒子状物質」입니다. 그런데 딱 봐도 짐작되시듯이 발음하기도 어렵고 딱딱하죠. 그래서 일상생활에서는 위와 같이 말하는 게 일반적입니다. 그리고 일본도 「中国発」이라는 표현을 신문 기사 등 문어에서는 쓰지만 말로 할 때는 별로 쓰지 않으므로 위와 같이 번역해 주는 게 좋겠죠. 그런데 일본의 경우 PM10을 뜻하는 '미세먼지'는 화제에 올리는 일이 별로 없는 듯합니다. '미세먼지'를 통칭해서 말하는 전문 용어는 「粒子状物質」입니다.

25. 엄습 ： 襲来

이 예제는 한국의 실제 뉴스 기사에 나온 걸 약간 변형시킨 건데, 이 경우도 자연 재해와 비슷한 거니까 '습래'라고 번역해 주면 되겠죠.

26. 챙기는 ： 用意する

| 日 | 이 경우의 '챙기다'는 위와 같이 번역해 주면 되겠죠. |

27. 잊지 마셔야겠습니다 : 忘れないようにしましょう

한국의 '~(셔)야겠습니다'에 해당하는 일본어 표현은 없죠. 따라서 일상생활 속에선 「~てください」 형태로 번역하면 되겠지만 일기예보의 경우는 위처럼 「~(し)ましょう」 형태로 말하는 게 일반적입니다.

> 日 일본의 일기예보에선 이처럼 「~(し)ましょう」, 「~でしょう」 형태의 표현을 자주 하죠. 이걸 한국어로 번역할 때는 '~(합)시다'나 '~겠죠'로 번역하면 살짝 어색해집니다. 따라서 전자의 경우는 위와 같이 처리하고, 후자의 경우는 예컨대 「午後から雨が降るでしょう」라고 말할 경우 '오겠습니다' 형태로 번역해 주는 게 자연스럽습니다.

28. 거구 : 巨体

> 日 한국에도 '거체'라는 한자어가 사전을 찾아보니 있긴 하더군요. 하지만 거의 사장됐다고 보시면 됩니다. 한국인에게 "정말 거체시군요"라고 하면 일본어를 모르는 이상 알아듣는 사람 없을 겁니다. 아마도요.

29. 테이블 너머로 : テーブル越しに

몰랐던 분은 이참에 외워 두시기를.

30. 마주하고 있는 것 : 対峙している

이 '대치'라는 한자어도 쓰임새와 뜻이 서로 미묘하게 다른데 이 역시 곁 반찬으로 끼워 넣네요. 일본의 경우는 이렇듯 가벼운 뉘앙스로도 씁니다.

> 日 한국의 경우 일본에 비해 쓰임새도 적고, 말의 무게감도 큽니다. 한국에선 테이블 너머로 마주 앉아 있는 것 정도로 '대치'라는 말을 하진 않습니다.

31. 공포감이 엄습했다 : 恐怖感に襲われた

츠리비전 〈하이퍼 엑스퍼트〉

パクーフライへと[1]。果たして今回2回目となるパクーの姿を見る事はできるのか。

파쿠용 플라이로 **교체**. 과연 오늘 두 번째로 파쿠의 모습을 볼 수 있을까.

[　2　]の仕事をしながら拾って貯めておいた小銭を銀行に持っていって

환경미화원 일을 하면서 주워서 모아 뒀던 동전을 은행에 들고 가서

[3]の紙幣に交換した。

신권 지폐로[　4　]했다.

シャンプーが[　5　]、同じもので[　6　]、別の製品に[　7　]悩んでるの。

샴푸가 **다 돼 가서** 같은 걸로 **리필할까** 다른 제품으로 교체할까 고민 중이야.

何が何でも[8]を成し遂げるという[9]と団結した姿を国民に見せるため、

어떻게든 **정권 교체**를 이루겠다는 **의지**와 단결된 모습을 국민에게 보이기 위해

野党は〇〇〇議員を挙手による[　10　]で[11]の候補に[12]した。

야당은 〇〇〇 의원을 거수에 의한 **만장일치**로 **대선** 후보로 **추대**했다.

1日3[13]勤務と1日2[13]勤務の中で[　14　]が可能なんだが

1일 3교대 근무와 1일 2교대 근무 중에 **양자택일**이 가능하지만

[15]の差が大きいので後者を選択した。

연봉의 차가 커서 후자를 선택했다.

オムツは私が取り替えるからあんたは早く整備工場行ってオイル[16]してきて。

기저귀는 내가 [17   ] 당신은 얼른 정비소 가서 오일 교체하고 와.

[18]、オムツの[19]は一日何回位で、何時間[20]確認しますか？

요양사님, 기저귀 교체는 하루 몇 번 정도고, 몇 시간 **간격으로** 확인하세요?

携帯を[21]、電話番号が変わったのでもう一度番号を[22]しませんか？

휴대폰을 교체해서 전화번호가 바뀌었으니 한 번 더 번호를 교환하실까요?

[23]は、[24]の席で北朝鮮の非核化問題について

양 정상은 업무 오찬 자리에서 북한의 비핵화 문제에 관해

より[25]意見を[26]した。

보다 **심도 있는** 의견을 교환했다.

> ## 해설

한국어 「교환」과 일본어 「交換」

한국어 「교환」은 서로 바꾸는 것, 서로 주고받는 것을 뜻하지만 일본어 교환은 한국과 같은 뜻도 있는 반면, 문제를 풀어 보셨으면 아셨겠듯이 한국어 '교체(바꿔 넣는 것, 갈아 넣는 것)'라는 뜻으로도 쓰입니다.

한국어 「교대·교체」와 일본어 「交代·交替」

이 두 단어는 놀랍게도 한국과 거의 완벽히 반대의 의미로 쓰이고 있습니다. 다만, 한국의 교대와 교체는 발음이 달라서 헷갈릴 일이 별로 없지만 일본의 경우는 발음이 같기 때문에 일본 사람들도 헷갈리기도 하고, 또한 별로 의식 않고 혼용하기도 하는 모양입니다. 우리도 일반인들은 평소에 문법이나 맞춤법 신경 안 쓰듯이 말이죠. 아무튼 일본어 「交替」나 「交代」 양쪽 다 '순서나 역할이 바뀌는 것'을 의미하지만 그 둘의 결정적인 차이가 뭐냐 하면, 「交代」의 경우는 일단 한 번 바뀌면

다시는 그 자리에 돌아갈 수 없거나, 돌아가기 힘든 경우에 사용하는 단어이고, 반면 「交替」는 한국의 '근무 교대', '당번 교대'처럼 일단 한 번 바뀌더라도 다시 그 역할로 되돌아갈 수 있는 경우에 사용하는 단어입니다. 따라서 야구나 축구처럼 한 번 선수가 (한국어)교체되면 다시는 뒤바뀔 수 없는 경우는 交代, 농구나 배구처럼 번갈아 뛸 수 있는 경우는 交替를 쓰는 거죠. 한국과 정반대죠?

일본어 交換과 取り替え

이 두 단어는 거의 같은 뜻으로 쓰이는 말로서 대부분의 경우 둘을 바꿔 넣어도 자연스럽다고 합니다. 「取替える」도 물건 등을 서로 주고받는, 그러니까 한국과 일본의 한자어 '교환'의 뜻으로도 쓰이기 때문이죠. 사전의 예문에도 아래와 같이 나와 있듯이 말이죠.

「友達と時計を―・える」, 「円をドルに―・える」

심지어 어떤 사이트에서는 '명함을 교환하다'는 표현의 경우도 '교환'을 쓰는 게 일반적인 것일 뿐 이 경우 「取替える」라고 해도 '틀린 건 아니다'라고 설명하고 있을 정도니까요. 하지만 여러 일본인들의 의견을 들어 본 결과 물물교환, 등가 교환의 법칙, 교환 학생/교환 교수, 명함이나 전화번호를 '교환'하는 건 이미 고착돼 있어서 '교환'을 써야 자연스럽게 느껴진다는 사람이 많았습니다. 결론적으로 한국어 '교체'는 일본어 交替가 아니라, 문맥에 따라서 이 두 가지 일본어로 번역해 줘야 한다는 것이죠. 왜냐하면 일본어 「交替(교체)」는 '물건' 등을 (한국어)교체한다는 뜻이 아니라, 농구나 배구 등에서 선수(사람)를 (한국어)교대한다는 뜻, 또한 「シフト交替」, 「交替勤務」, 「交替で運転する」처럼 (한국어)교대라는 뜻으로서만 쓰이기 때문이죠.

모범 답안

1. 교체 : 交換

이렇듯 일본에선 교체한다는 의미로도 交換(교환)을 씁니다.

> 日 한국에선 낚시 미끼나 채비 같은 걸 갈아서 다는 걸 '교환'이라고 하진 않습니다. 예컨대 플라이가 불량품인 거 같아서 가게에 가서 다른 걸로 바꿔 달라고 할 때 '교환'이라는 말을 씁니다.

2. 환경미화원 : 清掃作業員

한국의 환경미화원을 일본은 '청소작업원'이라고 부릅니다.

3. 신권 : 新札 (しんさつ)

일본은 이렇듯 '신찰'이라고 합니다.

4. 交換 : 교환

> 日　한국에선 이런 경우에나 '교환'이라고 하지 일본처럼 다른 것이나 새로운 걸로 (한국어)교체하는
> 걸 '교환'이라고는 하지 않습니다.

5. 다 돼 가서 : 切れかけていて

동사 연용형에 연결되는 「~かける」나 「~かかる」도 해석을 잘 해야 되는 표현이죠. '~하기 직전', '~할 뻔하다'는 뜻으로 쓰일 때도 있고, 예컨대 「腐りかける」의 경우처럼 '(갓, 막)~하기 시작함'을 뜻하기도 하니까요. 즉, 이 경우는 샴푸가 떨어지기 직전이라는 의미죠.

6. 리필할까 : 詰め替(つ)えるか

한국어 '리필'도 일본어로 번역할 땐 유연하게 번역해 줘야 하죠. '무한 리필'이라는 표현의 경우 보통은 「食べ(飲み)放題」, 「お代わり自由」라고 해 주면 해결이 되는 수도 있지만 문맥에 따라선 어색한 경우도 있죠. 그러므로 원문에 충실해서 번역해 준다면 어떻게 하면 좋을까요? '리필'이라고 하지 않으니 「提供」 정도로 번역해 주면 되겠죠? 그렇다면 「無限提供」나 「無制限提供」라고 하면 될까요? 일본은 이 경우에도 「に」라는 조사를 붙여 줘야 '더' 자연스럽다고 합니다. 일본은 두루 알려진 용어가 아닌 이상 둘 이상의 한자어를 붙여서 쓰는 건 어색한 경우가 많답니다. 그리고 또 "리필해 주세요"라고 하는 경우는 「お代わりお願いします」라고 해 줄 수도 있겠고요.

7. 교체할까 : 取り替えるか

거의 쓰임새가 비슷하니 이 경우에는 '교환'이라고 해도 될까요? 이 역시 질문을 했는데 일본인들의 의견이 갈렸습니다. 가능하다는 사람이 많았지만 부자연스럽다고 한 일본인의 의견도 있었습니다. 본인이 생각하기에는, 기존 제품이 마음에 안 들어서 다른 브랜드로 교체하는 경우는 '교환'이라고 하면 어색하게 느껴진다고 했으니 참고하시기 바랍니다.

8. 정권 교체 :　政権交代

정권이란 건 너 1년 했으니 이번엔 나 1년 하자는 식으로 (한국어)교대하는 게 아니죠. 일단 한 번 바뀌면 선거를 통해 다시 뽑기 전까지는 쭉 그대로 가죠. 그런데도 일본은 이렇듯 交代라는 한자어를 씁니다. 또한 세대교체의 경우도 일본은 交代라고 합니다. 세대라는 것도 한 번 바뀌면 끝인 거니까요.

9. 의지 :　意気込み

「意志」라고 해도 되겠지만 이렇게도 표현할 수 있다는 점. 이 「意気込み」는 '의욕'에 가까운 말이지만 단순한 의욕이 아니라 적극적으로 의욕을 불태우는 것, 꼭 해내고야 말겠다는 의지로 넘쳐나는 상태를 뜻하는 말입니다.

10. 만장일치 :　全会一致・満場一致　　　*앞에서 나온 거죠?*

11. 대선 :　大統領選挙

일본은 大選이라는 식으로 줄여서 말하지 않습니다. 일본 블로그 활동을 하면서 알게 된 일본인들이 자주 하는 말인데, 한국은 약어를 너무 많이 쓰는 것 같다는 반응이 많습니다. 특히나 요즘은 그런 경향이 너무너무 심해서 저도 이게 대체 무슨 말인가 싶어서 찾아보는 경우가 왕왕 있습니다. 뭐, 시류를 따라야 하나 싶은 생각도 들지만, 언어는 소통을 위해 존재하는 거라는 생각을 하면 좀 씁쓸할 때도 있습니다. 세상사 무슨 일이든 과유불급인데 말이죠.

12. 추대 :　推挙

일본은 '추대'라는 한자어가 아니라 '추거'라는 한자어를 씁니다.

13. 교대 :　交替

14. 양자택일 :　二者択一

일본은 양자택일을 '이자택일'이라고 합니다.

15. 연봉 :　年収

일본에서 '연봉'은 프로 스포츠 선수 등에 국한된 것으로, 일반 회사원이 1년간 받는 총 금액이라는 뜻으로는 '연수'를 씁니다. 다만 이 일본어 '연수'는 부업으로 벌어들인 것도 포함되는, 그러니까 '연간 총수입'이라는 뜻으로 쓰이기도 합니다.

16. 교체 ： 交換

오일을 교체하는 것, 가는 것도 이렇듯 '교환'이라고 합니다. 특히 정기적으로 갈아 주는 경우에는 '토리카에'가 아니라 '교환'을 쓰는 게 자연스럽다는 의견이 많았습니다. 다만, 이 경우에도 '토리카에'를 쓴 예가 검색은 됩니다.

> 日　자동차 오일의 경우 한국에서도 '교환'이라고 하는 걸 많이 보는데 국어사전의 의미로 볼 때 이건 틀린 표현입니다. 일본 자동차나 일본 제품의 사용설명서 등에 있는 일본어 交換을 그대로 직역한 영향이 아닐까 합니다.

17. 取り替えるから ： 갈 테니까

일본 역시 이 경우에 '교환'이라는 말을 쓰지만, 일상생활 속에서 예컨대 갓난아기한테 "기저귀 갈아 줄 테니 조금만 참아"라는 식으로 말할 때는 위와 같이 말하는 게 더 자연스럽다고 합니다.

> 日　한국 역시 마찬가지로 이런 경우는 '교체'보다는 '갈다', '갈아 주다'를 쓰는 게 자연스럽습니다.

18. 요양사님 ： 介護士さん (かいごし)

우리나라의 경우 '개호'라는 말은 사전에만 있을 뿐 거의 안 쓰죠. 저 역시 일본어를 공부하면서 이 한자어를 처음 알았을 정도입니다. 또한 아주 오래 전에 간호사인 누나에게 물어봤는데 병원에서도 '개호'라는 말은 안 쓰고 자기도 처음 듣는 말이라더군요. 반면 일본은 고령자, 병자들을 간병하고 돌봐 준다는 뜻으로 일상에서도 흔히 쓰는 한자어입니다.

> 日　일본어를 모르는 한국 사람에게 '개호'라고 말하면 무슨 뜻인지 아는 사람 아마 없을 겁니다. 그만큼 생경한 단어라는 뜻이죠.

19. 교체 ： 交換

> 日　위에서도 언급했듯이 일상생활에서는 '갈다', '갈아 주다' 등으로 말하는 게 일반적이지만 이런 경우에는 '교체'라고 해도 자연스럽습니다.

20. 간격으로 ： おきに

일본도 '간격'이라는 한자어를 쓰지만 쓰임새가 많이 적습니다. 조사에도 유의.

21. 교체해서 : 取り替えて

이 경우 일본어 '교환'을 쓰면 다른 사람과 휴대폰을 서로 맞바꾸었다는 뜻으로 받아들일 수가 있다고 합니다.

22. 교환 : 交換

전화번호나 명함 등을 교환하는 경우에 「取り替える」를 쓰면 부자연스럽다고 합니다. 하지만 해설에서도 언급했듯이 써도 된다는 반응도 소수지만 있었으니 참고하시길. 그만큼 이 두 표현의 쓰임새가 거의 동일하다고 느끼는 사람이 많다는 방증이겠죠.

23. 양 정상 : 両首脳

일본은 이때 '정상'이라는 한자어를 쓰지 않습니다.

24. 업무 오찬 : ワーキングランチ

2차 북미 정상회담에서 '업무 오찬'이라는 생소한 용어가 사용됐죠. 단순히 식사만 하는 자리가 아니라 협상을 하면서 식사하는 자리란 뜻이죠. 근데 일본은 「ワーキングランチ」라는 영어 표현을 그대로 쓰더군요.

25. 심도 있는 : 踏み込んだ · 深みのある

이 역시 그대로 「深度のある」라고 하면 일본인은 무슨 말인지 잘 모릅니다.

26. 교환 : 交換

이 「交換」과 「取り替え」의 쓰임새 차이를 파악하기 위해 다양한 예문을 지어서 여러 사이트에서 많은 일본인들에게 물어봤는데, 서로 쓰임새나 뜻이 거의 비슷하다 보니 다른 것들은 의견이 엇갈린 것도 있었습니다. 심지어 명함을 교환하는 것도 「取り替え」를 써도 '틀린 건 아니다'라고 설명하고 있는 사이트까지 있을 정도였으니까요. 하지만 이 경우만큼은 제가 질문했던 모든 일본인의 의견이 완벽히 일치했습니다. '의견'이나 '정보'를 교환한다고 할 때 「取り替え」를 쓰면 부자연스럽다고요. 제가 지은 다양한 예문들에 대해 여러 일본인들이 답변한 것들을 정리해서 블로그에 올렸으니 다음을 참고하세요.

🔍 블로그 **쓰임새 차이 파악이 너무 어려운 「交換」과 「取り替え」**

신고, 보고, 통보, 제보, 홍보, 고지는 너무 헷갈려

昨日 [1]で [2]の○○高校の先生に財布 [3]やつら、

어제 **오락실**에서 **순찰 중**이던 ○○고 선생님한테 지갑 **뺏긴** 녀석들

[4]に来て [5]しろ。

교무실로 와서 **자진 신고**해.

脱獄した [6]が、盗んだ [7]姿で走っていくのを [8]が見て

탈옥한 **죄수**가, 훔친 **추리닝** 차림으로 뛰어 가는 걸 **인근 주민**이 보고

[9]へ [10]したそうです。

TV 방송국에 **제보**한 모양입니다.

この番組は出演作品の [11]は厳しく禁じてるんで出演は [12]いい。

이 프로는 출연 작품 **홍보**는 엄격히 금지하니까 출연은 **지양하는 게** 좋아.

匿名の [13]によると、あの出版社がドラマ [14]の○○○さんに

익명의 **제보자**에 의하면 그 출판사가 드라마 **작가** ○○○ 씨한테

原稿を [15]したのは事実だそうです。

원고를 **청탁**한 건 사실이라고 합니다.

父が銀行から [16] を受けて [　　 17　　]、

아빠가 은행에게 부도 통보를 받아서 **망연자실하고 있는데**

[18] で、母まで医者から [19] を [20]。

설상가상으로 엄마까지 의사한테서 **자궁경부암**을 통보받았다.

犯人を [21] したせいで、さらなる殺人を犯させてしまった [22] から

범인을 **은닉**해 주는 바람에 또 다른 살인을 저지르게 만든 **죄책감**에

警察に [23] した。

경찰에 **신고**했다.

上出来の [　 24　] のおかげで [25] の [26]。今度の [27] には

잘 나온 홍보용 사진 덕분에 **대리 운전 CF를 땄어**. 이번 **불금**에는

[　 28　] と一緒に [29][30]。

소속사 직원들과 함께 **허리띠 풀고 실컷 마셔야지**.

芸能番組出演自体が [31] だぞ。積極的な [31] のない [32] は

예능 프로 출연 자체가 **홍보**야. 적극적인 **홍보** 없는 **연예 활동**은

[33] 同然だから、出て今度の作品思い存分 [34] してこい。

사상누각과 마찬가지니까 나가서 이번 작품 실컷 홍보하고 와.

国民の反対も[35]、政府の[36]は政府の政策を積極的に[37]したが

국민 반대도 **무릅쓰려는 듯** 정부 **대변인**은 정부 정책을 적극적으로 홍보했지만

かえって[38]殺到して[39]。

오히려 **민원이** 쇄도해서 **진퇴양난이 되고 말았다**.

誰も[40]海外旅行に行くだの、[41]買っただの

아무도 **안 물어봤는데** 해외 여행 간다느니 **명품백** 샀다느니

[42][43]女。

자랑하듯 시시콜콜 알려 오는 여자.

모범 답안

1. 오락실 : ゲーセン

정확한 명칭은 「ゲームセンター」지만 일본에선 이렇게 줄여서 부르는 게 일반적입니다.

2. 순찰 중 : 巡回中^{じゅんかいちゅう}

일본어 「巡察^{じゅんさつ}」 역시 한국과 쓰임새가 미묘하게 다릅니다. 무엇보다 오늘날에는 '순찰'이라는 말을 거의 쓰지 않는다고 합니다. 그러니 이런 경우, 특히 경찰도 아닌 선생님의 경우는 '순회'라고 번역해 줘야겠죠.

3. 뺏긴 : 持っていかれた

이걸 「とられた」라고 번역해도 되지만 위와 같이 표현하기도 한다는 걸 몰랐던 분은 이참에 외워서 활용해 보세요. 근데 둘의 뉘앙스 차이가 약간 있다고 하는데, 「とられた」라고 하면 선생님한테 심하게 야단맞고 뺏긴, 그래서 다시는 돌려받기 힘든 느낌이라는 한 일본인의 의견이 있었으니 참고하시기를. 또 다른 예를 하나 들자면, 「魚に糸を持っていかれた」라고 하면 물고기가 낚싯줄을 끊고(또는 끊어져서) 달아났다는 뜻, 또는 물고기가 줄을 물고 멀리 달아났다는 뜻이 됩니다. 이건 한국인이 구사하기 힘든 표현이니까 이 기회에 「持っていかれる」의 쓰임새를 외워서 회화 등에 활용해 보시기 바랍니다.

4. 교무실 : 職員室

5. 자진 신고 : 自己申告

6. 죄수 : 囚人 (しゅうじん)

일본은 죄수를 囚人(수인)이라고 합니다. '죄수'라는 단어는 안 씁니다.

> 日 반면 한국어 '수인'은 쓰임새가 극히 제한적입니다. 예컨대 죄수에게 번호를 부여해서 그 죄수를 부를 때 '수인 번호 ○○번'라고 하는 경우 정도로, 그 쓰임새의 폭이 아주 좁은 단어입니다.

7. 추리닝 : ジャージ

일본에선 한국에서 말하는 소위 추리닝을 「ジャージ」라고 합니다. 원래는 「Jersey(ジャージー)」인데 뒤의 장음은 빼고 위와 같이 표기합니다.

8. 인근 주민 : 近隣住民

우린 인근이라고 하지만 일본은 거꾸로 '근린(近隣)'이라고 합니다.

9. TV 방송국 : テレビ局

10. 제보 : 通報

일본에는 '제보'라는 한자어가 아예 사전에 없습니다. 그리고 10명에 가까운 일본인에게 물어봐도 처음 보는 한자라고, 그런 한자 안 쓴다고 합니다. 그러니 이걸 그대로 提報라고 번역하면 안 되겠죠. 이렇듯 일본어 通報는 경찰서에 범죄 등을 '신고'하는 것, 그리고 방송국 등에 '제보'하는 것이라는 의미로 쓰인다는 점 유념하시기를.

11. 홍보 : 告知

한국에서 '고지'라는 말은 정부, 관공서, 은행 등에서나 쓰는 매우 제한된 쓰임새를 지닌 딱딱한 말이죠. 그런데 일본에서는 방송 프로에 나와서 자신의 작품을 홍보하는 경우에 告知라는 단어를 사용합니다.

12. 지양하는 게 : 避けた方が · 控えた方が

13. 제보자 ： 情報提供者 · 通報者

'제보'라는 한자어를 안 쓰니까 당연히 '제보자'라고 하지 않겠죠. 그리고 내부 고발자, 바꿔 말해 우리가 말하는 공익 제보자도 일본은 「公益通報者」라고 합니다.

14. 작가 ： 脚本家

'작가'라는 말의 쓰임새도 일본은 우리와 사뭇 다릅니다. '작가'의 포괄적 의미는 창작자(Creator)라는 뜻이지만 우리는 주로 Writer, 즉 소설 같은 문학 작품이나, 영화 시나리오, 드라마 극본을 쓰는 사람들에 국한돼서 쓰는 경향이 있죠. 반면, 일본은 원래의 포괄적 의미에 충실하게 씁니다. 예컨대 공예가나 조각가, 도예가 같은 사람들도 '작가'라고 표현합니다. 제가 번역한 걸로 예를 들자면 <신 고향, 사람과 사람>이라는 프로에서 등장인물을 소개하는 자막에, 위에서 말한 모든 직업군에 속한 사람을 모두 「作家 ○○さん」이라는 식으로 적어 놨더군요. 우리는 특별한 이유가 없는 한 그런 경우에는 '작가'라고 표기하진 않죠. 그리고 우리는 영화 시나리오나 드라마 극본을 쓰는 사람을 작가라고 하는데 일본은 그런 경우 통상 '각본가'라고 부릅니다. 그리고 상대방을 직접 부르는 호칭으로서 우리는 '○○작가님'이라고 하지만 일본은 「○○作家さん」, 혹은 「○○脚本家さん」이라고 부르는 일은 거의 없다고 합니다.

15. 청탁 ： 依頼

한국과 달리 일본에서 「請託(せいたく)」라는 말은 부정적인 의미로밖에 쓰이지 않습니다. 그러니 위와 같이 원고를 청탁하는 경우에는 의뢰라고 하는 게 적절한 번역이겠죠.

16. 부도 통보 ： 不渡(ふわた)り通知

'通報(통보)'라는 말 자체가 한국과 일본에서의 쓰임새가 다르다 보니 일본은 '부도 통보'라고 하지 않습니다.

17. 망연자실하고 있는데 ： 呆然(ぼうぜん)としているのに

일본도 「茫然自失(ぼうぜんじしつ)」라는 말이 있고 쓰기도 하는데 사용 빈도가 그리 높지 않고, 특히 일상의 대화에서 쓰이는 일은 거의 없다고 합니다. 하지만 사람에 따라 어휘력도 다른 법이고 문어에서는 종종 보는 표현이죠.

18. 설상가상 ： 弱り目に祟り目

일본은 '설상가상'이라는 사자성어가 없습니다. 「弱り目に祟り目」와 비슷한 뉘앙스를 지닌 표현으로서 「泣き面に蜂」, '우는 얼굴에 벌'이라고 표현합니다.

19. 자궁경부암 ： 子宮頸癌

일본은 자궁경부암을 「子宮頸がん(자궁경암)」이라고 하고 자궁내막(체부)암을 「子宮体がん(자궁체암)」이라고 합니다.

20. 통보받았다 ： 告知された

이것도 마찬가지로, 이런 경우에 일본에선 '통보'라는 한자어를 쓰지 않습니다.

21. 은닉 ： 蔵匿・隠匿

일본도 隠匿(은닉)이라는 한자어를 쓰지만 이렇듯 蔵匿(장닉)이라고도 합니다. 다만 이 '장닉'은 좀 전문적인 용어여서 일상생활에서는 잘 쓰지 않는다고 하네요. 하지만 법률 용어인 범인 은닉죄의 정식 명칭은 「犯人蔵匿罪」입니다. 그리고 '범인 도피죄'는 「犯人隠避罪(은피죄)」라고 합니다. 그리고 위의 두 한자어 모두 문어적인 말이므로 일상생활 속에서는 「匿う」라고 하는 게 일반적입니다.

22. 죄책감 ： 罪悪感

일본은 이런 경우에 '죄책감'이라고 하지는 않습니다. 그런데 왜 일본은 우리가 생각하기엔 '죄악'이라고까지 느낄 만한 상황이 아닌데도 '죄악감'이라는 말을 비교적 가벼운 뉘앙스로 폭넓게 쓸까요? 자세한 건 아래 블로그에서 확인하시고 핵심만 말씀드리고 넘어가자면 일본은 이 경우의 '악'을 「悪」가 아니라 「悪い」라고 인식한다는 점.

> 日　한국도 '죄악감'이라는 말을 쓰긴 하는데 이건 죄책감에 비해서 훨씬 무게감이 있는 표현입니다. 죄책감은 책임감을 느껴서 죄스러운 마음이 든다는 뉘앙스라면 죄악감은 '악(惡)'이라는 글에서 느껴지듯 자기의 언행이 죄악이라고 느끼는 감정이라는 무거운 뉘앙스입니다.

🔍 블로그 '죄책감, 죄악감'과 「罪責感・罪悪感」의 쓰임새 차이

23. 신고 : 通報

24. 홍보용 사진 : 宣材写真
_{せんざいしゃしん}

연예인 등이 자신을 알리기 위해 찍는 '홍보용 사진'을 일본에선 이와 같이 표현합니다. 宣伝材料写真 (선전 재료 사진)의 준말이죠.

25. 대리운전 : 代行運転

일본에선 대리 운전을 이와 같이 '대행운전'이라고 합니다.

26. CF를 땄어 : CMが取れたぞ

우리는 CF라고 하지만 일본은 CM이라고 합니다. 그리고 이 경우에는 「を取ったぞ」가 아니라 「が 取れたぞ」라고 하는 게 더 자연스럽다고 합니다. 다른 예를 들자면 애니 <보루토>에서, 한 번 들어가 면 되돌아오기 어렵다는 '용지동'이란 동굴에 들어갔다가 천신만고 끝에 빠져나온 장면에서 보루토 의 대사인데, 우리로 치면 '(우리)돌아온 거지?', '돌아온 거 맞지?'라는 의미로 기쁜 마음에 치는 대사로 「戻ってこられたんだよな(직역:돌아올 수 있는 거지?)」라고 말합니다. 이상하죠? 왜 저렇게 표현하나 싶으시죠? 더 많은 예문을 들어 드리고 싶은데 이 역시 글이 너무 길어지니 아래 글 참고. 상당히 유익 한 정보라고 생각하니까 꼭 시간을 내서 읽어 보시기를 권합니다.

🔍 블로그 **한국인이 구사하기 힘든 일본어 표현**(feat 라플라스의 마녀)

27. 불금 : 花金
_{はなきん}

우리의 불금을 일본에선 이렇게 표현합니다. 「花の金曜日」를 줄인 말이죠. 이건 일본 경제가 고공행 진을 하던 이른바 버블 시대에 주5일 근무제가 도입되면서부터 유행하기 시작한 말이라고 합니다. 너 도나도 흥청망청 쓰고 다닐 시기니까 황금 같은, 피 같은 금요일을 그냥 보낼 수 없었겠죠. 그런데 일본 경제의 버블이 꺼진 지도 어언 20여년을 헤아리는 지금의 젊은 세대들 중에서는 이 '하나킨'이라는 말 자체를 모르는 사람도 있고, 또 알고 있더라도 흥청망청 달리는 불금이라는 의미로서가 아니라, 일주 일의 피로를 풀면서 집에서 이틀간 편히 쉴 수 있는 금요일, 또는 본인의 취미 생활을 즐길 수 있는 금 요일이라는 식으로 받아들이는 젊은이들이 많다고 하네요.

28. 소속사 직원들 : 事務所のスタッフたち

우리는 연예인들이 속한 연예기획사를 말할 때 소속사라는 표현을 하지만 일본의 경우는 이렇듯 사무소라고 합니다. 이걸 그대로 일본어로 「所屬社」라고 말하면 일본인은 어색하게 느낍니다. 그 이유는 우리의 연예기획사에 해당하는 말이 芸能事務所(예능사무소)이기 때문이겠죠. 따라서 굳이 '소속'이라는 말을 넣더라도 「所屬事務所」라고 하죠. 그리고 '직원'의 의미가 한국과 일본이 다르다는 건 앞에서 다뤘으니 이 경우에 職員이라고 하지 않는다는 건 짐작하셨을 테고, 연예계 등에서는 이렇게 '스태프'라는 표현을 쓰는 게 일반적입니다. 또한 방송국 등에서도 우리는 '제작진'이라는 표현을 하지만 일본은 이 역시 '스태프'라고 합니다.

29. 허리띠 풀고 ： 羽目を外して

아는 분은 알겠지만 몰랐던 분은 이 기회에 외워 두시길.

30. 실컷 마셔야지 ： たんと飲もうっと

이 경우의 '실컷'을 이렇게도 말하는데 몰랐던 분은 외워 두시기를. 그리고 이것 역시 한국인이 구사하기 힘든 표현이죠. 의지를 나타내는 조동사 「う・よう」 뒤에 「っと」의 형태로 붙여서 말하면 살짝 가벼운(?), 장난스러운(?) 말투가 되기도 합니다. 때로는 놀리는 투로 쓰일 때도 있고요.

31. 홍보 ： 宣伝

일본은 연예인이 홍보하는 걸 弘報라고 하지 않습니다.

32. 연예 활동 ： 芸能活動

33. 사상누각 ： 砂上の楼閣

34. 홍보 ： 告知

일본어 宣伝은 좀 더 넓은 의미의 (한국어)홍보이고, 告知는 방송 등에 나가서 실제로 말로써 직접 자신의 작품을 (한국어)홍보하는 걸 뜻하죠.

35. 무릅쓰려는 듯 ： 押し切らんばかりに

저처럼 제2외국어로서 문법은 기초적인 것만 훑고 지나간 사람들 중에는 이 「んばかり」 표현의 경우 문법적 구조를 이해하는 게 아니라, 그냥 문형으로 통째로 외운 사람이 많을 겁니다. 그러면서도, 부정의 의미를 나타내는 조동사인 「ん」이 들어갔는데 왜 '(마치/금세라도)~듯'이라는 식으로 해석되는지 의아했던 분이 많을 겁니다. 그런데 이건 부정의 조동사 「ん」이 아니라, 일본 고어에서 추량(추측)이나 의지를 나타내는 조동사 「む」가 변한 것이라는 학설이 있습니다. '추측' 조동사라면 여러분도 납득이 되시죠?

🔍 블로그 잘못(?) 알고 있고 잘못(?) 가르치는 「んばかり」 문형

36. 대변인 : 報道官

37. 홍보 : 広報(こうほう)

일본은 이런 경우 広報(광보)라는 한자어를 쓰는 게 일반적입니다.

38. 민원이 : 苦情(くじょう)が

우리가 말하는 '민원'을 일본은 이렇게 표현합니다.

39. 진퇴양난이 되고 말았다 : 進退窮(しんたいきわ)まってしまった

일본은 '진퇴양난'이라는 사자성어가 없고 위와 같이 표현합니다.

40. 안 물어봤는데 : 聞いてないのに

이 역시 「聞かなかったのに」가 아니라 이처럼 표현하는 게 일반적이라는 것.

41. 명품백 : ブランド物のバッグ

42. 자랑하듯 시시콜콜 : 自慢げにいちいち

> 日 한국어 '시시콜콜'도 일본인 입장에선 뉘앙스와 쓰임새를 캐치하기 힘든 단어죠. 이걸 「根掘(ねほ)り葉掘(はほ)り」라고만 알고 있고 또 그렇게 적어 놓은 사이트가 많은데 '시시콜콜'이 '꼬치꼬치'나 '낱낱이'와 비슷한 뉘앙스로 쓰일 때나 「根掘り葉掘り」라고 번역이 가능합니다.

43. 알려 오는 : 報告してくる

> 日 일본에선 報告라는 말을 이렇게 가벼운 뉘앙스로도 쓰지만 한국은 다릅니다. 그러니 일본어 報告를 한국어로 번역할 때는 무조건 '보고'라고 하지 않게끔 주의할 필요가 있겠죠.

処分(처분)과 排除(배제)에 숨겨진 무서운 의미

처분と処分

〈파워 오피스걸 4〉

お前らが首になるのは当然として、私まで処分されるかも知れないんだ！

너희가 해고되는 건 당연한 거라 치고, 나까지 [1] 당하게 생겼잖아!

〈100만 엔의 여자들〉

だいぶ落ち着いてきたので家の片づけを始めたんです。
要らない物を処分したり。

꽤 진정이 돼서 집 정리를 시작했어요. 필요 없는 물건을 [2] 하기도 하고.

[3]の大掃除をしながら普段[4][5]を全部処分した。

집 안 대청소를 하면서 평소 **안 입는 옷**을 전부 [6] 했다.

ヤツの存在はわが組織にとって潜在的な[7]です。
今のうちに処分すべきです。

놈의 존재는 우리 조직에게 잠재적 **위협**입니다. 이 틈에 [8] 해야 합니다.

A ： こいつはどう始末しましょうか？

A ： 이놈은 어떻게 처리할까요?

B ： 処分しちまえ。

B ： [9] 해 버려.

[10]を害する[11]は厳然たる処分を下さなければいけない。

미풍양속을 해치는 **공연음란죄**는 [12] [13]을 내려야 한다.

警備員が来て[14][15   ]**酔っ払いを競技場から**排除した。

경비원이 와서 **만취해서 난동 피우는** 취객을 경기장에서 [16   ].

A : **例のプロジェクト完全に**[17   ]。

A : 그 프로젝트 완전 **백지화됐대**.

B : [18]**だわ。私のチームを**排除した時点で失敗すると分かってた。

B : **깨소금 맛**이다. 내 팀을 [19] 할 때부터 실패할 줄 알고 있었어.

A : **そうよね。あんな**[20   ]**では失敗は**[21   ]**も同然だったわ。**

A : 그렇지? 그런 **탁상공론**으론 실패는 **기정사실**과 다름없었지.

B : [22   ]**ってことよね。**

B : **이런 게 바로 전화위복**이라는 거겠지?

[23   ]**した**[24]**達が**[25]。**そこのバリケード**排除しろ！

지원 요청했던 **수사관**들께서 **납셨다**. 거기 바리케이드 [26   ]!

<디지몬 어드벤처 tri>

もはや友情はない。[27]**として**排除する。

이제 우정은 없다. **이물질**로 간주하고 [28   ].

<100만 엔의 여자들>

佑希 : **1億円払ってもその男の**[29   ]。

유키 : 1억 엔을 줘도 그놈은 **계속 뜯어내려 할 거예요**.

みどり : **私がバカだったんです。あんな男**信用したりして。

미도리 : 내가 바보였어요. 그런 남자를 [30   ].

佑希 : **その男** 排除しましょう。

유키 : 그 남자 [31   ].

보셨다시피 한국어 처분, 배제와 일본어 「処分」, 「排除」는 같은 뜻도 있지만 사뭇 다른 뜻으로 쓰이기도 합니다. 그런데 앞에서도 언급했듯이 이 일본어 **処分, 排除**를 앞뒤 생각도 없이 그대로 '처분, 배제'라고 번역해 놓은 사례가 의외로 많습니다. 또 말하지만 번역은 국어 실력이 더 중요합니다. 그러니 번역에 뛰어들 생각을 가진 분은 독서량을 최대한 늘리고, 블로그든 어디든 글 쓰는 연습도 게을리하지 말고 어휘력과 표현력을 길러야 합니다. 이런 말을 하는 저 역시도 국어 실력이 한참 부족해서 번역할 때마다 애를 먹고 있지만 말이죠.

모범 답안

1. 処分 : 징계

> 日　한국에선 이런 경우에 '처분'이 아니라 '징계'라고 하는 게 자연스럽습니다.

2. 処分 : 처분

3. 집 안 : 部屋

앞에서 이미 언급했듯이 이 경우는 '방'이 아니라 '집'이라고 해야 합니다. 일본에선 연말이 되면 집 대청소를 하는 관습이 있는데 이때도 많은 사람들이 部屋라는 말을 씁니다. 또한 이때는 '집 안'이라고 띄어 쓴다는 점도.

4. 안 입는 : 着てない

앞에서도 나왔듯이 일본은 이런 때도 「～ている・～ていない」라는 식으로 말합니다. 다만, 「着ない」라고 하면 안 된다는 말이 아니라 「着てない」라고 하는 경우가 많다는 뜻입니다.

5. 옷 : 洋服

놀란 분 많으시죠? 우리는 양복이라고 하면 정장, 슈트를 뜻하지만(참고로 외래어 표기법에 맞는 건 수트가 아니라 슈트입니다), 일본어 「洋服」은 우리나라와는 달리 '서양 옷' 전체를 뜻합니다. 그러니 청바지 같은 것도 洋服이라고 하죠. 우리가 말하는 양복은 일본에선 「スーツ」라고 합니다. 요즘도 일본어 초급 교재에서 양복을 「背広(せびろ)」라고 가르치고 있는지 모르겠는데, 일본의 경우 요즘에는 「背広」란 말은 잘 하지 않고 외래어인 「スーツ」를 선호하는 경향이 있는 듯합니다.

6. 処分 ： 처분

이 경우는 우리도 '처분'이라고 하죠.

7. 위협 ： 脅威(きょうい)

일본은 한국과 말 순서가 바뀐 '협위'라고 합니다. 그런데 동사의 경우는 「威嚇する(いかく)」를 쓰고 「脅威」는 명사로 쓰입니다.

8. 9. 処分 ： 처치

> 日　한국에선 이처럼 사람을 죽이는 걸 비유적으로 말할 때 '처분'이 아니라 '처치'라고 합니다.

10. 미풍양속 ： 公序良俗(こうじょりょうぞく)

처음엔 말 순서가 바뀐 良風美俗도 답안으로 제시했는데 일본어 '공서양속'은 일상생활에서도 쓰이지만 '양풍미속'은 젊은 사람들은 처음 본다는 반응이 많을 만큼 거의 안 쓰이는 모양입니다.

> 日　'공서양속'은 사전에 있는 사자성어인데 거의 안 쓰인다고 보면 됩니다. 반면 '미풍양속'은 두루 알려진 사자성어입니다.

11. 공연음란죄 ： 公然猥褻罪(こうぜんわいせつざい)

한국은 '공연음란죄'가 정식 법률 용어인데 일본은 위와 같이 '공연외설죄'라고 합니다. 여기서 주의할 건 '공연'의 한자가 公演이 아니라 '공공연하다'라고 할 때의 公然이라는 사실. 참고로 일본은 '공공연'이라고 하지 않고 '공연'이라고 한다는 것도 알아 두세요.

> 日　한국에선 정식 법률 용어로는 '공연음란죄'라고 하지만 일반인들 사이에서는 풍기문란죄(風紀紊亂罪)가 더 친숙한 표현입니다.

12. 厳然たる ： 엄중한

일본에선 이 '엄연'이란 한자어를 한국에 비해선 그리 널리 쓰이지는 않는다는 건 앞서 언급했지만 복습 차원에서….

13. 処分 ： 처분

14. 만취해서 : 泥酔（でいすい）して

앞에 나온 거 복습이죠. 「酩酊（めいてい）」도 기억하고 계시죠?

15. 난동 피우는 : 乱暴（らんぼう）を働く

일본은 '난동'이라는 한자어를 쓰지 않습니다. 그리고 이와 비슷한 표현으로서 「狼藉（ろうぜき）を働く」라는 표현도 있는데 이건 주로 문어적으로 쓰이는 경우가 많다는 점도 기억해 두세요.

16. 排除した : 내보냈다, 내쫓았다, 퇴장시켰다

> 日　한국에선 취객을 경기장에서 내쫓는다는 의미로 '배제'라는 표현은 하지 않습니다.

17. 백지화됐대 : 白紙（はくし）に戻されたって

한국어 '백지화하다'라는 표현의 경우 일본에서도 「白紙化する」라고도 하지만 이렇게 「白紙にもどす」라고 하는 게 더 일반적입니다. 아울러 「ご破算（はさん）にする」도 비슷한 의미를 지닌 표현입니다. 이 '파산'은 기업 등이 도산한다는 뜻의 破産이 아니라 주산을 할 때 셈(算)이 끝난, 혹은 셈을 하고 있던 주판 알을 흐트러뜨린다(破)는 뜻이죠.

18. 깨소금 맛 : いい気味

이건 웬만큼 공부하면 다 아는 표현인가요? 그리고 「ざまあ見ろ」도 있죠.

19. 排除 : 배제

> 日　한국은 이렇듯 뭔가로부터 제외시킨다는 뉘앙스로 '배제'를 씁니다.

20. 탁상공론 : 机上（きじょう）の空論（くうろん）

일본에는 '탁상공론'이라는 사자성어는 없고 대신 이와 같이 표현합니다.

21. 기정사실 : 既成事実   이미 나왔던 거 복습이죠?

22. 이런 게 바로 전화위복 : これこそ災（わざわ）い転（てん）じて福（ふく）となす

일본에는 '전화위복'이라는 사자성어가 없고 이와 같이 표현한다는 걸 아는 분은 많겠죠? 그리고 이런

문맥에서 쓰인 「~こそ」를 '~야말로'로만 번역하는 사람들이 많은데 이 경우처럼 '이런 게 바로'라고 번역해 주는 게 더 자연스러울 때도 많고, 또한 「今度こそ」나 「今日こそ」의 경우도 이번엔 꼭 또는 이번엔 기필코, 그리고 오늘은 반드시 등으로 번역해야 더 매끄러운 경우도 많습니다.

23. 지원 요청 ： 応援要請

경찰 등의 지원 요청이라는 말을 일본은 '응원 요청'이라고 합니다. '지원'과 '응원'이라는 한자어의 쓰임새도 한일 양국이 미묘하게 다르다는 말이죠. 앞서 '찬조 연설'도 일본에선 '응원 연설'이라고 한다는 것도 복습 차원에서 언급하고 넘어갑니다.

24. 수사관 ： 捜査員

일본도 '수사관'이라는 단어를 쓰지만 '수사원'이라고 하는 경우가 많습니다. 하지만 한국은 '수사 요원'이라고 하면 했지 '수사원'이라곤 하지 않죠. 심사위원도 일본은 '심사원'이라고 한다는 것도 복습 차원에서….

25. 납셨다 ： お見えなすった

언뜻 이상하게 생각될 수 있지만, 일본은 예컨대 자기 집에 손님이 찾아왔을 때, 다시 말해 '(~씨가) 오셨습니다'라고 말할 때 「お見えなさった」, 「お見えです」, 「お見えになりました」라는 식으로 표현합니다. 왜냐하면 일본어 「見える」는 「来る」의 높임말로도 쓰이기 때문이죠. 그리고 「なすった」는 「なさった」의 도쿄 사투리랄까요. 옛날 에도 시대의 말투인데 요즘도 장난스럽게 이렇게 말하는 사람이 더러 있고 드라마나 영화 등에서도 때때로 들을 수 있는 표현입니다. 이건 약간 비꼬는 듯한 뉘앙스일 경우도 있습니다. 몰랐던 분은 영화나 드라마 등을 보다가 이 표현이 나오면 이젠 청해가 가능하겠죠? 그리고 바로 뒤에서 퀴즈로 다루게 될 텐데, 우리는 평소 자주 보던 사람이 안 보이면 '요즘 통 안 보이네'라고 하죠. 그런데 이때 일본도 「見えないね」라고 할까요? 답은 '아니오'입니다. 이 「見える」라는 동사의 뉘앙스와 쓰임새도 한국과 미묘하게 다른데 이에 관해서도 설명할 기회가 있었으면 좋겠네요.

26. 排除しろ ： 치워, 제거해

일본어 '배제'와 한국어 '배제'의 쓰임새가 이렇게나 다르다는 거 이제 이해가 되셨겠죠?

| 日 | 한국에서 이런 문맥에서 '바리케이드 배제해'라고 하면 이상합니다. |

27. 이물질 : 異物

異物(いぶつ)

일본은 異物質이라고는 하지 않습니다.

28. 排除する : 제거한다

29. 계속 뜯어내려 할 거예요 : たかりは続きますよ

우리나라 말로 금품 등을 뜯어내는 걸 「集(たか)る」라고 합니다. 비슷한 표현으로서 「ゆする」와 「巻き上げる」도 있는데 이 세 표현에는 뉘앙스 차가 있습니다. 간략히 언급하자면 「集る」는 상대의 비밀, 약점 같은 걸 잡고 집요하게 돈을 요구하는 것. 「ゆする」는 상대방을 협박해서 돈을 뜯어내려 하는 것. 그리고 「巻き上げる」는 공갈, 협박 등을 통한 갈취 행위 그 자체를 뜻하는 말입니다.

30. 信用したりして : 믿고 그러다니

앞에서도 나왔듯이 이걸 '신용하다니'라고 번역해선 안 되겠죠? 일본은 이렇듯 '신용'이라는 한자어의 쓰임새 폭이 한국보다 훨씬 넓기 때문에 번역을 할 때도 주의할 필요가 있습니다. 다만 일본의 영향이든 어떻든 한국에서도 동사로 사용하는 사람들이 있긴 한데, 그렇다고 해서 앞서 언급했듯이 연인 사이에서 「俺のこと信用しない?」라고 하는 걸 그대로 '나 신용 안 해?'라고 번역하면 어색한 한국어가 되겠죠.

31. 排除しましょう : 해치워 버립시다.

일본어 速断⦗속단⦘을 속단하지 말라

[1   ]状況なので[2   ]の[3]は速断が必要だ。

촌각을 다투는 상황이므로 **참가냐 불참이냐 여부**는 [4   ]이 필요하다.

敵が[5   ]襲ってきていようが、この問題だけは速断してはいけない。

적이 **파죽지세로** 쳐들어오고 있다 해도 이 문제만큼은 [6   ]해서는 안 된다.

米国大統領は[7   ]の座でTHAAD問題の即断を要求した。

미국 대통령은 **정상회담** 자리에서 THAAD 문제의 [8   ]을 요구했다.

今度のプロ野球の[9   ]事件は、協会が即断即決で解決して、

이번 프로야구 **승부 조작** 사건은 협회가 [10   ]로 해결해서

責任者に必ず[11]をとらなければならない。

책임자를 반드시 **사법 처리**해야만 한다.

[12]ではなく[13]問題なので[14   ][15]は禁物だ。

사지선다가 아니라 **양자택일** 문제라 **쉬워 보이지만** 속단은 금물이다.

まだ結果が[16   ][17]してたら[18]かもよ。

아직 결과나 **나오지 않았는데** 속단하다간 **만사휴의** 되는 수가 있어.

A : ［ 19 ］こそチャンスって言うのにあいつ最近［ 20 ］?

A : **급락 시세**일수록 기회라는데 그 녀석 요즘 **안 보이네**?

B : ［ 21 ］なので安心してもいいと［ 22 ］して［ 23 ］を［ 24 ］したのに

B : **외국계 기업**이라 안심해도 될 거라고 **속단**해서 **가진 돈**을 **몰빵**했는데

急落してしまって今［ 25 ］。

급락하는 바람에 지금 **전전긍긍하고 있어**.

해설

이번엔 일본어 **速断**과 한국어 속단에 관해 얘기해 볼까요? 한국어 '속단'은 '신중을 기하지 않고 서둘러 판단하다'라는 뜻입니다. 그렇다면 이제 일본어 **速断**의 뜻을 살펴볼까요?

코토방크 사전

1. すばやく判断して決定すること
신속하게 판단해서 결정하는 것

2. 早まった判断をすること
성급한 판단을 하는 것

이처럼 일본어 '속단'은 한국어 '속단'과 똑같은 뜻도 있는 반면 1번 뜻풀이처럼 신속하게 판단한다는 뜻으로도 쓰입니다. 그러니 일본어 '속단'을 번역할 때는 어떤 뜻인지를 명확히 파악한 후 번역해야겠죠.

> **日** 따라서 한국에서는 '속단하면 안 돼'라고는 하지만 '속단해야 돼'라고 하면 이상한 사람 취급을 받을지도 모릅니다.

모범 답안

1. **촌각을 다투는** : 一刻を争う · 寸刻を争う

일본도 '촌각을 다투다'라고 하긴 하는 것 같은데 「一刻を争う」가 더 일반적인 표현입니다. 일본인에게 물어본 결과도 제 생각과 일치했습니다.

2. 참가냐 불참이냐 : 参加か不参加か

일본은 '불참'이라고 하지 않고 '불참가'라고 합니다.

3. 여부 : 可否

일본은 '여부'라는 한자어 안 쓴다고 앞서 말했죠. 그리고 '불참'을 뭐라고 하는지 알려 드리기 위해 위와 같은 답안을 제시했는데 이건 「参加の可否は」라고 하거나 '가부'를 빼고 「参加か不参加は」라고 하는 게 자연스럽겠죠.

4. 速断 : 신속한 판단(결정, 결단)

따라서 이 경우는 이렇게 번역해야 올바른 번역이겠죠? 해설에서도 말했지만 한국에서 이걸 그대로 '속단이 필요하다'라고 하면 '성급한' 판단이 필요하다는 뜻이 되므로 말이 이상해집니다. 판단은 신중하게 해야 하는 거니까요.

5. 파죽지세로 : 破竹の勢いで

일본은 '파죽지세'라는 사자성어는 없고 이렇게 풀어서 말합니다.

6. 速断 : 속단

그런데 이 경우는 '속단'이라고 해도 되겠죠?

7. 정상회담 : 首脳会談

8. 即断 : 즉단

| 日 | 한국에도 '즉단'이라는 단어가 있고 실제로 쓰이는 단어이긴 하지만 사용 빈도는 그리 높지 않습니다. |

9. 승부 조작 : 八百長

승부 조작을 일본에선 이렇게 표현합니다. 「勝負操作」라고 하면 코패니즈 표현이 됩니다. 그런데도 이렇게 해 놓은 사례가 수두룩하죠.

10. 即断即決 : 속전속결

인터넷 검색을 해 보면 '즉단즉결'이라는 말이 꽤 검색이 됩니다만, 국어사전에는 '즉단즉결'이라는 말이 없다는 걸 모르고 일본의 即断即決의 한자음을 그대로 옮김으로써 퍼진 경우입니다. 물론 써서는 안 된다는 법은 없겠지만 지침이 엄격한 영상번역에서는 써서는 안 되는 단어입니다. 또, '즉단즉결'과 '속전속결'의 뉘앙스는 약간의 차이가 있지만, 특히 한자 학습이 유명무실해진 젊은 세대의 한국 사람들에게 '즉단즉결'이라고 말하면 '무슨 뜻이지?'라는 반응이 돌아올 가능성이 크고, 오히려 '속전속결'이라고 하면 '아항!'하고 금세 알아들을 겁니다. 그리고 간혹 '속단속결'이라고 하는 사람도 있는데 이 역시 한국어 '속단'의 뜻으로 볼 때 옳은 표현은 아니겠죠.

11. 사법 처리 : 法的措置   *앞에 나왔던 거 복습이죠?*

12. 사지선다 : 四者択一 (よんしゃたくいつ)

한국에서 말하는 '사지선다'를 굳이 번역하자면 이와 같이 되겠지만, 예컨대 일상생활에서 시험 문제 보기의 수가 4개인 경우에 고르는 걸 표현하는 말로서는 四者択一라고 하기 보다는 그냥 「四択」(よんたく)라고 줄여서 말하는 게 일반적이라고 합니다. 다만 「二者択一」 라는 말은 굳이 시험 문제의 보기 숫자에 국한된 게 아니라 일상생활에서도 둘 중에 하나를 고르는 것, 한국으로 치면 '양자택일'의 의미로 널리 통용되고 있는 말입니다.

13. 양자택일 : 二者択一(にしゃたくいつ)・二択(にたく)

14. 쉬워 보이지만 : 簡単に見えても

일본어 簡単은 한국어 '간단'보다 쓰임새의 폭이 커서 한국어로 '쉽다'고 표현하는 게 자연스러울 장면에서 일본은 簡単을 씁니다. 그러니 반대로 簡単을 한국어로 번역할 때 무조건 '간단'이라고 번역하면 안 되겠죠. 기회가 된다면 '간단'과 일본어 '간단'의 미묘한 쓰임새 차이에 대해서도 언급해 보겠습니다.

15. 속단 : 速断

16. 나오지 않았는데 : 出てないのに

또 나왔죠? 블로그 글에도 썼지만 '거의 현재' 상태의 완료형의 부정문은 이렇듯 「〜ていない」 형태로 말하는 게 거의 대부분입니다.

17. 속단 : 早合点(はやがてん)

한국어 '속단'의 뜻과 비슷한 일본어는 **早合点**이라고 할 수 있겠죠.

18. 만사휴의 : 万事休す(ばんじきゅう)

좀 예스러운 말투지만 알고 있으면 적재적소에서 유용하게 쓸 수 있겠죠.

19. 급락 시세 : 急落相場(きゅうらくそうば)

이런 경우의 '시세'를 일본에선 이렇게 표현합니다.

20. 안 보이네 : 見ないね

일본에선 사람 등이 '요즘 통 안 보이네'라는 표현을 할 때 「見えないね」가 아니라 위와 같은 식으로 표현합니다. 일본에선 「見えないね」라고 하면 앞에서도 나왔듯이 '요즘 안 오네'란 뜻으로 해석되기 때문입니다. 그리고 이 경우엔 「見かけないね」라고도 종종 하니까 이것도 함께 외워 두셔서 회화에서 활용해 보시기 바랍니다. 그리고 '못 보던 얼굴이네'라는 표현도 일본은 「見ない顔だな」라는 식으로 표현합니다.

21. 외국계 기업 : 外資系企業(がいしけい)

일본에선 '외국계 기업'이 아니라 '외자계 기업'이라고 하는 게 일반적입니다.

22. 속단 : 早とちり(はや)

이 역시 「早合点」과 비슷한 뜻이긴 한데 뉘앙스 차이는 있습니다. 「早合点」은 그냥 섣부른 판단, 지레짐작이라는 뜻이지만 「早とちり」에는 그 섣부른 판단과 지레짐작으로 인해 일이 틀어졌다, 실패로 돌아갔다는 뉘앙스가 포함됩니다.

23. 가진 돈 : 持ち金(がね)

24. 몰빵 : 全賭け(ぜんか·が)

일본에선 「全部賭ける」를 줄여서 이런 식으로 표현합니다.

25. 전전긍긍하고 있어 : くよくよ悩んでいる

복구, 복원, 수복 역시 쓰임새가 미묘하게 다르다

[1]の○○さんが絵の[2]過程で[3]であることが発覚したと発表。

큐레이터 ○○씨가 그림 복원 과정에서 위작임이 드러났다고 발표.

慶州震災の[4]文化財の[5]に総力を傾けることを指示。

경주 지진 피해 문화재 복구에 총력을 기울일 것을 지시.

東日本大震災から何年も経った今も、[6]の[7]状態だ。

동일본 대지진이 몇 년이나 지난 지금도 복구 전망이 서지 않은 상태다.

国宝級の美術品が損傷したから[8]。

국보급 미술품이 손상됐으니 얼마나 애를 태우셨겠어요.

[9]ご心境[10]。

복원되기까지의 그 심경 헤아리고도 남음이 있습니다.

[11]方法に関する[12]ですので[13]一度[14]。

PC 복구 방법에 관한 보충 설명이니까 시간 되실 때 한번 훑어봐 주십시오.

[15][16]で騒がれてる最中に[17]

가뜩이나 불화설로 한창 시끄러울 때 불륜을 저지른 게 들통났는데

どうやって夫婦関係を[18]するのよ。もう[19]。

어떻게 부부 관계를 회복하겠냐고! 이미 끝장났어.

보셨다시피 한국과 달리 일본은 수복(修復)이라는 한자어를 널리 사용하고 있습니다. 하지만 한국의 경우 '수복'이라는 단어는 거의 사용하지 않죠. 다만, 미술품 등을 복원하는 전문 영역에서는 아직도 사용을 하긴 하는 모양입니다. 그러나 일상생활 속에서 '수복'이라는 단어를 쓰는 한국 사람은 거의 없죠. 참고로 6.25 때 서울을 되찾은 것을 '서울 수복'이라고 하는데 이 경우의 수복은 한자가 다릅니다. 이때는 **收復**이라는 한자를 씁니다.

그럼 일본어 「修復」, 「復旧」, 「復元」의 차이는 뭘까요? 세 단어 모두 공통적으로 갖고 있는 뜻은 망가지거나 부서지거나 이상 상태에 있는 걸 원래 상태대로 되돌려 놓는다는 의미인데 **修復**의 경우는 주로 파손, 손상된 미술품이나 문화재 등을 원상태로 돌려놓는 것을 의미하고, 또 앞에 나왔듯이 부부 관계 등을 회복하는 것도 일본은 '수복'이라는 단어를 사용하죠. 또한 우리는 컴퓨터 '복구 디스크'라고 하지만 일본은 '수복 디스크'라고 합니다. 뿐만 아니라 의학 드라마나 영화를 즐겨 보는 분은 아마 들은 기억이 있으실 텐데, 인간의 장기나 상처 등을 치료해서 회복시키는 것과 치아를 치료하는 것도 '수복'이라는 말을 합니다. 그리고 일본어 '수복'은 우리로 치면 수리나 수선이라고 해야 자연스러울 장면에서도 사용합니다. 제가 번역했던 것 중에서 「右側の扉に修復された跡があるはずだ」라는 대사가 나오는데 우리는 이런 경우에 '수복'이라고 하진 않죠. 그래서 저는 '수리한 흔적'이라고 해서 보낸 기억이 납니다. 이렇듯 일본의 경우 '수복'이라는 한자어의 쓰임새가 대단히 폭넓습니다.

다음으로 「復旧」는 재해나 사고 등으로 입은 피해를 원래대로 고치는 걸 의미하는 뜻으로 주로 사용됩니다. 예컨대 사고 등으로 교통이나 철도 등 산업 인프라가 마비됐다가 원상회복되는 것, 그리고 컴퓨터 서버 등 시스템이 다운된 걸 고치는 것도 '복구'라고 합니다.

마지막으로 「復元」은 「修復」과 마찬가지로 문화재, 미술품 등을 원래 상태로 회복시키는 걸 뜻하는데, 이 둘의 차이를 설명하자면 「修復」은 일부가 손상돼 있는 걸 정상적인 상태로 회복시키는 것이라면, 「復元」은 손상의 정도가 아주 심한 것을 원래 상태 그대로 되돌려 놓는 것. 다시 말해 그냥 수리, 수선 차원이 아니라 원래 상태와 거의 완벽히 똑같이 고쳐 놓는 걸 뜻합니다. 또한 망가진 문화재뿐 아니라 아예 사라져 버린 유적이나 소실된 문화재 등을 원래 상태로 재현하는 것도 「復元」이라고 하는데, 이 경우에는 「修復」이라는 한자어를 쓰지 않습니다. 왜냐하면 일본어 '수복'은 망가졌지만 존재하는 걸 원래대로 돌려놓는 것이고, 이 경우는 사라져 없어진 걸 새로 짓거나 만들어서 원래의 모습대로 '복원'해 놓는 것이라서 그런 거겠죠. 이렇게 설명하니까 좀 헷갈리시나요? 그렇다면 부부 관계나 장기, 상처, 이빨 등 쓰임새가 확연히 다른 부분은 제외하고, 한국 사람들이 뉘앙스와 쓰임새를 헷갈릴 수 있는 부분만 일목요연하게 다시 정리해 드리겠습니다.

修復 しゅうふく

미술품, 공예품, 역사적으로 의미 있는 건축물 등의 일부분이 파손되거나 손상을 입었을 때 원래 상태로 회복시키는 것. 또한 재해나 사고, 노후화 등으로 인해 파손, 손상된 것들을 복구시켜 놓는 것을 뜻하는데, 수리나 수선처럼 단순히 기능이나 상태만 되돌려 놓는 게 아니라 외관, 형태도 거의 똑같이 회복시키는 것. 또한 컴퓨터 HDD 등이 손상됐을 때 (한국어)복구하는 경우 이 修復을 쓴다.

復元 ふくげん

이 역시 미술품, 공예품, 역사적 건축물 등이 파손되거나 손상됐을 때 쓰는 한자어이지만 修復과 다른 점은 파손과 손상의 정도나 규모가 상대적으로 큰 경우(거의 전파된 상태)에 쓴다. 또한 파손이나 손상을 넘어서 아예 소실되거나 유실된 유적지나 건축물 등을 원래의 모습대로 똑같이 재현하는 걸 뜻하기도 한다. 이 경우에는 修復이라고 하지 않는다. 또한 컴퓨터의 데이터나 자료를 복구하는 경우 이 復元을 쓰기도 한다.

復旧 ふっきゅう

修復과 마찬가지로 재해나 사고 등으로 파손, 손상된 것을 원래대로 회복시킨다는 의미로 쓰이지만 修復과 다른 점은 수도, 전기, 가스, 철도, 교량 등 규모가 상대적으로 큰 산업 인프라와, 기능이 정지된 컴퓨터 서버 등의 시스템을 포함해서 비교적 대규모의 사회, 경제, 산업 시스템을 원래 상태로 회복시킬 때 주로 쓰는 한자어이다. 또한 이 復旧 역시 컴퓨터의 데이터나 자료를 (한국어)복구하는 경우에도 쓰인다.

> 日   컴퓨터의 경우 한국 사람들도 '복구'와 '복원'을 헷갈리기도 하는데, 분명한 건 '수복'이라고는 하지 않습니다.

모범 답안

1. 큐레이터 : 学芸員
<ruby>学<rt>がく</rt>芸<rt>げい</rt>員<rt>いいん</rt></ruby>

큐레이터를 일본에선 '학예원'이라고 하는 게 일반적입니다.

2. 복원 : 修復

제 개인적으로는 미술품, 특히 그림의 경우 '수복'이라고 하는 걸 보고 들은 적이 많습니다. 그림이 **완전히 망가져서** 복원하는 경우는 그리 흔치 않기 때문일까요? 어쨌건 거의 완전히 망가진 그림을 (한국어)복원하는 경우라면 일본어로도 **復元**이 정답이겠죠.

3. 위작 : 贋作
<ruby>贋<rt>がん</rt>作<rt>さく</rt></ruby>

4. 피해 : 被災
<ruby>被<rt>ひ</rt>災<rt>さい</rt></ruby>

일본은 이 경우 '피해'가 아니라 '피재'를 쓰는 게 일반적입니다.

5. 복구 : 修復 · 復元

문화재의 경우 일본은 '수복'을 쓰는 게 일반적인데, 그림 같은 미술품이나 불상 같은 문화재의 경우 피해 정도에 따라 '복원'을 써 줄 수 있겠죠.

6. 복구 : 復旧 · 復興
<ruby>復<rt>ふっ</rt>興<rt>こう</rt></ruby>

해설을 읽어 봤으면 아시겠지만, 이 경우는 그대로 일본어 '복구'로 번역해 줘야겠죠. 그런데 '부흥'도 답안으로 제시한 걸 의아하게 생각하시는 분이 계실 텐데, 이때 일본어 '부흥'을 쓰면 뉘앙스가 약간 달라집니다. 復旧라고 하면 대지진으로 인해 망가져 버린 각종 인프라를 복구한다는 뜻이 되지만, 復興이라고 하면 인프라뿐 아니라 경제, 문화, 사회를 비롯한 사람들의 생활까지도 회복되는 걸 뜻합니다. 또한 '부흥'을 한자 자의 그대로 해석하자면 '다시 흥하다'는 뜻이지만 일본의 경우 '흥하다'의 뜻은 희미해져서 위의 답안과 같이 원래 상태로 회복한다는 뉘앙스로 쓰이는 예가 많습니다.

7. 전망이 서지 않은 ： 目処が立っていない

'전망이 서다'를 일본에선 「めどが立つ」라고 합니다. 그리고 여기서도 '테이루'로 표현하죠.

8. 얼마나 애를 태우셨겠어요 ： さぞかし気を揉まれたでしょう

몰랐던 분은 「さぞかし~でしょう(だろう)」 구문을 외워 두고 유용하게 쓰기 바랍니다. 그리고 이건
말투나 억양을 살짝 바꾸면 비꼬는 뉘앙스가 되기도 합니다. 우리말로 옮기자면 '잘도 ~ 하겠다', '퍽이
나 ~ 하겠다'라는 뉘앙스죠.

9. 복원되기까지의 ： 修復されるまでの

앞서 말했듯 이 경우에 '수복'이라고 하는 걸 자주 들었기 때문에 '수복'을 답안으로 제시했지만, 손상
정도에 따라서는 '복원'을 써 줄 수 있겠죠.

10. 헤아리고도 남음이 있습니다 ： 察するに余りあります

이 표현도 외워 두시면 유용하게 쓰일 겁니다. 참고로 「察して余りある」라고도 합니다.

11. PC 복구 ： パソコンの修復

일본에서 컴퓨터를 (한국어)복구하는 것도 이렇듯 '수복'이라고 합니다. 그리고 앞에서도 언급했지만 우
리가 말하는 '복구 디스크'의 경우에도 일본은 '수복 디스크'라고 합니다, '복원 디스크'라고 해 놓은 것
도 더러 눈에 띄는데 Windows에서의 정식 명칭은 '수복 디스크'입니다. 그런데 '복구 usb'의 경우는
신기하게도 「回復ドライブ」라고 합니다. 일본에서 컴퓨터 등과 관련해서 '복구'라는 말을 쓰는 경우
는 손상되거나 날아간 **데이터**를 되살리거나 되돌리는 경우, 그리고 서버 등의 시스템이 다운됐던 걸
회복시키는 경우에 씁니다.

컴퓨터의 경우 한국에선 '복원'이라고 하면 다른 뜻이 됩니다. 물론 '복원'이라고 해도 말은 통할 테지만, 일정 시점의 컴퓨터의 상태를 백업해 두고, 나중에 컴퓨터에 이상이 생겼을 때 그 백업했던 시점의 상태로 되돌리는 걸 '복원'이라고 합니다.

12. 보충설명 : 補足説明

13. 시간 되실 때 : お手すきの際

이걸 그대로 직역하면 '손이 빌 때'지만 한국에선 '시간 될 때', '시간이 되면'이라고 표현하는 게 더 일반적이고 자연스럽습니다.

14. 훑어봐 주십시오 : お目通し願います

훑어봐 달라는 표현을 일본은 이렇게 합니다.

15. 가뜩이나 : ただでさえ

16. 불화설 : 不仲説

17. 불륜을 저지른 게 들통났는데 : 不倫していたことが発覚したのに

일본은 불륜을 동사로도 사용합니다. 그런데 한국은 동사로 사용하지 않죠.

18. 회복 : 修復・修繕

앞서 말했던 부부 관계 등이 회복되는 걸 표현할 때 '수복' 말고 의외의 한자어를 쓴다고 한 게 바로 이 '수선'입니다. 어리둥절한 분 많으시죠? 저도 처음에 이 맥락에서 '수선'이라는 한자어를 쓴 걸 보고 깜짝 놀랐습니다. 이거 오용한 거 아닌가? 싶은 생각이 들 정도였습니다. 하지만 검색 등을 통해 이리저리 조사도 해 보고, 일본인들한테 물어도 본 결과, 일본에선 이 경우에도 '수선'이라고 한답니다. 다시 말하지만 같은 한자로 이뤄진 단어인데도 그 쓰임새가 이렇게나 차이가 납니다.

19. 끝장났어 : 終わってるよ

한국에선 이런 경우에 '끝나 있어'라는 식으로 말하면 어색합니다.

전락과 추락, 転落과 墜落의 요상한 차이

警察は誤って[1]**に転落したことによる事故死と判断して**[2]**と**[3]、

경찰은 실수로 **풀장**에 [4   ] 사고사로 판단해서 **무혐의**로 **처분**,

これに抗議する市民たちの[5]**で警視庁のホームページが**[6]。

이에 항의하는 시민들의 **게시 글**로 경시청 홈페이지에 **불이 났다**.

ヒマラヤ[7]**の途中、隊員が転落死するという**[8]**もあったが**

히말라야 **암벽 등반** 도중 대원이 [9   ] **불상사**도 있었지만

とうとう[10]**に成功して**[11   ]。

마침내 **등반**에 성공하고 **금의환향했다**.

階段から転落して[12   ]**病院に行ったら**[13]**ってことが**[14]。

계단에서 [15   ] **팔뼈가 골절돼서** 병원에 갔더니 **골다공증**임이 **밝혀졌대**.

[16   ]**の中で巨額の予算を注いで作った自動車道路が**

추가경정예산 중 거액의 예산을 쏟아부어 만든 자동차 도로가

自転車道路に[17]**した。**

자전거 도로로 전락했다.

一時[18   ]**人妻との**[19]**が**[20]

한때 **대박을 터뜨렸지만** 유부녀와의 **혼외정사**가 **발각돼**

転落してしまった芸人。

[21]하고 만 개그맨.

車が坂の下に転落し、大怪我を負って[　22　]に[　23　]されたが、

차가 비탈 아래로 [24] 중상을 입고 **중환자실로** **응급 이송**됐는데,

手術が成功して怪我は[　　25　　]。

수술이 성공해서 부상은 **호전을 보이고 있다.**

[　26　]の状態で[　　27　　]途中、[　28　]手すりから[　29　]した。

기진맥진 상태로 **계단을 오르던** 도중 **중심을 잃고** 난간에서 **추락했다.**

〈명탐정 코난〉 건물 벽을 밧줄을 타고 내려왔던 상황

[　　30　　]一色さんですが、奇跡的にそれを免れました。

추락할 **뻔했던** 잇시키 씨였지만 기적적으로 그걸 모면했습니다.

〈명탐정 코난〉 열기구에서 추락사한 사건을 수사 중인 상황

奥さんが[31]した時のことを話していただけませんか？

부인이 추락했을 때의 상황을 말씀해 주시겠어요?

해설

한국에도 일본에도 전락과 추락이라는 한자어가 공히 존재하지만 양국에서의 쓰임새는 사뭇 다릅니다. 먼저, 이 '전락'이라는 말을 한국의 국어사전에서 찾아보면 1번 뜻풀이로 '아래로 굴러떨어짐'이라고 돼 있습니다. 하지만 일상생활 속에서 자동차나 사람 등이 어딘가에서 굴러떨어지는 걸 전락했다고 표현하는 한국 사람은 아마 없겠죠? 한국에서 전락이라는 단어는 위의 예제에서 보듯 국어사전의 2번 뜻풀이인 '나쁜 상태나 타락한 상태에 빠짐'이라는 의미로 쓰고 있죠. 그러니 일본어 '굴러떨어진다'는 의미의 転落을 그대로 '전락'이라고 번역하는 건 오역이라고는 할 수 없을지 몰라도 좋은 번역이라고도 할 수 없겠죠. 아무튼 모범 답안의 설명을 보셨으면 알겠듯이 우리가 '추락'이라고 말할 장면에서도 일본은 '전락'이라고 하는 게 일반적인데, 그렇다면 일본에서 '추락'이라는 한자어는 어느 때 쓰는 걸까요? 일단, 일본은 '추락'이라는 한자어의 쓰임새가 한국에 비해 극히 제한돼 있습니다. 일본 사이트를 검색해 보면 일본 한자어 '추락'과 '전락'의 뜻과 쓰임새 차이를 설명해 놓은 게 여럿 검색되는데, 거기서 설명하는 '추락'의 정의를 보더라도 한국과

마찬가지로 '추락'을 써야 수긍이 갈 만한 상황에서도 '추락'을 쓰지 않고 있는 게 현실입니다. 일본에서 말하는 '추락'의 정의를 간략히 말씀드리면, 완전히 공중에 뜬 채로 아무 곳에도 부딪히거나 구르거나 하는 일 없이 낙하하는 것을 의미합니다. 하지만 빌딩 옥상이나 고층 창문 등에서 떨어지는 경우, 그 건물의 구조가 떨어지다가 어디 부딪힐 만한 곳이 있는 독특한 구조가 아닌 이상 수직 낙하하는 게 보통이잖아요? 또한 턱 같은 곳에 부딪힌다고 해도 그건 굴러떨어지는 게 아니잖아요? 그런데도 일본은 이 경우에도 '추락'이 아니라 '전락'이라고 한다는 것이죠. 아무튼 이 일본어 '추락'의 구체적 정의는 차치하고, 일본의 일반인들의 감각으로 '추락'이라는 단어가 주는 인상은, 높은 하늘을 나는 비행기나 로켓 같은 게 땅에 떨어질 때나 쓰는 말이라는 느낌이라고 합니다. 그러니 이 두 한자어 역시 서로 번역할 때는 주의를 기울여야 된다는 결론인 거죠.

모범 답안

1. 풀장 : プール

일본은 그냥 '풀'이라고 합니다.

2. 무혐의 : 容疑なし

혐의에 관해선 앞에서 나왔죠. 일본에선 이런 경우 '혐의' 대신 '용의'를 쓰거나 「疑い」라고 표현하는 게 일반적입니다. 다시 말하지만 '무혐의'의 경우는 無容疑가 아니라 위와 같이 '용의 없음'이라고 표현합니다.

3. 처분 : 処理

이것 역시 제가 코패니즈 한자어를 쓰고 있음이 감수 과정에서 밝혀졌다고 말한 것 중에 하나입니다. 일본은 이것도 그대로 「処分」이라고 번역하면 부자연스럽다고 합니다. 이건 블로그에 이미 올렸던 글로서, 저 역시 그대로 「処分」이라고 번역했었는데 감수 과정에서 걸러져서 위와 같이 '처리'로 고친 겁니다. 이 책 서두에서도 밝혔고, 오래 전에 블로그에서도 언급한 바 있듯이 아직 제가 모르고 있어서 저 역시 오용하고 있는 코패니즈 한자어는 헤아릴 수 없을 만큼 많을지도 모릅니다. 자세한 글은 아래 블로그 참조.

🔍 블로그 **제가 제 책에 코패니즈 한자어를 썼음이 밝혀졌습니다**

4. 転落したことによる : 빠짐으로 인한

일본은 '전락'이라는 한자어의 쓰임새가 이렇게나 폭넓습니다. 그리고 이 경우는 '굴러떨어짐'보다는 '빠짐'으로 번역하는 게 더 자연스럽겠죠.

5. 게시 글 : 書き込み

일본에선 글 등을 게시하는 걸 掲示라고 하지 않습니다. 「掲載(게재)」라는 단어를 씁니다. 블로그나 휴대폰, 인터넷(컴퓨터) 등에서 쓰는 용어도 많이 다른데, 그리고 처음에는 이에 관해서도 이 책에 썼었는데 우선순위에서 밀려 버려서 부득이하게 「割愛」를 할 수밖에 없었습니다.

6. 불이 났다 : 炎上した

일본에선 어떤 사건이나 사고, 또는 블로거 간에 인터넷상에서 싸움이 붙거나 해서 시끌벅적해지는 걸 炎上(염상)이라고 표현합니다. 그리고 그 의미가 확대돼서 요즘은 단순히 게시판 등이 시끄러워지는 걸 넘어서 주로 악플러들의 악플로 게시판이 난리가 났다, 난장판이 됐다는 뜻으로도 쓰이는 말입니다.

> 日　한국에도 '불이 타오르다'는 의미의 '염상하다'라는 단어가 있긴 한데 일상생활 속에서 쓰는 일은 거의 없습니다. 한국 사람한테 "홈페이지가 염상했어요"라고 하면 알아듣는 사람 아마 없을 겁니다.

7. 암벽 등반 : ロッククライミング

일본의 경우 한자가 너무 어려워서 국민들이 힘들어하니까 일정한 개수의 상용한자를 정해서 쓴다는 건 다 아시겠죠? 그리고 이 登攀의 攀처럼 어려운 한자의 경우는 신문이나 방송은 물론 영화나 드라마 등의 자막에서도 「登はん」이라는 식으로 히라가나로 표기합니다. 그리고 일본은 외래어에 대해서 대단히 관대하고 즉각 즉각 받아들이기 때문에 이 登攀처럼 어려운 한자보다 차라리 카타카나로 쓴 외래어를 선호하는 경향이 있는 듯합니다. 앞에 나왔던 한국의 '양복'도 옛날에는 背広라고 했지만 요즘은 「スーツ」라고 하듯이 말이죠. 그래서 그런지 한 일본인은 岸壁登攀이라는 말은 처음 듣는다는 말을 할 정도였습니다. 하지만 사람마다 어휘력이 차이가 있으니 이 사람의 말은 참고만 하시기를.

8. 불상사 : 不幸な事故

바로 앞에 '처분'도 그렇지만 이 역시 제가 미처 파악하지 못했던 코패니즈 한자어인데 감수 과정에서 알게 된 것입니다. 이 '불상사'라는 한자어는 한국에선 '상서롭지 못한 일'이라는 포괄적인 뉘앙스로 쓰이지만 일본어 '불상사'는 한국과 쓰임새가 사뭇 다릅니다. 일본의 국어사전에는 이 '불상사'의 뜻을 아래와 같이 풀이하고 있습니다. 앞엣것은 goo사전과 코토방크 사전의 뜻풀이고, 뒤엣것은 코지엔 인터넷판의 뜻풀이입니다.

> **関係者にとって不都合な事件、事柄。「社員が不祥事を起こす」**
> **関係者にとって不名誉で好ましくない事柄・事件。「—が起こる」**

한국 국어사전의 뜻풀이와 차이점이 느껴지시나요? 바로 **'관계자에게 있어서 불리한, 불명예스러운, 바람직하지 않은'**이라는 게 핵심입니다. 그러니까 일본에서 말하는 '불상사'는 남에게 알려지면 자신들에게 좋지 않은 일이나 사건, 바꿔 말해 추문, 스캔들, 비난받을 만한 사건이나 사고라는 뜻으로 쓰인다는 거죠. 그러니 등반하다가 일어난 추락사 같은 **단순 사고**는 일본에서는 '불상사'라고 하지 않는다는 말입니다. 이 등반의 경우에서 예를 든다면, 등반대 대장 등이 대원들에게 갑질 폭행을 해서 누군가 다쳤다거나, 혹은 여자 등반대원에게 성추행 같은 걸 했다거나, 또는 추락사를 했더라도 실수나 불가항력적인 재해 등으로 인한 단순 추락사가 아니라, 밧줄이 끊어져서 추락사를 했는데 알고 보니 책임자가 뇌물을 받고 불량품 밧줄을 구입했었다는 사실이 밝혀지거나 했을 경우 등의 **불미스러운 일**, 바꿔 말해 비난을 받을 만한 **물의를 일으켰을 때** 일본에선 **不祥事**라는 표현을 한다는 거죠.

9. 転落死するという : 추락사하는

'전락사'라는 말은 국어사전에 없습니다. 그리고 암벽이라면 전락보다는 추락이 더 어울리는 말이겠죠. 그리고 「滑落死(활락사)」라는 말도 있는데, 이건 한자의 뜻 그대로 '미끄러져서 떨어져 죽음'이라는 뜻이죠. 일본어 '전락사'에 비해서 사용 빈도는 낮은 단어인데 주로 등반, 등산 등 '산에서' 일어나는 '전락사'를 이렇게 표현한다고 합니다.

> 日 | 한국에는 滑落이라는 한자어 자체가 없습니다. 그리고 앞에서도 일본어 「言う」를 번역할 땐 주의해야 한다고 했듯이 여기서도 「という」는 번역하지 않는 게 낫습니다.

10. 등반 : 登攀・登頂

일본의 국어사전에도 '등반'이라는 한자어가 실려 있고, 또 전문가들 사이에선 통하는 말인 모양이지만 일상생활에서 쓸 일은 거의 없다고 합니다. 그러니 일상 대화에서는 '등정(登頂)'이라고 해야 딱 알아먹을지도 모르죠.

11. 금의환향했다 : 衣錦還郷を遂げた

'금의' 부분을 일본은 '의금'이라고 합니다. 이 衣錦還郷이라는 사자성어 역시 요즘 젊은이들은 아예 모르는 사람이 대부분인 모양입니다. 또 실제로 일상의 대화에서 쓰이는 일은 거의 없고, 한국의 '금의환향하다'라는 말을 「故郷へ錦を飾る」라고 표현하는 게 일반적입니다. 실제로 이 한자어도 한자 검정 2급 레벨에서 나오는 거라고 하니 어려운 사자성어인 건 맞나 봅니다.

12. 팔뼈가 골절돼서 : 腕の骨を骨折して

여기서 또 나왔네요. 앞서 '팔이 부러졌다'도 「腕を折った」라고 일본은 타동사적으로 사용하죠. 이 역시 마찬가지입니다. 이런 걸 '재귀 동사'라고 하는 모양인데, 일본어 동사에는 이런 용법을 쓰는 게 상당히 많다고 합니다. 시간이 되면 개인적으로 한번 조사해 볼 생각인데, 뒤에 다른 표현이 또 나오니까 꼭 맞히시기를 바랍니다.

13. 골다공증 : 骨粗鬆症

일본은 '골다공증'이라고 하지 않고 '골조송증'이라고 합니다.

14. 밝혀졌대 : 発覚したってよ

15. 転落して : 굴러떨어져서

16. 추가경정예산 : 補正予算

일본에선 이와 같이 '보정예산'이라고 합니다. 한국과 일본에서 다르게 쓰이는 정치 관련 한자어들이 아주 많은데 뒤에서 자세히 다루기로 하죠.

17. 전락 : 転落

> 日　한국어 '전락'은 이렇듯 「落ちぶれる」라는 뉘앙스로 쓰입니다.

18. 대박을 터뜨렸지만 : 大ブレークしたが

대박을 터뜨리다, 인기가 급등하다 등의 뉘앙스로 쓰이는 표현이죠.

19. 혼외정사 : 婚外交渉

20. 발각돼 : 発覚して

21. 전락 : 転落

22. 중환자실 : 集中治療室

23. 응급 이송 : 救急搬送

우리나라는 돌려보낸다는 뜻의 '반송(返送)'과 발음이 같아서 헷갈리기 때문인지 이 '반송(搬送)'은 잘 쓰지 않는 경향이 있죠. 그리고 또 일본은 '응급'보다는 '구급'을 쓰는 게 일반적입니다.

24. 転落し : 굴러서

25. 호전을 보이고 있다 : 快方に向かっている

부상, 병세 등이 호전되는 것, 차도를 보이는 걸 일본에선 이렇게 표현합니다.

26. 기진맥진 : 疲労困憊

일본에 '기진맥진'이란 사자성어는 없죠. 일반적인 표현으로서 「へとへとになる」와 「くたくたになる」도 기억해 두시길.

27. 계단을 오르던 :　階段を上る〔登る〕

계단을 오르는 경우의 「のぼる」의 한자는 「上る」를 쓰는 게 일반적이란 건 아는 분도 많겠죠? 하지만 이와 같이 기진맥진인 상태로 힘들게, 어렵게 오르는 경우에는 일부러 이처럼 登이라고 쓰기도 한다니까 참고하시길.

28. 중심을 잃고 :　バランスを失って

이걸 그대로 「重心を失って」라고 번역하면 어색한 일본어가 됩니다. 확인을 위해 몇몇 일본인들에게 물어본 결과, 의미가 안 통한다는 사람도 있었고, 의미는 통할 수 있는데 일반적인 표현은 아니다, 일본어로서는 부자연스럽다는 의견이 전부였습니다.

29. 추락 :　転落

계단에서 '굴러떨어진' 게 아니라 난간을 잘못 짚거나 해서 수직 낙하하는 경우에도 일본은 이렇듯 '전락'을 씁니다.

30. 추락할 뻔했던 :　転落しかかった

밧줄을 타고 빌딩 벽을 내려오는데 뭔가에 부딪히거나 구르거나 할 일은 거의 없겠죠? 그런데도 일본은 이런 경우에도 '전락'을 씁니다. 그리고 동사 연용형 뒤에 붙여서 쓰는 「~かかる」 표현도 몰랐던 분은 이 기회에 기억해 두시기를. 그리고 마찬가지로 「~かける」도 앞에서 나왔죠.

31. 추락 :　墜落(ついらく)

자, 드디어 나왔네요. 열기구를 타고 가다가 떨어져 죽는 경우, 다시 말해 아주 높은 공중(하늘)을 날다가 떨어지는 경우에나 일본은 이렇듯 '추락'이라는 한자어를 쓴다는 겁니다. 이제 감이 잡히셨겠죠? 다시 정리하자면,

> 일본은 '추락'이라는 한자어의 쓰임새가 무척 적고, 비행기, 헬리콥터, 인공위성 같은 게 아주 높은 하늘에서 떨어질 경우에나 쓰인다. 그 외 건물 옥상이나 벼랑, 고층 창문 등에서 떨어지는 경우 일본은 '전락'이라는 한자어를 쓰는 게 일반적이다,

이 정도가 되겠네요.

척결했다고? 그게 뭔 척결이야!

[1]で[2]に[3]○○○議員は、[4]不法が[5]世の中で
전당대회에서 당 대표로 선출된 ○○○의원은 온갖 불법이 판을 치는 세상에서

[6]べき課題は、公務員の[7]だと一喝した。
최우선시해야 할 과제는 공무원의 부정부패 척결이라며 일갈했다.

資本主義の不条理を[8]するためには先ず資本主義の本質を剔抉するべ
きだ。
자본주의의 부조리를 척결하기 위해선 먼저 자본주의의 본질을 [9].

今度の南北共同宣言の[10]にある真実を剔抉して[11]の非核化問題での
이번 남북공동선언의 이면에 있는 진실을 [12] 한반도 비핵화 문제에서

[13]の意図を[14]と力説した。
일본 패싱 의도를 낱낱이 드러내야 한다고 역설했다.

<야후 뉴스 칼럼에서 발췌>
[15]率直さで、資産運用業界の悪弊を剔抉したものとして、
이례적인 솔직함으로 자산운용업계의 악폐를 [16]한 것으로

資産運用に関心のある人にとっては必読文献でしょうし、
자산 운용에 관심이 있는 사람에겐 필독 문헌일 테고

そうでない人にとっても痛快で有益な[17]になること[18]。
그렇지 않은 이에게도 통쾌하고 유익한 읽을거리가 될 것임은 보증수표입니다.

今回の [19]で、必ず与党総裁の [20]事件の真相を剔抉することにより、

이번 **국정감사**에서 반드시 여당 대표의 **독직** 사건 진상을 [21   ]

[22]の大勝を通じて [23]を克服しなければならない。

보궐선거 대승을 통해 **여소야대 상태**를 극복하지 않으면 안 된다.

今の [24]は、現憲法の本質を剔抉して永久独裁の [25]を

지금의 **선결 과제**는 현 헌법의 본질을 [26   ] 영구 독재 **야욕**을

満天下に [27]ことである。

만천하에 **알리는** 것이다.

[28]を [29   ]、改革は [30   ]国家の未来もない。

적폐를 척결하지 않고서는 개혁은 **물론이거니와** 국가의 미래도 없다.

[31   ]の [32   ]するための [33   ]の設立に対する国民の世論は、

고위 공직자의 비리를 척결하기 위한 **공수처** 설립에 대한 국민의 여론은

「[34   ]」と「時期尚早^{しょうそう}だ」とで、[35   ]が [36   ]分かれている。

'너무 늦은 감이 있다'와 '시기상조다'로, **찬반양론**이 **둘로 딱** 갈라져 있다.

한국어 척결과 일본어 「剔抉」^{てっけつ}의 뜻이 다르다는 걸 알고 있었던 분도 거의 없을 거라고 보는데 저만의 생각인가요? 일단 먼저 표준국어대사전을 볼까요?

표준국어대사전

1. **살을 도려내고 뼈를 발라냄.**
2. **나쁜 부분이나 요소들을 깨끗이 없애 버림.**

이번엔 일본에서 가장 권위를 인정받는 코지엔(広辞苑) 사전을 펼쳐 볼까요?

코지엔

えぐってほじくりだすこと。悪事などを暴きだすこと。「欠陥を一する」

도려서 들추어내는 것. 악행 등을 폭로해 드러내는 것. '결함을 ― 하다'

위의 예문에 '결함을 剔抉하다'고 돼 있는데 우리는 이런 식으로 말하지 않죠. 즉, 이 경우 일본어 '척결'은 결함을 드러낸다, 까발린다는 뜻인 것이죠. 다른 사전의 경우도 뜻이 다 비슷하니 지면 절약을 위해 생략합니다.

보시다시피 일본어 剔抉은 어떤 사실이나 진실 등을 도려서 드러내는 것, 파헤쳐 내는 것, 까발리는 것, 들추어내는 것, 폭로하는 것이라는 뜻이지 도려서 들어내는 것, 다시 말해 제거하는 것, 없애는 것이라는 뜻은 포함돼 있지 않습니다. 사전의 뜻풀이만 다를 뿐 실제로는 일본어 剔抉도 비유적으로 도려내서 없앤다, 제거한다는 뜻으로 쓰이는 건 아닌지 여러 가지 용례도 살펴봤고, 또 여러 일본 사람에게 확인도 해 봤지만 일본어 剔抉에는 '없애다, 제거하다'는 뉘앙스는 포함돼 있지 않다고 합니다. 그러니 '척결'을 일본어로 말할 때는 조심해야겠죠. 일본인들은 이 척결을 다른 의미로 받아들일 테니까요. 이해하기 쉽게 다음 상황을 예로 들어서 설명해 보죠. 같은 회사에 다니는 한국인과 일본인이 회사 비리 문제에 대해서 대화하는 상황을 가정한 것으로서, 일본인이 회사 비리를 까발린 상황입니다.

한 : 회사 비리 척결하자면서 까발려 놓고는 갑자기 손 놓으면 어떡해요?
일 : 누가 손 놔요? 척결했잖아요.
한 : 이게 무슨 척결이에요?
일 : 이게 왜 척결이 아니에요?
한 : ？？？？
일 : ？？？？

두 나라에서 쓰이는 '척결'이라는 한자어의 뜻 차이가 느껴지시나요?

한국어 척결과 일본어 剔抉의 뜻 차이를 한마디로 표현하면 들어내는 것과 드러내는 것의 차이라고 할 수 있겠죠. 다만 일본은 '척결'이란 한자어를 일상생활 속에서는 거의 안 쓴다는 점도 참고하세요.

모범 답안

1. 전당대회 : 党大会

우리나라의 '전당대회'를 일본은 이렇게 표현합니다.

2. 당 대표 : 党総裁
そうさい

앞에서는 '당수(党首)'라고 했죠. 당 대표를 일본에선 '당 총재'라고도 합니다. 그런데 일본의 경우 정당에 따라서 자기 당의 우두머리를 부르는 게 다릅니다. 자민당은 '총재', 사민당은 '당수', 그리고 민진당과 공명당은 한국처럼 '당대표'라고 부르는데, 전체적으로 뭉뚱그려서 말할 때는 '당수'라고 하는 게 일반적이라고 알고 있었는데 지금은 어떤지 모르겠습니다.

> 日 한국에서도 예전에는 '총재'라는 말을 썼는데 요즘은 뉴스 등을 봐도 거의 '당 대표'라고 하지 '총재'라는 표현은 거의 하지 않게 됐습니다.

3. 선출된 : 選挙された

일본도 '선출(選出)'이라고 하는 게 일반적이지만, 일본은 '선거'란 한자어를 이런 식으로도 씁니다. 베니스 영화제 황금사자상에 빛났던 명작이자 제 블로그 프로필 사진에 있는, 제가 좋아했던 여배우 타카미네 히데코 씨가 주연을 맡은 <무호마츠의 일생>에서 '선거'란 한자어를 이렇게 쓰는 걸 보고 신기해했던 기억이 새롭네요. 일본어 選挙는 이와 같이 '선거로 뽑는다'는 의미, 다시 말해 선출한다는 뜻으로도 사용됩니다. 그러니 거꾸로 「選挙される」를 번역할 때는 '선거로 뽑힌'이라고 번역해 줘야겠죠. 다만, 요즘은 일상생활에서 쓰이는 일은 거의 없고 전문적 용어로서 쓰이는 말이라고 합니다(법조문 등에도 실례가 있음).

4. 온갖 : ありとあらゆる

5. 판을 치는 : まかり通る

'판을 치다'라는 표현은 일본인들이 이해하기 어려운 표현인 모양입니다. 다만 [판을 치는=まかり通る]라는 뜻은 아니고, 문맥에 따라서 다양하게 의역할 수밖에 없는 표현이죠.

6. 최우선시해야 : 最優先にする

일본은 最優先視가 아니라 위와 같이 표현하는데, 이 역시 그대로 직역(?)해 놓은 사례가 많습니다.

> 日 일본에서 「最大優先する」라고 표현하는 걸 듣기도 하고 인터넷의 신문 기사에서도 본 적이 있는데 이걸 그대로 '최대우선하다'라고 번역하면 뜻은 통하겠지만 매끄러운 한국어라고 할 수는 없습니다.

7. 부정부패의 척결 : 不正と腐敗の撲滅(ぼくめつ)

따라서 한국어 '척결'을 번역하거나 말할 때는 이처럼 '박멸'과 비슷한 뉘앙스를 지닌 단어를 써야 오해가 없겠죠. 그리고 일본에선 한국처럼 '부정부패'라는 식으로 같이 붙여서 표현하면 어색하다고 합니다.

8. 척결 : 根絶(こんぜつ)

이 경우에도 뿌리를 자른다, 뽑는다는 뜻인 '근절' 정도로 의역해 줘야겠죠.

9. 剔抉(てっけつ)するべきだ : 도려서 까발려야 한다

10. 이면 : 裏側(うらがわ)

일본은 이 경우에는 「裏面」이라는 한자어가 아니라 이와 같이 표현하는 게 자연스럽다고 합니다. 특히 이 '이면에 있는 진실' 같은 표현은 裏側를 쓰는 게 자연스럽다고 합니다.

11. 한반도 : 朝鮮半島

12. 剔抉して : 까발려서

13. 일본 패싱 : 日本外し

한때 한창 뉴스 등에서 자주 등장했던 '○○패싱'이란 말을 일본은 이와 같이 표현합니다.

14. 낱낱이 드러내야 한다 : 詳(つまび)らかにするべきだ

상세히, 소상히 밝혀서 드러내는 걸 이렇게도 표현합니다. 몰랐던 분은 이참에 외워 두시기를.

15. 이례적인 : 異例の

앞에 '성공적'과 '파격적'의 예와 마찬가지로 이 역시 일본은 '적'을 붙이지 않습니다. 그럼 이쯤에서 선물 보따리를 풀어 놓아 드리죠. 정말 풀어 놓기 아까운 자료인데 과감하게 풉니다. 제 블로그의 아래 글로 가시면 제가 10년도 넘게 발견할 때마다 꾸준히 메모해서 모아 뒀던 자료들을 공개해 놨으니 아무쪼록 여러분의 일본어 공부와, 코패니즈 한자어를 구사하는 우를 범하는 일을 줄이는 데 일조가 될 수 있기를 고대합니다.

🔍 블로그 '~적'과 「～的」 표현 어느 쪽이 더 많이 쓸까?

16. 剔抉 : 폭로

17. 읽을거리 : 読物(よみもの)

18. 보증수표입니다 : 請け合い(う)です

반복 학습 의미로 앞서 나온 비슷한 표현을 「お浚(さら)い (복습)」하고 넘어가죠. 折り紙付き、太鼓判、お墨付き가 있었고, 나쁜 의미로 정평이 난 건 札付き가 있었죠.

19. 국정감사 : 国政監査

> 日   일본은 우리와 같은 '국정감사'라는 제도가 없는 걸로 알고 있습니다. 우리나라의 국정'감사'는 정부가 제대로 일을 하고 있는지 매년 정기적으로 감사하는 제도이고 국정'조사'는 국가적으로 중대한 사건이 터졌을 때 임시적으로 하는 조사죠. 일본의 경우 국정조사는 있지만 국정감사는 없기 때문에(혹시 있다면 알려 주세요) 이건 다른 용어로 번역할 방도가 없겠죠.

20. 독직(瀆職) : 汚職(おしょく)

한국에도 '오직'이 사전에 올라 있고 일본에도 '독직'이 사전에 올라 있지만 한국에선 '독직', 일본에선 '오직'이란 말이 일반적으로 쓰이는 표현이죠.

> 日   일본어 '오직'에 해당하는 말로써 '독직'을 퀴즈로 냈지만 한국에서 '독직'이라는 한자어의 쓰임새는 그리 많지는 않습니다. 일본에서 정치인이나 공무원 등의 「汚職」이라고 표현하는 장면에서 한국은 비리(非理) 또는 비위(非違)라고 표현하는 게 일반적입니다.

21. 剔抉することにより :   파헤쳐 밝힘으로써

22. 보궐선거 :   補欠選挙

23. 여소야대 상태 :   オール野党の状態

24. 선결 과제 :   先決問題・先決課題

실은 처음에는 그냥 「先決」을 답안으로 제시했었습니다. 왜냐하면 「先決は～である」와 같이 표현한 걸 발견했었기 때문에 메모해 뒀던 것이거든요. 그래서 일본에선 이런 식으로 쓰는 것도 옳은 표현인가 싶은 의아한 마음에 사전을 찾아봤더니 '먼저 해결해야 할 것'이라는 뜻풀이도 있더군요. '아! 그래서 일본은 이런 식으로 쓰는 게 가능하구나'하고 수긍을 했던 기억이 있습니다. 그런데 이 역시 신중을 기하기 위해 일본인들에게 확인해 본 결과, 이런 식으로 쓰는 건 이상하다는 반응이더군요. 다만, 이처럼 주어로 쓰는 게 아니고 술어적으로 쓰는 것, 그러니까 「～(するの)が先決だ」라는 식으로 쓰는 건 자연스럽고 무척 흔하게 접한다고 하네요. 술어적으로는 쓰는데 주어로는 안 쓴다는 것도 좀 의아하긴 하지만, 아무튼 그래서 일단은 답안에서 뺐습니다. 그리고 일본은 '선결문제'라고 말하는 경우가 더 많은 것 같습니다. 왜냐하면 인터넷 사전에 先決問題라는 말 자체를 표제어로서 뜻풀이를 해 놓고 있을 정도니까요. 물론 '선결과제'라고도 합니다.

> 日   일본의 국어사전을 보면 두 갈래의 뜻풀이가 있는데 그중 하나가 '먼저 해결해야 할 것'이라고 돼 있고, 특히 코지엔 사전의 예문을 보면 「食うことの方が―だ」, 즉, '~가 선결이다'라는 식으로 나와 있습니다. 일본 국어사전의 뜻풀이를 보면 이건 틀린 용법은 아니죠. '~가 먼저 해결해야 할 것(문제)'이라는 의미가 되니까요. 하지만 한국의 '선결'의 뜻을 사전에서 찾아보면 '다른 문제보다 먼저 해결하거나 결정함'이라고 돼 있습니다. 다시 말해 '결정해야 할 것'이 아니란 거죠. 그러므로 한국에선 '~가 선결이다'라고 하면 '~가 먼저 해결하거나 결정함이다'라는 뜻이 돼서 매끄럽지 못한 표현이 됩니다. 다만, 검색을 해 보니 일본의 영향을 받아서 한국 사람 중에서도 '~가 선결이다'라는 식으로 말하거나 쓰는 사람이 있는 것 같은데 이것은 결코 매끄러운 한국어 표현이 아닙니다. 그러므로 이렇게 쓰인 일본어 「先決」을 번역할 때는 '~가 선결 과제(문제)다'라는 식으로 옮기시기를 권합니다.

25. 야욕 : 野望・邪な野望

26. 剔抉して : 까발려서

27. 알리는 : 知らしめる

'만천하에 알리다'라는 형태로 쓰일 때는 「知らせる」가 아니라 「知らしめる」가 정형적 표현입니다. 만천하에 드러나다, 까발려지다라는 표현은 「満天下に晒される」라고 하죠.

28. 적폐 : 旧弊

일본도 「積弊」가 사전에 있고 문어적으로는 쓰는 말이라서 그대로 번역해도 틀린 건 아니지만, 여러 일본인들한테 물어보니 처음 본다는 반응이었습니다.

29. 척결하지 않고서는 : 一掃せずしては

'~(하지)않고서는'이라는 표현으로서 「～(し)ないことには」 문형은 아는 사람도 많겠죠? 그런데 이렇게도 표현한다는 걸 몰랐던 분은 알아 두시라고….

30. 물론이거니와 : さることながら

이 경우 「勿論のこと」는 웬만큼 공부하면 거의 다 알겠죠? 하지만 이렇게도 표현한다는 것도 기억해 두세요. 「もとより」도 마찬가지 뜻으로 쓰입니다.

31. 고위 공직자 : 高官

일본에서 '공직자'라는 표현은 흔히 접하는 표현이 아니라고 합니다. 코지엔이나 다이지린 같은 사전에는 아예 실려 있지도 않고, 제가 자주 애용하는 인터넷 사전에만 올라 있을 정도입니다. 게다가 그 설명을 봐도 일본어 '공직자'의 개념과 우리나라의 '공직자'의 개념은 차이가 있습니다. 따라서 저는 高官으로 번역하기를 '제안'하는 바입니다.

32. 비리를 척결 : 不正を根絶

33. 공수처 : 高捜庁

영상번역은 이래서 정말 머리를 쥐어뜯는 일이 많은 거죠. 금세 떴다 사라지는 자막의 경우 주석을 달 수도 없는 노릇이니까요. 그렇다면 '고위 공직자 범죄 수사처'를 일본어로는 어떻게 번역해야 한국과 한국어를 모르는 일본인들이 대충이라도 감을 잡을 수 있을까요? 우리는 정부 조직을 '부처'로 나누는 데 일본은 '성청'으로 나누죠. 따라서 '처' 부분은 '청'으로, 그리고 '고위 공직자' 부분은 '고관'으로 해서 「高官犯罪捜査庁」이라는 번역을 제안합니다. 혹시나 해서 실제로 검색해 보니 이렇게 번역해 놓은 것들도 꽤 발견이 됩니다.

34. 너무 늦은 감이 있다 : 今更感がある

몰랐던 분은 이참에 외워서 유용하게 활용하시길.

35. 찬반양론 : 賛否両論

일본은 '찬반'이라고 하지 않고 위와 같이 말합니다.

36. 둘로 딱 : 真っ二つに

찬반이 '팽팽하게' 갈라져 있다고 할 때도 위와 같이 번역 가능하겠죠? 왜냐하면 '팽팽하게'는 의역할 수밖에 없으니까요.

한국어 무산과 일본어 霧散도 쓰임새가 다르다

○○○**外務大臣候補者、聴聞報告書**[1]**。**

○○○ 외무부 장관 후보자 청문 보고서 채택 무산.

首脳会談が[2]**責任は**[3   ]**を悪用して**[4][5   ]

정상회담이 무산된 책임은 여소야대 상태를 악용해서 사사건건 발목만 잡은

野党にあるということを国民の皆さんに[6]**します。**

야당에게 있다는 것을 국민 여러분께 천명(闡明)합니다.

^{さんしん}
斬新なイメージを[7   ]**今度の映画への出演が決まったが、**

참신한 이미지를 무기로 삼아 이번 영화에 출연이 결정됐는데

急に[8]**してしまい、映画の制作自体が**[9   ]**しまった。**

갑자기 하차하는 바람에 영화 제작 자체가 무산되고 말았다.

[10   ]**観客席の観客がまったく見えなかったが**

완전 너무 긴장해서 관객석의 관객이 전혀 안 보였지만

姉ちゃんの「頑張れ」という一言で緊張感が嘘のように霧散して[11   ]**。**

누나의 '파이팅'이라는 한마디로 긴장감이 거짓말처럼 [12   ] 시야가 열렸다.

母さんは、僕が今[13   ]**と思っているだろうけど、**

엄마는 내가 지금 독서 삼매경에 빠졌다고 생각하겠지만

目は活字を追っているものの、試合の結果が[14]**集中力が霧散してしまう。**

눈은 활자를 좇고 있긴 해도 경기 결과가 궁금해서 집중력이 [15   ].

ワールドカップへの夢が[　　　16　　　]、絶望の[　　　17　　　]。
월드컵을 향한 꿈이 **무산돼 버려서** 절망의 **나락으로 떨어졌다**.

해설

한국에선 계획, 정책, 행사 등이 도중에 취소되거나 무기한 연기되거나 하는 걸 '무산되다'라고 표현하지만 일본의 「霧散」은 한자어 자의 그대로 '안개처럼 흩어지다'라는 뉘앙스로만 사용되고, 또한 그 쓰임새도 그리 많지 않다고 합니다. 근데 이 역시도 인터넷 검색을 해 보면 그대로 霧散이라고 번역해 놓은 사례가 많습니다.

모범 답안

1. 채택 무산 : 採択^{さいたく}ならず

애초에 일본은 이 '무산'이라는 한자어를 한국만큼 빈번하고 폭넓게 쓰지 않습니다. 따라서 이 경우의 '무산'은 이와 같이 문맥과 상황에 맞게 의역해 줄 수밖에 없습니다.

2. 무산된 : 立ち消^ぎえになった

제 개인적으로는 한국어 '무산되다'에 가장 어울리는 말이 이 표현 같습니다. 물론 모든 경우에 그렇다는 건 아닙니다. 아무튼 어떤 계획 같은 걸 추진하다가 엎어지는 걸 일본에선 이와 같이 표현합니다.

3. 여소야대 상태 : オール野党の状態

계속해서 접하면 저절로 외워지죠.

4. 사사건건 : 事あるごとに

일본에선 事事件件이라는 표현을 쓰지 않습니다. 사전을 보면 「事毎^{ことごと}に」라는 표현이 나와 있는데 이건 지금은 거의 쓰지 않는다고 합니다. 다시 말하지만, 이 책에서도 사전의 엉터리 설명에 관해 자주 지적하고 있듯이 사전을 너무 믿으면 안 됩니다. 이건 한일 양국에 공히 해당되는 말입니다.

5. 발목만 잡은 : 足を引っ張ってばかりいた

일본은 이처럼 '잡다'가 아니라 '잡아당기다'라고 합니다.

6. 천명 : 宣明^{せんめい}

한국의 한자어 천명(闡明)과 일본 한자어 「闡明」도 뉘앙스가 다른 한자어입니다. 이에 관해선 바로 뒤에 나오니까 그때 자세히 설명하겠습니다.

7. 무기로 삼아 : 売りにして

아주 자주 쓰이는 표현이니 몰랐던 분은 이참에 외워 두세요.

8. 하차 : 降板

앞서 나왔던 거죠. 모두 맞혔기를 기대합니다.

9. 무산되고 : 立ち消えになって

10. 완전 너무 긴장해서 : すっかり上がってしまって

긴장해서 어쩔 줄을 모르는 상태가 되는 것, 예컨대 무대에 서거나 발표 같은 걸 할 때 몹시 긴장하는 것도 일본은 이와 같이 「上がる」라는 표현을 씁니다. 그리고 우리가 말하는 울렁증을 일본은 「上がり症」라고 하죠.

> 日 '공포증' 같은 심리 질환 수준까지는 아니고, 사람들 앞에 나설 때, 혹은 발표 같은 걸 할 때 지나치게 긴장하는 걸 한국에선 '울렁증'이라고 합니다. 사전에도 정식으로 실려 있는 용어입니다.

11. 시야가 열렸다 : 視界が開^{ひら}けた

이 경우에 일본에선 '시야'보다는 '시계'라고 하는 게 일반적입니다.

12. 霧散^{むさん}して : 흩어져 사라지고

13. 독서 삼매경에 빠졌다 : 読書三昧^{さんまい}の状態だ・読書にふけっている

삼매경의 원래 뜻과는 달리 어떤 일에 몰두하는 걸 비유적으로 쓸 때의 삼매경은 일본에선 이처럼 그냥 「三昧」라고 하지 「三昧境」이라고 하지 않습니다. 그리고 제 기억으로는 어떤 유명한 소설에서 「読書三昧にふけっている」라는 표현을 처음 보고 외웠었고, 또 일본 사람들도 이 표현을 쓰는 걸

보고 들은 바가 있는데, 요즘에는 이것도 이중 표현이기 때문에 오용이라고 지적한다고 합니다. 우리 한국인들이 생각하기에는 약간 갸우뚱 싶은 게 사실이죠? 실은 3~4년쯤 전에 한 일본인에게 이건 이중 표현이라는 지적을 들었습니다. 근데 방금 말했듯이 일본인들도 분명 쓰는 걸 봤기 때문에 혹시나 해서 감수 과정에서도 걸러지는지 아닌지 알고 싶어서 일부러 이 표현을 그대로 적어 놨더니 역시나 감수자님도 이중 표현이라고 지적한 걸 보면 요즘은 이게 이중 표현이라는 사실이 많은 사람들에게 알려져 있는 상태 같으니 참고하시기를. 개인적으로는 '삼매'란 말과 「ふける」라는 말이 중복 표현이라고 보는 게 여전히 납득이 잘 안 됩니다만….

14. 궁금해서 ： 気になって

「気になる」라는 표현도 말뜻의 스펙트럼이 엄청 넓은 표현 중 하나죠. 많은 사람들이 이걸 '신경 쓰이다' 혹은 '마음에 걸리다'라는 뜻으로만 알고 또 그렇게만 번역하는 걸 자주 보는데 일본어 「気になる」라는 표현을 번역할 때는 주의할 필요가 있습니다. 문맥에 따라 이처럼 궁금하다, (사람, 특히 이성한테) 관심이 간다, 호기심이 생긴다, 걱정된다, 또 문맥에 따라서는 눈에 밟힌다, 찝찝하다, 거슬린다 등등 적절한 표현으로 번역할 수 있겠죠.

15. 霧散してしまう ： 흩어져 버린다

16. 무산돼 버려서 ： 吹き飛んでしまい

이 경우는 「立ち消えになって」라고 번역하면 이상하겠죠. '꿈'이 무산된다는 표현은 이런 표현이 적당하다고 생각합니다. 결론적으로 한국어 '무산'은 이처럼 상황에 맞는 표현으로 의역해 줄 필요가 있습니다.

17. 나락으로 떨어졌다 ： どん底に突き落とされた

한국어 '나락'과 일본어 「奈落」는 사전적 뜻은 비슷하지만 쓰임새, 관용적인 쓰임새가 미묘하게 다릅니다. 일본 역시 奈落이라는 한자어를 쓰긴 하지만 일본에선 주로 「奈落の底」라는 식으로 底와 함께 짝을 이뤄서 쓰이는 경우가 많다고 합니다. 「奈落の底に落ちる」, 「奈落の底から這い上がる」라는 식으로 말이죠. 사전에도 「奈落の底」라는 표현 자체가 등재돼 있을 정도니까요. 이 표현의 예문으로서도 「極貧の奈落の底からはいあがる」가 나와 있는데, 이 경우 우리는 '극빈의 나락'이라고는 해도 '극빈의 나락의 바닥'이라고는 하지 않죠. 아무튼 이처럼 '절망'과 짝을 이루어 쓰일 경우에는 위와 같이 표현하는 게 더 자연스럽다고 합니다. 다만, 일본도 역시 '나락'이라는 한자어를 쓰므로 뜻은 충분히 통하지만 일반적인 표현은 아니라는 뜻입니다. 또한 일상의 대화에서 쓰일 일은 별로 없고, 문학 작품 같은 데서 접할 수 있는 표현이라고 합니다.

일본어 騒乱(소란)은 소란스럽단 말이 아니에요

〈47인의 자객〉

太平な世に騒乱を起せば、勝っても負けても公儀は厳しく罰するだろう。
(ばっ)

태평한 세상에 [1]을 일으키면 이기든 지든 [2]는 엄하게 벌하겠지.

○○市で騒乱事態が発生して、釜山市との[3]が[4]。

○○시에 [5]가 발생해서 부산시와의 **자매결연**이 **무산됐다**.

騒乱が収まった日本の○○○市は、中国の○○市と[6]を結び、

[7]가 진정된 일본 ○○○시는 중국의 ○○시와 *자매도시 결연을 맺고,

特に[8]に関する情報を活発に[9]することに合意した。

특히 **유기농 재배**에 관한 정보를 활발히 **교류**하기로 합의했다.

警察は○○○氏を騒乱罪の容疑で指名手配し、自宅を[10]しました。

경찰은 ○○○씨를 [11] 혐의로 지명수배하고 자택을 **압수수색** 했습니다.

夜毎に[12]して[13]をしたり[14]
(よごと)

밤마다 **대취**해서 **고성방가**를 하거나 **닥치는 대로 시비를 걸어**

[15]人を[16]で[17]。

이웃에 피해를 주는 사람을 인근 소란죄로 **112 신고했다**.

これ位は[18]なんだから[19]だのなんだの[20]。

이 정도는 **살짝 스친 상처**니까 **응급 이송**이니 뭐니 소란 떨지 마.

大げさだって[21]。

호들갑이라고 **손가락질당해**.

모범 답안을 확인했으면 아시겠지만 한국어 '소란'과 일본어 「騒乱」도 그 뉘앙스가 사뭇 다른 단어입니다. 일본어 '소란'은 한국어 '소란'에 비해 상당히 무거운 뉘앙스로 쓰인다는 거죠. 표준국어대사전에서 '소란'을 찾아보면 **'시끄럽고 어수선함'**이라고 나와 있습니다. 그럼 일본의 사전은 어떻게 설명해 놨을까요? 다 엇비슷하니 goo 사전만 살펴보죠.

事変が起こって、社会の秩序が混乱すること。また、そのような事変。騒擾。

사변이 일어나서 사회 질서가 혼란해지는 것. 또는 그러한 사변

이번엔 '소란죄'를 찾아봤는데 어떻게 뜻을 풀이해 놨을까요? 한국에서 말하는 '소란죄'는 술 취해서 행패 부리거나 고성방가를 하거나 하는 걸 말하죠? 그럼 일본에서 말하는 '소란죄'는 과연?

多数の者が集まって暴行または脅迫を行い、ある地域の秩序・平和を乱す罪

다수의 사람이 모여 폭행 또는 협박을 가해, 한 지역의 질서와 평화를 어지럽히는 죄

어떤가요? 다른 말이 필요 없겠죠? 한국과 일본에서 '소란'이란 한자어의 말뜻 차이가 상당히 크다는 걸 아시겠죠?

모범 답안

1. 騒乱 そうらん : 변란, 난

해설에서 설명했듯이 일본어 '소란'은 상당히 뉘앙스가 무거운 단어입니다. 그러니 이걸 그대로 '소란'이라고 번역하면 일본어 '소란'의 뉘앙스가 오롯이 전달되지 않는 거죠.

2. 公儀 こうぎ : 막부

이 公儀라는 일본어도 번역할 때 애먹는 단어 중 하나죠. 상황에 따라 정부, 조정, 당국 등으로 융통성 있게 의역해야 하는 단어입니다.

3. 자매결연 : 姉妹提携

이 경우에 일본은 「結縁」けちえん이라고 하지 않고 이렇게 '제휴'라는 단어를 씁니다. 結縁이라는 한자어는 일본에선 거의 쓰이지 않는다고 합니다. 사전에 올라 있긴 한데, 쓰더라도 '불법과 인연을 맺음'이라는 뜻의 불

교 용어로 주로 쓰이기 때문에 일상생활 속에서 쓰이는 일은 거의 없습니다. 참고로, 시험 같은 데는 나올지 모르니까 읽는 법이 '케츠엔'이 아니라 '케치엔'이라는 점도 기억해 두시길.

> ＊ **결연을 맺고**
> '결연(結緣)' 자체가 인연을 맺는다는 말인데 뒤에 '맺다'를 쓰면 겹말 오류, 바꿔 말해 중복 표현이 되죠.
> 하지만 현실적으로 굳어진 표현이라고 해서 국립국어원도 허용을 한다는 입장입니다.

4. 무산됐다 : 立ち消えになった · 取りやめになった

5. 騒乱事態 : 소요 사태

앞서 일본의 '소란죄'의 뜻을 살펴봤듯이 일본의 '소란 사태'는 다수의 군중이 폭동까지는 아니라도 대규모의 소요 사태를 일으키는 걸 뜻하는 단어입니다.

6. 자매도시 결연 : 友好都市提携

'자매 도시'의 경우 일본에서도 똑같이 姉妹都市라는 표현을 하긴 하는데 중국과 (한국어)자매결연을 맺는 경우, 중국인들 감각으로는 '자매'라고 하면 뭔가 상하관계에 있는 듯한 느낌이 든다는 이유로 '자매' 대신에 '우호'라는 용어를 쓴다고 합니다.

7. 騒乱 : 소요

8. 유기농 재배 : 有機栽培

일본에선 유기'농' 재배라고는 하지 않습니다.

9. 교류 : 交換

이것도 의외라고 생각하시는 분 많으시죠? 이 역시 감수 과정에서 걸러진 겁니다. 저처럼 그대로 交流라고 번역해 왔던 분이 많을 테지만, 일본에선 '정보'의 경우 '교류'를 쓰면 부자연스럽고 교환이라고 하는 게 일반적입니다.

10. 압수수색 : 家宅捜索

일본에선 이 경우 '압수'라는 한자를 쓰지 않고 이와 같이 표현합니다.

11. 騷乱罪 : 소요죄

일본의 '소란죄'는 폭동까지는 아니지만 사회적으로 심각한 소요를 일으킨 경우를 의미하기 때문에 이렇게 번역할 수밖에 없겠죠.

> 日 이걸 그대로 '소란죄'라고 하면 전후 상황을 모르는 한국 사람은 고성방가나 싸움 같은 걸 해서 소란죄로 잡혀 간 거라 생각할 수도 있습니다.

12. 대취 : 酩酊 (めいてい)

앞에서는 만취만 퀴즈로 나왔으니 酩酊도 복습하는 의미로 퀴즈로 내 봤습니다. 다만, 대취는 酩酊에 가깝고 만취는 泥酔(でいすい)에 가깝다는 뜻이지 [대취=酩酊], 혹은 [만취=泥酔]라는 의미는 아닙니다.

13. 고성방가 : 放歌高吟 (ほうかこうぎん)

14. 닥치는 대로 시비를 걸어 : 手当たり次第絡んで (から)

이 「絡む」도 번역가를 종종 울리는 단어죠. 문맥에 따라 적절히 번역해야 하는 단어인데, 아무한테나 '엉겨 붙어서' 시비를 건다는 거죠.

> 🖊 번역하기 애매한 경우를 살펴보고 넘어가기로 하죠. 먼저 이 「絡む」는 기본적으로 실이나 전기 코드 등이 복잡하게 뒤엉키는 것, 그리고 뱀이나 덩굴 같은 게 나무나 건물 벽을 휘감고 있거나 휘덮고 있는 것, 또 「金が絡んだ事件」처럼 뭔가에 얽혀 있다는 뜻으로 쓰이고, 이런 건 번역에 별 어려움이 없죠. 하지만 다음의 예는 어떤가요? '제안 번역'부터 보지 마시고 여러분도 번역을 시도해 보시기 바랍니다.

❶ 生徒と気軽に絡む先生。

❷ ソースが麺によく絡んで旨味とコクを倍増してくれる。

❸ 痰が喉に絡んでいらいらする。

❹ (SNS 등에서) お前なんかとは絡みたくないから、コメントは御免よ。

❺ (신입생 환영회에서 선배가) 新入生も遠慮しないで気楽に絡みましょうね。

❻ これね。試験によく絡んでくるって。

❼ (토크 프로 진행자에게) 僕にも絡んでくださいよ。

제안 번역

1. 학생과 스스럼없이 어울리는 선생.

2. 소스가 면과 잘 어우러져서 감칠맛과 깊은 맛을 배가해 준다.

3. 가래가 목에 들러붙어서(엉겨 붙어서) 짜증이 난다.

4. 너 같은 거랑 말 섞기 싫으니까 댓글은 사양이야.

5. 신입생도 눈치 보지 말고 가벼운 마음으로 어울리자(어울리도록 해).

6. 이거 있지. 시험에 자주 출제된대.

7. 저한테도 말 좀 걸어 주세요.

‒ 저는 이 정도 번역밖에 안 떠오르는데 더 적절한 번역이 떠오르시면 가르쳐 주세요.

15. 이웃에 피해를 주는 : ご近所に迷惑をかける

퍼뜩 「お隣」를 떠올린 분도 있겠죠? '이웃'을 사전에서 찾아보면 이렇게 나오니까요. 하지만 우리가 '이웃'이라고 하는 장면에서 일본에선 이렇듯 「ご近所」를 쓰는 게 일반적입니다. 예컨대 '이웃들과는 별로 교류가 없어요'도 「ご近所とはあまり付き合いが無いんです」라고 하죠. 또 동네 사람들과 어울려 지내는 것을 「ご近所付き合い」라고 관용적으로 표현합니다.

16. 인근 소란죄 : 近隣迷惑罪

일본어 '소란'은 이런 경우에 쓰는 말이 아니라는 걸 알릴 겸, 한국은 인근이라고 하지만 일본은 근린이라고 한다는 걸 재차 상기시키기 위해 내어 본 문제입니다. 공식적으로 이런 죄명은 없습니다.

17. 112 신고했다 : 110番通報した

우리는 112에 신고하지만 일본은 110에 '통보'합니다. 여기서 110의 읽기에 유의하셔야 합니다. 「ひゃくじゅうばん」이 아니라 「ひゃくとおばん」이란 점.

18. 살짝 스친 상처 : ほんの掠(かす)り傷

「ほんの」와 한 쌍으로 말하는 경우가 많으니 통째로 외워 버리세요.

19. 응급 이송 : 救急搬送

20. 소란 떨지 마 : 人騒(ひとさわ)がせなことするな

> 日　한국어 '소란'은 이렇듯 일본어 '소란'에 비해 가벼운 뉘앙스로 쓰입니다.

21. 손가락질당해 : 後ろ指差されるぞ

일본은 「指」가 아니라 「後ろ指」라고 하는 게 관용적 표현입니다.

バスは[1]に出発すると[2   ]を通じて連絡しましたが、

버스는 정시에 출발한다고 **비상 연락망**을 통해 연락을 했는데

連絡が[3   ]ようです。

연락이 **다 닿지 못한** 모양입니다.

弊社の遊覧船は毎日定められた[4]どおり[5]をさせて頂いており、

저희 유람선은 매일 정해진 **시간표**대로 정시 운행을 하고 있사오며

本船も１分も遅れず[6]に出発いたしました。

이 배도 1분도 늦지 않고 정시에 출발했습니다.

最近の新入社員は[7   ][8]に退社する者が多い。

요즘 신입사원은 **상사도 퇴근하지 않았는데** 정시에 퇴근하는 사람이 많다.

待機していた10台の観光バスが[9   ]発つと大勢の人で賑やかだった

대기 중이던 10대의 관광버스가 10시 정각에 떠나자 많은 사람들로 북적였던

駐車場はさっきまでの[10   ][11]。

주차장은 조금 전까지의 **소란스러움은 거짓말이었다는 듯 한산하다**.

弊社の[12]を[13   ][14   ]とは

저희 정기간행물을 **몸에서 떼지 않고 갖고 다니실 줄이야**.

[15   ]。

지극한 영광으로 생각합니다.

[　16　]を守ってるそうだし、[　　17　　]の募集に[　18　]してみれば？

근로기준법을 지킨다고 하니까 **파트타임제 사원** 모집에 **지원**해 보지?

언어라는 건 수학 같은 것과 달리 어떤 규칙이나 법칙, 정해진 답이 있는 게 아니라서 설명하기 애매한 경우가 많죠. **定時**와 **定刻**이라는 일본어는 거의 비슷한 뜻이기는 하지만 미묘한 뉘앙스와 쓰임새 차이가 존재한다고 합니다. 하지만 막상 일본 사람에게 어떻게 다른지를 물어보면 십중팔구는 '미묘하게 다르긴 한데 설명하기가 힘들다'는 답이 돌아옵니다. 언어란 건 문법으로 배우는 게 아니라 그냥 생활 속에서 듣고, 쓰고 하면서 머리에 박히고 입에 붙는 것이기 때문에 그렇겠죠. 일본 사람들도 설명하기 힘든 걸 제가 설명하는 건 더더욱 어려울 테지만 제가 나름대로 조사하고 알아본 걸로 일단 '썰'을 풀어 보기는 하겠습니다.

모범 답안

1. 정시 : 定刻

버스 등의 교통편이 '정시에 출발'이라고 표현할 때 일본의 경우 **定時**보다는 **定刻**이라고 하는 게 일반적이라고 합니다. 물론 '정시'를 써도 틀린 건 아니지만 그냥 이런 경우에는 '정각'이 좀 더 일반적이라고 하네요. 왜 그런지는 계속 설명을 읽어 보시면 어느 정도는 감이 잡힐 겁니다.

2. 비상연락망 : 緊急連絡網
<small>もう</small>

이 경우 일본은 '비상'이 아니라 '긴급'이라는 표현을 씁니다. 일본에선 우리가 말하는 '비상사태 선언'도 공식적으로 「緊急事態宣言」이라고 합니다. 코로나 사태로 인해 많이 들어 보셨을 바로 그 표현 말이죠. 그러니 이걸 한국어로 번역할 때는 '비상사태 선언'이라고 해야 원래의 뜻이 오롯이 전달되겠죠?

3. 다 닿지 못한 : 行き届いていなかった

여기서도 '테이루'로 표현하죠.

4. 시간표 ﹕ 時刻表

기차, 전철, 버스 등의 운행 시간을 적어 놓은 표의 경우는 '시간표'가 아니라 '시각표'라고 합니다. 학교 등의 시간표는 「時間割」라고 하는 건 아시죠?

5. 정시 운행 ﹕ 定時運行

교통편 등이 정해진 시간에 정확하게 출발하는 걸 의미할 때는 일본어 '정각'을 쓰는 게 더 일반적이라고 했죠. 그런데 '정시(定時)'의 경우는 어떤 '일정한 기간' 동안 '항상' 정해진 시간에 출발한다는 뉘앙스가 강하다고 합니다. 바꾸어 말하자면 '시각표'로 정해 놓고 늘 그 시간을 어기지 않고 맞춰서 출발한다는 뉘앙스인 것이죠.

6. 정시 ﹕ 定刻

앞에 '1분도 늦지 않고'를 써 놓은 이유가 있습니다. 다 그런지는 모르겠는데 제가 물어봤던 일본인 중 몇 명이 답변하기를, 定刻은 초 단위 같은 느낌이 들고 定時는 그 이상, 다시 말해 분 단위 같은 느낌이 '개인적으로' 든다더군요. 예컨대 시각표를 정해 놓고 매일 '정시 운행'을 하는데, 때로는 승객이 늦게 와서 몇 분 정도 늦게 출발하더라도 이건 定時 운행이라고 할 수 있다고 할까요. 그에 반해 定刻은 몇 초에서 몇십 초 정도 상간이라는 느낌. 아무튼 일본 사람도 설명하기 어렵다니 저로서도 이 이상의 설명은 힘들 것 같습니다. 다만 아래 goo사전의 유의어 대비표를 보시면 그 일본인들이 왜 그런 느낌을 받고 있는지 살짝 감이 잡히실 겁니다.

対比表

	…に退社する	…に十五分 遅れる	…を過ぎて 発車する	…番組
定時	○	△	△	○
定刻	○	○	○	―

감이 잡히셨나요? 아직도 감이 안 잡힌 분들을 위해 추가로 설명드리자면 항공사 평가 항목 중엔 '정시 운항(출발)률'이라는 게 있는데 이걸 일본 항공사에서는 어떻게 정의하고 있는가 하면,

定刻から15分以内に出発した便の割合
정각에서 15분 이내에 출발한 항공편 비율

이제 다들 감이 잡히시나요? 일본어 '정시'는 일본어 '정각'보다 조금 더 느슨한 느낌이라는 거죠.

즉, '정시'는 예컨대 2~3분 정도 틀린 것까지는 허용(?)하는 듯한 개념이기 때문에 '정시에서 15분 이내'라고 하면 뭔가 계산이 복잡해지는(?), 이상해지는(?) 느낌이 든다는 거죠.

7. 상사도 퇴근하지 않았는데 : 上司でさえ退社してないのに

한국어 조사 '도'를 무턱대고 일본어 조사 「も」라고 하면 안 됩니다. 이 역시 한국과 일본에서 미묘하게 다른 어감으로 쓰이기도 한다는 거죠. 이 예처럼 조사 '도'가 '조차', '마저'라는 뉘앙스를 품고 있을 때는 그냥 「も」라고 하면 부자연스러운 일본어가 된다고 합니다. 일본어는 배우기 쉽다고 생각하는 분들이 많을 텐데, 이렇듯 일본어도 세세하게 들어가면 정말 골치 아픈 것들이 많습니다. 결코 일본어를 우습게 보지 마시기 바랍니다. 그리고 여기서 또 나왔는데, 이 경우에 한국어 원문을 그대로 따라서 「退社しなかったのに」가 아니라 「してないのに」라고 해야 자연스럽습니다. 전자의 표현을 하면 과거의 어떤 시점을 뜻하고, 이 맥락 속에서는 상사도 아직 '퇴근하지 않고 회사에 있는 상태'라는 뜻이기 때문이죠.

8. 정시 : 定時

우리도 정시 퇴근이라고 할 때 1분 1초도 안 늦게 퇴근하는 걸 뜻하지는 않죠. 「定刻に退社」하는 건 우리로 치면 시쳇말로 '칼퇴근' 같은 개념 같달까요?

9. 10시 정각에 : 10時きっかりに

우리나라에서 말하는 조금도 틀리지 않고 정확한 시간이라는 뜻의 '정각'의 한자는 定刻이 아니라 正刻입니다. 전자는 '정해진 시각'이라는 뜻이고 후자는 '(조금도 안 틀린)정확한 시각'이란 뜻이죠. 그런데 일본에는 正刻이라는 한자어는 없습니다. 그러므로 이 경우는 이렇듯 「きっかり」라고 표현합니다. 아울러 「丁度」라고도 한다는 건 아는 분도 많겠죠?

10. 소란스러움은 거짓말이었다는 듯 : 喧騒が嘘だったかと言わんばかりに

이 喧騒(훤소)라는 한자어를 처음 접한 분은 이 기회에 외워 두시기를.

11. 한산하다 : 閑散としている

일본어 '한산'을 사전에서 찾아보면 형용동사로도 나와 있는데 「閑散な」라는 식으로 쓰지 않고 위와 같은 형태로 쓰는 게 일반적인 것 같습니다. 한 일본인은 단호하게 '안 쓴다, 어색하다'라고 하더군요. 답변을 해 준 다른 몇 분의 의견은 쓰기는 쓴다는 의견이었습니다. 특히 증권가 등에서 거래가 한산한 모양을 「閑散な」의 형태로 쓰는 예는 많이 발견됩니다.

12. 정기간행물 ： 定時刊行物

일본도 「定期(정기)刊行物」이라고 하는 게 일반적이지만 이렇게 '정시'라고 하기도 하더군요. 혹시나 해서 찾아보니 사전에도 올라 있고요.

> 日 거꾸로 이걸 '정시 간행물'이라고 번역해선 안 됩니다.

13. 몸에서 떼지 않고 ： 肌身離さず
（はだみ）

14. 갖고 다니실 ： 持ち歩いていらっしゃる

15. 지극한 영광으로 생각합니다 ： 光栄至極に存じます
（こうえいしごく）

관용적 표현으로서 그냥 통째로 외워 버리세요. 그리고 '영광'이 아니라 '광영'이라는 점도 유의하시고요. 일본어 '영광'과 '광영'의 쓰임새 차이에 대해서 간략히 말씀드리자면 일본어 '영광'은 명사적으로 쓰입니다. 즉, '과거의 영광에 사로잡히다'라고 할 때 이 한국어 '영광'은 일본어로도 그대로 栄光(영광)이라고 번역하면 되지만, 술어적으로 쓰이는 경우, 그러니까 영광입니다, 영광스럽습니다, 영광으로 생각합니다, 등의 형태로 쓰일 때는 일본어로는 光栄(광영)이라고 번역해야 한다는 점.

16. 근로기준법 ： 労働基準法

17. 파트타임제 사원 ： 定時制社員

한국의 파트타임제를 일본에선 이렇듯 '정시제'라고 표현합니다.

18. 지원 ： 応募
（おうぼ）

일본은 이 경우 「志願」이 아니라 「応募」를 쓰는 게 일반적입니다. 志願이라는 한자어의 쓰임새나 뉘앙스도 미묘하게 다르다는 말인데, 사원 募集에 応하는 거니까 応募라고 해야 자연스럽다는 논리인 거죠.

> 日 한국에서는 회사의 사원을 모집하는 것에 '응모한다'고 하지는 않습니다. 한국어 '응모'는 TV나 라디오 방송국 등의 시청자 퀴즈나 사연을 모집할 때, 또는 어떤 이벤트 같은 행사에 지원할 때, 또 신춘문예 같은 문학상에 참가할 때 '응모'라는 말을 씁니다.

"비굴해지지 말고" 하면
일본인은 위로하는 줄 안다?

そんなに卑屈になってないであんなヤツなんか[　　1　　]!

그렇게 [　　2　　] 그런 놈 따위 한방에 보내 버려!

そんなに[3]振舞わないで[4]あいつと[5]!

그렇게 비굴하게 굴지 말고 이판사판으로 그놈과 정면승부를 해!

釣れなかったからってそんなに卑屈になる必要はない。

못 낚았다고 해서 그렇게 [　　6　　] 필요는 없어.

そんな困難を切り抜けてこそベテラン漁師になるのだ。

그런 [　7　]을 헤쳐 나가야 비로소 베테랑 어부가 되는 거야.

謙虚に振舞う[　　8　　]が[　　9　　]卑屈になってしまった。

겸허하게 굴려 했던 것이 역효과가 나서 [　　　10　　　].

[　11　]から[12]僕は、自ら[13]だという思いで

취업 전선에서 낙오된 나는 스스로 잉여인간이란 생각에

人に[　14　]媚びる[15]になってしまった。

남에게 비굴하게 아첨하는 딸랑이가 돼 버렸다.

お前はだめな人間だって？ そんなに卑屈にならないで

년 글러 먹은 인간이라고? 그렇게 [16   ]

さっさと汚名を [17   ]！ 今回も [18] 気かい？

얼른 오명을 **설욕해야지**! 이번에도 **고배를 마실** 생각이야?

〈4월은 너의 거짓말〉

私の姑息な嘘が連れてきた君は、想像と [19]。

나의 [20] 거짓말이 데려온 넌 상상과 **달랐어**.

思ったより暗くて卑屈で、意固地で [21]…

생각보다 어둡고 [22], 고집 세고 **도촬광**…

「[23]」って？そんなに [24] は止めてよ。このような [25] には

'**나 같은 놈이**'라니. 그렇게 **자기 비하적인 말** 하지 마. 이런 **취업 절벽 시기**엔

[26   ] が必要なんだから。[27   ]。あなたも父さんに似て

남들 곱절의 노력이 필요한 거야. **피는 못 속인다잖아**. 너도 아버지 닮아서

頭はいいんだから努力さえすれば [28] 就職できると思うよ。

머리는 좋으니까 노력만 하면 **보란 듯이** 취직할 수 있을 거야.

해설

일본의 유명한 리얼 버라이어티 방송 〈잇테 Q〉에서 고래 사진을 찍으러 갔지만 실패해서 풀 죽어 고개를 숙이고 있는 게스트에게 「どうしてそんなに卑屈になっているの?」라고 묻는 장면이 나옵니다. 이걸 그대로 '왜 그렇게 비굴해져 있어?'라고 번역하면 한국어로서 어색하죠? 우리는 '비굴'을 이런 때 쓰지 않잖아요? 그런데 그걸 모르니 이 역시도 그대로 '비굴'이라고 번역해 놓은 사례가 수두룩합니다. 한국의 일본어 사전에서 卑屈을 찾아봐도 달랑 '비굴'이라고 나와 있으니 그럴 수밖에 없겠죠. 심지어 본인 이름을 건 모 일본어 학원의 원장도 일본어 卑屈과 한국어 '비굴'의 뉘앙스의 차이를 모르고 그대로 가르치고 있더군요. 일본어 '비굴'은 자기를 비하하는 것, 열등하다고 느끼는 것, 자학하는 것, 자조하는 것, 부족한 자기 탓이라고 자책하는 것, 자기는

뭘 해도 안 된다는 식으로 위축되거나 풀이 죽어서 매사 부정적으로 바라보고 소극적이 되는 상태를 뜻하는 한자어입니다.

그래도 여전히 제 말에 수긍이 안 되는 분이 계시면 아래를 보시죠.

卑屈になる

意義素	類語
自分で自分を貶めようとするさま	自嘲的になる・自虐的になる・卑屈になる・自分を卑下する・自分を低く見る・自分を卑しめる
自分の価値が低いものとみなして行動にあらわすこと	卑屈になる・卑下する・自己評価を低くする・自分の価値を下げる・自分を卑下する・下手に出る・謙遜する・謙る・遜る・一歩下がる・遠慮する・自分を卑しめる

weblio 유의어 사전이 「卑屈になる」의 유의어 표현으로 제시해 놓은 것들입니다. 자조적이 되다, 자학적이 되다, 자신을 비하하다, 자신의 가치나 평가를 낮추다 등등… 이제 수긍이 되시겠죠? 한국의 '비굴'이라는 단어의 뉘앙스와 상당한 차이가 있죠? 한국에선 강자에게 당차게 맞서지 못하고 굽신거리면서 비위를 맞추거나 굽히고 들어가는 걸 '비굴하다'고 표현하죠. 이렇듯 일본어 卑屈과 한국어 '비굴'은 사뭇 다른 뉘앙스로 쓰입니다. 그러니 일본어 卑屈을 덮어놓고 '비굴'로 번역해 버리면 안 되겠죠. 다만 미묘하게 일치하는 부분도 없진 않으므로 잘 판단한 연후에 문맥상 그대로 번역해도 무방하겠다 싶을 때만 '비굴'이라고 번역해야겠죠. 이건 한일 번역일 때도 마찬가지겠고요. 따라서 일본어 卑屈을 한국어로 옮길 때는 상황과 문맥에 맞게끔 적절히 다른 표현으로 의역해 줘야 하겠죠. 이 '비굴' 역시 번역자를 참 골치 아프게 만드는 한자어입니다.

모범 답안

1. 한방에 보내 버려 : 一蹴してしまえ
(いっしゅう)

'일축'이라는 한자어의 쓰임새도 한국과 사뭇 다르죠? 일본어 一蹴은 이렇듯 사람에 대해서도 사용합니다. 예컨대 스포츠 보도 기사 등에서 접하는 「挑戦者を一蹴した(직역 : 도전자를 일축했다)」라는 표현처럼요. 뉘앙스는 '한방에 굴복시켰다, 한방에 보내 버렸다, 한방에 무찔렀다' 정도가 되겠죠.

> **日** 한국어 '일축'은 이렇듯 사람 등에는 쓰지 않고 제안, 요구, 주장 등을 단칼에 거절하거나 부인, 부정할 때 쓰는 말입니다.

2. 卑屈になってないで ： 위축돼 있지 말고, 풀 죽어 있지 말고

그러니 일본어 卑屈은 문맥을 봐서 이렇듯 적당한 말로 의역해 줘야겠죠.

3. 비굴하게 ： 卑屈に

상대방에게 기가 죽어서, 혹은 자신은 상대가 안 된다는 열등감에 실제로 굽신거리고 굴종적 자세를 보이기 때문에 '비굴하게 굴지 말라'고 한 경우라면 일본어로도 그대로 「卑屈に」라고 할 수 있겠죠.

4. 이판사판으로 ： 一か八かで

우리 식으로 '모 아니면 도', '이판사판'이라는 뉘앙스로 쓰이는 말이 바로 이것입니다. 八의 발음이 '하치'가 아니라 '바치'라는 것에 주의. 그리고 이와 유사한 표현으로 「破れかぶれ・伸るか反るか」도 기억해 두시길. 다만, 전자의 경우는 '자포자기하는 심정으로' 이판사판 일을 벌인다는 뉘앙스로 쓰인다는 점에 유의.

5. 정면승부를 해 ： 真っ向勝負をしろ

일본에선 한국의 '정면승부'를 그대로 「正面勝負」라고 하지 않고 위와 같이 표현합니다. 한자어를 그대로 직역(?)하면 안 된다는 걸 여기서도 알 수 있죠? 아울러 야구에서 파생된 표현으로서 책략이나 편법, 얕은 수를 쓰지 않고 정면으로 승부한다는 뜻의 「直球勝負」도 기억해 두시길.

> 日　한국에서 '직구 승부'라고 하면 뭘 말하려는지 이해는 할 수 있는데 일반적인 표현은 아닙니다.

6. 卑屈になる ： 풀 죽을, 자책할

이게 꼭 정답이란 뜻이 아니라 일본어 卑屈은 이와 같은 뉘앙스가 있는 말이므로 상황에 맞게 적절히 의역하면 되겠죠.

7. 困難 ： 곤경

일본어 困難과 한국어 '곤란'도 뉘앙스가 다르죠. 한국어 '곤란'은 예컨대 '그럼 곤란하죠', '곤란한 상황에 놓이다'처럼 '난처함'이란 뉘앙스로 쓰이는 경우가 많은 데 반해 일본어 困難은 뉘앙스가 상대적으로 무겁습니다. 다시 말해 '곤경, 역경'이라는 뉘앙스로도 쓰이는 말입니다. 그러니 일본어 困難을 무조건 '곤란'이라고 번역하지 않도록 주의해야겠죠. 그리고 일본어 '곤란'이 가벼운 뉘앙스로 쓰일 때도 있는데 그게 바로 아래의 예문입니다. 실제로 일본에서 쓰인 사례를 검색해서 찾은 겁니다. 보시면 알겠지만 이런 경우도 일본어 困難을 그대로 '곤란'으로 번역하면 이상하겠죠?

国語辞典で調べても似たような解説なので両者を区別するのは困難です。

'국어사전에서 찾아봐도 뜻풀이가 비슷하므로 둘을 구별하는 것은 곤란합니다'? 이상하죠? 이 경우는 곤경, 역경이 아니라 '어렵다'는 뉘앙스로 쓰인 예죠.

8. ~려 했던 것 ː つもり

앞에서 나온 「善意のつもりが～」 기억하시죠? 명사뿐 아니라 이렇듯 동사에도 연결해서 사용합니다.

9. 역효과가 나서 ː 裏目に出て

10. 卑屈になってしまった ː 자기 비하적이 되고 말았다

저는 이 정도 번역밖에 떠오르지 않는데 더 적절한 표현이 떠오른 분 계시면 가르쳐 주시면 감사하겠습니다. 아무튼 일본어 卑屈, 참 번역하기 까다롭죠?

11. 취업 전선 ː 就職戦線

일본은 이 경우 '취직'이라고 합니다. 그리고 앞에서도 나왔지만 한국에서 말하는 '취준생'은 '취업' 준비생을 줄인 말이죠. 그런데 일본의 「就活生」는 「就職活動生」, 그러니까 '취직' 활동을 하는 학생을 줄인 말입니다. 왜 이런 차이가 있는 걸까요? 그 이유는 '취업'이라는 한자어도 한일 양국의 쓰임새가 미묘하게 다르기 때문입니다. 한국처럼 '취직'과 비슷한 뜻으로도 쓰이지만 그날의 업무에 종사하는 것, 일에 착수하는 것이라는 뜻으로도 쓰입니다. 사전의 예문으로도 「毎朝定時に就業する」를 제시하고 있듯이 말이죠. 여기서 쓰인 '취업'이 '취직'과 같은 뜻이라면 '매일 아침 정시에 취직한다'는 말이 되는데 세상에 이런 사람 없겠죠(웃음)? 한 일본인의 의견으로는, '취직'이라는 말이 따로 있고 '취업'은 후자의 의미로 쓰는 경우가 있어서 '취직' 쪽을 더 많이 쓰는 것 같다는 말을 하더군요. 그러니 이런 뜻으로 쓰인 일본어 就業을 그대로 '취업'이라고 번역하면 안 되겠죠.

12. 낙오된 ː 脱落した

일본어 '탈락'이란 한자어는 이처럼 '낙오'라는 뜻으로도 쓰입니다. 또한 이 일본어 '탈락'은 그 외에도 한국어 '탈락'과는 그 뜻과 쓰임새가 미묘하게 다른데 이에 관해서는 뒤에서 하나의 표제어로 다뤄서 상세히 소개하겠습니다.

13. 잉여인간 : ニート

우리는 잉여라고 하지만 일본에선 「余剰(여잉)」이라고 합니다. 그럼 '잉여 인간'을 余剰人間이라고 하면 될까요? 아닙니다. 일본에선 이런 표현을 쓰지도 않을 뿐더러, 만일 일본인에게 이렇게 표현한다면 '사람이 남아도나?'라는 뜻으로 받아들이기 십상입니다. 그러니 이건 니트족을 의미하는 「ニート」라는 식으로 의역할 수밖에 없겠죠. 참고로 회계 부기 등에서 쓰이는 용어인 잉여금은 일본도 「剰余金(잉여금)」이라고 합니다. 또한 마찬가지 전문 용어로서 '잉여가치'도 「剰余価値」라고 합니다.

14. 비굴하게 : 卑屈に

이 경우는 그대로 卑屈이라고 번역해도 괜찮겠죠? 자기 비하적인 성격의 사람이니 (한국어)비굴한 표정이나 말투로 비위를 맞춰 주는 모습을 상상해 본다면 한국어로 '비굴하게' 비위 맞추는 모습과 맞아떨어지는 것 같지 않나요?

15. 딸랑이 : 太鼓持ち

복습이죠. 이와 유사한 표현으로 「提灯持ち(ちょうちん)」도 있는데 이것도 뒤에 퀴즈로 낼 테니까 ('딸랑이'는 아님) 머리에 담아 두셨다가 맞히시길 바랍니다.

16. 卑屈にならないで : 자학(자기 비하)하지 말고

17. 설욕해야지! : 返上(へんじょう)しないと!

이 역시 앞에서 나온 거죠? 그리고 일본은 이와 같이 종지형으로 끝내지 않고 중간에서 끊어 버리는 예가 많습니다. 말을 단정적으로 하는 걸 삼가고, 대인관계에 있어서 매사 신중하고 조심스러워하는 일본인의 국민성이 반영된 게 아닐까 합니다. 아무튼 이와 같이 종지형으로 끝내지 않고 말이 끊어진 걸 그대로 직역하면 부자연스러운 한국어가 될 때가 많습니다. 그러니 이런 걸 번역할 때는 한국어로는 종지형으로 처리해 줘야 자연스러운 번역이 됩니다.

18. 고배를 마실 : 苦杯(くはい)をなめる

일본은 '마시다'가 아니라 이와 같이 '핥다'라고 표현합니다. 그리고 「苦杯を喫(きっ)する」도 함께 외워 두시길. 만끽, 끽연의 '끽'이죠.

19. 달랐어 ： 違ってました

여기서도 '테이루' 형태로 표현하죠. 그리고 일본은 편지나 엽서 등에서는 이렇듯 경어를 쓰는 게 관례입니다. 손윗사람뿐 아니라 손아랫사람에게도 말이죠. 다시 말하지만 한국어 존댓말, 반말과 일본의 경어, 타메구치는 그 쓰임새와 사람들이 느끼는 무게감과 인식이 사뭇 다릅니다.

> 日　거꾸로 저 일본어를 '달라 있었어'라고 하면 어색한 한국어가 됩니다.

20. 姑息な ： 약은

이 고식(姑息)이라는 한자어도 한국과 일본에서 다른 뜻으로 쓰입니다. 한국에서 예컨대 '고식적 수단'이라고 하면, 근본적인 해결책이 아니라 그 상황을 모면하기 위해 임시변통으로 취하는 수단이란 뜻이죠. 그런데 일본은 이처럼 약은, 얍삽한, 꾀를 부리는, 비겁한, 치사한, 때로는 교활한 등의 뉘앙스로 쓰입니다. 그러니 이걸 그대로 '고식적인 거짓말'이라고 하면 안 되겠죠. 그런데 사실은 일본도 '고식'이라는 한자어가 옛날에는 한국과 같은 뜻으로 쓰였고, 또한 사전에도 한국과 비슷한 뜻풀이가 돼 있습니다. 그러니까 일본 사람들이 잘못 알고 오용한 것이 두루 퍼져서 고착돼 버린 케이스죠. 참고로 goo 사전의 보충설명을 보면, 일본 문화청이 2010년에 실시한 '국어에 관한 여론 조사'에서 이 고식이라는 한자어를 원래의 뜻으로 쓴다고 응답한 사람이 15.0%, 변화된 뜻으로 쓴다고 응답한 사람이 70.9%였다고 합니다. 그리고 '~적'을 붙이는 표현에 관해선 몇 차례 언급했지만, 일본은 이 역시 姑息的이라는 식으로 '적'을 붙이지 않는 게 일반적입니다. 다만 姑息이 원래의 뜻으로 쓰이는 경우로서, 의학 분야에서는 예컨대 '고식적 치료', '고식적 요법' 등의 표현을 합니다. 근본적 치료가 아니라 당장 상황을 넘기기 위한 치료나 요법을 뜻하는 거죠.

> 日　다만 이 경우 작품 속 여주인공이 이 '고식'을 어떤 뜻으로 썼는지 명확하게 드러나 있지는 않습니다. 하지만 만일 원래의 뜻으로 쓴 거라 하더라도 '임시변통의 거짓말'이라고 번역하면 너무 딱딱한 감이 들기 때문에 저라면 '엉겁결에 한 거짓말'이라고 쉽게 풀어서 번역할 것 같습니다.

21. 도촬광 ： 盜撮魔

일본은 '도촬광'이라고 하지 않고 이처럼 '도촬마'라고 하는 게 일반적입니다.

22. 卑屈で ： 소극적이고, 자신감 없고, 늘 움츠리고

이젠 떠오르는 스타가 아니라 완전히 뜬 스타인 히로세 스즈를 보고 예쁘기도 하고 연기를 참 야무지게 하는 아이(그땐 어렸으니)라는 생각에 호감을 느꼈었는데 DVD출시 소식을 듣고 바로 사서 봤습니다. 그런데 이 영화에서도 이렇듯 '비굴'이 나오더군요. 그걸 보고 '이야, 이거 만약 수입되면 번역자 골 싸매겠다' 싶은 생각부터 들었습니다. 직업병이죠. 남주는 결코 (한국어)비굴한 캐릭터가 아니었거든요. 그러니 당연히 '비굴하고'는 아니고, 그렇다고 자학적, 자조적, 자기 비하적이란 번역 역시 이 경우에는 영~ 아니고 말이죠. 이 작품 속 '비굴'이라는 일본 한자어의 뉘앙스는, 자신감 있고 과감하게 행동하지 못하고 다소 소극적이고, 매사에 주저하며 움츠리는 듯하고, 조심스러워하는 인상을 받았다는 뉘앙스인 것이거든요. 저 역시 머리를 싸맨 끝에 떠오른 번역이 이 정도뿐인데 언어 감각 뛰어난 분께 SOS 날리는 바입니다.

23. 나 같은 놈이 ： 僕ごときが

사람을 나타내는 명사에 붙어서 비하하는 뉘앙스로 종종 쓰이는 말이죠. 일상의 대화에서도 종종 쓰이니까 몰랐던 분들은 외워 두세요. 이보다 더 일상적인 표현은 「~なんかが」죠.

24. 자기 비하적인 말 ： 自分を卑下した言い方 · 卑屈な言い方

앞에서 여러 차례 나왔으니까 아마 후자를 답으로 생각한 분들이 많으시겠죠? 맞습니다. 그런데 일본은 '비하적'이라는 식으로 '적'을 붙이지 않는다는 걸 알려 드리려고 '비굴'은 뒤에다 적어 놓은 겁니다. 그리고 이 '비하'라는 한자어 역시 양국에서의 뉘앙스와 쓰임새가 미묘하게 다릅니다. 일본은 '비하'라는 한자어를 부정적인 의미로만 쓰지는 않습니다. 이 역시 2권에서 표제어로 다룰 수 있는 건데 욱여넣고 마네요. 간략히 말씀드리면 일본은 '비하'를 단순히 자기를 낮춘다는 뉘앙스로도 씁니다. 아래를 보시죠.

自分を人より劣った者として扱うこと。へりくだること。謙遜すること。

다른 사전에는 「へりくだること」까지만 나와 있지만 코지엔과 다이지린 사전에는 **'겸손한 것'**이라는 뜻풀이까지 나와 있습니다. 그리고 '겸손'을 우린 형용사로만 쓰는데 일본은 보시듯 동사로도 사용하죠. 다시 말해 우리와 달리 일본에선 '비굴'이란 한자어도 '비하'란 한자어도 나쁜 의미로만 쓰지는 않는다는 것이죠.

25. 취업 절벽 시대 ： 就職氷河期(ひょうがき)

이것도 그대로 「絶壁」라고 번역해 놓은 걸 여러 번 봤는데, 그러면 일본 사람들은 무슨 뜻인지 못 알아듣습니다. 그러니 위와 같이 일본에서도 널리 쓰이는 표현으로 의역해 줘야겠죠. 또한 '취업'이 아니라 '취직'이라는 점.

26. 남들 곱절의 노력 ： 人一倍の努力

곱절, 그러니까 2배를 일본은 이와 같이 1배라고 합니다. 이런 건 논리로 이해할 수 있는 문제가 아니니까 관용 표현으로 통째로 외우는 수밖에 없겠죠.

27. 피는 못 속인다잖아 ： 血は争えないって言うじゃん

일본은 피는 못 속인다는 말을 위와 같이 표현합니다. 이렇게 쓰인 「争う」는 다투다, 겨루다, 경쟁하다는 뜻이 아니라, 주로 「争えない・争われない」의 형태로 '부정할 수 없다', '어쩔 방법이 없다'는 뉘앙스로 쓰입니다. 다만 요즘 젊은 층에서는 부정적 뉘앙스로만 쓰는 사람들이 꽤 있는 모양입니다.

28. 보란 듯이 ： 晴れて

사전이나 일본어 교재 등에서 이 '보란 듯이'를 「これ見よがしに」라고 설명해 놓은 걸 보고 이런 문맥에서도 그대로 「これ見よがしに」라고 번역해 놓은 걸 여러 번 본 적이 있는데, 사전이나 교재 등의 뜻풀이나 설명이 해당 단어나 표현의 뉘앙스와 쓰임새를 오롯이 커버하는 경우는 거의 없습니다. 그러니 사전이나 교재의 뜻풀이나 설명만을 맹신해서는 안 되고, 해당 표현을 다양한 문맥에서 그대로 써도 되는지를 점검해 보는 자세를 늘 가져야 합니다. 사전이나 교재의 설명과 뜻풀이는 분명한 한계가 있기 때문이죠. 이 「これ見よがしに」는 상당히 부정적 맥락에서 쓰이는 말이므로 이런 문맥에서 쓰면 이상한 일본어가 됩니다. 따라서 저는 이 경우의 '보란 듯이'를 위와 같이 의역하기를 제안합니다만 더 적절한 표현을 아는 분 계시면 가르쳐 주시면 감사하겠습니다. 그리고 거꾸로 이 「晴れて」 역시 한국어로 옮길 때 다양한 표현으로 의역해 줘야 하는 상당히 까다로운 일본어죠.

'차질'을 잘못 번역했다간 비즈니스 망쳐 먹는다?

[　1　]で[　2　]と同じ組になることを期待していたが[　3　]の結果、

조 추첨식에서 약체 팀과 같은 조가 되기를 기대했지만 조 편성 결과

[　　4　　]、20年ぶりの[　5　]という計画に[　　6　　]。

죽음의 조에 편성되어 20년 만의 16강 진입이라는 계획에 차질이 생겼다.

[　7　]での銃撃事件は北朝鮮と和解ムードを[　　8　　]

군사분계선에서의 총격 사건은 북한과 *화해 무드를 조성하려던

大統領の計画に[　　9　　]結果となった。

대통령의 계획에 차질을 초래한 결과가 됐다.

その[　10　]失敗をどの国でも一度くらい味わう蹉跌と見なしてしまうと

그 쓰라린 실패를 어느 나라든 한 번쯤 맛보는 [　11　]로 치부해 버리면

わが国が[　12　]から先進国へと[　13　]道は[　14　]。

우리나라가 개도국에서 선진국으로 도약하는 길은 요원해진다.

[　15　]だった青春時代に味わった恋の蹉跌は彼女の人生を

지고지순했던 청춘 시절에 맛본 사랑의 [　16　]은 그녀의 인생을

絶望の[　　17　　]。

절망의 구렁텅이로 빠뜨렸다.

敵の攻撃で、最後の砦（とりで）だったミサイル基地が［ 18 ］しまい、

적의 공격으로 최후의 보루였던 미사일 기지가 **전파(全破)되는** 바람에

敗将の汚名を［ 19 ］しようとしていた計画が 蹉跌してしまった。

패장이란 오명을 **설욕**하려던 계획이 ［ 20 ］.

今度の映画も［ 21 ］から［ 22 ］を買って前作の失敗を雪辱しようとしていた

이번 영화도 **심사위원**에게 **혹평**을 받아서 전작의 실패를 설욕하려던

彼の計画に［ 23 ］。

그의 계획에 차질이 생겼다.

こんな［ 24 ］な［ 25 ］すら［ 26 ］、今回の２級試験での合格目標を

이런 **단순 명료**한 **문장**조차 **해석하지 못해서야** 이번 2급 시험 합격 목표에

［ 27 ］。

차질이 불가피합니다.

［ 28 ］の悪化により、生産計画にも［ 29 ］

실물경제 악화로 인해 생산 계획에도 **차질이 생겨서**

生産目標の［ 30 ］。

생산 목표의 **하향 조정이 불가피하다**.

감이 오시나요? 이와 같이 일본어 「蹉跌」과 한국어 '차질'도 뉘앙스의 차이가 많은 한자어입니다. 한국에선 '차질을 빚다'라고 하면 뭔가 문제가 있어서 일이 순조롭게 진행되지 않는다는 뜻이지 일이 완전히 틀어졌다, 실패했다, 좌절됐다, 무산됐다는 뉘앙스는 아니잖아요? 하지만 일본어 蹉跌은 아예 좌절됐다, 실패했다는 뜻입니다. 그런데 한국의 모 일본어 사전에서 蹉跌의 뜻을 검색해 보면 달랑 '차질'이라고 나옵니다. 다만 다른 사전에는 그나마 괄호를 열고 '실패'라고 적어 놨더군요.

얘기가 살짝 샜는데, 그러므로 이 '차질'이라는 한자어를 양국의 언어로 옮길 때는 조심해야겠죠. 실례를 하나 들어 보자면, 일본의 한 경제신문 기사에 한국 사람이 말한 '생산 계획에 차질을 빚었다'는 말을 그대로 蹉跌로 번역해 놓았더군요. 그 일본 기자 역시 '차질'이라는 한국어와 蹉跌라는 일본어의 뜻이 같다고 생각하고 그렇게 번역했겠죠. 그렇다면 어떤 문제가 발생할까요? 그 신문을 읽은 일본 사람들은 생산 계획이 실패로 돌아갔다, 좌절됐다, 무산됐다는 뜻으로 받아들이겠죠? 하지만 한국어 '차질'은 좌절이나 실패와는 살짝 거리가 있는 말이죠. 계획이 약간 뒤틀렸다는 뉘앙스와 좌절됐다는 뉘앙스는 전혀 다르잖아요? 비즈니스나 외교 관계에서는 단어 사용의 실수나 약간의 뉘앙스의 차이로도 큰 문제가 발생할 수도 있는 건데, 이렇듯 서로가 양국의 한자어의 뜻을 잘못 알고 있는 상황은 때에 따라서는 심각한 문제를 야기할 수도 있겠죠? 실제로 일본인의 '선처하겠습니다'라는 말을 잘못 통역했다가 미일 사이에 심각한 외교 문제를 초래한 사실도 있다는 건 앞에서 나왔죠? 다만, 이 일본어 蹉跌은 어려운 한자어에 속한다고 합니다. 이에 비해 상대적으로 더 널리 알려져 있는 「頓挫」라는 표현도 기억해 두시길.

모범 답안

1. 조 추첨식 :　組み合わせ抽選会

일본은 조 추첨식을 위와 같이 표현합니다. 또한 추첨이 아니라 추'선'이라고 하는 이유는 추첨의 籤 자는 상용한자가 아니기 때문이죠.

2. 약체 팀 :　弱小チーム

일본도 '약체 팀'이라고도 하는데 이렇게 '약소'를 쓰는 게 일반적입니다.

3. 조 편성 : 組み合わせ

스포츠에서 조를 (한국어)편성하는 걸 그대로 編成이라고 번역하면 일본인들은 어색하게 느낍니다. 이 '편성'이라는 한자어 역시 양국에서 쓰임새가 미묘하게 다르다는 거죠. 그런데도 검색을 해 보면 이 역시 그대로 직역(?)해 놓은 사례가 수두룩합니다.

4. 죽음의 조에 편성되어 : 死のグループに組み込まれ

이 역시 編成이라고 하면 어색하다고 합니다. 그리고 '죽음의 조'는 일본에서도 「死の組」라고도 하는데 이 경우는 「組」가 중복되니까 「入り」라고 해 주는 게 낫겠죠. 일본은 중복 표현에 엄격하니까요.

5. 16강 진입 : ベスト16進出

'진입'이라는 한자어 역시 쓰임새가 미묘하게 다르다는 거죠. 일본은 이런 경우에 進入이라는 한자어를 쓰지 않습니다.

6. 차질이 생겼다 : 狂いが生じた

해설에서 살펴봤듯이 '차질'이라는 한자어는 이런 식으로 적절히 의역해 줘야겠죠.

7. 군사분계선 : 軍事境界線

8. 조성하려던 : 醸成しようとしていた
じょうせい

'위화감 조성'에서도 나온 거죠? 근데 일본 오키나와에서는 이 경우에 造成이라는 한자어를 쓰는 모양입니다. 원래 오키나와는 일본과 다른 독립국가였고 한국과 중국의 영향을 먼저 받았기 때문인 걸까요?

9. 차질을 초래한 : 狂いを生じる

의외라고 생각하는 분이 많겠지만 일본은 이렇듯 타동사로도 씁니다.

10. 쓰라린 : 手痛い

이런 경우의 '쓰라린'이라는 말은 위와 같이 표현하면 되겠죠.

 '뼈아픈'이라는 말도 뉘앙스는 조금 다르지만 이와 유사한 문맥에서 쓰일 수 있는 표현이니까 외워 두셨다가 잘 활용해 보시기 바랍니다.

11. 蹉跌(さてつ) : 좌절

그러니 일본어 '차질'은 이와 같이 번역해 줘야겠죠. 그리고 일본어 蹉跌, 挫折과 비슷한 의미를 지닌 한자어로 「頓挫」도 있다고 위에서 말했는데 여기서 「頓挫」를 쓰면 자연스럽지 않다고 합니다. 왜냐하면 「頓挫」는 주로 사업, 계획, 활동 등이 무산되다, 어그러지다라는 의미로만 쓰이는 것이기 때문에 사랑, 청춘 등 그 동사의 주체가 인간인 추상명사일 경우에 쓰면 부자연스럽다고 일본의 모 사이트에서 설명해 놓았더군요.

12. 개도국 : 途上国(とじょうこく)

일본은 '개발도상국'을 줄여서 '도상국'이라고 합니다. 또한 일본은 '개발'이 아니라 '발전도상국'이라고도 하는데, 몇몇 일본인은 '발전'을 더 많이 쓴다는 의견을 밝힌 바가 있으니 참고하시길.

13. 도약하는 : 飛躍(ひやく)する

이 '도약'이라는 한자어도 한국과 일본의 쓰임새가 다른데 언론사의 일본어판 기사를 검색해 보면 온통 그대로 「跳躍(ちょうやく)」라고 해 놨습니다. 일본어 '도약'은 실제로 뛰어오르는 동작을 뜻하는 말이고, 이런 경우에는 보셨듯이 '비약'을 써 주는 게 자연스러운 표현입니다. '도약'뿐 아니라 이 '비약'이라는 한자어의 쓰임새도 한국과 일본이 미묘하게 다르다는 거죠.

 한국에선 이 경우에 '선진국으로 비약'이라는 표현도 가능합니다. 하지만 역시 이 경우는 '도약'이 더 일반적이고, 검색을 해 봐도 '선진국으로 도약'이 훨씬 더 많이 검색됩니다.

14. 요원해진다 : 遼遠(りょうえん)である

일본은 요원(遼遠)이라는 한자어를 거의 쓰지 않는다고 합니다. 그러니 이 경우에는 쉽게 「遠くなる・遠のく」 등으로 번역하는 게 좋겠죠. 또 설령 쓰더라도 「遼遠となる・遼遠になる」라는 식으로는 하지 않고 위와 같이 표현하는 게 자연스럽다고 하니까 참고하시기를.

15. 지고지순 : 至純至高 _{しじゅんしこう} *앞에서 나온 거죠?*

구어로 말할 때는 더 평이한 표현을 쓰는 게 낫다는 점도 기억해 두시고.

16. 蹉跌 : 좌절

17. 구렁텅이로 빠뜨렸다 : どん底に突き落とした

18. 전파되는 : 全壊して _{ぜんかい}

일본은 全破가 아니라 이렇듯 '전괴'라고 합니다. '반파'도 「半壊」라고 하죠. 그리고 여기서도 '되다' 부분을 「する」라고 하죠. 모든 경우에 이렇게 둘 다 쓴다면 별 문제도 아닌데, 아닌 경우도 있으니 우리 입장에서는 참 골치가 아픈 거겠죠.

19. 설욕 : 返上 _{へんじょう}

반복 또 반복하다 보면 저절로 외워지죠. 싫어도 외워지죠. 일본은 '오명'에 '설욕'을 쓰지 않습니다.

20. 蹉跌してしまった : 무산되고 말았다

일본어 蹉跌은 이처럼 문맥에 맞게 적절히 의역해 줘야겠죠.

21. 심사위원 : 審査員

22. 혹평 : 不評 _{ふひょう}

일본도 「酷評(혹평)」, 「悪評(악평)」이라는 한자어도 쓰는데 이것도 알아 두시기를. _{こくひょう} _{あくひょう} 참고로 이 不評은 주로 소설이나 영화 등의 작품이 나쁜 평판을 들었을 때 쓰는 단어라고 합니다. 그리고 이 不評은 형용 동사적으로 사용하는 경우가 더 많다고 합니다. 그러니까 「この映画は女性には不評である」라는 식으로 쓰는 경우가 많다는 것이죠. 반면 일본어 '혹평'과 '악평'은 동사나 명사로 사용하는 게 일반적 이고 형용동사적으로 사용하면 부자연스럽게 느끼는 일본인이 많은 모양입니다. 다만 검색을 해 보면 형용동사적으로 쓰고 있는 예도 나오긴 나옵니다.

23. 차질이 생겼다 : 齟齬が生じた _{そご}

이 저어(齟齬)라는 한자어는 직장이나 비즈니스 장면에서 자주 등장하는 말이라고 합니다. 다만 '한국 어 차질=일본어 齟齬'라는 뜻은 아닙니다. 齟齬라는 말의 뜻은 한자를 살펴봐도 짐작할 수 있듯이 '위

아래의 이가 서로 안 맞는다'는 의미, 다시 말해 양측의 의견, 생각 등이 서로 안 맞는다, 양측의 의사소통에 문제, 혹은 오해가 있다는 뉘앙스로 쓰이는데, 만일 '차질'의 원인이 상호 간의 생각, 의견, 의사소통 등에 문제가 있는 경우라면 이와 같이 번역할 수 있겠죠. 그리고 이 齟齬는 단순히 의견이 안 맞고, 의사소통에 오해가 있는 수준을 넘어서 서로 마찰을 빚는 상태라는 부정적인 뉘앙스로 쓰이는 말이기 때문에 상대방한테 대놓고 직접 써서는 실례가 될 수 있다고 합니다. 따라서 제3자적 입장에서만 써야 하는 말이라는군요. 참고로 두려워하거나 무서워한다는 뜻인 한국어 '저어하다'와는 다른 말입니다. 이 경우의 한국어 '저어'는 한자어가 아닙니다.

24. 단순 명료 ： 単純明快

일본도 '단순명료'라는 말도 쓰지만 위와 같이 '단순명쾌'라고 하는 게 더 일반적입니다. 그런데 한 일본인은 '간단명료'라고는 해도 '단순명료'라는 말은 난생처음 듣는다고 할 정도로, 또 한 사람은 '단순명료'란 말은 쓰지 않는다고 잘라 말할 정도로 사용 빈도의 차가 큰 거 같습니다.

> 日　일본인들에게 물어보니 일본의 경우 둘 다 거의 같은 뜻으로 쓰인다고 하던데, 한국도 단순 명료, 단순 명쾌 둘 다 쓰긴 쓰지만 개인적으로 뉘앙스의 차이가 있다고 생각합니다. 한국에 선 명료하다는 말과 명쾌하다는 말은 엄연히 다르니까요. 참고로 표준국어대사전은 '간단명료'만 하나의 독립된 단어로 싣고 있습니다.

25. 문장 ： 文

이것도 지금껏 몰랐던 분이 많을 거라 생각합니다. 그렇지 않나요? 그에 대한 방증으로서 한국의 모 일본어 사전에서조차 아래처럼 오역해 놨을 정도니까요.

他人の論文をなぞっただけの文章だ
남의 논문을 그대로 옮겼을 따름인 문장이다.

논문 내용을 그대로 옮겼는데 '단 한 문장'이 될 수 있을까요? 위 예문에서 일본어 文章은 '문장'이 아니라 '글'이라고 번역해야 올바른 거겠죠. 왜냐하면 우리는 마침표로 끝나는 하나의 sentence를 '문장'이라고 하지만 일본은 우리와 반대로 文이라고 하기 때문이죠. 그리고 일본어 文章은 한국어 '문장'이, 바꿔 말해 일본어「文」이 여러 개로 이어져 있는 글을 뜻합니다.「文」과「文章」의 차이를 어떤 일본 사이트에서는 아래와 같이 구분하고 있습니다.

「文」とは、句点から句点までの、まとまった内容を表すひと続きの言葉のことです。
「文章」とは、文を連ねてまとまった内容を表したもののことです。

즉, 일본어 「文」은 마침표로 끝나는 하나의 (한국어)문장이고, 일본어 「文章」은 이 여러 개의 「文」이 이어져 있는 글을 뜻한다는 거죠. 다만 일본인들도 실생활 속에서는 혼용하는 경우도 있는 것 같습니다.

26. 해석하지 못해서야 : 解釈できないようでは

> 日 모 외국어 학습 Q&A 사이트에서 일본인들이 이런 맥락에서 쓰이는 '~서야(서는)'의 뉘앙스에 대해서 묻는 걸 몇 번 봤습니다. 지금껏 모르고 계셨던 분은 위와 같이 번역하면 적절하다고 생각하니까 이참에 외워서 활용해 보시기 바랍니다.

27. 차질이 불가피합니다 : 達成できないのは必至です

어느 일본인이 '목표'에 「狂い」를 쓰는 건 부자연스럽다더군요. 이 표현은 계획, 예정, 일정, 프로세스 등에 (한국어)차질이 발생하는 경우에 써야 자연스럽다는 주장인 거죠. 그래서 여러 일본인들에게 물어본 결과는 거의 반반이었습니다. 자연스럽다고 대답한 사람이 5명, 그중 1명은 완벽한 표현이란 말까지 하더군요. 반대로 부자연스럽다는 대답이 4명, 조금 부자연스럽다는 대답이 2명, 그리고 1명은 부자연스럽다는 사람도 있을 거고, 자연스럽다는 사람도 있을 거라는 약간 애매한 답변이었습니다. 어찌 됐건 부자연스럽다는 사람의 수도 꽤 있었으니 위와 같이 의역해 주는 게 '안전빵'이겠죠? 그리고 일본도 「不可避」라는 말을 쓰지만, 신문 기사나 딱딱한 글에서만 쓰이지 일상생활에서 쓰는 일은 별로 없다고 합니다. 「必至」도 마찬가지로 일상의 대화에 쓸 일은 별로 없다는데, 요즘은 SNS 등에서 「草必至」라는 형태의 표현이 유행하고 있습니다. 일본은 웃음 표시를 「WWWWWW」라는 식으로 하는데 이 모양이 마치 풀이 돋아난 것처럼 보인다고 해서 草라고 하는 것이죠. 그러니까 이 글을 읽으면, 이걸 보면 틀림없이 웃는다, 안 웃을 수가 없다는 뜻인 거죠.

28. 실물 경제 : 実体経済

일본도 '실물경제'라고도 하지만 이렇게 말하는 게 더 일반적인 거 같습니다.

29. 차질이 생겨서 : 狂いが生じ

30. 하향 조정이 불가피하다 : 下方修正が不可避である

일본은 이렇듯 '하방(상방) 수정'이라고 합니다. 그리고 이 경우는 문어체니까 '불가피'라고 해도 되겠죠.

＊ 화해 무드

이것도 퀴즈로 낼까 잠시 고민했었는데 한국어 '화해 무드'를 그대로 「和解ムード」라고 번역하는 사례도 많고, 또한 「和解ムード」라고 해도 의미가 충분히 통하기 때문에 결국 퀴즈로 내진 않았지만, 일본에선 '화해'보다는 '융화'를 써서 「融和ムード」라고 하는 게 일반적입니다.

한국의 천명과 일본의 闡明도 다르다

私は行政府の[1]として、いかなる茨(いばら)の道が[2]、私の任期内に

저는 행정부의 **수반**으로서 어떤 가시밭길이 **앞길을 가로막더라도** 제 임기 안에

南北統一の基盤を整えることを、この[3]ではっきりと[4]です。

남북통일의 기반을 마련할 것임을 이 **공개 석상**에서 분명히 **천명하는** 바입니다.

요시카와 에이지의 수필 〈미야모토 무사시〉

いつか[5]、そんな方面からも武蔵と禅林との交渉の謎を、

언젠가 **때가 된다면** 그런 방면에서도 무사시와 선사 간 협상의 수수께끼를

もう少し闡明してみたいと思っている。

조금 더 [6].

[7]、プロレタリアートはその戦争が何のためになされているかを

그것을 위해서는 프롤레타리아는 그 전쟁이 무엇을 위해 벌어지고 있는지를

闡明しなければならない。

[8].

かくのごとき電子の性質が次第に闡明され、これが原子を構成する模様が明
らかになる時が来ても、電子その物は何物ぞという疑問は残るのである。

이와 같은 전자의 성질이 점차 [9], 이것이 원자를 구성하는 모양이 명확해질 때가 와도, 전자 그
자체는 무엇인가 하는 의문은 남는 것이다.

飛行機が飛んでから、それが飛べる必然性が闡明されたりする。

비행기가 날고 나서 그것이 날 수 있는 필연성이 [10].

위 3개의 예문은 〈후리가나 문고 예문집〉 발췌

宣明 선명

宣言して明らかにすること。

「自国の立場を宣明する」

선언해서 명백히 하는 것

闡明 천명

不明瞭であったことを、はっきりさせること。

「宇宙の真理を—す可き力を有し／欺かざるの記 独歩」

불명료했던 것을 분명히 하는 것

예문을 보시면 자국의 '입장'은 宣明한다고 하고, '우주의 진리'는 闡明한다고 해 놨죠. 이처럼 일본의 '천명'이라는 한자어는 진리나 비밀 등 아직 드러나지 않았던 것들을 드러내서 밝힌다는 뉘앙스로 쓰이는 말입니다. 반면에 한국어 '천명'은 주로 당이나 단체 등이 자신들의 입장이나 생각, 각오 등을 밝히는 성명문 같은 데서 자주 쓰이는 말이죠? 어디 한번 국어사전을 들춰 볼까요?

진리나 사실, 입장 따위를 드러내어 밝힘.

의지나 각오 따위를 드러내어 밝힘.

일본어 '천명'과 한국어 '천명'의 뉘앙스 차이가 감이 잡히시나요? 결론적으로 입장, 생각, 의지, 각오 등을 만천하에 드러내 밝힌다, 선언한다는 뉘앙스의 한국어 천명은 일본어로 옮길 때 「宣明」이라고 해야 원래의 뜻과 비슷하게 전달되겠죠? 그러니 이걸 그대로 闡明이라고 번역하면 일본인들은 갸웃할 겁니다. 왜냐하면 闡明이라는 한자어는 일본에선 생소하고 어려운 한자어에 속하기 때문에 옛날 문헌에나 등장할 정도여서 일반인들 중에 이 한자 자체를 아는 사람이 거의 없기 때문입니다. 바로 그런 이유에서겠지만 한국의 뉴스를 전하는 일본의 기사의 경우 이 한국어 '천명'을 그대로 闡明이라고 표기하고 괄호를 쳐서 **表明**(표명)이라고 주석처럼 달아 놓은 사례를 몇 번인가 본 적이 있을 정도니까요. 이 사실로 짐작할 수 있는 건 뭘까요? 상당히 높은 수준의 한자 교육을 받았을 터인 일본인 기자들이나 번역자조차도 이 한자어에 대해 잘 모른다는 방증인 것이겠죠? 한국어 '천명'과 일본어 '천명'의 뜻 차이를 안다면 이걸 그대로 闡明이라고 표기할 이유가 없이 일본어 '선명'이나 '표명'이라는 한자어로 의역해 놓는 게 자연스럽지 않겠습니까? 기자 혹은 번역자 자신도 잘 모르고, 그렇기에 일반인들은 더더욱 모를 거라는 생각에 괄호를 쳐서 주석을 달아 놓아야 할 정도라는 말인 것이죠. 물론 이건 개인적인 해석입니다. 아무튼 혹시라도 한국어 천명을 그대로 闡明이라고 번역한 적이 있거나 작문했던 적이 있는 분이 이 글을 보신다면, 앞으로는 한국어 '천명'을 번역할 때는 일본어 '선명'이나 '표명' 등의 한자어로 문맥에 맞게 적절히 의역하시기를 권합니다.

모범 답안

1. 수반 : 首長(しゅちょう)

일본은 예전 헌법에서 「首班(しゅはん)」이라는 한자어를 썼던 정도지 일상생활에서 듣거나 볼 일은 없는 한자어라고 합니다.

2. 앞길을 가로막더라도 : 行く手に立ちはだかろうが

가로막다, 가로놓이다, 막아서다 등의 뜻을 지닌 단어죠. 여기서 주의할 것은 조사가 「を」가 아니라 「に」라는 점.

3. 공개 석상 : 公(おおやけ)の場 · 公開の場

일본은 公開席上이라는 식으로 표현하지 않고 위와 같이 표현하는 게 일반적입니다. 그리고 席을 쓰더라도 「公開の席」라는 식으로 표현하는 게 더 자연스럽다고 합니다. 그런데 이 역시 그대로 직역해 놓은 걸 많이 발견하는데, 글로 쓴다면 미루어 짐작할 수 있겠지만 말로 한다면 일본인들은 못 알아들을 가능성이 크겠죠? 그리고 「公の場」와 「公開の場」는 약간의 뉘앙스 차이가 있는데, 둘 중 어떤 게 더 적절하겠냐고 감수자님들한테 물어본 결과 한 분은 심플하게 전자의 경우라고 답했고, 다른 한 분은 둘 다 가능한데 역시 어감의 차이는 있고, 굳이 고르라면 전자라고 답했으니 이 부분도 참고하시기 바랍니다.

4. **천명하는 바 :** **宣明する次第 · 表明する次第**

따라서 한국어 '천명'은 이렇듯 '선명'이나 '표명'으로 번역하는 게 자연스럽고, 문맥에 따라서는 宣言(선언)도 역어 후보군에 들어갈 수 있겠죠.

5. **때가 된다면 :** **折(おり)があったら**

'때(기회)를 봐서'라는 뜻인 「折を見て」도 기억해 두시길.

6. **闡明(せんめい)してみたいと思っている :** **밝혀 보고 싶다**

> 日   일본은 「~と思う」라는 표현을 빈번히 쓰지만 이걸 한국어로도 그대로 '~라고 생각한다'라는 식으로 번역하면 군더더기 문장이 될 때가 많습니다.

7. **그것을 위해서는 :** **それがためには**

딱딱한 문헌이나 시대극을 보면 「の」를 이렇게 「が」로 말하는 경우를 종종 볼 수 있죠. 고어체 표현인데 일본 현대어에도 그 흔적이 남아서 꽤 자주 접할 수 있는 말입니다. 이 「が」는 「の」의 의미 말고도 여러 용법으로 쓰이는데, 솔직히 말씀드리면 그 문법과 용법을 알아보기 위해 여기저기 살짝 뒤져도 봤지만 하도 복잡하고 생소한 문법 용어가 많아서 그냥 포기했습니다. 현대 일본어 문법도 잘 모르는데 고어 문법까지는 괜한 욕심이고 시간 낭비라는 생각만 들었기 때문입니다. 외국어는 문법 파 봐야 별 소용없다는 제 소신에도 어긋나는 거고 말이죠(웃음). 아무튼 몰랐던 분은 이참에 기억해 두시면 시대극 청해에 도움이 될 겁니다. 방금 퍼뜩 떠오른 게 있는데 그 유명한 헤밍웨이의 소설 <누구를 위하여 종은 울리나>의 일본어 제목인 「誰が為に鐘は鳴る」에도 이 「が」 용법이 나오죠. 그리고 여기서 「誰」는 「だれ」가 아니라 「た」라고 읽는다는 점.

8. **闡明しなければならない :** **드러내 밝혀야 한다**

9. **闡明され :** **밝혀짐으로써**

10. **闡明されたりする :** **밝혀지기도 한다**

이처럼 후리가나 문고의 예문으로 나온 일본어 闡明을 그대로 '천명'이라고 직역하면 의미의 연결이 매끄럽지가 않죠.

レースから[　1　]した後、車をチェックすると

레이스에서 자진 **탈락**한 뒤 차를 체크하니

重要な部品が[　2　]。

중요한 부품이 **떨어져 나가 있었다**.

[　3　]を終えて[　4　]サッカー[　5　]は3戦3敗という

거창한 출정식을 마치고 **장도에 올랐던** 축구 **국가대표팀**은 3전 3패라는

[　6　]成績で[　7　]という[　8　]しまった。

처참한 성적으로 예선 탈락이라는 **고배를 마시고** 말았다.

[　9　]の[10]で、日本と[　11　]を繰り広げた韓国は延長戦にまで

16강 토너먼트 첫 **대결**에서 일본과 **숙명의 대결**을 펼친 한국은 연장전까지

[　12　]熾烈な接戦の末、1−0の辛勝で[　13　]、

엎치락뒤치락하는 치열한 접전 끝에 1−0 신승으로 **서전을 장식했고**,

日本は残念ながら[　14　]です。

일본은 안타깝게도 16강에서 탈락입니다.

レース[　15　][16]から脱落すると[　17　]

레이스 **종반에 접어들어 선두 그룹**에서 [　18　] **힘에 부쳤는지**

残念なことに[19]しますね。

안타깝게도 **기권**을 하는군요.

[20   ]に僕の名前が脱落しているのを見つけて[21]嬉しかったが

세금 탈루자 명단에 내 이름이 [22   ]돼 있는 걸 발견하고 잠시간은 기뻤지만

どうせ[23   ]と思って[24]をした。

어차피 들킬 거라는 생각에 자진 신고를 했다.

[25]に[26][27]になってしまって[28   ]

대입 시험에서 탈락한 이후 자기 비하적이 돼 버려서 저만치 앞서가고 있는

[29]たちから僕一人だけ[30   ]気がした。

동기들로부터 나 혼자만 낙오돼 가는 느낌을 받았다.

ほら、[31   ]。

봐, 도쿄타워가 보여.

[32]まで[33   ][34]から[35   ][36   ]。

결승점까지 얼마 안 남았으니 선두 그룹에서 낙오되지 않게 한 번만 더 버텨.

生存競争から脱落した後、[37]小さな出版社で[38]の仕事をやってます。

생존경쟁에서 [39   ]이후 낙향해서 작은 출판사에서 윤문 일을 하고 있어요.

衝突した時はコラムスイッチをコラムカバーから勝手に脱落させて

충돌했을 때는 컬럼 스위치를 컬럼 커버로부터 [40][41   ]

[42   ]衝撃を吸収してくれる構造になっているんです。

운전자에게 가해지는 충격을 흡수해 주는 구조로 돼 있는 거죠.

我が[43]の[44]として基本姿勢がなってないやつは

우리 연예기획사의 연습생으로서 기본 자세가 안 돼 있는 놈은

容赦なく[45   ]この点、[46]。

가차 없이 탈락시킬 테니 이 점 유념하도록.

먼저 국어사전부터 뒤져 봅시다. 전문 용어로 쓰이는 2번과 3번 뜻풀이는 생략합니다.

국어사전

탈락

1. 범위에 들지 못하고 떨어지거나 빠짐.

즉, 한국어 탈락은 예선 탈락이라든지 시험이나 오디션 같은 데서 떨어진다는 의미로 쓰이는 말이란 거죠. 이번엔 일본의 국어사전을 볼까요? goo와 코토방크 사전의 뜻풀이가 같고, 참고할 만한 유용한 예문이 있어서 이걸 소개합니다.

goo·코토방크

1. 抜け落ちること。必要な記述などが抜け落ちること。
　　「名簿に二、三の名前が脱落している」

빠져서 떨어지는 것. 필요한 기술 등이 누락되는 것.
（명부에 두세 명의 이름이 '탈락'돼 있다）

2. 行動をともにしてきた集団や仲間についていけなくなること。
　　「同志から脱落する」「レース前半で先頭グループから脱落する」

행동을 함께해 왔던 집단이나 동료를 따라가지 못하게 되는 것.
（동지로부터 '탈락'되다）, （레이스 전반에 선두 그룹에서 '탈락'하다）

어떤가요? 차이가 느껴지시죠? 1번 뜻풀이 예문의 경우 우리는 '탈락'이라고 하면 어색하죠? 이건 '누락'이라고 번역해 줘야겠죠? 그리고 언뜻 2번 뜻풀이는 한국어 '탈락'과 비슷한 것도 같지만 미묘한 차이는 존재합니다. 자세히 뜯어보면 '따라가지 못하는 것'이지 아예 아웃(한국어 탈락)되는 게 아니란 말이죠. 즉, 한국어 '탈락'과는 약간 다르고 '낙오'의 의미에 가깝게 느껴집니다. 실제로 다른 사전들에서는 2번 뜻의 비슷한말로서 '낙오'를 제시하고 있습니다. 바로 이 '낙오'라는 유의어가 일본어 '탈락'의 쓰임새와 뉘앙스를 파악하는 데 결정적 힌트가 됩니다. 아무튼 이렇듯 아주 미묘한 차이는 있지만 뜻이 겹치는 부분도 있기 때문에 더 골치가 아파지는 거겠죠. 그러므로 일본어 '탈락'을 번역할 때는 문맥과 상황을 잘 살펴서 가장 적절한 번역이 되도록 신경을 써야 하겠습니다.

모범 답안

1. 자진 탈락 : リタイア

이건 제가 꼼수를 좀 썼습니다. 뒷부분이 일본어로 脱落이라는 걸 몰랐던 분들을 좀 놀라게 하기 위해서요. 일종의 충격요법이랄까요? 그럼 더 머리에 확 꽂히는 법이니까요. 그리고 일본도 棄権(기권)이라는 한자어를 쓰지만 특히 레이스 등의 스포츠에서 기권하는 건 이처럼 리타이어라고 하는 걸 개인적으로는 더 많이 듣고 본 것 같습니다.

2. 떨어져 나가 있었다 : 脱落していた

우리는 부품이 떨어져 나가는 걸 '탈락'이라고 하지 않죠.

3. 거창한 출정식 : ご大層な壮行式

이건 복습하는 의미로 다시 출제했습니다만 여기서 '거창한'은 비꼬는 말인지 아닌지 좀 모호하죠? 만약 비꼬는 말이 아닐 경우는 盛大(성대)를 써 주면 되겠죠. 그리고 여기서 「ご」를 써 주면 비꼬는 느낌이 더 강해집니다.

4. 장도에 올랐던 : 壮途(そうと)についた

여기서 '오르다'를 이처럼 「つく」라고 한다는 점.

5. 국가대표팀 : 韓国代表チーム

일본은 이처럼 '국가'를 빼고 나라 이름을 적어 준다는 거 기억하시죠?

6. 처참한 : 無残(むざん)な · 散々(さんざん)な · 惨(みじ)めな

일본도 凄惨(せいさん)(처참)이라는 한자어를 쓰지만 스포츠의 성적을 수식해서 쓰지는 않고, 사고 현장이나 전쟁터 등을 처참하다고 묘사할 때나 쓰는 말이라고 합니다. 또한 우리도 '참담한 성적'이라고 하듯이 일본도 惨憺을 쓰는데 이때는 「惨憺な」가 아니라 「惨憺(さんたん)たる」라고 표현하는 게 일반적입니다.

7. 예선 탈락 : 予選敗退

이 경우에 일본도 '탈락'이라는 한자어도 쓰긴 하지만 스포츠 등에서는 '예선 패퇴'라고 표현하는 게 일반적입니다.

8. 고배를 마시고 ： 苦杯を喫して

앞에서는 '나메루'라고 했지만 이렇게도 표현한다는 거 기억나시죠?

9. 16강 토너먼트 ： 決勝トーナメント

일본은 「16強」이라고 하지 않고 위와 같이 표현하는 게 일반적입니다. 이에 관해 일본인들에게 물어봤는데 「16強トーナメント」라고 하는 건 처음 듣는다는 반응이 있을 정도였습니다. 참고로 대회에 따라선 결선이 8강부터인 경우가 있는데 이때는 8강 토너먼트를 「決勝トーナメント」라고 하겠죠.

10. 첫 대결 ： 初戦

일본은 우리가 말하는 '첫 대결'을 위와 같이 표현하는 게 일반적입니다. 그리고 「一回戦」이라고도 합니다.

11. 숙명의 대결 ： 因縁の対決

일본어 因縁(인연)은 이런 뉘앙스로 쓰이는 겁니다. 한국어 '인연'과는 전혀 다른 뜻과 뉘앙스를 지닌한자어란 말이죠. 따라서 이건 문맥에 따라서 숙명, 숙원(宿怨:묵은 원한), 구원(舊怨), 앙금, 경우에 따라선 '앙숙 사이' 등 다양한 표현으로 의역해 줘야 하는 말입니다. 근데 이걸 그대로 '인연의 대결'이라고 번역하면 안 되죠. 「因縁をつける」는 시비를 건다, 생트집을 잡는다는 말인데 이걸 '인연을 붙인다' 라고 하면 말이 안 되죠?

12. 엎치락뒤치락하는 ： もつれる

이 표현도 몰랐던 분은 외워 두시면 유용하게 쓸 수 있을 겁니다. 다만, 「엎치락뒤치락＝縺れる」라는 건 아닙니다. 「もつれる」는 기본적으로 뒤얽힌다, 헝클어진다, 꼬인다는 뜻을 지닌 건데 스포츠 기사등에서 자주 접하는 표현이죠. 경기가 금방 결판이 나거나, 승기가 싱겁게 기울어 버리거나 하지 않고얽히고설키는 혼전, 접전 양상을 띠었다는 뉘앙스로 자주 쓰는 표현입니다.

13. 서전을 장식했고 ： 初戦を飾り

이런 경우에 쓰인 한국어 서전(緒戰)은 첫 전투, 첫 경기라는 뜻을 지닌 말임에 반해 일본어 「緒戦(서전)」은 경기나 전쟁, 전투 등의 '초반'을 의미하는 말입니다. 그러니 이걸 그대로 「緒戦を飾り」라고 번역하면 정확한 뜻이 전달되지 않을 수 있습니다. 다만, 일본 사람들도 전투가 아니라 시합, 대결 등의 뜻으로 쓸 때는 발음도 같기 때문에 이 둘을 혼용하는 경우가 있는 모양이지만, 방송이나 신문 등에서는 이 둘의 차이를 구분해서 사용하는 게 원칙이라고 합니다. 또한 「緒戦」의 읽는 법은 원칙적으로는 「しょせん」이지만 둘의 혼동을 피하기 위해 「ちょせん」이라고 관용적으로 읽게 된 것 같다고 합니다.

14. 16강에서 탈락 ： ベスト16で敗退

이 역시도 이런 식으로 표현하고, 또한 '패퇴'라고 하는 게 일반적입니다. 참고로 「ベスト8」는 「えいと」라고 읽는 데 반해 이건 「じゅうろく」라고 읽는다는 점도 유의하세요. 이유는 짐작하시겠죠? 영어로 읽으면 읽기가 어렵고 길어지기 때문이겠죠. 특히 일본은 '16강, 8강' 등의 표현은 신문 기사 같은 데서나 쓰지 일상생활에선 거의 안 쓴답니다.

15. 종반에 접어들어 ： 終盤に差し掛かって

'접어들어'를 이렇게 표현한다는 걸 몰랐던 분은 이참에 외워 두시기를.

16. 선두 그룹 ： 先頭集団

일본도 외래어로 '그룹'이라고도 하지만 이렇게 '집단'이라는 표현도 씁니다. 이렇듯 '집단'이라는 한자어의 쓰임새도 한국과 미묘하게 다른데 이건 1권에 담기는 어려울 듯합니다.

> 日　한국에선 이런 경우에 '집단'이라고 하면 생경한 느낌이 듭니다.

17. 힘에 부쳤는지 ： 力尽きたのか・力不足を感じたのか

'힘에 부치다'를 한국의 일본어 사전에서 찾아보면 「手に余る」 또는 「力に余る」라고 설명하고 있고, 예문들 또한 그렇게 돼 있습니다. 또 네이버 지식인 같은 곳에서 일본어 초보들이 작문을 부탁하곤 하는데, 소위 고수라는 사람들이 해 주는 작문에도 이렇게 가르쳐 주고 있는 걸 본 적이 몇 번 있습니다. 솔직히 저도 옛날에 한창 일본어를 공부하던 시절엔 '힘에 부치다'는 뜻으로 이렇게 말한다고 알고 그렇게 외웠습니다. 하지만 어느 순간 좀 이상하다는 생각이 들어서 일본인들에게 물어본 결과, 「力に余る」는 거의 다 처음 본다는 반응이었고, 그나마 「手に余る」는 쓰긴 쓰는데 흔히 접하는 표현은 아니라는 사람도 있었고, 또한 이런 맥락에선 어색하다는 사람도 있었습니다. 왜냐하면 「手に余る」는 주어진 과제나 일이 자기 힘으로 감당하기 벅찰 때 쓰는 표현이기 때문에 뭔가를 하다가 도중에 힘에 부치는 경우에 쓰면 어색하다는 것이죠. 그렇다면 제가 예시한 문장에서 어떤 표현이 적절한지를 물어보니 바로 위의 모범 답안의 표현을 제시하더군요. 특히, 신기하게도 이번에 감수를 맡기면서도 똑같은 질문을 했더니 감수자님 역시 전자의 표현을 제시했다는 사실로 볼 때 이런 맥락의 문장에서는 「力尽きたのか」를 떠올리는 일본인이 꽤 되는 듯하니 참고하세요. 한국말로 번역하면 '힘이 다했는지' 정도가 되겠죠.

18. 脱落すると : **낙오되자, 탈락하자**

> 日　이 경우에는 한국에서도 '탈락'을 씁니다. '선두그룹'이라는 범위에 들지 못하고 떨어졌다는 뜻
> 이 되니까요. 하지만 분명한 건, 일반적으로 한국어 '탈락'은 일본과 달리 완전히 아웃(탈락)된다
> 는 뉘앙스로도 쓰인다는 점.

19. 기권 : **リタイア**

조금 전에 나왔죠? 다시 말하지만 일본도 '기권'이란 한자어도 씁니다.

20. 세금 탈루자 명단 : **脱税者名簿**

명단을 일본은 '명부'라고 하는 건 아는 분도 많을 테죠. 그리고 일본은 '탈루'라는 한자어를 쓰지 않기
때문에 위와 같이 '탈세자'라고 번역해 줘야겠죠.

21. 잠시간은 : **しばしの間は**

이 표현을 몰랐던 분은 이 기회에 외워 두시기를.

22. 脱落 : **누락**

이걸 그대로 '탈락'이라고 번역하면 안 되겠죠. 반대로 일본은 '누락'이라는 한자어를 안 쓰므로 '누락'
은 脱落이라고 번역해 줄 수 있겠죠. 또한 일본은 '누락되다'라는 의미로 「漏れる」를 쓰기도 합니다.

23. 들킬 거라는 : **発覚する**

24. 자진 신고 : **自己申告**

반복 또 반복입니다. 특히 자진, 자율, 자가 등등은 구분할 수 있는 뚜렷한 기준이 없으므로 통째로 외
우는 수밖에 다른 방법이 없습니다.

25. 대입 시험 : **大学受験**

일본은 「大入試験」이라는 식으로 말하지 않는데 이렇게 해 놓은 걸 종종 봅니다. 따라서 대입 전쟁,
대입 경쟁도 일본은 「受験戦争・競争」이라고 하죠.

26. 탈락한 이후 : **落ちて以来**

일본은 시험 같은 데서 떨어지는 것을 脱落이라고 하지는 않습니다. 시험에서 떨어지는 건 '낙방'의 개념이지 어떤 '집단(그룹)'을 쫓아가지 못하고 뒤처지는 '낙오'의 개념이 아니란 거죠. 그런데 희한한 건 시험과 비슷한 개념인 오디션의 경우는 일본도 이 '탈락'이라는 한자어를 씁니다. 왜일까요? 이에 관해서도 장황하게 썼었는데 지면 절약상 부득의하게 블로그로 옮겨 놨습니다. 간략하게나마 짚고 넘어가자면, TV 등의 오디션 프로 같은 경우엔 선발된 참가자 '집단'에서 '떨어져 나가는(낙오)' 개념으로 파악하기 때문에 일본에서도 '탈락'이라고 해도 자연스럽다는 겁니다.

🔍 블로그 수험에선 脱落라고 하지 않는데 왜 오디션은 脱落를 쓰나

27. 자기 비하적 : 卑屈

거듭 접하다 보면 저절로 외워지죠. 또한 일본은 비하'적'이라고 하지 않습니다.

28. 저만치 앞서가고 있는 : ずっと先を進んでいる

> 日 한국어 '저만치'는 두 얼굴을 가진 단어입니다. 예를 들어 '벌써 봄이 저만치 다가와 있다'고 할 때의 '저만치'는 가까운 느낌. 반대로 위와 같은 문맥에서는 '저 멀리'라는 뉘앙스에 가깝죠.

29. 동기 : 同級生

일본도 同期라는 한자어를 쓰지만 이건 학교를 졸업하고 난 뒤에나 쓰는 말이지 졸업하기 전에는 '동기'라고 하지 않는다고 합니다.

> 日 반면 한국에선 '동급생'의 쓰임새는 적은 편이고 오히려 '동기'라고 하는 경우가 더 많습니다.

30. 낙오돼 가는 : 脱落していく

이렇듯 일본은 '낙오'라는 뜻으로도 '탈락'을 씁니다. 그리고 여기서도 '돼 가는'을 「されていく」가 아니라 「していく」라고 한다는 점에 유의.

31. 도쿄타워가 보여 : 東京タワーが見えたよ

32. 결승점 : ゴール

일본은 이런 경우에 決勝点이라고 하지 않습니다. 일본의 '결승점'이라는 말은 야구나 축구 등의 스포츠 경기에서 말하는 '승리를 확정지은 점수'라는 뜻으로만 쓰이는 말입니다.

> 日 한국에서 말하는 '결승점'에는 일본과 같은 뜻도 있지만, '결승 지점'이라는 뜻도 있습니다.

33. 얼마 안 남았으니 ： あと少しだから

초보적인 퀴즈인가요? 근데 참 의외인 것이 말이죠. 이걸 「あまり残ってないから」라고 번역하거나 말하는 사람들을 더러 보는데 이건 코패니즈 표현입니다. 말이 길어지니까 주위에 아는 일본인이 있으면 이런 맥락에서 이런 표현을 해도 자연스러운지 한번 물어보세요. 열이면 열 모두 어색하다고 할 겁니다.

> 日 또 반대로 「あと少しだから」를 '이제 조금이니까'라고 직역투로 번역해 놓은 사례를 이따금 발견하기도 하는데, 혹시 그런 걸 본 적이 있으시다면 따라 쓰지 마세요. 뜻이야 통하겠지만 매끄럽지 않은 한국어 표현입니다.

34. 선두 그룹 ： 先頭集団

35. 낙오되지 않게 ： 脱落しないように

36. 한 번만 더 버텨 ： もう一踏ん張りだよ

조금만 더 버티면 된다, 한 번만 더 힘을 내라는 뜻으로 종종 쓰는 표현이니 몰랐던 분은 외워 두시기를. 표현을 통째로 외우세요.

37. 낙향해서 ： 都落ちして

이건 이제 그만 출제해도 되려나요(웃음)?

38. 윤문(潤文) ： 校閲

한국 출판계에서는 교정(校定), 교열(校閱), 윤문(潤文)이라는 과정이 따로 존재하고 그 개념도 조금씩 다른데, 일본은 이렇게 세분하지 않고 위와 같이 '교열'이라는 용어로 뭉뚱그려서 표현하는 모양입니다.

39. 脱落した ： 낙오된, 탈락한

이 경우는 한국에서도 '생존경쟁에서 탈락한 이후'라고 해도 될 것 같죠?

40. 勝手に : 저절로

이 「勝手に」도 문맥에 따라서 다양한 한국어로 번역해 줘야 하는 까다로운 단어인데 덮어놓고 '멋대로'라고 번역해 놓은 사례를 너무도 자주 봅니다. 이 경우에 '멋대로 분리시켜서'라고 하면 누가 봐도 이상하죠? 근데도 이런 식으로 대충 번역해 버리는 사람이 의외로 많습니다. 이 「勝手に」가 쓰인 다양한 사례와 그걸 적절한 한국어로 번역하는 법을 제 블로그에서 '제안'해 놨으니 꼭 읽어 보시기 바랍니다. 상당히 유용한 정보라고 생각합니다.

🔍 블로그 勝手に : 프로 번역가도 오역하기 십상인 일본어

41. 脱落させて : 분리시켜서, 떨어져 나가게 해서

이 예문은 인터넷 검색을 통해 실제 사용된 문장을 약간 변형한 건데, 이렇듯 일본어 '탈락'은 부품 같은 게 떨어져 나가는 것, 일부러 떨어져 나가게 한다는 뜻으로도 쓰인다는 거죠. 그런데 이걸 그대로 '탈락시켜서'라고 번역하면 한국어로서는 많이 어색하죠?

42. 운전자에게 가해지는 : 運転者にかかる

우리도 발이나 무릎에 '걸리는 충격'이라고는 하지만 '운전자에게 걸리는 충격'이라고 하면 좀 부자연스럽죠? 아닌가요? 흠… 한국어도 참 어렵습니다.

43. 연예기획사 : 芸能事務所

복습의 의미로 언급하자면 일본은 '소속사'가 아니라 '소속사무소'라고 하죠.

44. 연습생 : 研修生

이 역시 그대로 「練習生」이라고 해 놓은 게 수두룩한데, 일본에선 이런 경우에는 '연수생'이라고 부르는 게 자연스럽습니다.

45. 탈락시킬 테니 : 脱落させるから

연습생이라는 '집단'에서 배제, 낙오시킨다는 뜻이니 '탈락'도 가능하겠죠.

46. 유념하도록 : 心得ておくようにな

이 「心得る」도 참 번역하기 까다로운 단어죠. 문맥에 따라 유념하다, 명심하다, 터득하다, 숙지하다, (항상)염두에 두다, 마음에 새기다 등등 다양한 표현으로 번역할 수밖에 없는 대단히 까다로운 표현이죠.

번역가를 괴롭히는 한국어 논란과 일본어 論難

[　　1　　]チョン・キョンジャの「[2]」の[3]を[4]するため来韓した

위작 논란에 휩싸인 천경자의 '미인도'의 진위 여부를 감정하기 위해 내한한

フランスの鑑定チームが綿密な科学的[5]を通じてようやく[6]だと発表した。

프랑스 감정팀이 면밀한 과학적 분석을 통해 마침내 위작이라고 발표했다.

[7]は現在[　　8　　]<ruby>狗肉<rt>くにく</rt></ruby>[9]の主張は、[　　10　　]

보신탕 업주들은 지금 논란이 되고 있는 개고기 퇴출 주장은 조상대대로

伝わってきた韓国[　　11　　]を全面否定するも同然だと[12]。

전해 내려온 한국 특유의 음식문화를 전면 부정하는 것과 다름없다며 맞섰다.

[13]の成功に伴って、[　　14　　]をめぐる[　　15　　]、

올림픽 유치 성공에 따라서 개고기 식문화를 둘러싼 논란이 점화된 가운데

[16]団体が先に[　　17　　]。

반려견 단체가 먼저 공격의 포문을 열었습니다.

自分の主張だけを[　　18　　]、相手の主張を[　　19　　]

자기주장만을 목청 높여 주창하고, 상대방의 주장을 논리정연하게

論難するのではなく、[　　20　　]するのは正しい討論の姿勢ではない。

[21]하는 게 아니라 무턱대고 비난하는 건 올바른 토론 자세가 아니다.

A教授は、[　22　]で[　　23　　]の盲点について論難している。

A 교수는 이 보고서에서 안면 인식 시스템의 맹점에 관해 [24]하고 있다.

[　　25　　]の彼は[　26　]で、

은퇴한 정치인인 그는 자서전에서

現在の[27]たちの言行不一致を論難している。

현재의 정치인들의 언행불일치를 [28]하고 있다.

大統領は、[　　　29　　　]は、[　　30　　]と

대통령은 월드컵의 성공적 개최를 위해서는 국가적 차원의 지원과

[　　31　　]応援と関心が[　32　]と[　33　]、

전 국민적 차원의 응원과 관심이 절실하다며 운을 뗀 뒤,

野党の[34]を[35]論難した。

야당의 정치 공세를 조목조목 [36]했다.

[　　37　　]が[38]中で[39][　40　]の前途は

감독 자격 논란이 재점화된 가운데 출범한 모리모토호의 앞날은

果たして[　41　]、[　42　]注目されるところです。

과연 순탄할 것인지 그 귀추가 주목되는 상황입니다.

社長 ： **新車**［ 43 ］**の件は**［　44　］**順調に**［　45　］

사장 ： 신차 **출시** 건은 **어떻게 돼 가?** 순조롭게 **진행되고 있어?**

社員 ： **それが、実は広告の問題で**［ 46 ］**と意見の**［　47　］…

사원 ： 그게… 실은 광고 문제로 **그쪽과** 의견 **마찰이 생겨서**…

社長 ： **この前までも**［　　48　　］**と言ったじゃないか。**

사장 ： 얼마 전까지도 **아무 차질 없이 진행되고 있다고** 했잖아.

社員 ： ［ 49 ］**問題で**［50］**言い争いがありました。**

사원 ： **예상 밖의** 문제로 **살짝** 언쟁이 있었습니다.

社長 ： **そんな**［　51　］［　52　］**検討をしろって言ったのに。**

사장 ： 그런 논란이 없도록 **철두철미한** 검토를 하라고 했는데도.

社員 ： **まさか**［　　53　　］…．［　　54　　］**私の責任です。**

사원 ： 설마 **그런 수로 나올 줄이야**…． **간파하지 못했던** 제 책임입니다.

해설

먼저 일본의 경우는 論難이라는 한자어를 쓸 일 자체가 거의 없고, 딱딱한 글 속에서나 이따금 접할 뿐, 특히나 일상생활에서는 아예 안 쓸 뿐만 아니라 論難이란 한자어 자체를 모르는 사람도 많을 거라고 합니다. 반면, 한국에서는 '논란'이라는 한자어는 일상화돼 있는 단어죠. 그런데 문제는 두 한자어가 서로 다른 뜻인지도 모르고 일본어로도 그대로 論難이라고 번역하는 사람이 너무도 많다는 사실입니다. 언론사 한국어판은 말할 것도 없고, 한국의 아주 유명한 출판사가 발간한 잡지의 번역에도, 일본 모 도시의 한국 영사관의 글에도, 심지어 '일본어 교실'을 표방한 어떤 사이트에서도 한국어 '논란'을 그대로 「論難」이라고 해 놓을 정도입니다. 그럼 어떻게 다른지 뜻부터 살펴봐야겠죠?

표준국어대사전

여럿이 서로 다른 주장을 내며 다툼.

goo 사전

相手の誤り・欠点などを論じて非難すること。「認識不足を論難する」

상대방의 잘못, 결점 등을 논하여 비난하는 것.　(인식 부족을 '논란'하다)

어떤가요? 전혀 다른 뜻이죠? 우리는 서로 다른 주장을 내며 다투는 것인데 일본은 '논하여 (논리적으로) 비난(비판)하는 것'입니다. 그러니 이 일본어 「論難する」를 우리말로 옮길 때는 공박, 논박, 논리적으로 비판 등의 뉘앙스로 적절히 의역해 줄 필요가 있다는 거죠. 더 긴 설명은 필요 없겠죠?

모범 답안

1. 위작 논란에 휩싸인 ： 贋作騒ぎに巻き込まれた
(がんさく)

이런 문맥 속에서의 '논란'은 이렇듯 「騒ぎ」를 써서 표현하는 게 적절할 듯한데, 더 좋은 번역이 생각나시면 알려 주시기 바랍니다.

2. 미인도 ： 美人画 · 美人図

이 경우는 그림의 제목이니까 그대로 美人図라고 해도 되겠지만 일본에서는 한국에서 말하는 '미인도'를 위와 같이 '미인화'라고 하는 게 일반적이라는 것을 말씀드리기 위해 퀴즈를 낸 겁니다.

3. 진위 여부 ： 真贋
(しんがん)

4. 감정 ： 鑑定

답이 그대로 '감정'인데 왜 퀴즈로 냈는지 의문스러우시죠? 왜냐하면 일본 사람들조차도 이걸 「鑑定」이 아니라 「査定」이라고 하는 사람들이 꽤 많기 때문입니다. 두 한자어의 뜻을 구분하지 못하고 혼용하는 거죠. 그러니 혹시라도 일본 사람들이 이걸 '사정'이라고 말하거나 쓴 걸 보고 따라 하지 말라는 뜻에서 낸 퀴즈입니다. 일본에서 「鑑定」은 미술품이나 골동품 등이 진품인지 짝퉁인지를 가리는 것이고, 「査定」은 값을 책정한다는 뜻으로 쓰이는 말입니다.

5. 분석 ： 分析

'복습하라고 낸 퀴즈구나. 답은 解析구나'라고 생각한 분들 많으시죠? 그런데 이 경우에는 '분석'이라고 하는 모양입니다. 鑑定의 뜻을 일본어 사전에서 찾아보면 다음과 같이 나옵니다.

科学的な分析や専門的な知識によって判断 · 評価すること
과학적 분석과 전문적 지식에 의해 판단, 평가하는 것

헷갈리시죠? 그건 저도 마찬가지입니다. 일본어 '분석'과 '해석'의 차이를 설명해 놓은 글들을 읽어 봐도 머리만 더 복잡해지지 속 시원하게 이해되지가 않습니다. 이런 땐 그냥 통째로 외우는 수밖에 없죠. DNA 같은 건 解析, 미술품이나 골동품 같은 건 分析이라고 말이죠. 다만, 한 일본인은 이 경우에는 둘 다 쓸 수 있겠다고도 했으니 참고하시기를.

6. 위작 ： 贋作

7. 보신탕 업주들 ： ポシンタン業者ら

일본은 외래어에 대해서 대단히 개방적이죠. 특히 음식 이름 같은 건 이와 같이 한국 발음 그대로, 아니, 한국 발음에 가깝게 쓰죠. 그리고 일본에선 '업주'라는 말은 제한적으로 쓰이는 것 같습니다. 또한 문어적으로 쓸 때는 「たち」가 아니라 「ら」라고 하는 게 자연스럽죠.

8. 논란이 되고 있는 ： 取り沙汰されている

이 문맥에서 저는 이 표현 정도밖에 안 떠오르는데 더 좋은 번역이 있다면 제 블로그나 메일 등으로 가르쳐 주시면 감사하겠습니다. 더 많은 사람들과 공유할 수 있도록 말이죠.

9. 퇴출 ： 排除

일본어 '퇴출'도 우리와 쓰임새가 완전 다르죠. 이 '퇴출'의 쓰임새 차이도 2권으로 밀려났습니다. 2권이 나올지 어떨지 모르니 간략히 설명만 하고 넘어가자면 일본어 '퇴출'은 방이나 사무실 등 어떤 장소에서 '스스로' 나가는 걸 의미합니다. 우리처럼 '쫓아낸다'는 뜻은 없습니다. 그리고 일본어 排除는 앞에서 나왔듯이 취객을 경기장에서 내쫓는다, 퇴장시킨다는 의미로도 쓰이니까 한국어 '퇴출'의 번역으로 어울린다고 생각합니다.

10. 조상대대로 ： 先祖代々

일본은 祖上이라는 한자어는 쓰지 않고 「祖先」 또는 「先祖」라고 한다는 건 아는 사람이 많겠죠. 그리고 先祖의 경우는 센'조로 읽는다는 것도요. 그런데 이 일본어 '조선'과 '선조'는 어떤 차이가 있는지도 아시나요? 「祖先」은 「先祖」에 비해 더 넓고 포괄적인 개념입니다. 그러니까 자기 직계 조상만을 일컫는 게 아닌, 보다 포괄적인 조상의 개념인 동시에 비교적 먼 윗대를 의미하는 말로서 쓰입니다. 예를 들어서 '인류의 조상'이라고 표현할 때는 「祖先」을 쓴다는 거죠. 반대로 직계 조상을 뜻할 때는 「先祖」라고 하고, 이 경우는 비교적 가까운 윗대도 포함하는 개념이라고 합니다. 그렇다면 퍼뜩 생각

해 볼 때 '음식 문화' 같은 경우는 직계 조상으로부터 대대로 내려온 것이라고만은 볼 수는 없으니 '조선대대'라고 해야 하지 않을까 싶지만, 이 경우 일본은 직계든 아니든 위와 같이 '선조대대'라고 표현하는 게 정형화된, 일반적인 표현이라고 합니다. 그리고 여기서 「先祖代々に」라고 「に」를 붙이면 어색하다고 합니다.

11. 특유의 음식문화 ：　独特⒜特有⒝の食文化

우리는 '음식'이라는 말을 '먹을 것'이라는 포괄적인 개념으로 쓰지만, 일본의 경우는 이때 「食べ物」라고 하죠. 또한 일본은 「飲食」라는 한자어 자체의 쓰임새가 제한돼 있습니다. 먹을 것 전체를 포괄하는 한국어 '음식'이라는 개념이 아니라 '먹고 마신다'는 뜻으로 쓰이는 게 일반적입니다. 따라서 「飲食する」라는 동사로도 사용되죠. 또한 단순한 식당이 아니라 '밥도 먹고 술도 마시는 가게'라는 뜻의 「飲食店⒜음식점⒝」 같은 제한된 용법으로 쓰이는 거고요. 그러니 우리가 말하는 '음식 문화'는 이렇게 표현하는 게 적절합니다.

> 日　이 경우에 일본도 「特有の」라는 표현을 하지만, 비슷한 뜻으로 쓰이는 「独特の」도 답안으로 제시한 이유는, 이 「○○独特の」라는 표현을 그대로 '○○독특의'라는 식으로 번역하면 어색한 한국어가 된다는 걸 말씀드리기 위함입니다. 실제로 '○○독특의'라는 식으로 직역(?)해 놓은 경우가 수두룩하기 때문이죠. 이건 비단 일본인뿐 아니라 한국인도 그래 놓은 걸 심심찮게 발견합니다(韓:이래서 국어 공부가 더 중요하다는 겁니다). 따라서 이 경우는 '○○⒜만⒝의 독특한'이라는 식으로 번역해야 자연스러운 한국어 표현이 됩니다.

12. 맞섰다 ：　反発した

사전을 보고 이걸 「立ち向かった」라고 번역하기 십상인데 그러면 코패니즈가 됩니다. 일본에서는 이 표현을 비유적으로 쓰지 않습니다. 그리고 한국어 '맞서다'도 일본어로 번역할 때 융통성을 발휘해서 다양하게 번역할 수밖에 없는 단어죠. 저는 이 문맥에선 이런 표현밖에 떠오르지가 않는데 감수자님도 제 의견에 공감해 주셨습니다.

13. 올림픽 유치 ：　五輪招致

이 경우에 일본은 이렇듯 '초치'라는 한자어를 씁니다. 물론 유치(誘致)를 쓰는 경우도 있지만 '초치'를 쓰는 게 일반적입니다.

어째서 일본은 올림픽을 五輪(ごりん)이라고 부르는지 의아한 분이 계실 텐데, 이건 옛날에 일본인 기자가 만든 조어라고 합니다. 1940년 올림픽을 일본이 유치했지만 태평양 전쟁 때문에 반납하고 말죠. 아무튼 그 당시 올림픽 관련 기사를 쓰는 과정에서 '올림픽'을 카타카나로 쓰면 신문의 지면을 너무 잡아먹는 문제가 발생했던 겁니다. 게다가 일본은 세로쓰기니까 더 길어 보이겠죠. 그래서 한 신문 기자가 고민한 끝에 올림픽을 상징하는 깃발은 다섯 개의 원(오륜:ゴリン)인 데다가, 올림픽의 카타카나 표기인 「オリンピック」의 「オリン」과 「ゴリン」은 마침 발음도 비슷하다는 데 착안을 해서 지어낸 조어가 오늘날까지 이어져 온 것이죠.

14. 개고기 식문화 : 犬食文化 (けんしょく)

15. 논란이 점화된 가운데 : 議論(論争)に火がつく中

16. 반려견 : 愛犬

이것도 그대로 「伴侶犬」이라고 번역하는 사람들이 있는데, 글이 아니라 말로 하면 일본 사람들은 못 알아들을 가능성이 큽니다. 그리고 말이 나온 김에 언급하고 넘어가자면 우리는 '인생의 반려자'라고 하지만 일본은 그냥 「人生の伴侶」라고 합니다. '자(者)'를 붙이지 않습니다.

17. 공격의 포문을 열었습니다 : 攻撃の火蓋(ひぶた)を切りました

이 역시도 「攻撃の砲門を開く」라고 해 놓은 걸 본 적이 여러 차례 있는데 일본은 '포문을 열다'는 말을 비유적으로 쓰지 않는다고 합니다.

18. 목청 높여 주창하고 : 声高(こわだか)に唱え

19. 논리정연하게 : 理路整然と

20. 무턱대고 비난 : むやみに非難

이 「むやみに」도 문맥에 따라 다양하게 번역해 줘야 하는 단어죠. 이렇듯 '무턱대고'라는 뜻으로도 쓰입니다.

21. 論難 : 논박

따라서 일본어 '논란'은 이런 식으로 의역할 수밖에 없겠지만 일본에선 '논란'이라는 한자어 자체를 거의 안 쓰니 번역할 일도 거의 없을 듯.

22. 이 보고서 : 本報告書

문어적으로 쓸 때는 「この」라고 하면 어린애가 쓴 글 같은, 다시 말해 유치한 느낌이 듭니다.

23. 안면 인식 시스템 : 顔認識システム

일본은 이렇게 「顔認識システム」라고 합니다.

24. 論難 : 논박

25. 은퇴한 정치인 : 引退した政治家

26. 자서전 : 自伝

自叙伝이라는 말도 쓰지만 自伝이 훨씬 더 일반적인 표현입니다.

27. 정치인 : 政治家

28. 論難 : 논박

29. 월드컵의 성공적 개최를 위해서 : W杯を成功裏に開催するために

또 나왔네요. 일본은 '성공'에 '적'을 붙여서 쓰지 않습니다.

30. 국가적 차원의 지원 : 国を挙げての支援

'차원'이라는 말을 일본은 이렇게는 쓰지 않습니다. 이 경우는 위와 같이 해 주는 게 자연스럽고 꼭 '차원'을 살리려 한다면 레벨(レベル)이라고 번역해 줘야 자연스럽지 그대로 「国家的次元」이라고 하면 어색하다고 합니다.

🔍 블로그 응수 타진 차원 — 일본어판 기사 속 코패니즈 한자어

31. 전 국민적 차원의 : 全国民の

이 역시도 '적'도 빼고 '차원'도 빼고 이렇게 해 주는 게 자연스럽습니다.

32. 절실하다 : 切実に必要だ

고백하건대 이건 저도 그냥 「切実だ」라는 식으로 번역했고, 또한 옛날에 올렸던 블로그 글에서도 이렇게 써 놨었습니다. 그런데 한 일본인이 말하기를 이 경우에 「切実だ」라고 표현하는 건 약간 부자연스러운 느낌(일본어로*違和感)이 든다고 하더군요. 자기도 명확하게 설명하기는 힘들지만 아무튼 어색하다고 합니다. 따라서 아직 저도 명확한 구분법은 파악을 못 한 상태인데, 아마도 「切実だ」 앞에 분발, 관심, 응원, 성원, 사랑, 조언 등등의 단어가 오는 게 이상하게 느껴지는 건가 싶습니다. 그래서 이번에 감수를 맡길 때 이 문장은 그대로 「関心が切実に必要」라고 하고, 또 다른 예문에선 「発奮が切実ですので」라고 해서 보냈더니 앞의 경우는 손을 대지 않았는데 뒤의 「切実です」는 「ぜひとも必要です」로 고쳐 놨더군요. 다만 두 번째 감수자님은 「切実に必要」의 경우도 「切に必要」라고 하는 게 낫겠다고 했으니 참고하시길. 이에 관해 나름대로 조사해서 정리한 글이 제 블로그에 있으니 아래를 참고하세요.

> 🔍 블로그 '여러분의 응원이 절실합니다'를 올바르게 번역할 수 있는 사람?

＋ 이 '위화감'도 한국과 일본에서 쓰임새가 다른데(일본어 '위화감'은 쓰임새의 폭이 엄청나게 넓은 한자어죠) 한국에서는 '위화감'이라고 번역하면 어색한 문맥에서도 일본어 **違和感**을 그대로 '위화감'이라고 번역해 버림으로써 그게 두루, 널리 퍼져서 대단히 많은 사람들이 오용하는 실정이 돼 버린 케이스라 할 수 있습니다. 이것도 처음엔 넣었는데 아깝게도 우선순위에 밀려서 빠지고 말았습니다.

33. 운을 뗀 뒤 : 切り出した後

이건 이와 같이 번역해 주면 되겠죠.

34. 정치 공세 : 政略的攻撃

앞서 나온 거죠. 그리고 문맥에 따라서는 '공격'이 아니라 追及(:추궁), 主張, 非難, 批判 등 다양한 표현으로 의역해 줄 수 있겠죠.

35. 조목조목 : 一つ一つ

이건 일본인들도 번역하기 까다로워하는 단어인 모양입니다. 이 맥락에서는 이렇게 번역하는 방법 말고는 떠오르지가 않네요.

36. 論難 : 논박

37. 감독 자격 논란 : 監督の資格をめぐる議論

이런 경우도 정말 원어민이 아니면 부자연스럽다는 걸 캐치하기 힘들죠. 우선 일본에서는 각기 다른 여러 개의 한자어를 한국처럼 이렇게 연이어 쓰면 부자연스럽게 느껴지는 경우가 많다고 합니다. 물론 널리 알려진 용어, 예컨대 시사 용어 같은 경우는 예외지만, 일반적으로 이런 경우는 중간에 매개해 주는 말, 위와 같이 「の」 같은 걸 넣어 줘야 매끄럽다는 거죠. 그런데 거꾸로 일본어 「の」를 그대로 '의'로 번역하면 한국어로서는 매끄럽지 못한 경우가 많죠. 바꿔 말하면 일본은 그만큼 이 「の」의 활용도가 높다는 말인데, 그 이유 중에 하나로서 같은 한자어를 연이어서 쓰면 부자연스럽게 느껴지기 때문인 것도 있는 것이죠. 그리고 일본어 '자격' 앞에 이처럼 직책이나 직위를 뜻하는 말(감독)이 올 경우에 바로 資格을 연이어 쓰는 것 또한 부자연스럽다고 합니다. 그뿐 아니라 일본어 '의론'의 경우도 「資格議論」이라는 식으로 붙여서 쓰는 것도 일본인들이 보기에는 부자연스럽다네요. 우리 입장에선 정말 까다롭죠. 아무튼 그렇기 때문에 감수자님께도 질문을 해 봤습니다. 이걸 그대로 「監督資格議論」이라고 번역하면 부자연스럽지 않으냐고요. 그랬더니 역시나 부자연스러울 뿐만 아니라 의미가 통하지 않을 거라는 말까지 하더군요.

38. 재점화된 : 再燃している

일본은 '재점화'라는 말을 한국처럼 비유적으로 사용하지 않습니다. 일본어 '재점화'는 실제로 불을 다시 붙이는 것, 다시 점화하는 것이라는 뜻입니다. 그런데도 이 역시 그대로 직역(?)해 놓은 기사나 글들이 수두룩합니다.

39. 출범한 : 船出を切った

일본어 「出帆」은 말 그대로 배가 항구를 떠나는 걸 뜻하는 단어입니다. 한국처럼 비유적으로 쓰이지 않는다는 말이죠. 더욱이 오늘날의 일본에서는 '출범'이라는 한자어 자체를 별로 쓰지 않고, 특히나 젊은 층에서는 처음 봤다는 반응도 있을 정도였습니다. 근데도 이걸 그대로 出帆이라고 번역해 놓으면 곤란하겠죠. 그리고 그냥 「船出をする」라고도 하지만, 신문이나 뉴스 등에서는 이처럼 「切る」를 써서 어감을 더 강화해서 표현하는 예가 많은 것 같습니다. 다만 주의할 것은 「출범=船出」라는 뜻은 아닙니다. 일본어 「船出」는 일상적인 경우에도 쓰는 말입니다. 예컨대 '결혼해서 새로운 출발을 하다'라는 의미로 일상적으로도 쓰이는 말인데 우린 이런 가벼운 뉘앙스로 '출범'이라는 말을 쓰진 않죠.

그러니 결혼이나 졸업 등 일상적인 (비유적)표현으로서 쓴 「船出」를 한국어로 번역할 때는 '출범'이라고 하면 지나치게 거창(?)한 느낌이 듭니다. 예를 들어 「社会人としての船出を祝う」라는 문장의 경우 '사회인으로서 출범을 축하하다'라고 하면 좀 많이 어색하기 때문에 이 경우에는 '새 출발'이라고 번역하기를 권합니다. 한국어 '출범'은 이처럼 스포츠 팀이나, 단체, 조직, 정당 등이 새로운 출발을 하는 경우에 쓰는 것이 적절합니다.

40. 모리모토호 ： 森本ジャパン

우리는 국가대표 등의 감독 이름 뒤에 '호'를 붙여서 쓰는 게 일반적이지만 일본은 이처럼 감독 이름 뒤에 '재팬'을 붙여서 표현하는 게 일반적입니다. 참고로 '모리모토'는 지어낸 이름입니다.

41. 순탄할 것인지 ： 平坦であろうか

이 '순탄'도 일본에선 안 쓰는 한자어죠. 그러니 이처럼 '평탄'이라고 해 주는 게 가장 가까운 뉘앙스가 될 것 같습니다.

42. 그 귀추가 ： その成り行きが・その帰趨が

이 '귀추(歸趨)'라는 한자어도 쓰임새가 미묘하게 다른데, 한국과 달리 일본은 동사로도 사용하고, 또한 구어체로 쓰일 일은 거의 없다고 합니다. 그러니 일상생활 속 대화에서는 전자와 같이 표현해 주는 게 좋겠죠.

한국어 '귀추'는 동사로 쓰이지 않으므로 동사로 쓰인 일본어 '귀추'를 그대로 동사 형태로 번역하지 마시기 바랍니다. 일본어 '귀추'가 동사로 쓰인 예문을 들어서 그 번역 방법을 제안해 보겠습니다.

昨今のコロナ19事態の帰趨するところは誰も知らない。
작금의 코로나 19 사태가 어디로 귀결될지는 아무도 모른다.

일본어 '귀추'의 유의어인 '귀결'은 한국에서 동사로도 쓰이므로 위와 같은 번역을 추천합니다.

그리고 '귀결되는 곳은'이라고 번역하기보다는 위와 같이 어순도 도치하고 '곳'이 아니라 '어디로'라고 번역할 것을 권합니다.

43. 출시 ： 発売

일본은 '출시(出市)'라는 한자어를 안 쓰니 이와 같이 '발매'라고 하죠.

44. 어떻게 돼 가? ： どうなっている？

이걸 그대로 「どうなっていく？」라고 하면 뜻이 완전히 바뀌어 버린다는 건 앞에서 나왔죠?

45. 진행되고 있어? ： いっているかい？

여기서 「いって」의 한자 표기는 「行って」죠. 그런데 「～て行く・～て来る・～と言う」처럼 실제로 가는 행위(동작), 오는 행위(동작), 말하는 행위가 아닌 경우는 히라가나로 표기하는 게 원칙… 아니, 히라가나로 쓰기를 권고한다고 합니다.

46. 그쪽 ： 先方(せんぽう)

상대방 거래처 등을 지칭할 때 자주 쓰는 표현이죠.

47. 마찰이 생겨서 ： 齟齬(そご)が生じまして

일본에서도 「摩擦」이라고 하지만, 이게 정답이라면 퀴즈로 내지도 않았겠죠. 일본의 한자어 '저어'는 이런 맥락에서도 사용한다는 걸 복습하시라고….

48. 아무 차질 없이 진행되고 있다 ： 何の支障もなく進んでいる

이 경우의 '차질 없이'는 이렇게도 번역할 수 있겠죠.

49. 예상 밖의 ： 想定外の

이 '상정'이라는 한자어의 쓰임새도 다르죠. 한국에서는 '상정 외의'라는 표현은 거의 쓰지 않죠.

> 日 한국에서는 '상정'을 주로 동사로서 사용합니다. 그리고 국어사전에서 이 '상정하다'의 뜻을 찾아보면 '어떤 정황을 가정적으로 생각하여 단정하다'라고 해 놓고 다음과 같은 예문을 제시해 놓고 있습니다.
>
> 최악의 경우를 상정하다.
> 이 소설은 제삼 차 세계 대전이 일어난 후의 세계를 상정하고 쓴 것이다.
> 그를 악인으로 상정하면 이야기가 달라진다.
>
> 사전의 뜻풀이는 '단정하다'에 방점이 찍힌 셈인데, 위의 예문들 모두 '단정'과는 살짝 거리가 있죠. 따라서 제 개인적 의견으로는 '예상(예측)하여 가정적으로 설정하다'라고 하는 게 예문의 뉘앙스에 더 부합한다고 생각합니다. 다만, 일본어 想定外의 경우 '설정 밖'이라고 하면 좀 이상하고 위와 같이 '예상 밖, 예상 못 했던' 등으로 번역하는 게 적절하지 않을까 합니다.

50. 살짝 : ちょっとした

이런 문맥에서의 '살짝'은 이처럼 번역해 주는 방법도 있겠습니다.

51. 논란이 없도록 : いざこざがないように

한국어 '논란'이 이처럼 상호 간의 의견 마찰, 언쟁 등으로 인한 말썽, 트러블이라는 뉘앙스로 쓰인 경우는 위와 같이 번역하는 방법도 있겠습니다.

> 日 　한국어 '논란'은 그 쓰임새와 말뜻의 스펙트럼이 이렇게나 넓습니다.

52. 철두철미한 : 徹底的な

53. 그런 수로 나올 줄이야 : その手で来るとは · その手に出るとは

이걸 「その手で出てくるとは」라고 하면 코패니즈죠. 그리고 조사에 유의.

54. 간파하지 못했던 : 察知(さっち)できなかった

> 日 　오늘날의 한국에서는 察知라는 한자어를 거의 쓰지 않습니다. 이 察知는 위와 같이 번역할 수도 있겠고, 문맥에 따라서는 알아차리다, 헤아리다 등으로 번역해야 적절한 경우도 있습니다.

일본인에게 "의리 있네요" 하면
"그런 거 없는데요" 한다

説教なら[　　1　　]止してくれる？

설교라면 **넘치게 들었으니** 관둬 줄래?

しかも、お前なんかにそんな説教される義理はないんだから。

게다가 너 따위한테 그런 설교 들을 [2]는 없거든.

学校からは様々な恩恵を[3]、

학교로부터 여러 [4]을 **받았고,**

義理があるからその恩義を裏切ることはできません。

[　5　] 그 [6]를 배반할 수는 없습니다.

あいつは義理堅いやつだから、たとえ自分を[　7　]

그 녀석은 [　8　] 녀석이니 설령 자신을 **희생해서라도**

先生の[9]は必ず返すと思います。

선생님 **은혜**는 반드시 갚을 거라고 생각해요.

彼女はとても義理堅いので、例え数十円の借りでも必ずお返しをする。

저 여자는 무척 [　10　] 설령 몇백 원을 빌려도 꼭 보답을 한다.

おりゃあの先生に[　11　]。義理で[12]だぞ。

난 저 선생한테 **은혜를 입은 적 없어.** [13] **참석한 거뿐**이야.

義理を通せだと？あいつに通すべき義理なんか俺にゃ[　　14　　]。

[　　15　　]？ 저 자식한테 [　　16　　] 같은 거 나한텐 **요만큼도 없어**.

あの方は一度も[　17　]うちの[　18　]に来てくれたのに、

그분은 한 번도 **빠짐없이** 우리 **경조사**에 와 줬는데

あなたが行かないと義理が立たないでしょう。

당신이 안 가면 [　　　　19　　　　].

とうとう[　　20　　]。そんなに[　　21　　]あいつと

드디어 **진퇴양난인 모양이네**. 그렇게 **절박한 표정으로** 그 녀석이랑

[　　22　　]。そこまでしてやる義理など俺にはないと思うけどね。

얘기를 잘 좀 해 달라니. 그렇게까지 해 줄 [　23　] 같은 거 나한텐 없지 싶은데.

この義理知らずめ！ 俺はな、先生への義理は[　24　]忘れないからな。

이 [　　25　　]! 난 있지. 선생님 [　26　]는 **평생** 안 잊을 거야.

あいつは本当に[　　27　　]やつだから、

그 녀석은 정말로 의리에 살고 의리에 죽는 녀석이니까

友達を[　　28　　]しないと思う。

친구를 **배반하거나 하는 짓은** 안 할 거야.

あの二人は[　　29　　]いるので、[　　30　　]無駄だよ。

저 두 사람은 굳은 의리로 이어져 있으니까 **이간질시키려 해도** 소용없어.

[31]船を[32   ]船乗り同士の[33]ではないので

조난당한 배를 **못 본 체 외면하는 건** 뱃사람 사이의 **의리**가 아니기 때문에

[34]に行くしかなかったんです。

구조하러 갈 수밖에 없었어요.

해설

일본어 '의리'의 뉘앙스와 쓰임새는 너무도 다양하고 폭넓어서 예제가 4페이지나 되기 때문에 두 개의 표제어로 나눠서 설명하겠습니다.

한국어 '의리'와 일본어 義理는 커다란 뉘앙스의 차이와 쓰임새의 차이가 있는 한자어입니다. 이 '의리'라는 한자의 본래 뜻은 양국이 큰 차이가 없는데 오랜 세월이 흐름에 따라 사뭇 다른 색깔의 한자어로 변해 버린 것이죠. 그런데 퀴즈를 풀어 봤으면 아시겠지만, 아예 다른 뜻이면 번역하기도 덜 까다로울 텐데 미묘하게 겹치는 부분이 있기 때문에 정말 번역자를 골치 아프게 하는 한자어라고 할 수 있습니다. 그런데 그걸 모르고 한국 사람이고 일본 사람이고 간에 무조건 직역해 버리는 케이스가 아주 많습니다. 심지어 일본인을 대상으로 한국 드라마의 번역 자막을 통해 한국어를 가르치는 모 유명 라디오 방송국 인터넷 사이트에서조차, 심각한 오역인지를 모르고 그대로 적어 놓고 있을 정도입니다.

그렇다면 한국어 '의리'와 일본어 義理가 갖고 있는 뉘앙스와 쓰임새 중에 가장 대표적이고 현격한 차이는 무엇일까요? 그건 다름이 아니라, 일본의 경우 인간관계, 대인 관계 혹은 사교 관계상 **신세나 (마음의) 빛을 지고 있는 상태일 경우에** 義理라는 말을 쓴다는 것입니다(물론 모든 경우에 그렇다는 말은 아닙니다). 모범 답안의 설명을 이미 봤다면 짐작하시겠듯이, 둘 사이에 아무런 신세진 것이나 빛이 없는데 이 義理라는 말을 쓰면 부자연스럽다는 것이죠. 하지만 우리가 말하는 '의리'는 안 그렇죠? 신세 진 게 있든 없든, 금전적 빛, 마음의 빛이 있든 없든 **'어떤 관계(예컨대 친구 관계)로 맺어진 이상 지켜야 할 도리'**라는 뉘앙스로 쓰이죠. 한때 '으~리'라는 말로 유명해져서 CF까지 찍을 정도로 이 '의리'라는 말이 자신의 시그니처가 돼 버린 영화배우 김보성 씨가 사람들한테 온통 신세와 빛을 지고, 그걸 잊지 않고 꼭 갚는다고 해서 '의리의 사나이'라고 부르진 않잖아요? 물론 한국에서도 가벼운 의미로 '의리'를 쓰기도 하죠. 다음번 표제어에서도 나오는 '이 의리 없는 놈'처럼 말이죠. 따라서 일본어 '의리'가 쓰인 다양한 문맥에서 제 나름대로 답안을 '제안'해 봤는데 더 좋은 번역이 떠오른 분 계시면 가르쳐 주세요.

블로그 '의리'를 심각하게 오역해서 가르치고 있는 모 방송국 사이트

모범 답안

1. 넘치게 들었으니 : 間に合ってっから

「間に合う」를 '시간에 안 늦게'라는 뜻으로만 알고 있는 사람도 많고, 여러 문맥에서 다양하게 쓰인 다는 걸 아는 사람도 막상 번역을 하려 하면 골머리를 앓게 만드는 표현이죠. 또한 「合ってっから」는 「合ってるから」가 축약된 겁니다. 같은 예로서 「あるから」도 축약돼서 「あっから」가 되고, 「やるから」도 「やっから」, 「やってられるか」도 「やってられっか」, 「買ってくるから」도 「買ってくっから」가 됩니다. 앞에서도 ら행이 な행을 만나면 ん으로 바뀌는 현상을 언급했는데, 이렇듯 か행을 만나면 촉음, 한국으로 치면 받침 'ㄱ'과 비슷하게 변합니다. 그리고 か행이 겹칠 때도, 예를 들어 「見に行くから」도 「見にいっから」, 로 축약되어서 실제로는 한국의 '익'에 가까운 발음이 되고 「洗濯機」도 「せんったっき」가 돼서 '탁'에 가까운 발음이 됩니다. 근데 이건 어렵게 생각할 것 없이, (빨리)발음할 때 어려우니까 이런 현상이 나타난다고 생각하시면 됩니다. 이런 현상은 한자어 읽는 법에 이미 적용이 돼 있죠. 예컨대 学校라는 두 한자를 각기 발음하면 「がく」와 「こう」인데 발음이 힘드니까 이걸 「がっこう」라고 읽고, 熟考 역시 「じゅく」와 「こう」인데 「じゅっこう」라고 읽고, 着工 또한 「ちゃく」와 「こう」인데 「ちゃっこう」라고 읽는 것처럼 말이죠.

2. 義理 : 이유, 까닭

이 일본어 '의리'를 사전에서 찾아보면 뜻풀이 중에 「わけ・原因」이라는 게 있습니다. 쓰임새를 설명해 놓은 사이트에서도 마찬가지고요. 그러니 이런 문맥에서는 이렇게 번역해 주면 자연스럽죠. 그리고 이런 의미로 쓰인 義理는 「筋合い」와 대체할 수 있습니다.

3. 받았고 : 受けてますし

이 역시도 과거형이 아니라 「ている」라고 하는 게 더 일반적입니다. 이때 「受けましたし」라고 하면 이미 과거 시점의 일이고, 지금은 상관없는 상황(예컨대 이미 학교를 떠났다거나)이라는 뉘앙스가 될 수 있다는 것이죠. 블로그 글에도 썼듯이 '받았다'는 사실이 현재까지 어떤 영향을 미치거나, 의미를 갖고 있을 경우에 '테이루'를 쓰는 겁니다. 블로그 글 보신 분은 「報告を受けてます」도 문맥에 따라 '받고 있다'가 아니라 '받았다'로 번역해야 한다는 거 아시죠?

4. 恩恵 : 혜택, 은혜

일본어 '은혜'는 혜택 또는 덕택 등으로 번역해야 자연스러운 경우가 꽤 많습니다. 물론 이 경우에는 '은혜를 입었고'라고 번역해도 무방하겠지만, 문맥상 '은혜'라고 번역하면 어색한 경우가 있으니 번역할 때 유의할 필요가 있습니다. 아직도 종식이 요원해 보이는 코로나 사태로 인해 일본 사이트에서 아래와 같은 글을 자주 보게 되는데 이 경우의 일본어 恩恵를 그대로 '은혜'라고 번역하면 한국어로서는 어색하죠. 참고로, 우리는 '긴급 재난 지원금'이라고 부르지만 일본은 아래와 같이 '특별 정액 급부금'이라는 표현을 씁니다. 이 책에서도 여러 차례 나왔지만 '지원'이라는 한자어에 대해 느끼는 한일 양국민의 인식도 미묘하게 다르다는 또 하나의 방증이겠죠.

私も特別定額給付金の恩恵を受けました。

이 외에도 일본어 恩恵를 그대로 '은혜'로 번역하면 어색한 경우 중의 대표적인 것으로서 「恩恵にあずかる」라는 표현이 있는데, 이 표현을 넣은 예문을 통해 일본어 恩恵를 그대로 '은혜'로 번역하면 어색한 예를 조금 더 살펴보기로 하죠.

こんなに暑い日は、デパートに行ってエアコンの恩恵にあずかるのが一番だ。
이렇게 더운 날은 백화점에 가서 에어컨 덕을 보는 게 제일이다.

会員割引の恩恵にあずかり、安く買うことができました。
회원 할인 혜택을 입어서 싸게 살 수가 있었습니다.

딱 보셔도 이런 문맥에서 쓰인 恩恵를 그대로 '은혜'로 번역하면 어색하다는 게 느껴지시죠? 참고로 이 「あずかる」를 「預かる」라고 표기하는 일본인들도 많은 모양인데 이것의 한자 표기는 「与る」입니다. 그리고 「恩恵にあやかる」라고 오용하는 일본인도 꽤 있는 모양인데 「あやかる」라는 말 자체가 상대방의 행운 등의 덕을 입어서(영향을 받아서) 자기도 그렇게 되고 싶다는 뜻으로 하는 말인데 혜택, 덕택 등의 뉘앙스를 지닌 「恩恵」에 또 덕을 입는다고 하는 건 이상하겠죠.

| 日 | 일본에선 위처럼 기업 등의 할인 정책, 정부의 정책 등에도 恩恵를 쓰지만 이걸 그대로 '은혜'라고 번역하면 매끄럽지 않은 한국어가 됩니다. 물론 뭘 말하려는지 이해는 하겠지만 말이죠. |

5. 義理があるから ∶ 신세를 졌으니까

이 경우는 정말 애매하죠? 그냥 '의리가 있으니까'로 번역해도 될 것 같죠? 하지만 분명한 건 이런 경우 '의리가 있다'고 할 때의 일본어 '의리'와 한국어 '의리'에는 뉘앙스의 차이가 존재한다는 겁니다. 따라서 저는 위와 같은 답안을 제시하는 바입니다. 감수자님의 의견도 '신세를 지다'라는 뉘앙스로 번역하는 게 적절하겠다는 것이었습니다. 일본어 「義理がある」라는 표현은 이런 맥락에서 쓰이기 때문에 일본인한테 「あなたは義理がありますね」라고 말하면 갸우뚱하는 거죠.

6. 恩義 ∶ 은혜, 은의

한국의 국어사전에도 '은의'가 실려 있고, 비슷한 뜻이니 '은의'라고 번역해도 오역은 아니지만, 일상생활에서 거의 쓸 일이 없는 단어니까, 특히 영상번역에서는 누가 들어도 단번에 딱 알아듣는 '은혜'로 번역하는 게 좋겠죠?

7. 희생해서라도 ∶ 犠牲にしてでも

일본은 「犠牲して」가 아니라 이렇게 표현하는 게 일반적입니다.

8. 義理堅い ∶ 은혜를 아는, 은혜는 꼭 갚는, 의리가 있는(두터운)

이 경우는 한국어로도 '의리가 있는'으로 번역해도 될 것 같은데 여러분 생각은 어떨지 모르겠네요. 어쨌거나 일본어 '의리'란 말 속에는, 특히나 오늘날에는 해설에서 설명한 뉘앙스가 들어 있다는 점은 명심해야겠죠.

9. 은혜 ∶ ご恩

여기서 또 중요한 것 하나. 이 경우의 한국어 '은혜'는 그대로 恩恵라고 번역하면 한국어 '은혜'의 뜻이 제대로 전달되지 않을 가능성이 있습니다. 왜냐하면 일본어 恩恵는 위에서 살펴봤듯 혜택, 덕택, 덕, 덕분, 심지어 이득 등의 뉘앙스로 쓰이기 때문에 여기서 恩恵라고 번역하면 선생님에게서 뭔가 **구체적인** 이득, 덕, 혜택을 봤다는 뉘앙스로 받아들일 수 있기 때문이죠. 한국에선, 특히 부모님, 스승 등의 경우에는 조건 없이 베푼 사랑과 배려, 보살핌에 대한 **감사의 마음을 담아서** '은혜'란 말을 쓰기도 하는데 일본은 그렇지 않다는 것이죠. 그러니 어머니의 은혜, 스승의 은혜 등은 위와 같이 번역해 줘야 자연스럽겠죠. 참고로 일본에서 학교 졸업식 때 부르는 국민적 노래로서 「仰げば尊し」라는 게 있습니다. 이 노래는 제가 번역한 <24개의 눈동자>에서도 나오는데 그 첫 소절을 저는 '우러르니 드높아라 스승의 은혜'라고 번역했습니다. 이것의 원문에 쓰인 '은혜'는 과연 뭘까요? 바로 「仰げば尊し、わが師の恩」입니다. 「恩恵」가 아니란 거죠. 이해가 되시죠? 이 '은혜'도 결국 '츠키다시' 신세가 되고 말았는데, 블로그에다가 조금 더 상세하게 올려 뒀으니 아래 글을 참고하세요.

🔍 블로그 〈**은혜, 은총** vs **恩恵·ご恩·恩寵**〉 **그 쓰임새 차이**

"여답 해내 하겠습니다

　일본의 거장 영화감독인 키노시타 케이스케 감독이 만든 이 〈24개의 눈동자〉는 제가 난생처음 정식으로 돈을 받고 번역한 작품입니다. 혹시 이 책을 읽으시는 분들 중에 이 DVD를 보신 분이 계신다면, 이 작품은 번역업체를 통한 게 아니라 DVD 제작사와 직접 연결이 돼서 '처음으로' 번역한 거였기 때문에 영상번역 자막 관련 지침을 전혀 모른 채, 그야말로 아마추어 자막러의 풋내 풀풀 나는 감각으로 번역한 자막임을, 심지어 무대본에다가 '한방에'라는 자막 프로그램을 써서 smi 파일로 보냈던 자막임을 감안해 주십사 합니다. 까놓고 말해서 궁색한 변명을 늘어놓는 겁니다. 물론 그 당시의 저로서는 나름 최선을 다해서 번역했습니다만….

10. 義理堅いので : 경우가 발라서

위에 나온 예제에서는 한국어 '의리'라고 해도 될 것도 같은데 여기선 다르죠? 우린 돈 몇백 원 빌린 걸 꼭 갚는다고 해서 '의리가 있다'라고 하지 않죠. 어쨌건 저는 이런 번역밖에 안 떠오르는데 더 적절한 번역이 떠오른 분은 가르쳐 주시면 감사하겠습니다.

"여답 해내 하겠습니다

　일본어 義理의 뉘앙스를 더 정확히 파악하기 위해 여기저기 질문하며 다니다가 이 「義理堅い」의 뉘앙스에 대해 재상 확인할 수 있었던 일이 있습니다. 범죄를 저지른 공범 중에 한 명이 경찰에 붙잡힌 상태에서 나머지 공범들이 나누는 대화라는 전제를 깔고, '그 녀석은 의리 있는(義理堅い) 녀석이라서 우리에 관해 쉽게 불거나 하진 않을 거야'라는 걸 일본어로 작문을 한 후, 이 문장에서 이런 식으로도 「義理堅い」를 쓸 수 있냐고 질문을 했더니 흥미롭게도 '만일 그 붙잡힌 사람이 다른 공범들에게 도움을 받은 적이 있다거나 신세를 진 게 있는 경우라면 「義理堅い」를 써도 자연스럽겠지만 그렇지 않은 경우라면 「変に義理堅い」나 「妙に義理堅い」라고 해야겠죠'라는 답변을 한 거였습니다. 여러분, 어떠신가요? 일본어 義理의 뉘앙스가 좀 더 확실히 감이 잡히지 않나요?

11. 은혜를 입은 적 없어 ： 恩(恩恵)を受けた覚えはない

한국에서 은혜라는 말은 뭔가 구체적인 도움을 받거나, 신세를 진 경우에도 쓰니까 그 구체적인 내용에 따라서는 恩恵라고 번역할 수도 있겠습니다. 하지만 이 말을 한 사람이 보다 높은 차원의, 감사의 마음이 담긴 '스승의 은혜'라는 뜻으로 쓴 것이라면 恩이라고 번역해 줘야겠죠.

> 日 일본에서 말하는 恩恵는 비교적 실질적이고 구체적인 혜택, 덕택, 이득 등의 뉘앙스로도 쓰이지만, 한국에서 말하는 '은혜'는 조금 더 거룩한(?) 뉘앙스로, 바꿔 말해 조건 없이 베푸는 은혜(사랑)의 뜻으로 쓰이는 경우가 많습니다. 스승의 은혜, 부모님의 은혜 등과 같은 경우가 바로 그것이죠. 물심양면(物心両面)으로 자신을 보살펴 줬다거나, 헌신했다거나 할 때 '감사의 마음을 담아' 쓰는 단어죠. 물론 상대적으로 가벼운 뉘앙스로도 쓰기는 씁니다. 그리고 일본에서는 위와 같은 뉘앙스가 아니라 신, 하늘, 자연 등 높은 존재로부터 받는 것의 경우에도 恩恵를 쓰지만 한국에서는 이 경우에 '은총(恩寵)'이라고 하는 게 더 일반적이랄까, 더 있어 보입니다(웃음).

12. 참석한 거뿐 ： 出席してるだけ · 出席しただけ

> 日 일본은 이 경우에 둘 다 표현이 가능하지만 한국에선 '참석해 있는 것뿐'이라고 하면 어딘지 군더더기 같은 느낌이 듭니다.

13. 義理で ： 예의상, 인정상, 인사치레로

'응? 예의상? 인사치레?' 싶은 분들도 있겠죠? 이 일본어 「義理で」는 하고 싶지 않은데, 혹은 별로 안 내키는데 마지못해 한다는 뉘앙스가 내포돼 있는 말입니다. 그래도 의아하신가요? 어쩌면 당연한 반응일 수 있습니다. 그렇다면 다음을 보시죠. 실제로 일본의 국어사전에도 다음과 같은 뜻풀이가 나와 있습니다. goo(&코토방크), weblio, 인터넷판 코지엔 순입니다.

> 3. つきあい上しかたなしにする行為。「義理で参加する」

> ❸ 他人との交際上やむを得ずしなければならないこと。「おーで顔を出す」

> ❹ 特に江戸時代以後、人が他に対し、交際上のいろいろな関係から、いやでも務めなければならない行為やものごと。体面。面目。

이해가 되시죠? '어쩔 수 없이', '싫어도 해야 하는' 뉘앙스인 것입니다. 더 긴 설명은 필요 없을 듯하니다만 여기서 쐐기를 한 번 더 박죠. 아래는 제가 일본어 단어나 표현의 뉘앙스를 파악하는 데 있어서 종종 많은 도움을 받고 있는 weblio 유의어 사전에 나온 설명입니다.

お義理で

意義素	類語
行動が形だけで心がこもっていないさま	お義理で・口先だけの・空々しい・本心からではない・形式的な・お義理の・形だけの・気持ちがこもらない・見えすいている・わざとらしい・しらじらしい・お座なりの・通り一遍の・その場しのぎの

'행동이 형식(겉치레)뿐이고 마음이 담겨 있지 않은 모양'. 어떤가요? 몰랐던 분들은 좀 충격적이기까지 하죠? 그 유의어로 제시해 놓은 것도 보시죠. '말뿐인(빈말로)', '속이(거짓임이) 훤히 보이는', '본심이 아닌', '형식적인' 등등을 제시해 놓고 있습니다. 즉, 이 일본어 '의리'라는 말은 한국에서 말하는 '의리'와는 그 뉘앙스가 사뭇 정도가 아니라 어떤 면에선 완전 딴판인 뜻으로도 쓰이는 단어라고 할 수 있을 정도죠. 그러면서도 겹치는 부분이 있기에 골치가 아픈 거지만요.

14. 요만큼도 없어 :　これっぽちもない

몰랐던 분들은 이참에 외워 두시길.

15. 義理を通せだと? :　할 도리는 하라고?

> 日　이 경우도 '의리'라고 번역할 수도 있을 것 같은데 누차 설명한 이유 때문에 저는 '도리'라고 번역하겠습니다.

16. 通すべき義理 :　해야 할 도리

17. 빠짐없이 :　欠かさずに

> 日　이 '빠짐없이'는 사전에 등재된 단어이므로 붙여서 씁니다.

18. 경조사 :　冠婚葬祭 ・ 慶弔の際(時)
かんこんそうさい　けいちょう

일본은 경조사(慶弔事)라는 표현은 없으니 이렇게 의역해 주는 수밖에 없겠죠. 다만 일본도 경조비, 그러니까 慶弔費라는 용어는 씁니다.

19. 義理が立たないでしょう ： 면이 안 서죠, 도리가 아니죠

여기선 '의리가 아니죠'라고 해도 괜찮을 것 같기도 한데, 저는 위와 같은 답안을 제시해 봅니다. 일본어 '의리'를 사전 등에서 검색해 보면 「体面(체면)」이라고 설명돼 있는 것도 눈에 띕니다. 위에 코지엔 사전의 뜻풀이 마지막에 유의어로 제시한 것 보셨죠? 일본어 '의리'에는 이렇듯 체면, 면목이라는 뉘앙스도 내포돼 있다는 거죠.

20. 진퇴양난인 모양이네 ： 進退窮まったようだ　　반복, 또 반복입니다!

21. 절박한 표정으로 ： 思いつめた顔して

절박한, 몹시 난감한, 궁지에 몰린 표정이라는 뜻으로 쓰이는 표현이죠. 여기서 한자어 '절박'을 쓰는 경우에도 일본은 우리와 달리 동사로 씁니다. 하지만 표정이나 얼굴을 수식하는 말로 「切迫した」를 쓰면 좀 부자연스럽다고 합니다. 다시 말해서 「切迫した顔」가 아니라 「切迫した様子」라고 해야 자연스럽다고 합니다. 실제로 weblio 유의어 사전에 「思いつめた顔をして」의 유의어가 올라와 있는데, 거기서도 「顔」가 아니라 「切迫した様子で」라고 적어 놨습니다. 「切迫する」라는 일본어 동사와 '절박하다'라는 한국 형용사의 뉘앙스와 쓰임새도 미묘하게 다른 부분이 있다는 거죠.

22. 얘기를 잘 좀 해 달라니 ： 話をつけてくれだとはな

이 「話をつける」도 번역하기 꽤 까다로운 표현인데, 잘 설득하다, 담판을 짓다, 얘기를 잘 해 보다, 등등 문맥에 따라 다양하게 번역해 줘야겠죠.

23. 義理 ： 의무

이 일본어 '의리'를 영어로 번역한 걸 보면 obligation, 때로는duty라고 해 놓은 걸 많이 발견합니다. 즉, 인간관계, 대인 관계, 사교상 지켜야 할 '의무'라는 뉘앙스가 내포된 한자어라는 말이죠.

24. 평생 ： 終生

이 표현도 있으니 몰랐던 분은 외워 두세요.

25. 義理知らずめ ： 은혜도 모르는 놈

이런 맥락에서 쓰인 일본어 '의리'를 저는 '은혜'라고 번역하고 싶은데 어떠냐고 원어민 감수자님에게도 의견을 물어봤는데, 이 문맥에서는 '은혜'라고 번역하는 게 적절할 것 같다고 답했습니다.

日	한국어 '은혜'라는 말에는 대가를 바라지 않고 베풀어 준 부모, 스승 등의 은혜라는 뜻도 있지만, 뭔가 구체적인 신세를 진 경우에도 '은혜'를 쓸 수 있으니 이 경우의 **義理**도 '은혜'라고 번역 가능하다고 생각합니다. 게다가 이걸 그대로 '의리'라고 번역하면 뭔가 구체적인 신세를 지거나 덕을 봤기 때문이 아니라, 사제지간(**師弟之間**)으로 맺어진 이상 지켜야 할 도리라는 뉘앙스로 해석될 소지가 있으므로 차라리 '은혜'라고 하는 게 낫다고 봅니다. 아무튼 이 '의리'라는 한자어는 번역가를 너무 괴롭히는 한자어임에는 틀림이 없습니다.

26. 義理 : 은혜

日	이 문맥에서 쓰인 義理를 '의리'라고 번역하면 어색한 이유는 뒤에 '평생 안 잊을 거야'가 있어서입니다. 한국어 '의리'의 경우 '평생 안 잊는' 게 아니라 죽을 때까지 의리를 '지킨다', '다한다'는 말과 연결하는 게 더 자연스럽습니다. 다시 말해 스승의 은혜, 스승이 베푼 '은혜'는 (평생) 안 잊는 것, 스승에 대한 '의리'는 (죽을 때까지) 지키고, 다하는 것이라고 표현해야 한국어로서는 자연스럽다는 뜻입니다.

27. 의리에 살고 의리에 죽는 : 仁義に生き、仁義に死ぬ · 信義に篤い

야쿠자 사이에서 통용되는 **義理**라는 말의 뉘앙스는 또 다르다고 합니다. 맹목적인, 거부할 수 없는, 거부하면 큰일 나는, 그래서 반드시 지켜야 하는 충의, 바쳐야 하는 충성이라는 뉘앙스가 있는 거죠. 그러니 이 표현의 번역은 일본 사람들한테 물어봐 봤자 답이 나오기 힘듭니다. 왜냐하면 한국어를 아는 일본 사람이라 해도 한국어 '의리'와 일본어 '의리'가 미묘하게 다르다는 걸 아는 사람은 많지 않고, 안다하더라도 한국어 '의리'의 뉘앙스를 제대로 캐치하고 있는 사람은 극소수일 테니까요. 감수자님도 정말 번역하기 어려운 표현이라고 하더군요. 그런데 문제는, 아주 유명한 야쿠자물인 「仁義なき戦い(의리 없는 전쟁)」이란 영화 시리즈를 비롯한 이른바 야쿠자물의 영향도 있고, 또 야쿠자 영화를 즐겨 보신 분은 한 번쯤 들어 보셨을 텐데, 건달들 사이에서 처음 만났을 때 인사 의식을 치르는 걸 「仁義を切る」라고 하는 등, 오늘날에는 많은 일본인들에게 이 「仁義」라는 말은 좀 무서운 어감으로 들리기도 한답니다. 그래서 첫 번째 감수자님께 이 문맥에서 신의(信義)를 쓸 수 있겠냐고 물으니 차라리 그게 나을 수도 있겠다는 답변을 했고, 또한 「~に生き、~に死ぬ」 같은 표현은 일상적 표현이 아니니 후자처럼 의역할 것을 권유해 주셨습니다. 참고로, '의리'라는 한자어에 대한 일본인들의 인식이 어떤지를 엿볼 수 있는 사례를 또 하나 소개합니다. 위에서 언급한 일본 영화 「仁義なき戦い」에서 '인의'를 '의리'로 바꿔 넣어도 같은 뜻이 되느냐고 물어본 결과 거의 다 '아니다'라는 답변이었고, 일부는 원래의 뜻으로 보면 틀렸다 할 순 없을지 몰라도 역시 여기서 '의리'를 쓰면 이상하다더군요. 오늘날 일본에서 쓰이는 '의리'라는 한자어의 뉘앙스는 원래의 뜻과는 사뭇 달라졌다는 방증인 것이죠.

28. 배반하거나 하는 짓은 : 裏切るような真似は

> 日　이 경우의 「ような」를 배반하는 '듯한', 배반하는 '것 같은'이라는 식으로 번역하면 어색한 한국어가 됩니다.

29. 굳은 의리로 이어져 : 固い絆で結ばれて

이 역시 「堅い義理」라고 직역(?)하면 일본인들은 어색한 느낌을 받는다고 합니다. 이런 식의 표현 자체가 일반적이지도 않거니와, 또 이렇게 말한다 해도 이 표현 속의 '의리'라는 말에 대해 느끼는 어감도 한국과는 사뭇 다릅니다. 따라서 감수자님 역시 어떻게 번역해야 할지 어렵다고 하더군요. 그래서 여기서 絆를 쓸 수 있겠냐고 물으니, 차라리 그렇게 의역하는 게 낫겠다는 의견을 주셨습니다. 다른 일본인들한테도 물어봤는데 역시나 이런 문맥에서는 絆를 쓰는 게 자연스럽다는 답변이었습니다.

30. 이간질시키려 해도 : 仲たがいさせようとしても

31. 조난당한 : 遭難してる

여기서도 「てる」가 나옵니다. '지금 시점에도 조난당한 상태에 있기' 때문인 거죠. 그리고 「される」가 아니라 「する」라는 점.

32. 못 본 체 외면하는 건 : 見殺しにするのは

이건 실제로 죽어 가는 걸 내버려둔다는 뜻으로도 쓰이지만 못 본 체 외면한다는 비유적인 표현으로도 씁니다.

33. 의리 : 仁義

서로 아무런 관계도 없는 배인 경우, 다시 말해 서로 알고 지냈던 사이여서 신세를 지거나 한 적이 없는데 이 맥락에서 일본어 '의리'를 쓰면 이상하다고 합니다.

34. 구조 : 救援・救助

이 예제는 인터넷 검색으로 찾은 문장을 살짝 변형한 것인데 원문에는 '구원'이라고 돼 있었습니다. 우리는 이때 '구원'이라는 한자어를 쓰진 않죠.

> 日　한국어 '구원'의 쓰임새에 관해서는 뒤에 다시 나오니까 거기서 설명하겠습니다.

「義理のある男」 의 「義理」 는 갚아야 할 부채라는 뜻

親友の[　　1　　]友達として[　　2　　]だね。

절친의 **애인을 건드리다니** 친구로서 의리를 모르는 놈이네.

暴走族だった俺が[　　3　　]義理じゃないけど、

폭주족이었던 내가 **이런 말 할 수 있는**[4]는 아니지만,

関係ない人まで[　5　][　6　]は止めろよ。

관계없는 사람까지 **피해를 보니까** **보복 운전**은 그만둬.

趣向を凝らして作ったのに[　　7　　]不味そうって?[　8　　]。

[　　9　　]만들었는데 **먹지도 않고** 맛없겠다고? 의리 없는 놈.

[　10　]を話せって?お前なんかにそれを話す義理はないと思うけど。

자초지종을 말하라고? 너 따위한테 그걸 말할[11]는 없는 것 같은데.

それほどなら[　　12　　]。

그 정도면 **악덕기업이나 마찬가지야**.

そんな[　13　]会社にまで義理立てをする必要はないと思う。

그런 **악질적인** 회사한테까지[　14　]필요는 없다고 봐.

あんな[15]親に義理を果たせって?俺は義理にもありがとうとは言わない!

저런 **지독한** 부모한테[　　16　　]? 난[　17　]고맙단 말은 안 해!

そんな遠い[18]にまで義理を立てようとするとは、

그렇게 먼 **일가친척**한테까지 [19]

[20]、[21]タイプだな。

아주 진짜 고생을 사서 하는 타입이네.

ほんとに不義理な人ね。

정말로 [22].

あんなにお米を借りといて、たった一度も[23]。

그렇게나 쌀을 빌려 놓고 단 한 번도 **보답을 하는 꼴을 못 봤어**.

お金を借りておいて[24]人を不義理な人間と呼ぶ。

돈을 빌려 놓고 **입 싹 닦는** 사람을 [25]인간이라고 부른다.

[26][27]不義理な人間とは[28]した方がいい。

조강지처를 저버리고 불륜을 저지르는 [29]인간과는 **이혼**하는 게 낫다.

[30]を[31]生きているうちに[32]に[33]など

각박한 세상을 아등바등 살다 보니 **양부모께 연락도 변변히 못하는** 등

いろいろと不義理を重ねた結果、[34]しまった。

여러 가지로 [35] 결과 **파양되고** 말았다.

「義理のある男」の「義理」は 갚아야 할 부채라는 뜻

私は皆さんに[36   ]義理もないのに

저는 여러분께 **고맙단 말을 들을** [37   ]

[38   ]、[39   ]。

과찬까지 해 주시니 몸 둘 바를 모르겠습니다.

彼は[40]を見ると我慢できない[41   ]の[42   ]だ。

그는 **불의**를 보면 참지 못하는 **천하제일**의 의리의 사나이다.

모범 답안

1. 애인을 건드리다니 :   彼女に手を出すとは

참고로 이건 정식 번역 같은 게 아니니 '절친한 친구'의 준말인 '절친'이라는 말을 썼지만 영상번역에서는 원칙상 쓸 수 없는 말입니다.

2. 의리를 모르는 놈 :   最低なやつ

여기서도 역시 義理를 쓰면 부자연스럽다고 합니다. 그리고 仁義를 쓰면 어떨지 감수자님에게 물으니 '일단 쓸 수는 있겠다' 정도였는데, 한국어 고수인 일본인으로서도 한국어 '의리'는 그만큼 뉘앙스 파악이 힘들고 번역이 까다로운 한자어란 거죠. 하지만 이 예문 자체가 구어체니까 위와 같이 의역해 주거나, 그냥 집적거린 정도가 아니라 더 심한 짓을 한 경우라면 「下衆なやつ」, 또는 「人でなし」 같은 말로 번역해 줄 수도 있겠죠.

3. 이런 말 할 수 있는 :   こんなこと言えた

여기서 또 일본의 조동사 「た」의 희한한(?) 용법이 나왔네요. 게다가 weblio 사전에는 「言えた義理」라는 표현 자체의 뜻풀이가 나와 있는데 바로 다음과 같습니다.

そういうことを言うことが許される立場。多くの場合、否定表現と共に用いる。

그런 말을 하는 것이 허용되는 입장. 많은 경우 부정 표현과 함께 쓰인다.

4. 義理 : 처지, 입장

마침 어떤 외국인이 이와 같은 맥락에서 쓰인 일본어 '의리'는 무슨 뜻이냐를 질문한 것에 대해 한 일본인이 立場과 비슷한 뜻이라고 답변을 달아 놨더군요. 위 3번 퀴즈 답안 설명 중 사전 속 예문에도 실제로 그렇게 돼 있고요.

5. 피해를 보니까 : 迷惑するんだから

일본어 迷惑를 폐나 민폐로만 번역하면 어색한 경우가 있습니다. 따라서 이렇듯 '피해를 보다/주다'로 번역해야 더 매끄러울 수 있습니다. 그리고 「迷惑する」라는 동사로도 쓰이고, 또한 이때는 피해를 주는 게 아니라 피해를 본다는 뜻이라는 점.

6. 보복 운전 : あおり運転

이 둘이 100% 일치하는 말은 아니지만 우리의 '보복 운전'을 이렇게 번역하면 적절할 때가 많습니다. 이 「あおり」는 「煽り」로서 부추긴다, 도발한다는 뉘앙스죠. 또한 한자로 표기하지 않고 보통은 히라가나로 표기합니다.

7. 먹지도 않고 : 食べもしないで

8. 의리 없는 놈 : 薄情者(はくじょうもの)

우리도 '의리'를 이렇게 가벼운 뉘앙스로도 쓰고, 또한 이 맥락에서의 '의리'는 무슨 큰 의미가 내포된 건 아니죠. 그냥 그간의 정이 있는데 그렇게 매정하게 구느냐, 인정머리 없게, 등의 가벼운 뉘앙스로 쓰인 말이니 '의리'의 뜻을 굳이 살릴 필요 없이 위와 같이 의역할 수밖에 없을 듯합니다. 감수자님도 다른 표현으로 풀어서 쓸 수밖에 없겠다는 의견을 주셨습니다.

9. 趣向(しゅこう)を凝(こ)らして : 온갖 솜씨를 발휘해서, 심혈을 기울여서

이 일본어 '취향'도 한국과는 뉘앙스와 쓰임새가 달라서 번역자를 골치 아프게 만드는 한자어 중 하나죠. 이 역시 2권을 기약해야겠네요. 아무튼 「趣向を凝らす」라는 건 이리저리 신경을 써서 궁리하고 연구하는 등 자신의 실력, 솜씨, 기량을 최대한 발휘해서 맛, 멋, 풍취, 결과물을 낸다는 뜻으로 쓰입니다.

10. 자초지종 :　一部始終

11. 義理 :　의무, 이유

12. 악덕기업이나 마찬가지야 :　ブラック企業同然よ

일본도 그대로 '악덕기업'이라고도 하지만 이렇게 부르는 게 일반적입니다.

13. 악질적인 :　悪質な

일본에서는 '악질'에도 '적'을 붙이지 않는 게 자연스러운 표현입니다.

14. 義理立てをする :　도리를 다할

15. 지독한 :　えげつない

이 말은 원래 관서 지방에서 쓰는 사투리인데 요즘은 도쿄의 오락 방송을 봐도 종종 쓰더군요. 뒤에 회사, 기업, 시어머니, 부모 등을 수식할 때는 지독하다는 뉘앙스로 쓰입니다. 때로는 '끔찍한'이라고 번역할 수도 있겠고요.

16. 義理を果たせって? :　도리를 다하라고?

부모 자식 간에 '의리'는 좀 그러니 차라리 이처럼 '도리'가 나을 듯합니다.

17. 義理にも :　빈말로라도

이 역시 한국어 '의리'와는 조금 동떨어진 뉘앙스죠. 이걸 그대로 '의리로도' 또는 '의리로라도'라고 해도 언뜻 말이 통하는 것 같기도 하지만, 일본어 '의리'는 우리의 '의리'와 명백한 뉘앙스 차이가 있다는 걸 안다면 그대로 '의리'로 번역하는 건 약간 아니지 않나 싶습니다. 그러니 문맥에 따라서 빈말로라도, 인정상으로라도, 예의상으로라도, 인사치레로라도 등, 유연함을 발휘해서 번역해 줘야겠죠. 또한 일본의 '의리 초코'란 말 속의 '의리'도 예의상, 인정상, 사교상 주는 초콜릿이란 뜻인 거죠.

18. 일가친척 :　親類縁者
（しんるいえんじゃ）

몰랐던 분은 외워 두세요. 친족（혈족）과 인척（외척）을 아울러 칭하는 말입니다.

19. 義理を立てようとするとは :　예의를 차리려 하다니

일본어 '의리'는 문맥에 따라 이렇게도 번역이 가능할 것 같습니다.

20. 아주 진짜 :　まったくもう

우리의 '아주 진짜'에도 특별한 뜻이 있는 게 아니듯이 일본어 「まったくもう」 역시 이렇게 감탄사적으로 폭넓은 문맥 속에서 쓰이는 말입니다.

21. 고생을 사서 하는 :　苦労を買ってでる

우리도 '젊어서 고생은 사서라도 하라'는 속담이 있듯이 일본도 이때는 「若いときの苦労は買ってでもしろ(せよ)」라고 「する」를 쓰지만 이렇게 쓰일 때는 「買ってする」보다 「買って出る」가 더 일반적이라고 합니다.

22. 不義理な人ね :　경우가 없는 사람이네

일본은 '의리'의 부정 표현으로서 「義理がない」가 아니라 이와 같이 「不義理」를 씁니다. 이 경우에 저는 이렇게 번역했습니다만 더 나은 번역이 떠오른 분 계시면 알려 주시면 감사하겠습니다.

23. 보답을 하는 꼴을 못 봤어 :　お返ししてもらったためしがない

'~하는(한) 꼴을 못 봤다'라는 표현의 번역으로서 외워서 유용하게 쓰시기 바랍니다. 이렇게 「동사 과거형 + ためしがない」의 형태로 표현합니다. 그리고 '보답'이라는 한자어가 일본에는 없죠. 그러니 이건 위와 같이 번역이 가능하겠습니다. 만일 원문이 '갚는 꼴을 못 봤다'라고 하면 빌린 쌀을 쌀로 갚는다는 걸 의미하니 「返してもらったためしがない」라고 하면 되겠지만, 이 경우는 쌀로 갚는 게 아니라 고마움의 표시로 꼭 쌀이 아니더라도 어떤 형태로든 보답을 한 적을 못 봤다는 뜻이죠. 그리고 여기서 「ためし」의 한자는 「例」인데, 읽는 법이 헷갈릴 수 있기 때문에 히라가나로 표기하는 게 일반적인 거 같습니다. '~한 예(사례, 전례)가 없다'는 뜻인 거죠.

24. 입 싹 닦는 :　借りパクする

「借りパク」는 「借りていって」 그대로 「パクる」, 다시 말해 빌려 가 놓고는 그대로 가로채는 걸 명사형 조어로 만든 겁니다. 「パクる」에는 훔치다, 표절하다는 뜻 말고도 빼앗다, 사취하다는 뜻도 있죠. 또 주로 수동형으로 쓰여서 '체포되다'라는 말의 속어로도 쓰이죠.

일본인 입장에선 '입 싹 닦다'는 표현을 의역할 수밖에 없듯이 한국인 입장에서는 이 「借りパク」도 의역 외에는 방법이 없는 표현입니다. 거꾸로 이건 '빌리고(빌려서)는 가로채다'라고 번역해 줄 수도 있겠습니다.

25. 不義理な ： 몰상식한, 몰염치한

우린 돈 빌려서 입 싹 닦는 사람한테 '의리'라는 단어를 쓰지 않죠. 빌린 게 있으면 갚는 게 상식이고 그렇지 않으면 몰상식하고 몰염치한 거죠. 따라서 이 문맥에서 저는 위와 같은 역어 정도가 떠오르네요.

26. 조강지처를 저버리고 ： 糟糠(そうこう)の妻を見捨てて

'저버리고'를 저는 이와 같이 번역해 봤습니다.

참고로 한국에서 '조강지처'는 원래의 뜻인 힘들고 어려운 시절을 함께 동고동락한 아내라는 뜻보다는 지금은 그냥 '본처'라는 뉘앙스로도 쓰입니다.

27. 불륜을 저지르는 ： 不倫するような

28. 이혼 ： 離婚・離縁(りえん)

후자의 '이연'은 일본 시대극에서 종종 등장하는 단어인데 오늘날에는 이혼이라는 뜻으로 이 '이연'을 쓰는 일은 거의 없고(노년층 정도만?) 양자, 양녀 관계를 끊는다는 뜻의 법률 쪽 전문 용어로 쓰인답니다. 다만, 시대극 자주 보시는 분들은 작품 중에 이 대사가 나오면 '이혼'이란 뜻이라는 걸 아시라는 의미로 답안으로 제시한 겁니다.

29. 不義理な ： 부도덕한

이 역시도 조강지처 버렸다고 '의리 없다'? 왠지 가능할 것 같기도 한데 곰곰이 생각하면 불륜이라는 부도덕한 짓에 '의리'를 쓰면 어감이 좀 너무 가벼운 것 같죠?

30. 각박한 세상 ： 世知辛い世の中

31. 아등바등 ： 殺伐として

이 둘은 앞서 나온 거 복습이죠.

32. 양부모 : 養父母(ようふぼ)

이것의 답이 「義理の親」라고 생각한 분도 계시겠죠? 실제로 이 「義理の親」를 설명하는 여러 사이트에서도 이에 포함되는 것 중에 「育て親」, 「養父・養母」도 있다고 해 놓은 곳도 있고, 일본 사람들도 헷갈려서 사용하기도 해서 요즘은 「養父母」도 「義父母」라고 부르는 사람도 꽤 많아진 모양입니다. 그러나 우리나라의 '시부모'에 해당하는 「義父母・義理の親」는 결혼한 배우자의 부모라는 뜻으로 쓰는 게 원칙이라고 합니다.

33. 연락도 변변히 못 하는 : 連絡もままならない

이 표현도 몰랐던 분은 외워 두시기를.

34. 파양되고 : 離縁されて・縁を切られて

일본은 '파양'을 안 쓰니 위에서 설명했듯 '이연'이라고 해 주면 되겠죠. 다만 법률 용어라 생소할 수 있으니 일상에서는 후자와 같이 말하면 되겠고요.

35. 不義理を重ねた : 불효를 거듭한

저는 이 경우 '불효'밖에 떠오르지 않는데 더 적절한 역어를 알고 계시면 가르쳐 주시면 감사하겠습니다.

36. 고맙단 말을 들을 : お礼を言われる

37. 義理もないのに : 입장도 아닌데, 이유도 없는데

이 역시 '이유, 까닭이 없다'는 뉘앙스지만 긍정적인 의미로 감사의 뜻을 전하는 말을 '이유도 없는데'라고 하면 언뜻 좀 매정하게 들릴 수 있겠죠. 그러니 저 같으면 전자와 같이 번역할 것 같습니다.

38. 과찬까지 해 주시니 : 身に余る賞賛まで頂き

일본은 '과찬(過讚)'이라는 한자어도 없으니 이와 같이 번역하면 되겠죠.

39. 몸 둘 바를 모르겠습니다 : 身の置き所(ところ)がないです

여기서 주의할 점은 한국어 '몸 둘 바를 모르다'는 이렇게 번역해 주면 되지만 반대로 「身の置き所がない」는 한국에 비해 쓰임새의 폭이 살짝 넓은 표현이기 때문에 상황에 맞게 번역해 줘야 합니다.

예를 들어 암 등의 병으로 죽음을 코앞에 둔 환자가 고통으로 몸부림치는 모습을 보고 위와 같이 표현할 경우는 환자가 그렇게 고통스러워하는 모습을 차마 보고 있을 수가 없어서 어디 다른 데로 가 버리고 싶을 정도라는 뉘앙스로 하는 말인 거죠. 그런데 이걸 그대로 '몸 둘 바를 모르다'라고 번역하면 이상하죠?

40. 불의 : 不当なこと · 非道なこと

일본도 不義라는 한자어를 쓰지만 옛날에나 쓰였던 말로서 지금 젊은 사람들은 모르는 사람도 많다고 합니다. 심지어 '정의(正義)'의 반대말을 물으면 '악(惡)'이라고 답하는 일본인이 많을 정도라네요. 저도 시대극에서 한두 번 들은 기억이 있는 정도입니다. 게다가 일본어 '불의'는 '정의'의 반대 뜻도 있지만 불륜, 부정(不貞), 부도덕이라는 뜻으로 쓰이는 경우도 많았다고 합니다.

41. 천하제일 : 天下一

이 경우에 일본은 위와 같이 표현하는 게 일반적입니다. '세계 제일의'도 「世界一の」라고, '일본 제일의'도 「日本一の」라고 하죠.

42. 의리의 사나이 : 正義の男

여기서 말하는 '의리의 사나이'는 '의리 있는 사나이'라는 뜻이죠. 하지만 제 블로그 글을 이미 읽으신 분은 아시겠듯이 일본은 「義理のある男」라는 표현 자체를 거의 하지 않고, 설령 한다고 하더라도 이말 속의 「義理」는 그 「男」에게 신세를 진 게 있어서 갚아야만 할 (마음의)부채, 빚이라는 뜻으로 인식한다는 겁니다. 따라서 '불의를 보면 참지 못하는 사나이'를 묘사하는 말로서 「義理」를 쓰면 이상하다는 거죠. 이런 문맥에서의 '의리의 사나이'는 어떤 의미에선 정의로운 사나이라는 뉘앙스에 가깝게 쓰인 거죠? 그러니 차라리 위와 같이 의역해 줘야 한국어 '의리의 사나이'의 뉘앙스가 그나마 비슷하게 전달이 될 거라고 봅니다. 마지막으로 정리하는 의미에서 다시 한번 언급하자면, 일본어 義理는 오늘날에는 남에게 신세 진 것을 갚아야 하는 (좋게 말하면)도리, (까놓고 말하면)심적인 부담이라는 뜻으로 주로 쓰인다는 사실을 명심해야겠죠. 이와 관련한 이해를 더하기 위해 이 義理에 대해 설명해 놓은 「笑える国語辞典」의 글을 소개하니까 뉘앙스 파악에 참고하시기 바랍니다.

義理とは、従わなくても罪には問われないが、従わなかった場合、社会生活に支障が生じる程度の社会のオキテのこと。対人関係において、恩恵を被った相手に具体的なサービスや物を提供して感謝の気持ちを表すことを「義理を返す」と言い、恩恵を被った相手に義理を返せず頭が上がらない状況を「あの人には義理があるから」と説明する。

의리란 따르지 않아도 죄를 묻지는 않지만, 따르지 않았을 경우 사회생활에 지장이 생기는 정도의 사회적 규범을 뜻한다. 대인관계에 있어서 은혜를 입은 사람에게 구체적인 서비스나 물건을 제공해서 감사의 뜻을 나타내는 것을 「義理を返す」라고 하고, 은혜를 입은 상대에게 「義理を返せず」 고개를 들지 못하는 상황을 「あの人には義理がある(한국어 '의리가 있다'는 뜻이 아니죠)から」라고 표현한다.

日本人が義理を返すの返さないのと言っている姿を見て、ルース・ベネディクトは「義理のやりとりは金銭の貸借に似ている」と指摘しており、「義理を返す」場合は、受けた恩恵と同じ程度のサービスや物で返済すればよいが、時間が経過した場合は金銭の貸借同様利子がつくので、より手厚い返済をしなければ精神的負担から開放されないという。

일본인이 「義理を返す」라느니 「返さない」라느니 하는 걸 보고 루스 베네딕트는 "義理를 주고받는 건 *금전을 빌려주고 빌리는 것과 닮았다"라고 지적하고 있고, 「義理を返す」경우 입은 은혜와 같은 정도의 서비스나 물건으로 갚으면 좋겠지만, 시간이 경과한 경우는 금전을 빌리는 것과 마찬가지로 이자가 붙으므로 보다 후하게 갚지 않으면 정신적 부담에서 해방되지 않는다고 한다.

このように「義理」には、「そんなオキテに縛られたくないというのがホンネだが、しかたなく従っている」という気持ちが隠されている。〔하략〕

이렇듯 「義理」에는 '그런 규범에 얽매이고 싶지 않은 게 속마음이지만 어쩔 수 없이 따른다'는 감정이 숨겨져 있다.

* **恩恵**
여기 나온 일본어 恩恵를 그대로 '은혜'라고 번역했지만, 위에서 보시듯 일본에선 '같은 정도의 서비스나 물건으로 갚는'다고 표현할 만큼 실질적이고 구체적 개념으로 '은혜'를 쓴다는 말인 것이죠.

쓰레기 관련 한자어

[1] ゴミをあの[2]に集めておくと[　3　]が[4]していきます。

당분간은 쓰레기를 저 **폐가**에 모아 두면 **쓰레기 수거차**가 수거해 가요.

おっさん、[5]に乗ってきた[　6　]どこに行ったんですか？

아저씨, **청소차** 타고 온 **환경미화원** 어디 갔어요?

住民がゴミと[7]を[8]してゴミ置き場に出すと

주민이 쓰레기와 **재활용품**을 **분리**해서 쓰레기 모으는 곳에 내놓으면

[　9　]が来て[10]していきます。

재활용품 수거차가 와서 수거해 갑니다.

ゴミは必ず指定された[　11　]に[12]して捨ててください。

쓰레기는 반드시 지정된 **분리수거일**에 **분리**해서 버려 주세요.

あのじいさんは[13]を売って[　　14　　]、そうやって稼いだお金で

저 할아버지는 **폐지**를 팔아 **생계를 꾸려 나가는데**, 그렇게 번 돈으로

お孫さんを野球[　15　]として大学に進学させました。

손자를 야구 **특기생**으로 대학에 진학시켰어요.

[16]に[　17　]を出さない[18]には[19]を賦課(ふか)します。

지정일에 **재활용 쓰레기**를 내놓지 않는 **입주자**에게는 **과태료**를 부과합니다.

この [20] の [　　21　　] は何曜日ですか？

이 **아파트**의 재활용품 수거일은 무슨 요일인가요？

쓰레기와 관련된 용어들 또한 한국과는 사뭇 다른 표현을 하는 것들이 상당히 많습니다. 지금 이 책에 담은 것들보다 더 많은 내용이 있지만 다른 코패니즈 한자어들도 많이 밀려 있는 상태여서 애초에 1권에 실으려고 이미 작성했던 예문들을 많이 줄였습니다.

모범 답안

1. 당분간은 ： 差し当たり

정답을 「当分の間」라고 생각한 분들도 많을 텐데 이것도 알아 두시기 바랍니다. 다만, 「当分の間」의 경우는 기간, 다시 말해 시간적인 측면에 한정돼서 쓰이는 반면, 「差し当たり」는 임시방편적으로 취하는 행동, 행위, 조처라는 뉘앙스로 쓰이는 경우도 있으니 참고하시길. 「当面の間」도 같은 뜻으로 쓰이는데 이 '당면'이라는 한자어도 쓰임새가 미묘하게 다르죠. 그리고 이 「当面の間」라는 표현은 「当面」만으로 충분하다, 「当面の間」도 괜찮다는 등 논란이 일고 있는 표현인데, 점차 쓰는 사람이 늘고 있다고 합니다.

2. 폐가 ： 廃屋
はいおく

일본도 '폐가'라는 단어가 사전에 있고 아예 안 쓰는 건 아니지만 '폐옥'이라고 하는 게 일반적입니다. 참고로 일본 뉴스쇼나 다큐 등을 보면 일본어 '폐허'를 한국과 달리 가옥 자체를 지칭하는 단어로서 쓰곤 하던데, 일본인에게 확인해 보니 그렇다고 합니다.

> 日 반면 '폐허'라는 말은 한국에선 폐가, 다시 말해 가옥 자체를 지칭하는 의미로 쓰는 일은 별로 없고, 쓴다 해도 가옥 자체를 지칭하기보다는 '폐허처럼 된 상태'를 의미하는 말로 비유적으로 쓰는 경우는 있습니다. 예컨대 버려져 황폐해진 집을 보고 "완전 폐허네"라는 식으로 말이죠. 다시 말해 한국어 '폐허'라는 말은 좀 더 넓은 개념입니다. 그런 폐가들이 몰려 있는 곳, 마을, 지역 전체를 의미하는 말로서 쓰인다는 말이죠. 그리고 한국의 국어사전에도 '폐옥'이라는 단어가 있지만 거의 쓰이지 않습니다. 개인적으로 듣거나 본 기억이 없을 정도입니다. 한국과 반대인 셈이죠.

3. 쓰레기 수거차 : ゴミ収集車(しゅうしゅうしゃ)

제 경우에 지금껏 본 드라마나 영화, 애니를 비롯한 영상물 속에서는 「回収車(회수차)」라고 하는 것만 들었기 때문에 그런 줄 알았는데, 책을 쓰면서 더 정확성을 기하기 위해 이리저리 조사해 보고 물어보고 하는 과정에서 収集車(수집차)라고도 한다는 걸 알게 됐습니다. 그래서 '수집차'와 '회수차' 중 어떤 게 더 일반적인 표현인지를 조사해 본 결과 '수집차'의 경우는 일반 쓰레기를 수거하는 차, '회수차'는 재활용품이나 대형 가전 등을 수거해 가는 차량을 일컫는 것으로 구분해 사용한다는 걸 알았습니다. 그런데 꽤 많은 사람이 혼용하기도 하는 실정이라고 하네요. 또한 지역에 따라서도 다르게 부르기도 하는 모양입니다.

4. 수거 : 回収(かいしゅう)

일본에선 이 경우에 이렇게 回収(회수)라는 단어를 씁니다. '회수'라는 한자어 역시 한국과 일본에서의 쓰임새가 미묘하게 다르다는 걸 뜻하는 거죠.

> **日** 한국에서 '회수'라는 말은 남에게 줬거나, 빌려줬거나, 배포했던 걸 '도로 거둬들인다'는 뜻입니다. 쓰레기를 관청에서 배포했을 리 없으니 한국에선 이 경우에 '회수'라고 하면 이상합니다.

5. 청소차 : 清掃車(せいそうしゃ)

일본에선 청소를 掃除(소제)라고 하는 게 일반적이지만 清掃(청소)라고 부르는 경우도 있습니다. 일반적으로 가정에서 하는 청소는 「掃除」라고 하지만 규모가 크고 전문적인 청소는 清掃(청소)라고 부릅니다. 그러니 이걸 「掃除車」라고 하면 안 되는 거죠.

6. 환경미화원 : 清掃作業員

앞에서 나온 거 복습이죠. 그리고 우린 청소부라고 하지만 일본에서는 清掃員(청소원)이라고 합니다.

7. 재활용품 : 資源·資源ごみ

재활용품, 재활용 쓰레기를 일본에선 「資源ごみ」라고 하는데, 이걸 줄여서 그냥 「資源」이라고 하는 일본인도 있더군요. 하지만 이건 엄밀히 말해서 오용이라고 합니다. 그리고 일본은 '재활용품'이라는 표현은 하지 않습니다. 왜냐하면 '재활용'이라는 단어의 쓰임새도 한국과는 다르기 때문입니다. 예컨대 한국에선 '자원의 절약과 재활용 촉진에 관한 법률'처럼 '재활용'을 쓰지만 일본에선 「資源再利

用促進法」처럼 '재이용'이라고 하지 '재활용'이라고 하지 않습니다. 또는 외래어로서 「リサイクル (Recycle)」라고도 합니다. 그리고 일본은 '~ing'가 붙는 영어의 경우 'ing' 부분은 생략해 버리고 말하는 예가 아주 많죠. 다이빙도 '다이브, 엔딩도 엔드, 컴퓨터 등의 부팅도 부트, 캠핑도 캠프, 파이팅도 파이트, 슈팅도 슈트 등등. 슈팅의 경우는 우리도 '슛'이라고도 하지만, 아무튼 이런 식으로 말이죠. 그러므로 이런 것들을 한국어로 번역할 때는 주의해야 합니다. 그리고 이런 경향이 생긴 이유는 카타카나로 표기하면 너무 길어지고 발음도 불편하니까 그런 게 아닌가 합니다. 이 경우에도 영어 Recycle은 동사로만 쓰이기 때문에(맞죠?) 굳이 외래어를 쓰려면 '리사이클링'이라고 해야 할 텐데 이 역시 일본은 ing를 붙이지 않고 동사인 Recycle을 명사형처럼 쓰죠. 앞에서 올림픽을 '오륜'이라고 부르게 된 원인도 카타카나로 표기하면 공간을 너무 차지하기 때문이었다는 점에서 이런 경향들과 일맥상통하는 거라고 볼 수 있겠죠.

8. 분리 : 分別 (ぶんべつ)

일본에선 이 경우에 分別이라는 단어를 씁니다. 참고로 「ふんべつ」라고 읽으면 한국말로 분별 있는 행동, 분별없는 행동이라고 할 때의 '분별'과 같은 뜻입니다.

9. 재활용품 수거차 : 資源回收車

이 경우에도 그냥 '자원회수차'라고 합니다. 그리고 위에서 설명했듯이 이 경우는 '수집차'가 아니라 '회수차'라고 하는 게 낫겠죠?

10. 수거 : 回收

11. 분리수거일 : 分別回收日

12. 분리 : 分別

13. 폐지 : 古紙 (こし)

일본에선 '폐지'라고는 하지 않습니다. 다만 폐품의 경우는 일본도 「廢品」(はいひん)이라고 하고, 폐품을 '수거'하는 것도 「廢品回收」처럼 '회수'를 씁니다.

14. 생계를 꾸려 나가는데 : 生計を立てていますが

참고로 생계나 가게 등을 꾸려 나가는 걸 「やりくりする」라고도 표현합니다.

15. 특기생 : 特待生(とくたいせい)

기본적으로 일본어 '특대생'은 학업이 우수해서 수업료를 면제받거나 장학금을 받는 학생을 뜻합니다. 「特別待遇(특별대우)」를 줄인 말이죠. 그리고 우리는 특정 종목이 아니라 뭉뚱그려서 표현할 때 '체육' 특기생이라고 하지만 일본은 「スポーツ特待生」라고 부르는 게 일반적입니다.

16. 지정일 : 所定の日

일본도 '지정일'이라고도 하지만 한국에서는 '소정일'이라고는 하지 않죠?

17. 재활용 쓰레기 : 資源ごみ

18. 입주자 : 入居者(にゅうきょしゃ)

19. 과태료 : 過料(かりょう)

과태료를 한국에서도 옛날에는 '과료(過料)'라고 했는데 형법상의 용어인 과료(科料)와 발음이 같아서 헷갈려서인지 지금은 과태료(過怠料)라고 부르죠. 일본 역시 둘의 발음이 같아서 헷갈리기 때문인지 過料는 「過ち(あやま)料」, 科料는 「とが料」라고 구분해서 부르기도 한다네요.

20. 아파트 : マンション

> 日 이미 몇 차례 나왔으니 다들 맞히셨으리라 생각합니다. 그런데 한국의 '아파트'는 이렇게 マンション이라고 번역해 줄 수가 있겠는데 일본의 マンション을 한국어로 번역할 때는 '아파트'라고 할지 그대로 '맨션'이라고 할지를 구분할 필요가 있습니다. 사실상 일본에서 말하는 マンション의 경우 한국의 아파트처럼 규모가 큰 것도 있지만 저층 건물로 된 것도 있기 때문이죠. 한국에도 낮게는 4, 5층, 높게는 10여 층 정도의 저층으로 이루어진 건물의 경우 '맨션'이라고 하기 때문에 일본의 マンション이 이런 경우에 해당한다면 그대로 '맨션'이라고 해 주는 게 낫겠죠.

21. 재활용품 수거일 : 資源回収日

관청에서 수거일이 며칠인지를 안내하는 글에서도 위와 같이 써 놓으니까 일반인들도 '고미'는 빼고 '자원'이라고만 하는 거겠죠.

[1]は[2]から安全だと思われてきたが、

한반도는 지진 재해로부터 안전하다고 생각돼 왔지만

慶州[3]以降国民の認識が変わりつつある。

경주 지진 이후 국민들 인식이 변하고 있다.

莫大な借金から逃れるために[4]の時、死んだふりをして[5]。

막대한 빚에서 벗어나기 위해 지진 때 죽은 척하고 종적을 감췄다.

慶州[6]の時、一部[7]の[8]作業に[9]。

경주 지진 때 일부 파손된 피해 문화재 복구 작업에 제동이 걸렸다.

今、洪水の[10]では人々の[11]ため

지금 홍수 피해 지역에서는 사람들의 면역력이 약해진 탓에

[12]が[13]している。

전염병이 창궐하고 있다.

[14]が[15]義援金を[16]

수재 의연금이 너무 많이 답지해서 의연금을 반분해서

[17]のための[18]として送ることにした。

중국 지진 피해자를 위한 지진 피해 성금으로 보내기로 했다.

모범 답안

1. 한반도 : 朝鮮半島

2. 지진 재해 : 震災

일본은 地震災害가 아니라 위와 같이 말하는 게 일반적입니다.

3. 지진 : 震災

4. 지진 : 震災

당연한 말이지만 地震(지진)이라고 했다고 오답이란 뜻이 아닙니다. 다만 앞에서도 언급했듯이, 일본은 한국에서 '지진'이라고 표현하는 장면에서도 震災라고 표현하는 게 일반적이고 地震(지진)이란 표현은 '재해'라는 개념과는 별도로 '지진'이라는 현상 그 자체를 칭할 때만 쓰는 것 같습니다. 특히 이미 지나간 과거의 지진을 칭할 때는 '진재'라고 하는 게 일반적인 것 같습니다.

> 日 한국에도 '진재'라는 단어가 사전에 있지만 거의 쓰지 않습니다. 따라서 일본어를 모르는 한국 사람한테 "작년에 진재가 있었어요"라고 말하면 못 알아들을 겁니다.

5. 종적을 감췄다 : 失踪した

복습이죠. 이렇게 반복적으로 접하면 싫어도 외워지겠죠?

6. 지진 : 震災

7. 파손된 피해 문화재 : 破損した被災文化財

'피해 문화재'는 복습이고, '파손된'도 「した」라고 하는 게 일반적입니다. 또한 이 경우 역시 「された」는 '누군가에 의해' 파손됐다는 뜻을 전달할 필요가 있을 경우에만 씁니다.

8. 복구 : 修復

어떤 문화재인가에 따라, 그리고 피해 정도에 따라 '복원'을 써 줄 수도 있겠죠.

9. 제동이 걸렸다 :　歯止(はど)めがかかった

살짝 초보적인 퀴즈인가요? 하지만 이걸 그대로 「制動がかかった」라고 번역하는 사람도 있고, 한국 언론사의 일본어판에서도 이렇게 해 놓은 걸 본 적이 있기 때문에 퀴즈로 내어 봤습니다. 일본의 경우 이 「制動」이라는 한자어의 쓰임새 자체가 별로 없을 뿐 아니라, 쓴다고 하더라도 '제동 장치'처럼 자동차 등 기술적인 분야에 한정돼서 쓰이는 말이기 때문입니다. 그마저도 「制動」보다는 「ブレーキ」라고 하는 경우가 많고, 특히 일상생활 속에서 저렇듯 '제동이 걸리다'는 비유적인 표현에 「制動」을 쓰는 일은 거의 없다고 합니다. 앞서 '중심을 잃다'라는 표현의 경우도 그대로 重心이라고 하면 안 된다는 것도 복습 차원에서 적어 두고 넘어갑니다.

10. 피해 지역 :　被災地(ひさいち)

> 日　한국에선 '피재지'란 표현을 쓰지 않습니다. 검색해 보면 일본 기사를 그대로 '피재지'라고 번역해 놓은 사례가 대부분이고, 일본어를 모르는 한국 사람 중에 '피재지'라는 말을 쓰는 사람은 아마 없을 겁니다.

11. 면역력이 약해진 :　免疫力(めんえきりょく)が弱まっている

「弱くなっている」라고도 하지만 문어체로는 위와 같이 해 주는 게 낫죠.

12. 전염병 :　感染症

이 역시 복습이죠? 일본에서 '전염병'이라는 말은 가축들 사이에 퍼지는 병일 경우에만 사용하는 걸로 바뀌었다는 점.

> 日　반대로 코로나 여파로 한국의 신문 기사 등에서도 그대로 '감염증'이라고 표기하는 사례가 늘어났지만 '감염병'이라고 하는 게 일반적이라는 점도 복습 차원에서 언급해 둡니다. 일본에서 '증'으로 끝나는 다른 병명의 경우 역시 한국어로는 가급적 '병'으로 번역하시기를 권유합니다.

13. 창궐 :　蔓延(まんえん)・猖獗(しょうけつ)

일본도 창궐(猖獗)이라는 한자어가 있지만 일반인들은 읽지도 못할 정도로 쓰임새가 적고, 특히 일상의 대화에서 쓰일 일은 거의 없다고 합니다. 그러니 이 경우는 '만연'을 써 주는 게 낫다고 생각됩니다. 하지만 문어적으로 사용하는 예는 분명 있으니 '창궐'을 쓰면 안 된다는 법은 없겠죠. 다만, 쓴다고 하더라도

「猖獗する」가 아니라 「猖獗を極める」의 형태로 표현하는 게 일반적이라고 합니다.

14. 수재 의연금 ： 水害義援金(すいがいぎえんきん)

희한하게도 한국은 '진재'란 말을 거의 안 쓰는 반면 일본은 '수재(水災)'라는 단어를 잘 쓰지 않네요. 이런 경우 水災義援金이 아니라 水害義援金이라고 하는 게 일반적이라고 합니다. 그리고 원래는 한국과 같이 義捐金이라고 표기해야 맞는데, 이 역시 상용한자가 아니라서 義援金이라고 표기하게 됐다고 합니다.

15. 너무 많이 답지해서 ： 殺到しすぎて(さっとう)

일본은 답지(遝至)라는 한자어를 쓰지 않습니다. 그러므로 이와 같이 쇄도라거나, 그 외에 걸맞은 표현으로 의역해 줘야겠죠.

16. 반분해서 ： 折半して(せっぱん)

일본은 이렇듯 '절반'이라는 말을 동사로도 사용합니다. 하지만 우리는 이 경우에 '반분하다'라는 말을 쓰는 게 일반적이죠.

> 日　혹시나 해서 찾아보니 '절반하다'라는 동사가 표준국어대사전에 올라 있더군요. 저도 의외였지만 한국 사람 중에 돈을 '반으로 나누자'는 의미로 "돈을 절반합시다", "케이크를 둘로 절반합시다"라는 식으로 동사로 사용하는 사람은 별로 없을 겁니다. 다만, '너 절반, 나 절반 해서 똑같이 나누자'라거나, '숙제 이제 겨우 절반 했어'처럼 '하다'를 쓰는 경우는 있지만, 이 경우는 '반으로 나누자'는 뜻의 '절반하다'라는 동사로 쓰인 예가 아니라는 점을 유념하시길. 검색 결과도 이런 뜻으로 쓴 예는 거의 없고, 번역가들이 모인 카페에서 설문 조사도 해 봤는데 역시나 '절반하다'를 동사로 쓰는 경우는 없다는 답이 절대적 다수였습니다.

17. 중국 지진 피해자 ： 中国地震の被災者

이 경우 '진재'라고 하면 뒤에 오는 '피재자'의 '재'와 겹치니까 '지진'이라고 해 주는 게 낫지 않을까 합니다. 물론 '진재'라고 해도 되겠죠.

18. 지진 피해 성금 ： 震災義援金

수재 의연금이라고 하지 않는 반면 지진의 경우는 이렇게 진재 의연금이라고 합니다. 그리고 일본은 '성금(誠金)'이라는 한자어를 쓰지 않습니다.

[1]による[2]に備えて排水施設を点検し、一部地域は

13호 태풍으로 인한 **토사 붕괴**에 대비해 배수 시설을 점검하고, 일부 지역은

[3]があって住民たちが[4]の小学校に設けてある[5]へ[6]した。

산사태 우려가 있어서 주민들이 **인근** 초등학교에 마련한 **대피소로 대피**했다.

[7]が発生して[8]に繋がる全ての道路が[9]。

눈사태가 발생해서 **피해 지역**으로 통하는 모든 도로가 **통행금지가 됐다**.

この[10]は[11]まま、[12]を[13]

이 **성금과 구호물자**는 **실의의 나락에 빠진** 채 **구원의 손길**을 **애타게 기다리던**

[14]たちには希望をもたらす[15]でしょう。

이재민들에게는 희망을 주는 **낭보**일 것입니다.

今、[16]たちにとってより[17]お金ではなく[18]である。

지금 **이재민**들에게 있어서 더 **긴요한 건** 돈이 아니라 **생필품**이다.

[18]は直ちに[19]使えるが、今のところお金は[20]である。

생필품은 당장 **요긴하게** 쓸 수 있지만, 현재로선 돈은 **무용지물**이다.

充実した[21]**対策が発表されると**[22]**たちは**[23]**賛辞を送ったが**

충실한 산업재해 대책이 발표되자 **근로자**들은 **열화와 같은** 찬사를 보냈지만

使用者側は[24]**怒った。**

사용자 측은 **불같이** 화를 냈다.

[25]**など災害への**[26]**は**[27]**知られていた国だったが**

천재지변 등의 재해 **대처 능력**은 **타의 추종을 불허한다**고 알려졌던 나라였지만

[28]**事態への政府の**[29]**に対し、国民の**[30]**。**

신종 폐렴 사태의 정부의 **대처**에 대해 국민의 **원성이 자자하다**.

모범 답안

1. 13호 태풍 : 台風13号

2. 토사 붕괴 : 土砂崩れ (どしゃくず)

일본도 「土砂崩壊」라고 해 놓은 게 검색은 되는데 이와 같이 표현하는 게 일반적입니다. 한 일본인은
단호하게 그런 표현 안 쓴다고 하더군요.

3. 산사태 우려 : 山崩れの恐れ (やまくず)

4. 인근 : 近隣 (きんりん)

앞에 나온 거니 맞히셨기를 기대합니다.

5. 대피소 : 避難所 (ひなんじょ)

6. 대피 : 避難

한국에서도 '피난소'라고 할 때도 있지만 대피소라고 하는 게 일반적이죠. 한국의 경우는 재해로 인해서 일정 기간 동안 생활을 해야 하는 장소일 경우에는 '피난소'라고 부르기도 하지만 일본은 대부분의 경우 避難所 또는 避難場所라고 부릅니다. 그런데 최근 들어서는 혼동을 피하기 위해 아예 법적으로 개념을 구분하기로 했답니다. 避難場所는 재해나 사고가 일어났을 때 일시적으로 피할 수 있게끔 마련한 곳이고(그러니까 우리의 '대피소' 개념이죠), 避難所는 재해가 일어나서 일정 기간 동안 생활할 수 있게끔 만든 시설을 지칭하는 말로 구분해서 사용하기로 했다는 것이죠.

그럼 일본에선 「待避」(たいひ)라는 한자어를 안 쓸까요? 쓰지만 한국과는 다른 뉘앙스로 쓰입니다. 여기서 또 하나 거의 대부분 몰랐을 따끈따끈한 정보를 드리기로 하겠습니다. 위험이나 재난을 피해서 다른 곳으로 몸을 피하라고 말할 때, 예컨대 "당장 대피해!"라고 말할 장면에서 避難(피난)이 아니라 「直ちにタイヒしろ」라는 식으로 '타이히'라고 말하는 걸 영화나 드라마 등에서 들은 적이 있는 분이 계실 겁니다. 이 경우의 '타이히'의 한자는 과연 뭘까요? 한국에서 말하는 待避일까요? 아닙니다. 바로 退避(물러나서 피함)입니다. 그럼 대체 待避라는 한자어와 이 退避라는 한자어의 차이는 뭘까요? 일본에선 待避라는 말의 쓰임새 또한 매우 한정돼 있습니다. 예컨대 자동차 도로에서 일시적으로 위험을 피할 수 있게끔 마련한 공간을 「待避所」(たいひじょ)라고 부르죠. 또한 다른 열차를 잠시 피하기 위해서 다른 선로에서 기다릴 때, 대기할 때, 그때 바로 이 待避라는 한자어를 씁니다. 요약하자면, 일본어 退避는 위험이나 재난을 피하기 위해 그 장소를 떠나서 안전한 곳으로 이동하는 것. 즉, 우리의 '대피'와 같은 개념이죠. 반면 일본어 待避는 위험을 피하기 위해 그 장소를 떠나는 게 아니라 옆으로 비켜나서 대기하는 걸 뜻하는 말이란 거죠.

7. 눈사태 : 雪崩(なだれ)

8. 피해 지역 : 被災地

9. 통행금지가 되었다 : 通行止めになっている(つうこうどめ)

통행금지를 「通行止め」라고 한다는 건 중급 정도 되면 아는 건가요? 여기서 잠깐! 제 블로그의 글을 읽어 보신 분은 「なりました」와 「なっています」의 뉘앙스 차이를 이제 감을 잡으셨겠죠? 전자는 어떤 시점에 단순히 통행금지가 됐다는 사실을 전달하는 것인데 현재는 풀렸을 수도, 아직 안 풀렸을 수도 있죠. 반면 후자는 그 시점부터 지금까지도 계속 통행금지가 유지되고 있는 상태라는 현황을 전달하는 것이죠.

10. 성금과 구호물자 : 義援金と救援物資(ぶっし)

'성금'은 앞에도 나왔으니 맞히셨을 테고, 우리는 '구호물자'라고 하는 게 일반적이지만 일본은 '구호물자'가 아니라 이렇듯 '구원물자'라고 합니다. 왜냐하면 이 '구호(救護)'라는 한자어의 쓰임새도 양국이 미묘하게 다르기 때문입니다. 일본어 '구호'는, 예를 들면 사고나 재해 등으로 다치거나 위험에 처한 사람을 구(救)해 내서, 치료와 간호(護) 등을 통해 보호(護)한다는 뜻으로 주로 쓰이는 것이기 때문에 이처럼 물자나 인적 자원 등을 지원하는 걸 일본에선 救護라고 하지 않는 거죠. 또한 '구원'이라는 한자어의 쓰임새와 뉘앙스도 다릅니다.

🔍 블로그 '구호물자'는 「救護物資」? — 일본어 구호, 구원, 구조의 차이

11. 실의의 나락에 빠진 : 失意(しつい)のどん底(そこ)に落ちた

앞에서 '절망의 나락'도 나왔지만 일본에선 「失意の奈落(ならく)に落ちる」가 아니라 「失意のどん底に落ちる」라고 하는 게 정형화된 표현입니다. 다시 한번 상기시켜 드리기 위해 언급하자면, 일본어 '나락'은 底와 짝을 이뤄서 쓰는 게 일반적이라는 점.

12. 구원의 손길 : 救いの手

한국어 '구원'도 사전상의 뜻풀로 볼 때 일본과 비슷한 뜻으로는 전혀 안 쓰는 건 아니니 이 부분의 번역은 살짝 애매한 것도 사실입니다. 하지만 대부분의 경우 한국어 '구원'은 조금 더 고차원적이랄까, 추상적이고 포괄적인 뉘앙스로 쓰이죠. 예를 들어 '하늘이 구원의 손길을 뻗어 주셨다'라든가, '나의 아들은 내게는 구원 같은 존재였다'라고 할 때의 '구원'처럼 말이죠. 일본에선 '구원'을 이런 뉘앙스로는 쓰지 않습니다. 다시 말해 이 경우의 '구원의 손길'을 한국어 '구호'나 '구조'의 손길과 비슷한 뜻으로 해석하느냐, 아니면 조금 더 고차원적이고 추상적인 뜻으로 해석하느냐에 따라 답이 달라지겠지만, 후자의 뉘앙스로 쓰인 '구원'을 그대로 救援이라고 하면 일본인들은 전혀 다른 뜻으로 받아들인다는 걸 명심해야겠죠. 참고로 우리는 '구원 종교'라고 하지만 일본은 「救済宗教」라고 합니다. 이렇듯 추상적인 뉘앙스로 쓰인 한국어 '구원'은 문맥에 따라 「救い」나 「救済」라고 번역해 주면 되는데, 다만 하늘이나 신 등 고차원적 존재가 구원의 손길을 내밀다(뻗어 주다)라고 할 경우에는 「救いの手を差し伸べる」라고 하는 게 더 일반적이라고 합니다.

> 日 추상적이고 고차원적인 뉘앙스로 쓰인 '구원'은 「救い」나 「救済」에 가까운 뉘앙스입니다. 또한 기독교 용어로 쓰이는 '구원'은 인류를 고통과 죄악과 죽음으로부터 건져 내는 걸 뜻하는데, 영어로 말하자면 redemption, 일본어로 말하자면 「贖(あがな)い」, 「救い」라는 뉘앙스로 쓰입니다. 제가 기독교인이 아니어서 '대속(代贖)'이라는 말만 알았는데 전문 용어로는 '구속(救贖)'도 있다네요.

13. 애타게 기다리던 : 待ちわびていた

비슷한 뜻으로 「待ちこがれる」와 「待ち兼ねる」라는 표현도 있죠. 그런데 쓰임새의 폭은 이 「待ち侘びる」가 가장 넓은 것 같습니다. 그리고 주의해야 할 게 있는데, 이 표현은 친한 사람이나 제3자적 입장에서 써야 하고, 예컨대 거래처 사람에게 대놓고 이런 식으로 말하면 상대방이 엄청 부담을 느낄 수가 있으니 조심해서 써야 한답니다. 또한 「待ち兼ねる」는 이대로 동사로도 사용하지만, 주로 「お待ちかねの~」처럼 관형사적으로 사용하는 경우가 많습니다.

14. 이재민 : 被災者(ひさいしゃ)

15. 낭보 : 吉報(きっぽう)

이 '길보'는 국어사전에 등재돼 있는 단어이긴 해도 한국에선 거의 안 쓰죠. 개인적으로는 태어나서 지금까지 한 번도 쓴 적이 없는 건 확실하고, 듣거나 본 적이 있는지 없는지는 기억에 없을 정도입니다. 반면 일본에선 吉報라는 단어를 자주 씁니다. 물론 「朗報(ろうほう)」도 자주 쓰는데 이 둘 사이에는 미묘한 뉘앙스 차이가 있다고 하네요. 일본어 '길보'의 경우는 반가운 소식이란 뜻에 더해서 '길한, 경사스러운' 소식이라는 뉘앙스가 내포돼 있다고 합니다. 그래서 주로 결혼, 합격, 출산 등 경사스러운 소식일 경우에 낭보보다는 길보를 쓴다고 하네요. 다만 일본인들도 평소에는 뉘앙스 차이를 의식하지 않고 혼용하는 경우도 꽤 많은 모양입니다.

16. 이재민 : 被災者

17. 긴요한 건 : 緊要なのは · 大切なのは

이 '긴요'와 '요긴'도 일본 블로그에서 하나의 표제어로 다뤘던 건데 우선순위에서 밀려서 생략하고 말았습니다. 일본도 '긴요'와 '요긴'이 사전에는 올라 있지만 사용 빈도가 그리 크지 않습니다. 심지어 '요긴'의 경우는 검색창에다가 「ようきん」이라고 쓰고 한자 변환을 하려 해도 목록에조차 올라 있지 않을 정도입니다. 반면 '긴요'는 사용례가 어느 정도 검색이 되긴 하지만 일본인들 중에는 모르는 사람도 꽤 있는 모양이니 일상의 대화에서는 쓰지 않는 게 좋을 듯합니다.

> 日 한국어 '긴요'와 한국어 '요긴'이라는 단어는 국어사전에는 같은 말이라고 나와 있는데 실제로 한국 사람들이 느끼는 두 단어의 뉘앙스와 쓰임새는 사뭇 다릅니다. 이에 관해서도 일본 블로그에 올린 글이 있고, 처음엔 1권에 적었었는데 그만 밀려나고 말았습니다. 아무튼 한국어 '요긴하다'는 아래의 모범 답안에 제시한 것과 같이 '유용하다'는 뉘앙스에 가깝게 쓰입니다.

18. 생필품 :　生活必需品

일본은 '생필품'이라는 식으로 줄여서 말하지 않습니다.

19. 요긴하게 :　有用に

그러니 '요긴하게'는 이와 같이 표현하는 게 좋겠죠.

20. 무용지물 :　無用の長物

21. 산업재해 :　労働災害

일본에선 '노동재해'라고 하는 것이 일반적입니다.

22. 근로자 :　労働者

일본은 근로자라는 표현은 별로 쓰지 않고 노동자라고 하는 게 일반적입니다.

23. 열화와 같은 :　熱烈な

24. 불같이 :　烈火のごとく

이 역시 처음 알게 된 분들이 대부분일 거라 생각합니다. 우선 '열화와 같이'라는 표현은 양국이 다 쓰지만 한자가 다릅니다. 한국은 熱火이고 일본은 보셨듯이 烈火입니다. 그리고 그 쓰임새도 다른데, 한국은 '열화와 같은' 뒤에 찬사, 성원, 응원, 박수 등의 단어가 붙어서 긍정적인 뜻으로 쓰지만 일본의 「烈火のごとく」는 주로 분노하다, 격노하다 등의 부정적인 말과 짝을 이뤄서 쓰이는 표현입니다. 그렇다면 한국의 '열화와 같은'을 「熱火のごとき」라고 번역하면 될까요? 대답은 '아니오'입니다. 일본은 熱火라는 한자어 자체를 거의 쓰지 않는답니다. 그렇다면 「熱い火のような」라고 풀어서 쓰면 뜻이 통할까요? 이 대답 역시 '아니오'입니다. 찬사나 성원 같은 걸 수식하는 말로서 「熱い火」라는 표현을 하는 건 어색하다고 합니다. 그러니 위와 같이 '열렬한'이라고 번역하거나 그냥 「熱い賛辞」라고 해 줘야 하겠죠.

25. 천재지변 : 天変地異 <small>てんぺんちい</small>

이건 초중급 정도 때 배우는 사자성어인가요? 일본은 '천재지변'이란 말은 쓰지 않고 위와 같이 '천변지이'라고 한다고 말이죠. 하지만 일본도 '천재지변'을 씁니다. 다만, '천변지이'라는 말을 더 널리 쓴다는 차이뿐이죠.

26. 대처 능력 : 対応能力 · 対処能力

이건 둘 다 가능하지만 이 경우 일본에서는 '대응'을 사용하는 예가 더 많고, '대처'의 경우는 한국에 비해서 쓰임새의 폭이 넓지 않은 느낌입니다. 저의 질문에 답해 줬던 한 일본인도 어느 걸 써도 큰 차이는 없지만 '대응'을 쓰는 게 더 일반적이라고 하더군요. 그리고 이 '대응'이라는 한자어도 한국과 쓰임새가 미묘하게 다른데 이 역시 다음 기회에….

27. 타의 추종을 불허한다고 : 他の追随を許さないと <small>た ついずい</small>

일본은 이렇듯 '추수'라고 합니다. 다만, 일본인들 중에서도 '추종'이라고 하는 사람이 꽤 되는 모양인데, 일본어 '추종'의 뜻 또한 한국과의 쓰임새가 미묘하게 다르기 때문에 이 경우 追従이라고 하는 건 오용이라고 합니다.

28. 신종 폐렴 : 新型肺炎 <small>はいえん</small>

日	폐렴에서 '렴'이라는 한자가 따로 있는 게 아니라 한국 역시 炎(염)을 씁니다. 그런데 왜 '폐염'이라고 하지 않고 '폐렴'이라고 하는지 의아하신 일본인들이 많을 텐데, 이건 일본식으로 말하자면 「慣用読み」라고 생각하시면 됩니다. 이를테면, 앞서 나왔던 일본 한자어 緒戦(서전)의 원래 발음은 「しょせん」이었지만, 일본의 옛 군대에서 初戦(초전)과 발음을 구별하기 위해 「ちょせん」이라고 읽기 시작했는데, 이게 널리 퍼져서 정착되자 표준 발음으로 인정하게 된 것처럼 말이죠.

29. 대처 : 対応 · 対処

이 역시 26번과 같이 '대응'을 쓰는 사례가 더 많다고 합니다.

30. 원성이 자자하다 : 不満の声が高い <small>반복 또 반복입니다.</small>

의료 관련 한자어 1

A : ジヨンさん[1]？ジヨンさんの[2]が探してたよ。

A : 지영 씨 **못 봤어**? 지영 씨 **이복형제**가 찾고 있던데.

B : 私は[3][4]で[5   ]練習してたって。

B : 난 **못 봤는데** 간호 실습실에서 링거 주사 놓는 법 연습하고 있더래.

〈코드블루〉

その患者は大動脈が[6]もう[7   ]。

그 환자는 대동맥이 파열돼서 이제 **구할 방법이 없어**.

父さんに[8]の[9]の意味で[10]はもう[11]、

아빠에게 간암 **쾌유 축하** 의미로 **영상 편지**는 이미 **보냈고**,

帰国したら父さんの大好きな[12]の最高級コースで[13]。

귀국하면 아빠가 너무 좋아하는 **일식 요리** 최고급 코스로 **질러 줄 거야**.

胃がん自体は[14]でもないけど心臓にも問題があって[15]するって。

위암 자체는 **난치병**도 아닌데 심장에도 문제가 있어서 **합동 수술**을 한대.

まだ[16   ]人を[17]扱いするなんて、

아직 **튼튼하고 팔팔한** 사람을 **병자** 취급하다니

すぐにでも[18]を受けて[19   ]。

당장이라도 정밀 건강검진을 받아서 **코를 납작하게 해 줄 테다**.

모범 답안

1. 못 봤어? : 知らない?

「知らない?」도 어떤 사람을 못 봤냐고 물을 때 종종 사용하니까 외워 두면 좋겠죠. '(어디 있는지)모르냐'는 말이죠. 다만 반대로 이걸 한국어로 번역할 때는 '지영 씨 몰라?'라고 하지 않도록 주의해야겠죠. 그리고 「見る」라는 동사로 묻는 경우는 「見てない?・見なかった?」라고 합니다. 근데 제 블로그에서 글을 읽으신 분들은, 그렇다면 「見なかった?」가 아니라 「見てない?」라고 하는 게 더 일반적인 거 아니냐 싶으실 텐데, 그래서 외국어는 어려운 거겠죠. 저도 실은 영화와 드라마 등에서 이 경우에 「見なかった?」라고 하는 걸 몇 번 들었기 때문에 왜 이 경우는 「見てない?」가 아니라 이렇게 하는지 궁금해서 일본인들에게 물어봤습니다. 그랬더니 답변해 준 모두가 이 경우에는 어느 쪽을 더 많이 쓴다고 할 수 없을 정도로 둘 다 쓴다는군요. 아, 정말 어렵죠?

2. 이복형제 : 異母兄弟（いぼきょうだい）

일본에선 이복형제를 '이모형제'라고 합니다. 또 「腹違いの兄弟」라는 표현도 있습니다. 이건 우리 식으로 '배 다른 형제'인 거죠.

3. 못 봤는데 : 見てないけど

질문이 아니라 '대답하는 경우'에는 「見なかった」 아니라 「見てない」라고 하는 게 더 일반적인 것 같다는 몇몇 일본인들의 의견이 있었습니다. 예를 들어 어제(과거에) 봤는지 어떤지를 묻는 경우라면 「見なかった」라고 대답하겠지만, 보통은 현재 시점까지 본 일이 있는지 없는지를 묻는 경우가 대부분이니 「見てない」를 더 많이 쓴다는 논리인 것이죠. 물론 「見なかった」라고 대답해도 틀린 건 아니라고 합니다.

4. 간호 실습실 : 看護演習室

일본은 이처럼 '연습실'이라고 합니다. 錬이 아니라 演이라는 점에도 주의.

5. 링거 주사 놓는 법 : 点滴注射の打ち方（てんてきちゅうしゃ）

일본에선 링거를 '점적'이라고 합니다. 그냥 「点滴の打ち方」라고도 합니다.

6. 파열돼서 :　断裂して

한국어 단열(斷裂)은 '응력에 의한 기계적인 파괴 때문에 생긴 암석의 금이나 갈라진 틈, 또는 단층'이라는 지리 전문 용어밖에 없습니다. 반면 일본은 이런 경우에도 '단열'이라는 한자어를 씁니다. 그러니 일본어 断裂을 그대로 '단열'이라고 번역하면 안 되겠죠. 다만, 일본도 '파열'이라고도 합니다.

7. 구할 방법이 없어 :　助けようがない

「助ける方法がない」라고 생각한 분도 많겠죠? 그보다는 위와 같이 표현하는 게 일반적입니다.

8. 간암 :　肝臓がん

9. 쾌유 축하 :　快気祝い

앞에서 언급한 거죠? 그리고 이 '쾌기'는 동사로 쓰이지 않는다는 점도.

10. 영상 편지 :　ビデオレター

일본에선 영상 편지를 '비디오 레터'라고 표현합니다.

11. 보냈고 :　送っているし

또 나왔죠? 제 블로그 글을 읽어 보셨으면 짐작할 수 있겠지만, 단순히 보냈다는 사실만을 전달하는 게 아니라 보냈으니까 그 보낸 행위가 어떤 의미를 지니고 있다는 뉘앙스를 내포하고 있는 거죠. 그리고 「送ってるし」의 경우 더빙 영상번역이라면 말 길이도 어느 정도 맞춰 줘야 하니 '보내 놨고'나 '보내 놨으니까'라고 번역해 줄 수 있겠죠. 제 블로그 글 보신 분은 아시죠? 일본어 '테이루'는 이 외에도 '~한 적이 있다', '~한 상태다', '~(하)곤 했다' 등으로 번역하는 게 매끄러운 경우도 있다는 사실.

12. 일식 요리 :　和食

일본에선 「和食料理」가 아니라 그냥 「和食」라고 하는 게 자연스럽다고 합니다.

13. 질러 줄 거야 :　奮発してやる

일본의 「奮発(분발)する」에는 큰맘 먹고 과감하게 돈을 투자한다, 한턱낸다는 뜻이 있습니다. 우리가 '분발하다'라고 할 때의 '분발'은 일본선 다른 한자어를 씁니다(나중에 나오니까 그때 설명하죠). 근데도 모 채널의 드라마에서 이 「奮発する」를 한국어 '분발'과 같은 뜻인 줄 알고 '힘 좀 쓰다'라고 오역해 놨더군요.

14. 난치병 : 難病

15. 합동 수술 : 合同オペ

16. 튼튼하고 팔팔한 : 丈夫でぴんぴんしてる

이 「ぴんぴん」과 유사한 표현으로서 「ぴちぴち」가 있는데 「ぴちぴち」는 주로 젊은 사람에게 쓰는 표현, 그리고 생선 같은 것의 팔팔한 모습을 묘사하는 표현인 반면 「ぴんぴん」은 나이가 든 사람이 '팔팔하다'고 표현할 때 주로 쓴다고 합니다. 그리고 사고를 당하거나 했는데 멀쩡할 때도 「ぴんぴん」을 씁니다. 예컨대 다쳤다고 해서 병문안 갔더니 생각 외로 멀쩡하게 있는 경우 「ぴんぴんしてるじゃん」이라는 식으로 말이죠.

17. 병자 : 病人

일본에선 '병자'가 아니라 이처럼 '병인'이라고 한다는 건 아는 분들도 많겠죠? 하지만 일본도 '병자'라는 한자어도 쓰긴 합니다. 한문투의 말이라서 일반적이지 않다는 것뿐이죠. 특히 '행려병자'의 경우 일본도 「行路病者」라고 '병자'를 씁니다. 여기서 주의할 점은 행려(行旅)가 아니라 행로(行路)라고 하는 게 일반적인데, 이 단어를 모르는 일본인들도 많은 모양입니다. 따라서 일상의 대화에서는 「行き倒(だお)れ」라고 해 주는 편이 의사 소통에 무리가 없겠죠. 그런데 이 「行き倒れ」는 길에서 쓰러져 죽은 사람을 뜻하는 말로 쓰일 때가 많은데, 죽지 않았더라도 병이나 그 외의 요인으로 인해 길거리에서 쓰러지는 걸 뜻하기도 합니다.

18. 정밀 건강검진 : 人間ドック

19. 코를 납작하게 해 줄 테다 : 鼻を明かしてやるぞ

비슷한 표현으로서 「鼻を折る(へし折る)」도 있는데 이 둘은 약간의 뉘앙스 차이가 있습니다. 「鼻を明かす」의 경우는 상대방보다 더 좋은 실력을 쌓거나, 앞지르거나, 상대가 틀렸다는 걸 증명해서 놀라게 해 준다는, 끽소리도 못 하게 만들겠다는 뉘앙스죠. 즉, 여기선 건강검진을 받아서 자기가 아주 건강하다는 걸 증명해서 '코를 납작하게 하겠다'는 뜻이죠. 제가 100화 남짓 번역했던 <보루토>에서도 이 표현이 자주 나왔습니다. 아빠 나루토한테 늘 불만을 갖고 있는 보루토가, 아빠보다 더 나은 닌자가 돼서 「鼻を明かしてやる」라고 입버릇처럼 말하죠. 반면 「鼻をへし折る」라는 표현은 건방을 떨거나 교만, 거만을 떠는 사람, 잘난 체하는 사람의 코를 납작하게 해 준다, 기를 꺾어 버린다는 뉘앙스죠. 따라서 '코를 납작하게 만들다'를 일본어로 번역할 때는 어떤 상황인지에 따라서 구분해서 번역해 줘야겠죠.

의료 관련 한자어 2

父さんに[1]は定期的な[2]が[3]厳しく[4]、
아빠에게 **중장년층**은 정기적인 **건강검진**이 **필수적이라고** 단단히 **일렀는데도**

[5]結局[6]という[7]をされる[8]、最初は
귓등으로 흘려듣다가 결국 간암이라는 **통보**를 받는 **처지가 되자**, 처음에는

[9]、すぐ[10]。
화가 나서 머리가 곤두서는 듯했지만 이내 **정신이 아찔해지는 것 같았다**.

医者の処置には問題がなかったのに[11]だと言って物凄い[12]で
의사의 처치에는 문제가 없었는데 **의료 과실**이라며 엄청나게 **사나운 얼굴로**

[13]襲いかかった。
악다구니를 쓰며 달려들었다.

移植手術は[14]終わったので[15]さえなければ
이식 수술은 **성공적으로** 끝났으니 **거부반응**만 없다면

すぐ[16]からも出られるし、だんだん[17]も[18]と思います。
곧 **중환자실**에서도 나올 수 있고, 점점 병세도 **차도**를 보일 겁니다.

人間の心臓は[19]に分けられる。
인간 심장은 좌심방과 좌심실, 우심방과 우심실로 나뉜다.

[20]の結果、[21]と[22]の所見もあるそうです。
정밀 건강검진 결과 우심실 심근증과 유방암 소견도 있다고 해요.

모범 답안

1. 중장년층 : 　中高年層

일본은 중장년층이 아니라 중고년층이라고 합니다. 유년기도 일본은 幼少期, 영유아도 일본은 乳幼児라고 한다는 거 복습의 의미로 언급해 두고 넘어갑니다.

2. 건강검진 : 　健康診断

3. 필수적이라고 : 　必須(ひっす)って

'필수'도 일본에서는 '적'을 붙이지 않습니다.

4. 일렀는데도 : 　言いつけたのに　　앞에 나온 거 복습이죠?

5. 귓등으로 흘려듣다가 : 　うわの空で聞き流していて

앞에 나온 표현이죠? 다만 이번엔 '흘려듣다'가 다를 뿐.

6. 간암 : 　肝臓がん

7. 통보 : 　告知

8. 처지가 되자 : 　羽目になると

9. 화가 나서 머리가 곤두서는 듯했지만 : 　怒髪天(どはつてん)を衝(つ)くほどに腹が立ったが

말뜻 자체는 화가 나서 머리카락이 하늘을 찌른다는 의미인데, 한마디로 화가 머리끝까지 치민다는 뉘앙스죠.

10. 정신이 아찔해지는 것 같았다 : 　気が遠くなるような思いがした

우리가 말하는 '정신이 아찔해지다'라는 표현을 일본에선 이렇게 합니다. 참고로 감수자님 한 분은 이 경우에 이 표현은 아닌 것 같다는 말씀을 하셨는데, 다른 여러 일본인들에게 거듭 물어본 결과, 그리고 조사도 해 본 결과 정신적 충격을 받았을 때도 이와 같이 표현하는 게 맞는 것 같습니다. 원래 이 표현은 질병 등으로 인한 신체적 증상을 표현할 때도 쓰고(의식이 몽롱해지거나, 정신이 어질어질해지는 것), 비유적으로는, 예를 들어서 산더미 같은 서류를 주면서 오늘 밤 안에 다 정리하라고 할 때 정신이 아찔해지는, 까마득해지는 느낌을 묘사할 때도 쓰는 표현입니다.

11. 의료과실 ： 医療過誤(かご)

일본은 '과실'이 아니라 '과오'를 씁니다. 그런데 일본인들한테 물어보니 '과오(過誤)'라는 한자어 자체를 처음 본다는 사람도 꽤 있었습니다. 그러므로 단독으로 쓰인 한국어 '과오'를 번역할 때는 「過ち」, 「落ち度」 정도로 하는 게 가장 무난하겠죠. 결론적으로 일본어 過誤(과오)는 이 '의료과오'처럼 매우 한정된 경우에만 쓰이는 한자어라는 점을 기억해 두시길.

12. 사나운 얼굴 ： 剣幕(けんまく)

이것도 자주 쓰는 표현이죠.

13. 악다구니를 쓰며 ： 罵倒を浴びせながら

한국어 매도와 일본어 매도도 뉘앙스가 다른 단어라는 건 앞에 이미 나왔죠? 그리고 「罵詈雑言(ばりぞうごん)」과 「悪(あく)たれ口(ぐち)」도 기억나시죠? 이 역시 반복 학습의 의미로 언급해 두는 겁니다.

14. 성공적으로 ： 成功に

앞에서 살펴봤던 거죠. 일본은 '성공'에도 '적'을 붙이지 않습니다.

15. 거부반응 ： 拒絶反応

이 경우 일본은 '거부'라고도 하지만 '거절'이라고도 합니다. 개인적으로는 '거절반응'이라고 하는 걸 더 많이 듣고 본 것 같습니다.

> 日　한국에선 이걸 '거절반응'이라고 하는 사람은 없을 겁니다. 한국에서 '거절'이라는 한자어는 요구, 부탁, 의뢰, 제의, 선물 등을 「断る」 경우에 쓰이고, '거부'는 명령, 지시 등을 「断る」 경우에 쓰입니다. 중복되는 경우도 있는데 한국어 '거부'에는 저항하는 뉘앙스가 살짝 들어 있습니다.

16. 중환자실 ： 集中治療室

일본에는 '중환자실'이라는 표현이 없다는 건 복습인데 복습하는 김에 2권에 쓰려던 거 또 언급하고 넘어가죠. 우리가 말하는 '중환자'에도 레벨이 있죠. 그냥 좀 위중한 상태에 있는 환자도 있고, 생명이 위험할 정도로 심각한 상태에 있는 환자도 있고요. 후자의 경우를 일본에서는 뭐라고 표현할까요? 바로

「重篤(じゅうとく)患者」라고 합니다. 근데 이 重篤이라는 한자어는 한국에는 없죠. 그러니 번역을 한다면 '위독한 환자' 정도가 되겠죠? 그런데 일본도 「危篤(위독)」이라는 한자어도 씁니다. 그럼 이 일본어 '중독'과 '위독'의 차이는 뭘까요? 한마디로 '중독'보다 '위독'이 훨씬 위험한 상태를 뜻한다고 합니다. '중독'이 죽을 수도 있는 위중한 상태라면, '위독'은 살릴 가능성의 거의 없을 정도로 심각한 상태라는 뉘앙스로 사용된다고 합니다.

17. 병세 ： 病状 (びょうじょう)

일본도 病勢(병세)라는 단어가 사전에 있지만 거의 쓰이지 않는다고 합니다. 그러니 한국어 '병세'는 이처럼 '병상'이라고 번역해 줘야겠죠? 그러고 보니 마지막 점검 중인 지금 퍼뜩 떠올랐는데, 일본은 이 세(勢)라는 한자 앞에 다른 한자가 오는 형태로는 잘 쓰지 않는 것 같습니다. 앞에 나왔던 '공세'라는 한자어 등 몇몇 경우는 예외로 치더라도, 일본은 기세(氣勢)라는 말 자체를 쓰지 않고 그냥 「勢い」라고 하고, 뒤에 퀴즈로 나올 정세(政勢)라는 한자어도 쓰지 않고, 또 상승세와 하락세, 강세와 약세도 그렇고 말이죠. 그리고 추세나 실세라는 한자어가 일본에도 있긴 하지만 그 쓰임새와 뉘앙스가 미묘하게 다른 부분도 있습니다.

18. 차도를 보일 ： 快方に向かう (かいほう)   반복 또 반복입니다!

19. 좌심방과 좌심실, 우심방과 우심실 ： 左房と左室、右房と右室

일본도 정식 명칭은 우리와 똑같이 좌심방, 좌심실, 우심방, 우심실이라고 하지만 이렇듯 좌방, 좌실, 우방, 우실이라고도 합니다. 제가 봤거나 번역했던 영화나 드라마 등의 의학물에서는 전부 이렇게 줄여서 말하더군요. 아마도 의료 현장에서는 이렇게 줄여서 말하는 게 발음하기도 더 편해서 그런 걸까요?

> 日　한국에서는 '좌방, 우방, 좌실, 우실'*이라고 하지 않습니다.

20. 정밀 건강검진 ： 人間ドック

21. 우심실 심근증 ： 右室心筋症 (しんきんしょう)

실제로 右心室心筋症과 右室心筋症으로 검색해 보면 후자의 경우가 더 많이 검색됩니다. 아마도 일상생활에서 일반인들이 이런 용어를 쓸 일이 거의 없기 때문이기도 하겠죠.

22. 유방암 ： 乳がん

정치 관련 한자어 1

[　1　]という[　2　]を打開するためにも、今回の[　3　]は

여소야대 국회라는 **현 상황**을 타개하기 위해서도, 이번 보궐선거는

政局の主導権を取り戻すか否かの分水嶺である。
<ruby>ぶんすいれい</ruby>

정국의 주도권을 되찾느냐 마느냐 하는 분수령이다.

今度の[　4　]での[　5　]は[　6　]である。

이번 정기국회에서 **초미의 관심사**는 추가경정예산이다.

大統領は[　7　]のために出国する直前、空港で行った記者会見で

대통령은 정상회담을 위해 출국하기 직전 공항에서 가진 기자회견에서

[　　　8　　　]、関連法案の[　9　]を再び[　10　]。

'청년 일자리 창출이 급선무'라며 관련 법안의 국회 인준을 재차 **당부했다.**

第20代[　11　]に[　12　][　13　][　14　]

제20대 총선에 **당당하게 출사표를 던졌지만 막판에**

未成年者との[　15　]スキャンダルが[　16　]投票の結果[　17　]。

미성년자와의 **성행위** 스캔들이 드러나서 투표 결과 **낙마하고 말았다.**

○[18]は[19]後発刊した[20]で、[21]を通じて

○전 장관은 정계 은퇴 후 발간한 **자서전**에서 **자금 세탁**을 통해

[22]を[23]した[24]で投獄され、大統領[25]で

불법 비자금을 **조성**한 **혐의**로 투옥되고, 대통령 **특별** 사면으로

釈放されるまでの過程を詳述している。

풀려나기까지의 과정을 상술하고 있다.

모범 답안

1. 여소야대 국회 :   ねじれ国会

앞서 나온 '여소야대 상태'가 아니라 '여소야대 국회'라고 할 때는 이렇게 표현합니다. **逆転国会**(역전 국회)라고도 합니다.

2. 현 상황 :   現状

> 日
>
> 한국에도 '현상(現状)'이라는 단어가 있지만 현상(現像)과 발음이 같아서 헷갈리기 쉬운 탓인지 '현상(現状)'을 쓰는 건 피하는 경향이 있는 것 같습니다. 예컨대 '이런 현상을 중시해야 합니다'라고 말하면 어느 쪽 현상을 뜻하는 건지 헷갈릴 수 있겠죠. 특히나 영상번역의 자막은 금세 떴다 사라지기 때문에 이 現状을 한국어로 번역할 때는 '현 상황', '현 상태', '현황(現況)' 등으로 융통성 있게 번역할 필요가 있습니다. 한국에서 여전히 쓰이고 있는 現状이란 한자어의 흔적(?)의 예를 들어 보자면 '현상 유지'라는 표현 속의 現状 정도라고 할까요?

3. 보궐선거 :   補欠選挙   *앞에 나온 거 복습이죠?*

4. 정기국회 :   通常国会

한국의 정기국회를 일본은 일반적으로 '통상국회'라고 부르는데 법령상의 명칭은 **常会**입니다. 또한 총선이 끝나고 국회의원 임기 개시 후 7일 만에 열리는 우리의 '개원국회'를 일본에서는 **特別国会**(특별국회)라고 부르는데 이 역시 법령상의 명칭은 **特別会**이고, 한국과 달리 임기 개시 30일 안에만 소집하면 됩니다. 마지막으로 임시국회는 일본도 한국과 마찬가지로 **臨時国会**라고 하는데 이 역시 법령상의 명칭은 **臨時会**입니다.

5. 초미의 관심사 ： 最大の関心事

먼저 고백하자면 저도 이걸 「焦眉の関心事」라고 했던 적이 있습니다. '초미'라는 한자어의 사전적인 뜻풀이는 두 나라가 비슷하지만 실제로 우리들이 '초미의 관심사'라고 할 때는 최대의 관심사, 가장 핫한 이슈, 대단히 중대한 관심사라는 뉘앙스로 쓰는 말이죠? 하지만 일본 사람들이 '초미의 관심사'라는 말을 할 때의 뉘앙스는 우리와 차이가 있습니다. '화급한, 시급한, 다급한, 급박한' 등의 의미로 쓰입니다. 그리고 애초에 일본은 '초미'라는 단어의 사용 빈도 자체가 낮은 편입니다. 이 역시 얘기가 길어지니까 제 블로그를 참조해 주세요.

🔍 블로그 **초미의 관심사 ≠ 焦眉の関心事**

6. 추가경정예산 ： 補正予算

7. 정상회담 ： 首脳会談

8. '청년 일자리 창출이 급선무'라며 ： 「若者の雇用創出が急務」とし

'급선무'를 일본은 '급무'라고 한다는 건 복습이죠. 또, 일본도 '청년'이라는 한자어를 쓰지만 이런 맥락에서 쓰면 어색하다고 합니다. 그리고 법률적으로는 「若年者雇用」라는 말이 쓰이는 모양입니다. 또한 일본에는 '일자리'와 일대일로 치환할 수 있는 단어가 없습니다. 마지막으로, 신문 등에서 따옴표로 말을 인용하며 '~라며'라고 할 때의 표현의 경우 일본은 위와 같이 한다는 걸 몰랐던 분들은 이참에 기억해 두세요.

9. 국회 인준 ： 国会承認

일본에서는 '인준(認准)'이라는 한자어는 쓰지 않습니다.

10. 당부했다 ： 呼びかけた

이미 아는 분도 많겠지만 '당부하다' 역시 일본어로 옮길 때 까다로운 단어인데 이때는 「呼びかけた」로 번역하면 무난할 것 같습니다.

11. 총선 ： 総選挙

일본은 '총선'이라고 줄여서 표현하지는 않습니다.

12. 당당하게 ： 正々堂々   복습이죠?

13. 출사표를 던졌지만 : 挑戦状を突きつけたが

서두에서 이미 언급했지만 일본어 「出師の表」는 말 그대로 제갈량이 출진하면서 왕에게 올린 상소문이란 뜻 말고는 없습니다. 또 '슛시'가 아니라 '스이시'라고 읽는 것에 주의. 이렇듯 한국과 일본은 같은 한자어라도 그 쓰임새가 다르다는 걸 모르고 이걸 그대로 「出師表を投げる」라고 번역해 놓은 사례가 정말 많습니다. 일반인뿐 아니라 한국 언론사의 일본어판 기사에서도 이런 식으로 번역해 놓은 예가 한둘이 아닙니다.

14. 막판에 : 土壇場で

土壇場도 번역하기 비교적 까다로운 일본어인데, 이건 목을 베는 처형장을 뜻하는 말이죠. 그만큼 절박한 상황, 아주 중대한 고비, 핀치(위기), 막다른 국면, 벼랑 끝 승부처 등의 뉘앙스로 쓰일 때도 있고, 특히 스포츠 중계 등에서 종국에, (중요한)막판에, 마지막 순간에, 등의 뉘앙스로 쓰이는 경우도 있죠.

15. 성행위 : 性交渉

이쯤 되면 머리에 확실히 각인이 되셨겠죠?

16. 드러나서 : 明るみにでて

주로 좋지 않은 사실, 진상 등이 '드러나다, 밝혀지다'라는 표현을 이렇게도 한다는 걸 몰랐던 분은 이참에 외워 두시길. 참고로, 일본 사람들 중에서도 「明るみに出る」를 「明るみになる」라고 착각해서 쓰는 사람이 있는 모양인데 이 경우는 「なる」가 아니라 「でる」입니다. 「明らかになる」와 헷갈리는 거겠죠.

17. 낙마하고 말았다 : 落選してしまった

이건 투표까지 거쳤으니 '낙선'이라고 해도 되겠죠.

18. 전 장관 : 元大臣

일본에서 前大臣이라고 하면 바로 직전의 장관(대신)을 의미합니다. 그리고 한국과 일본의 제도 자체가 다른 만큼 관직명이나 직함, 제도 같은 경우 적당한 한국 명칭이 없다면 부득이 그대로 써 줘야 할 경우도 있습니다. 예를 들면 앞서 나온 우리나라의 '국정감사'의 경우 일본에는 이런 제도가 없어서 번역할 방법이 없으니 그대로 国政監査라고 할 수밖에 없겠죠. 하지만 적절한 명칭이 있으면 한국식으로 써 주는 게 낫겠죠. '대신'의 경우는 '장관'이라는 적절한 역어가 있고, 또 '장관'이라고 해야 한국 사람 입장에선 한 번 듣고 딱 이해가 바로 되겠죠.

19. 정계 은퇴 : 政界引退

일본에선 隱退의 뉘앙스가 한국과 다르다는 건 앞에 나왔죠. 그래서 이렇듯 '인퇴'라는 한자어를 씁니다.

> 日 앞서 우리는 '정치계'라고 하는 게 일반적이라고 했지만 이렇듯 뒤에 다른 단어와 함께 쓰일 때는 '정계'라고도 합니다. 반대의 뜻인 '정계 진출' 혹은 '정계 입문'의 경우도 '정계'를 쓰고 말이죠.

20. 자서전 : 自伝 (じでん)

21. 자금 세탁 : 資金洗浄 (せんじょう)

マネー・ロンダリング(money laundering)라고도 합니다.

22. 불법 비자금 : 違法な秘密資金・裏金 (うらがね)

우리는 '비자금'이라고 하지만 일본은 '비자금'이라는 표현은 하지 않습니다. 이처럼 '비밀 자금' 또는 뒷돈이란 뜻의 「裏金」를 씁니다. 감수자님에게 의견을 물으니 「裏金」라고 하는 게 더 일반적인 것 같다고 하니까 참고하시기를. 그리고 여기선 不法이 아니라 이렇듯 違法을 쓰는 게 자연스럽다고 합니다.

23. 조성 : 調達 (ちょうたつ)

자금의 경우에도 일본은 造成을 쓰면 부자연스럽다고 합니다. 그러니 굳이 한자어를 쓰려면 그 뜻은 조금 차이가 있지만 調達(조달)을 쓰는 게 나을 것 같고, 굳이 한자어에 얽매이지 말고 예컨대 '비자금 조성'이라면 「裏金作り」라고 해 주는 게 자연스러울 것 같습니다. 실제로 한국 기사 속의 '비자금 조성'이라는 말을 「裏金作り」라고 번역해 놓은 사례도 발견했습니다. 다만, 앞서도 나왔지만 오키나와에서는 '자금'의 경우 역시 한국과 마찬가지로 造成(조성)이라고 한다는군요.

24. 혐의 : 容疑

25. 특별 사면 : 恩赦 (おんしゃ)

일본은 '특별 사면'이라는 표현을 하지 않고 위와 같이 말합니다.

彼は[1][2]**の**[3]**事件の**[4]**に最善を尽くすことを促し**

그는 청와대 대변인의 **비위** 사건 **진상 규명**에 최선을 다할 것을 촉구하고

現在[5]**状態の○○○**[2]**に対する**[6]**を通じて**

현재 **불구속 기소** 상태인 ○○○ 대변인에 대한 **보강 수사**를 통해

[7]**を請求するべきだと**[8]**。**

구속영장을 청구해야 한다며 **목소리를 높였다**.

両党の[9]**による**[10]**を推進中の○○○議員は、△△ 党の議員らとの**

양당의 **합당**을 통한 **신당 창당**을 추진하는 ○○○의원은 △△ 당 의원들과 가진

[11]**で新党の順調な**[12]**のため**[13]**と言って**

만찬 회동에서 신당의 순조로운 **출범**을 위해 **마음을 한데 모으자**고 말하며

[14]**。**

건배 제의를 했다.

○○○議員は[15]**で行った記者会見で、今度の**[16]**の勝利のためには**

○○○의원은 **중앙 당사**에서 가진 기자회견에서 이번 **대선** 승리를 위해선

野党の[17]**ではなく、**[18]**の画期的対策が必要であると唱えた。**

야당 **연대**가 아니라 **합당** 수준의 획기적 대책이 필요하다고 주창했다.

当該事業の [19] 過程で圧力を行使したことが [20   ] 以上、

해당 사업 **인허가** 과정에서 압력을 행사한 사실이 **백일하에 드러난** 이상

加担した [21   ] は直ちに [22]、いや、[23] するべきだと思います。

가담한 **비리** 정치인은 즉각 **탈당**, 아니, **출당**(黜黨)해야 한다고 생각합니다.

모범 답안

1. 청와대 ： **大統領府**

한국의 청와대를 일본은 이런 식으로 '(한국)대통령부'라고 표현합니다. 미국의 백악관 역시 '미국 대통령부'라고도 하는데 백악관의 경우는 화이트하우스, 그러니까 「ホワイトハウス」라고 하는 게 더 일반적이라고 합니다.

2. 대변인 ： **報道官**   앞에 나온 거 복습이죠?

3. 비위 ： おしょく **汚職**

일본도 비위(非違)라는 한자어가 사전에는 있지만 일상생활에서는 거의 쓰지 않는다고 합니다. 따라서 앞에서도 말했듯이 공무원, 정치인 등 공직자들의 비리나 비위를 일본은 이렇게 '오직'이라고 표현하는 게 일반적입니다.

4. 진상 규명 ： **真相究明**

이것도 앞에 나왔죠? 일본은 '규명'이 아니라 '구명'이라고 한다는 점.

5. 불구속 기소 ： ざいたくきそ **在宅起訴**

한국의 불구속 기소를 일본은 '재택기소'라고 합니다.

6. 보강 수사 : 裏付け捜査(うらづけ)

일본은 **補強捜査**라는 식의 표현을 안 합니다. 한국어 '보강'과 「裏付け」라는 말이 완벽하게 일치하는 뜻은 아닙니다만, 증거를 보강한다는 의미에서는 비슷한 뜻이라고 판단할 수 있겠죠. 또한 일본어 「裏付け捜査」와 한국어 '보강 수사' 둘 다 영어로 번역하면 a corroborative investigation으로 일치한다는 점에서도 말이죠. 일본의 경우 '보강'이라는 한자어의 쓰임새가 한국과는 미묘하게 다르고, 그 쓰임새의 폭도 좁은 편입니다. 근데도 한국 언론의 일본어판 기사를 보면 온통 補強捜査라고 해 놓는 실정입니다.

7. 구속영장 : 勾留状(こうりゅうじょう)

아마도 많은 사람이 일본은 구속영장이 따로 없고 체포영장이나 구속영장이나 모두 「逮捕状」(たいほじょう)라고 한다고 알고 있을 겁니다. 저 역시도 예전에는 그렇게 알고 있었고요. 왜냐하면 양대 포털 사이트의 일어 사전에서 '체포영장'을 찾아봐도 逮捕状라고 나오고 '구속영장'을 찾아봐도 逮捕状라고 나오기 때문이죠. 또한 한국어 사전임을 자처하는 일본의 모 피디어 사이트에서도 구속영장을 치면 마찬가지로 나옵니다. 하지만 일본에도 우리의 '구속영장'에 해당하는 용어가 있습니다. 바로 위의 '구류장'이죠. 하지만 勾留라는 일본의 한자어가 일반인들에게는 익숙하지 않아서인지 한국의 '구속영장'을 번역한 뉴스나 신문 같은 데서조차 「逮捕状」라고 하는 걸로 판단할 때 일본의 일반인들에게 「こうりゅうじょう」라고 말로 하면 못 알아들을 가능성도 있을 거 같습니다. 실제로 몇몇 일본인들에게 물어본 결과도 마찬가지였는데, 심지어 처음 듣는다는 사람도 있을 정도였습니다. 이건 굳이 블로그로 따로 가서 보실 필요까지는 없지만 그래도 관심 있으신 분은 아래 글을 참고하시기 바랍니다.

🔍 블로그 **체포영장도** 逮捕状 **, 구속영장도** 逮捕状???

8. 목소리를 높였다 : 声高に主張した · 声を上げた(こわだか)

이것도 정말 많은 일본인들한테 여러 차례에 걸쳐 묻고 또 묻고 했던 겁니다. 왜냐하면 한국에서 뭔가를 강력하게 주장한다는 비유적인 뜻으로 쓰는 '목소리를 높였다'를 그대로 「声を高めた」라고 번역하는 사람이 많고 언론사 일본어판도 사정은 마찬가지인데, 이건 어색한 표현이라고 알고 있었기 때문입니다. 그런데 왜 묻고 또 물었냐 하면 여러 일본인들에게 재차 확인을 위해 물어봤더니 그중 일부는 그래도 뜻은 통하긴 하겠다는 반응을 보였기 때문입니다. 아무튼 결론은, 일본에선 뭔가를 강력히 주장한다는 비유적 뜻으로 「声を高めた」를 쓰는 건 일반적이지 않다는 겁니다. 왜냐하면 일본에선 이렇게 말하면 실제로 육성, 언성을 높였다는 뜻으로 받아들일 가능성이 있다는 거죠. 다만 '~라는 목소리가 높아지고 있다'의 경우는 일본 역시 그대로 「〜との声が高まっている」라는 식으로는 씁니다. 그러니 '목소리를 높였다'를 번역하려면 전자와 같이 의역해 주거나, 원문에 가급적 가까운 표현을 쓸 경우도 '높였다'가 아니라 후자와 같이 「声を上げた」라고 해 줘야겠죠. 이 표현은 아주 널리 쓰이는 표현입니다.

9. 합당 : 合併 · 合流   앞에 나온 거 복습이죠.

10. 신당 창당 : 新党の結党

일본은 창당이란 말을 쓰지 않고 結党(결당)이라는 말을 씁니다.

> **日** 이 역시 확인차 국어사전을 찾아보니 '결당'이라는 말이 등재돼 있더군요. 하지만 일상생활 속에서 '결당'이라는 말을 쓰는 한국인은 거의 한 명도 없을 겁니다. 사전에 올라와 있다고 무조건 따라 쓰면 안 된다는 점 명심하세요. 이건 한국인의 경우도 마찬가지겠죠. 일본의 사전에 올라 있는 단어라고 해서 무조건 써도 되는 줄 알고 따라 쓰면 일본 사람이 못 알아듣는 경우가 왕왕 있습니다.

11. 만찬 회동 : 晩餐会 (ばんさんかい)

이 '회동'이란 한자어도 일본의 국어사전에 올라 있긴 하지만 쓰임새가 거의 제로에 가깝다고 해도 과언이 아닌 말입니다. 몇몇 일본인에게 물어봤더니 처음 본다고도 하고, 또 어떤 일본인은 안 쓴다고 단호히 말하기도 할 정도입니다. 방금도 말했지만 사전에 올라 있다고 무심코 따라서 썼다가는 의사소통이 안 되는 경우가 허다합니다. 이 경우 일본은 「会合 (かいごう)」라는 한자어를 씁니다. 따라서 우리가 말하는 'n자 회동'도 「n者会合」라고 합니다. 근데 여기서도 주의할 점은, 2명의 회동을 우리는 '양자 회동'이라고 하지만 일본은 「二者会合」라고 합니다. 그리고 오찬 회동은 당연히 「午餐会 (ごさんかい)」겠죠. 또한 이 각각을 일상적으로는 「夕食会 (ゆうしょくかい)」, 「昼食会 (ちゅうしょくかい)」 라고 표현합니다. 근데 일본은 조찬 회동은 잘 안 갖는지 '조찬회'라고 하는 건 들은 기억이 '개인적으로는' 없는 거 같습니다.

12. 출범 : 船出 (ふなで)   앞에 나온 거 복습이죠?

> **日** 복습 삼아 다시 상기시켜 드리자면 한국어 '출범'은 상대적으로 무게감이 있는 표현입니다. 그러니 졸업이나 취직, 결혼 등을 비유적으로 船出라고 표현할 경우는 '출범'이 아니라 '새 출발' 등의 비교적 가벼운 표현으로 번역해 주세요.

13. 마음을 한데 모으자 : 心を一つにしよう

이걸 「心を一所に集める」라고 하면 코패니즈 표현이 되죠. 물론 뭘 말하려는지 알아듣긴 하겠죠, 아마도? 아무튼 이 경우에는 위와 같이 표현하는 게 일반적입니다.

> 日　한국에선 이걸 '마음을 하나로 모으다'라고도 합니다. 하지만 '하나'를 쓸 경우에도 일본처럼 '마음을 하나로 하다'라고는 하지 않습니다. 왜 이 말을 덧붙이냐 하면 일본인이 '하나로 하다'라고 번역해 놓은 걸 본 적이 있기 때문입니다. 물론 그렇게 말해도 한국인은 알아는 듣겠죠. 하지만 '모으다'를 쓰는 게 일반적이고 또한 매끄러운 한국어가 됩니다.

14. 건배 제의를 했다 : 乾杯の音頭を取った

이 역시 그대로 乾杯提議라고 해 놓은 예들이 수두룩합니다. '제의'라는 한자어의 쓰임새도 서로 다르다는 거죠. 「乾杯のご発声」 혹은 '고'를 빼고 「乾杯の発声」라고도 하는데 이 경우는 「とる」가 아니라 「する」라고 합니다.

15. 중앙 당사 : 党本部

일본은 중앙당사(中央党舍)라는 표현을 쓰지 않습니다. 中央党舍라고 말하면 '중앙에 당사가 있나 보다'라고 생각할지도 모르죠.

16. 대선 : 大統領選挙　　*앞에 나온 거니 맞혔겠죠?*

17. 연대 : 連携

18. 합당 수준 : 合併レベル

이 '수준'이라는 말의 쓰임새도 서로 미묘하게 다른 거죠. 물론 '수준'이라고 해도 뭘 말하려 하는 건지 의미는 통할지 몰라도 일본은 이런 경우에는 '수준'이 아니라 「レベル」라고 표현하는 게 자연스럽습니다. 일본의 경우 '수준'이라는 말의 쓰임새 폭이 한국보다 좁다는 말인데, 일본어 '수준'은 높고 낮음으로 표현할 수 있는 경우, 그러니까 생활 수준, 문화 수준, 교육 수준, 소득 수준, 급여 수준, 최고 수준, 최저 수준, 평균적 수준 등으로 표현할 때 주로 쓰이는 말입니다. 한국어로 '합당 수준'이라고 할 때의 '수준'은 높고 낮음의 정도로 표현할 수 있는 말이 아니죠.

19. 인허가 : 許認可

일본은 글자 순서를 바꾸어서 이렇듯 '허인가'라고 하는 게 일반적입니다. 한국과 일본은 이렇듯 말의 순서가 서로 뒤바뀐 한자어들이 상당히 많죠.

20. 백일하에 드러난 : 白日の下に晒された

몰랐던 분은 이참에 외워 두시기를. 다시 한번 강조하지만 표현을 통째로 외워야 합니다. 그리고 下는 '모토'라고 읽는다는 점도.

21. 비리 정치인 : 汚職政治家

앞서도 말했듯이 일본은 非理라는 한자어 자체를 거의 안 씁니다. 그러니 이런 식으로 표현하는 수밖에 없겠죠. 또 일본은 '정치가'라고 하지 '정치인'이라고 하지 않습니다. 사전에도 실려 있지 않습니다. 몇몇 일본인들에게 만일 한국 사람이 「せいじにん」이라고 말하면 어떤 말을 연상하냐고, 무슨 말인지 알아듣겠냐고 하니까 거의 대부분이 우리로 치면 '성 정체성'을 의미하는 「性自認」이 연상된다는 답변이었고, 사실 이 용어가 쉬운 용어가 아니니까 「性自認」이라는 용어 자체를 모르는 사람은 전혀 무슨 말인지 모르겠다는 반응이었습니다. 참고로 자신을 자신의 생물학적 성과 다르다고 인식하는 장애를 뜻하는 '성 정체성 장애'를 일본은 「性同一性障害」, 즉, '정체성'이 아니라 '동일성'이라고 합니다. 사실 이것도 퀴즈로 냈던 건데 2권으로 밀려나고 말았습니다. 하지만 2권이 나올 보장이 없으니 이렇게 '츠키다시'로 욱여넣고 마네요.

22. 탈당 : 離党

일본도 脱党이라는 한자어가 사전에는 있지만 거의 쓰이지 않기 때문에 이와 같이 '이당'이라고 하는 게 자연스럽습니다.

23. 출당(黜黨) : 除名 · 除籍

아마도 이 '출당'의 '출'을 出이라고 생각한 분이 많을 거라고 생각하는데 그렇지 않나요? 한국의 한자어 출당(黜黨)은 당원 명부에서 제명하고 당원 자격을 박탈하는 걸 의미합니다. 하지만 일본에는 이 '출당'이라는 한자어가 없으므로 위와 같이 번역해 줄 수밖에 없겠죠.

○○○議員は昨今、党の一角で[　1　][　2　]の主張は
○○○ 의원은 지금 당 일각에서 **목소리가 커지고 있는** 야권 연대 주장은

[3]ではなく野合であり、[4]の[5]を招くだけだと警告した。
연대가 아니라 야합으로서, 야권의 **공멸**을 초래할 뿐이라고 경고했다.

大統領は、今朝開かれた[　6　]で、[7]の[　8　]のためには[9]間の
대통령은 오늘 아침 열린 국무회의에서 **AI 확산 방지**를 위해서는 부처 간

円滑な[　　10　　]強調し、「[11]は[7]の主犯ではなく
원활한 **협조 체제가 필수적임**을 강조하고, '**철새**는 AI의 주범이 아니라

犠牲者」という[12]の主張を重く受け止め[11]の保護対策にも
희생자'라는 **국제기구**의 주장을 무겁게 받아들여 **철새** 보호 대책에도

[　　13　　]呼びかけた。
만전을 기할 것을 촉구했다.

○○○最高議員は今日開かれた全国[14]にて[　　15　　]の予算増額に
○○○ 최고위원은 오늘 열린 전국 **전당대회**에서 **지방자치단체**의 예산 증액에

総力を注ぎ、[16]の声にも耳を傾けることを誓った。
총력을 쏟고, **시의원**의 목소리에도 귀를 기울일 것임을 맹세했다.

[　17　]**に転落して政権擁護のための**[　18　]**ばかり報道してきた**[19]**は**

정권의 나팔수로 전락해서 정권 옹호를 위한 **어용기사**만 보도해 왔던 **언론**은

[　20　][　21　]**すべきだ。**

과오를 회개하고 개과천선해야만 한다.

모범 답안

1. 목소리가 커지고 있는 ： 声が高まっている(大きくなっている)

일본은 이 경우 '높아지다'로 표현하는 게 가장 일반적이고 자연스럽다고 합니다. 다만, 이걸 「高くなっている」라고는 하지 않습니다. 이렇게 하면 실제로 사람의 육성이 높아진다는 뜻으로 받아들일 수 있다고 합니다.

2. 야권 연대 ： 野党連携

일본은 野圏(야권)이란 표현을 쓰지 않으니까 글자 수까지 맞춰서 번역하려면 이렇게 표현해 줘야겠죠. 그리고 '연대'는 連携라고 한다는 건 앞에서 나왔죠.

3. 연대 ： 連携

4. 야권 ： 野党系 · 野党勢力 · 野党陣営

'하나의 정당(야당)'과 구별해서 말해야 할 때는 이런 식으로 의역할 수밖에 없겠죠.

5. 공멸 ： 共倒れ(ともだお)

'공멸'이라는 한자어는 일본 사전에 없고 위와 같이 말하는 게 일반적입니다. 일본인들에게 물어봤더니 처음 보는 한자어라는 반응이었는데 「共存」이라는 단어는 흔히 쓰는 말이니까 그걸로 뜻을 유추할 수는 있겠다고 하더군요. 하지만 글이 아니라 말로 한다면 일본인들은 이 역시도 갸우뚱하겠죠?

6. 국무회의 ： 閣議(かくぎ)

한국과 일본이 제도가 다르기 때문에 이 경우에는 그냥 **国務会議**라고 번역해도 어쩔 수 없는 건지 모르지만 특히나 영상번역의 경우에는 가급적이면 한눈에 딱 보고 이해할 수 있는 단어로 번역해 주는 게 좋습니다.

7. AI ： 鳥インフルエンザ

일본에선 AI라는 영어 약자는 인공지능이라는 의미로 쓰입니다. 그리고 「鳥類」가 아니라 「鳥」라고 한다는 점.

8. 확산 방지 ： 拡大防止

이 경우에 拡散(확산)이라는 단어를 쓰면 일본 사람은 누군가 AI를 퍼뜨렸나 보다고 받아들일 소지가 있다고 합니다. 다시 말해 일본어 拡散은 퍼뜨린다는 뉘앙스가 내포된 경우도 있다는 뜻이겠죠. 그리고 우리는 파문을 확산시킨다는 표현을 쓰지만 일본은 이 경우에도 「波紋を拡散させる」라고 하지 않고 「波紋を広げる」라고 하는 게 일반적이라고 합니다. 또한 자동사로 쓰일 때도 '확산'을 쓰지 않고 「広がる」라고 하는 게 일반적입니다. 여기서도 한국어 확산과 일본어 拡散의 미묘한 쓰임새 차이가 느껴지죠?

9. 부처(部處) ： 省庁(しょうちょう)

이 역시 한국과 일본은 제도가 다르기 때문에 [부처=省庁]라는 등식이 성립하는 건 아니지만, 읽는 사람이 알기 쉬운 표현으로 번역하는 건 기본이죠.

10. 협조 체제가 필수적임을 ： 協力体制が必須であると

일본은 協助라는 한자어를 쓰지 않습니다. 사전에도 없습니다. 그러니 한국의 한자어 協助는 전부 위와 같이 '협력'이라고 하면 됩니다. 그리고 일본에서는 필수'적'이라고 하지 않는다는 건 복습이죠.

11. 철새 ： 渡り鳥

12. 국제기구 ： 国際機関

국제기구를 일본에선 '국제기관'이라고 합니다. 예컨대 세계보건기구도 일본은 '세계보건기관'이라고 합니다. 그 외 다른 국제기구의 명칭도 마찬가지로 '기관'으로 번역해야 합니다.

13. 만전을 기할 것을 ： 万全(ばんぜん)を期するよう

아마도 「期することを」라고 작문하신 분이 많으실 텐데 신문 기사 같은 데서는 이렇듯 「よう」라고 하는 게 더 일반적인 것 같습니다.

14. 전당대회 ： 党大会

15. 지방자치단체 : 地方自治体

일본은 지방자치'단체'가 아니라 지방자치'체'라고 한다는 건 많이들 알겠죠? 그리고 이것을 줄여서 우리는 '지자체'라고 하지만 일본은 앞의 '지방'을 빼 버리고 그냥 自治体(자치체)라고 합니다.

16. 시의원 : 市会議員
しかいぎいん

우리는 '시의회 의원'을 줄여서 '시의원'이라고 하지만 일본의 경우 줄여서 부를 때는 이처럼 '시회의원'이라고 합니다.

17. 정권의 나팔수 : 政権の提灯持ち
ちょうちん

앞서 뒤에 퀴즈로 낸다고 머리에 담아 두시라고 했던 게 이것입니다. 「提灯持ち」라는 건 등롱을 들고 앞장서 가는 사람을 의미하는 말입니다. 딱 그림이 나오죠? 유사한 표현으로 「太鼓持ち」도 반복 학습 차원에서 언급하고 넘어갑니다.

18. 어용기사 : 提灯記事

「提灯持ち」가 쓰는 기사라는 뜻이죠. 일본도 「御用記事」라는 말이 있긴 하지만 거의 안 쓰이는 말입니다. 실제로 몇몇 일본인들에게 물어본 결과도 처음 본다, 몰랐다는 반응들이 많았습니다. 그만큼 쓰임새가 적다는 거겠죠.

19. 언론 : マスコミ

일본은 '언론'이라는 한자어의 쓰임새의 폭이 한국에 비해 훨씬 좁기 때문에 일반적으로 위와 같이 표현합니다. 경우에 따라선 「メディア」라고도 합니다.

20. 과오를 회개하고 : 過ちを悔い改めて
く

앞에서 '의료 과실'의 경우는 과오(過誤)라는 한자를 쓴다고 했는데, 앞에서도 말했듯이 일본은 애초에 과오(過誤)라는 한자어 자체를 잘 쓰지 않는다고 합니다. 쓰임새가 아주 많이 국한돼 있다는 거죠.

21. 개과천선 : 改心
かいしん

일본은 '개과천선'이라는 한자어를 쓰지 않으니 이런 식으로 의역할 수밖에 없겠죠. 그리고 문맥에 따라서는 회개한다는 뜻인 「悔い改める」를 쓸 수도 있겠는데, 앞에 이미 이 표현이 나왔으니 이 경우는 이렇게 '개심'이라고 해 주는 게 낫겠죠.

北朝鮮に[1][2]**によると今度の**[3]**ミサイル開発の**[4]**は**

북한에 **정통한** 소식통에 의하면 이번 **요격** 미사일 개발의 **일등 공신**은

莫大な資金を提供した某[5]**だと言う。**

막대한 자금을 제공한 모 **지역 유지**라고 한다.

今日開かれた与党の[6]**では**[7]**の老獪な**[8]**の**
ろうかい

오늘 열린 여당의 **전당대회**에서는 **백전노장**의 노회한 정치인인

○○○議員が[9]**に**[10]**された。**

○○○ 의원이 당 대표로 **추대**되었다.

[11]**政治工作に**[12]**国民の**[13]**要求が**[14]**激しくなった。**

구시대적 정치 공작에 **염증을 느낀** 국민의 당 해체 요구가 **날로** 거세졌다.

[15]**での銃撃事件を機に**[16]**の**[17]**中、**

군사분계선 총격 사건을 계기로 한반도의 정세(政勢)가 악화되고 있는 가운데

大統領は軍事的緊張の解消のための[18]**3者**[19]**を提案した。**

대통령은 군사적 긴장 해소를 위한 **남북미** 3자 **고위급 회담**을 제안했다.

[20]**のためには**[21]**の皆さんの**[22]**が**[23]

정권 교체를 위해서는 초선 의원 여러분의 **더 큰 분발**이 절실하므로

[24]**が成功できるよう**[25]**努力を傾注してもらいたいです。**
けいちゅう

야당 연대가 성공할 수 있도록 **가일층의** 노력을 경주해 주시기 바랍니다.

모범 답안

1. 정통한 : 精通する
<ruby>精通<rt>せいつう</rt></ruby>する

우리와 달리 일본은 이렇게 「精通する」라고도 합니다. 물론 「精通した」라고도 합니다.

> 日 한국에선 '정통하는'이라고 하면 어색한 표현이 됩니다.

2. 소식통 : 消息筋
<ruby>消息筋<rt>しょうそくすじ</rt></ruby>

消息通이라는 단어도 쓰긴 하는데 신문이나 뉴스 등에서는 위와 같이 말하는 게 일반적이라고 합니다. 뉘앙스가 약간 다르긴 한데 「事情通」이라는 말도 기억해 두시기를.

> 日 한국에선 '사정통'이라는 표현은 하지 않습니다. 한국인에게 이런 표현을 쓰면 어쩌면 비뇨기 관련 질환의 병명을 떠올리는 사람이 많을지도… (웃음).

3. 요격 : 迎撃
<ruby>迎撃<rt>げいげき</rt></ruby>

일본도 요격(邀撃)이란 단어를 쓰긴 하는데 영격(迎撃)이라고 하는 게 일반적인 것 같습니다. 제 개인적으로 지금껏 영상번역을 해 오면서, 또는 영화나 드라마, 애니 등을 감상하면서, 그리고 인터넷 등의 글을 읽으면서 '요격'이라고 하는 걸 들은 기억이 없을 정도니까요. 그리고 '요격'이라고 하는 경우도 邀撃이 아니라 要撃이라고 표기한다고 합니다. 왜냐하면 태평양 전쟁 이후 상용한자가 지정됐을 때 邀가 상용한자에서 빠졌기 때문에 자위대 등에서도 이처럼 要라고 표기하기로 했기 때문이죠.

> 日 한국에도 '영격'이 국어사전에는 있지만 거의 안 쓴다고 보면 됩니다. 그러므로 일본어 要撃도 迎撃도 모두 '요격'이라고 번역하면 됩니다. 특히 한국에선 요격기(邀撃機)라고는 해도 영격기(迎撃機)는 들어 본 적이 없습니다.

4. 일등 공신 : 立役者·一番の功労者
<ruby>立役者<rt>たてやくしゃ</rt></ruby>·一番の功労者

일본은 功臣이라는 한자어를 이런 식으로 쓰지 않는데도 이 역시 마찬가지로 온통 「一等功臣」이라고 번역해 놓곤 하더군요. 이 경우에는 위와 같이 「立役者」라고 하거나 「一番の功労者」라고 해야 자연스러운 일본어가 됩니다. 일본인에게 「いっとうこうしん」이라고 말로 하면 무슨 말인지 못 알아듣습니다. 이를 확인하기 위해 실제로 몇몇 일본 사이트에서 일본인들에게 질문도 해 봤는데, 전부 다 무슨 말인지 못 알아듣겠다는 답변이었습니다.

5. 지역 유지 ： 地域の有力者

이것도 마찬가지로 한국 언론사 일본어판을 보면 그대로 地域有志라고 해 놨습니다. 심지어 어떤 일본어 교재에서도 그래 놨더군요. 일본어 「有志」라는 한자어는 어떤 일을 같이 할 의사, 또는 그럴 뜻이 있는 사람이라는 뜻입니다. 인터넷을 검색하다 보면 「有志募集」라는 표현이 나오는데, 이건 말 그대로 같은 뜻을 가진 사람, 바꿔 말해 어떤 일이나 사업을 같이 할 뜻을 가진 사람을 모집한다는 말입니다. 또한 한국과 완벽히 똑같이 地域有志라는 표현도 쓰는데, 일본에서 말하는 地域有志는 지역을 위해 봉사할 뜻이 있는 사람이란 말로서, 예컨대 환경을 위해 함께 쓰레기 줍기를 하는 등의 일을 하는 지역 자원봉사자라는 의미로 쓰이는 말입니다. 또한 앞에 '모(某)'가 있기 때문에 말의 연결상 더 매끄럽게 하기 위해 「の」를 붙였지만 앞의 '모'를 빼고 그냥 '지역 유지'라고 할 때는 「地域有力者」라고도 표현합니다.

> 日 　일본의 모 지역 관광을 홍보하는 사이트에서 일본의 地域有志라는 말을 '지역 유지들의 힘으로 만들어진 공원'이라고 그대로 '지역 유지'라고 번역해 놨던데 이렇게 하면 한국인들은 그 지역의 돈 있고 힘 있는 사람들이 만든 공원이라고 생각할 겁니다.

6. 전당대회 ： 党大会

7. 백전노장 ： 百戦錬磨

일본에 '백전노장'이라는 말은 없죠.

> 日 　백전노장(百戦老将)은 꼭 늙은 사람이 아니라도 비유적으로 쓰는 말입니다.

8. 정치인 ： 政治家

9. 당 대표 ： 党首 · 党総裁

10. 추대 ： 推挙

11. 구시대적 ： 前時代的

12. 염증을 느낀 : 嫌気が差した

> 日 한국의 국어사전에서 '염증'을 찾아보면 '싫은 생각이나 느낌. 또는 그런 반응'이라고 간략히
> 나와 있고 '싫증'이 유의어로 등재돼 있습니다. 뿐만 아니라 '싫증'의 사전 속 뜻풀이도 '염증'
> 과 완벽히 똑같습니다. 하지만 한국인이 느끼는 '염증'이란 말에 대한 어감은 '싫증'보다는 훨
> 씬 더 심각하고 무겁습니다. 예를 들어 게임이나 놀이 같은 것을 하다가 싫증을 느끼는 걸 '염
> 증을 느끼다'라고는 하지 않습니다. 한국어 '염증'은 넌더리나 진절머리에 가까운 어감입니다.

13. 당 해체 : 解党

혹시나 해서 국어사전을 뒤져 봤더니 '해당'이 당을 해산한다는 의미로 실려 있더군요. 하지만 한국에
서 당을 해산한다는 의미로 이 단어를 쓰는 사람은 없겠죠? 당을 해치는 행위라는 뜻으로 '해당(害黨)
행위'라는 표현은 하지만요.

14. 날로 : 日増しに

이 표현은 약간 문어적이고, 구어체로서는 「日に日に」라고 해 주면 되겠죠.

15. 군사분계선 : 軍事境界線

16. 한반도 : 朝鮮半島

17. 정세(政勢)가 악화되고 있는 : 政情が悪化している

'정치적 동향이나 형세'를 뜻하는 정세(政勢)라는 한국 한자어는 일본에선 이와 같이 '정정'이라고 합니
다. 다만, '일이 되어 가는 형편이나 형세'를 뜻하는 정세(情勢)의 경우는 일본도 똑같이 「情勢」라고 합
니다. 악화'되고' 부분의 번역에도 주의.

> 日 한국에도 정정(政情)이라는 한자어가 사전에 올라 있긴 합니다만, 저 역시 사전을 찾아보고서
> 야 이런 한자어가 있다는 걸 알았고, 사실상 요즘 이 한자어를 쓰는 한국인은 거의 없을 거라고
> 생각합니다.

18. 남북미 : 米韓朝

당연히 일본은 일본에 가까운 나라들 순서로 표현하겠죠.

19. 고위급 회담 ：　高官⁽級⁾会談

こうかん

우리가 말하는 '고위급 회담'을 일본은 이와 같이 '고관회담', 혹은 '고관급 회담'이라고 합니다. 그런데 어찌 된 영문인지 어느 날 NHK 뉴스를 봤는데 이걸 그대로 高位級라고 표현하더군요. 근데 뉴스의 경우 대체로 자막으로 해당 한자도 적어 주기 때문에 뜻은 통하겠죠. 하지만 일본 사람들에게 물어본 결과 활자로 적힌 거라면 대충 무슨 뜻인지 알 수는 있겠지만 말로 「こういきゅう」라고 한다면 처음 접한 사람은 갸우뚱할 것이라는 반응들이었습니다.

20. 정권 교체 ：　政権交代

21. 초선 의원 ：　初当選議員

はつ

일본은 우리처럼 '초선'이라는 한자어를 쓰지 않습니다.

> 日 　예컨대 「今回が初当選だ」라고 말할 때의 初当選의 경우 한국에선 '첫 당선'이라고 합니다.

22. 더 큰 분발 ：　さらなる発奮

はっぷん

한국의 '분발(奮發)'이라는 한자어와 일본의 '분발'이란 한자어는 쓰임새가 다르다는 건 앞서 살펴본 거죠. 우리나라의 '분발'과 같은 뜻으로 일본은 이렇듯 '분발'이 아니라 '발분'이라고 합니다.

23. 절실하므로 ：　切実に必要とされるので

일본은 「切実に必要だ」 형태보다도 이처럼 「必要とする⁽される⁾」 형태로 쓰는 경우가 더 많은 것 같습니다. 검색을 해 봐도 그렇고요.

24. 야당 연대 ：　野党の連携

25. 가일층의 ：　層一層の

そういっそう

이 역시 제가 한창 일본어를 공부할 때 보고 외웠던 건데, 지금은 이 표현을 아는 사람들은 별로 없는 듯합니다. '가일층'이라는 표현을 모르는 한국의 젊은이들이 많듯이 일본도 젊은 사람들은 모르는 사람이 거의 대부분이고 「より一層の」, 「なお一層の」를 써야 통할 거라고 하는군요.

　＋ 정치 관련 한자어는 처음엔 6개의 표제어로 담았었는데 소개할 다른 한자어들이 너무 많아서 부득이하게 2권을 기약하면서 눈물을 머금고 「割愛」 할 수밖에 없었습니다.

今回の[1   ]では、[2   ]の中でも、昨年[3]の間、

이번 은행장 후보 심사에서는 **쟁쟁한 면면들** 중에서도 작년 **사분기** 동안

[4   ]ほど[5   ]を上げた○○○が選出された。

타의 추종을 불허할 만큼 **특출한 실적**을 올린 ○○○가 선출됐다.

[6   ]の彼は[7   ]を安値_{やすね}で[8]し、[9]で株価を

인수 합병의 대가인 그는 부실기업을 헐값에 인수해서 장외시장에서 주가를

引き上げて[10   ]こっそり売却し[11]を作る[12]を使う。

끌어올려 상장시킨 후, 상장주를 몰래 매각해서 **비자금**을 만드는 **수법**을 쓴다.

検察は○○の代表○○○氏と[13]の○○○氏に対し、[14]の容疑で

검찰은 ○○ 대표 ○○○ 씨와 **세무사** ○○○ 씨에 대해 **분식회계** 혐의로

[15]を[16]しました。

구속영장을 **신청**했습니다.

[17]が多いという[18]の[19   ]、つい

환급금이 많다는 **보험설계사**의 **감언이설에 속아서** 그만

[20   ]保険に加入してしまった。

필요하지도 않은 보험에 가입하고 말았다.

兄さんが[21]の申請をしてきたという話を聞いた父は

오빠가 **개인파산**을 신청하고 왔다는 말을 들은 아빠는

そんな無責任なことは許さんと、今にも[22   ][23]。

그런 무책임한 짓은 용서 못한다며 금세라도 **숨이 넘어갈 듯 욕을 퍼부었다.**

모범 답안

1. 은행장 후보 심사 ： 頭取候補選考
<ruby>とうどり</ruby>

은행장을 일본은 頭取라고 합니다. 그리고 앞서 대표 선발전도 '선발'이 아니라 '선고'라고 한다고 한 거 반복 학습 효과를 위해 상기시켜 드립니다. 그리고 우리가 '심사'라고 말할 경우에 일본은 이렇듯 '선고'라는 한자어를 쓰는 경향이 있습니다. 서류 심사도 '선고', 최종 심사도 '선고'라는 용어를 쓰죠. 그런데 한국인 입장에선 시쳇말로 '듣보잡' 용어인 選考라는 한자어를 일본은 왜 이렇게 자주 사용하는 걸까요? 그 이유는 원래 일본의 한자어 選考는 銓衡(전형)에서 변한 말이기 때문입니다. 銓衡은 상용한자가 아니므로 같은 발음으로 새롭게 만들어 낸 한자어인 셈이죠. 또한 앞서 한국에서 말하는 '심사위원'은 '심사원'이라고 하는 게 일반적이라고 했는데 이 '선고'를 쓰는 경우는 일본도 '선고위원'이라고 합니다.

> **日** 한국에서 '전형'이라는 한자어는 비교적 국한돼서 쓰이는 경향이 있습니다. 예컨대 회사에서 사원을 뽑기 위한 일련의 과정을 표현할 때 서류 전형, 필기 전형, 면접 전형이라는 식으로 구분할 때나 쓰지 '전형'을 단독으로 쓰는 경우는 드뭅니다. 이때는 '심사'라고 하는 게 일반적입니다. 그러므로 일본어 選考를 한국어로 번역할 때는 '심사'라고 하면 무난한 경우가 많고, 방금 언급했듯이 書類選考, 筆記選考, 面接選考라고 할 경우에는 '전형'이라고 번역해도 자연스럽습니다.

2. 쟁쟁한 면면들 ： 錚々たる顔ぶれ
자꾸 접하면 저절로 외워지죠!

3. 사분기 ： 四半期
<ruby>しはんき</ruby>

> **日** 「上半期·下半期」라고 할 때는 한국도 '상반기, 하반기'라고 합니다.

4. 타의 추종을 불허할 ： 他の追随を許さない
<ruby>ついずい</ruby>

5. 특출한 실적 ： ずば抜けた業績·実績

이 경우 우린 '실적'이라고 하는데 일본은 '업적'이란 표현을 쓴다는 건 이미 나왔죠. 그리고 감수자분의 의견은 이 경우는 둘 다 쓸 수 있겠다고 합니다. 왜냐하면 앞서 설명했듯이 '실적' 뒤에 다른 한자어(예:경쟁)가 붙어서 합성어처럼 쓰이는 경우가 아니고, '이미 실제로 이뤄낸 (좋은)성적'이라는 뜻으로 해석할 수 있기 때문이겠죠. 어찌 됐건 거꾸로 생각할 때 이런 문맥에서 쓴 일본어 '업적'을 그대로 한국

어 '업적'으로 번역하는 건 부자연스럽다는 점. 참고로, 「ずば抜ける」와 유사한 표현으로서 「抜きん出る」, 「飛びぬける」, 「群を抜く」 등도 몰랐던 분들은 기억해 두세요.

> 日　한국에선 이 경우에 '업적'이라고 하면 '해당 분기에 구체적 수치로 남긴' 실적이 아니라 좀 더 포괄적인 의미가 됩니다.

6. 인수 합병의 대가 :　合併・買収の大家(たいか)(～を得意とする)

앞에서 언급했죠. 근데 이걸 大家라고 해서 보냈더니 감수자님이 후자와 같이 고쳐 놓은 것이었습니다. '앗, 코패니즈 한자어 또 하나 줍줍?' 싶은 기대로 여러 일본인들의 확인을 거쳤는데, 자연스럽다는 반응, 못 쓸 건 없는데 예컨대 「書道の大家」라고는 해도 기업 인수 합병에 '대가'라는 표현은 좀 어색한 것 같다는 반응, 그리고 두 명은 이 경우에 '대가'라고 하면 비꼬는 말, 조롱하는 말로 읽힐 수도 있다더군요. 그리고 두 번째 감수자님은 이걸 손대지 않았다는 점도 참고하세요. 근데 요즘의 젊은 이들은 大家란 한자어를 보면 집주인, 건물 주인을 뜻하는 「おおや」를 떠올리는 경우가 많은 모양입니다.

7. 부실기업 :　不良企業

위에 '부실 채권'의 경우와 마찬가지로 이 역시 '불량기업'이라고 합니다.

8. 인수 :　買収

9. 장외시장 :　店頭市場

10. 상장시킨 후, 상장주를 :　一部上場させた後、持ち株を

이 역시 앞에서 나왔죠. 그러니 이것도 이런 식으로 번역해 줘야겠네요.

11. 비자금 :　秘密資金・裏金

12. 수법 :　手口(てぐち)

'수법'이란 한자어도 한국과 일본이 쓰임새가 미묘하게 다릅니다. 한국어 '수법'은 약간 안 좋은 뉘앙스로도 쓰이지만 일본어 手法에는 부정적인 뉘앙스는 없기 때문에 이걸 그대로 手法이라고 번역하면 부자연스럽습니다.

13. 세무사 :　税理士(ぜいりし)

14. 분식회계 : 粉飾決算
ふんしょくけっさん

일본은 '분식 회계'가 아니라 '분식결산'이라고 하는 게 일반적입니다.

> 日 한국도 '분식 결산'이라고도 하는데 '분식 회계'라는 표현이 더 익숙합니다.

15. 구속영장 : 勾留状 · 逮捕状

일본도 '구류장'이라는 용어가 있지만 잘 안 쓴다는 건 앞서 말했죠?

16. 신청 : 請求

우리는 체포영장이나 구속영장의 경우 '신청'도 쓰고 '청구'도 쓰죠. 하지만 일본에서는 이 경우에는 '청구'라고 합니다. 법률 용어 사전에도 '청구'라고 쓴다고 적시돼 있다고 합니다.

17. 환급금 : 還付金
かんぷきん

우리는 '환급금'이라고 하지만 일본은 '환부금'이라고 합니다.

18. 보험설계사 : 保険外交員

19. 감언이설에 속아서 : 口車に乗って
くちぐるま

20. 필요하지도 않은 : 要りもしない

「必要でもない」가 정답이라면 퀴즈로 내지도 않았겠죠. 고수분들이야 당연히 아는 거겠지만 몰랐던 분은 이런 식으로도 표현한다는 걸 알고 표현을 익혀 두시기 바랍니다. 동사 연용형에 붙여서 「ありもしない」, 「出来もしない」, 「食べもしない」 등의 형태로 쓰입니다.

21. 개인파산 : 自己破産

한국은 '개인파산'이라고 하지만 일본은 이렇듯 '자기파산'이라고 합니다.

22. 숨이 넘어갈 듯 : 息が絶えんばかりに

> 日 한국에선 '끊어질 듯'이라고 하면 실제로 숨이 끊어지려는 듯하다는 느낌이 듭니다.
> 비유적 표현으로는 '넘어갈 듯'이 일반적입니다.

23. 욕을 퍼부었다 : 罵倒を浴びせた

[　1　]との[　2　]**問題において**[　　3　　]**が続いている。**

외국계 기업과 합작 문제를 놓고 **결론 없는 논쟁**이 계속되고 있다.

[　4　]**の余波で避暑客が急激に**[　5　]**、全国の海水浴場では**

경기 침체의 여파로 피서객들이 급격히 **줄어든 가운데** 전국의 해수욕장에서는

[　6　]**が**[　7　]**。**

바가지 악덕 상혼이 **판을 치고 있습니다**.

米財務省は日本に[　　8　　]**要請する一方、日本が**[　9　]**を**

미 재무성은 일본에 환율 전쟁을 피하자고 요청하는 한편, 일본이 엔저를

目的とした経済政策をとるかどうかを注視していると[　　10　　]**。**

목적으로 한 경제정책을 펼칠지 아닐지 주시하고 있다며 **경고를 띄웠다**.

[11]**が**[　12　]**今日の**[　13　]**での**[　14　]**は、昨日の**[15]**より**

폭염이 **기승을 부린** 오늘 외환시장의 원/달러 환율은 어제 종가보다

2ウォン[　16　]**、1,120ウォンで**[　　17　　]**。**

2원 내린 1,120원으로 장을 마감했습니다.

株式市場に[　18　]**が溢れている時こそ株を**[　19　]**タイミングを伺うべき時である。**

주식시장에 호재가 넘쳐나는 때야말로 주식을 **매도할** 타이밍을 엿봐야 할 때다.

[　20　]**ブームによる**[　21　]**の**[　22　]**で、価格が**[　　23　　]**。**

가상화폐 붐으로 인한 **그래픽카드 품귀** 현상으로 가격이 **천정부지로 치솟았다**.

모범 답안

1. 외국계 기업 : 外資系企業

알에서 나온 거죠?

2. 합작 : 合弁 ^{ごうべん}

우린 '합작하다', '합작회사' 등으로 표현하지만 일본은 이렇듯 '합판하다', '합판회사'라고 합니다. 참고로, 조사해 보니 한국에서도 옛날엔 '합판'이라는 단어를 쓰긴 쓴 모양입니다. 국어사전을 찾아봤더니 '합작'의 옛 호칭이라고 나와 있네요.

> **日** 지금의 한국인들은 '합판 회사'라고 하면 거의 대부분의 사람들이 (베니어)합판을 만드는 회사를 말하는 걸로 생각할 겁니다.

3. 결론 없는 논쟁 : 水掛け論 ^{みずか ろん}

결론이 나지 않는 덧없는 논쟁을 이런 식으로 표현하니까 몰랐던 분은 이 기회에 외워 두시기를.

4. 경기 침체 : 景気低迷 ^{けいきていめい}

일본은 沈滞라는 한자어를 거의 안 씁니다. 따라서 '저미'라고 표현하는 게 일반적입니다. 특히 경제, 경기 등과 짝지어 쓸 때는 더더욱 그렇습니다.

5. 줄어든 가운데 : 減っている中

이건 수도 없이 나오고 있죠. 이제 이 문제에는 익숙해졌기를 기대합니다. 이 역시도 「減った中」라고 하기보다 위와 같이 표현하는 게 일반적인 것 같습니다. 다만, 이 경우에는 줄었을 뿐 아니라 '계속 줄어들고 있다'는 뉘앙스도 포함돼 있다고 해석할 수 있습니다(하지만 실제로 사용된 문맥을 보면 '줄어들고 있다'가 아니라 '줄었다'로 해석해야 할 사용례도 많습니다). 반면에, 가게 같은 데서 하루 매상을 보고하는 장면에서, 예컨대 「昨日より減ってます(어제보다 줄었습니다)」라고 하는 경우는 다르죠.

> **日** 이 경우에 '어제보다 줄어 있습니다'라고 하면 매끄러운 한국어라고 할 수는 없습니다. 그냥 '줄었습니다'라고 하는 게 자연스럽고, 군더더기 없는 매끄러운 표현이 됩니다.

6. 바가지 악덕 상혼 : ぼったくり悪徳商法

'바가지'는 아는 분도 많으리라 생각합니다. 그리고 우리는 '악덕 상혼' 혹은 '악덕 상술'이라고 표현하지만 일본은 이처럼 '악덕상법'이라고 합니다. 그리고 '악덕' 대신 '악질(悪質)'을 쓰기도 합니다.

7. 판을 치고 있습니다 : 蔓延っています

앞에서 나온 '불법이 판을 치다'의 경우는 「まかり通る」라고 번역했죠. 이 표현은 일본인에게도 까다로운 표현이지만 반대로 '판을 치다'를 일본어로 작문할 때 애를 먹었던 기억이 있는 한국인도 많을 거라고 봅니다. 몰랐던 분은 이 표현도 기억해 두셨다가 유용하게 활용하시기 바랍니다. 물론 정확하게 일대일로 대응 가능한 표현은 아니니 상황과 문맥에 따라서는 다르게 표현해야 할 수도 있습니다. 그리고 이것의 한자를 보시면 '만연'이죠.

8. 환율 전쟁을 피하자고 : 通貨安競争の回避を

'회피'는 앞서 나온 거죠? 일본은 이렇듯 능동적인 뉘앙스로도 '회피'라는 한자어를 아주 많이 씁니다. 그리고 한국은 Currency war를 환율 전쟁이라고 번역하는 경우가 많은데 일본은 위와 같이 표현합니다. 通貨安戦争 혹은 그냥 通貨戦争라고 해 놓은 것도 검색이 되는데, 일본은 패전의 아픈 상처 때문인지 가급적이면 '전쟁'이라는 단어를 피하려는 경향이 있는 것 같습니다(실제로 몇몇 일본인들한테 이런 말을 들은 바 있습니다). 그래서 공식적으로는 위와 같이 표현하지만 일반인들의 경우는 그냥 쉽게 通貨戦争이라고 하기도 하는 모양입니다. 또, 한국의 '환율 전쟁'이라는 용어를 일본어로 「為替レート戦争」라고 번역한 게 많이 눈에 띄는데, 일본은 이렇게 표현할 때도 '레이트'는 빼고 그냥 「為替戦争」라고 하는 게 일반적인 것 같습니다.

9. 엔저 : 円安

일본은 엔저(円低)라는 식으로 표현하지 않습니다. 근데 엔고는 한국과 같이 高를 써서 「円高」라고 합니다. 왜 그럴까요? 우리는 '고저(높고 낮음)'로 대비시킨 거지만 일본은 싸고(安い) 비쌈(高い)으로 대비시킨 거죠.

10. 경고를 띄웠다 : 警告を発した

日	'경고를 발했다'고 하면 어색한 한국어가 됩니다.

11. 폭염 : 猛暑(もうしょ)

일본은 '폭염(暴炎)'이라는 한자어를 쓰지 않습니다.

12. 기승을 부린 : 猛威(もうい)を振るった

이 '기승을 부리다'라는 표현도 일본 사람들로서는 단번에 이해하기가 힘든 표현인 모양이더군요. '기승(氣勝)'이라는 한자어 자체가 없으니까요. 그러니 어쩔 수 없이 이와 같이 의역할 수밖에 없겠죠.

> 日 '기승을 떨다, 부리다, 피우다' 등으로 표현하는데 이 예문처럼 비유적으로도 사용하지만 원래는 지기 싫어하는 성격이라서 고집을 부리거나 자기의 의견을 굽히지 않는 성미를 뜻하는 말에서 파생된 표현입니다.

13. 외환 시장 : 外国為替(かわせ)市場

> 日 한국어 '외환시장'도 원래는 '외국환시장'이 줄어진 말입니다.

14. 원 달러 환율 : ドル・ウォンレート

우리는 환율을 말할 때 위와 같이 '원'을 먼저 붙여 주지만(엄밀히 말하면 이건 틀린 거고 '달러 원'이라고 해야 한다네요) 일본은 그 반대라고 합니다. 즉, '1달러당 몇 엔'이라는 식으로 표현할 때는 기준이 되는 통화(달러)를 앞에 붙여 준다는 거죠. 그리고 '환율'은 일본에서 「為替レート」라고 하는데, '원/달러 환율'이라고 표현할 때는 이렇듯 「為替」를 빼고 'rate'라는 외래어만으로 표현하는 게 일반적이라고 합니다.

15. 종가 : 終値(おわりね)

한자 자체는 한국과 같지만 음독이 아니라 훈독을 합니다. 참고로 시가는 「始値(はじめね)」, 최고가는 「高値(たかね)」, 최저가는 「安値(やすね)」라고 합니다. 여기서 주의할 점은 최고가와 최저가를 「最高値」, 「最安値」라고 하지 않고, 「高値」와 「安値」 자체로 그날의 외환시장에서 가장 높았던 가격과 가장 낮았던 가격을 뜻한다는 사실도 유념하시기를.

16. 내린 : 上(あ)げ

왜 한국어 원문은 2원 '내린'인데 일본은 이렇게 '올리다'로 표현하는지 의아한 분 계시죠? 저도 처음엔 의아했습니다. 그 차이는 우리는 1달러당 자국 화폐의 '액수'가 오르고(원화 약세) 내리는(원화 강세) 걸 표현하지만, 일본은 반대로 자국 화폐의 가치를 기준으로 표현하기 때문입니다. 한국에서 말하는 환율이 2원 내렸다는 건 원화(자국 화폐)의 가치는 2원만큼 올랐다는 말이잖아요. 참고로 이런 혼선이 발생하는 이유는 근본적으로 '환율이 오르다(내리다)'라는 표현 자체가 부적절한 표현이기 때문이라는 지적도 있는데, 이렇게 굳어져 버렸으니 우리로선 어쩔 방법이 없겠죠.

17. 장을 마감했습니다 : 取引を終了しました

외환시장 뉴스를 번역한 글들 중에서 이 '거래를 마감했습니다' 또는 '장을 마감했습니다'라는 표현을 「大引けしました」라고 해 놓은 걸 본 적이 몇 번 있습니다. 하지만 일본의 「大引け」라는 말은 주식 시장에서 쓰이는 말로서 그날(하루)의 마지막 거래(매매)를 뜻하는 말이고, 이 쓰임새가 확대돼서 「大引けしました」라는 표현이 거래를 마쳤다, 장을 마감했다는 의미로 쓰이게 된 거죠. 그런데 한국과 달리 일본 외환 시장은 '하루의 장'을 마감한다는 개념이 없고, 월요일부터 토요일 오전까지 장이 계속 되기 때문에 하루의 장을 마감한다는 뜻인 「大引け」는 쓰지 않는다고 합니다. 그러니 외환 시장 소식을 번역하시는 분들 중에 혹시 장을 마감한다는 의미로 이 표현을 쓴 적이 있거나 지금도 쓰고 계신 분은 앞으로는 유의할 필요가 있겠죠.

18. 호재 : 好材料

앞에서는 '악재'를 '악재료'라고 한다는 게 나왔죠. 일본은 '호재' 역시 이처럼 '호재료'라고 합니다.

19. 매도할 : 売り払う · 売る

일본은 매도(賣渡)라는 한자어를 쓰지 않습니다. 참고로 「売り払う」는 단순히 팔다, 매도하다는 뜻이라기보다는 팔아 버리다, 팔아 치우다, 팔아먹다 같은 살짝 거친 뉘앙스로 쓰이는 표현입니다.

> 日 '팔아 버리다'와 '팔아 치우다'는 띄어 쓰지만 '팔아먹다'는 하나의 단어로 등재된 말이므로 붙여서 씁니다. '팔아 버리다'에서 '버리다'는 보조동사죠. 다만, 국립국어원은 '~(해) 버리다, '~(해) 주다', '~(해) 치우다' 등의 보조동사의 경우 띄어 쓰는 게 원칙인데 붙여 쓰는 것도 '허용'한다는 입장입니다.

20. 가상화폐 : 仮想通貨

일본은 이와 같이 '화폐'가 아니라 '통화'라고 하는 게 일반적입니다. 그런데 요즘은 '가상'이라는 말에서 현실에 없는, 가짜라는 느낌이 든다고 해서 암호화폐라고 부르는 게 일반적이 됐다더군요. 그런데 일본은 어떨까요? 일본도 뉴스 같은 데서는 간혹 **暗号通貨**라고 하기도 하는 모양인데 일반인들한테는 여전히 **仮想通貨**라는 용어가 통용되고 있다고 합니다.

21. 그래픽카드 ： ビデオカード

우리가 말하는 그래픽카드를 일본은 이처럼 '비디오카드'라고 하는 게 일반적인 것 같습니다. 이 역시 그래픽이라는 영어를 카타카나로 표기하면 길어지고 발음도 힘들기 때문이 아닐까 합니다. 그런데 이걸 '그래픽보드', 그러니까 「グラフィックボード」라고 부르기도 하는 모양인데, 일본인은 외래어를 줄이는 걸 선호하는 만큼 이걸 또 줄여서 「グラボ」라고 하는 사람도 많은 모양입니다. '비데오카도'보다는 '구라보'가 더 짧고 쉬우니까 그런 거겠죠, 아마도?

22. 품귀 현상 ： 品薄現象
<small>しなうす</small>

일본은 이렇듯 '귀'가 아니라 엷다는 뜻의 '박'을 써서 표현합니다. 그리고 같은 뜻으로 「品枯れ」라는 말도 있는데 일본인들에게 물어보니 이런 표현이 있는지를 모르는 사람도 있더군요. 심지어 한 일본인은 혹시 '품절'을 뜻하는 「品切れ」랑 착각한 거 아니냐더군요. 하지만 분명한 건 흔히 쓰는 말은 아닌지 몰라도 쓰긴 씁니다. 마트의 안내 문구에도 적어 놓은 걸 본 적이 있습니다.

23. 천정부지로 치솟았다 ： 天井知らずに跳ね上がった

앞에서 나온 거 복습이죠. 그리고 물가 등이 치솟는 걸 뜻하는 한자어로 우리는 '앙등'이라고 하는데 일본은 '고등(高騰)'이라고 한다는 것도 기억하시죠?

> 日 한국의 국어사전에도 이 '고등'이라는 한자어가 비슷한 뜻으로 올라 있습니다. 그런데 개인적으로는 '앙등'이라고 하는 걸 더 많이 듣고, 보고, 저 또한 쓰고 있습니다만, '고등'은 그에 비하면 쓰임새의 빈도가 낮은 것 같습니다.

✛ 사실 이 '경제 관련 한자어'가 줄박힌 자료가 가장 많은데 다른 것들로 골고루 다루기 위해서, 그리고 '경제'란 말만 들어도 골이 지끈거리는 분들도 많을 테니(한마디로 별로 인기가 없을 테니) 경제 관련 한자어는 끝단은 이 정도로 줄이기로 하겠습니다.

죽음 관련 한자어 1

「90歳まで生きたから[　1　]」という[　2　][　3　]の話を聞いて

"90살까지 사셨으니 호상이네요"라는 **생각 없는** 조문객의 말에

[　　　　4　　　　]。

화가 머리끝까지 치미는 듯했다.

今にでも[　　5　　]父ちゃんがトイレから出てこなくて[　　6　　]。

금방이라도 **지릴 것 같은데** 아빠가 화장실에서 안 나와서 **죽는 줄 알았어**.

父は[　　7　　]、安らかな表情で[　　8　　]。

아버님은 천수를 누리시고 평온한 표정으로 영면에 드셨습니다.

王は家族と[　9　]が看取る中、静かに[　　10　　]。

임금은 가족과 **고관대작**이 지켜보는 가운데 조용히 **숨을 거두었다**.

こんなに[　11　][12]するとは、[　　13　　]。

이렇게 **젊은 나이에** 요절하다니, 삼가 명복을 빕니다.

享年84歳で[14][15]ヨハネ・パウロ２世の[16]が[17]と

향년 84세로 **선종하신 교황** 요한 바오로 2세의 영결식이 **주교단**과

[18]を受けた聖職者たち、そして大勢の信徒が見守る中、厳修された。

서품을 받은 성직자들, 그리고 수많은 신도들이 지켜보는 가운데 엄수되었다.

모범 답안

1. 호상이네요 : 大往生ですね
<ruby>大往生<rt>だいおうじょう</rt></ruby>

大往生는 고통 없이 편안히 죽는 걸 뜻하는데, 우리 식으로 말하면 극락왕생이란 뜻도 갖고 있습니다. 그런데 초상집 같은 데서 위로의 뜻으로 저렇게 말하는 경우도 있답니다. 우리도 '호상이네요'라고 하면 사람에 따라서, 경우에 따라서는 언짢게 받아들일 수도 있듯이 일본도 마찬가지인 모양입니다.

2. 생각 없는 : 心無い

우리도 '생각 없는'이라는 말을 곧잘 하죠. 이걸 일본에선 저렇게 '마음 없는'이라고 표현합니다. 비슷한 표현으로서「デリカシが無い」라고도 합니다. 상대에 대한 배려나 깊은 생각 없이 말이나 행동을 너무 쉽게, 경솔하게, 함부로 할 때 일본에선 이렇게 'delicacy가 없다'는 식으로 표현합니다.

3. 조문객 : 弔客
<ruby>弔客<rt>ちょうきゃく</rt></ruby>

일본도 '조문객'이라고 하지만 '조객'이라는 표현도 한국에 비해서 자주 씁니다. 그리고 弔客은「ちょうかく」라고도 읽습니다.

4. 화가 머리끝까지 치미는 듯했다 : 怒髪天を衝きそうだった
<ruby>怒髪天<rt>どはつ</rt></ruby>

5. 지릴 것 같은데 : 漏れそうなのに

이 표현을 몰랐던 분은 이참에 외워 두세요.

6. 죽는 줄 알았어 : 往生したよ
<ruby>往生<rt>おうじょう</rt></ruby>

일반적 번역이라면「死ぬかと思った」정도면 되겠지만, 이 표현도 소개해 드리려고 이걸 답안으로 제시했습니다. 往生도 죽음을 뜻하는 단어인데 비유적으로 이런 식으로도 씁니다. 다만, 일본인들에게 물어보니 관동 지방의 젊은이들은 이런 비유적인 뜻으로도 쓴다는 걸 모르는 사람이 있는 것 같습니다. 하지만 관서 지방에서는 종종 쓰는 표현이라는군요. 그리고「立往生」도 기억해 두세요. 기본적인 뜻은 '선 채로 죽다'라는 말인데 비유적으로 '(선 채로)오도가도 못하는 상황', '어찌할 바를 몰라 쩔쩔매는 상황'이라는 뉘앙스로 쓰이는 표현입니다.

7. 천수를 누리시고 : 天寿を全うして

앞에서 나온 거죠. 남에게 쓰면 실례라는 점. 또한 우리는 '아버님'이라고 경어를 쓰지만 이걸 그대로 「お父様」라고 하면 안 되겠고, '누리시고'도 경어체로 「全うされて」라고 하면 안 되겠죠.

8. 영면에 드셨습니다 : 永眠しました

일본인들 중에서도 이걸 「永眠につく」라고 하는 사람이 있는데 '영면'이라는 한자어를 일본에선 동사로만 사용합니다. 「永遠の眠りにつく」라는 표현과 헷갈리는 거죠.

9. 고관대작 : 高位高官 · 高位顕職 · 高官顕職

옛날에 한창 일본어를 공부할 때 고관대작을 일본에서는 위에서 세 번째로 제시한 '고관현직'이라고 한다고 외웠는데 젊은 층에서는 모르는 사람도 많은 것 같습니다. 그런데 검색을 해 보니 아직 검색은 되는군요. 참고로, 한국에서 상당한 인기를 끌었던 드라마 <미스터 선샤인>에서 이 고관대작이라는 말이 나오는데 이걸 자막으로 高位顕職(고위현직)이라고 번역했더군요. 근데 인터넷 사전에서 '고관'을 찾아보면 예문으로 「高位高官」이라는 말이 나오고 코지엔 인터넷판에는 아예 '고위고관' 자체가 표제어로 나와 있으니 번역 시에는 이 '고위고관'을 택하는 게 나을 듯합니다. 앞에서도 여러 번 나왔듯이 일본에선 지금은 쓰지 않는 말을 한국인인 제가 외우고 있는 게 참 많네요. 제가 일본어를 시작했던 때로부터 그만큼 많은 세월이 흘렀다는 말이겠죠. 또한 언어라는 건 태어나서는 활발히 쓰이다가 세월을 따라 사라져 가는 거란 말이기도 하고요. 격세지감(隔世の感)이라는 말은 이런 때 쓰는 거겠죠.

10. 숨을 거두었다 : 息を引き取った

11. 젊은 나이에 : 若くして

「若い年齢で」라고 직역해도 뜻은 통하겠지만 이게 관용적 표현입니다.

> 日　아마도 「若くして死ぬ」의 변역이라 추측되는데, 어떤 일본인이 '젊게 해서 죽다'라고 적어 놓고 이 한국어 표현이 자연스러운지 묻는 걸 본 적 있습니다. 이 경우 한국에선 '젊어서 죽다'라고 해야 자연스러운 표현이 됩니다.

12. 요절 : 早世 · 夭折

13. 삼가 명복을 빕니다 : お悔やみ申し上げます

장례식장 등에서 위로의 말을 전하는 전형적 표현으로는 이것 외에도 「ご愁傷様です」도 있고 또 한국처럼 「ご冥福をお祈り申し上げます」라고도 합니다. 하지만 이 '명복'이라는 단어는 불교 용어이기 때문에 다른 종교의 초상일 경우에는 조심해야 한다고 합니다. 특히 冥이라는 한자어는 종교에 따라서는 '지옥'을 의미하기도 해서 더 조심해야 한다네요.

14. 선종하신 : ご帰天になった(なられた)

한국의 가톨릭에선 '선종(善終)'이라고 하는 데 비해 일본 가톨릭에선 저렇듯 '귀천'이라는 한자어를 씁니다. 그리고 일본은 이중 경어에도 엄격한데, 후자의 경우가 바로 이중 경어죠. 하지만 「ご한자어になる」 표현의 경우 일본에서는 후자와 같이 쓰지 않으면 왠지 경어처럼 느껴지지 않아서 저렇게 쓰는 사람들이 많다고 합니다. 심지어 방송의 아나운서나 진행자 같은 사람들도 위와 같이 쓰는 걸 심심찮게 듣습니다.

15. 교황 : 法王

일본의 가톨릭계 사람들은 「教皇」라고 불러야 한다며 이렇게 통일하자는 목소리를 내고 있는 모양인데 여전히 신문, 방송 등 미디어를 포함한 일반인들도 법왕이라고 부르고 있죠.

16. 영결식 : 告別式

일본에선 '영결식'이라고 하지 않고 '고별식'이라고 합니다.

17. 주교단 : 司教団

우리는 '주교단'이라고 하는데 일본은 이처럼 '사교단'이라고 합니다.

18. 서품 : 叙階

이 역시 우리는 '서품'이라고 하는데 일본은 '서계'라고 합니다.

죽음 관련 한자어 2

長い病魔との闘いに疲れた彼は、ついに [1   ][2] した。

오랜 병마와의 싸움에 지친 그는 끝내 **신병을 비관해서** 음독자살했다.

労働者の権利を主張し [3] なさった ○○○ 烈士（れっし）に [4]。

노동자의 권리를 주장하며 **분신자살**하신 ○○○ 열사께 **묵념**.

<세상의 중심에서 사랑을 외치다>

慎んで先生の [5] を [6]、生前のご指導に対し改めて御礼を申し上げます。

삼가 선생님의 별세를 **아파하며** 생전의 가르침에 [7] 감사를 드립니다.

「[8   ]」という医者の言葉に母は [9] して、父も [10] した。

"임종하셨습니다"라는 의사의 말에 엄마는 **대성통곡**을 하고 아빠도 **오열**했다.

[11   ] 長い間 [12] だった友達が [13] の身で [14] で

실종된 이래 오랫동안 **소식불통**이었던 친구가 **노숙자** 신세로 **객지**에서

[15   ] を聞いて父は嗚咽（오열）した。

객사했다는 소식을 듣고 아빠는 [16   ].

昨年 [17] した父の [18] が近づくと、母は毎晩

작년에 별세한 아버지 기일이 다가오자 어머니는 매일 밤

父の [19] を手に持って [20   ]。

아버지 영정사진을 손에 들고 **훌쩍이며 웁니다**.

모범 답안

1. 신병을 비관해서 : 病を苦にして

일본은 身病이라는 한자어를 쓰지 않습니다. 그리고 일본도 '비관해서 자살'이라는 식의 표현을 하니까 의미는 통하겠지만 '병'의 경우에는 위와 같이 표현하는 게 일반적입니다. 실제로 「病を悲観して自殺」로 검색해 보면 뜨는 게 거의 없습니다. 다만 '장래, 삶(인생), 앞날(前途)' 등을 비관한다는 표현의 경우에는 「悲観して自殺」라는 표현을 합니다.

2. 음독자살 : 服毒自殺

일본에선 음독자살이 아니라 '복독자살'이라고 합니다. '복용'이라고 할 때의 '복(服)'이죠. 그리고 한국 국어사전에 '음독자살하다'라고 동사로 올라 있으니 띄어쓰기에 주의하시길.

3. 분신자살 : 焼身自殺

일본에선 분신자살을 '소신자살'이라고 합니다.

4. 묵념 : 黙祷

일본에선 '묵념'이라고 하지 않고 '묵도'라고 합니다.

5. 별세 : ご逝去

아주 오래 전 <세상의 중심에서 사랑을 외치다>를 번역하면서 처음 알았던 사실입니다. 한국에선 학교 선생님에게 '서거'라는 단어는 쓰지 않죠.

6. 아파하며 : 悼み

한자에 주의하세요. 아플 痛 자가 아닙니다.

7. 改めて : 다시금

「改めて」도 상황에 따라 여러 가지로 번역되는 상당히 까다로운 표현이라고 할 수 있죠. '다시금'도 이 말의 역어 후보군에 넣어 두시기를.

8. 임종하셨습니다 : ご臨終です
りんじゅう

일본에선 '임종'이란 한자어를 쓰는 상황이 그렇게 많지 않다고 합니다. 특히 일상생활에서는요. 환자가 사망했음을 의사가 가족에게 알릴 때 말하는 정형화된 표현입니다. 그리고 일본어 '임종'은 동사로 쓰이지 않습니다.

9. 대성통곡 : 大声で慟哭
おおごえ　どうこく

일본은 '대성통곡'이라는 말을 쓰지 않고, 또한 이중 표현에 엄격하죠. 「慟哭」라는 말 자체에 '소리치며 격하게 울다'라는 뜻이 포함돼 있으니 「大声で」는 처음엔 뺐습니다. 그런데 혹시나 해서 감수자님께 질문을 했더니 역시나 빼는 게 좋겠다는 의견이었지만 넣으면 안 된다는 법은 없겠다고 하더군요.

10. 오열 : 号泣
ごうきゅう

한국어 오열(嗚咽)에 가까운 일본어가 바로 「号泣」입니다.

11. 실종된 이래 : 行方不明になって以来

12. 소식불통 : 音信不通

13. 노숙자 : 野宿者
のじゅくしゃ

일본은 露宿이 아니라 野宿(야숙)이라고 합니다.

14. 객지 : 旅先 · よその土地
たびさき

아주 중요한 게 또 등장했군요. 旅先라고 하면 여행지, 여행 간 곳이라고만 알고 있는 분이 많을 겁니다. 하지만 旅先는 이와 같이 객지, 타향이라는 의미도 포함된 말입니다. '집(고향)을 떠나서 살고 있는 타향, 객지'라는 의미가 말이죠. 왜냐하면 일본어 「旅」와 「旅立つ」에는 단순히 '여행'이라는 뜻만 있는 게 아니기 때문입니다. 앞서 <늑대아이> 주제가에 나오는 가사 「旅立つ」를 저는 '둥지를 떠날'이라고 번역했다고 했죠. 이렇듯 '여행'이 아니라 문맥에 따라 적절한 말로 번역해 줘야 합니다. 때로는 '죽다'라는 뜻으로도 쓰입니다. 이에 관해서 이야기하면 너무 길어지니 이 또한 다음을 기약하도록 하죠. 참고로 일본에도 客地라는 한자어가 있고 사전에도 등재돼 있지만 거의 쓰임새가 없다고 합니다. 그리고 후자의 경우, 예컨대 異郷이나 異国의 경우는 「異郷(異国)の地」라고 하는데 「よそ」의 경우는 「土地」라고 하는 게 더 일반적입니다. 이런 건 그냥 통째로 외울 수밖에 없죠.

15. 객사했다는 소식 ： 客死したという知らせ

아마도 이것의 정답을 「野垂れ死に」라고 생각한 분들도 많을 겁니다. 게다가 「客死(きゃくしとも고 읽음)」와 「野垂れ死に」의 차이를 알고 있는 분은 별로 많지 않을 거라고 봅니다만 어떤지요? 일본어 「野垂れ死に」는 길거리에서 죽는 걸 뜻하고 「客死」는 객지, 타향, 이국땅에서 죽는 걸 뜻합니다. 꼭 길거리에서 죽지 않더라도 말이죠. 그래서 의도적으로 앞에다가 '객지에서'라는 말을 넣은 거고요. 그러니 여기서 「野垂れ死に」라고 하면 구체적으로 어떻게 죽었는지에 따라서는 오역이 될 수가 있죠. 다만, 이 '객사'라는 한자어를 모르는 젊은 층도 많고, 일상 대화에서 쓸 일은 거의 없는 말이라고 합니다. 그리고 일본어 「消息」의 경우 옛날과 그 뉘앙스 및 쓰임새가 달라졌습니다. 특히 이처럼 (한국어)소식, 뉴스, 정보라는 뜻으로 「消息」이라고 하면 어색하다고 합니다. 아울러 요즘의 일본어 「消息」은 한국과는 달리 '행방, 행적'이라는 뉘앙스로 쓰이는 경우가 많습니다. 다만 나이가 좀 되는 연령층에서는 아직도 한국과 같은 뜻으로도 쓰고 있는 모양입니다.

16. 嗚咽(오열)した ： 흐느껴 울었다

한국어 오열은 목 놓아 울다, 목메어 울다. 즉, 목이 꺼이꺼이 멜 정도로 크게 슬퍼한다는 뜻이지만, 일본어 嗚咽(오열)은 흐느껴 운다는 뜻입니다. 그러므로 일본어 嗚咽을 그대로 '오열'이라고 번역하면 정확한 의미가 전달되지 않죠. 참고로 흐느껴 우는 걸 「咽び泣く」라고도 합니다. '오열'의 열(咽)이죠.

17. 별세 ： 他界

18. 기일 ： 命日

일본은 '기일'이라고 하지 않고 '명일'이라고 합니다.

19. 영정 사진 ： 遺影写真

일본은 '영정 사진'이라는 말을 쓰지 않고 이처럼 '유영사진'이라고 합니다.

20. 훌쩍이며 웁니다 ： すすり泣いています

흐느껴 우는 건 「咽び泣く」이고 훌쩍거리며 우는 건 「すすり泣く」라고 합니다. 「啜る」가 '훌쩍거리다, 후루룩대다'라는 뜻이죠.

형사물 관련 한자어 1

〈이키가미〉

とにかく[1   ]確保できる態勢を取れ。

아무튼 **발견하는 대로** [2   ]태세를 취해.

あの[3]は安い資材で[4   ]残したお金を横領^(おうりょう)した罪で捕まって
きたんだ。

저 **죄수**는 싼 자재로 **부실 공사를 해서** 남긴 돈을 횡령한 죄로 잡혀 왔어.

ヤクザ組織間の[5]で銃撃戦が発生して[6]から[7]で

폭력 조직 간 **다툼**으로 총격전이 발생해서 **관할서로부터 무전**으로

緊急[8]が[9]。

긴급 **지원 요청**이 **왔습니다**.

[10   ]集団[11]が発生したという[12]を受けたのに

폭력 조직 간 집단 **난투극**이 발생했다는 신고를 받는데도

直ちに[13]しなかった刑事に[14]の[15]が適用された。

즉각 **출동**하지 않은 형사에게 **직무 유기** 혐의가 적용됐다.

[16]により[17   ]違反の容疑で緊急逮捕されたのは驚くことに

불심검문에 의해 **독극물 단속법** 위반 혐의로 긴급 체포된 건 놀랍게도

[18   ]として[19][20   ]○○○だった。

연쇄 살인마로서 **악명을 떨치며 세상을 떠들썩하게 하고 있는** ○○○였다.

모범 답안

1. 발견하는 대로 : 発見次第

「発見する次第」라고도 하지만 이렇게 줄여서 말하는 것도 알아 두시길.

> 日 일한 영상번역의 경우 「発見次第」를 '발견하는 대로'라고 하면 원문에 비해 길어지니까 줄이는 경우에도 '발견 대로'가 아니라 '발견 즉시'라고 번역하는 게 자연스럽습니다. 왜 굳이 이런 말을 하는가 하면, 모 어학 Q&A 사이트에서 어떤 일본인이 이 「発見次第」를 '발견 대로'라고 번역해 놓고 부자연스러운 부분을 첨삭해 달라고 하는 걸 본 적 있기 때문입니다. 이런 맥락에서 쓰인 '대로'는 앞에 명사가 아니라 동사에 연결해서 씁니다. 다른 예를 들자면 '도착 대로'가 아니라 '도착하는 대로(도착 즉시)'라는 식으로 말이죠.

2. 確保できる : 붙잡을 수 있는, 검거(체포)할 수 있는

앞에서 나중에 다시 설명하겠다는 일본의 '확보'라는 용어가 드디어 나왔네요. 일본의 형사물을 즐겨 보시는 분들은 수도 없이 접했을 표현이죠? 그런데 우리나라에선 "검거해!" 혹은 "체포해!"라고 할 장면에서 일본에선 이렇듯 「確保しろ!」라고 하는 걸 듣고 의아했던 분이 많을 겁니다(의아해야 할 텐데 이걸 그대로 '확보해'라고 번역하는 분도 많지만요). 이때의 일본어 '확보'는 '신병 확보'를 줄인 말로서 일본에선 경찰 계통에서 흔히 쓰는 표현입니다. 하지만 한국에선 이 경우 그대로 '확보해'라고 하면 어색한 한국어가 되죠. 그리고 애초에 이 경우의 '확보'라는 용어는 법률상의 용어가 아니라고 합니다. 정식 체포영장을 발부받지 않은 상태에서 긴급히 피의자의 신병을 확보해야 할 필요가 있을 때 '체포해'라고는 말 못 하니까 '확보'라는 용어를 쓰는 것이죠. 그리고 옛날(수십 년 전)에는 일본에서도 피의자를 검거, 혹은 붙잡는다는 뜻으로 '확보'라는 말을 쓰지는 않았다고 합니다. 일설에 의하면 온 일본을 발칵 뒤집어 놨던(震撼させた : 복습의 의미에서…) 옴 진리교 독극물 테러 사건 때 전국에 흩어져 활동하는 교도들을 붙잡아야 할 필요가 있었는데, 정식 체포영장 발부는 어려우니까 경범죄 등의 가벼운 죄까지 걸어서 그 교도들의 신병을 '확보'할 필요가 있었고, 그래서 궁여지책(?)으로 탄생한 (비공식)경찰 용어가 이 '확보'라는 표현이라는 말이 있습니다. 또한 일본에서 국민의 언어생활을 가장 발 빠르게 반영한다고 알려진 三省堂国語辞典에는 이 경찰 용어인 '확보'의 뜻풀이가 추가됐다고 합니다. 「容疑者を取り押さえること。また、被害者を救い出すこと」, 앞부분의 '용의자를 붙잡는 것'이라고 말이죠. 또한 weblio 유의어 사전에는 「容疑者を確保する」라는 말 자체가 올라 있는데, 이 말의 뜻을 '나쁜 짓을 저지른 사람을 달아나지 못하게 붙잡는 것'이라고 풀이해 놨고, 그 유의어로서 '체포하다'라는 말을 올려놨습니다.

3. 죄수 : 囚人(しゅうじん)

4. 부실공사를 해서 : 安普請(やすぶしん)をして

安普請을 '날림 공사'라고 번역해 놓은 걸 종종 보고, 또 번역가가 아니라도 그렇게 알고 있는 분이 많을 겁니다. 하지만 이 安普請과 날림 공사는 의미가 다릅니다. 날림 공사는 짧은 공기에 맞추기 위해 대충대충, 빨리빨리 해치워 버리는 걸 뜻하는 데 반해 安普請은 싸구려 자재를 써서 건축하는 걸 뜻하는 단어입니다. 그러므로 이걸 날림 공사라고 번역하는 건 오역일 수 있죠. 왜냐하면 싸구려 자재를 썼다 해도 반드시 날림으로 공사한다고는 볼 수 없으니까요. 다만, 부실 공사라고 하는 건 가능하다고 봅니다. 왜냐하면 싸구려 자재를 쓰면 부실할 게 당연하니까요. 그러니까 부실 공사는 더 포괄적인 뉘앙스라고 할 수 있겠죠. 다만 이와 엇비슷한 표현인 「手抜(てぬ)き工事」는 날림 공사라고 번역해도 무방하겠죠. 「手を抜く」란 꼭 필요한 걸 생략하고 대충대충 하는 걸 뜻하는 말이니까요.

5. 다툼 : 抗争(こうそう)

한국어 항쟁과 일본어 抗争은 실제로 쓰이는 뉘앙스가 다른 단어인데 이 抗争도 그대로 '항쟁'이라고 번역해 놓은 예가 너무 많습니다. 그리고 반대로 일본 사람에게 光州民主抗争(광주 민주 항쟁)이라고 말하면 '?' 하는 사람이 많을 겁니다. 왜냐하면 일본에서 抗争이라는 단어는 주로 야쿠자들의 다툼과 싸움을 말할 때 쓰는 단어라는 인식이 널리 퍼져 버렸기 때문입니다. 그러니 민주화 항쟁을 일본어로 말할 때는 「闘争(투쟁)」을 쓰면 무리가 없겠죠.

6. 관할서 : 所轄(しょかつ)

일본에서 관할(管轄)이라는 단어가 있지만 거의 所轄(소할)를 쓰는 게 일반적입니다. 그리고 일본에선 '서'를 붙이지 않고 '소할' 자체로 관할서를 뜻하는 말로 씁니다.

7. 무전 : 無線

일본은 無電이 아니라 無線이라고 하는 게 일반적입니다. 따라서 무전기도 일본에선 '무선기'라고 부르죠.

8. 지원 요청 : 応援要請

9. 왔습니다 :　来てます

그냥 「来ました」라고 하면 단순한 과거 시점의 사실을 전하는 뉘앙스죠.

10. 폭력 조직 간 :　暴力団同士の・暴力団組織間の

일본은 '야쿠자' 대신 한국처럼 한자어를 쓸 때도 '폭력 조직'이 아니라 '폭력단 조직'이라고 하는 게 일반적입니다. 暴力組織이라고 하면 일본 사람들은 야쿠자를 연상하는 게 아니라 조금 다른 뉘앙스로 받아들여진다고 하는군요. 신기하죠? 그리고 뉴스나 신문 등에서는 아예 '야쿠자'라는 용어를 쓰지 않는다고 합니다. 따라서 이 예문과 같이 뉴스나 신문 기사 등에 나오는 한국어 '폭력 조직'을 일본어로 번역할 때는 '야쿠자'라고 하지 않고 이렇게 '폭력단 조직' 또는 그냥 '폭력단'이라고 번역해 줘야겠죠.

11. 난투극 :　乱闘騒ぎ

일본에서 乱闘劇은 프로 야구 등 스포츠에서 선수들 간에 벌어지는 충돌을 묘사할 때나 가끔 쓰이고, 위와 같이 표현하는 게 일반적입니다.

12. 신고 :　通報

13. 출동 :　臨場

일본도 '출동'이라는 단어를 쓰지만 臨場(임장)이라고도 합니다. 물론 '출동'과 '임장'은 뉘앙스 차가 있지만 말이죠. 그리고 한국에도 '임장'이라는 단어가 사전에 올라 있지만 거의 사어랑 마찬가지죠. 그런데도 이 일본어 臨場을 그대로 '임장'이라고 번역하는 걸 가끔 보는데, 누차 말하지만 영상번역에서는 '그 단어를 꼭 써야만 할 특별한 이유가 없는 한' 시청자나 관객이 딱 보고 알 수 있는 어휘로 번역해 주는 게 좋습니다. 일상생활 속에서 "뭘 꾸물거려. 빨리 임장해!"라고 말하는 한국 사람… 없겠죠? 알아 듣는 사람도 거의 없겠죠?

> 日　그러니 이처럼 경찰 등이 현장으로 가는 걸 뜻하는 말로 쓰인 일본어 臨場은 '출동'이라고 번역해 주면 되겠습니다. 그게 아니라 臨場이란 한자어가 지닌 원래의 뜻에 가깝게 번역해 줘야 할 맥락, 다시 말해 행사장, 식장, 의식 등이 개최되는 현장으로 (일본어)臨場하는 경우는 그냥 '향하다, 가다' 등으로 유연하게 번역해 줘야겠죠.

14. 직무 유기 : 職務放棄

일본은 '직무 유기'가 아니라 '직무방기'라고 합니다.

15. 혐의 : 容疑

16. 불심검문 : 職務質問

일본도 예전에는 不審尋問(ふしんじんもん)(불심심문)이라는 말을 썼는데 일반 시민들에게 '심문'이라는 말을 쓰는 게 꺼려져서인지 이와 같이 바꾼 모양입니다.

17. 독극물 단속법 : 毒物(どくぶつ)及び劇物(げきぶつ)取締法

일본은 독극물(毒劇物)이라고 붙여서 쓰지 않고 위와 같이 표현합니다.

18. 연쇄 살인마 : 連続殺人鬼

앞에서 나온 '강간마'는 일본도 역시 「強姦魔・暴行魔」라고 하지만 '살인마'의 경우는 이처럼 살인'귀'라고 하는 게 일반적입니다.

19. 악명을 떨치며 : 悪名を轟(とどろ)かし

「轟かす」는 긍정적, 부정적으로 다 쓰이는 말입니다. 또 다른 표현으로서 「馳(は)せる」를 쓰기도 합니다.

20. 세상을 떠들썩하게 하고 있는 : 世間を騒がせている

앞에서 나왔던 「世間を震撼(しんかん)させる」라는 표현은 단순히 떠들썩하게 하는 정도가 아니라 세상을 발칵 뒤집어 놓는다는 뉘앙스의 표현이죠.

[　1　]が[　2　]の車を相手に犯行を起して現行犯逮捕された。

자해 공갈범이 암행 순찰대의 차를 상대로 범행을 벌이다 현행범 체포됐다.

[3]を[4]残酷に殺害した後[5]指名手配中だった容疑者が

일가족을 난도질해서 잔혹하게 살해한 후 도주해서 지명수배돼 있던 용의자가

[　6　]事件の[7]が明らかになる見込みだ。

자수함으로써 사건의 전모가 밝혀질 전망이다.

[　8　]を持っていると[9]されていた[10]が[11]であった脱獄犯を

팔색조의 매력을 지녔다며 극찬을 받던 여배우가 도주 중이던 탈옥범을

[12]していると警察に[13]した。

은닉하고 있다며 경찰에 자수했다.

家出して行方が[　14　]ご息女さまが人の家を覗いているのを警察が見て

가출해서 행방이 묘연하다는 따님이 남의 집을 기웃거리는 걸 경찰이 보고

[　15　]学校に[16]が行ったようです。

붙잡아 뒀다고 학교에 통보가 간 모양입니다.

[　17　]寸前、[18]で発生した[　19　]の手掛かりが見つかり、

공소시효 만료 직전 우범 지대에서 발생했던 미제 사건의 단서를 찾음으로써

警察は[　20　]を増員し、緊急配備を発令した。

경찰은 수사관을 증원하고 [　　　　　21　　　　　].

모범 답안

1. 자해 공갈범 : 当たり屋

일본에선 자해 공갈범을 「当たり屋」라고 표현합니다. 일본도 '공갈범'이라는 한자를 쓰니까 「自害恐喝犯」이라고 해도 뜻이 통하지 않겠느냐고 생각하는 분이 있을지도 모르겠고, 또 인터넷 검색을 해보면 실제로 그렇게 번역해 놓은 것도 발견됩니다. 하지만 일본사람이 그걸 보면 '뭔 소리지?'라고 생각할 겁니다. 왜냐하면 일본어 「自害」는 자기 몸을 스스로 해쳐서 자살하는 걸 뜻하기 때문이죠.

2. 암행(暗行) 순찰대 : 密行警邏隊 (みっこうけいらたい)

앞에서 일본은 '순찰'이 아니라 '순회'라는 표현을 쓴다고 했죠? 그런데 이 '순회' 말고도 이렇게 警邏 (けいら) (경라)라는 단어도 쓰는데 邏라는 한자는 상용한자가 아닌 데다 어려운 한자라서 뉴스 자막이나 신문 등에서도 히라가나를 써서 「警ら隊」라고 표기합니다. 또 일본은 暗行이라는 한자어 자체를 안 씁니다. 참고로 순찰차는 「パトロールカー」라고 합니다. 그런데 경찰의 순찰을 일본에선 '순회'라고 한다고 이걸 「巡回車」라고 하면 안 됩니다. 왜냐하면 일본에서 말하는 巡回車는 표지판, 신호등 등의 도로 점검, 가스 점검 같은 걸 하기 위해 돌아다니는 차를 의미하기 때문입니다. 그리고 이 '밀행 경라'를 하는 형사들이 타는 차를 「覆面パトカー (ふくめん) (복면 패트롤카)」라고도 합니다. 「パトカー」는 「パトロールカー」의 준말이죠.

3. 일가족 : 一家

일본은 '가족 전원'이라는 뜻으로서 一家族이 아니라 이렇게 표현하는 게 일반적입니다.

4. 난도질해서 : めった刺し (さ) にして

난도질을 이렇게 표현하는데 이건 찌르고, 쑤시는 경우죠. 베고, 자르는 경우는 「滅多切り」, 마구 때리는 경우는 「滅多打ち」라고 하죠. 그리고 이 모두는 언론이나 토론 등에서 엄청난 비판이나 공격을 해서 상대방을 너덜너덜하게 만든다는 비유적 표현으로도 씁니다. 또한 「滅多打ち」의 경우는 야구에서 투수가 안타나 홈런 등을 엄청나게 두들겨 맞는다는 뜻으로도 쓰입니다.

5. 도주해서 : 逃亡 (とうぼう) して

우리나라는 도망과 도주가 거의 비슷한 뜻이고, 또 뉴스 등에서는 '도주'라는 말을 쓰는 경우가 많죠. 다시 말해 도망보다 도주가 좀 격식 차린 말 같은? 그런데 일본어 逃亡과 逃走는 뚜렷한 뉘앙스의 차이가 있다고 합니다. '도주'는 그냥 뛰어서 달아나는 것, 현재 달아나고 있는 중인 것. 그리고 '도망'은 달아나서 종적을 감추는 것이라는 뉘앙스라고 합니다.

> 日 한국은 '도망'보다 '도주'가 좀 더 격식(?)을 차린 느낌을 주고 '도망'은 일본어로 치면 「逃げる」라는 뉘앙스로도 쓰이는 말입니다.

6. 자수함으로써 ： 出頭したことによって

지명수배를 했다는 건 범인이 누군지 알고 있는 거니 '출두'라고 해야죠.

7. 전모 ： 全容(ぜんよう)

일본에도 「全貌(ぜんぼう)」라는 단어도 있지만 이렇게 全容(전용)이라고도 한다는 점.

8. 팔색조의 매력 ： 七色の魅力

9. 극찬 ： 激賞(げきしょう) · 絶賛

일본은 극찬(極贊)이라는 한자어는 안 씁니다. 그리고 激賞이라는 말은 일상의 대화에서는 거의 쓰이지 않고, 특히 젊은 사람들은 이 단어를 모르는 사람도 있을 거라고 하네요. 하지만 검색을 해 보면 알 수 있듯이 문어적으로는 사용하고 있는 예가 상당히 많고 번역을 하면서도 여러 차례 접했던 말입니다. 아무튼 그러니 일상생활 속 대화에선 絶賛(절찬)을 쓰면 무난하겠죠.

10. 여배우 ： 女優

11. 도주 중 ： 逃亡中

또 나왔는데, 일본의 한자어 '도주'는 실제로 도망가는, 달아나는 동작, 행위, 그리고 달아나고 있는 중인 상태를 뜻하는 말로 쓰인다는 점. 그런데 이 경우는 이미 달아나서 행적을 감춘, 행방을 알기 힘든 상황이니까 일본어로 번역할 때는 逃亡을 써 주는 게 적절하겠죠.

12. 은닉 ： 蔵匿(ぞうとく) · 隠匿(いんとく)

일상생활 속 대화에서는 「匿う」를 쓰는 게 자연스럽다고 한 거 기억하시죠? 또한 한자가 어려운 편에 속해서 그냥 「かくまう」라고 히라가나로 표기하는 게 일반적인 것 같다는 점도.

13. 자수 : 自首

이 역시 본인이 스스로 밝히지 않았다면 누군지 알 수가 없으니까 일본어로도 自首라고 번역해 줘야 겠죠.

14. 묘연하다는 : 杳(よう)として知れなかった

이건 문어적인 표현입니다. 일상의 대화에서는 거의 쓰는 일이 없다네요. 그러니 일상의 대화에서는 그냥 「行方が不明だった」 정도로 표현하면 되겠죠. 또한 「杳としていた」라는 식으로 쓰지 않고 뒤에 저런 식으로 '몰랐던' 등의 말과 함께 짝을 이뤄서 쓰는 경우가 많다네요. 그리고 「杳然(ようぜん)(묘연)」이란 한자어는 일본선 거의 쓸 일이 없을 뿐더러 그 의미도 행방이나 소식을 알 길이 없다는 뜻으로는 쓰지 않고 '까마득히 멀다'라는 뜻으로 씁니다.

15. 붙잡아 뒀다고 : 補導(ほどう)していると

한국에도 이 '보도'라는 한자어가 있지만 거의 안 쓰죠. '보도'의 사전적 뜻은 양국이 비슷하지만 일본의 경우 실제로는, 예컨대 한밤중에 청소년이 우범지대 등지에서 배회하는 걸 보거나 했을 때 '사고를 미연에 방지하기 위해 경찰서 등으로 일단 데려가는 것'을 뜻하는 단어로 쓰이기 때문에 이 경우의 일본어 補導를 그대로 '보도'라고 번역하면 오역이 되는 거죠. 그리고 블로그에도 썼듯이 이 '테이루'는 이처럼 '~뒀다'로 번역해 줄 수 있겠죠.

16. 통보 : 通知

일본어 '통보'는 한국으로 치면 신고, 제보라는 뜻으로 쓰인다는 점.

17. 공소시효 만료 : 公訴時効成立

18. 우범 지대 : 犯罪多発地域

이 우범(虞犯)이라는 한자어의 경우 일본에선 **虞犯少年**(우범 소년), 그러니까 앞으로 범죄를 저지를 우려가 있는 '소년'이라는 법률 용어 외에 쓰이는 일이 거의 없고, 따라서 일반인들은 읽는 법조차 모르는 사람이 많다는 점. 참고로 일본의 경우 '소년'은 10대까지를 말합니다(**법률상으로도 20세 미만**). 실제로 제가 번역한 영화나 드라마 등에서도 고등학교 나이 대의 아이를 **少年**이라고 지칭하는 게 나온 적이 여러 번 있습니다. 그러므로 이런 경우의 일본어 **少年**은 '청소년'이라고 번역해야 적절한 경우가 있겠죠.

> 日　한국의 국어사전에는 '청소년'을 청년과 소년을 아울러 이르는 말이라고 나와 있는데 실질적으로 한국에서 '청소년'이라고 하면 고등학생 나이 대까지를 일컫는다고 보면 됩니다. 그 증거(?)랄 수 있는 것으로 군사 정권 시절에는 밤이 되면…, 정확한 시각이 9시였는지, 또 정확한 멘트 내용은 기억나지 않지만 아무튼 그 시각이 가까워지면 번화가 등지의 길거리에 설치한 스피커를 통해서 "밤 9시가 다가오고 있습니다. 아직도 귀가하지 않은 청소년 여러분들은 속히 집으로 돌아가시기 바랍니다"라는 안내 방송이 흘러나오기도 했습니다. 성인이 된 청년들더러 집에 가라고 한 건 아니겠죠?

19. 미제 사건 : 未解決事件 · 迷宮入り事件

20. 수사관 : 捜査員

21. 緊急配備を発令した : 긴급 수배령을 내렸다.

이 '긴급 배비'라는 말은 형사물 등에서 자주 접하는 용어인데 한국에선 이런 말을 쓰지 않으니 번역이 골치 아프죠. 긴급 수배와 100% 일치하는 용어는 아니지만 이렇게밖에 번역할 수 없을 듯합니다. 일본에서 말하는 **緊急配備**의 경우 기본적으로는 요소요소에 검문소를 설치하는 작업이 선행됩니다. 따라서 예컨대 「緊急配備だ!」라고 하는 경우 전후 맥락에 따라서는 '속히(긴급히) 검문소 설치해'라는 식으로도 번역할 수 있겠습니다.

> 日　또한 「緊急配備を敷く」라는 표현의 경우, 문맥에 따라서는 '수사망을 펴다, 펼치다'라는 식으로도 번역 가능하겠죠.

[1] されたと夫に電話をし、[2] が [3] を要求しているとした事件は

납치됐다며 남편에게 전화를 해 **납치범**이 **몸값**을 요구한다고 했던 사건은

妻が [4] [5] 犯した [6] であることが判明した。

아내가 **불륜 관계에 있던** **정부와 짜고** 벌인 **자작극**임이 밝혀졌다.

失踪してから連絡が [7] 娘が [8] で働いているのを見つけて

[9] 연락이 **두절된** 딸이 **퇴폐업소**에서 일하는 걸 발견하고

[10] 警察から連絡が来た。

데려와 있다고 경찰로부터 연락이 왔다.

失踪してから連絡を [11] 娘が [12] をして [13] されてきたと連絡が来た。

[14] 연락을 **두절한** 딸이 **자해**를 해서 **응급 이송**돼 왔다는 연락이 왔다.

[15] の [16] 結果、[17] した [18] からは不審なところは見つからなかった。

법의관의 **부검** 결과 **객사**한 **노숙자**한테서는 수상한 점은 발견되지 않았다.

○○ [19] は [20] の疑いで [21] を受けているそうです。

○○ 총경은 **비리** 혐의로 내사를 받고 있다고 합니다.

[22] が [23] 見ると犯人のコートに間違いないから

튀긴 피가 **묻은 걸** 보면 범인의 코트가 틀림없으니

[24] 血液型を [25] してもらえ。

감식반에 넘겨서 혈액형을 **대조**해 달라고 해.

모범 답안

1. 납치 : 誘拐 <small>(ゆうかい)</small>

2. 납치범 : 誘拐犯 <small>(ゆうかいはん)</small>

일본은 우리가 '납치'한다고 할 장면에서 이렇게 '유괴'를 쓰는 게 일반적입니다. 일본의 경우 '납치'라는 한자어의 쓰임새는 아주 제한적이라고 하는데, 예를 들어서 비행기 하이재킹 같은 걸 '납치'라고 하고, 또한 뉴스에도 빈번히 나오듯이 북한이 납치해 간 일본인 뉴스를 다룰 때나 '납치'를 쓰지, 한국에서 말하는 일반적인 납치의 경우 거의 다 '유괴'라고 합니다, 물론 '납치'라고 한다고 해서 틀렸다는 말은 아니고요. 원래는 이 유괴와 납치라는 단어의 차이점에 관한 글도 이 책에 실었는데 부득이하게 그 글은 2권을 기약하기로 하고 「割愛」를 했습니다.

> **日** 한국 역시 사전적인 뜻은 유괴와 납치가 큰 차이가 없는데 유괴의 '유'와 유아의 '유'가 발음이 같아서인지 한국에선 '유괴'라는 말은 어린이를 납치한 경우에 한해서 쓰는 경향이 있습니다.

3. 몸값 : 身代金 <small>(みのしろきん)</small>

4. 불륜 관계에 있었던 : 不倫していた <small>(ふりん)</small>

「不倫関係にあった」라고 할 수 있지만 앞에 나왔던 내용을 상기시키는 의미로.

5. 정부와 짜고 : 愛人と組んで <small>(あいじん)(く)</small>

이건 아는 사람 많겠죠? 그런데 일본도 원래 옛날에는 사랑하는 사람, 연인이라는 뜻이었는데 어느 순간부터 불륜 관계에 있는 정부를 뜻하는 말로 바뀌었답니다. 또한 일본에도 「情夫」, 「情婦」라는 말이 존재하지만 거의 쓰지 않는답니다. 그러니 '정부'를 일본어로 번역할 때는 유의해야겠죠.

> **日** 내연녀, 내연남이란 말도 있는데 이것의 사전적 의미는 일본어 「内縁の女(妻)・男(夫)」와 비슷하지만 실질적으로는 이 '정부'를 뜻하는 말로 쓰이고 있는 실정입니다.

6. 자작극 : 自作自演 <small>(じさくじえん)</small>

일본에선 '자작극'이라는 표현은 하지 않고 '자작자연'이라고 합니다.

7. 두절된 : 途絶<ruby>していた</ruby>

とぜつ

일본은 '두절'이 아니라 '도절'이라고 합니다. 「していた」 부분도 유의하시기를. 지금쯤이면 어느 정도 감이 잡혔겠죠?

8. 퇴폐업소 : 風俗店

ふうぞくてん

일본이 다른 나라에 비해 성에 개방적인 건 다들 아실 테고, TV 토크 프로 같은 데서 연예인이나 개그맨들이 '풍속점'(?) 다니는 걸 자랑스레(?), 떳떳하게 얘기할 정도니까 일본 사람들의 인식 속에 '풍속점'은 '퇴폐'한 곳이 아니라는 걸 충분히 짐작하겠죠? 그러니 이 단어를 일본어로 번역할 때나 말로 할 때는 「退廃」란 말을 쓰지 않도록 조심해야겠죠? 반대로 일본어 '풍속점'을 번역할 때는 이처럼 '퇴폐업소'나 '윤락업소'라고 해야겠죠?

たいはい

9. 失踪してから : 실종된 후

앞에서도 나왔지만 일본어 失踪은, 특히 일상의 대화에서 말할 때는 스스로 종적을 감춘다는 뜻으로 주로 쓰이므로 이 경우에 한국어 '실종된 후'를 번역할 때는 일본어 「行方不明」라고 하는 게 혼선을 방지하는 길이지만 아래에 나오는 예문과 대비시키기 위해 일부러 「失踪してから」라고 적었습니다.

10. 데려와 있다고 : 保護していると

'보호'라는 한자어도 한국과 일본이 쓰임새가 미묘하게 다른 경우가 있습니다. 왜냐하면 일본의 국어사전을 보면 우리나라와 비슷한 뜻풀이도 있지만 다른 뜻풀이를 게재해 놓은 사전도 있습니다. 코토방크 사전과 정선판 일본국어대사전의 뜻풀이가 그에 해당합니다.

> 2. 応急の救護を要する理由のあるとき、警察署などに留め置くこと。
>
> 긴급 구호를 요하는 이유가 있을 때 경찰서 등에 붙들어 두는 것.

> ❷ 警察に一時とめておくこと。
>
> 경찰에 잠시 붙들어 두는 것.

붙들어 둔다는 뜻인 「留め置く」의 한자를 보시죠. '유치장'이라고 할 때의 '유치'를 쓰고 있죠. 물론 이건 범죄자를 유치장에 가둔다는 뜻이 아니라 붙들어 둔다는 뜻입니다. 미아나 길가에 쓰러져 있는 노인이나 병약자, 또는 불심검문에 걸린 사람이나 퇴폐업소 같은 곳에서 찾아낸 실종자 등을 일단 경찰서로 데려가서 '보호'한다는 뜻입니다. 우리도 이런 뜻일 경우에는 '보호'라는 말을 쓸 수는 있죠. 근데 문제는 뭐냐 하면, 예컨대 술에 취해서 행패를 부린다는 신고를 받고 출동했을 경우나, 거동이 수상한 사람을 발견했을 때 상관이 부하 경찰에게 「保護しろ!」라고 하는 장면을 영화나 드라마에서 본 적이 있는 분이 계실 겁니다. 이때의 '보호'가 바로 위 사전의 2번 뜻풀이에 해당하는 거죠. 근데 이걸 '보호해!'라고 번역하면 한국어 표현으로서는 많이 어색하죠. 이건 붙잡아서 경찰서로 데려가라는 뜻이니까 이 경우는 '(경찰서로) 데려가', 혹은 경우에 따라서는 '잡아 가' 정도로 번역해 줘야겠죠.

11. 두절한 : 途絶していた

위의 예문에서 쓰인 途絶은 자동사이고, 여기선 타동사인데도 일본은 이처럼 둘 다 「する」라고 하죠.

12. 자해 : 自傷

일본은 한국의 '자해'를 '자상'이라고 합니다. 앞에서도 언급했지만 일본어 '자해'는 자기 몸을 스스로 해쳐서 자살하는 걸 뜻합니다.

13. 응급 이송 : 救急搬送

14. 失踪してから 종적을 감춘 후, 가출한 후

위의 7번 문제와 대비시키기 위해, 다시 말해 스스로 종적을 감췄다는 걸 암시하기 위해서 일부러 뒤에 '연락을 두절한'이라고 써 놓은 겁니다. 이해되시죠? 그러니 일본어 '실종'을 번역할 때는 전후 사정과 상황을 살핀 후 스스로 종적을 감춘 건지, 아니면 사건이나 사고로 행방불명이 된 건지를 파악한 연후에 적절한 쪽으로 번역해야겠죠.

15. 법의관 : 監察医

한국의 법의관에 해당하는 사람을 일본에선 '감찰의'라고 합니다. 그런데 이 일본어 '감찰의'를 한국어로도 그대로 '감찰의'라고 번역하면 한국 사람 중에서 이게 법의관을 뜻하는 말이라는 걸 아는 사람이 몇이나 될까요?

> 日 한국에서 감찰(監察)이라는 말은 공무원 등 어떤 집단이나 단체에 속한 사람들의 부정이나 비리를 감시하고 조사한다는 뜻으로 쓰이기 때문에 '감찰의(監察醫)'라는 말을 들으면 의사들의 비리나 부정을 감찰하는 의사를 말하는 건가 싶을 겁니다.

초보 번역가분들이나 아마추어 자막러분들께 팁을 드리자면, 번역을 하다 보면 監察医와 같은 생경한 단어가 나왔을 때 과연 이게 뭘 하는 의사인지, 이걸 한국어로는 어떻게 번역해야 할지 감을 잡기 힘든 경우가 많죠? 그럴 때의 한 방법은 그 일본어를 영어로는 뭐라 하는지를 알아보고, 그래서 알게 된 해당 영어 표현을 한국어로는 뭐라고 하는지를 알아보는 방법입니다. 이 경우 일본의 '감찰의'와 한국의 '법의관'은 영어로 공히 medical examiner라고 합니다.

16. 부검 : 解剖 (かいぼう)

한국어 '부검'을 일본에선 解剖(해부)라고 합니다. 또한 범죄의 의심이 있어서 부검의가 부검하는 건 「司法解剖(사법 해부)」, 범죄와는 관련 없이 필요에 의해 부검하는 걸 「行政解剖(행정 해부)」라고 합니다. 일본의 형사물 드라마를 보면 그냥 解剖라고 하지 않고 꼭 司法解剖라고 표현하는 이유가 여기 있는 거죠.

17. 객사 : 野垂れ死に (のたじ)

> 日 이처럼 한국에선 타향이든 고향이든 상관없이 자기 집이 아닌 길거리나 야외에서 죽는 것도 넓은 의미에선 객사라고 합니다.

18. 노숙자 : 野宿者 (のじゅくしゃ)

19. 총경 : 警視 (けいし)

한국과 일본의 제도가 같지 않으니 완벽히 일대일로 대응한다고 볼 순 없지만 둘 다 경찰서장급이니까 위와 같이 번역하는 게 좋겠죠. 이 역시 자세히 설명하자면 너무 길어지기 때문에 아래의 제 블로그에 한미일 3국의 경찰 계급을 일목요연하게 파악할 수 있도록 도표화해서 올려놨으니, 혹시 번역가분들이 이 글을 읽으신다면 복사해 가셔서 번역할 때 참고하시기 바랍니다. 사정상 블로그 찾아보기 힘들거나 싫은 분들을 위해 일단 여기도 간략하게 적어는 놓겠습니다. 참고로, 일본 경찰 계급인 '순사장'의 경우는 정식 계급 명칭은 아니고, 순사가 된 지 꽤 됐는데도 진급을 못한 고참 '순사'를 대우해 주기 위해 부르는 비공식 계급 명칭입니다.

한국과 일본의 경찰 계급 번역

순경	순사	경장	순사장	경사	순사부장	경위	경부보
경감	경부	경정	경부	총경	경시	경무관	경시정
치안감	경시장	치안정감	경시감	치안총감	경시총감		

20. 비리 ： 汚職<ruby>おしょく</ruby>

이런 맥락의 한국어 '비리'와 '비위'는 이렇게 번역해 줘야 자연스럽습니다.

21. 내사 ： 内偵<ruby>ないてい</ruby>

한국에서는 내사(内査)라고 하지만 일본에선 内偵(내정)이라고 합니다.

22. 튀긴 피 ： 返り血

싸움이나 살해 등으로 피해자의 피가 튀긴 걸 일본은 이렇게 표현합니다.

23. 묻은 걸 ： 付着しているのを

앞에 나온 거 복습이죠. 일본은 총 같은 걸 발포한 후에 화약이 묻은 것도 '부착'이라고 하고, 지문이 묻은 것도 '부착', 옷 같은 것에 티끌이나 잉크, 음식의 양념이나 국물 같은 게 묻은 것도 '부착'이라고 합니다.

> 日 ｜ 한국에선 옷에 김치 국물 같은 게 묻은 걸 "야, 너 옷에 김치 국물 부착돼 있어"라고 하는 사람은 없을 겁니다.

24. 감식반에 넘겨서 ： 鑑識<ruby>かんしき</ruby>に回して

일본은 그냥 '감식'만으로 감식반, 감식팀을 뜻하는 말로 씁니다. 그리고 일본어 동사인 「回す」라는 단어도 쓰임새가 아주 넓습니다. 예컨대 차를 가져오라(갖다 대라)고 할 장면에서도 「車こっちに回せ」라고 합니다.

25. 대조 ： 照合<ruby>しょうごう</ruby>

혈액형, DNA 등을 우리는 '대조'한다고 하지만 일본은 '조합'한다고 합니다.

> 日 ｜ 한국의 국어사전에도 조합(照合)이라는 한자어가 올라 있지만 거의 사어라고 보면 됩니다. 예컨대 한국인에게 "저와 제 딸 DNA를 조합해 볼 생각이에요"라고 말하면 DNA를 「組み合わせる？」라고 생각할 겁니다.

형사물 관련 한자어 3   466 ｜ 467

私は[　1　]を[2]している[3]です。

저는 교원 자격증을 **보유**하고 있는 교사입니다.

[　4　]をもらった科目が辛うじて 3 科目を超えなかったので

낙제점을 받은 과목이 가까스로 3과목을 넘지 않아서

2 年生に進級したが、[　5　]を選択した。

2학년으로 진급했지만 **자진 퇴학**을 선택했다.

この間退職した[　6　]は、男の先生ほぼ全員に[　7　]

얼마 전 퇴직한 기간제 교사는 남자 선생 거의 전원을 **마구잡이로 집적거렸던**

ものすごく多情な女だった。

[　8　] 여자였다.

昨日[9]時間に[10][　11　]やつら[12]に来い。

어제 **자율 학습** 시간에 **대놓고 땡땡이 친** 놈들 교무실로 와.

[13]時間には必ず[　14　]が立ち合わなければならない。

특활 시간에는 반드시 담당 교사가 입회해야 한다.

中学校の[　15　]に[　16　]女の子たちは皆[　17　]。

중학교 반창회에 **참석한** 여자애들은 모두 **꽃단장을 하고 왔다.**

모범 답안

1. 교원 자격증 : **教員免許**

앞서 나온 거죠? 이 경우 일본은 '자격증'이 아니라 '면허장'이라고 한다는 점. 그런데 그냥 '면허'라고만 하는 경우가 많습니다.

2. 보유 : **保持 · 保有**

이 경우는 검색을 해 보면 둘 다 사용하고 있는 예가 많이 검색됩니다. 방금 각각의 앞에 「免許を」를 붙여서 검색을 해 보니 **保有**의 경우는 30만을 살짝 넘고 **保持**의 경우는 정확히 114만 건입니다. 다만, 앞서 말씀드렸듯이 이 두 한자어 사이에는 약간의 뉘앙스 차이가 있다는 점. **保持**의 경우는 단순히 면허를 갖고 있다는 의미 외에 그 면허를 상실하지 않도록 하는 노력(정기 검사를 받거나 정기적인 교육과 연수를 수료하는 등)을 해서 면허를 '유지'하고 있다는 뉘앙스도 포함돼 있다는 거죠.

3. 교사 : **教諭** (きょうゆ)

일본에선 교원 자격증을 취득한 교사를 '교유'라고 부릅니다.

> 日 반대로 이걸 한국어로 옮길 때 '교유'라고 하면 한국 사람들은 무슨 말인지 못 알아듣습니다.

4. 낙제점 : **欠点 · 赤点**

5. 자진 퇴학 : **自主退学**

6. 기간제 교사 : **常勤講師** (じょうきんこうし)

기간제 교사를 常勤講師라고 부릅니다. 그러니까 한국의 기간제 교사를 일본은 '교사'가 아니라 '강사'라고 부른다는 거죠. 그리고 이 '상근강사'는 계약직으로 채용되는 거니까 契約講師라고도 합니다. 어떤 일본어 교재에서 기간제 교사를 「非常勤教師」라고 설명해 놓은 걸 봤는데 이건 엄밀하게 말하면 틀린 거라고 알고 있습니다. 일반인들은 교직 명칭을 정확하게 알지 못해서 이런 혼란이 생기는 게 아닐까 합니다. 그건 우리도 마찬가지듯이 말이죠. 그리고 비상근 '교사'가 아니라 비상근 '강사'가 정식 명칭입니다. 일본의 「非常勤講師」는 자기 수업만 맡는 사람을 뜻하고 일과가 끝날 때까지 학교에 상주할 필요도 없습니다. 그러니까 미술 선생이면 미술 시간에만 들어가서 가르치고 자기 할 일 하러 가면 그만인 거죠. 그리고 '교유'와 '상근, 비상근 강사'를 모두 뭉뚱그려서 '교사'라고 부르는 거죠. 참고로, 일본의 경우 대학의 講師는 중고교의 講師와는 전혀 다른 위치에 있는 직급입니다. 이에 관해선 뒤에 나오니까 그때 설명드리죠.

> **日** 한국에도 일본의 '비상근 강사'처럼 딱 자기가 맡은 수업만 하는 사람이 있는데 그건 '시간 강사'라고 부릅니다.

7. 마구잡이로 집적거렸던 : ちょっかいを出しまくっていた

일본에선 이성을 어떻게 해 보려고 집적대거나 추근거리는 걸 이와 같이 「ちょっかいを出す」라고 표현합니다. 그리고 '마구잡이로' 부분은 위와 같이 번역해 주면 되겠죠.

8. ものすごく多情な : 바람기가 엄청나게 많은

한국어 **다정**과 일본어 **多情**도 의미와 쓰임새가 다릅니다. 일본어 **多情**은 바람기가 많다는 뜻이 있습니다. 이번엔 다이지린 사전을 볼까요?

> ❶ 異性に対する愛情が移りやすいこと。浮気なこと。また、そのさま。移り気。
> ❷ 情がこもっていること。また、情が深く感じやすいこと。また、そのさま。

2번 뜻풀이는 우리와 비슷한데 지금은 긍정적인 뜻으로는 쓰지 않고 바람기가 많다는 뜻으로만 쓰인다고 합니다. 긍정적인 뜻으로 쓰였던 흔적으로나마 남아 있는 건 **多情多感**이라는 표현이죠.
그리고 goo 사전의 예문은,

> つぎつぎに愛人を変える多情な男
> 차례차례로 '애인(:정부)'을 바꾸는 多情な 남자.

또한 weblio 유의어 사전은 이 **多情**을 다음과 같이 설명하고 있죠.

> 複数の人と恋愛関係や肉体関係を持つさま
> 여러 사람과 연애, 육체관계를 맺는 모양

이해가 되시죠? 근데도 검색을 해 보면 한국어 '다정'을 그대로 多情이라고 해 놓은 예가 한둘이 아닙니다. 지금 또 찾아보니까 연예인들이 같이 사진을 찍고는 '~와의 다정한 투샷' 등의 말을 그대로 「多情な」라고 해 놓은 게 우수수 검색이 되네요. 일본인들이 이걸 보면 뭐라고 생각할까요? 또한 이런 사실을 모르고 일본인 여성에게 칭찬한답시고 「多情な女性ですね」라고 말하면 어떤 일이 벌어질까요? 또, 어떤 타입의 여자를 좋아하냐고 물었을 때 「多情な女性が好きです」라고 하면 그 일본인은 어떤 반응을 보일까요? 참고로 이건 일상적으로 흔히 쓰이는 한자어는 아니므로 한국의 '바람기 많은 여자'라는 표현은 「気の多い女」나 「尻軽な女」 등으로 표현해 주는 게 낫습니다. 근데 「気が多い」라는 표현은 원래는 진득하니 하나에 집중하거나 몰두하지 못하고 온갖 것에 흥미와 관심을 가지는 걸 뜻하는 말인데, 남녀 관계나 연애 관계 등에서는 바람기라는 뜻으로 쓰이는 것이죠.

9. 자율 학습 ： 自主学習

10. 대놓고 ： 正々堂々と

일본어 '정정당당'의 쓰임새를 복습하는 의미로 이걸 답안으로 제시한 것이니까 다른 표현으로 번역해도 무방하겠죠. 그리고 한 일본인의 의견으로는 이 경우에 「正々堂々と」라고 하면 비꼬는 의미가 더욱 강해지는 거 같다며 재밌는 표현 같다고 하더군요.

11. 땡땡이 친 ： バックレた・ずらかった

땡땡이치는 것, 수업 시간에 '튀는' 걸 속어로 위와 같이 표현합니다. 참고로 「ずらかる」는 기본적으로 범죄자 등이 죄를 지은 뒤 '튀다'라는 뜻인데 이 뜻이 변해서 수업을 빼먹고 튀는 것도 「ずらかる」라고 표현하게 된 거죠. 그런데 이 표현은 80~90년대 학생들이나 젊은이들 사이에서 유행했던 말이기 때문에 요즘의 젊은이들은 모르는 사람이 많을 거라고 하더군요.

🔍 블로그 '땡땡이치다'에 해당하는 일본의 속어 표현들

12. 교무실 ： 職員室

13. 특활 ： 部活

> 日 한국은 일본에서 말하는 '부 활동'을 '특별 활동'이라고 합니다. 그리고 이걸 줄여서 '특활'이라고 합니다. 아니, 했었습니다. 사실은 저도 최근에야 알 게 된 사실인데, 약 10년쯤 전부터 이 '특별 활동'을 '창의적 체험 활동'이라고 부르기로 했다고 하고, 이걸 줄여서 '창체 활동'이라고 부른답니다. 다만, 이 활동은 우리가 예전에 '특활'이라고 하면 떠오르는, 단순히 미술부, 사진부 등의 취미 활동과 운동부 활동만 의미하는 게 아니라 좀 더 포괄적인 개념입니다. 이에 관해 설명하자면 너무 길어지고, 또 그다지 중요한 게 아니니 생략하도록 하겠습니다. 그런데 왜 퀴즈를 '창체 활동'이라고 내지 않고 그대로 '특활'이라고 냈느냐… 그 이유는 바로 뒤에서 다시 설명하겠습니다.

14. 담당 교사 : 顧問教師 ^{こもん}

일본에선 동아리 활동 담당 선생을 '고문 교사'라고 합니다. 하지만 우리는 이 경우에 '고문'이란 표현을 하지 않죠. 그러니 거꾸로 일본어 顧問이 이런 의미로 쓰였을 때는 그대로 '고문'이라고 번역하면 안 되겠죠.

15. 반창회 : クラス会

한국의 반창회를 일본은 '클래스회'라고 표현합니다. 또 「同級会」라는 것도 있는데 이건 같은 반이 아니라 같은 학년의 모임을 말합니다. 우리로 치면 '동기회' 정도 되겠죠.

16. 참석한 : 出席した

일본은 '참석'이라는 한자어 자체를 쓰지 않습니다. 회의, 파티, 세미나, 환영회 등에 참석하는 것 등은 거의 出席이라고 번역하면 되고, 그 외에 애매한 경우는 그에 맞게끔 参加 등으로 융통성 있게 번역해야겠죠.

17. 꽃단장을 하고 왔다 : おめかしをしてきた

꽃단장하는 걸 일본에선 「おめかしをする」라고 표현합니다. 「おめかし」를 한자로 표기하면 「お粧し」, 즉, '화장'이라고 할 때의 粧이지만 히라가나로 표기하는 게 일반적입니다. 비슷한 말로 「お洒落をする」^{しゃれ}도 있죠.

> 日 '꽃단장'과 '꽃단장하다' 둘 다 사전에 올라 있는 단어입니다. 그러니 모두 붙여 써야 합니다. 짧게 하나 덧붙이자면 상대방이 옷을 잘 차려입고 멋을 한껏 내고 나왔을 때 「今日は決めてきたね~」라고 하죠. 이것의 번역으로서 '쫙 빼입고 왔네'를 추천합니다. 조금 더 속어적으로는 '오늘 패션(머리)에 힘 좀 줬네'라고 합니다. 물론 이미 알고 있는 분도 계시겠지만….

[　1　]として韓国[　　2　　]と[　3　]の中で少し迷ってます。

특별 활동으로서 한국 **전통 놀이 연구회**랑 관악부 중에 좀 갈등하고 있어요.

私の娘は[　　4　　]心配ですわ。幼稚園の[　5　]で

우리 딸은 **부끄럼이 너무 많아** 걱정이에요. 유치원 **재롱잔치**에서

歌の[6]を歌う途中、急に[　7　]泣き出したんです。

노래 **1절** 부르는 도중에 갑자기 **긴장됐는지** 울음을 터뜨린 거예요.

僕は大学2年生までお酒とビリヤード[　　8　　]生活をして

나는 대학교 2학년 때까지 술과 당구**로 세월을 보내는** 생활을 해서

[9]がソン・ドンヨルの防御率に肉薄(にくはく)したこともある。

학점이 선동열 방어율에 육박한 적도 있다.

[　10　]で発見された[11]の遺留品(いりゅうひん)を調査した結果、

등산로 입구에서 발견된 **사체**의 유류품을 조사한 결과

[12]は 〇〇[13]であることが確認されました。

피살자는 〇〇 **외대생**임이 확인됐습니다.

明日[14]が[15]全体の[　　16　　]を行うそうだから

내일 **선도부**가 재학생 전체 **기습 소지품 검사**를 실시한다니까

[17]に入れてあるエロビデオ今日[　　18　　][19]しちまえ。

사물함에 넣어 둔 에로 비디오 오늘 **집에 가는 길에** **반납**해 버려.

모범 답안

1. 특별 활동 : 部活動(ぶかつどう)

> 日 다시 나왔는데, 그러니 이젠 '특별 활동'이라고 퀴즈를 낼 게 아니라 '창체 활동'이라고 해야
> 겠지만, 초중고교를 다니는 아이를 둔 학부모가 아닌 사람이나 미혼인 중장년층한테는 아직
> 도 이 '특별 활동'이라는 말이 익숙하지 '창체 활동'이라고 하면 무슨 말인지 모르는 사람이 많
> 을 겁니다. 저도 그랬으니까요. 다시 말해 성인들 중에서는 여전히 특활이나 특별활동이라는
> 표현을 쓰고 있는 사람이 많으니까 이 용어도 알아 두시라는 뜻에서 퀴즈로 낸 것입니다. 아마
> 추어 자막러들 중에는 이걸 그대로 '부 활동', '부활'이라고 번역해 놓는 경우가 많은데, 번역은
> 왜 하는 걸까요? 그 나라 말을 모르는 사람을 위해 그 나라 영화나 드라마 등을 감상하라고 하
> 는 거죠? 그렇다면 그런 사람들이 딱 들어서 알아들을 수 있는 말로 번역하는 게 기본이겠죠?

2. 전통놀이 연구회 : 伝統遊戯(ゆうぎ)研究会

일본에선 전통놀이를 伝統遊戯(전통 유희)라고 표현합니다.

3. 관악부 : 吹奏楽部(すいそうがくぶ)

엄밀히 말하면 관악과 취주악은 다르지만, 아무튼 우리는 학교 동아리의 경우 관악부가 일반적인 반면
일본은 취주악부라는 걸 알려 드리기 위해.

4. 부끄럼이 너무 많아 : 恥ずかしがり屋すぎて

'부끄럼이 많다'를 「はにかみが多い」라고 번역해 놓은 걸 봤는데 일본은 이런 식으로는 표현하지 않
죠. 또한 「恥が多い」라고 하면 전혀 다른 뜻이 됩니다. 이러면 '부끄럼'이 아니라 '부끄러운(수치스러
운) 짓'을 많이 했다는 뜻입니다.

5. 재롱잔치 : お遊戯会(ゆうぎかい)

한국에서 말하는 재롱잔치를 일본에선 이와 같이 「お遊戯会」라고 합니다.

6. 1절 : 1番

노래 1절, 2절이라고 하는 걸 일본은 '번'이라고 합니다.

7. 긴장됐는지 : 上がってしまったのか

복습이죠. 일상생활은 물론, TV 등에서도 자주 접하는 표현이니 몰랐던 분은 외워 두시길. 울렁증 같은 걸 「上がり症」라고 한다는 것도 기억나시죠?

8. ~로 세월을 보내는 : に明(あ)け暮(く)れる

조사가 「に」라는 점에 유의하세요. 간혹 「で」라고 하는 경우도 보는데 올바른 건 「に」입니다. '조사 앞에 나오는 일, 행위'를 하며 세월을 보낸다는 뉘앙스의 표현인데 자주 쓰는 거니까 몰랐던 분은 꼭 외워 두시길. 그리고 문맥에 따라서는 '골몰하다'나 '~로 날이 새고 지는'을 쓸 수도 있겠고, 앞에 긍정적인 내용이 오면 '몰두하다, 열중하다' 등 유연하게 번역해야겠죠.

9. 학점 : 単位(たんい)

우리나라 대학에서는 학점이라고 하지만 일본은 '단위'라고 합니다.

10. 등산로 입구 : 登山道入り口

'등산로 입구'를 「登山口(とざんぐち)」라고도 하는데, 한 일본인에게 물어보니 「登山道入り口」는 실제 등산로가 시작되는 지점을 말하고, 「登山口」는 등산로로 갈 수 있는 산길의 초입이나 실제 등산로와는 약간 떨어진 지점에 설치할 경우에 이렇게 표기하는 경우가 많은 것 같다고 했으니까 참고하시길.

11. 사체 : 遺体(いたい)

우리는 형사 사건 등에서 죽은 사람을 사체(死體)라고 부르지만 일본은 거의 '유체'라고 합니다. 왜냐하면 일본어 死体는 사람뿐 아니라 동물들에게도 쓰는 단어라서 그와 구분하기 위해서라는 설이 있네요. 그리고 원칙적으로 일본어 '유체'는 신원이 밝혀진 사람, '사체'는 신원 불명인 경우에 쓴다고 설명해 놓은 사이트가 있는데, 제가 본 드라마나 영화, 심지어 뉴스에서도 '사체'라고 하기보다는 '유체'라고 하는 걸 훨씬 많이 들은 것 같습니다. 신원이 밝혀지든 아니든 말이죠. 그래서 이것도 역시 일본인에게 물어보니 자기가 생각하기에도 '유체'라고 하는 게 일반적인 것 같다고 하네요.

12. 피살자 : 被害者

일본에선 '피살자'라는 한자어는 안 씁니다. 「被殺(피살)」이라는 단어 자체가 사전에 없습니다. 따라서 살인 피해자라는 뜻에서 被害者라고 하는 거죠.

13. 외대생 : 外語大生

우리는 줄여서 '외대생'이라고 하지만 일본은 '외어대생'이라고 합니다.

14. 선도부 : 風紀委員会

15. 재학생 : 在校生

일본은 「在学生(재학생)」이라고 하지 않는다고 알고 계신 분 많죠? 하지만 일본의 경우 '대학'은 학'교' 라고 보지 않기 때문에 在学生이라고 합니다.

16. 기습 소지품 검사 : 抜き打ち持ち物検査

기습(불시) 소지품 검사를 일본선 위와 같이 표현합니다. 「所持品検査」라고도 하지만 이 표현은 예를 들어 경찰이 사람들 소지품을 검사하거나 할 때 쓰이는, 말하자면 좀 딱딱하고 공식적인 말투이기 때문에 일상생활에서는 「持ち物検査」라고 하는 게 일반적이라고 합니다.

17. 사물함 : ロッカー

18. 집에 가는 길에 : 帰り道に

학교나 회사 등에서 집으로 돌아가는 경우 그냥 이 자체만으로 자연스럽습니다. 「家に行く道に」라고 하면 살짝 코패니즈 같은 어색한 표현이 됩니다. 또한 그냥 「家に行く」라고 하면 퇴근이나 하교라는 뜻이 아니라 뭔가 목적이 있어서 집으로 '간다'는 뜻이 내포된 경우가 많다고 합니다.

19. 반납 : 返却(へんきゃく)

빌려 온 비디오, 책 등을 반납하는 걸 일본선 返却(반각)이라고 합니다. 교내 식당 등에서 식기를 반납하는 것도 '반각'이라고 합니다. 그렇다면 일본에선 '반납'이라는 한자어를 안 쓸까요? 그렇지는 않습니다. 일본에서 '반납'이라는 한자어는 주로 면허, 자격 등을 부여해 줬던 기관 등에 반납할 때 쓰입니다. 반면 '반각'은 이 예문의 예처럼 빌렸던 (주로)물건 따위를 원래의 소유자에게 되돌려주는 것이라는 쓰임새 차이가 있습니다. 그리고 우리는 휴가를 '반납'한다고 하고, 올림픽을 '반납'한다고 하는데 일본은 이 경우에는 뭐라고 할까요? 그 정답은 바로 「返上」입니다.

교육, 학교 관련 한자어 3

[1]で不遇な少年期を過ごした彼は[2   ]した後[3]、
편모 가정에서 불우한 소년기를 보낸 그는 **소년원을 퇴소**한 뒤 **개과천선**,

[4]で[5]努力で[6   ]一所懸命勉強した。
입시학원에서 **피나는** 노력으로 **한눈 한 번 팔지 않고** 열심히 공부했다.

その結果[7]でも優秀な成績を取って[8]に合格した後、
그 결과 수능시험에서도 우수한 성적을 따서 명문대에 합격한 후

[9   ]実家に[10   ]、[11][12]まで[13]した。
연락이 두절됐던 집으로 **금의환향했고**, **나아가서는** 석사학위까지 **획득**했다.

[14   ]という学歴でIT企業を設立、[15   ]を開発して
대학원 졸업이라는 학력으로 IT 기업을 설립, **안면 인식 시스템**을 개발해서

大成功を収めた[16   ]である。
대성공을 거둔 **입지전적 인물**이다.

한국 대학의 교원 직급은 교수(정교수), 부교수, 조교수, 강사의 순으로 나뉘고, 그리고 교원은 아니지만 교수를 보조하는 조교가 있는데, 일본 대학의 교원 직급은 교수, [17], [18], [19], [20]로 나뉜다. 또한 한국에서는 직급이라고 부르지만 일본에선 [21]라고 부르는 게 일반적이다.

일본에서는 유치원 아이들은 [22], 초등학생들은 [23]중고등학생들은 [24]대학생들은 [25]이라고 부른다. 또한 한국과 달리 대학교를 [26]라고 부르는데, 행정기관 등에서 특별히 설치한 교육 훈련 기관의 경우 [27]라고 부르기도 한다.

모범 답안

1. 편모 가정 : 母子家庭(ぼし)

일본에는 '편모'라는 단어 자체가 없습니다. 따라서 한국의 편모 가정을 일본에선 '모자가정'이라고 표현합니다. 그리고 '편모슬하에서 자라다'라는 표현의 '편모슬하에서'도 「母子家庭で」라고 번역하면 무리가 없겠죠. 다만, '편모슬하'라는 원문에 충실해서 번역한다면 어떻게 될까요? 「片母の元」? 아닙니다. 일본은 「片母」라는 말은 쓰지 않습니다. 그리고 「親」라는 말은 기본적으로는 '부모' 양쪽을 뜻하지만 일본에선 엄마나 아빠 중 한 명을 지칭할 때도 「親」라고 합니다. 영상번역을 해 본 분 중에 이런 경우를 접했던 분은 아마 무슨 뜻인지 아실 겁니다. 따라서 이 경우는 「片親の元」라고 해 주면 됩니다. 편부의 경우도 마찬가지고요. 그러나 이렇게 해서는 편모인지 편부인지 물어보기 전에는 알 수 없다는 한계가 있죠.

2. 소년원을 퇴소 : 少年院を退院

이건 앞에서도 잠시 나왔었죠. 숙소에 들어가는 걸 일본은 「宿舎に入舎」라고 표현한다고요. 한국의 경우 교도'소'도 소년'원'도 전부 '퇴소'라는 말로 표현하지만 일본의 경우는 이처럼 제일 뒤의 한자가 무엇인지에 따라 구분해서 표현하는 경우가 많습니다. 다른 예를 들어 보자면 유치원 졸업하는 걸 일본은 「卒園」이라고 합니다.

3. 개과천선 : 改心・悔い改め

4. 입시 학원 : 予備校

5. 피나는 : 血の滲むような(にじ)・血を吐くような(は)

「血の出る努力」라고는 하지 않습니다. 코패니즈 표현인 거죠.

> **日** '피나다'는 정말로 피(血)가 난다는 뜻이 아니라 '몹시 고생을 하거나 힘들어서 함을 이르는 말'이라는 비유적인 뜻으로 국어사전에 등재된 말이므로 붙여서 씁니다.

6. 한눈 한 번 팔지 않고 : よそ見ひとつせず

한국 사람은 자칫 이걸 「よそ見一度せず」라고 하기 십상인데 이러면 아주 어색한 일본어가 된다고 합니다. 그냥 관용적으로 위와 같이 '히토츠'를 쓰는 게 자연스럽고, 굳이 「一度」를 쓰려면 「よそ見を一度もせず」라는 식으로 말해야 자연스럽다는 점. 또 말하지만 참 어렵죠?

7. 수능시험 : センター試験

8. 명문대 : 名門大学

앞에 나왔던 거죠. 아무튼 일본은 名門大보다는 위와 같이 '명문 대학'이라고 말하는 게 더 일반적이라는 점.

9. 연락이 두절됐던 집 : 連絡が途絶していた実家

일본은 부모님(과 같이 살던) 집, 혹은 고향의 집을 이렇듯 '실가'라고 말하는 경우가 많습니다. 그리고 거꾸로 이걸 무조건 '본가'라고 번역하는 경향이 있는데 이처럼 그냥 '집'이라고 해야 자연스러운 경우도 많습니다.

10. 금의환향했고 : 帰り · 衣錦還郷し

일반적인 표현으로는 「故郷に錦を飾る」가 있다는 거 기억하시죠? 그리고 우리는 '금의환향'을 이렇게 좀 가벼운 의미로도 쓰지만 일본은 이 정도 일 가지고 '금의환향'이라는 표현을 하는 건 부자연스럽다는 의견이 있었습니다. 그렇다면 이 경우는 위와 같이 「帰り」라고 하는 게 무난하겠죠. 하지만 복습의 의미에서 '의금환향'도 적어 놓은 거니 참고하시길.

11. 나아가서는 : さらには

12. 석사학위 : 修士号

이건 아는 사람도 많겠죠? 학사 학위와 박사 학위는 각각 「学士号」와 「博士号」라고 한다는 것도요. 그리고 이건 「はかせごう」라고 읽지 않는다는 것에 유의하세요. 보통 '하카세'라고 알고 있는 사람들이 많은데 정식 명칭은 오히려 '하쿠시' 입니다. '~학 박사'라고 할 때도 '하쿠시'라고 읽습니다. 그리고 일본에도 '학위'라는 말 자체는 존재하지만 학사학위, 박사학위, 석사학위라고 할 때는 위와 같이 号를 붙이는 게 일반적입니다.

13. 획득 : **取得**

이것도 검수 과정에서 걸러진 건데, 우리나라에선 이 경우 획득이라고도 취득이라고도 하는데 일본의 경우 뭔가 치열하게 싸우거나 열심히 노력해서 쟁취하는 뉘앙스로 '획득'을 쓰지 학위 같은 걸 따는 것에 '획득'을 쓰면 부자연스럽다고 하네요.

14. 대학원 졸업 : **院卒**

15. 안면 인식 시스템 : **顔認識システム**

16. 입지전적인 인물 : **立志伝中の人物**

일본은 「立志伝的」이라는 식으로 '적'을 붙이지 않고 이렇게 표현합니다.

17. 准教授(준교수) **18. 講師 19. 助教 20. 助手**

일본의 '조교'는 굳이 번역하자면 '조교수' 정도 되겠고, 일본의 '조수'는 한국의 '조교' 정도가 된다고 할까요? 그런데 문제는 이 일본어 '(대학)강사'는 그럼 어떻게 번역해야 하는가인데, 일본에서 '(대학)강사'를 설명해 놓은 글을 보면 '교수에 준하는 직급'이라고 돼 있습니다. 또 영어로는 어떻게 말하는지 설명해 놓은 글을 보면 Assistant Professor라고 돼 있습니다. 또한 일본어 '조교' 역시 Assistant Professor라고 해 놓은 것도 많고요. 그러니 굳이 정확하게 번역을 해 줘야 하는 상황이라면 둘 다 '조교수'라고 해야 할 것 같습니다. 좀 애매하긴 하죠? 굳이 (일본)교수냐 (일본)강사냐를 구분해야 될 필요가 없는 경우는 그냥 '교수'라고 해도 될 것 같고…. 번역이 이래서 어려운 거죠. 아무튼 일본 대학의 '강사'는 한국 대학의 '강사'와는 지위나 대우가 다르다는 걸 아시고 번역 때 참고하시라는 의미로 낸 퀴즈라고 생각해 주세요.

21. 職階

22. 園児 23. 児童 24. 生徒 25. 学生

일본은 '법적으로' 위와 같이 나눠져 있다는 점을 참고하시길.

26. 大学 27. 大学校

[1]**問題で**[2]**が起こり**[3][4]**に突入した。**

호주 승계 문제로 **집안싸움**이 벌어져서 변호인단을 꾸려 **법정 싸움**에 돌입했다.

[5][6]**とうとう**[7]**の座を掴んだ**[8]**。**

호시탐탐 기회를 엿보다가 마침내 검찰총장 자리를 거머쥔 **독종이다**.

部下の[9]**に対する**[10]**で起訴された裁判で被告人は**

부하 **여경**에 대한 갑질 혐의로 기소된 재판에서 피고인은

[11]**で依然として**[12]**を主張した。**

최후 진술에서 여전히 무고함을 주장했다.

権力に対する[13]**を抱いてクーデターを起こした**○○○**は**

권력에 대한 **야욕**을 품고 쿠데타를 일으킨 ○○○는

結局[14]**の最終判決で**[15]**。**

결국 대법원의 최종 판결로 **형장의 이슬로 사라지는 신세가 됐다**.

検察は[16]**を受けている**○○○**に対して**[17]**を**[18]**したが**

검찰은 연쇄살인 혐의를 받고 있는 ○○○ 에 대해서 **구속영장**을 **신청**했지만

[19]**は証拠不十分として**[20]**した。**

법원은 증거가 불충분하다며 기각했다.

모범 답안

1. 호주 승계 : 家督相続 (かとくそうぞく)

'호주 승계'를 일본은 '가독상속'이라고 합니다.

> **日** 한국도 구 민법에서 법률 용어로서 '가독 상속'이라는 말을 썼던 모양인데 오늘날 한국인들에게 '가독'이라고 하면 알아듣는 사람이 거의 없을 겁니다.

2. 집안싸움 : 内輪もめ (うちわ)

'집안싸움'은 독립된 단어이므로 붙여 씁니다.

3. 변호인단을 꾸려 : 弁護団を組んで

퀴즈는 아니었지만 앞에서 나왔죠? 그리고 '원고인단'과 '피고인단'도 일본은 각각 原告団, 被告団이라고 합니다.

4. 법정 싸움 : 法廷闘争

이 경우 일본은 '투쟁'을 쓰는 게 일반적입니다. 또한 한자어를 쓰지 않는 경우도 「争い」라고 하지 「戦い」라고는 하지 않는다고 합니다. 이와 비슷한 표현으로서 「裁判沙汰」(さた)도 외워 두세요.

5. 호시탐탐 : 虎視眈々と (こしたんたん)

일본은 이렇게 「と」를 붙여서 쓴다는 점을 유의.

6. 기회를 엿보다가 : 機会を見計らって (みはか)〔うかがって〕

「機会を覗いて」(のぞ)라고 하면 코패니즈죠. 그리고 이 경우의 「うかがう」의 한자는 「伺う」가 아니라 「窺う」인데 한자가 어려워서인지 보통은 히라가나로 표기하는 걸 많이 봅니다.

7. 검찰총장 : 検事総長 (けんじそうちょう)

일본은 '검찰'총장이 아니라 '검사'총장이라고 합니다. 여담으로, 한국에서는 '검찰청'이라고 부르는데 왜 검찰청의 장을 검찰'청장'이라고 하지 않고 '총장'이라고 하는지 의아하게 생각한 분들 많으시죠?

한국의 법전 등 법률 용어를 보면 일반인들은 도저히 무슨 말인지 알아먹을 수 없는 한자어들을 많이 쓰는 것 역시 일본어의 잔재이듯이, 이 '총장'이라는 명칭 또한 일본어의 잔재라는 걸 여기서 확인할 수가 있죠.

8. 독종이다 ：　あくどい人間だ · 手ごわい人間だ

일본은 '독종'이란 말 자체가 없으므로 의역을 할 수밖에 없을 텐데, 이 '독종'이라는 말을 나쁜 뜻으로 쓴 거라면 전자를, 그렇지 않고 무시무시한 인간, 무서울 만큼 지독한 인간이라는 뉘앙스라면 후자가 어울리겠죠.

9. 여경 ：　婦警

일본 영화나 드라마를 즐겨 보시는 분들은 작품 속 여경을 이처럼 '부경'이라고 부르는 걸 들은 적이 있을 겁니다. 일본은 기혼이든 미혼이든 여성 경찰관 전부를 婦人警察官이라고 부르고, 이걸 줄여서 위와 같이 '부경'이라고 부르는 게 관례였다고 합니다. 지금은 법이 개정돼서 일본도 '공식적으로'는 우리와 같이 '여성 경찰관'으로 부르라고 한다는데 지금도 여전히 '부인 경찰관' 또는 '부경'이라고 부르는 사람들이 많은 모양입니다.

10. 갑질 혐의 ：　パワハラ容疑

'갑질', 앞에서 나온 거죠.

11. 최후 진술 ：　最終陳述

'최후 진술'을 일본은 '최종진술'이라고 합니다.

> 日　한국도 법률 용어로서 '최종 진술'이라는 게 있지만 일반인들에게는 '최후 진술'이 더 널리 알려져 있는 것 같습니다.

12. 무고함 ：　無実

13. 야욕 ：　汚い野望

앞에서는 「邪な」라는 표현을 썼지만, 이 '야욕'이라는 한자어가 일본에는 없으니 문맥에 따라 이렇듯 다양한 수식어를 덧붙여서 번역할 수밖에 없겠죠.

14. 대법원 : 最高裁判所

이 '대법원'도 일본은 '최고재판소'라고, 한국과 다르게 부릅니다. 그렇다면 한국의 대법원장은 '최고재판소장'이라고 할까요? 그렇지 않습니다. 일본에선 '장관'을 뒤에 붙여서 「最高裁判所長官」이라고 합니다. 그리고 한국의 고등 법원은 「高等裁判所」라고 하죠.

15. 형장의 이슬로 사라지는 신세가 됐다 : 刑場の露^{けいじょう つゆ}と消える羽目になった

일본은 이 경우 「と」라고 한다는 점에 유의.

16. 연쇄 살인 혐의 : 連続殺人容疑

17. 구속영장 : 勾留状

일본에도 한국의 구속영장에 해당하는 말이 있다는 걸 다시금 상기시키기 위해 이 답안을 제시했지만, 일반인들에겐 '체포장'이라고 해 줘야 쉽게 알아듣겠죠?

18. 신청 : 請求

19. 법원 : 裁判所

위에서 언급한 것과 같은 맥락으로 '법원'도 일본은 '재판소'라고 합니다. 또한 일본은 '판사'가 아니라 裁判官(재판관)이라는 표현을 쓰는 게 일반적입니다. 다만 대법원의 판사, 그러니까 '대법관'은 「最高裁判所判事」라고 합니다.

20. 기각 : 却下^{きゃっか}

일본의 경우 '기각'과 '각하'는 민사소송의 경우에는 구분해서 사용한답니다. 즉, '각하'는 절차상의 미비함 또는 아예 심리할 '깜'조차 안 된다는 판단으로 물리치는 것. '기각'은 일단 심리는 하지만 심리 결과 소송의 이유가 없다는 판단으로 물리치는 것. 그에 반해 형사소송에서는 그런 구분 없이 쓰는데, 사전을 찾아보니 '기각'을 더 많이 쓴다는군요. 하지만 보석 신청이나 체포 영장, 구속 영장 같은 건 '기각'이 아니라 '각하'를 쓴다고 합니다. 그런데도 한국발 기사나 글을 검색해 보면 온통 「棄却」이라고 해 놓고, 심지어 한국어 '구속영장'도 그대로 「拘束令状」이라고 해 놓은 게 한둘이 아닙니다. 또한 일본어 '각하'는 일상생활 속에서도 농담 삼아(?) 종종 사용되는 말입니다.

> 日 한국에서는 반대로 '기각'을 일상생활 속에서 농담으로 씁니다.

あの [1] 訴訟_{そしょう}は、最初はそれこそ [2] の [3]

그 황혼 이혼 소송은 처음엔 그야말로 **진흙탕 싸움의 양상을 띠었지만**

結局は、円満な [4] の形で [5]。

결국에는 원만한 합의이혼 형태로 **매듭지어졌다**.

権力の侍女_{じじょ}の検察は国政を蹂躙_{じゅうりん}していた [6] な○○ [7] を「証拠隠滅と

권력의 시녀인 검찰은 국정을 유린해 온 **극악무도**한 ○○**일당**을 '증거 인멸과

[8] の恐れがない」とし、[9] した。

도주의 우려가 없다'며 **불구속 기소**했다.

[10] のあの弁護士は依頼人の秘密を漏洩_{ろうえい}して [11] 違反の [12] で

돈에 미친 그 변호사는 의뢰인의 비밀을 누설해서 **묵비의무 위반 혐의**로

[13] され、[14] に収監される [15]。

사법 처리되어 **교도소**에 수감되는 **신세가 됐다**.

この請負_{うけおい}殺人事件の裁判は [16] から [17] に切り替わり [18] な

이 청부살인사건 재판은 **2차 공판**부터 **국민참여재판**으로 바뀌어서 **잔인무도**한

[19] がいよいよ裁判所ではなく国民によって審判を受けることになった。

살인마가 마침내 법원이 아니라 국민에 의해 심판을 받게 됐다.

[20]って言うでしょう。[21]も気の毒だと思って[22]したのよ。

인지상정이라고 하잖아. 대검찰청도 가엾다고 생각해서 **정상참작**을 한 거지.

○○○[23]の[24]による公判日程の[25]を防ぐため裁判部は

○○○ **전 대통령**의 출석 거부로 인한 공판 일정 **차질**을 막기 위해 재판부는

[26]の進行を決定し、[27]の日付を○○月 ○○日と確定した。

궐석 재판 진행을 결정하고, 7차 공판 날짜를 ○○월 ○○일로 확정했다.

모범 답안

1. 황혼 이혼 ： 熟年離婚 (じゅくねんりこん)

우리는 '황혼 이혼'이라고 하지만 일본은 이처럼 '숙년이혼'이라고 합니다.

2. 진흙탕 싸움 ： 泥沼の争い (どろぬま)

앞서 「泥仕合」(どろじあい)도 나왔는데 기억나시나요? 「泥仕合」와 이 표현은 약간의 뉘앙스 차이가 있는데, 「泥仕合」는 서로의 약점을 들춰 가면서 볼썽사납게 싸우는 거라면 「泥沼の争い」는 서로 한 치의 양보도 없이 물고 늘어져서 그 상황에서 헤어 나올 수 없는 지경이 되는 걸 의미한다고 합니다. 다시 말해 끝도 없는 소모전을 벌이는 걸 말하죠. 그러니까 서로를 갉아먹는 소모전이 돼서 둘 다에게 손해만 끼치는 상황이라는 거죠. 그리고 몇몇 일본인에게 물어본 결과 이 경우에는 「争い」라고 하는 게 일반적이라는 반응이었습니다. 심지어 어떤 사람은 이 경우에 「戦い」는 본인이 쓴 적도, 남이 쓰는 걸 본 적도 없다는 말을 할 정도였는데, 다만 '못 쓸 것까지는 없겠지만'이라는 단서를 붙였습니다. 실제로 검색을 해 보면 꽤 나오긴 합니다만, 검색 조건을 나라는 '일본', 언어는 '일본어'에 국한해서 찾으면 쑥 줄어들 뿐 아니라, 그래도 걸러지지 않는 한국발 기사 등을 빼고 일본인이 쓴 경우만 찾아보면 '실제 전쟁' 등에서의 싸움을 묘사할 때 「戦い」를 쓴 것들이 검색됩니다.

3. 양상을 띠었지만 : 様相を呈したが

4. 합의 이혼 : 協議離婚

우리는 '합의'를 쓰는 게 일반적인데 일본은 '협의'를 쓰는 게 일반적입니다.

> 日 전문 영역에서는 '협의 이혼'이란 말을 쓰는 모양인데, 이혼을 '협의'한다? 이혼을 '협력하여 의논한다'? 이혼 당사자가 서로 의논을 통해 건설적이고 발전적인 의견을 교환해서 이혼하는 게 바람직하다고 결의한다? 법조계 용어인 만큼 일본식 법률 용어의 잔재라는 의심이 강하게 듭니다. 물론 개인적인 생각입니다.

5. 매듭지어졌다 : 片がついた

「方がつく」라고도 표기합니다.

6. 극악무도 : 極悪非道

우리는 극악'무도'지만 일본은 극악'비도'라고 한다는 점.

7. 일당 : 一味

이것도 역시 「一党」이라고 직역하면 안 됩니다. 한국어 '일당'에는 부정적인 뉘앙스가 있지만 일본어 「一党」에는 부정적 뉘앙스가 없습니다. 그러나 이 「一味」는 부정적 뉘앙스로도 쓰이는 단어입니다. 우리로 치면 '패거리' 같은 뉘앙스랄까요.

8. 도주 : 逃亡

앞에서 일본어 '도망'과 '도주'는 한국과 다른 뉘앙스로 쓰인다고 했죠? 일본어 '도주'는 달아나는 행위 자체, 다시 말해 한자 뜻 그대로 '뛰어서 달아난다'는 뉘앙스, 혹은 달아나고 있는 중(도주 중)이라는 뜻 인 반면 일본어 '도망'은 달아나서 종적을 감춘다는 의미니까 이 경우에 일본은 逃走라는 한자어를 쓰 지 않는 게 당연한 거겠죠.

9. 불구속 기소 : 在宅起訴

여러 번 접하면 머리에 새겨질 확률이 높죠.

10. 돈에 미친 : 金の亡者 (もうじゃ)

돈에 미친 사람을 일본은 이렇게도 표현합니다.

> 日　거꾸로 이걸 그대로 '돈의 망자'라고 번역하면 일본어를 모르는 한국 사람은 못 알아듣습니다. 그리고 '돈에 환장한 인간'이라는 표현도 있습니다.

11. 묵비 의무 : 守秘義務 (しゅひ)

우리는 묵비 의무라고 하는 게 일반적인데 일본은 '수비의무'라고 합니다.

> 日　한국에선 '비밀 준수(유지) 의무'라고도 합니다. 오히려 묵비 의무보다 일반인에게 더 친숙한 표현이죠. 그리고 사전을 찾아보니 '수비 의무'라는 말도 비슷한말로서 등재돼 있긴 한데 개인적으로는 들어본 기억이 없습니다. 아마도 공격과 수비라고 할 때의 守備와 발음이 같아서 헷갈리기 때문에 점점 사장돼 버린 게 아닌가 싶습니다.

12. 혐의 : 容疑

13. 사법 처리 : 司法処分

이 경우에는 좀 더 명확히 하기 위해 일부러 뒤에 '교도소에 수감되는'이라는 말을 넣었습니다. 사법부의 판결이 내려져서 결국 사법 처분이 되었으니 일본어로도 司法処分이라고 해도 오역은 아니겠죠?

> 日　한국은 이 경우에 '사법 처분'이 아니라 위와 같이 표현하는 경우가 많습니다. 한국어 '사법 처분'의 쓰임새는 그리 많지 않다는 것이죠.

14. 교도소 : 刑務所

> 日　한국에서도 옛날에는 '형무소'라고도 했는데 지금은 교도소라고 합니다.

15. 신세가 됐다 : 羽目になった

16. 2차 공판 : 第二回公判<ruby>こうはん</ruby>

우리는 'O차 공판'이라는 식으로 표현하지만 일본은 이와 같이 표현합니다. 그리고 '차'가 아니라 '회'라는 점에 유의.

17. 국민참여재판 : 裁判員裁判

국민참여재판을 일본은 「裁判員裁判(재판원 재판)」이라고 하고, 이 제도를 「裁判員制度」라고 합니다. 물론 양국의 법 제도가 다르기 때문에 완벽히 일치하는 용어는 아닙니다. 하지만 공통점으로서 양국 다 서양의 배심원 제도와 참심원 제도를 혼용하고 있다는 점은 같습니다.

18. 잔인무도 : 残忍非道<ruby>ざんにんひどう</ruby>

'극악무도'도 일본은 '극악비도'라고 한다고 했죠. 이 역시 '비도'라고 합니다.

19. 살인마 : 殺人鬼

앞서 '연쇄살인마' 부분에 나온 거죠.

20. 인지상정 : 人情の常<ruby>にんじょう つね</ruby>

일본은 '인지상정'이라는 사자성어는 없고 이와 같이 표현합니다.

21. 대검찰청 : 最高検察庁

대검찰청을 일본은 '최고검찰청'이라고 합니다.

22. 정상참작 : 情状酌量<ruby>じょうじょうしゃくりょう</ruby>

복습이죠? 그리고 우리는 '참작하다'라고 하는데 이때 일본은 「斟酌 (침작)」을 쓴다는 것도 복습의 의미로 적어 둡니다.

23. 전 대통령 : 前大統領

이 경우 일본은 보통 元라는 표현을 쓰죠. 근데 앞서 '전 장관'의 경우에서도 설명했듯이 바로 직전의 사람의 경우는 前을 붙입니다.

24. 출석 거부 :　出廷拒否
しゅってい

일본은 재판정 출석을 거부하는 걸 '출정' 거부라고 하는 게 일반적입니다.

25. 차질 :　狂い · ずれ

앞에서 나왔으니 맞히셨길 바랍니다. 참고로, 두 번째 감수자님은 여기서 「狂い」는 부자연스럽다고 지적을 하시더군요. 조금 의아한 생각이 들어서 몇몇 일본인들에게 재확인을 거쳤는데, 부자연스러운 거 없다는 대답이었습니다. 한 일본인은 오히려 「狂い」를 쓰면 차질의 정도가 더욱 심하다는 인상을 준다는 의견이었고, 또 검색을 해 봐도 이렇게 쓴 예가 많이 검색됩니다. 아무튼, 왜 부자연스럽다고 했는지 모르겠지만 감수자님 의견도 참고는 하시기 바랍니다.

26. 결석재판 :　欠席裁判

보궐선거도 일본은 '보결선거'라고 하듯 이 역시 상용한자인 欠을 쓰는 거죠.

27. 7차 공판 :　第7回公判

[　1　]地域で民兵隊の地雷除去作業中、一人の隊員が[　2　]によって

지뢰 배치 지역에서 민병대의 지뢰 제거 작업 중, 한 대원이 목함 지뢰에 의해

[　3　][　4　]された。

발목이 절단돼서 응급 후송됐다.

地雷によって[　5　]になったのをきっかけに地雷[　6　]に参加しようと決心した。

지뢰에 의해 불구의 몸이 된 걸 계기로 지뢰 폐지 운동에 참가하기로 결심했다.

[　7　][　8　]の一人が[　9　]の[　10　]で即死した。

사주경계를 서던 미군 한 명이 아군의 오인 사격으로 즉사했다.

韓国の[　11　]及び[　12　][　13　]していると発表。

한국의 대량살상무기 및 핵무기 폐지 운동을 주시(주목)하고 있다고 발표.

[　14　]として敵陣に向かった戦車の[　15　]が[　16　]で緊急連絡をした。

선발대로서 적진으로 향한 전차의 무전수가 무전기로 긴급 연락을 했다.

[　17　]付近に[　18　]中の米軍基地を敵機が凄まじい勢いで[　19　]

군사분계선 인근에 주둔 중인 미군기지를 적기가 무서운 기세로 내습해 와서

[　20　]を浴びせた。

십자포화를 퍼부었다.

모범 답안

1. 지뢰 배치 : 地雷配備 <ruby>じらいはいび</ruby>

'배비'라는 단어가 사전에 올라 있긴 한데 한국에선 거의 사용되지 않는 단어죠. 특히나 일상생활에서는 더더욱 말이죠. 하지만 일본은 '배비'와 '배치'를 구분해서 사용하고 '배비'라는 표현도 신문이나 방송을 비롯해서 자주 등장하는 단어입니다. '배비'는 좀 더 무게감 있는 뉘앙스랄까요? 그리고 규모도 영향을 주는 것 같습니다. 예컨대 저격수나 포격수 같은 경우는 「配置」라고 하지 「配備」라고는 안 한답니다. 반면 핵무기의 경우는 「配備」를 쓰지 「配置」라고 하지 않는답니다. 또한 한때 한창 시끄러웠던 '사드'의 경우도 우리는 배치라고 표현하지만 일본은 '배비'라는 단어를 쓰는 것처럼요. 그런데 군대의 경우는 둘 다 쓸 수 있다네요. 즉, 일본에서 말하는 配備는 配置해서 準備(준비:대비)한다는 뉘앙스로 쓰이는 거죠. 참고로 일본은 '대비'라는 한자어를 쓰지 않죠. 결론적으로 일한 번역 때는 별 문제가 없는데 한일 번역의 경우는 이 둘을 잘 구분해서 번역해 줘야 하는 거죠.

2. 목함 지뢰 : 木箱地雷 <ruby>きばこ</ruby>

목함 지뢰를 일본은 이렇게 '나무 상자 지뢰'라고 합니다.

3. 발목이 절단돼서 : 足首を切断して

재귀 동사 용법이 또 나왔네요. 앞서 살펴봤듯 우리는 '손가락을 베이다', '손목이 부러지다', '팔이 골절되다'처럼 자동사 혹은 피동사 형태로 쓰는 데 반해서 일본은 「指を切る」, 「手首を折る」, 「腕を骨折する」처럼 타동사적으로 쓰죠. 이 경우의 '절단' 역시 이렇게 타동사적으로 씁니다.

4. 응급 후송 : 救急搬送

5. 불구의 몸 : 身体障害者

일본도 「不具の身」 <ruby>ふぐ</ruby> 라는 표현을 옛날에는 썼었는데 차별 용어라고 해서 지금은 안 쓴다고 합니다.

> 日 한국도 '불구'를 차별 용어라고 쓰지 말자는 경향이 있지만 이렇게 스스로 자신의 처지를 표현하는 것조차 차별 용어라고 하지는 않겠죠.

6. 폐지 운동 : 廃絶キャンペーン
<ruby>はいぜつ</ruby>

지뢰나 핵무기 등을 폐지하자는 운동을 일본은 이렇게 표현합니다.

7. 사주경계를 서던 : 全周警戒にあたっていた

8. 미군 : 米兵
<ruby>べいへい</ruby>

우리나라는 '미군'이라고 하면 '미국군'이라는 뜻도 있고 '미국 군인'이라는 뜻도 있지만 일본은 이와 같이 구분해서 표현합니다.

9. 아군 : 友軍
<ruby>ゆうぐん</ruby>

일본은 '아군(我軍)'이라고 하지 않고 '우군'이라고 합니다.

10. 오인 사격 : 誤射
<ruby>ごしゃ</ruby>

일본은 誤認射撃이라는 식으로는 말하지 않는다고 합니다. 다만, 체포의 경우는 誤認逮捕라고 하는 모양입니다. 체포에는 '오인'을 쓰는데 사격에는 '오인'을 쓰면 어색하다니, 이래서 자연스러운 일본어를 구사하는 게 정말 어려운 것이죠.

11. 대량 살상 무기 : 大量破壊兵器

북미 정상회담 때문에 매우 빈번히 등장했던 WMD, 즉, Weapons of mass destruction을 일본은 이렇듯 '대량파괴병기'라고 표현합니다.

12. 핵무기 폐지 운동 : 核兵器廃絶キャンペーン

> 日 　한국에선 '폐절'이라는 한자어를 거의 쓰지 않는다고 보면 됩니다. 그리고 '폐기'라고도 하는데 둘의 뉘앙스 차이는, '폐기'의 경우는 기존의 핵무기를 없앤다는 뜻인 반면 '폐지'라고 하면 향후 개발도 하지 말자는 뉘앙스가 포함돼 있다고 할까요?

13. 을 주목(주시) : を注視 · に注目

일본은 注視를 쓸 때는 조사「を」를, 注目을 쓸 때는 조사「に」를 씁니다. 다만 일본인들도 '주목'의 경우에도「を」를 쓰는 사람이 적지 않은 것 같습니다. 또한 한국어 '주시'와 '주목'도 비슷하지만 미묘한 뉘앙스의 차이가 있듯이 일본 역시 注視와 注目에는 미묘한 뉘앙스 차이가 있어서 서로 대체하면 안 되는 경우가 있다는군요. 일본어 注視는 視, 다시 말해 주의 깊게 '눈으로 살핀다(視)'는 데 방점이 찍혀 있는 단어라고 합니다. 예를 들자면「敵の動きを注視する」라고 하면 실제 적의 동태를 눈으로 면밀히 감시한다는 의미가 되는 거죠. 반면 일본어 '주목'은 관심, 흥미 등을 가지고 살핀다는 뉘앙스가 있다고 합니다.

14. 선발대 : 先遣隊 (せんけんたい)

앞서 나온 거죠? 제 기억에 일본 영화 등에서 '선발대'라는 용어를 쓴 건 해상 자위대를 배경으로 한 전쟁물에서 들은 게 유일합니다.

15. 무전수 : 通信手 (つうしんしゅ) · 無線手

일본은 이 경우도 '무선수' 또는 '통신수'라고 합니다.

16. 무전기 : 無線機

17. 군사분계선 : 軍事境界線

18. 주둔 : 駐留 (ちゅうりゅう)

19. 내습해 와서 : 襲来(来襲)して · 襲ってきて

이중 표현에 엄격한 일본이니 위와 같이 해 주는 게 낫겠죠.

20. 십자포화 : 十字砲火 · 十字火

사실은 뒤쪽의 '십자화'를 앞에 제시했었습니다. 왜냐하면 아주 옛날에 일본에선 '십자화'라고 하는 걸 보고 외웠던 거라서 일본은 이렇게도 말한다는 걸 알려 드리기 위해서죠. 그런데 이 역시 확인차 일본인들에게 물어보니 모르는 사람이 많았습니다. 더욱이 어마무시하게 유명한 애니 및 만화인 <원피스>에서 열십자 형태의 화염 공격의 이름을 '십자화'라고 붙임으로 인해 요즘은 十字火라고 하면 십자포화가 아닌 이 애니 속의 화염 공격을 뜻하는 걸로 아는 일본인도 꽤 있는 모양입니다. 또 한 번 격세지감을 느낀 순간이었습니다.

[1]米軍の[2]を叫んできたが、その可能性は[3]である。

시종일관 미군의 자진 철수를 부르짖어 왔지만 그럴 가능성은 **전무**하다.

今はそういった[　　4　　]ではござりませぬ。

지금은 그런 **고담준론이나 늘어놓을 때**가 아니올시다.

[5]最前線へ2万[6]の[7]を[　　8　　]と存じまする。

한시바삐 최전선으로 2만 **병력**의 지원군을 **급파해야 한다**고 생각하외다.

[9]は負傷した[10]たちの治療を終えて、今は[11]。

군의관님은 부상당한 공수부대원들 치료를 끝내고 지금은 막사에 계십니다.

[12]の勝利のためなら[　　13　　]、

아군의 승리를 위해서라면 **수단과 방법을 가리지 말고**

どんな[14]な[15]でも使う[　　16　　]。

어떤 **잔악무도**한 **수법**이라도 쓸 **각오를 해야 합니다**.

何度も[　　17　　]また[18]暴発事故が発生すると

몇 번이나 **주의를 줬는데도** 또 **얼빠진 실수로**[19]가 발생하자

今まで[20]抑えてきた怒りが[21]。

지금껏 **가까스로** 눌러 왔던 분노가 **폭발**(暴發)**했다**.

日本側の[22]か、韓国側のレーダー照射か、両国の主張が

일본 측의 위협 비행인가, 한국 측의 [23]인가, 양국의 주장이

[24]中、外交[25]に[26]を見せている。

정면으로 배치된 가운데 외교 갈등으로 비화될 조짐을 보이고 있다.

모범 답안

1. 시종일관 : 徹頭徹尾 · 終始一貫

2. 자진 철수 : 自主撤退(てったい)

'자진'이 아니고 '자주', '철수'가 아니고 '철퇴'라고 합니다. 일본어 '철수'와 '철퇴'의 뉘앙스 차이는 앞에서 언급한 거 기억나시죠? 다만, 군대나 기업 등이 원래의 목적을 달성하고 물러나는 경우라면 일본도 撤収라고 합니다.

3. 전무 : 皆無(かいむ)

일본은 전무(全無)가 아니라 이처럼 '개무'라고 합니다.

4. 고담준론이나 늘어놓을 때 : 高論卓説(こうろんたくせつ)ばかり並べている場合

몇 년인가 전에 한국에서도 아주 유명한 일본 모 보수 신문이 일본 아베 총리의 기자회견 내용을 高論卓説(고론탁설)이라고 칭송함으로써 화제(?)가 된 적이 있는데, 처음 이 '고론탁설'이라는 말을 접했을 때 만일 실제 번역에서 이 사자성어가 나온다면 대체 어떻게 번역해야 할지를 생각해 본 적이 있습니다. 참 골치 아프겠다 싶더군요. 일반 텍스트 번역이라면 그대로 '고론탁설'이라고 하고 주석 등을 달아서 풀이해 주면 되겠지만 영상번역은 그럴 수가 없으니까요. 아무튼 이 '고론탁설'을 한자의 자의로 해석해 보면 '수준이 높고 탁월한 말, 연설, 의견, 담론 등'이라는 뉘앙스의 말인 것이죠. 그래서 한참을 고민 끝에 생각해 낸 사자성어가 바로 이 고담준론(高談峻論)이었습니다. 고담준론을 국어사전에서 찾아보면 '뜻이 높고 바르고 엄숙하며 날카로운 말'이라고 살짝 복잡하게 풀이해 놨는데 이 역시도 수준

높은 담론, 높은 차원의 담론이라는 뉘앙스로 풀이될 수가 있겠죠. 그런데 몇몇 일본인들에게 물어본 결과 '고론탁설'이라는 말은 처음 듣는다는 반응을 했던 걸 보면 영상번역에서 나올 일은 거의 없을 듯 합니다. 다행이죠.

> 日 한국의 사자성어 '고담준론'은 비아냥의 뜻으로 쓰일 때도 있습니다.

5. 한시바삐 : 一刻も早く

> 日 '한시바삐'는 독립된 단어로 사전에 올라 있으므로 붙여 씁니다. 그리고 이와 비슷한 표현인 '하루빨리', '하루바삐', '하루속히' 역시 붙여서 씁니다. 이 넷 중에 급한 정도를 굳이 비교하자면 '하루'보다는 '한시'가 더 급하겠죠?

6. 병력 : 軍勢 <ruby>ぐんぜい</ruby>

영상번역에 뛰어들게 된다면 일본 시대극도 번역할 수 있을 텐데, 그럴 경우 이 軍勢라는 말을 자주 접하게 될 겁니다. 한국에도 '군세'라는 말이 사전에 있지만 일본의 한자어 軍勢는 이렇듯 '군사의 수'를 뜻하는 말로도 쓰이고, 때로는 '군대' 자체를 뜻하는 말로도 쓰입니다. 그러니 문맥을 잘 살펴서 '병력 수'를 뜻하는 말인지 '군대'를 뜻하는 말인지 구분해서 번역해야겠죠.

> 日 한국의 한자어 '군세'의 뜻을 찾아보니 '군대의 인원수'라는 뜻풀이도 있긴 하더군요. 저도 처음 알았습니다. 하지만 이런 뜻으로 쓰인 예는 아주 오래 전에 쓰인 소설 속에서나 발견할 수 있는 정도입니다. 현재는 이 '군세'란 한자어를 '군세를 확장하다'라는 말처럼 '군대의 형세나 세력'이라는 의미로 주로 쓰지 "적의 군세는 몇이나 돼?"라는 식으로 인원수란 뜻으로 쓰는 한국인, 특히 일반인은 거의 없을 거라고 생각합니다.

7. 지원군 : 援軍 · 加勢 <ruby>かせい</ruby>

일본은 이런 경우 支援軍이라고 하지 않습니다. 그리고 예스러운 말투가 아니라 현대의 말투라면 「応援部隊」 정도로 번역하면 되겠죠. 한국의 '지원'을 일본에선 '응원'이라고 하는 경우가 많다는 건 앞에서도 나왔죠? 또 '가세'라는 한자어 역시 한국과 일본의 쓰임새가 다릅니다. 일본어 加勢는 이렇듯 원군, 지원 부대라는 뜻으로도 쓰입니다. 예를 들면 「加勢を送る」처럼요.

8. 급파해야 한다 : 至急送るべし · 急派すべし

일본에도 急派라는 한자어가 있기 때문에, 그리고 검색해 보니 사용례가 검색되기도 하기 때문에 답안으로 제시는 해 놨지만, 여러 일본인들에게 물어본 결과 실질적으로 거의 안 쓰인다고 합니다. 또한 감수자님의 의견도 마찬가지였습니다. 물론 글로 쓰는 경우에는 한자의 자의로 무슨 말인지 짐작할 수 있겠지만, 일상 대화에서 일본인에게 「きゅうは」라고 하면 무슨 말인지 알아듣지 못하는 사람이 대부분일 거라고 합니다. 그리고 처음에는 이걸 「緊急派遣」이라고 했었는데, 아무래도 고어체에는 어울리지 않는 거 같아서 확인을 위해 몇몇 일본인들에게 질문을 했더니 답변해 준 분들 모두가 역시나 어색한 것 같다더군요. 하지만 현대어의 경우라면 「緊急派遣」이라고 번역해 줘도 될 것 같습니다.

9. 군의관님 : 軍医_{ぐんい}

9. 군의관님 : 軍医 (ぐんい)

일본은 '군의관'이라고 하지 않고 이렇게 '군의'라고 하는 게 일반적입니다. '군의관'으로 검색해 보면 서류 같은 데서나 검색이 될 정도입니다. 실제로 일본인들에게 물어봤을 때도 '군의'라고 하는 게 일반적이라는 답변이었습니다.

10. 공수부대원 : 空挺隊員 (くうてい)

일본에선 한국의 '공수부대'를 '공정부대'라고 합니다. 그리고 '공수부대원'은 위와 같이 '공정대원'이라고 하는 게 일반적입니다. 그리고 이 공정부대의 '공정'이라는 말 자체가 원래 중국의 한자어에는 없고, 일본에서 만든 조어인 '공중 정진(空中挺進)'을 줄여서 '공정'이라고 한 데서 비롯된 것인데, **일본식 조어인 이 용어가 한국의 국어사전에까지 등재돼 있는 것 역시 일본어의 잔재라고 할 수 있겠죠.**

11. 막사에 계십니다 : 兵舎におります (へいしゃ)

일본은 군인들이 거처하도록 만든 막사를 이렇듯 '병사'라고 합니다. 그리고 예문을 딱 봤을 때 일반 사병이 누군가에게 보고하는 듯한 어투죠. 그러니 이 경우에 군의관을 올려 주면 안 되니까 위와 같이 겸양의 표현을 써야겠죠.

12. 아군 ： 友軍

13. 수단과 방법을 가리지 말고 ： 手段を選ばず

이 역시 그대로 「手段と方法を選ばないで」라고 번역해 놓은 사례가 수두룩한데 일본에선 '방법'은 빼고 위와 같이 말하는 게 정형화된 표현입니다.

14. 잔악무도 ： 残虐非道 _(さんぎゃくひどう)

이 역시 '비도'죠. 또한 일본은 잔악(残惡)이라는 한자어는 쓰지 않습니다.

15. 수법 ： 手口

16. 각오를 해야 합니다 ： 覚悟を決めるべきです

일본어 「覚悟」는 이렇듯 「決める」와 짝지어서 쓰이는 경우가 많습니다.

> 日　한국에선 '각오를 정하다'라는 식으로 말하면 이상합니다. 굳이 「決める」의 뉘앙스를 살려서 번역하고 싶다면 '각오를 다지다'라고 해 주면 됩니다.

17. 주의를 줬는데도 ： 注意したのに

18. 얼빠진 실수로 ： ドジを踏んで

실수는 실수인데 안 해도 될 얼빠진 실수, 멍청한 실수라는 의미로 이와 같이 표현합니다. 비슷한 뜻으로 「へまをやる」도 있는데 이 둘의 차이점을 한 일본인에게 물었더니 「へまをやる」쪽이 실수의 정도가 좀 덜한 느낌이라던데 개인적 의견일 수 있으니 참고만 하세요. 그리고 「下手をこく」라는 표현도 있는데 이건 상대적으로 훨씬 속어적인 표현이기 때문에 2명의 일본인이 친한 사이에서만 사용하라고 충고하더군요.

19. 暴発事故 _(ぼうはつ) ： 오발 사고

오인 사격이 아닌 오발은 暴発(폭발)라고도 합니다. 다만 전문가들은 오발의 경우도 誤射와 暴発을 구분해야 한다는 주장도 있는데, 이것도 의견이 엇갈리는 부분이 있는 데다가 우리로선 중요한 게 아니니 넘어가도록 하죠.

20. 가까스로 : ぎりぎりのところで

일본어 「ぎりぎり」를 '아슬아슬' 정도로만 알고 있는 분들이 많은데, 이것도 다양한 문맥에 따라 다양한 한국어로 번역해 줘야 하는 꽤 골치 아픈 표현이죠.

21. 폭발(暴發)했다 : 爆発した

슬픔, 분노 등의 감정이 터져 나오는 것, 그리고 인기 폭발, 교육열 폭발처럼 힘, 열기, 기세 따위가 터져 나오는 걸 한국에선 이렇듯 暴發이라는 한자어를 씁니다. 놀란 분들 많으시죠? 爆發이라고 생각한 분이 거의 대부분이 아닐까 합니다. 하지만 반대로 일본은 이런 의미의 한자어로도 爆発을 씁니다. 일본에서 暴発은 위에 나온 '오발'이라는 뜻으로 쓰이기 때문이죠.

22. 위협 비행 : 威嚇飛行 (いかく)

앞에서 한국어 '위협'이 명사로 쓰인 경우 일본은 脅威(협위)라고 하고, 동사로 쓰일 때는 威嚇(위혁)을 쓴다고 했죠. 그런데 이처럼 위협 비행, 위협 사격, 위협 발포 등 두 개의 한자어가 연결된 경우에 일본은 '위혁'을 씁니다. 이 초계기 사건이 터졌을 당시 한국 언론의 일본어판에서 이걸 「脅威飛行」라고 해 놓은 걸 본 적이 있는데 혹시라도 그분들이 이 글을 읽으신다면 앞으로는 위와 같이 번역하시기 바랍니다. 물론 일본인들도 알아듣긴 하겠지만요.

23. レーダー照射 (しょうしゃ) : 레이더 조준

日	'방사선 조사'처럼 전문 용어로는 아주 드물게 쓰이긴 하지만 일반인에게 '조사'라고 하면 무슨 뜻인지 아는 사람 거의 없을 겁니다.

24. 정면으로 배치된 : 真っ向から対立している

일본도 배치(背馳)라는 단어가 사전에 있고 실제 사용례도 검색이 됩니다만 거의 쓰이지 않는다고 합니다. 이 한자어를 아는 일본인은 거의 없을 거라는 의견도 있었습니다. 그리고 앞서 '정면 승부'에서도 나왔듯이 이 경우에도 일본은 위와 같이 말하는 게 일반적입니다. 또한 여기서도 '테이루'를 쓰죠. 주장이 대립된 상황이 '현재까지 계속되고 있는'이란 뉘앙스인 거죠.

25. 갈등 : 摩擦

이 '갈등'이라는 한자어도 한국과 일본에서 쓰임새가 아주 미묘하게 다릅니다. 특히 「外交葛藤」이라는 표현은 부자연스럽다고 합니다.

🔍 블로그 葛藤(갈등) ― **일본어판 기사 속 코패니즈 한자어**

26. 비화될 조짐 : 発展する兆し · 飛び火する兆し

일본은 비화(飛火)라는 한자어를 쓰지 않죠. 그런데 한국의 일본어 사전에서 '비화(하다)'를 찾아보면 그냥 「飛び火(する)」라고 나옵니다. 그러니 언론사 일본어판 등에도 그대로 「飛び火(する)」라고 해 놓은 것들이 많은데, 실제로 그렇게 해 놓은 문장들을 여러 개 모아서 일본 사이트에서 자연스러우냐고 물었더니 그 문장들 중 한두 개 빼고는 모조리 어색하다는 답변이었습니다. 한 분은 '읽으면서 어딘지 이상하다(위화감) 했더니 역시나 번역문이었군요'라고 하더군요. 다만 이 경우는 후자로 번역해도 이상하지는 않은데 사람에 따라서는 어색하다고 느낄 수도 있다는 반응이었습니다. 이에 관해서도 다음에 자세히 다룰 기회가 있기를 기대합니다.

맺는말

드디어 맺는말을 쓰게 되는군요. 사실상의 탈고는 이미 오래 전에 끝났는데 코로나 19의 대유행 등 많은 우여곡절로 인해 미루고 또 미루다가, 더 늦어져서는 안 되겠다 싶어서 과감하게 출판하기로 했습니다. 참으로 힘겹고 긴 여정이었지만 또 한편으론 해냈다는 생각에 뿌듯하고 감개무량합니다. 서두에서도 말했듯이 예제 하나에 하나의 표제어만 집어넣어서 만들었다면 이렇게 기나긴 시간이 걸리지도 않았을 테고, 또한 순식간에(?) 흰머리가 확 불어날 정도로 뇌세포를 혹사시키지도 않았겠지만, 하나라도 더 많은 한자어를 이 책에 담기 위해 여러 한자어를 조합해 예문을 짜느라 그야말로 골을 싸맸습니다. 머리가 쌩쌩 돌아가지 않고 꽉 막힐 때면 '그냥 쉽게 갈까?' 하는 생각도 수도 없이 들었습니다.

사실 농락, 잔해, 조성, 소망, 은혜, 배포(반포, 유포), 비하 등등의 예와 같이 하나의 표제어로 다룰 수 있는 한자어들이 많았지만, 그래서 2권에서 표제어로 활용할 수 있는 한자어들이 많았지만, 2권이 나온다는 보장이 없으니 일단은 이 책 속에 최대한 많은 한자어를 수록하자 싶어서 눈물을 머금고 곁 반찬 역할로 욱여넣은 것들이 꽤 됩니다. 하지만 이렇게 했는데도 못다 풀어 놓은 보따리가 아직도 많습니다. 그러니 이 책이 여러분께 도움이 되었다면, 이 책이 유익한 내용을 담고 있다고 생각돼서 2권이 나오기를 기대하신다면 인터넷 서점 홈페이지나 블로그 등에 리뷰를 써 주시기를 부탁드립니다. 제게는 정말로 큰 힘이 될 겁니다.

그리고 나름대로 여러 일본 사이트와 블로그 이웃님 등, 많은 일본인들에게 확인, 재확인, 재재확인을 거쳤고(많은 경우는 20번도 훨씬 넘게), 또한 원어민 감수도 두 분한테나 맡겨서 철저히 점검하느라 했지만, 그럼에도 불구하고 미처 걸러지지 못한 부분이나 제가 잘못 알고 있었던 것들이 있을 수 있을 겁니다. 책 속의 오류나 잘못을 발견하신다면 기탄없이 제 블로그나 메일 등 연락 가능한 방법을 통해서 알려 주시면 바로잡도록 하겠습니다.

요즘 같은 불황에, 게다가 출판시장 불황은 더욱 심각하다며 업계 관계자들이 하나같이 울상을 짓는 상황에서, 권위 있는 일본어 교수나 유명한 저자도 아닌 이름 없는 '듣보잡' 영상번역가가 쓴 책을, 그것도 영어도 아닌 데다 요즘은 중국어한테도 밀려 버린 일본어 교재를 쉽게 출판해 줄 출판사를 찾기는 힘들 테죠. 그리고 여기저기 물어보니 설령 어렵사리 출판 계약을 맺는다 하더라도 대박을 터뜨릴 것 같은 확신이 드는 내용이 아니라면 이미 진행 중이거나 진행 예정인 책들의 출간을 기다려야 하고,

때로는 새치기를 당하는 경우도 있기 때문에 언제 출간될지 부지하세월일 경우가 많다고 하더군요. 그래서 고민 끝에 과감하게 자비출판으로 출간하기로 했습니다. 그런데 당초에는 250페이지 정도 예정이었던 게 무려 두 배가 되고 보니 출판 비용이 슬슬 걱정되기 시작합니다(웃음).

그리고 책의 정가를 책정하기 위해 시중에 나와 있는 일본어 교재 중에 저와 비슷한 콘셉트로 나와 있는 책의 가격과도 비교해 봤고, 또한 제가 블로그에 연재했던 글을 읽어 오신 이웃님들께 의견을 구했습니다. 그랬더니 제 책의 가치를 제 예상보다 훨씬 높게 평가해 주시길래 지난 몇 년 간의 노력과 고생, 피로가 순식간에 보상되는 듯했습니다. 그 말씀들만으로도 정말 배가 부른 느낌이었습니다. 이 자리를 빌려서 이웃님들께 진심으로 감사하다는 말씀을 드립니다. 하지만 우선은 코패니즈 한자어를 널리 알리는 게 더 중요하다는 생각에, 그리고 주 타깃인 대학생 층의 주머니 사정도 고려해서 가격을 확 내려서 책정을 했습니다. 그러나 블로그에도 글을 썼듯이 2권부터는 현실 감각을 반영한 정가를 책정할 것이니(비싸게 받겠다는 뜻이 아님) 나중에라도 오해가 없으시기를 바라는 마음에서 미리 밝혀 둡니다.

마지막으로 '이 책을 활용하는 법'에 적어 놓은 것처럼 밑져야 본전인 셈 치고 한번 실천해 보세요. 그렇게 하다 보면 어느 순간, 말 그대로 일취월장해 있는 작문 실력, 말하기 실력을 확인할 수 있을 것이고, 또한 발음이나 억양도 자연스러워진 자신을 발견할 것이라 믿습니다. 혹시라도 이 말에 의구심을 느끼는 분이 계신다면 영화에 일본인으로 나오는 한국 배우들의 일본어 발음과 억양을 유심히 살펴보세요. 물론 발음과 억양이 어색한 사람들도 많지만, 얼마나 대사를 줄줄 외웠기에 그렇게 자연스러운 일본어 발음과 억양이 가능한지 놀라운 케이스가 한둘이 아닙니다. 특히 영화 〈박열〉에 나온 한국 배우 몇몇 분의 발음과 억양은 상당히 자연스러웠습니다. 특히 그중 두 배우는 하도 자연스럽길래, 그리고 제게는 낯선 배우들이었기 때문에 처음엔 일본 배우인가 생각했는데 검색해 보고는 한국 배우인 걸 알고 감탄을 금치 못했습니다. 근데 그 두 배우는 일본어를 할 줄 아는 사람이더군요. 하지만 일본어를 할 줄 안다고 누구나 그럴 수 있는 건 아니죠. 수도 없이 연습을 했기에 일본인이라고 생각할 정도로 자연스러운 일본어 대사가 가능했던 거겠죠. 그러니 속는 셈 치고 한번 시도해 보시기 바랍니다. 다시 한번 강조하지만 어학 공부에 왕도는 없습니다. 많이 읽고, 많이 쓰고, 많이 듣고, 많이 말하는 것! 이것은 어학 공부의 진리라고 생각합니다. 그러니 한두 번 쓱 읽어 버리고 끝내지 마시고, 이 책에 나온 예문들의 표현, 단어들이 완전히 자기 것이 되도록 만들어 버리시기를 바랍니다. 특히 여러 사정상, 여건상 어학 연수나 유학을 갈 수 없는 분들께서는 이 방법을 꼭 실천해 보시기를 권합니다.

아무쪼록 저의 이 졸저가 일본어를 학습 중인 분들, 번역에 뛰어들고자 하는 분들, 또는 번역계에 막 입문하신 초보 번역가분들 등에게 유익한 지침서가 될 수 있기를 소망하면서 글을 맺도록 하겠습니다.